기독교문서선교회 (Christian Literature Center: 약칭 CLC)는 1941년 영국 콜체스터에서 켄 아담스에 의해 시작되었으며 국제 본부는 미국 필라델피아에 있습니다. 국제 CLC는 59개 나라에서 180개의 본부를 두고, 약 650여 명의 선교사들이 이동 도서차량 40대를 이용하여 문서 보급에 힘쓰고 있으며 이메일 주문을 통해 130여 국으로 책을 공급하고 있습니다. 한국 CLC는 청교도적 복음주의 신학과 신앙 서적을 출판하는 문서선교기관으로서, 한 영혼이라도 구원되길 소망하면서 주님이 오시는 그날까지 최선을 다할 것입니다.

추천사

이 준 섭 박사
호남신학대학교 역사신학 교수

세계교회사에서 유래 없는 성장을 이룬 한국교회는 최근 들어 점점 하락세를 걷고 있다. 이러한 하락세의 원인으로는 일반적으로 교회 지도자들의 도덕성과 대형화의 문제가 가장 깊게 거론되고 있다.

실제적으로 이러한 문제의 근본적인 원인이 무엇인지를 생각해 보면 교회의 신학적인 사고의 부재가 원인이지 않나 싶다. 이 부재들 중 교회에 대한 잘못된 이해가 심각한 문제를 일으켰고, 개교회 중심의 사고를 확장시켰다. 때를 같이 하여, 교회론에 대한 올바른 이해를 제공할 수 있는 『복음주의 교회론』(Exploring Ecclesiology)의 출간은 한국교회의 올바른 교회론을 정립하는 데 고무적인 일이라 생각된다.

본서는 복음주의적 관점에서 교회론을 진술한다. 일반적으로 복음적이라는 용어는 다양하게 사용될 수 있으나, 여기서 말한 복음주의적이라는 뜻은 성경을 바탕으로 한 개혁교회 전통을 따른 것이다. 따라서 성경이 말하는 교회론이 본서의 밑바탕에 깔려 있다. 그러한 점을 고려할 때, 본서는 성경이 말하는 교회론의 의미가 무엇인지를 이해하며, 나아가 성경에서 출발하여 신학적 고찰을 통한 개혁교회 전통의 교회론을 습득할 수 있는 훌륭한 교과서이다.

본서의 특징 중 하나는 각 장이 끝날 때마다 교회론에 대한 보다 심화된 연구가 가능하도록 질문들을 제시한다는 점이다. 이것은 단순히 심화된 연구를 위한 것이라기보다 구체적으로 교회론에 대한 독자의 이해를 확장시켜주고자 한 저자의 의도가 깔려 있는 것으로 여겨진다. 따라서 독자들은 이 질문들을 바탕으로 상호 토론을 할 수 있을 뿐만 아니라 주체적으로 교회론을 정의해 보고 올바른 교회론을 정립할 수 있도록 길잡이 역할을 할 것이다.

저자는 본서에서 복음주의적 교회론과 에큐메니컬적 교회론의 상호 관계에 관한 이해를 진술해 주면서 복음주의적 교회론이 무엇인가를 보여 주려는 시도를 한다. 이것은 교회론에 대한 두 진영 간의 신학적 차이가 무엇인가를 쉽게 접할 수 있다는 점에서 유익하다. 더욱이 저자는 본서에서 두 진영 간의 신학적 차이에 대한 인식을 통해 이분법적 이해를 제공하려는 것이 아니라 더욱 폭넓게 교회론을 이해할 수 있는 가능성을 열어주려는 노력을 하고 있음이 엿보인다.

한 권의 책을 번역하는 일은 많은 수고를 필요로 한다. 번역이라는 작업이 가지는 특수성 때문에 그렇다. 언어의 어감의 차이로 오는 문제를 어떻게 극복하느냐에 따라 좋은 번역이 될 수 있고 나쁜 번역이 될 수 있다. 그런데 본서의 번역에는 영어와 국어의 차이가 느껴지지 않을 정도로 심혈을 기울린 번역자의 수고가 들어 있다. 끝으로, 출판업계의 상황이 좋지 못한 데도 한국교회와 신학의 발전을 위해 본서의 출판을 결정해 주신 기독교문서선교회(CLC) 박영호 목사님과 임직원들께 신학자로서 진심으로 감사드린다.

정 홍 렬 박사
아세아연합신학대학교 조직신학 교수

교회론에 대한 참고할 만한 교과서를 추천하는 일이 쉽지 않다. 정작 다른 주제들에 비해 교회론에 관한 자료가 많지 않기 때문이다. 나아가 오늘날의 교회가 맞닥뜨리는 현실은 변화가 가장 빠를 뿐만 아니라 기존의 교회상과 새로운 미래의 교회상이 충돌하고 급변해 나가는 모양새다.

과연 미래의 교회상은 어떻게 바뀌어 나갈 것인지 수 많은 질문들은 제기되지만 그에 맞는 적절한 답은 찾기 어려운 현실이다. 이런 때에 브래드 하퍼(Brad Harperr)와 폴 루이스 메츠거(Paul Louis Metzger)의 『복음주의 교회론』(Exploring Ecclesiology)은 우리 사회와 교회가 안고 있는 문제들을 가슴에 담아 나가면서 그 안에서 답을 찾고 있는 교회상을 소개해 준다. 한편으로는 교회의 본질적 요소들과, 다른 한편으로는 교회가 헤쳐나갈 주제들을 한 묶음으로 다루면서 답을 찾아 가고 있다. 우리는 본서를 통해 우리가 찾아 나가야 할 미래의 교회의 모습뿐만 아니라 또한 우리가 지켜 나가야 할 교회의 본질을 함께 배워 나갈 수 있게 될 것이다.

해외 추천사

조지 R. 헌스버거(George R. Hunsberger) **박사**
웨스턴신학교(Western Theological Seminary) **교수**

브래드 하퍼(Brad Harper)와 폴 루이스 메츠거(Paul Louis Metzger)는 교회론에 대해 복음주의적이면서 에큐메니컬하고, 건실하면서도 현대적인 음성을 제공하고 있다. 『복음주의 교회론』(Exploring Ecclesiology)은 특히 교회의 복음을 형성하는 정체성과 복음에 대한 그 증거를 살리고 있는 문화적 환경 사이에서의 대화 안에서 교회론을 전개하는 길을 위해 중요하다.

라 숭 찬(Soong-Chan Rah) **박사**
노스바크신학교(North Park Theological Seminary) **교수**
『**차세대 복음주의**』(The Next Evangelism) **저자**

우리는 교회의 특성, 본질, 목적 그리고 관계성이 혼동스러워 보이는 시대에 살고 있다. 『복음주의 교회론』(Exploring Ecclesiology)은 교회의 역할에 대해 더 깊은 이해를 요청하고 있다. 브래드 하퍼(Brad Harperr)와 폴 루이스 메츠거(Paul Louis Metzger)는 신학자, 설교자를 위한 도움이 되는 자료들을 공급해 주고 있으며, 지도자들로 하여금 이 대단히 긴요한 대화에 참여하도록 만들어 준다.

킴린 J. 벤더(Kimlyn J. Bender) **박사**
시욱스팔스대학교(University of Sioux Falls) **교수**

성경적인 기반 위에서 역사적 정보를 주면서도 에큐메니컬적으로 전개된, 그리고 문화적으로 연관을 지닌 교회론에 대한 사려 깊은 안내서이다. 교회에 대한 현재적 대화를 안내하고 촉진시키기 위한 교과서로 손색이 없고 접근하기 쉽고 넓은 범위를 가지고 있으며 실천적인 방향 속에서 이를 수행해 준다. 『복음주의 교회론』(Exploring Ecclesiology)은 복음주의 내에서 교회의 교리에 대한 관심을 쇄신시키는 데 있어 중요한 시금석으로 자리매김한다.

피터 M. B. 로빈슨(Peter M. B. Robinson) **박사**
위클리프칼리지, 토론토대학교(Wycliffe College, University of Toronto) **교수**

브래드 하퍼(Brad Harperr)와 폴 루이스 메츠거(Paul Louis Metzger)는 교회의 본성과 목적에 관한 가장 성가신 질문들과 중요한 논의들을 내놓고 있다. 복음주의 기독교의 특별한 윤리를 향한 변증적인 방식을 취하지 않으면서도 의견을 내놓고자 하는 그들의 분명한 헌신은 독자들에게 도전을 주고 때로는 자극하고 있다. 『복음주의 교회론』(Exploring Ecclesiology)은 대단히 다양한 배경과 시대에 걸친 신학자들의 언급과 평가에 기반을 둔 까닭에 진지하게 받아들여질 필요가 있는 도전이다.

베리 L. 캘런(Barry L. Callen) **박사**
앤더슨대학교(Anderson University) **교수**

교회 - 창기인가 혹은 어머니인가?
많은 이들에 의해 전자로 경험되는 가운데, 이 인상적인 책인 『복음주의 교회론』(Exploring Ecclesiology)은 교회에 대해 광범위한 그리고 건설적인 복음적 신학을 제공하면서 후자의 평가로 고양시키고자 노력하고 있다. 결국 우리는 보수적이거나 분리주의자가 되지 않으면서도 분파주의적으로 협소해지거나 비실천적이 되거나 혹은 포스트모던 세계와의 접촉에서 벗어나지도 않는 교회론을 얻게 되었다.

복음주의 교회론
포스트모던 시대의 복음주의적 입문서

Exploring Ecclesiology: An Evangelical and Ecumenical Introduction

Written by Brad Harper and Paul Louis Metzger

Translated by Sangeun Lee

Copyright © 2009 by Brad Harper and Paul Louis Metzger

Originally published in English under the title

Exploring Ecclesiology

by Brazos Press,

a division of Baker Publishing Group,

Grand Rapids, Michigan, 49516, U.S.A.

All rights reserved.

Translated and printed by permission of Baker Publishing Group.

Korean Edition Copyright © 2019 by Christian Literature Center, Seoul, Republic of Korea.

복음주의 교회론

2019년 5월 15일 초판 발행

지은이	|	브래드 하퍼 & 폴 루이스 메츠거
옮긴이	|	이상은
편집	|	변길용
디자인	|	전지혜
펴낸곳	|	(사)기독교문서선교회
등록	|	제16-25호(1980.1.18)
주소	|	서울특별시 서초구 방배로 68
전화	|	02-586-8761~3(본사) 031-942-8761(영업부)
팩스	|	02-523-0131(본사) 031-942-8763(영업부)
이메일	|	clckor@gmail.com
홈페이지	|	www.clcbook.com
송금계좌	|	기업은행 073-000308-04-020 (사)기독교문서선교회

ISBN 978-89-341-1971-5 (94230)

ISBN 978-89-341-1854-1 (세트)

이 도서의 국립중앙도서관 출판예정도서목록(CIP)은
서지정보유통지원시스템 홈페이지(http://seoji.nl.go.kr)와 국가자료공동목록시스템
(http://www.nl.go.kr/kolisnet)에서 이용하실 수 있습니다. (CIP제어번호: CIP 2019013203)

이 한국어판 저작권은 Baker Publishing Group과 독점 계약한 (사)기독교문서선교회가 소유합니다.
신저작권법에 의하여 한국 내에서 보호를 받는 저작물이므로 무단 전재와 무단 복제를 금합니다.

포스트모던 시대의 복음주의적 입문서

Exploring Ecclesiology: An Evangelical and Ecumenical Introduction

복음주의 교회론

브래드 하퍼 · 폴 루이스 메츠거 지음
이상은 옮김

CLC

내 최고의 벗이자 고귀한 신부인 마리코를 위하여, 당신과의 마음과 마음을 나누는 삶의 신비에 감사하며, 그리고 우리 아이들, 크리스토퍼와 줄리안을 위해서, 나를 하나님의 자녀로 올려주신 데 감사하며.
- 폴(Paul)

로빈, 드류, 브레건 그리고 코리를 위하여, 나에게 사랑이 무엇인지, 은혜 안에 산다는 것이 무엇인지를 가르쳐 준 데 감사하며.
- 브래드(Brad)

저자 서문

브래드 하퍼 박사
멀트노마대학교 교회사 교수
폴 루이스 메츠거 박사
멀트노마대학교 문화신학 교수

우리 저자들은 멀트노마대학교와 신학교(Multnomah University and Seminary)가 이 프로젝트를 위해 시간과 장소를 허락해 준 것에 감사드리고 싶다. 학생들에게는 교회론 수업에 참여하는 가운데 자신들의 아이디어를 내놓고 정련하도록 도와준 것에 감사를 표하고 싶다.

그리고 브라조스출판사(Brazos Press)의 로드니 클랩(Rodney Clapp)과 그 팀에게도 지속적인 조언과 격려를 해 준 것에 감사드린다. 특히, 할든 도어지(Halden Doerge), 윌 톰슨(Will Thompson), 그리고 제임스 터커(James Tucker)에게 연구 조력을 해 준 것에, 자료와 참고에 대한 도움이 된 제안들을 해 준 것에, 그리고 교회의 신학에 대한 예리한 통찰을 해 준 것에 특별한 감사드리고 싶다.

폴 루이스 메츠거(Paul Louis Metzger)는 필립 뤼크(Philip Lueck) 교수, 존 지지울라스(John Zizioulas) 교수, 작고하신 해롤드 O. J. 브라운(Harold O. J. Brown) 교수, 그리고 콜린 건턴(Colin Gunton) 교수께 교회의 신학자가 되도록 도와주시고 교회의 사람으로 지적으로 성장하도록 영향을 끼쳐주신 것에 감사드리고 싶다. 그리고 사무엘 몰(Samuel Mall) 목사, 론 만치니(Ron Mancini), 릭 맥킨리(Rick McKinley), 배리 모리슨(Barry Morrison), 피터 로빈슨(Peter Robinson), 머레이 트림(Murray Trim), 존 웬리치(John Wenrich), 그리고 작고하신 로이 젠슨(Roy Jenson) 목사와 르로이 쾨프케(LeRoy Koepke) 목사께도 삶과 사상에 미친 그분들의 목회적이고 선교적인 영향들에 감사드리고 싶다. 그리고 복음주의적 예언자인 존 M. 퍼킨스(John M.Perkins)에게 그리스도의 나라의 공동체 안에 중심을 가진 공동체의 성장에 대한 그 비전에 대해 감사드린다. 또한, 부모님과 조부모님께도 하나님의 가정에서 본인을 키워주신 것에 빚을 졌음을 고백하며, 모든 가족에게도 본인과 신앙의 가정으로 삶을 나누었음에 감사드린다.

브래드 하퍼(Brad Harper)는 영적 아버지인 마빈 프랜치네(Marvin Francine) 목사께 교회에서 그리스도의 목소리를 듣도록 가르쳐 주신 것에 감사드린다. 동료이자 목회적 멘토이며 본인에게 교회가 모든 것이 무너진 한 가운데에서 조차 하나님께서 자신을 가장 드러내시는 사랑의 장소라고 가르쳐 주신 마이클 앤드류스(Michael Andrus) 목사께 감사드린다. 그리고 상처 입은 사람들이 구세주 안에서 그리고 그의 백성 안에서 희망을 찾는 은혜의 공동체를 조성하시는 그런 지도력을 발휘하시는 매트 해넌(Matt Hannan) 목사께도 감사드린다.

역자 서문

이상은 박사
서울장신대학교 조직신학 교수

교회론을 탐구하는 저자들의 노고에 찬사를 보내며

    초대교회의 터툴리안이나 종교개혁 시대의 칼빈을 비롯한 많은 이들은 교회를 '어머니'라고 부르기에 주저하지 않았다. 하나님의 말씀을 위탁받고 구원의 방주로 세워진 교회는 모든 신자들의 모태이며 세상에 남겨진 유일한 희망이다. 교회가 없다면 우리는 모래알처럼 흩어지게 되거나, 바람에 나부끼는 겨처럼 흩어지기 쉽게 될 것이다.

    오늘 우리는 교회를 향한 손가락질과 비판이 난무하는 어려운 시대를 보내고 있다. 많은 이들이 기성교회에 염증을 느끼는 가운데 가나안 성도를 자처하며 길을 나서기도 한다. 교회에 남아 있는 이들 역시 자랑스럽게 교회의 일원임을 밝히지 못하는 모습을 볼 때도 많다. 하긴 본서의 저자들 역시 자신들이 속해있는 교회가 과연 창기와 같은 모습인지, 혹은 병든 어머니의 모습인지 하는 질문으로 서론을 열고 있는 것을 보면 이러한 문제는 비단 우리나라 교회만의 고민은 아닌 듯하다. 그러한 문제 의식에 대한 공감 때문인지 본서는 일단 책장을 펴면 끝까지 손을 놓기가 어려운 흥미를 일으킨다.

    본서의 저자들은 모호한 안개 속에서 암중모색의 어려움을 겪고 있을 때 깊은 혜안을 갖춘 길잡이를 만난 것 같은 기쁨을 주고 있다. 저자들의 고민과 노고가 담겨 있는 본서는 교회에 대한 애정과 깊이있는 통찰을 제시하고 있다.

사실 시중에서 교회론을 다루고 있는 책을 찾는 것은 어려운 일이 아니다. 신구교를 막론한 유명 신학자들의 저술로부터 포스트모던 시대의 교회를 다루는 연구에 이르기까지 많은 저술들이 나와 있으며, 그중에는 참신한 아이디어를 담고 있는 책도 적지 않다. 그런데 막상 누군가에게 소개해줄 만한 표준이 되는 저술을 찾기는 별로 쉽지 않다. 그런 면에서 본서에는 눈에 띄는 깊이와 넓이, 그리고 내용적 탁월함이 담겨 있다.

본서는 분명한 성서적 입장과 건전한 신학의 기반 위에서, 이론과 실천을 향한 균형 있는 고려와 통전적 시각을 담고 있는 역작이다. 저자들은 특히 청교도 정신에 깊이 뿌리를 내린 가운데 복음주의적이면서 에큐메니컬적인 방향을 아우르는 포괄성을 담아내고 있다. 신학적 차원에서 저자들은 삼위일체론에 기반을 둔 질문으로부터 시작하여 하나님나라를 향한 짜임새 있는 비전을 그려나가고 있다. 이러한 그림 가운데 저자들은 오늘날 교회를 병들게 하는 개인주의와 소비주의, 번영신학과 같은 문제를 예리한 시각으로 비판해 나가고 있다.

동시에 예배가 살아있는 성례전적 공동체라는 중심을 견지하는 가운데 문화적 소명을 향해 외연을 넓혀나가는 균형감각을 잃지 않고 있다. 예전과 친교, 섬김과 같은 주제를 다루면서 동시에 치리와 권징의 강조도 잊지 않는다. 이러한 저자들이 탐구는 한국교회가 미래지평을 모색해 나가는데 충분한 도움을 줄 것으로 생각된다.

본서는 여러 신학대학교에서 교과서로 사용하기 매우 적합한 형태를 갖추고 있을 뿐 아니라 평신도 신학 교육을 위해 교회 현장에서 사용하기에도 충분할 만큼 훌륭한 구성을 담고 있다. 교회론에 관심이 있는 기독교인이라면 누구든지 그 내용을 일독하는 가운데 큰 깨달음과 유익을 얻을 수 있을 것이다. 이러한 탐구의 여정을 걸어간 저자들에게 아낌없는 찬사를 보내며 동시에 본서를 발굴하고 한국 교계에 소개하는 수고를 아끼지 않은 기독교문서선교회(CLC) 대표이신 박영호 목사님과 모든 직원분들의 수고에 기탄없는 갈채를 보내고 싶다.

목차

추천사
　이 준 섭 박사(호남신학대학교 역사신학 교수)
　정 홍 렬 박사(아세아연합신학대학교 조직신학 교수)
　조지 R. 헌스버거(George R. Hunsberger) 박사 외

저자 서문	9
역자 서문	11
서 론	16
제1장　삼위일체적 공동체로서의 교회: 존재가 이끄는 교회	33
제2장　삼위일체 교회가 미국적 개인주의를 만나다	77
제3장　종말론적 공동체로서의 교회	93
제4장　종말론, 교회 그리고 생태학	155
제5장　예배 공동체로서의 교회	169
제6장　예배하는 교회가 문화와 관계를 맺다	226
제7장　성례전적 공동체로서의 교회	245
제8장　성례전 그리고 성배를 찾아서	293
제9장　섬기는 공동체로서의 교회	309

제10장	교회 권징 – 예배의 잃어버린 요소	350
제11장	질서 잡힌 공동체로서의 교회	363
제12장	질서 잡힌 공동체에서 여성들의 역할	400
제13장	문화적 공동체로서의 교회	412
제14장	오늘날의 문화에서 복음의 게토화를 극복하기	458
제15장	선교 공동체로서의 교회: 존재가 이끄는 교회	480
제16장	건축 프로그램으로부터 하나님의 선교적 나라의 건축까지	538

포스트모던 시대를 위한 후기	557
부록: 교회론의 유형들	578
권장 도서 목록	580
색인	588

서 론

사람들은 오늘날 "예수"와 "영성"에 대해서는 관심을 갖지만, "종교"나 "교회"에 대해서는 관심을 두지 않는다.[1] 많은 사람들은 자신들이 교회 안에서나 혹은 텔레비전을 통해 보고 듣는 것, 즉 예배에 몰입하는 모습, 건물들, 헌금들, 부를 얻기 위해 가난한 자들을 수탈하는 번영 복음(prosperity gospel) 설교자들의 모습들, 그리고 어린아이들을 성추행하는 사제들의 가증스런 소식들에 식상해 있다.[2] 그리스도의 교회는 마치 이스라엘이 호세아 시대에 창기의 역할을 했듯 자주 창기의 역할을 하고 있다(호 1:1-2).

---

[1] Dan Kimball은 *They Like Jesus, but Not the Church: Insights from Emerging Generations* (Grand Rapids: Zondervan, 2007)에서 예수에 대한 사람들의 매혹과 교회에 대한 환멸에 대해 언급한다. 압도적인 대중에게 받아들여진 Donald Miller의 책 *Blue Like Jazz: Nonreligious Thoughts on Christian Spirituality* (Nashville: Thomas Nelson, 2003)는 현대 문화에서 영성의 늘어나는 매혹과 조직된 종교에서의 매혹의 쇠퇴를 증언한다.

[2] Nancy Kennedy의 기사 "나의 어머니, 교회"와 이 주제에 대한 최근 갤럽 조사에 대한 그녀의 언급을 보라. http://www.chronicleonline.com/articles/2007/06/19/columns/grace_notes/grace770.txt

그러나 우리는 교회가 우리의 어머니임을 또한 절대 잊어서는 안 된다. 교회가 없다면, 우리는 교회도 성경도 가질 수 없다. 성경이 교회의 삶을 형성하는 반면, 교회는 또한 성령의 인도하심 아래 성경을 낳았다. 우리가 예수와의 인격적 교제를 통해 하나님의 자녀로 "거듭나는" 반면, 거듭난 자들은 다시금 교회 안으로 거듭난다.[3] 존 칼빈은 교회의 보이는 본성에 대한 다음의 진술에서 우리의 어머니로서의 교회의 중요성에 대해 이야기하고 있다.

> 그러나 우리는 지금 가견적 교회를 논할 생각이므로 교회를 아는 것이 얼마나 유용하고 얼마나 필요한가를 "어머니"라는 단순한 칭호에서 배워야 한다. 이는 이 어머니가 우리를 잉태하고 낳으며 젖을 먹여 기르고 우리가 이 육신을 벗고 천사들과 같아질 때까지(마 22:30) 보호하고 지도해 주지 않는다면 우리는 생명으로 들어갈 길이 없기 때문이다.
>
> 연약한 우리는 일평생 교회에서 배우는 자로 지내는 동안 이 학교에서 떠나는 허락을 받을 수 없다. 그뿐 아니라, 교회의 품을 떠나서는 죄의 용서나 구원을 받을 수 없는데, 이것은 이사야(사 37:32)와 요엘(욜 2:32)이 말한 것과 같다. 에스겔도 그들과 같은 뜻으로, 하늘 생명에 들어가지 못하도록 하나님의 거절을 당한 자들은 하나님의 백성의 호적에 기록되지 못할 것이라고 한다(겔 13:9). 그와는 반대로, 진정한 경건 생활을 촉진하고자 하는 사람들은 예루살렘의 시민으로 등록된다고 한다(사 56:5; 시 87:6 참조).

---

[3] Tony Campolo는 "교회는 창기다. 그러나 나의 어머니다"라는 말이 어거스틴의 말임을 밝힌다. 그는 젊은 복음주의자들로 하여금 조직된 종교와 지역의 교회를 그것이 창기와 같다고 해서 떠나지 말고, 그것이 하나님을 향한 어머니 같은 생명선이기 때문에 열정적으로 그들의 삶을 교회에 헌신하라는 그의 호소에서 이 주장을 언급한다. Tony Campolo, *Letters to a Young Evangelical: The Art of Mentoring* (New York: Basic Books, 2006), 68.

그러므로 시편의 다른 곳에서, "여호와여 주의 백성에게 베푸시는 은혜로 나를 기억하시며 주의 구원으로 나를 돌보사 내가 주의 택하신 자가 형통함을 보고 주의 나라의 기쁨을 나누어 가지게 하사 주의 유산을 자랑하게 하소서"(시 106:4-5; 비교. 벌게이트역 시 105:4)라고 한다. 이런 말씀들은 하나님의 부성적인 은총과 영적 생명의 특별한 증거를 그의 양떼에 국한시킨다. 따라서 교회를 떠나는 것은 언제든지 비참한 결과를 초래한다.[4]

그러므로, 우리가(그 흠결들과 무너짐을 받아들인) 교회와 더불어 살 수 없다는 것이 자주 맞는 경우인 반면, 우리는 또한 교회 없이는 살 수 없다.

교회는 우리의 어머니일 뿐만 아니라, 우리 역시 교회로써, 그리스도의 신부라는 사실은 에베소서 5:25-3에서 사도 바울에 의해, 그리고 요한계시록 16:6-9에서 사도 요한에 의해 언급된 초점이다. 루터는 신자들이 한편으로는 창기로서 죄를 지은 자이면서 동시에 신앙을 가진 자들이며, 다른 한편으로는 그리스도의 신부로서 흠이 없는 자라고 주장했다.[5] 그리스도의 신부로서의 교회는 그처럼 흠이 있으면서도 동시에 흠이 없는 신자들로 구성되어 있고, 또한 그들을 구성하고 있다.

본서를 이끌어 가는 것은, 그 모든 흠과 결에도 불구하고, 그토록 다양한 구성원들로 이루어져 있는 교회는 그리스도 바로 그분의 신부로서 하나님의 가장 아름다운 피조물이자, 그를 위해 살 가치가 있고 쓸 가치가 있다는 우리의 굳은 확신이다. 우리 소망은 본서가 신부로 하여금 혼인 잔치를 준비하도록 도와주는 역할을 하는 것이다.

---

[4] John Calvin, *Institutes of the Christian Religion*, ed. John T. McNeill (Philadelphia: Westminster, 1960), Bk. IV, Ch. 1, 1016.

[5] Martin Luther, *The Freedom of a Christian, in Martin Luther's Basic Theological Writings*, ed. Timothy F. Lull (Minneapolis: Fortress, 1989), 604.

우리는, 교회가 그날을 준비하도록 돕기 위해 성경, 역사신학, 에큐메니컬적 관심, 그리고 문화적 고려 사항들에 의해 형성된 교회에 대한 체계적 연구가 중요하다는 사실을 믿는다.

왜 그런가?

교회론은 기독교의 성경에 기반을 두어야 한다. 왜냐하면 그리스도인의 경전은 교회의 신학에 대한 하나의 완벽한 권위를 가진 증거를 구성하기 때문이다. 또한 교회의 신학은 역사적으로 자의식적이어야 한다. 교회에 대한 신학은 수 세기 동안 항상 교회를 잘 아는 자들에 의해 가장 잘 수행되어 왔는데, 왜냐하면 교회는 우리와 더불어 시작된 것이 아니기 때문이다.

이렇게 말하지만, 그 다양한 맥락들 내에서 오늘날의 교회를 설명하는 것 역시 중요하다. 왜냐하면 교회는 그 안에서 스스로를 발견하는 다수의 문화적 환경에 대해 응답과 반응을 하는 살아 있고 성장하는 기관이기 때문이다.

이 요소들을 설명할 때, 따라오는 한 가지는 어떤 교회노 선체 교회를 구성할 수는 없다는 사실이다. 그리스도의 몸에 많은 부분이 있듯, 하나의 참된 교회를 형성하는 많은 교회들이 있다. 우리는 21세기 초에 글을 쓰는 복음주의적 개신교도들로써, 우리 시대 및 모든 시대의 보다 광범위한 기독교 공동체에 대해, 우리만의 특별한 관점으로 살펴보고 상호 유익한 대화를 나눌 것이다. 결코 우리만의 분명한 복음주의적 확신에 대해 그들 주변에서만 맴돌거나 거기서 끝내는 일은 없을 것이다.

더욱이 역사적이고 동시대적 맥락에서 볼 때, 교회의 신학에 대해 반추하는 이들은 교회와 현재까지 교회사에 나타난 모든 교회가 주어진 문화의 산물이자 그들 문화에 대항하는 예언자적 목소리임을 인식하는 것이 중요하다. 오로지 교회 그리고 교회 신학자들이 진정으로 이러한 성경적, 역사적, 에큐메니컬적, 그리고 현재적 요소들에 마음을 둘 때에만 교회가 스스로 어린 양의 혼인 잔치를 위해(사후 지혜, 통찰력 및 예지를 포함하여) 세심하게 준비하도록 할 수 있다.

이 접근 방식을 염두에 두고, 우리는 목회자, 신학자, 그리고 학생들이 교과서와 참고서로 사용할 수 있도록 복음주의적이며 에큐메니컬한 교회의 신학을 제공하고자 시도하였다. 따라서 본서의 부제를 "복음주의적 & 교회일치적 입문서"(역서에서는 "포스트모던 시대의 복음주의적 입문서"로 부제를 바꿈-역주)로 붙인다.

복음주의적이라는 말은 여러 사람에게 많은 것을 의미한다. 우리는 여기에서 이 용어를 말 그대로, 우리 전통 바깥에 있는 이들과의 대화를 깎아내리는 근본주의자들의 정신은 거부하는 반면, 제2차 세계대전 이후의 "신앙의 근간들"을 상찬하는 개신교 미국 기독교 운동을 지칭하는 것으로 사용한다.

따라서, 우리는 성령 안에서 예수 그리스도를 통한 하나님과의 인격적 대화와 친교를 찬양하는 한편, 예수 그리스도의 신성과 동정녀 탄생, 성경의 정확성, 권위에 대한 높은 시각, 그리고 대속의 확신에 대한 믿음을 포함한 우리 "신앙의 근간들"(fundamentals of the faith)을 견지해 나간다. 근본주의적 정신은 거부하지만 이 근간들에 대해서는 확고히 믿는 복음주의적 개신교도들로서, 우리 목적은 다양한 기독교 전통들에 존재하는 공통된 역사적 정통성의 중심 흐름들을 반영하면서 교회의 해석들을 드러내고 포용하는 것이다.

그 전통들이 불일치하는 곳에서, 다양한 관점들을 존중하는 결론들을 추구하며 서로 대화하므로 그들을 보여 주는 것이 목적이다. 덧붙여 말하면, 성경적, 역사적 교회론의 최상의 전통들이 서구, 특히 미국의 현대 교회에 대해 예언자적이자 비판적으로 말하도록 허용하는 것이 본서의 목적이다. 소개된 현대의 이슈들은 개인주의(individualism), 목회에서의 여성들(women in ministry), 전도와 사회적 행동들(evangelism and social action), 교회 성장 트렌드에서의 상업주의(consumerism in church growth trends), 에큐메니즘(ecumenism), 그리고 포스트모던 문화에서의 교회(the church in a post-modern culture)를 포함한다.

하나의 교과서로서, 본서가 목표하는 주요 목표 경로는 교회의 신학을 구성하는 신학 과정일 것이다. 이것은 역사적, 교회적 전통들을 비교하며, 문화와 교회의 관계를 고려하는 과정들에서도 사용될 수 있을 것이다.

그런데 왜 본서인가?

만일 누군가 교회의 주제들에 대해 도서관에서 제목을 탐색해 본다면, 최근에 출판된 것들이 결코 적지 않음을 쉽게 발견할 것이다. 그러나 최근의 많은 저작은 틈새 지향적이거나 (특별히 교회론적 이슈를 언급함에 있어서) 혹은 신앙고백적 경향을 갖는다. 혹은, 위에 언급한 네 가지 기본 특성들(성경적, 역사적, 에큐메니컬적, 그리고 문화적)이 본서에 제시된 양과 비교할 때 매우 결여되어 있다.

예컨대, 벨리-마티 카르케이넌(Veli-Matti Karkkainen)의 『교회론 입문』(*An Introduction to Ecclesiology*)은 에큐메니컬적, 역사적, 그리고 글로벌적 모델에 초점을 둔다. 도널드 블뢰쉬(Donald Bloesch)의 『교회』(*The Church*)는 에큐메니컬적이면서도 역사적 관점에 대해 탁월한 논의를 제공하나, 성경신학에 대해서는 부족하다. 존 스택하우스(John Stackhouse)가 편집한 책인 『복음주의적 교회론: 현실인가 혹은 환상인가?』(*Evangelical Ecclesiology: Reality or Illusion?*)는 복음주의적 관점들에 집중한다.

더 나아가, 교회에 대한 복음주의적 텍스트들은, 전통적으로 성경적 관점을 강조하는 반면, 종종 에큐메니컬한 대화나 진지한 문화 참여를 위한 참된 평가는 결여되어 있다. 따라서, 여기서 제안된 범위의 책인 본서는 복음주의 신학 세계 안에 잘 받아들여질 잠재력뿐 아니라, 포스트모던 문화적 다양성의 중심에서 광범위한 기독교 전통의 건설적 참여를 위한 효과적인 수단들을 제공해 줄 잠재력도 지니고 있다.

이제 본서의 윤곽과 구성에 대해서 살펴보자.

제1장과 제3장은 전체 내용을 위한 기초적인 신학적 장으로서 기능한다. 제1장은 삼위일체적인 공동체로서의 교회에 대해 집중적으로 다룬다. 그리고 제3장은 종말론적 나라라는 관점에서 교회 교리를 다룬다. 교회론과 관련된 다양한 주제들을 보려고 사용할 이 두 신학적 렌즈들을 선택하기 위한 우리의 기본적 추론은 이중적이다.

우리는 삼위일체 하나님의 공동체로서의 교회에 대해 기본적으로 고려한다. 교회는 그 핵심 정체성을 하나님의 백성, 그리스도의 몸이자 신부, 그리고 성령의 전으로 연합된 삼위일체 하나님과의 관계로부터 도출하기 때문이다. 또한 삼위일체 하나님의 종말론적 공동체로서의 교회에 대해 근본적으로 숙고해야만 하는데, 왜냐하면 교회는 하나님 나라의 중요한 대리인이자 체현된 증인으로 섬기고 있기 때문이다.

이 기본 내용을 다루는 장들이 제5장, 제7장, 제9장, 제11장, 제13장, 그리고 제15장이다. 이 장들은 다음 순서에 따라 실천적이며 이어지는 주제들을 언급한다: 예배, 성례전/교회 법령들, 섬김/은사, 질서/정치, 문화, 그리고 선교.

구조적 측면에서 주목해야 할 마지막은 제1장, 제3장, 제5장, 제7장, 제9장, 제11장, 제13장, 그리고 제15장 뒤에 각 문화에 대한 토의(제2장, 제4장, 제6장, 제8장, 제10장, 제12장, 제14장, 그리고 제16장)가 이어진다는 것이다. 우리는 짝수 장에서 홀수 장의 신학 개념에 대한 구체적 사례들을 문화적 의미에서 더욱 보강하고 구체화한다. 예컨대 제1장의 "삼위일체적 공동체로서의 교회"는 제2장의 삼위일체적 관점으로부터 본 미국 개인주의에 대한 논의로 이어진다.

이 문화적 요소는 본서의 특징 가운데 하나일 뿐만 아니라, 본서의 후기에서 상세히 밝힌 우리의 확신, 즉 진정으로 의미 있는 복음주의적 교회론과 비복음주의적 교회론, 둘 다 오늘날 포스트모던적 맥락에서 구체적인 문화적 상황 안에서 의도적으로 사색할 수밖에 없다는 우리의 확신을 보여준다.

더 나아가 포스트모더니티(postmodernity)에 대한 초점에서, 우리는 여기서 다룰 글들이 절대로 한번으로 끝내는(once and for all) 교회론으로서 기능하지 않도록 주의를 기울인다. 그럴 경우, 그것은 신학자들과 실천가들로서 기껏해야 오늘날의 교회가 결혼식을 한 날만을 위한 신부 단장 준비를 계속하도록 시녀로 섬길 뿐이기 때문이다. 그러면 미래 세대는 신부를 위한 사랑의 노고 안에서 교회 역사 전체로부터 통찰만을 얻을 뿐이다.

"단번으로 끝내지 않는" 교회론의 본질은 문제를 제기하는 것일 수도 있고 약속을 주는 것일 수도 하다. 교회를 고정된 전체로 보고 항상 진보하는 역동적 유기체로 보지 않는 이들에게는 **문제**가 될 것이고, 하나의 주어진 교회론의 상황성을 그 이상의 탐구를 위한 유익한 초점들과 기회를 제공해 주는 것으로 보는 이들에게는 **약속**이 된다.

서론의 시작에 언급한 것처럼, 교회론은 그 구체적 특수성으로 인해, 또한 흠이 있지만 아름다운 교회의 존재성 때문에, 문제가 있음에도 불구하고 약속을 제공한다. 뿐만 아니라 복음주의적 교회론은 교파가 아니라 운동이기에, 문제가 있으면서 약속을 제공하는 것이기도 하다. 이 사실은 교파 안에서 전형적으로 발견되는 교회론적 구분들의 결핍으로, 그리고 특정한 교회론적 전통에 대한 충성심의 결핍으로 귀결되었다. 킴린 벤더(Kimlyn Bender)는 이 두 가지 문제를 만드는 이슈들을 다음 진술에서 언급한다.

복음주의는 교회론에 의해서라기보다 교회 안에서의 사람들의 교제인 교회 안의 교회들(ecclesiolae in ecclesia)에 의해 표시된다. 극단적으로 말하면, 비록 교의적 비타협성에 초점을 둘 수 있을지라도, 그것은 교회를 슈페너의 경건한 이들의 모임인 경건 형제단(collegia pietatis)과 교환한다. 이와 같이 복음주의는 교회들 내에 존재하는 한 교회들보다 더 작다. 그것은 사람들을 전통적인 교회들 안에서 공유된 확신들로 묶어 준다. 사실, 복음주의의 교회론은 교리적 차이 혹은 회심의 필수 요소에 대한 의견의 불일치로 인한 교단 분열을 통해 더 오래된 교파들에서 일어난 새로운 분파들로서 분리와 분열의 교회론이었다. 분리주의(Separatism)는 복음주의적 교회론들이 반복하여 보여 주는 모습이었다.[6]

벤더의 논평에 비추어 볼 때, 이 분리주의적 동인이 오늘날의 교회 쇼핑 모습을 만들어내거나 혹은 최소한 저항하지 않는 데 얼마나 큰 영향을 끼치는지 숙고하기 위해 잠시 멈출 만한 가치가 있다. 복음주의자들은 단순히 교리나 회심을 근거로만 분리되지 않는다. 개인적 선호 또한 중요한 역할을 감당한다. 존 스택하우스는 이렇게 언급하였다.

많은 복음주의자들은… 교회 안에서 그들에게 가장 중요한 것이 무엇인지, 즉 어떤 올바른 기본 교리들의 조합, 좋은 설교, 어린아이들을 위한 좋은 프로그램들 등등과 같은 것들을 찾으려고 한 모임 혹은 심지어 전체

---

[6] Kimlyn J. Bender, "The Church in Karl Barth and Evangelicalism—Conversations across the Aisle," 5. 이 논문은 다음 컨퍼런스에서 발표되었다. "Karl Barth and American Evangelicals: Friends or Foes?" June 27, 2007, Princeton Theological Seminary, Princeton, New Jersey. Kimlyn J. Bender는 다음 책의 독자들을 주목한다. Kenneth J. Collins, *The Evangelical Moment: The Promise of an American Religion* (Grand Rapids: Baker Academic, 2005), 33.

교파 전통을 자유롭게 떠난다. 실제로, 누구든 오로지 복음주의자들 중에서만 상투적 문구인, "교회 쇼핑"이라는 말과 만난다.[7]

우리는 본서에서 복음주의 내에서의 소비주의자 심리를 다양한 초점으로 다룰 것이다. 제2차 세계대전 이후의 시기에 근본주의의 성장처럼, 미국 복음주의의 교회론의 뿌리는 20세기 초반에 부각된 근본주의자-현대주의자 논쟁 내에 닻을 내리고 있다. 이 시기 동안, 벤더가 말하는 분리주의는 주로 자신들의 교파를 떠나는 개교회들로 구성되거나 새 교파들을 형성하는 특정 중심 교파들 내에서의 보수주의자들로 구성되었다. 그 결과는 교제가 성경, 그리스도, 그리고 구원에 대한 그들의 보수적 시각들에 기반을 두었지만, 다양한 교회론적 형태들을 가진 채 조직된 교회들과 교파들의 운동이었다.

그래서, 누구든 근본주의자를 발견할 수 있고, 후에는, 감독제(감리교도)에서, 장로교에서, 그리고 회중/침례교에서 정치 형태들을 유지한 복음주의 교회들을 발견할 수 있다. 이러한 교회론의 다양성은 복음주의적 교회론을 정의하기 어렵게 만든다. 아마도 이 난제는 복음주의협의회(NAE: National Association of Evangelicals)의 신앙고백이 교회에 대해 이야기하지 않는다는 놀라운 사실에서 아주 정확히 예증될 것이다.[8]

그래서 복음주의 신학자들로서, 만일 우리가 정직하게 될 수 있다면, 우리는 "복음주의적 교회론"을 정의하기는 어렵기에 부분적으로 문제

---

[7] John G. Stackhouse Jr., *Evangelical Landscapes: Facing Critical Issues of the Day* (Grand Rapids: Baker Academic, 2002), 28.
[8] 짧긴 하지만, 이 언급은 성경, 삼위일체 그리스도의 인격과 사역, 성령, 구원, 신적인 삶을 위한 성화, 그리고 천국과 지옥으로의 부활을 언급하지만, 교회에 대해서는 언급하지 않고, 신자들 사이의 영적인 연합이 있다는 것을 확인하는 것과는 다르다. 다음을 참조하라. www.nae.net/index.cfm?FUSEACTION=nae.statement_of_faith

가 있다고 고백해야만 할 것이다. 이런 어려움은 로마 가톨릭과의 공식 대화에 참여한 일부 복음주의자들 사이에서 나눈 유머에 의해 묘사될 수 있다. 그들은 다음과 같이 말했다.

"우리와 로마 가톨릭 사이의 중요한 차이는 교회론이다. 그들은 교회론을 가지고 있고 우리는 없다."⁹

마크 놀(Mark Noll)이 덧붙이는 것처럼, 이 말이 적어도 부분적으로만 진실이기에 이 농담이 재미로 느껴지기도 한다. 사실 어떤 복음주의 신학자는 "복음주의적 교회론"이라는 개념 자체가 모순 어법일 수 있다고 생각하기도 했다.¹⁰ 그럼에도 불구하고, 우리는 복음주의에는 교회론이 없다고 주장하는 사람에게 동의할 수는 없다.¹¹

---

9 Mark Noll and Carolyn Nystrom, *Is the Reformation Over? An Evangelical Assessment of Contemporary Roman Catholicism* (Grand Rapids: Baker Academic, 2005), 145.

10 Bruce Hindmarsh, "Is Evangelical Ecclesiology an Oxymoron?" in *Evangelical Ecclesiology: Reality or Illusion?* (Grand Rapids: Baker Academic, 2003), ed. John G. Stackhouse Jr., 15–37. Bruce Hindmarsh 자신은 복음주의가 발전된 특별한 교회론 자체는 아닐지라도 그 자신의 "교회론적 양심"을 가지고 있다고 믿는다.

11 복음주의자들은 교회론이 없다고 말하는 것보다, 다수의 복음주의자들이 약한 교회론을 가지고 있다고 말하는 편이 더 나을지도 모른다. 약한 교회론은 하나님의 구원의 계획 안에서 교회를 위한 하나님의 역할에 대한 최소주의에 의해 특성화된 것이다. 그것은 개별적 그리스도인들을 강조하는 경향을 가지며, 교회를 우선적으로 신자에게 자양을 공급하기 위해 존재하는 것으로 본다. 약한 교회론은 또한 교회의 "지역적" 그리고 "보이는" 교회보다 "보편적" 그리고 "개인적" 본질을 강조한다. 대조적으로, 강한 교회론은 생동적인 지역적 그리고 보이는 교회 공동체에의 참여가 기독교인의 삶의 함양에 그리고 구원의 형성에 필수불가결하다는 것을 그리고 세상에서 그리스도의 계속적인 체현된 현존으로서 교회는 개인적인 그리스도인들 혹은 다른 기관 혹은 기구가 아니라 그의 나라의 전진을 위한 삼위일체 하나님의 우선적인 수단이라는 것을 강조한다. 독자는 Halden Doerge에 의해 작성된, 본서 끝 부분에 있는 부록 "교회론의 형태들"을 들여다보게 될 것이다. 본서의 염원 중 하나는 복음주의자들이 그럼에도 불구하고 그들의 거대한 비위계적 그리고 비예전적 지향성과 민감성과 공명하는 강한 교회론을 촉진하기 위한 큰 갈망을 품고 출발하게 될 것이라는 점이다.

확실히, 그것은 무엇보다도 일종의 최저 공통분모(lowest-common-denominator) 접근법에 의존하려는 유혹에 의해 한계를 지닌 교회론이다. 예컨대, 복음주의자들은 로마 가톨릭 교도나 정교회 교도들에 비해 교회 정치에는 타당성을 지닌 유일한 형태만 있다는 주장을 할 것 같지는 않아 보인다. 왜냐하면 신조를 고백하는 개신교회들 사이에 다양한 교회 정치 모델들이 보이기 때문이다. 그러나 이것이 복음주의적인 교회론을 형성하는 어떠한 독특한 공통분모가 없음을 의미하는 것은 아니다. 이어지는 것들은 복음주의자들이 나누고자 하고, 큰 운동으로 끌어가고자 하는 교회론적 확신에 대한 목록들이다.

> 교회는 하나님의 백성들, 그리스도의 몸이자 신부, 히브리 문서들에 약속된 성령의 전이며, 그 머리이신 예수 그리스도에 의해 존재하게 된다.[12]

그 구성원들은 예수 그리스도에 대한 믿음을 통해 구원을 경험한 자들이며 보편교회의 지역적 선언과 연결된 자들이다. 성례전이나 세례 법령들, 그리고 성만찬은 실행되어야 하며 하나님의 말씀이 가르쳐져야 한다. 그 목적은 하나님을 경배하고 신자들의 몸을 세우며, 말씀과 행위 안에서 세상과 그리스도의 복된 소식을 나누는 것을 포함한다.

어떤 이는 이 확신들이 많은 전통들과 공유될 수 있음을 바르게 지적할 것이다.

복음주의적인 교회론을 다른 전통들이나 운동들과 구분하는 특징적인

---

[12] 많은 세대주의자들은 전형적으로 교회가 히브리 성경에서 약속된 것이라는 점을 확인하지 않고, 단지 거기에 신비적 형태로 있었을 뿐임을 확인코자 한다. 더 나아가, 어떤 개혁파 사람들은 교회는 단지 구약에 약속된 것만이 아니라, 실제로 거기에도 존재했다고 주장하기도 한다.

성격들이 있는가?

우리는 다음의 예들에서 제안된 것처럼, 그것이 존재한다고 믿는다.

첫째, 권위가(항상 교회론적 구조나 윤리에 대한 이슈인데) 제도나 계급 제도를 통해 부여되는 로마 가톨릭 및 정교회 전통, 웨스트민스터 신앙고백과 같은 신조에 권위가 부여된 고전적인 개혁교회, 그리고 권위가 주로 성령의 직접적 간섭이나 개인적 인도하심에 의해 부여되는 오순절 및 은사 운동에 비해, 복음주의 교회론의 권위는 성경을 통해 가장 강하게 부여된 것으로 이해된다.[13]

그 결과, 전형적인 복음주의 교회의 예배에서 "메인 이벤트"는 특정한 성경 본문을 다루는 설교의 선포였다.[14]

둘째, 복음주의자들은 역사적으로 예전(liturgy)에 대한 최소주의적 접근을 취하여 왔다.

이것은 주로 주요 개신교회들이 많은 전통적 예전들을 근본적으로 거부한 것에 기인해 왔는데, 근본주의자들이 전통적 예전들을 참된 믿음과 영적 생명이 사라진 제도적 기독교로 여기는 것과 결부시켰기 때문이다.[15]

---

[13] 우리는 많은 개혁파교회들과 대부분의 오순절 그리고 은사주의교회들이 그들 스스로의 정체성을 복음주의적으로 확인할 수 있음을 깨닫는다. 그러나, 그들은 또한 미국 복음주의 운동으로부터 분리된 운동들에 뿌리내리고 있으며, 그래서 이 주장으로부터 분리되어 고려된다.

[14] 복음주의 교회에서 설교자들은 주제와 자신들의 초점을 지지하기 위해 성경 구절들을 사용하는 것보다 전체 책들을 구절 대 구절로 설교하는 것이 전형적이다. 그럼에도 불구하고, 지난 수십 년 동안, 주제 설교가 중요하게 부각되어 왔다. 또한, 어떤 복음주의 교회에서는, 예배에서 "찬양대" 부분이 현재의 시간과 강조의 의미에서 설교와 경쟁하고 있다.

[15] 전통적 예전에 대한 이 반감은 복음주의자들이 근본주의를 넘어가고 있는 한편, 얼마나 그 근본주의적 뿌리에 연결되어 남아 있는 지에 대한 예증이 된다.

셋째, 역사적 예전과 실천이 결여된 채, 교회의 예배와 사역 구조에 있어서 실용주의를 강하게 추구하는 경향이 있어 왔다.

교회의 형태와 실천은 종종 어떤 사역이냐에 의해 그려진다. 이것은 교회 건축부터 복음주의적 기교의 찬양 음악에 이르기까지 모든 것의 기초로 대중문화의 형태들을 받아들이는 경향으로 이어져 왔다. 20세기 후반의 "구도자 중심" 문화와 방법론들을 개척해 온 것은 복음주의자들이다.

요약하면, 복음주의 교회론에 대한 정의에 문제가 있다는 사실을 인지하지만, 그럼에도 불구하고 운동의 특정 성격들이 있으며 이러한 요소는 정의를 가능하게 할 뿐만 아니라 복음주의 교회론을 교회론에 대한 넓은 대화를 향한 중요한 기여자로 만든다. 이런 복음주의 교회론의 특성들이 토론에 긍정적으로 기여하는지 혹은 부정적으로 기여하는지가 본서에서 철저히 검증될 것이다.

복음주의적 교회론을 실행함에 있어 문제가 되는 성격을 언급함과 동시에, **에큐메니컬적(교회일치적)** 교회론 문제도 토론할 필요가 있다. 만일 복음주의적 교회론이 교파 전통들의 다양한 범위로부터 비롯될 수 있는 차별성의 결핍 때문에 고통받는다면, 에큐메니컬한 접근 역시 같은 운명에 처할 수 있다. 에큐메니컬한 신학을 행하기 위한 한 가지 방법은 단순히 모든 전통이 동의할 수 있는 (최소 공통분모 접근)항목들에 초점을 두는 것이다.

이럴 경우 아주 간결한 책으로 나올 수 있다!

다른 방법은(우리가 선택했던 방향인데), 다양한 전통들의 차이들이 심지어 불화의 한 가운데에서도 부요함을 가져오는 잠재력을 지니고 있음을 당연하게 받아들이는 것이다. 가까이에서 살펴보면, 몇 개의 조각들이 제자리에 없거나 잘못 놓인 것으로 보일 수 있지만, 그럼에도 불구하고 거리를 두고 바라보면 전체적으로 아름다운 예술 작품 같은 이미지를 드러 내는 모자이크를 창조하면서 말이다.

우리가 복음주의자로서, 예컨대 사도적 계승에 관한 로마 가톨릭 신학을 받아들이지 않는 반면, 공교회(Catholic Church)를 만들어 가는 일치의 의미를 평가하면서, 차이에도 불구하고 "함께 붙어 있으려는" 로마 가톨릭의 헌신이 복음주의적 교회의 더욱 강한 특성들이 되기를 소망할 수는 있다.

혹은, 우리는 성만찬에 대한 정교회의 관점을 받아들이지 못할 수는 있지만, 예배를 거행하는 가운데 개인주의적 경향 때문에, 전체 교회와 우리의 연결이 지닌 실재적 의미를 자주 결여하는 복음주의자로서, 교회는 언제나 주의 만찬을 지상에서나 하늘에서도 거행한다는, 그리고 그리스도만이 거기 계신 것이 아니라, 또한 모든 교회 역시 거기에 있으며, 하늘과 땅에 있다고 하는 정교회적 감각으로부터 유익을 얻을 수 있다.

조직된 종교, 특히 다양한 모습의 기독교에 대한 적대감이 늘어가는 문화 속에서 교회가 번영을 성취하기 위해, 교회론에 대한 이 모자이크 같은 접근이 교회를 예수 그리스도의 교회로 특징지워지는 일종의 다양성 속의 일치로 이끌어 간다는 약속을 지닌 것으로 믿는다. 뿐만 아니라 이러한 모자이크 방식의 다양성 속의 일치는 요한복음 17:23에 나오는 주 예수님의 기도의 성취를 기대한다.

> 곧 내가 그들 안에 있고 아버지께서 내 안에 계시어 그들로 온전함을 이루어 하나가 되게 하려 함은 아버지께서 나를 보내신 것과 또 나를 사랑하심 같이 그들도 사랑하신 것을 세상으로 알게 하려 함이로소이다 (요 17:23).

모자이크 이미지는 교회를 위한 은유(metaphor)로서 우리에게 매력적으로 다가온다. 주 예수님의 기도가 제안하는 것처럼, 그런 모자이크적인 다양성 속의 일치는 다양한 조각들을 하나로 묶는 하나님의 삼위일체적인 친교 안에 뿌리내린다. 그리고 우리는 구원의 종말론적 본성을 받았기에, 이제 교회가 어느 날인가 아름답게 될 것을 보기 시작할 수 있고 (비록 일부의 조각은 잃어버리기는 했지만) 평화, 진리, 그리고 사랑의 띠 안에서 함께 살아가도록 노력하는 가운데 그 성취를 기대한다.

우리는 왜 그러한 모자이크적인 다양성 속의 일치를 향해 분투해야 하는가?

교회는(이런저런 획일화된 운동, 혹은 누더기 조각이 아니라) 한 분이신 하나님 아버지께서 자신의 아들을 위해 신부로 창조하시고, 한 분이신 주께서 교회의 구원을 위해 생명을 주셨으며, 교회를 하나 되게 하신(획일성이 아니라) 한 성령께서 다양한 은사를 부여하심으로 하나님의 구원의 복음을 체현시키고 선포하게 하신, 많은 지체를 가진 한 몸이기 때문이다.

이 모자이크는 전체 교회가 어린 양의 혼인 잔치에서 함께 앉을 그날에 완성될 것이다. 우리의 소망은, 작게나마, 본서가 전체 교회로 하여금 보다 충만하게 하나님의 미래 안에서 완전히 실현될 일치를 현재에 만들어 내도록 고취하고자 하는 것이며, 그러면서 모든 세계를 혼인 잔치로 초청하고자 하는 것이다.

오소서, 주 예수여, 오시옵소서!

≋ **심화 연구를 위한 질문들**

1. 당신 자신의 경험에 비추어볼 때, 당신은 교회로부터 환멸을 느낀 사람들을 어떻게 찾아냈는가?
2. 교회와의 관계 속에서 한 사람의 그리스도교인의 정체성이 어떻게 규정되어야 하는가?
3. 당신은 자신의 교회적 배경을 다른 교회 전통과의 관계 속에서 어떻게 이해하고 있는가?

제1장

삼위일체적 공동체로서의 교회: 존재가 이끄는 교회

1. 교회의 상대적 정체성, 목적 그리고 행동

교회는 삼위일체적 공동체이다. 교회는 영원한 친교 안에서 아버지, 아들 그리고 성령으로 존재하시는 하나님의 언약적 동반자이자 피조물이기 때문이다. 교회는 삼위일체 하나님에게 속한다. 아버지는 아들을 통해 교회를 존재하게 하시고 성령에 의해 내주하시며, 그리스도와 연합시키신다. 교회는 하나님의 백성이고(벧전 2:10), 성령의 전이며(고전 3:16), 그리스도의 몸이자 신부이다(엡 5:29-32).

그렇다면 삼위일체를 떠나서는 교회가 존재할 수 없다. 왜냐하면, 하나님의 백성은 그가 사랑하시는 자(예수 그리스도-역주) 안에서 그들을 택하시고 성령으로 인치신 하나님에 의해서만 존재하기 때문이다(엡 1:1-4). 이 관계와 속함의 의미가 교회의 정체성, 목적, 그리고 행동을 순서대로 결정짓는다.

교회의 정체성은 그 자체가 친교적(communal)이며 관계적(relational)이다. 그것은 세 위격의 친교 가운데 존재하시며 친교를 위해 교회를 창조하신 삼위일체 하나님으로부터 도출된다. 교회를 포함한 모든 것을 창조하신 하나님은 사랑이시다(요일 4:8).

창조 기사에서 보여 준 유사한 방식으로, 하나님은 말씀과 성령을 통해 발산하는 선하심과 내적 삼위일체의 사랑에 대한 자유롭고 창조적인 표현으로 교회를 낳으신다.[1] 이 공동체적 사건의 진술은 그리스도인 개인이 성령의 전인 반면, 기독교 공동체가 성령의 궁극적 전이라는 사실을 시사한다(고전 3장; 계 21-22장을 보라). 삼위일체 하나님은 교회를 하나님의 백성으로 그리고 서로의 친교 안에서 그리스도의 몸이자 신부로 창조하셨다. 또한 하나님과의 관계 안에서는, 크게 봐서는 인류로 그리고 모든 피조물로 구성된 백성을 창조하셨다.

교회의 목적은 그 정체성으로부터 흘러나온다. 교회의 친교적 정체성은 목적론적이기 때문이다. 교회는 하나님과, 그 자신과, 더 크게는 인류와 그리고 전체 피조물과의 구성적 관계 안에서 그 존재성을 갖는데, 왜냐하면, 교회는 하나님과 언약적 친교(covenantal communion) 안에서 사랑을 받고 있기 때문이다.

이 관계적 지향성(relational orientation)이 나타내는 것은 교회는 이끌림 받는 존재라는 것이다. 하나님과 관계를 맺은 친교적 실재라는 교회의 정체성에서부터 출발하기 전에, 먼저 선교적 목적으로 출발하는 교회는 문제가 있다.[2] 이 지향성은 매우 미국적이기는 하지만, 성경적이지

---

[1] Amy Plantinga Pauw는 Jonathan Edwards의 사유에서, 하나님의 "본질적으로 관계적이고 소통적인 본성"에 대한 논의에서, 하나님의 편만하신 선에 대한 Richard Sibbes의 생각에 대한 Jonathan Edwards의 동의에 대해 언급한다. Amy Plantinga Pauw, *The Supreme Harmony of All: The Trinitarian Theology of Jonathan Edwards* (Grand Rapids: Eerdmans, 2002), 126-27. 또한 127쪽의 십스와 고백자 막시무스에 대한 그녀의 언급을 주목해 보라.

[2] 이러한 접근의 예로서 다음 책을 보라. Rick Warren, *The Purpose Driven Church: Growth*

는 않다. 성경적으로 말하면, 선교적 목적은 교회의 친교적 정체성으로부터 흘러나오는 당연한 결과다. 실제로, 하나님과 친교는 선교적 존재(missional existence)를 낳는다. 왜냐하면, 하나님의 친교적 존재는 협력선교적(co-missional) 존재이기 때문이다.

하나님은 아들과 성령의 파송을 통해 피조물 안에서 사역하신다. 교회는 이 선교 운동에 참여한다. 교회는 하나님의 아들과 성령을 통해 존재하며, 그들 가운데 있는 하나님 나라에 대해 증언하는 존재이기 때문이다. 하나님이 통치하시는 새로운 인류와 공동체를 창조하고 유지하시려고 성부께서 협력선교적인 아들과 성령을 통해 세상 속으로 나아가실 때, 교회는 친교적인 하나님의 생명에 참여한다. 이처럼, 교회는 이끌림 받는 존재이다. 즉, 교회가 속해 있는 분으로서 그들 가운데 거하시며 그들을 다스리시는 친교적이며 협력선교적 하나님에 의해 교회는 세상 속으로 이끌려 가는 존재이다.[3]

이 점에 대한 다음의 예증이 증명에 도움을 줄 것이다. 가정에서 요양하시는 노부모님들 그리고 새로 태어난 어린아이들은, 비록 그들이 중요

---

without Compromising Your Message & Mission (Grand Rapids: Zondervan, 1995). Rick Warren의 다섯 가지 목적이 확실히 성경적인 반면(103-107쪽을 보라), 그리고 그가 하나님을 위한 우리의 사역이 결국 대단히 자주 하나님에 대한 우리의 예배를 내놓는 것이라고 주장하는데 있어서 옳은 반면(103쪽), 그는 우리의 목적에 충만한 예배와 하나님에 대한 사랑이 우리를 그의 백성으로 만드시는 하나님의 사랑으로부터 흘러나오는 것임을 분명히 할 필요가 있다.

3 협력선교적인 하나님에 대해서는 다음 책의 제6장을 보라. Paul Louis Metzger, *Consuming Jesus: Beyond Race and Class Divisions in a Consumer Church* (Grand Rapids: Eerdmans, 2007). 또한 다음 글에 있는 이 주제에 대한 George R. Hunsberger의 논의를 보라. "Missional Vocation: Called and Sent to Represent the Reign of God," in *Missional Church: A Vision for the Sending of the Church in North America*, ed., Darrell L. Guder (Grand Rapids: Eerdmans, 1998), 82.

한 일을 하지 못할지라도, 관계상 중요한 이들이다. 우리 아이들이 태어날 때, 그들은 우리를 위해 무엇도 해 줄 수 없다. 우리는 그들을 위해 먹이는 것부터, 트림을 시켜 주고, 기저귀를 갈아 주는 것까지 모든 것을 해줘야만 한다.

하지만 우리는(그들이 있는 그대로 수동적인 가운데) 그들을 돌보면서 기뻐한다. 왜냐하면, 우리는 그들을 사랑하기 때문이다. 많은 가정 내에서 요양하시는 노부모님들이나 새로 태어난 아기들은 생동감을 주는 구성원들이다.

교회는 하나님의 가정(God's family)이다. 성령 안에서 아들을 통해 아버지에 의해 태어난 자들로서, 우리의 표징은 공동체적이다. 하나님에 의해 이 세상에 태어난 자들이기에 우리가 이 가정의 멤버로 성장하는 것처럼, 우리의 선교적 과제는 다른 이들을 우리 가정에 참여하도록 초청하는 것을 포함한 이 공동체적 역동성을 세워 가는 것이다.

우리는 이 가정으로 들어오는 자들이 궁극적으로 교회를 위한 하나님의 목적들을 수행할 수 있는지, 그리고 영적으로 새로 태어난 이들이 궁극적으로 교회를 위해 무엇을 수행할 수 있는지 여부로 인해 가치를 부여하는 것이 아닌, 우리가 교회로서 하나님에 의해 사랑받기에 가치를 부여한다. 하나님의 가정 구성원으로서 하나님과 친교가 모든 것을 형성한다.

교회의 관계적 정체성과 친교적 목적은 지도력, 예배, 그리고 봉사 활동을 포함하며 또한 교회의 능동성을 형성한다. 본 장은 삼위일체 공동체로서 교회의 정체성에 초점을 두고 있으며, 그 선교적 목적을 언급하고, 이 주제를 반영하는 활동을 언급한다. 이어질 장은 직접적으로 목적과 활동을 다룰 것이다. 우리는 성경, 그리고 과거와 현재에 대한 교회 자신의 증언과 대화 속에서, 우리 각자의 정체성을 요구하도록 전개시키고자 하며, 교회의 중요한 이미지와 함께 시작하고자 한다.

2. 교회의 관계적 정체성의 중요한 이미지들

1) 삼위일체 하나님의 형상 안에서의 인간성

교회와 관련된 성경의 첫 번째 주제는 하나님의 형상에 대한 것이다.[4] 창세기 1장은 삼위일체 하나님이 하나님의 형상을 따라 인간을 창조하셨다고 말씀하신다. 궁극적으로, 교회는 그리스도라는 하나님의 모범적 형상에 참여한다. 그것의 성경 연구의 발전 측면에서 이 주제를 언급하는 것이 좋을 것이다.

창세기는 창조를 열망하시는 하나님을 계시한다. 하나님은 위격들 간의 신적 친교로 스스로 자족하시기에 창조하실 필요가 없다. 삼위일체 하나님으로서 전능하신 하나님은 신적 생명의 친교 안에서 경험되는 그런 거룩한 사랑의 넘치는 표현처럼 세상과 인간을 자유롭게 만들어 내셨다. 리옹의 이레네우스(Irenaeus of Lyons)가 하나님의 "두 손들"(two hands)이라고 부른 말씀과 성령을 통해, 하나님은 세계를 창조하셨다.[5]

---

[4] 교회에 대한 신약성경의 다양한 형상들에 대한 깊이 있는 연구에 대해서는 다음 책을 보라. Paul S. Minear, *Images of the Church in the New Testament* (Louisville: Westminster John Knox, 2004).

[5] Irenaeus는 하나님은 "마치 당신이 당신 자신의 손을 소유하지 않기라도 했던 것처럼, 당신께서 스스로와 더불어 이전에 되었어야 한다고 스스로 결정하셨던 것의 성취" 안에서 도움의 필요를 갖지 않았다고 쓰고 있다. "왜냐하면 그와 더불어 언제나 그리고 그 안에서, 자연스럽게 그리고 자발적으로, 말씀과 지혜, 아들과 성령이 현존해 계셨기 때문이다. 그는 모든 것을 그에게, 그가 또한 말씀하심으로 이야기하면서 만드셨다. '우리는 우리의 형상과 모양을 따라서 사람을 만들자.' 그리고 그가 그 자신으로부터 [형성된] 피

하나님의 말씀은 우리가 창세기 1장에서 수면 위에 운행하시는 것을 보는 성령에 의해 생명을 낳으신다. 하나님은 순전한 말씀 행위를 통해 세상과 세상 안에 있는 모든 것을 창조하시며 생명의 영을 인간 속에 불어넣으신다.

창세기 1장은 이 하나님께서 하나님의 형상(the divine likeness)으로 인간을 창조하신다고 말씀하신다. 이 형상은 근본적으로 관계적(relational)이다.

> 하나님이 이르시되 우리의 형상을 따라 우리의 모양대로 우리가 사람을 만들고… 모든 것을 다스리게 하자 하시고 하나님이 자기 형상 곧 하나님의 형상대로 사람을 창조하시되 남자와 여자를 창조하시고(창 1:26-27).

이 형상은 관계적 개념으로, 완전히 의존적이며 비자율적이다. 인간 피조물은 창조주로부터 독립되도록 만들어지지 않았다. 디트리히 본회퍼는 창세기 1장에 대한 자신의 토론을 이렇게 전개한다.

> 형상, 하나님에 대한 인간의 유비는 존재의 유비(analogia entis)가 아니라 관계의 유비(analogia relationis)이다. 이것은 인간과 하나님 사이의 관계조차도 인간의 한 부분이 아니라는 것을 의미한다. 그것은 그의 존재의 능력이나 가능성 혹은 구조가 아니라, 하나의 주어진 집합 관계(set relationship)이다.… 그리고 이 주어진 관계 안에서 자유가 주어졌다.[6]

조물, 그리고 만들어진 것들의 패턴의 그리고 세상에 있는 모든 경배의 형태를 유지하시면서였다." James Donaldson and Alexander Roberts, eds., *Ante-Nicene Christian Library, vol. 1, The Writings of Irenaeus*, by St. Irenaeus, trans. Alexander Rovers and W. H. Rambaut (Edinburgh: T&T Clark, 1867), 487–88.

[6] Dietrich Bonhoeffer, *Creation and Fall: A Theological Interpretation of Genesis 1–3* (New York: Macmillan, 1959), 37.

본회퍼(Dietrich Bonhoeffer)는 계속해서 인간의 인격이 "자신의 임의대로, 자신의 소유물 안에 이 형상을" 지니지 못한다고 말한다. 그것은 "계속해서 그 현존을 하나님께 의존하는, 하나님에 의해 주어진 관계"이다.[7] 하나님과 인간 사이의 유사성은 근본적으로 관계적이며, 하나님과 인간 피조물 사이의 언약적 친교의 관계이다. 그것은 하나님에 의해 시작되고, 결정되고 유지되며, 인간의 노력에 의해서가 아니다.

하나님의 존재는 그 자체가 공동체적(혹은, 친교적[communal])이다. 여기서 창세기 1장 안에서 기록된 "우리가… 하자"라는 말은 하나님의 말씀을 받은 천사의 조언이 아니라 하나님의 세 위격의 언급이며, "위엄의 복수"(royal we)로 알려진 소통적 장치를 의미하는 것이 아니다.[8]

하나님은 이 신적 복수성(divine plurality)을 반영하는 관계적 상대를 창조하신다. 하나님이 오직 친교 안에 있는 세 위격으로서만 하나님이신 것처럼, 남자는 오로지 여자와의 관계 안에서만 완전한 인간이다. 인간은 홀로 있도록 의도되지 않았다(창 2:18). "인간"은 여기에서 고립된 개인이 아니라, 하나님과의 친교 및 인간 상호 간의 친교 안에 있는 인격들

---

[7] Ibid. 37.

[8] 창 1:26에서 신적 복수에 대한 Karl Barth의 논의를 보라. Karl Barth, *Church Dogmatics*, III/1, *The Doctrine of Creation*, ed. G. W. Bromiley and T. F. Torrance (Edinburgh: T&T Clark, 1958), 191-92. 다른 것들과 더불어, 신적 복수가 단지 "위엄의 형식적 표현"일 뿐이라는 해석을 기부하는 것에 덧붙여, Karl Barth는 또한 초대교회 해석의 근대적 묵살을 거부한다. 그는 "그것은 삼위일체에 대한 기독교 교리(한 분이시며 유일하신 하나님, 그러나 그 이유로 인해 외로우신 분이 아니라, 그 자신 안에 차이와 나와 너의 관계를 포함하시는 하나님의 그림)의 평가가 본문에 유사하고 그 초대교회의 대담한 거부 안에서의 근대적 해석에 의해 제안된 대안(참조. 예를 들어 Gunkel)보다 더 정당성을 부여한다." 창 1:26을 인용하면서, 초기 2세기 신학자인 Irenaeus는 이렇게 쓰고 있다: "이제 인간은 하나님의 형상을 따라 형성되었고, 그의 손으로 만들어진, 즉 아들과 성령에 의해 만들어진, 그에게로 그분께서 '우리가 인간을 만들자'라고 말했던" 영과 육의 혼합된 조직이다." *Writings of Irenaeus*, 463.

이다. 본회퍼는 창세기 1장에 따라, 인간/인간성은 남성과 여성으로 이중성 안에서 현존한다고 지적한다.

> 남자는 홀로가 아닌 이중성 안에 있으며, 그것은 그의 피조성이 구성되어 있는 타자에 대한 이러한 의존 안에 있다.[9]

인간의 정체성은 공동체적인데, 인간은 삼위일체 하나님의 형상 안에서 창조되었기 때문이다. 공동체적인 것으로서 그것은 또한 창조적이다. 하나님은 이 공동체적 존재를 창조적이 되도록 창조하신다.

> 생육하고 번성하여 땅에 충만하라, 땅을 정복하라(창 1:28).

이타적이고, 사랑이 풍성한 친교는 언제나 창조적이고 확장적이므로 외부를 향해 작용한다. 다른 한편으로, 자기사랑은 환원적이고, 후퇴적이며, 외부를 향해 작용하지 않는다.[10] 이 주장들을 좀 더 깊이 살펴보므로 도움이 됨을 입증하려 한다.

하나님은 인간을 흘러 넘치는 신성한 친교적 사랑의 표현으로 창조하신다. 인간을 창조하는 데 있어서 하나님의 주된 목적은 우리를 사랑하

---

[9] Bonhoeffer, *Creation and Fall*, 36.
[10] 이 용어들은 타동사로 그리고 자동사로 동사 형태로 적용된다. 타동사는 직접 목적어를 필요로 하는 동사이며, 반면 자동하는 직접 목적어를 필요로 하지 않는 동사이다. 우리는 이 용어들을 다른 종류의 사랑을 언급하는 것으로 사용하고 있다. 다른 것을 필요로 하는 사랑 대 자기중심적 사랑이다. 하나님의 사랑은 항상 직접 목적어를 필요로 한다: 하나님은 다른 이를 사랑하신다. 죄된, 자기중심적 사랑은 스스로 이외에 다른 목적어를 갖지 않는 종류의 사랑이다. 그것은 자동사로서 그것에 우리가 언급하는 의미 안에 있다.

시고 우리와 교제 안으로 들어가시는 것에 있다.[11] 하나님의 형상 안에서 창조된 이들로서, 우리의 주된 목적은 하나님의 사랑에 응답하고 다른 이들을 이 교제 속으로 초청해드리므로, 그들이 하나님의 하나님 되심과 은혜를 경험하게 하여, 그것을 다른 이들과도 나누도록 하는 데 있다.

이런 친교적 실재보다 더 영광스러운 것은 없다. 왜냐하면 그것을 통해서 우리는 하나님의 온 천하를 비추시는 선하심과 영광 안에 피조물이 참여하도록 하시는 하나님의 의도를 성취하기 때문이다.

만일 우리가 하나님의 사랑에 믿음으로 응답하기를 실패한다면, 우리는 자신에게로 돌이키게 되며, 우리의 사랑의 대상인 신적이며 인간적인 타자를 부정하게 된다. 하나님의 사랑에 응답하지 않는 이들은 그들 자신만을 향하게 된다. 그들은 그들 자신만을 사랑하는 자들이 되므로, 그들을 둘러싸고 있는 이들을 사랑하는 하나님의 사랑으로 충만한 자가 되지 못한다. 요한일서 4장에서, 우리는 다른 이들을 사랑하지 않는 이들은 하나님의 사랑을 알지 못한다는 것을 발견한다. 하나님의 사랑은 하나님께서 우리를 먼저 사랑하셨기 때문에 우리가 사랑하게 되는 연쇄 반응을 일으킨다.

우리가 말하는 형세(The state of affairs)는 교회가 지상에서 구체적으로 만들어 내고 선언하는 나라에서 그 궁극적 성취를 발견한다. 교회의 목적은 믿음 안에서 하나님의 사랑에 응답하는 것이며, 다른 이들을 하나님

---

11 이 입장은 John Piper가 그의 저술 『하나님을 향한 열망』(*Desiring God*) 안에 웨스트민스터 신앙고백서에 채택된 것과 대조하여 표시된 내용이다. John Piper, *Desiring God: Meditations of a Christian Hedonist*, 2nd ed. (Sisters, OR: Questar, 1996). 이 입장에 대해 완전히 다루는 것에 있어서는 다음 책을 보라. Paul Louis Metzger, "The Halfway House of Hedonism: Potential and Problems in John Piper's *Desiring God*," in *CRUX* 41, no. 4 (2006): 21-27.

및 타자와의 사랑의 친교 속으로 초청하는 것이다. 교회가 이를 행할 때, 그것은 하나님께서 새로운 인류가 되도록 의도하신 백성이 되는 그 운명을 성취한다.

만일 교회가(그리스도의 신부가) 하나님의 사랑에 믿음으로 응답하는 데 실패한다면, 그것은 하나님을 향해 위로 올라가거나 사랑 안에서 세상을 향해 바깥으로 향하기보다 자신에게로 돌이키게 되며, 하나님의 종말론적 나라 안에서 그분의 친교적인 새로운 피조물로서 예정된 정체성을 부정하게 된다.

창세기 기사를 몇 페이지 들여다 보면, 우리는 하나님과 인간, 남성과 여성, 그리고 인간과 피조물 사이에 존재하는 끊어질 수 없는 교제가 짧게 끝났다는 이야기를 듣게 된다. 남자와 여자가 삼위일체 창조주의 형상 안에서 그들 자신을 창조적으로 표현하기로 결정하기보다 자신들의 창조성을 하나님으로부터 떠나 자율적으로(하나님처럼 되기를 바라는 것) 표현하기로(창 3:1-7) 결정하였기 때문이다. 하나님에게서 등을 돌리는 것은, 아담이 자신의 아내를 저주하고 그녀를 이제 지배하기 원하는 것처럼, 서로로부터의 자율을 초래한다(창 3:12, 16). 이 같은 하나님과의 분리는 땅의 저주로 이어지며(창 3:17-19), 가인이 아벨을 살인하는 무대를 만든다(창 4장을 보라).

하나님의 형상 안에서 창조된 인류는 타락의 결과로 인한 황폐한 렘브란트(Rembrandt)이며, 타락한 세상, 육, 그리고 마귀에 의해 심각하게 손상된 걸작이다. 이 상태로 그대로 남겨질 때, 오직 파경과 절망만이 있다.

그러나 하나님의 심판은 인류의 구원과 변화에 대한 약속을, 그리고 그와 더불어 창조를 포함한다. 그분(우리는 그를 통해, 그리고 그를 위해 창조되었다)은 걸작을 회복시키려고 모범적인 혹은 원형적인 하나님의 형상으로서 나타나실 것이다. 하나님은 단지 개인 구원을 통해서만이 아니라, 그리스도에게 연합된 구속받은 교회의 공동체적 삶을 통해 이 일을 행할 것이다.

2) 하나님의 궁극적 형상으로서 교통하시는 그리스도

삼위일체 창조주는 인간의 타락과 하나님의 심판 앞에서 삼위일체 구원자로 계시되신다. 하나님은 인간을 속인 뱀에게 말씀하셨다.

> 내가 너로 여자와 원수가 되게 하고 네 후손도 여자의 후손과 원수가 되게 하리니 여자의 후손은 네 머리를 상하게 할 것이요 너는 그의 발꿈치를 상하게 할 것이니라(창 3:15).

공동체적으로 존재하시는 하나님이시기에, 인간을 하나님과 관계적 존재로 창조하신 하나님은, 인류와 온 피조물을 자율, 죽음, 그리고 절망의 사슬로부터 구원하고자 결심하신다. 동산을 거니시며 그들 가운데 계셨던 하나님은, 육신을 입고 오셔서 동산에서 기도하시면서 남자와 여자가 열매를 따먹은 저주받은 나무에 자신을 내어 주셨다.

하나님의 궁극적 형상(골 1:15; 히 1:1-3)이신 예수님은 자신을 죽음에 내어 주시고자 했으며, 저주를 역전시키시고 피조물을 다시 일으켜 세우시려고(혹은, 변화시키려고) 죽은 자들로부터 부활하셨다. 그분은 우리가 그의 부활과 승천에 참여함으로 하나님처럼 될 수 있도록 만드시고자 하셨다. 그래서 정교회는 적절하게 표현했다.

> 그는 우리가 그와 같이 되도록 하기 위해 우리와 같이 되셨다.[12]

만약 우리의 원형적 선조들이 하나님께서 그들 모두를 위해 계획하신 방식(성령 안에서 그의 아들과 연합하므로)으로 하나님처럼 되기 위해 기다렸다면 참으로 좋았을 것이다.[13]

하나님의 원형적 형상인, 성육신하신 아들은 우리 한가운데에 거주하시려고 오시고자 했으며 교회와 더불어 신적 형상을 나누고자 하셨다. 바울은 예수님을 하나님의 형상이며, 몸인 교회의 머리라고 했다(골 1:18). 하나님의 형상으로서, 그리스도는 다른 이들로부터 분리되어 서지 않으신다. 바울은 하나님의 형상으로서 그리스도의 친교적 성격이 있음을 지적한다. 그는 육신적 형태 안에서 우리와 함께 하시는 하나님이기 때문이다(골 2:9). 또한, 우리가 그 안에서 충만함을 받았기 때문이다(골 2:10).

바울에게 있어, 골로새서 1장의 육신 안에 계신 하나님의 형상으로서 그리스도는 깨어진 인류를 구원하고 변화시키려고, 그것을 자기 것으로 취하시므로 인류를 하나님과의 평화로운 친교 안으로 끌어오시는 화해하는 능력이다. 그러므로, 그리스도는 모든 피조물보다 먼저 나신 분이

---

[12] 예컨대 다음을 보라 Vladimir Lossky, *The Mystical Theology of the Eastern Church* (Crestwood, NY: St. Vladimir's Seminary Press, 1976), 10.

[13] 하나님은 피조물을 재현하시며 원래적 상태 너머에까지 이르게 하신다. 재현된 우주로서, 하나님은 그것을 변화시키시며 아담과 하와가 생각하지 못한 상태로까지 인도하신다. 이야기를 재현한다는 것은 재진술을 통해 그것을 개정하고 변화시킨다는 것이다. 이래네우스는 그리스도 안에서 아담의 이야기는 재현되었다고 가르쳤다. 그러나 이번에는 죄에 의해 파괴당하지 않고 오히려 죄를 파괴하는 방식이다. 하나님은 아담의 인류가 원래의 상황을 넘어 성숙하고 자라기를 의도하셨으나 타락하여 범죄함으로 말미암아 무산되었다. 그리스도께서 죄를 거부하고 극복하신 것은 인간의 이야기를 성숙과 완전을 향한 그 드라마틱한 흐름을 재개하게 했다.

시며, 죽은 자 가운데 먼저 나신 자이다(골 1:15, 18).

교회는 새로운 창조 질서의 첫 열매이며, 그리스도와 더불어 일으켜지고 성령을 통해 세상 속으로 부어진다. 그래서 누구도 온 우주 안에서 교회와 더불어 그리고 교회를 위한 그리스도 자신의 공동 연합과 분리하여 그리스도를 이해할 수 없다. 그분은 따로 서 있지 않고 언제나 세상 속에서 교회와 더불어 그리고 교회를 위해 존재하신다.

바울의 사유에 있어, 골로새서 1장과 창세기 1장의 연결은 그리스도가 하나님의 궁극적 형상임을 표시한다. 그리스도는 교회와 더불어 교회를 통하여 이 형상을 인간들과 공유하신다.[14]

창조 이야기는 바울의 논의를 위한 배경 역할을 한다. 하나님께서 창조 기사에서 무엇인가 좋지 않다고 말씀하시는 유일한 곳은 인간이 홀로 거하는 것이 좋지 않다고 말씀하신 창세기 2:18이다. 아담은 하와로부터 분리되서는 완전할 수 없다. 그리스도에 대해서도 마찬가지로 말할 수 있다. 그리스도는 그의 인성 안에서 그의 신부인 교회와 떨어져서는 완전할 수 없다.

삼위일체 하나님의 형상으로 창조된 인간이 홀로 있는 것이 좋지 않은 것처럼, 삼위일체 하나님의 형상으로서 그리스도 역시 홀로 계신 것은 좋지 않다. 교회에서 떨어져 있게 되면, 그분은 인간이 된 상태로는 삼위일체 하나님의 인격 간 소통에 대한 증거를 행하실 수 없다.

교회와 관계를 맺고 계신 자신의 존재를 통해 창세기 1장과 2장에서 하나님의 형상의 역동성을 완벽한 본보기로 보여 주시는 분은 또한 창세

---

[14] Karl Barth는 그것을 골 1:15-18, 그리고 창 1장과의 관계에 대한 그의 토론에서 잘 설명한다. 바울은 "이 문제에 대한 이론적인 기독론적 관심이 없었다. 보다 정확히 말하자면, 이 기독론적 문제는 근원적으로 포괄적 특성을 가지기에 교회론적이며 따라서 인류학적 문제라고까지 말할 수 있다." Barth, *Church Dogmatics*, III/1, 205.

기 3장에 약속된 분이기도 하다. 창세기 3장의 약속된 씨는 하나님의 피조물을 구원하시고 교회를 통해 하나님의 공동체적 나라의 완전한 통치를 성취하시려고 오실 것이다.

> 내가 그들 가운데 거하며 두루 행하여 나는 그들의 하나님이 되고 그들은 나의 백성이 되리라(고후 6:16; 비교. 레 26:12; 렘 32:28; 겔 37:27).

날이 서늘할 때에 동산에서 걸으시던 하나님은(창 3:8) 다시금 우리 가운데 거하실 것이다. 히브리 성경 전체는 이러한 결말을 가리킨다.

3) 삼위일체 하나님의 백성

하나님은 인류를 언약 공동체(covenantal communion)로 창조하셨다. 하나님은 궁극적으로 우리 한가운데에 거주하시려고, 그리고 우리를 그 자신에게로 받아들여 자신의 이름을 간직한 백성을 만들려고 그리스도 안에서 오신다.

이름은 정체성과 특성을 표현한다. 그것은 또한 누군가의 근원, 원천, 그리고 관계성, 즉 그가 속한 사람 혹은 사람들을 지시한다. 이름이 없는 신에게는 백성도 없다. 이름이 없는 백성은 어느 누구에게도 속하지 않는다. 그들은 정체성도, 목적도 없다. 이름이 없는 이들은 그들 자신이 단순한 숫자 그 이상임을 스스로 증명해야 한다. 그들은 자신들의 값과 가치를 보여 주어야만 한다. 반면, 하나님에게 속한 이들은 그들 자신을 위한 이름을 만들 필요가 없다. 하나님이 그들을 위해 친히 이름을 만드셨기 때문이다.

하나님께 속한 이들은 하나님의 이름을 갖는다. 하나님은 인류로 하여금 하나님과의 친교 바깥에서 스스로 이름을 짓도록 허락하지 않으셨다. 대신에 오로지 하나님의 선택된 백성으로서만 이름을 짓게 하셨다.

그들 스스로 이름 짓고자 시도하자 언어를 혼동시켜 바벨의 백성들을 혼비백산케 하신 창세기 11장의 기사를 기억해 보라.

그러나 이 하나님은 절대로 탐욕스러운 영광의 찬탈자가 아니시다. 이어지는 창세기 12장에서, 하나님은 아브람을 그의 제자로, 친구로, 그리고 새 백성의 아버지로 부르시며, 당신의 이름을 위대하게 만드시고자 하신다(창 12:2). 그리고 그는 아브라함을 통해 지상의 모든 백성을 축복하시겠다고 약속하신다(창 12:3). 저 약속된 씨, 그리스도에 의해 말이다(갈 3:16, 참조. 창 3:15; 12:7; 13:15; 24:7).[15]

아담과 하와로 하여금 번영하고 번성하며 땅을 채우고 그것을 정복하라고 부르신 하나님은, 아브람(후에는 아브라함)을 그의 백성들 중에서 부르셔서 그에게 보여 주시려는 땅으로 가라고 하신다(창 12:1). 하나님은 아브람에게 새로 이름을 주시면서 그와 가족을 약속의 땅을 지나 애굽으로 이르게 될 여행으로 이끌어 내신다. 거기에서, 이스라엘로 다시 이름 붙여진 야곱은 이집트인들이 그들을 두려워하여 노예로 만들게 될 거대한 백성을 이루게 될 것이다. 아브람과 야곱에게 새로 이름을 붙이신 하

---

[15] 오순절에 교회를 세우기 위해 그리스도의 영을 주심에서 우리는 바벨의 역전을 발견한다는 것을 이 지점에서 언급할 가치가 있다. 오순절에 현존해 있던 모든 사람들은 그들 자신의 언어로 그리스도 안에서 인간을 축복하기 위한 하나님의 기쁜 소식을 듣는다(행 2:5-12). 하나님의 영광은 공동체적이고 소통적이기 때문에, 하나님은 그것을 그의 백성들과 나누어서 그들은 하나가 되고 세상을 향한 그리스도 안에서의 하나님의 사랑을 세상에 비출 수 있었다(요 17:22-23). "인종, 종교 그리고 정체성의 모순들: 더글라스의 1845년 내러티브의 신학적 참여"에 나오는 "세상의 오순절화"로서의 재진술에 대한 J. Kameron Carter의 통찰력있는 논평들을 보라. J. Kameron Carter, "Race, Religion, and the Contradictions of Identity: A Theological Engagement with Douglas's 1845 Narrative," in *Modern Theology* 21, no. 1 (2005): 58–59.

나님은 이름을 주시는 하나님이시다. 성경에는 하나님을 가리키는 많은 이름들이 있지만, "주님"이 두드러진다. 그것은 출애굽과 요한과 바울에 의해 씌여진 신약성경에서 두드러진다.

출애굽은 하나님은 그의 노예가 된 백성들의 부르짖음을 들으시며 그들에게로 내려오심을 말해 준다. 하나님은 모세에게 바로에게 가서 자신의 백성을 놓아 주도록 말하라고 부르신다. 여기에서 하나님은 스스로를 모세와 자신의 백성에게 "주님"으로 계시하신다. 이것이 그의 적합한 이름이다. 하나님은 스스로를 이 이름으로 족장들에게 계시하지는 않으셨다(출 6:3).

이것이 나의 영원한 이름이요 대대로 기억할 나의 칭호니라(출 3:15).

이 이름으로, 하나님은 자신의 백성을 애굽의 노예 생활에서 구원하시며, 우리를 포함한 모든 세대들을 저주받은 노예의 삶에서 구원하신다. 하나님이 그 백성을 구원하신다는 "주님"이라는 이름은 하나님의 삼위일체적 이름이다. 예수는 이 이름을 아버지와 성령과 더불어 나누신다(요 8:58; 17:11-12; 빌 2:9-11; 또한 마 28:18-20을 보라). 예수께서는 요한복음 8:5에서 그 대적자에게 말씀하신다.

아브라함이 나기 전부터 내가 있느니라(요 8:58).

그들은 출애굽기 3장을 다시 회상하면서 그를 올바로 이해했다. 출애굽기 3장에서, 모세는 이스라엘인들 앞에서 하나님이 자신을 말할 수 있도록 이름을 알려 달라고 요청했다. 하나님의 대답은 다음과 같았다.

나는 스스로 있는 자이니라 또 이르시되 너는 이스라엘 자손에게 이같이 이르기를 스스로 있는 자가 나를 너희에게 보내셨다 하라(출 3:14).

이어지는 절에서, 하나님은 모세에게 "너희 조상의 하나님 여호와 곧 아브라함의 하나님, 이삭의 하나님, 야곱의 하나님께서 나를 너희에게 보내셨다 하라"(출 3:14)고 말씀하신다. 예수님은 출애굽기 3장에서 모세에게 주님의 사자로 불타는 덤불 안에서 나타나신 아브라함의 하나님이 그 이름이신 하나님이자 주님이심을 주장하신다.

예수님은 지상 명령이 분명히 보여 주는 대로 아버지와 성령과 더불어 신적 이름을 공유하신다.

그러므로 너희는 가서 모든 민족을 제자로 삼아 아버지와 아들과 성령의 이름으로 세례를 베풀고(마 28:19).

예수께서는 이 이름을 가지신 하나님의 선교적 백성이 되라고 자신의 교회에게 명령하신다. 그는 성령을 통해 세상 끝날까지 그들과 함께 계실 것이다(마 28:18-20). 누구든지 이 하나님의 이름을 부르는 자는, 유대인이나 이방인이나 마찬가지로 구원을 얻을 것이다(롬 10:8-13; 참조. 욜 2:32). 예수를 언급하면서, 바울은 로마서 10:13에서 요엘 2:32을 인용한다.

누구든지 주님의 이름을 부르는 자는 구원을 받을 것이기 때문이다(욜 2:32).

예수님은 이스라엘과 교회의 구원자이시다. 우리는 "주님"께 속해 있으며, 그분은 이스라엘을 이집트의 노예에서, 교회를 죄의 노예에서 구원하셨다.

하나님은 자신을 바로에게도 "주님"으로 계시하시면서, 자신의 백성을 보내라고 명령하시므로(출 5:1), 자기 백성을 결코 포기하고자 하지 않으셨다. 아버지와 아들은 아버지께서 아들에게 주신 이름 안에서 그리스도의 제자들을 보호하신다(요 17:11-12). 그래서, 그들은 그리스도와 아버지께서 하나이신 것처럼 하나가 될 수 있다(요 17:11). 그래서 세상은 하나님께서 그의 아들을 보내신 것을 알 수 있을 것이다(요 17:20-23). 믿음의 아버지인 아브라함과 더불어 시작한 하나님의 믿음의 공동체는 아들과 성령을 통해 하나님의 피조물이자 언약 파트너다. 그렇기에 하나님 백성의 공동체는 하나님의 이름을 담고 있다.

우리가 어떻게 행하느냐는 하나님의 이름과 관련 있다. 우리는 하나님의 이름을 지니고 있기 때문이다. 하나님의 이름은 그의 정체성과 성격을 드러낸다. 그래서 만일 우리가 하나님의 이름을 악하게 지니고 있으면, 우리는 하나님의 정체성과 성격을 악하게 반영하는 것이다. 로마서 2:24에서, 바울은 이것을 열방들 가운데에서 하나님의 이름이 신성 모독을 받는 이유라고 말한다. 잘 사는 자녀들은 그 부모의 이름을 명예롭게 한다. 마찬가지로 잘 사는 교회는 하나님의 이름을 명예롭게 한다. 하나님의 자녀처럼, 그리고 하나님 가정의 일원처럼, 우리는 우리 아버지의 이름에 영광을 올려드리기를 추구해야만 한다.

4) 삼위일체 하나님의 자녀들

요한복음 5장에서 예수의 대적들은 그분이 하나님을 자신의 아버지라고 부르는 데 황당해 하면서 끔찍하게 여긴다. 그들은 그가 자신을 하나님과 동등하다 말한다고 그를 올바로 해석했다. 그 결과 그들은 그에게 돌을 던지려고 했다(요 5:18).

반면, 의심의 여지없이 그의 메시지를 보다 영적으로 민감하게 받아들인 이들은 아버지와의 깊이 있는 친밀함을 경험하라는 예수의 주장에 주목하였다. 이스라엘 민족은 성부 하나님을 아버지로 안다고 주장했지만, 개별 유대인이 하나님을 "아버지"로 부르는 것은 일상적인 것은 아니었다. 예수님은 하나님을 자신의 아버지로 아시고 말씀하셨다. 그러므로 또한 우리를 교회의 지체로서 동일한 관계로 초청하신다.

> 하늘에 계신 우리 아버지시여, 당신의 이름이 거룩히 여김을 받으소서 (마 6:9).[16]

교회, 그리고 교회 안에 있는 개인들이 하나님을 "아빠"(Abba), 아빠 아버지(롬 8:15; 갈 4:6)로 아는 것은 오로지 예수를 통해서이다. 예수께서 한 분이시고, 하나님의 독생자이며, 아버지의 품으로부터 온 분이기 때문이다(요 1:18; 3:16). 오직 그만이 하나님을 본래부터 아버지로 아신다. 우리는 그리스도 안에서 우리에게 부어진 은혜를 통해, 그리고 성령을 통해 다스리시는 하나님을 아버지로 안다.

그래서 하나님은 그의 한 분 독생자 예수를 통해 우리 하나님이자 아버지가 되신 것이다. 그리스도의 아들 되심과 우리 자신 사이의 구분은 영원히 남아 있다(요 20:17을 보라). 그러나 그런 구분이 분리를 의미하지는 않는다. 그리스도 안에서 그리고 그분을 통해, 하나님은 우리를 사랑하신다. 그의 아들과 딸들, 그의 교회를 사랑하신다. 그가 성자를 사랑하

---

[16] 하나님을 "아버지"로 일반적으로 언급하지 않는 유대 백성들에 대한 주제에 관해서는 다음을 보라. D. A. Carson, *The Sermon on the Mount: An Evangelical Exposition of Matthew 5–7* (Grand Rapids: Baker Books, 1978), 62.

듯 말이다(요 17:23).

하나님의 자녀로서, 우리는 그리스도와 서로 형제요 자매이다. 하나님과 우리 사이에, 그리고 그리스도와 우리 사이의 어떠한 분리도 없는 것처럼, 하나님의 가정의 구성원으로서 형제와 자매 사이에도 어떠한 분리가 없다. 우리는 하나님의 가족이기 때문이다. 이 주장은 본서에서 고려하고자 하는 인종, 경제, 그리고 에큐메니컬한 다양성과 분파들, 주제들과 같은 일들을 교회가 다룸에 있어서 깊은 연관성을 갖는다.

5) 삼위일체 하나님의 집 그리고 가정

신약성경은 모든 관계 구조들(부모-자녀, 남편-아내, 형제-자매, 그리고 주인-종)을 교회라는 렌즈를 통해서 보여 준다. 예수는 그의 제자 공동체를 그의 생물학적 가족보다 우선순위에 놓아, 그의 본래적 가족으로 만듦으로 가족에 대한 우리의 이해를 변혁시킨다.

한편으로, 예수께서 자신의 어머니와 형제들이 그를 보러 왔다는 이야기를 들은 후, "누가 나의 어머니이며 나의 형제인가"라고 질문하셨다. 그리고 자신을 둘러싼 주위에 앉아 있는 이들을 보시며 말씀하셨다.

> 여기에 나의 어머니와 나의 형제들이 있다!
>
> 하나님의 뜻하시는 바를 행하는 이가 나의 형제이며 자매이며 어머니이다(막 3:33-35, 직역).

예수 시대에 가족의 결속은 오늘날보다 훨씬 강했다. 따라서 듣는 이들은 이 말씀을 듣고 충격을 받았을 것이다. 이 말은 예수께서 그의 어머니와 형제들과 의절을 하겠다는 것이 아니라, 그가 가족의 결속을 다시 설정함으로, 예를 들어, 그의 어머니가 그의 제자들의 가족의 첫 번째이자 우선적인 분으로 보여지도록 하겠다는 것이었다. 그래서, 죽음의 십자가 위에서 예수는 마리아에게 자신의 제자 요한이 이제 어머니의 아들이 될 것이며, 요한에게는 마리아가 이제 그의 어머니가 될 것이라고 말씀하신다. 그 결과, 그녀는 그녀의 친 아들 중 하나가 아닌 예수님의 제자 요한과 살게 되었다(요 19:26-27).

신약성경은 우리의 관계적-사회적 구조들을 교회의 렌즈를 통해 본다. 차별이 있던 곳에 이제는 평등이 있다. 요셉 헬러만(Joseph Hellerman)은 근본적인 가족 관계를 수용한 초대교회의 기초적인 가족 관계는 형제자매간의 것이었으며, 형제자매간의 이미지 안에 반영된 가치 중 하나가 평등이었음을 주장한다. 헬러만은 말한다.

> 가족이라는 교회 이미지에서 얻는 최상의 혜택을 누린 자들은 가난한 자, 굶주린 자, 노예된 자, 갇힌 자, 고아들, 그리고 과부들이었다. 고대에 형제자매라는 용어는 위계 질서, 힘, 그리고 소유와는 아무런 연관도 없었다. 오히려 모든 것들은 평등, 결속, 그리고 일반적인 호혜주의와 연관되었다.[17]

그러한 형제자매의 관계들은 그들이 교회 안에서 자신들의 자녀들을 다루는 법과 관계 있다. 태어날 때부터 신자들이었던 우리의 아들딸들은, 또한 그리스도 안에서 우리의 형제들이자 자매들이다. 그러한 가족 결속은 우리가 다른 인종적, 경제적 수준에 있는 사람들을 형제요 자매

---

[17] Joseph Hellerman, *The Ancient Church as Family* (Minneapolis: Fortress, 2001), 221.

로 대할 수 있음을 의미한다. 교회는 새로운 가족 단위가 된다. 왜냐하면 그것은 하나님의 가족 단위이며, 하나님의 가정이고 하나님께서 그 가운데에 거하시기 때문이다.

하나님은 자신의 이름을 가진 주의 사자(Angel of the Lord)를 통해 이스라엘의 한가운데에 거하셨다(출 23:20-21).[18] 그리고 하나님은 자신의 이름을 가진 예수를 통해 우리의 한가운데에 최상으로 거주하신다(마 28:19-20; 요 17:11). 그는 육신이 되신 말씀이시며, 우리 가운데 있는 장막이 되신다(요 1:14). 예수는 하나님의 이름을 우리와 나누시며 교회를 그의 성령을 통해 하나님께서 거하시는 거처로 만드신다(고전 3:16).

"장막 되심"(tabernacling)이라는 이 생각은 성경을 관통하며 흐르고 있다.[19] 하나님은 그의 백성인 이스라엘과 더불어 장막에 거하신다(출 40:34). 그리고 위의 언급처럼, 하나님은 아들에게 한량없이 부어 주셨던 성령을 통해(요 1:32-4; 3:34) 예수의 인격 안에서 인간으로 장막에 거하신다(요 1:14).

더 나아가 하나님은 우리 안에서 장막이 되신다. 우리는 성령의 전이다(고전 6:19). 하나님은 예수께서 성령을 통해 육신적으로 우리 각자 안에서 장막이 되실 때, 육신적으로 장막이 되신다. 이것은 삼위일체론적 장막이 되심이다.

개인이 성령의 전일 뿐 아니라, 교회도 성령의 전이다(고전 3:16). 교회

---

[18] 교회 역사를 통틀어 많은 신학자들은 주의 천사를 성육신하기 이전의 그리스도로 이해해 왔다.

[19] 히브리 성경에서 성전 건축 이전의 성막(거룩한 천막)은 하나님의 임재 및 그의 백성들과 더불어 사시는 방식을 대표한다. 본서에서, 우리는 종종 "구약성경" 39권의 책을 언급하기 위해 "히브리 성경"라는 용어를 사용한다. 우리는 상호 교차적으로 이 용어들("구약성경" 그리고 "히브리 성경들")을 사용한다. 그 자체로서는 "구약성경"은 이 저술들이 더 이상 적용되지 않는다는 것을 상징하기 위해 잘못 취해질 수 있기 때문이다.

는 그리스도의 몸이기 때문이다(엡 4:4-5, 29-30; 골 1:18). 베드로는 우리에게 예수님이 하나님의 성전 모퉁이돌이라고 말씀하신다. 그리고 교회는 영적인 집으로서 세워져 가는 산 돌로 만들어진다고 말한다(벧전 2:4-10).

예수께서는 십자가에서 그 자신의 몸의 성전을 무너뜨리시고 삼일 만에 그것을 다시 세우심으로(요 2:18-25), 이 모든 것을 가능하게 하시며, 죽음으로부터 부활을 통해 새 질서를 시작하신다. 그의 승천과 영화로 인해 생수의 강, 즉 성령께서 그리스도를 믿는 이들에게 부어지며 그들로부터 흘러나올 것이다(요 7:37-39).

의심의 여지없이, 당시 많은 이들은 예수의 승천과 성령의 강림에 대해 놀라워하였다.

예수께서 머물러 계시는 편이 더 낫지 않았을까?

요한복음 14장과 16장에 따르면 그렇지 않다.

예수에 따르면, 그가 떠나시는 편이 더 나은 일이다.

왜 그럴까?

그는 자신을 따르는 자들을 위해 아버지의 집 안에 있는 기치를 예비하러 가시기 때문이다(요 14:2-3). 또한, 아버지께서 그리스도보다 더 크시기 때문에 그리스도께서 가시는 것이 좋다(요 14:28). 그가 여기에 머물러 계시는 것보다 아버지께로 가시므로 더 많은 것이 성취될 수 있기 때문이다(요 14:12). 예수의 제자들은 그를 통해 아버지께로 직접 갈 수 있으며 아버지를 위해 위대하고 영광스러운 결과들을 취할 수 있다(요 14:12-14).

또한 그가 아버지께 성령을 보내 달라고 부탁하실 것이기에, 그리스도께서 가시는 것이 좋은 일이다(요 14:26; 16:7). 진리의 영은 위로와 인도하심을 위해 오실 것이며, 그 제자들을 그리스도의 지속적인 임재로 도우실 것이다(요 14:15-7; 16:7-15). 실제로 아버지와 아들은 진리의 성령을 통해 우리에게 오셔서 거처를 함께 하실 것이다(요 14:23, "성령을 통하여"는 주변 문맥으로부터 신학적으로 뒤따라 온다).

예수께서 우리를 위해 장소를 예비하러 가시는 것처럼, 성령께서는 우리 안에서 그리고 우리와 더불어 하나님과 그리스도를 위해 장소를 예비해 주신다. 아버지와 아들은 우리 안에 거주하시려고 성령을 보내신다. 그리고 성령을 통해 그분들은 오시며 우리 가운데 거하신다(요 14:23을 포함해서 보라).

하나님은 예수 안에서, 그리고 예수를 통해, 참으로 우리와 더불어 거하신다(마 1:23). 그리고 그리스도는 세상 끝날까지 우리와 항상 함께 거하실 것이다(마 28:20). 따라서 새 장막이 옛것보다 낫다. 그러나 궁극적인 장막/성전은 미래에 남아 있다. 그리스도는 지금 그의 백성을 위해 장소를 예비하고 계신다. 궁극적으로, 이 장소는 관계적 장소이기에, 그의 백성은 그와 더불어 영원히 있을 수 있다(요 14:3을 보라).

다가올 시대에 성전은 필요 없게 될 것이다. 하나님과 어린 양이 성전이시기 때문이다(계 21:22). 그리고 그분들은 하나님의 이스라엘의 새 예루살렘의 거룩한 도시(계 21:2)와 교회(계 21:12-14)이자, 신부(계 21:2)인 하나님의 백성의 한 가운데에 거하실 것이다(계 21:3). 하나님과 어린 양의 보좌로부터 도시의 거대한 길의 한 가운데에서 흘러 내려가는 생명의 강의 물이신(계 22:1) 성령과 신부는 이렇게 말한다.

> 오라 하시는도다 듣는 자도 오라 할 것이요 목마른 자도 올 것이요 또 원하는 자는 값없이 생명수를 받으라 하시더라(계 22:17).

6) 몸 그리고 그리스도의 신부

교회는 성령 안에서 그리스도의 생명을 제공하는 신부이다. 선악을 알게 하는 나무로부터 따먹었을 때, 그 영이 죽었던 아담과 그 신부와 달리, 그리스도의 신부인 그 성의 빛 가운데로 걸어가는 족속들(계 21:24)은 그 성 안에 서 있는 생명나무로부터 치유를 발견한다(계 22:2). 삼위일체 바깥에는 교회가 없다. 삼위일체 하나님 안에만 구원이 있다.[20] 하나님은 생명으로 이르는 그의 아들의 죽음과 성령을 통해, 그의 아들을 위한 신부를 창조하셨다(엡 5:25-27).

사랑이신 하나님의 깊은 것까지 통달하시며(고전 2:10; 요일 4:8), 아버지와 아들 서로에 대해 품으신 사랑을 전달하는 성령께서는, 하나님의 귀한 약속을 드러내시고(롬 8:15-17; 벧후 1:3을 보라), 그로 말미암아 믿게 하셔서(롬 10:17), 우리 마음에 하나님의 사랑을 쏟아 부으심으로(롬 5:5), 교회를 그리스도에게로 연결시키신다. 성령께서는 말씀을 통해 그리스도

---

[20] 이 사안의 토론을 시작했던 것이 Cyprian of Carthage(258년 사망)는 아니었지만, "교회 바깥에는 구원이 없다"(*Extra Ecclesiam nulla salus*)라는 문구가 그의 이름으로 알려져 있다. Cyprian의 관심은 교회 바깥에 있는 이교도들과 분리주의자들에게 있었다. 그들은 자발적으로 교회로부터 분리되어 있었기 때문이었다. 그는 쓰고 있다: "누구든지 교회와 단절하고 불륜적 연합으로 들어간 이들은, 스스로를 교회에 주어진 약속으로부터 끊어내는 것이다. 그리고 그리스도의 교회에 그의 등을 돌렸던 이는 그리스도의 보상으로 오지 않게 될 것이다. 그는 이방인이며, 속물이며, 적이다. 교회를 당신의 어머니로 갖지 않는다면 하나님을 아버지로 가질 수 없다… 그리스도와의 화평과 조화를 깨는 이들은 그리스도에 반하는 것이다. 교회가 아닌 다른 곳에서 모이는 이는 누구라도, 그리스도의 교회를 흩어버리는 자들이다… 만일 사람이 이 연합을 유지하지 않는다면, 그는 하나님의 법을 지키지 않고 있는 것이다. 그는 아버지와 아들에 대한 그의 믿음을 잃어버렸으며, 그는 그의 생명과 그의 영혼을 잃어버린 것이다." Cyprian of Carthage, *The Unity of the Catholic Church*, in Robert L. Ferm, *Readings in the History of Christian Thought* (New York: Holt, Reinhart and Winston, 1964), 435.

안에서 우리를 향한 하나님의 사랑을 드러내심으로 우리 마음을 꿰뚫고, 믿음으로 우리를 그리스도와 더불어 한 몸으로 만드신다.

좋은 남편은 그 부인에게 자신의 몸처럼 자양분을 공급하고 돌봐 주며 그 부인을 사랑한다. 그들은 한 몸이기 때문이다. 그리스도 역시 그처럼 그의 몸(그의 신부, 교회)에 자양분을 공급하시며 돌봐 주신다. 그들은 은혜와 사랑의 하나님의 약속에 대한 믿음을 통해 한 몸이기 때문이다(엡 5:28-31).

그리스도께서는 그의 신부를 말씀과 물로 씻어 주심으로 깨끗케 하시고 정화하신다(엡 5:26). 그는 교회의 불의를 자신에게로 받아들이는 반면, 자신의 의를 교회와 공유하심으로 자신의 교회에 자양분을 공급하시고 돌봐 주신다. 이것이 "즐거운 교환"이라 불리는 것이다.[21]

루터가 어떻게 이 즐거운 교환을 서술했는지 보자.

> 도대체 누가 이 성대한 결혼의 의미하는 것에 완전한 감사를 드릴 수 있겠는가?
>
> 누가 이 은총의 영광의 풍요로움을 이해할 수 있겠는가?
>
> 여기에서 이 부요하고 신적인 신랑이신 그리스도께서 이 가난하고 사악한 매춘부와 혼인을 하시고, 그녀를 그녀의 악으로부터 구원하시며, 그의 모든 선으로 그녀를 꾸며 주신다. 그녀의 죄들은 이제 그녀를 파괴할 수 없다. 그것이 그리스도에게로 전가되었고 그에 의해 삼킨 바 되었기 때문이다. 그리고 그녀는 그리스도, 그녀의 남편 안에 있는 그 의를 가진다. 그것을 그녀는 그녀 자신의 것으로 자랑해도 좋고 죽음과 지옥의 면전에

---

21 다음을 보라. Heiko Augustinus Oberman, *Luther: Man Between God and the Devil* (New Haven: Yale University Press, 1989), 183–84.

서 확신을 가지고 그녀의 죄들과 함께 보여 주면서 말해도 된다.

"만일 내가 죄를 졌다 해도, 그러나 내가 믿는 나의 그리스도는 죄를 짓지 않았다. 그의 모든 것은 나의 것이며 나의 모든 것은 그의 것이다."

솔로몬의 아가(아 2:16)에서 신부가 이야기했던 것처럼 말이다.

"내 사랑하는 자는 내게 속하였고 나는 그에게 속하였도다"(아 2:16).²²

루터에게 있어, 신부는 성령에 의해 그리스도와 그녀의 참된 연합을 통해 참으로 의롭다. 그리스도의 신실하심을 통해 믿음으로 칭의를 얻는 것 그리고 하나님의 성령을 통해 인간의 마음에 신적인 사랑이 부어지는 것은 신부가 그리스도와 참으로 하나임을 의미한다.²³

루터의 상상은 솔로몬의 아가에 등장하는 신부가 호세아에 나오는 매춘부와 강한 대조를 보이는 히브리 성경에 대한 반추이다. 전자는 오로지 그 사랑하는 자만을 보는 데 반해, 후자는 다른 사랑의 대상들의 뒤를 쫓아간다. 전자는 친밀함을 추구한다. 반면, 후자는 자율을 추구한다.

하나님은 그럼에도 불구하고 우리를 자율에 내버려 두려고 하지 않으실 것이다. 하나님은 질투심 많은 애인이기 때문이다. 하나님은 자신의 아들 안에서 우리를 뒤따라오시면서, 성령을 통해 우리로 하여금 자신에게로 돌이키라고 설득하셨다. 하나님은 자신의 백성이 아닌 자들을 자기

22　Martin Luther, *The Freedom of a Christian*, in *Martin Luther's Basic Theological Writings*, ed. Timothy F. Lull (Minneapolis: Fortress, 1989), 604.

23　이 설명에 대한 의는 법정적인 것 이상이다. 하나님은 우리를 성령을 통해 그리스도와 더불어 한 몸이기에 의롭다고 선언하신다. 따라서, 의는 궁극적으로 참여적이자 관계적이다. 다음을 보라. Paul Louis Metzger, "Mystical Union with Christ: An Alternative to Blood Transfusions and Legal Fictions," in *Westminster Theological Journal* 65 (2003): 201–13. See also Veli-Matti Karkkainen, *One with God: Salvation as Deification and Justification* (Collegevill: Liturgical, 2005), 33.

백성으로 만드셨고(호 1:9-10; 2:23을 보라. 롬 9:25; 벧전 2:10을 보라), 창기를 취하여 자신의 흠없는 신부인 교회로 만드시려고 모든 불의에서 그녀를 깨끗케 하셨다(엡 5:26).

그리스도의 신부로서 교회는 그리스도의 의를 서로 나눈다. 그리스도의 의는 그녀를 창조하고 완전케 한다. 그녀의 의는 그녀 자신의 것이 아니지만, 그리스도에 대한 믿음을 통해 그녀의 것이 된다. 따라서 그녀의 의는 관계적이자 변증법적(즉, 역동적, 다면적, 심지어 역설적)이다. 사실, 교회의 변증법적 의(dialectical righteousness) 전체는 교회의 관계적 정체성을 변증법적인 것으로서 증거한다.

어떻게 이러한 종류의 의존적 의가 교회가 불의한 세계에 개입해 들어가는 길에 영향을 끼치는가?

교회는 절대로 자기 의라는 방식이 아닌, 은총의 방식으로만 세상에 개입해 들어갈 수 있다. 물론, 그리스도인들이 서로에게 관여하는 방식도 동일하다. 지금까지 교회의 중요한 성경적 이미지에 대해 살펴보았으나, 이제 논의는 교회의 관계적 정체성의 변증법적 본질로 향하게 될 것이다. 완전히 의로우면서도 완전히 죄된 것으로서, 하나이면서 다수인, 그리고 여기 있으면서 여기 있지 아니한, 지금 그러나 아직 아닌 것으로서의 교회에 대한 숙고가 주어질 것이다.

2. 교회의 관계적 정체성의 변증법적 본질

1) 완전히 의로우면서도 여전히 완전한 죄인

친교 안에 계신 세 인격들이신 한 분 하나님으로서 삼위일체는 변증법적 실재이다. 삼위일체 하나님과 우리의 연합 역시 변증법적이다. 왜냐하면 우리가 죄인인 한편, 의롭기 때문이다. 하나님의 영은 우리를 그리스도께로 연합시키신다. 그리고 우리는, 하나님 앞에서 성령을 통해 그리스도와의 관계적 연합을 통해 의롭게 되는 반면, 삼위일체 하나님과의 이러한 관계적 연합에서 분리된 우리 자신 안에서 죄인으로 남아 있다. 이런 변증법적, 관계적 연합이 교회의 정체성을 구성한다.

우리의 의는 우리 자신이 아니라 그리스도로부터 온다. 그리스도의 의가 우리 것이 된다. 물론 우리가 새로운 능력을 얻는 것이 아니라, 우리가 그를 새로운 사랑의 대상으로 소유한 때문이다. 우리는 하나님의 사랑하시는 약속에 대한 믿음으로 그리스도를 소유한다.

> 내 사랑하는 자는 내게 속하였고 나는 그에게 속하였도다(아 2:16).

참으로 교회인 바로 그들로서, 우리는 새로운 피조물이자 흠 없는 자들이다. 그러나 그러한 새로움과 정화는 우리 자신의 사역들이 아닌 우리가 사랑하는 그리스도와의 역동적인 인격 간의 연합에 달려 있다. 루터는 그것을 이렇게 표현한다.

> 어떠한 선행도 하나님의 말씀에 의지하거나 영혼 안에 살 수 없다. 가열된 철이 불과 연합함으로 불과 같이 빛나는 것처럼, 말씀도 영혼에 그 특질을 전해 준다.

그리스도는 "믿음의 혼인 반지"를 통해 신자들과 결혼한다. 루터에게 있어, 그리스도는 호세아 2:19-20이 말한 바, "공의와 정의와 은총과 긍

휼히 여김으로" 교회와 결혼한다.[24]

그리스도께서 자신을 우리에게 주심으로 우리는 그를 소유한다. 이 인격적, 관계적 소유는 우리 삶에 부어진 사랑의 성령을 통한 선물로 영원히 남는다. 구원이 선물이라면, 삶의 상태와 상관없이, 누구도 자랑할 근거를 갖지 않는다. 그리스도를 떠나서는, 누구도 그 어떤 사람도 의롭지 않기 때문이다(롬 3:9-20). 누구든 예수 안에서 우리를 향한 하나님의 긍휼어린 돌이키심으로부터 분리될 경우, 정죄받는 존재로 선다. 유대인들이나 이방인들이나 동일하다. 그들이 선 곳은 십자가의 발 아래이다. 그래서 모두는 우리를 하나 되게 하신 그분의 성령을 통해 그리스도 예수를 믿음으로 말미암아 동등하다.

그리스도의 의는 그리스도에 대한 완전한 의존에서 분리될 경우 절대 우리 것이 될 수 없다. 그래서 교회는 성도의 안식처이자, 죄인들의 치료소이기도 하다. 하나님의 백성들은 어린아이들처럼 완전히 하나님을 의지하고 하나님 나라로 들어가는 이들이며, 심지어 그리스도 안에서 완전한 성숙으로 자라면서도 아이들로 남아 있는 이들이다(마 18:3). 오직 어린아이들만이 나니아(Nania)로 들어갈 수 있다.

오직 치유가 필요함을 아는 이들만이 치료할 의사를 찾는다(막 2:17). 산상 설교에서의 첫 번째 복음은 심령이 가난한 이들, 즉 영적으로 파산한 이들이 복을 받음을 말한다.[25] 하늘 나라가 그들의 것이기 때문이다(마 5:3). 영적 파산만이 누군가의 계정이 하나님으로 인해 완전히 탕감받을

---

24 Luther, *Freedom of a Christian*, 604. 호세아는 이스라엘에 대해 언급하고 있지만, 바울은 그리스도께서 결혼하신 하나님의 백성은 이스라엘과 교회를 포함한다고 주장한다. 우리 관점에서 보면, "교회"는 신약성경의 실재(reality)이다. 그렇다면, 구약 언약을 믿는 이스라엘은 그리스도 안에 있으며, 따라서 현재 교회의 한 부분 안에 있다.

25 John R. W. Stott, *The Message of the Sermon on the Mount (Matthew 5–7)* (Leicester, UK: InterVarsity, 1978), 39.

수 있는 유일한 길이다. 하나님 나라는 거드름을 피우는 바리새인들은 별로 없고, 회개하는 세리들과 창기들이 가득 들어 있는 곳이다(눅 18:10-14을 보라).

하나님의 각 위격의 완전성은 셋의 연합과 결부되어 있다. 유사한 형태로, 우리 의(우리의 완전함)는 하나님의 영을 통한 그리스도와 우리의 연합에 전적으로 의존한다. 우리의 의는 또한 몸의 다른 구성원들에 완전히 의존하고 있다. 따라서 그것은 상호 의존적 의미다. 몸이 머리와 떨어져서는 불완전한 것처럼, 몸의 각 부분들이 적절히 기능하려면 다른 부분들도 필요로 한다. 따라서, 우리 의는 다른 이에게 의존해 있다. 그것은 전체 몸을 만들기 위해, 그리고 그 몸을 전체로 만들기 위해 모든 부분(사람들의 그룹들, 그들의 은사를 가진 사람들, 그리고 다양한 교회들)을 취한다.

그래서 그리스도의 몸의 지체들은 배타적인 손가락질이나 비난에 의해서가 아닌, 서로를 그리스도 안에 있는 회개와 치유로 초청함으로 그리스도의 의를 나눈다. 누군가 죄로 인해 슬퍼할 때는 모든 이들이 슬프다. 그리고 누군가 의 안에서의 승리로 기뻐할 때는 모두가 기뻐한다. 연합하면 우리는 서게 되고, 분열되면 우리는 실패한다. 교회가 온전할 때는 그 구성원 각자가 온전할 때이며, 그리고 각자와 모든 구성원이 온전함의 빛에서 다른 이들의 유익을 위해 사역할 때이다.

2) 하나이지만 다수

그리스도와 교회가 한 몸이라는 것은 큰 신비이다(엡 5:32). 마찬가지로, 교회가 유대인이나 이방인이나 믿음을 통해 하나로 구성된다는 것도 신비이다(엡 3:4). 그리스도 안에서 하나님의 속죄 사역이 성전의 지성소 휘장을 위에서 아래까지 찢으시므로(마 27:51), 하나님의 백성들이 성령의 전이 될 수 있다. 그래서 그리스도의 속죄 역사는 유대인과 이방인들 사이의 적대감이라는 분리 벽을 완전히 찢어버리기에, 그들은 한 몸이 될 수 있다(엡 2:13-16).

에베소서 2:14-22에 있는 의미심장한 삼위일체적 역동을 주목해 보라.

그리스도는 유대인과 이방인들 사이의 갈등에 화평을 가져오신다. 그래서 그는 그들의 평화이시다(미 5:4-5을 참조하라). 그는 (율법의 요구 및 할례와 결부되어 있는) 육의 적개심을 십자가 위에서 육신의 죽음을 통해 파괴하셨다. 그는 십자가를 통해 그들을 하나님께 화해시켜 둘 사이를 화해시키셨다. "단번의 영원한" 육체적 죽음을 통해 그분은 둘을 한 몸으로 만드셨다. 우리가 아버지께 한 영을 통해 갈 수 있는 것은 바로 이 동일한 예수에 의해서이다.

이제 이방인은 그 기초가 사도들과 예언자들이고 그 주춧돌이 그리스도인 하나님의 집 안에 속한다. 그리스도께서 전체 구성물을 조정하심으로써 그것은 하나님의 거룩한 성전으로 자라나게 된다. 그리스도 안에서, 하나님은 유대인들과 이방인들을 함께 하나님께서 성령으로 거하시는 장소로 세워 나가신다. 그래서 그들은 하나님의 집안 구성원으로, 하나님이 거하시는 집 안에 함께 속한다.

그리스도를 통해 이방인은 이스라엘과 함께 상속자들이자, 그리스도 자신의 몸과 함께 구성원이 되며, 예수 안에 있는 것을 하나님의 약속 안에서 함께 나누는 자가 된다(엡 3:6). 그래서 유대인들과 이방인들(그리고 모든 다른 그룹들)은 그들이 서로 연합할 때, 그리스도와 자신들의 연합을 확인한다. 그리스도는 또한 남성과 여성 그리고 노예와 자유인을 하나로 만드시려고 죽으셨다. 우리는 "그리스도 예수 안에서 모두 하나"이며 "아브라함의 자손이요 약속에 따른 상속자"이다(갈 3:28-29을 보라).

그러나, 자주 우리는 우리 형제자매들과 더불어 믿음으로 살지 않고, 피부색과 인종, 사회적 위치와 경제, 성과 인격적 선호에 의해 나누어진다. 하지만, 믿음 안에서 하나님께로 올라가는 이들은 우리 마음에 하나님의 사랑을 부어 주시는 성령을 통해 사랑 안에서 자신의 이웃에게로 내려올 것이다.[26]

바울은 에베소 교인들에게 "평화의 띠 안에서 성령의 연합을 유지"하라고 촉구한다(엡 4:3). 평화의 영은 우리를 우리의 평화이신 한 분에게로 연합시키신다. 그는 계속해서 "몸이 하나요 성령도 한 분이시니 이와 같이 너희가 부르심의 한 소망 안에서 부르심을 받았느니라 주도 한 분이시요 믿음도 하나요 세례도 하나요 하나님도 한 분이시니 곧 만유의 아버지시라 만유 위에 계시고 만유를 통일하시고 만유 가운데 계시도다"(엡 4:4-5)라고 기록한다.

바울은 공통의 소망이시며 한 분 삼위일체 되신 하나님에게 호소한다. 우리 역시 그렇게 해야만 한다. 한 몸으로 연합하는 것에 대한 바울의 근심은 독특함을 무시하거나 제거하지 않으며, 각 부분은 전체를 위해 존재한다. 에베소서 4장에서, 사도는 한 몸에 여러 부분이 있다고 말한다(엡 4:16). 고린도전서에서 그는 몸의 모든 지체를 활용해야 할, 그리고 그들을 위해 함께 기능해야 할 필요성을 언급한다(고전 12:12-31).

하나님의 영은 각 부분들이 실제로 함께 잘 기능하는 데 열쇠가 된다. 아버지와 아들 사이에 사랑을 매개하시고, 하나님의 아들의 성육신을 매

---

[26] 루터는 예수를 믿는 신자는 "자신 안에서" 사는 것이 아니라 "그리스도 안에서 그리고 그의 이웃 안에서" 사는 것이라고 주장한다. "그렇지 않으면 그는 그리스도인이 아니다. 그는 믿음을 통해 그리스도 안에서 살며, 사랑을 통해 그의 이웃 안에서 산다. 믿음으로 그는 하나님을 향해 자신을 넘어 사로잡혀 있다. 사랑에 의해, 그는 자신 아래로 내려가 그의 이웃을 향한다. 그러나 그는 언제나 하나님 안에 남아 있고 그의 사랑 안에 남아 있다." Luther, *Freedom of a Christian*, 623.

개하시는, 그리고 그리스도와 그의 교회를 연합시키시는 이 동일한 성령은, 또한 그리스도의 인성과 그의 몸인 교회를 그 다양한 각 부분들을 포함하여 연합시키신다. 성령은 각 부분이 특별한 하나가 되도록 형태와 모양을 잡으시며, 그것들이 한 몸으로서 교회의 다양한 사역을 위해 존재하도록 의도하신다. 성령에 의해, 그리스도 안에, 옆에, 그리고 그를 통해 존재하는 우리의 연합은 전체를 위한 여러 다양한 형태들의 특이성을 유지하면서 자양분을 공급한다.

지상에 있는 그리스도의 몸으로서, 우리는 여기에서 그리고 현재의 육신 안에서, 그리스도의 인격과 사랑과 의를 전달하는 하나님이 지정하신 수단이 된다. 우리는 하나님의 영이 교회의 각 구성원들에게 그리스도를 전하는 데 쓰시는 그리스도의 손과 발이다. 그래서 우리가 서로 용서할 때, 우리는 하나님의 용서를 경험한다.

로마 가톨릭은 이 진리를 깨달았고 그것을 고해성사를 통해 실행한다. 우리가 용서받았음을 동료 신자가 우리에게 말하는 행위 안에는 무언가 믿을 수 없는 강한 어떤 것이 있다. 로마 가톨릭은 이 실천을 사제만이 할 수 있는 성례전적인 것으로 제한했다. 그래서 그 심오함을 제한했다.[27] 선택되어 성직을 받은 소수가 아닌 전체로서의 교회가 "왕 같은 제사장"(벧전 2:9)이다. 그래서 우리는 서로에게 공적 고백을 만들어야 하며 서로에게 용서받아야 한다.

일부 개신교도들은 "중보자도 한 분이시니 곧 사람이신 그리스도 예

---

27 로마 가톨릭교회의 요리문답은 말한다: "그리스도께서 그의 사도들에게 화해 사역을 맡기셨기에 [텍스트에서 이 지점에서 각주는 독자에게 요 20:23 그리고 고후 5:18을 언급한다.] 그들의 계승자들인 주교들, 주교의 협력자들인 사제들은 이 사역의 실행을 계속한다. 실제로 주교들과 사제들은 거룩한 법령의 성례전 덕분에, "아버지의, 그리고 아들의, 그리고 성령의 이름 안에서" 모든 죄를 용서할 힘을 가지고 있다. *Catechism of the Catholic Church* (Liguori: Liguori Publications, 1994), sec. 1461, 367.

수라"(딤전 2:5)는 구절을 신속하게 가리킬 것이다. 그것이 확실히 진실인 반면, 바로 같은 구절이 또한 우리에게 서로를 위해 (중보)기도하라고 말씀한다(딤전 2:1-4).

중보 기도는 중보의 한 형태이다. 그것은 사도들이 우리에게 기도하도록 촉구하고자 했다는 것에서 의미가 있다. 왜냐하면 우리는 한 중재자의 몸이자 신부로, 그의 영을 공유하기 때문이다. 오직 그리스도만이 우리의 구원자이며 중재자이자 대제사장인 한편, 우리가 예수의 이름으로 서로를 용서할 때 서로 그의 구원의 은총을 증거하는 것이다.

야고보는 우리의 죄를 서로 고백하고 서로를 위해 기도하여 치유될 수 있도록 하라고 우리에게 부탁한다(약 5:16). 믿음의 기도는 병자를 구원한다(약 5:15). 그리고 다른 이를 믿음으로 되돌리는 사람은 그 역시도 구원한다(약 5:19-20).

우리가 하나님의 말씀 붙들기와 믿는 이들의 제사장직인 교회 되기를 실패할 때, 하나님의 축복을 얼마나 놓치고 있는가?

또한 교회가 연합하여 살아가기를 실패할 때, 하나님의 축복을 놓친다. 우리는 이미 교회 안에 있는 유대인과 이방인들 그리고 다른 집단들 사이의 분열에 대해 다루었다. 분열들은 역기능을 말한다. 전체로서의 교회 안에서의 분열도 동일하다.

우리 의가 상호 의존적임을 다시 기억하라.

한 몸의 연합 결여는 교회가 완전하지 않고 전체가 아니라는 것, 즉 우리가 그리스도의 올바른 몸이자 신부로 살아가고 있지 않음을 의미한다. 우리는 이것을 깊이 슬퍼해야 한다. 하나님이 한 분이신 것처럼, 우리도 하나로 부름받는다. 그리고 한 사람이 기뻐할 때, 전체가 기쁘며, 한 사람이 슬퍼할 때, 전체가 슬프다.

그러므로 교회가 온전히 한 덩어리가 아니라는 사실에 모든 교회는 슬퍼해야 한다. 우리가 서로 용서할 때, 우리가 다른 이에게 하나님의 사랑의 기쁜 소식을 전달하는 것과 꼭 같이, 또한 하나님이 한 분이신 것처럼 우리가 하나일 때(요 17:21), 우리는 세상에 하나님께서 그의 아들을 보내셨음을 전하는 것이다. 다른 한편으로, 분열은 세상을 향해 하나님께서 그의 아들을 보내지 않으셨음을 전달한다.

누구든 교회가 과도히 제도화되는 것을 원하지는 않지만, 교회를 완전히 보이지 않는 것으로 보는 것도 똑같이 문제가 된다. 만일 교회가 보이지 않는다면, 그것은 세상에게 보이지 않는다는 것이다. 알곡과 쭉정이, 양과 염소가 있긴 하지만, 그리고 우리가 자신이 염소가 아님을 확신시키려고 모든 노력을 해야 하지만, 보이지 않는 교회에 대한 복음적 강조는 때때로 전체 교회의 상호 의존적 현실을 설명하지 못하는 개인주의적 편견으로부터 나온다.[28]

---

[28] 보이는 실재와 보이지 않는 실재로서의 교회 사이의 균형을 지키는 것은 중요하다. 로마 가톨릭 요리문답은 교회를 "보이면서 영적인" 양쪽으로 이야기한다. *Catechism*, sec. 771, 203. 개혁가인 John Calvin은 보이지 않는 것으로서의 교회에 대해, 한편으로는 그의 시대에서 로마 가톨릭 제도주의의 극단에 반대하는 방어를 위해, 다른 한편으로는 명목상 그리스도교에 반대하기 위해 특별히 숙고했다. 그러나 John Calvin은 보이는 것과 보이지 않는 것으로서 교회의 고려 사이의 균형을 유지했다. 다음 책을 보라. John Calvin, *Institutes of the Christian Religion*, ed. John T. McNeill (Philadelphia: Westminster, 1960), Bk. IV. Ch. 1, 1016, 1021–24. 근본주의자-근대주의자 논쟁의 시각에서 볼 때, 많은 복음주의자들이 20세기의 중반 이전에 **독립된** 성경교회들을 설립하기 위해 주요 교단들을 떠났다. 근본주의적 복음주의자들은 비록 공동체 내에서 믿음을 드러내는 것은 물론 조직과 제도에 대한 필요성을 안식하고 있음에도 불구하고 보이는 교회보다 보이지 않는 교회를 강조하는 경향이 있었다. 우리 시대에, 종교적 다원주의, 미국적 개인주의의 극단, 지역교회에 대한 환멸, 그리고 소비주의 이데올로기(교회 쇼핑)와 같은 형태들로 인해, 어떤 신자들은 철저하게 보이지 않는 교회의 구체적 표현들인 지역교회, 즉 보이는 교회들에 능동적으로 참여하기를 포기하면서 훨씬 더 나아갔다. 교회론적 제도주의 그리고 명목인인 기독교의 극단에 반대하며 방어막을 치는 것(따라서, 보이지 않는 교회의 강조를 위한 필요)이 중요한 한편, 마찬가지로 중요한 것은 보이지 않는

성경은 전체의 교회가 각 지역 모임 속에 존재한다고 가르친다. 침례교 신학자인 밀라드 에릭슨(Millard Erickson)은 이렇게 말한다.

> 개별 모임이나 특별한 지역에 있는 신자들 그룹은 절대로 전체 교회의 한 부분만으로, 혹은 구성 요소로만 여겨지지 않는다. 교회는 개별 지역 그룹의 총합이나 합성물이 아니다. 오히려, 전체가 각각의 장소에서 발견된다.[29]

하나님의 교회는 고린도(고전 1:2), 에베소, 로마, 그리고 그 같은 장소에 있다. 이 심오한 현실 속에서 각 지역 모임들은 전체 교회를 위해서만 존재하도록 만들어져야 한다. 그러나 북미교회는 전체 교회의 보이는 연합을 깨닫고 그를 위해 사역하는 데 깊은 어려움을 안고 있다. 이것은 그토록 많은 단체들이 보이지 않는 교회를 강조하는 것에만 기인하는 것만이 아닌, 관용에 대한 미국적 확신과 많은 권역에서의 교회 성장을 위한 자유시장 시스템의 채택에 기인한다. 기독교 방식의 관용과 자유시장은 교회와 국가의 분리에 대한 미국의 실험에 기원을 두어, 부분적으로는 교회들 상호 간의 분리를 야기했다.[30]

기독교의 연합을 주장하는 『십자가를 통한 한 몸』(*In One Body through the Cross*) 기고자들은 그런 긴장들을 이렇게 언급하면서, 북미에서 모든 그리스도인들에게 더 큰 주의를 요청한다.

교회가 지역적, 보이는 모임들에서 구체적 형태를 취한다는 것을 강조하는 것이다.

[29] Millard J. Erickson, *Christian Theology*, vol. 3 (Grand Rapids: Baker Books, 1985), 103.

[30] 다음 책에 나오는 미국적 종교 사업과 시장 영성의 토론을 보라. Roger Finke and Rodney Stark, *The Churching of America, 1776–1990: Winners and Losers in Our Religious Economy* (New Brunswick: Rutgers University Press, 1992), 17.

미국에서의 회중과 교구 생활은 종종 다른 이들로부터의 분리와 그리스도의 교회의 하나 됨의 실현으로서의 삶 사이의 모순에 대해 별 관심이 없이 진행된다. 이런 불감증은 실제로는 긍정적 발전들과 연관되어 있다. 그것은 다른 교회들의 구성원들을 그리스도 안에서 형제, 자매들로 받아들이고자 하는 많은 개별 그리스도인들의 더 큰 인내와 자발성을 말한다. 그러나 친절한 분열이라도 여전히 분열이긴 마찬가지다. 우리는 현재의 분리를 정상적인 것으로 보이게 하거나, 교회들이 다양한 영적 취향을 위한 다른 선택들을 대변하는 기독교 시장터 같이 보이게 해서는 안 된다. 소비주의자들의 가치와 다양성의 이데올로기는 분리의 상처에 대해 우리가 무감각하게 만들 수 있다. 이러한 에큐메니컬적 무감각에서 회복되는 것이 신실함을 향한 가장 강한 현재적 도전들 중에 하나이다.[31]

이러한 에큐메니컬적 무감각성은 신실함에 대한 중요한 도전임을 보여 주며, 상호 의존과 완전함에 대한 우리의 결핍을 드러낸다. 그리스도는 나뉘지 않았을지라도(고전 1:13을 보라), 분리된 교회는 한 분 참된 하나님에 대해 바르게 증거를 하지 못한다.

우리가 삼위일체 하나님에 의해 존재한다는 사실은 우리가 삼위일체 하나님의 교회를 위해 존재함을 의미해야 한다. 성령의 임재의 표징은 하나님이 한 분이신 것처럼 우리도 하나라는 것이다. 삼위일체 하나님 안에서 우리의 공통적인 고백은 공통의 친교로 이어져야 한다. 따라서, 진리 안에서 하나 됨은 연합된 친교로 이어져야 한다.

우리가 연합을 추구할지라도 우리의 차이를 무시해서는 안 되는 한편,

---

[31] Carl E. Braaten and Robert W. Jenson, eds., *In One Body through the Cross: The Princeton Proposal for Christian Unity* (Grand Rapids: Eerdmans, 2003), 42–43.

우리는 그들 한 가운데에서 우리를 함께 묶어 주는 것이 무엇인지를 철저하게 찾아 보아야 한다. 우리는 다가오는 공통의 소망이신 주 예수께서 우리를 하나로 만들게 될 날을 기대한다. 우리는 그날에는 더 이상 희미한 유리를 통해 보는 것이 아니라, 얼굴과 얼굴을 맞대고 볼 것임을 바라보며 오늘을 살아야 한다(고전 13:12).[32]

우리는 지금도 성령의 내주하시는 임재로 말미암아 승천하신 그리스도와 연합함으로 하나가 되었지만, 언젠가는 전체 교회가 하나가 될 것이다. 언젠가 우리는 우리의 본 모습으로 변화될 것이다.

3) 여기 그리고 여기가 아닌, 지금 그러나 아직 아닌

그리스도는 두 번째 아담이자 마지막 아담이며, 종말론적 인간이다(고전 15:45-49). 그는 죄를 정결케 하시고, 하나님 오른 편에 앉으셨다(히 1:1-3). 그는 아버지께서 우리 위에 부어 주신, 그리고 우리를 그리스도와 연합시키시는 성령을 통해 우리를 정결케 해 주셨다. 하나님께서 우리를 깨끗케 하시려고 성령으로 말미암아 흠 없는 그리스도를 십자가 위에서 희생시키신 것처럼(히 9:14), 부활하시고 승천하신 그리스도는 우리를 온전케 하고 완전케 하시려고, 그래서 우리를 하나님과 그리고 서로와 하나가 되도록 만드시려고 우리 위에 성령을 부으신다.

성령께서는 삼위일체의 완전한 구성원이시다. 그리스도가 새로운 창

---

[32] 우리는 교파들 혹은 교회론적 전통들의 폐지를 제안하고 있는 것이 아니다. 우리는 진리와 결부한 은총의 함양과 그룹들 사이의 파트너십에 대해 숙고한다. 하나의 예는 복음주의와 로마 가톨릭 사이의 파트너십이다. 다음을 보라. "Evangelicals & Catholics Together: The Christian Mission in the Third Millennium," in *First Things* 43 (May, 1994): 15-22.

조의 맏아들로 우리의 인성을 세우시는 한편, 성령은 이 종말론적 인성의 원형으로 그리스도의 인성을 세우시며, 이 종말론적 인간의 몸이자 신부로서 교회를 형성하신다.[33]

그래서 예수는 그의 백성이자 몸이며 신부인 교회와 더불어 종말론적 인성을 공유하신다. 종말론적 공동체로서 교회는 종말론적인 신랑의 신부이다. 그리스도는 우리가 되어질 바로 그것이다. 우리가 있는 그대로 그분을 볼 때, 그와 닮게 될 것이다. 우리는 우리가 되어질 존재가 되도록 그리고 우리가 이미 그 안에 있는 것이 되도록 부름을 받는다.

비록 교회가 성령을 통해 그분의 신부로서 그리스도에게 서약하지만, 그리고 성경에 따르면 이미 그와 결혼하기는 했지만, 이 연합은 그녀의 믿음이 어린 양의 결혼 만찬에서 보여질 때까지는 그 궁극적 정점에 도달하지 않을 것이다. 어떤 이는 성령을 통해 그 구성원의 마음 속에 부어진 하나님의 사랑을 통한 믿음으로 승천하신 그리스도와 함께 하는 반면, 교회는 종말에 그녀의 신랑인 그리스도와 한 인격으로 그 연합의 정점에 이르게 될 것이다.[34] 우리를 그리스도에게 연합시키는 성령은 이 종말의 시대에 그 완전함으로 안내할 것이다.

그때까지, 우리는 긴장 속에서 산다. 우리는 여기 이 땅에 있다. 그러나 하늘에서 그리스도와 더불어 앉아 있다(골 3:1-4). 우리는 이미 시작되

---

33 Zizioulas에 따르면, 성령은 그리스도와 교회를 조건짓고 구성한다. 성령은 또한 그리스도를 종말론적 인간으로 만드신다. 다음 책을 보라. John D. Zizioulas, *Being as Communion: Studies in Personhood and the Church* (Crestwood: St. Vladimir's Seminary Press, 1997), 111, 130, 139.

34 영원 안에 있는 그러한 정점은 고정적이지 않다. 관계적 연합은, 완전하기는 하나, 계속 깊어지고자 한다. 닛사의 그레고리는 또한 우리의 영원한 상태에 대해 역동적 용어로 인식한다. 다음 책에 나오는 "영원한 과정"이라는 제목이 붙은 그의 절을 보라. *Gregory of Nyssa: The Life of Moses* (New York: Paulist Press, 1978), 111–20.

었으나 세상 끝날에야 그 완성에 도달할 그리스도의 나라 안에 속해 있다. 그리스도는 모든 권위를 갖고 계시며, 자신의 몸인 교회 안에서 그리고 교회를 통해 그 권위를 실행하신다(엡 1:20-23을 보라).

하지만, 아직 그리스도와 그의 교회는 종종 이 세상 권세자들의 손에 거절을 경험한다(벧전 2:4-12을 보라). 교회는 절대로 이 세상과 그 나라들에 덧붙여져서는 안 된다. 왜냐하면 우리는 영원한 나라, 즉 그 기반을 하나님께 둔 도성을 기대하기 때문이다(히 11:10).

우리 삶은 지금 하나님 안에 그리스도와 함께 감추어져 있다. 그리고 그리스도는 또한 성령 안에서 여기 땅 위에 함께 거하신다. 따라서, 우리가 이방인으로 거주할지라도, 우리는 고아가 아니다(요 14:18을 보라). 성령은 우리를 미래를 향해 이끌어 가신다. 우리는 성령과 하나님의 약속 어린 편지이자, 구속의 날을 위해 우리를 준비시키는 완전한 중개자이신 성령과 더불어 발맞춰 가야만 한다.

아버지와 아들을 연합시키심으로 삼위일체 하나님을 온전케 하시는 성령은 교회와 세상으로부터 하나님을 고립시키지 아니하시고, 그리스도 안에서 교회와 세상을 향한 하나님의 돌이키심을 성취하신다. 콜린 건톤(Colin Gunton)에 따르면, 바질(Basil)이 이야기하듯, "신적인 그리고 축복된 삼위일체를 완전케 하시는" 성령께서는

> 내부로 향하는 모임을 완전케 하시는 분으로서가 아니라, 그의 아들 안에서 피조물을 향해 바깥으로 향하시는 아버지의 대리인으로 섬기신다. "완전케 하시는" 분으로서 성령은 실제로 하나님의 자존성, 그의 완전한 자기만족을 세우신다. 그러나 이 자존성은 바깥을 향한 운동의 기반이다.···
> 아버지, 아들 그리고 성령의 사랑은 그 영원한 자기충족으로 만족하는 상태로 남아 있지 않는다. 왜냐하면 그 자기만족은 하나님과 구별된 타자성

(스스로 구별된 존재로서)을 아버지와 아들과 성령의 영원한 관계 속에서의 타자성에 기초한 세상을 창조하고 완벽하게 하기 위해 바깥으로 향하는 운동의 기반이기 때문이다.[35]

성령의 "사역은 창조되었지만 타락한 존재를 그리스도의 구속의 승리를 통해 완전하게 하시는 종말론적 사역이다. 무엇보다도 성령의 거룩함을 특징짓는 것은 바로 거룩함과의 이러한 연관이다."[36]

신적인 삶을 완전케 하시는 성령은 교회와 세상을 창조하고 완벽하게 하고자 바깥으로 향하신다. 성령은 우리를 온전하고 완전케 하시며 하나님과, 그리고 다른 이들과 하나 되게 하신다. 하나님의 백성들은 이러한 바깥으로 향하시는 하나님과의 연합을 통해 그리고 세상을 향한 바깥으로 향함으로 인해 완전함을 발견한다.

성령 안에서 온전하고 완전한 증인으로서의 바깥을 향한 운동은 교회로 하여금 교회 밖에 있는 이들의 안녕에 대해 참으로 염려하도록 만들어 준다. 그런 바깥을 향하는 교회는 모든 피조물을 향한 그리고 모든 피조물을 위한 성령의 거룩한 사랑의 완전케 하는 역사를 증거한다.

너무 자주, 그리스도인들은 온전함(completion)과 완전함(perfection)을 "구성원들에게만"이라는 용어 안에서만 생각한다. 그럼에도 불구하고 특히 우리가 우리의 온전함과 완전함에 대한 이해를 성령의 빛 안에서 재형성한다면, 더 이상 진리에서 벗어날 일은 없다. 성령은 원들을 닫지 않고 원을 열며, 그래서 모두가 아들을 통해 아버지에게로 접근할 수 있도록 하며, 세상을 향해 우리를 열어 준다. 삼위일체에 대한 안드레이 루

---

[35] Colin E. Gunton, *Act and Being: Towards a Theology of the Divine Attributes* (London: SCM, 2002), 146.

[36] Ibid., 118.

블레프(Andrei Rublev)의 이콘(icon)보다 이러한 열린-모임의 현실에 대해 더 아름답게 예술적으로 그려진 곳은 없다.[37] 그 삼위일체의 이콘은 "영원한 삼위일체적 만찬으로 열린 모임을 이끌면서 창조의 환대를 향해 열려 있는 영원한 사랑의 원"을 분명히 표현한다.[38] 여기 이 이콘 안에,

> '셋'의 무한한 애정의 원은 보는 이들에게 문을 열어 환영해 준다. 이콘은 그들을 거룩한 장소로, 하나님의 식탁에서의 친교에로 이끌어 준다. 사람들이 차례로 초청받고, 두려움과 사랑으로, 그가 하나님의 친밀함으로 들어가는 곳인 하나님의 환대의 바로 그 장소 안으로 이끌린다.[39]

이러한 신적 환대가 성경의 요한계시록 마지막 장보다 더 분명히 묘사된 곳은 없다. 음란한 바벨론을 심판하시는 하나님은 창기를 자신의 아들을 위한 거룩한 신부로 만들어 주신다. 그리고 성령과 신부를 통해 모두를 혼인 잔치에 참여하라고 초청하신다. 그리고 이 열린 원의 환대가 조나단 에드워즈가 그리스도의 신부로서의 교회를 논의한 것에 대한 로버트 젠슨(Robert Jenson)의 평가보다 신학적으로 더 잘 파악된 곳은 없다.

> 창조의 마지막 목적은 이처럼 하나님과 그의 피조물이 그리스도, 즉 완전한 그리스도(totus Christus) 안에서 연합하는 것이다.… "거기에는, 말하자면, 하나님 안에, 위격들의 삼위일체 안에 영원한 사회, 혹은 가족이 있

---

[37] 독자는 이콘 그림을 다음 사이트에서 찾을 수 있다. http://www.valley.net/~transnat/trinlg.html

[38] Boris Bobrinskoy, *The Mystery of the Trinity: Trinitarian Experience and Vision in the Biblical and Patristic Tradition*, trans. Anthony P. Gythiel (Crestwood: St. Vladimir's Seminary Press, 1999), 12.

[39] Ibid., 141.

다. 그것은 교회를 그의 아들의 아내로서, 하나님의 가족으로 받아들이고자 하는 하나님의 계획으로 보인다." "하늘과 땅은 하나님의 아들이 배우자 안에서 온전해지도록 창조되었다."[40]

이 아들은 성령을 통해 배우자 안에서 완전하게 될 것이다. 신부-교회는 그러나 아직 완전하지 않다. 그래서 이것은 닫힌 원이 아니다. 이콘이 보는 이들을 향해 열려 있는 것처럼, 하나님께서도 성령과 그리스도의 신부를 통해 세상을 향하여 여시면서 말씀하신다.

"오라!"

≋ 심화 연구를 위한 질문들

1. 어떻게 삼위일체적 사유가 교회에 대한 당신의 이해를 형성하고 있는가?
2. 교회를 단순히 목적이 이끄는 공동체만이 아니라, 존재가 이끄는 공동체로 이해하는 것이 왜 중요한가?
3. 당신은 교회에 대한 어떤 성서적 이미지를 당신 자신의 경험에서 가장 중요한 의미를 갖는 것으로 보는가?
4. 우리가 교회를 참으로 성자들을 위한 안식처이자 죄인들을 위한 치유처 양쪽이라고 믿는다면 교회는 어떻게 보일까?

---

40 Robert W. Jenson, *Systematic Theology, vol. 2, The Works of God* (Oxford: Oxford University Press, 1999), 19. 조나단 에드워즈로부터 취한 이 인용문은 수필집에서 발견된다. (entry nos. a-z, aa-zz. 1-500), *The Works of Jonathon Edwards, vol. 13*, ed. Thomas A. Schafer (New Haven: Yale University Press, 1994).

제2장

삼위일체 교회가 미국적 개인주의를 만나다

복음주의적 기독교 전통의 전형적 특징은 예수 그리스도를 통한 하나님과의 개인적 관계에 있다. 하나님께서 우리를 깊게 받아들이고 우리를 개인적으로 사랑한다는 사실은 깊이 있고 소중한 현실이다. 하나님은 그리스도 안에서 온 세상을 사랑하시는 반면, 예수님은 나무에서 찾은 삭개오의 집으로(눅 19:5), 나무 아래에서 찾은 나다나엘의 집으로(요 1:50), 그리고 우물가에서 만난 사마리아 여인의 집으로(요 4:7) 하나님의 사랑을 개인적으로 가져오신다.

예수께서는 베드로에게 고기잡이 그물을 포기하라고 부르신다(눅 5:27). 그리고 마태를 세리의 자리로부터 부르신다(마 4:18-20). 우리의 모든 머리털은 세신 바 되었으며(마 10:30), 하나님은 잃어버린 양을 찾아 아흔아홉 마리 양을 떠나신다(눅 15:3-7).

버트란트 러셀(Betrand Russell)은(절대로 그리스도인의 친구가 아닌 그는) 기독교의 이러한 성품적 특성을 경이롭게 여긴다. 『나는 왜 그리스도인이 아닌가』(*Why I Am Not a Christian*)에서 러셀은 다음과 같이 쓴다.

> 만일 기독교가 참이라면, 인류는 겉으로 보이는 것처럼 불쌍한 벌레들이 아니다. 그들은 우주의 창조자에 대해 관심을 갖는다. 그분은 그들이 잘 행동할 때, 그들을 기뻐하기 위해 어려움을 무릅쓰며, 그들이 잘못 행동할 때는 기뻐하지 않는다. 이것은 위대한 찬사이다.
>
> 우리는 그것을 개미가 어떤 의무를 수행하는지 찾으려고 개미집을 연구하는 것처럼 생각해서는 안 된다. 또한 부주의하여 모닥불 속으로 들어가고 있는 개미를 개별적으로 끄집어내는 것처럼 생각해서도 안 된다. 만일 신이 우리를 위해 이를 행하는 것이라면, 그것은 우리의 중요성을 찬양하는 것이다. 그리고 만일 그가 우리 가운데 선한 자에게 천상에서의 영원한 행복을 선사한다면 그것은 더 기쁜 찬사이다.[1]

이것은 왜 우리 저자들이 복음주의적인 그리스도인인가 하는 이유 중 하나가 된다. 사람 개인에 대한 관심은 믿을 수 없으리만큼 기독교에 있어서 중요하며, 특별히 복음주의에서는 더욱 그러하다. 우리에 대한 하나님의 관심은 돋보이면서도 겸허한 양쪽의 모습을 지닌다.

앞서 언급했듯, 창조자와 구원자에게 있어서 개인의 높은 가치는 성경적 개념이다. 그러나 이 주제에 대해서는 계몽주의의 결과와 근본주의적 복음주의의 등장으로 인해 오늘날 증가된 중요성을 지니게 되었다. 계몽주의 혹은 현 시대는, 부분적으로는 중세 기간 동안 개인을 억압했던 제국적 혹은 교회 제도적 권력들에 맞서 개인의 지위를 보호하기 위한 관심에서 솟아 나온 것이다. 근본주의 시기에도 동일한 대답이 솟구쳐 나

---

[1] Bertrand Russell, *Why I Am Not a Christian: And Other Essays on Religion and Related Subjects,* ed. Paul Edwards, with an appendix on the "Bertrand Russell Case" (New York: Simon and Schuster, 1952), 42.

왔는데, 그때 보수주의적 기독교인들은 자신들이 개신교 자유주의의 제도주의의 억압적 제약이 되기를 거부했다.[2] 아이러니한 것은 여기에서 근본주의적 복음주의 운동이 현대와 현대성에 대한 반발 양쪽을 모두 취했다는 점이다.[3]

이 모든 것을 말했음에도, 근본주의적 복음주의 운동은 사람들의 공동체 안에서 개인적 인격을 적절히 자리잡게 하는 데 실패하면서 중세와 현대의 주요 흐름들에 과도히 반응했다. 이런 경향은 그 운동 안에 있는 사람들이 성령의 전을 우선 공동체적 의미 그리고/혹은 제도적 의미보다 개인적 의미로 보는 것이다. 패션에서처럼 영적 쇄신에 대한 토론 역시 자주 교회의 몸보다 개인에게 초점을 맞추곤 한다.

많은 찬양 가사에 주의 깊게 귀를 기울여 보자.

주된 초점은 자주 "우리"가 아닌 "나"에게 맞춰진다. 더 나아가서 복음주의자들이 성경을 읽는 방식은 자주 그들로 하여금 개인주의적 용어들로 거의 모든 것을 보도록 이끌어 간다.

예컨대, 이 운동 안에 있는 이들은 송종 로마서가 개인적 신앙에 대한 이야기라기보다, 예수에 대한 신앙이 하나님 앞에서 유대인과 이방인 사

---

[2] 예를 들어 다음을 보라. George M. Marsden, *Fundamentalism and American Culture: The Shaping of Twentieth-Century Evangelicalism, 1870–1925* (New York: Oxford University Press, 1980), 153–98.

[3] 이 방향에 대한 사례에 대해서는 다음을 보라. Rudolph Nelson, "Fundamentalists at Harvard: The Case of Edward J. Carnell," *Quarterly Review* 2, no. 2 (1982). 근본주의적 복음주의 학자들은 자유주의 기관들을 거절하면서, 자신들의 신학교들을 출발시키므로, 신뢰할 만한 평판을 받기를 갈망했다. 그래서 그들은 이러한 자유적인 학문의 보루들에 참여했다. Rudolph Nelson에 따르면, 이들 초기의 근본주의적 복음주의 지도자들은 또한 "그들 자신의 미로 안에 있는 학문적 불신앙이라는 야수들을 만나며, 새로운 확신과 새로운 능력으로 부상하기를 바라는" 그들의 갈망 때문에 하버드 그리고 유사한 학교들에 참여할 동기를 부여받았다.

이에 얼마나 위대한 평형 장치인가를 말씀하고 있음을 보는 데 실패하곤 한다. 로마서든 어디에서든 개인적 신앙에 대한 고찰은 성경의 이러한 공동체 지향성에 대한 배경 하에서 접근해야 할 것이다.[4]

지금, 우리 저자들은 위로부터 태어난다는 것이 무엇인지, 그리고 우리의 마음이 이상하리만치 뜨거워진다는 것이 무엇을 의미하는지를 안다. 하지만 우리는 중생의 만남이 사적이고 개인적인 것이라고 생각하지 않는다. 오늘날, 우리에게는 종종 중생의 경험을 사적, 개인적, 그리고 심지어 소비주의자의 용어로 보려는 위험이 도사리고 있다. 브라이언 맥클라렌(Brian D. McLaren)이 저술한 『새로운 종류의 그리스도인』(*A New Kind of Christian*)에서, 등장인물들 중의 하나인 "네오"는 "구원받음"의 개념이 "근대성에 의해 축소되고 얼어붙어 말라버렸다"라고 말한다. 네오는 이렇게 요청한다.

> 구원이 무엇인지에 대한 포스트모던적 고려는 개인적이고 소비주의화된 버전을 넘어선다. 내가 개인의 가정, 개인용 차, 개인용 컴퓨터, 개인용 ID 번호, 개인용 디지털 비서, 개인용 욕조를 가질 수 있을는지도 모른다. 즉, 내가 필요로 하는 모든 것은 내 자신의 개인적인 구원자로부터 주어

---

[4] *The Serendipity New Testament for Groups*의 여백에 있는 주석은 개인에게 많은 강조를 두고 있다. 로마서 3:21-31에서의 구원에 기반한 논의에 대한 "반성" 하에서, 다섯 가지 중에 네가지 질문은 다음과 같이 읽혀진다: "만일 당신이 이 구절로부터만 복음을 설명해야 했다면, 당신은 무엇이라고 말하겠습니까? 언제 하나님의 은총의 메시지가 당신에게 실재가 되었습니까? 바로 지금 그것은 당신의 삶에서 무슨 차이를 만들어 내고 있습니까?" 그 다음 질문은 그룹들을 다루고 있다: "오늘날 교회안에 존재하는 선입견과 장벽들은 무엇입니까?" 그럼에도 불구하고, 그것은 다음의 질문으로 결론을 맺는다. "어떻게 당신은 그것들을 무너뜨리도록 도울 수 있습니까?" Lyman Coleman, ed., *Serendipity New Testament for Groups*, 2nd ed., *New International Version* (Littleton: Serendipity House, 1987), 306.

지는 개인 구원이다.… 이것은 내게 현대적 음식재료 준비장치(Vegomatic)를 통해 재료가 썰어져 준비된 기독교처럼 보인다.[5]

예수와의 관계는 참으로 인격적인 것인 반면, 절대로 사적인, 개인적인, 그리고 소비주의적인 것은 아니다. 그것은 공적이면서 상호 인격적이며 친교적이다. 기도 요청들, 설교 제목들 그리고 메시지들은 종종 이러한 사적인 그리고 소비주의화된 음식재료 준비장치 같은 불균형을 반영하고 있다.

너무나 자주 설교는 "황홀경에 빠져 성령으로 충만해지는 법"이라는 패턴을 따르는 경향들이 있으며, "너의 십자가를 지고 나를 따르라"는 패러다임은 따르지 않는다.[6] 의심의 여지 없이, 그 문제는 모두가 자신의 눈에 옳게 보이는 대로 행하기 시작했던 타락 시기나 그 이후에로 되돌아간다. 그것은 바로 오늘날 우리가 개인화된 정체성과 자기실현의 기술을 완벽하게 갖추고 있다는 것이다.

그 문제는 개인적인 기독교와 더불어 종결되지 않는다. 그것은 개인의 가정으로 확장된다. 사람들은 가족과 시간을 보내는 것을 통해 공동체 지향적이 될 것을 요구할 수도 있다. 불행하게도, 개인화된 핵가족이 너무 자주 하나님의 가족보다 우선순위에 놓인다. 제임스 돕슨(James Dobson) 박사가 지금 그토록 강한 영향을 발휘하고 있는 이유는, 그가 미국의 위대한 국가적 유산들 중 하나이면서도 위험에 처해 있는 핵가족에 대해 이야기하고 있기 때문이다.

---

5 Brian D. McLaren, *A New Kind of Christian: A Tale of Two Friends on a Spiritual Journey* (San Francisco: Jossey-Bass, 2001), 130.

6 *No Place for Truth, or Whatever Happened to Evangelical Theology?* (Grand Rapids: Eerdmans, 1993)의 4장, "자기경건"에 대한 David F. Wells의 토론과 비판을 보라.

목사들은 교회에서 모든 종류의 주제에 대해 이야기할 수 있다. 그러나 그들은 유행하는 성공 개념들, 돈을 쓰는 법, 미국이라는 국가, 그리고 가족에 대해 도전하지는 못한다. 무엇이든 딱 원하는 대로 하라는 식이다. 사실, 우리는 종종 우리의 돈을 안정되고 온전한 가족들이라는 아메리칸 드림에 영양분을 주기 위한 성공 목회에 사용한다.

이것은 2005년 성탄절에 우리의 주목을 끌게 되었다. 미국 전역의 많은 복음주의 교회들이 성탄절에 문을 닫기로 결정했다. 왜냐하면 성탄절이 주일이었기 때문이다. 우리가 살고 있는 지역의 한 지도적인 목사는 자신의 교회가 매력적인 성탄 전야 예배를 드릴 수도 있지만, 사람들은 성탄절에 그들의 가족과 더불어 집에 머물러 있어야 한다고 생각했다. 이 목사는 혈연적 가족을 중생의 가족 위에 둔 것이다. 그 결과, 자신들의 핵가족으로부터 분리되어 나온 많은 개인들은 어디에도 갈 곳을 찾지 못한 채, 성탄절에 대화를 나눌 사람도 사라지게 되었다.

그 정도로 하나님 앞에서 개인에게 큰 강조가 주어지고 있다!

교회는 미국 문화 안에 핵가족에 지나친 가치를 두는 이런 경향에 종종 영향을 끼친다. 아이러니하게도, 가족에 더 많이 자양분을 공급하는 교회들은(그리스도와 교회를 가정이라는 가치들의 술어로 만드는 가운데) 자주 훨씬 성공적인 교회들이 된다. 그리고 최신식 유아실을 갖춘 채 최고의 어린이 목회를 위한 패밀리 숍이 있는 교회들 사이에 경쟁이 일어나는 경향을 보는 일은 별로 아이러니한 일도 아니다.[7] 우리는 세 가지 문제들을 눈앞에 두고 있다.

---

[7] 이전 시기에는, 교회가 교리와 성례전에 대한 기반 위에서 서로 경쟁을 했다: 누가 최고의 믿음과 최상의 실천을 갖고 있는가? 오늘날의 경쟁은 최상의 가족 예배 제공자들의 형태를 취하곤 한다.

① 개인에 대한 과도한 강조.
② 개별 가정에 대한 과도한 강조.
③ 개별 교회에 대한 과도한 강조.

우리는 이것에 어떻게 반응해야 할까?
하나님에게 개인은 중요하다. 하지만, 교회로부터 분리될 정도까지는 아니다. 가정도 하나님에게 중요하다. 그러나 하나님의 가정을 손상시키면서까지는 아니다. 개교회도 하나님에게 중요하다. 하지만, 다른 교회로부터 고립될 정도까지는 아니다.

기독교가 부적절하게 개인에게 강조를 둔다면, 교회를 개별 신자 그룹으로 축소시키게 된다. 혹은 더 나쁘게 말하면, 기독교인의 정체성을 기독교 공동체에 참여하는 것으로부터 분리된 것으로 보게 된다. 그러나 교회는 그 부분의 총합보다 더 크다. 그리고 부분들은 홀로 서 있지 않다.

우리는 오로지 타자와의 관계 안에서 우리일 뿐이다. 제1장의 "삼위일체 공동체로서의 교회"에서 언급한 것처럼, 하나님은 친교 안에 계신 세 위격들이시다. 세 인격들은 하나님의 존재이며, 고립되어 있는 신적 개인들이 아니다. 하나님의 형상으로 창조된 자들로서 우리는 하나님과 타자와의 상호 인격적 친교 안에서 우리의 개인적 존재를 가진다.

성경은 교회를 믿음을 가진 개인들이나 자율적 그리스도인들의 단체라고 언급한 적이 없다. 대신 신자들의 몸, 그리스도의 신부이자 몸이라고 말씀하신다. 부활하신 그리스도 그 자신은 단순한 한 개인이 아니다. 그는 자신의 몸이자 신부인 교회와 함께 계신 한 분이라는 점에서 협력적이시다. 그렇기에 우리는 단순히 개인들이 아니다. 우리는 그리스도의 몸과 신부로 협력적 실재이다.

문제는 개인적 인격에 국한되지 않는다. 교회가 개별 핵가족에 부적절한 강조를 둘 때, 그것은 교회를 궁극적 가족으로 여기지 않는 경향을 보여 준다. 그 결과, 그것은 또한 가정을 부양하는 개별 인물이나 혹은 개별 부모를 경시하는 경향도 보여 준다.

그러나 우리는 교회를 하나님의 가정으로 본다. 그리고 우리 자신을 그 가정의 부분으로 본다. 우리는 우리 배우자들과 아이들이 주님 안에서 우리 형제들이자 자녀들임을 깨닫는다. 그래서 또한 우리는 곤경에 빠져 있는 한 부모 가정이나 그 자녀들, 고아들이나 과부들, 그리고 우리의 친교를 찾는 이들이 우리의 가족의 일원임을 깨닫는다.

이것은 우리 일원 중 한 사람과 그 가족이 오레곤에 사는 요르단인과 이집트인과 함께 주일 예배 후 작은 축제를 가졌을 때 깨달은 것이다. 놀랍게도 예배를 마친 후 사람들이(그들의 손님이었던 우리를 포함해서) 자기 교회 지체들 중 한 사람의 생일 축하를 하려고 자신들의 가정 중 한 곳으로 모두 초청했다. 그것은 아주 뜻깊은 경험을 제공했다. 개별적인 가족은 더 큰 가족의 일부였으며, 우리 또한 그들 가족의 일부로 환영받으면서 친교를 나눴다.

평상시 우리 지역에서 신자들 간에 가지는 친교를 경험하는 것과 비교할 때, 우리는 그 하루 오후 시간 동안 잘 모르는 이 사람들과 훨씬 깊은 대화를 경험했다. 아마도 우리는 일반 문화에서 서로를 그리고 우리의 존경하는 가족들을 개인으로, 그리고 개별 단위로 대하는 경향이 있다는 것이 한 이유가 될 것이다. 왜냐하면 정체성이란 결국 개인적 개념에서 정의되기 때문이다.

중동이나 아시아 문화로부터 온 이들에 있어서는 그렇지가 않다. 물론 우리가 그들 문화 안에 아무런 문제가 없다고 생각함을 의미하지는 않는다. 이들 문화에서는 너무도 자주 개인에 대한 충분한 고려가 없을 때가 많다. 하지만, 우리의 삼위일체적 믿음은 우리가 하나이며 다수임을 확신하도록 요구한다. 왜냐하면 하나님은 삼위일체이기 때문이다.

우리 교회의 가족 구성원들이 우리 핵가족들의 구성원임을 강조하는 것, 그리고 우리의 핵가족들이 이처럼 커다란 교회 가족들의 일부라고 하는 것은 중요하다. 이것은 우리가 교회로부터 가족을 분리시키거나 우선시하는 것에서 지켜 주며 그 반대도 성립한다. 요르단 여성들 중 한 사람은 생일 축하 파티에서 자신이 수년 동안 대규모의 코카시안집회(Caucasian congregation)에서 교회 스탭으로 섬겼었다고 우리에게 말했다. 그는 사람들이 얼마나 자주 자신들의 핵가족을 핑계로 교회 생활에 참여하지 않고 있는지에 대해 놀라워했다.[8] 그러한 양자택일의 관점과 대조적으로, 이들 중동 기독교는 기독교 공동체를 세우면서 생물학적 혹은 혈연적 가족을 세워 나가고 있었다.

서구의 문제는 인간 정체성에 대한 계약 모델(contractual model)로부터 기인하는 것이다. 개별 주체는 인간 정체성의 기본 단위이다. 그리고 인간관계는 개인 주체들 간의 언약적 합의에 기반을 둔다. 사람들이 개인으로 결혼 계약을 체결하며, 상호 이익을 위한 계약 방식으로 그들의 약속을 이행하는 동안, 결혼 계약은 유지된다. 결혼은 한쪽 편에서라도 합의를 이행하는 데 실패하면 종결될 수 있다. 계약 관계는 조건적이며, 각자의 재산과 능력의 분배 및 상호 간에 만족시키는 행위를 포함하는 책임과 의무를 이행하는 데 기반을 두고 있다.

이것은 인간 정체성과 결혼에 대한 성경적 관점이 아니다. 하나님이 나뉠 수 없는 친교적 존재인 것처럼, 인간 정체성 역시 관계적 존재이다.

---

[8] 오늘날 목사들은 종종 그들의 교회 안에서 얼마나 많은 가족들이 스포츠 시즌 동안 교회로 오지 않는지를 언급하곤 한다. 스포츠 팀은 주일과 기독교 예배에 더 이상 존중을 하지 않는다. 또한 교회 안의 많은 가족들도 그러하다. 이 가족들은 히 10:24-25에 있는 히브리서 저자의 훈계를 마음에 두는 것이 온당하다.

이런 관점에서, 사람들은 계약을 맺는다. 그것은 공동체 안에서의 인격들로서 그들의 갈라질 수 없는 결속을 표현한다. 혼인 결속은 두 사람이 한 몸이 됨을 의미한다(엡 5:31).

성경적으로 말한다면, 결혼이 종결되는 경우는 부부가 사망하는 경우일 뿐이다. 두 사람이 한 몸이 되었으며(엡 5:31), 그들의 몸은 더 이상 그들 자신의 것이 아니기 때문이다. 그들의 몸은 서로에게 속해 있다(고전 7:4). 단지 한편이 죽고 난 다음에야 남은 사람이 자유로이 결혼을 할 수 있다(롬 7:1-3).

자율성과 계약 관계의 문제는 개인 그리고 개별적 핵가족에 국한되지 않는다. 교회도 마찬가지다. 이 문제는 교회에서도 상호 간의 관계에 동일하게 적용된다. 만일 사람들이 의무가 특정 이익과 만나는 언약적인 관점으로 관계를 본다면, 교회 가족도 언약적 측면에서 보고자 할 것이다. 이 경우, 사람들은 교회가 그들의 필요를 채워 주고 영적 상품들과 서비스들을 공급하기를 바랄 것이다.

그들은 교회가 자신들의 기대를 만족시켜 주는 한, 서비스와 재정적 자원들을 제공하면서 교회와 관계를 맺을 것이다. 그러나 기대가 충족되지 않으면, 사람들은 다른 곳으로 가려 하든지 교회를 떠날 유혹을 받게 된다. 중요한 것은 사람들로 하여금 우리 교회들이 그들을 가족의 일원으로 초청하고 있으며, 이 가족은 "나에게 해 줄 수 있는 것이 무엇인가?"의 차원이 아니라, 위험과 손해가 따를 수 있다는 인식을 갖도록 하는 것이다.

릭 워렌이 말하듯이, "그것은 당신을 위한 것이 아니다."[9] 그것은 참으

---

[9] Rick Warren, *The Purpose Driven Life: What on Earth Am I Here For?* (Grand Rapids: Zondervan, 2002), 17.

로 하나님 그리고 당신을 포함한 우리 모두를 위한 것이다. 그것은 사람들이 원하는 것을 그들이 원할 때, 최소한의 희생을 치르는 댓가로 주는 것이 아니라, 주는 것과 받는 것을 포함한 하나님의 백성이 되는 것, 그리고, 심지어 그들 자신이라는 엄청난 값을 치르도록 하는 것이다.

반대로, 교회가 상품 판매자가 되는 일에 그리고 예상되는 소비자들에게 서비스 공급자가 되는 일에 초점을 맞춘다면, 교회는 그들의 친교가 오로지 적자만이 살아남는 자유로운 종교 시장에서 살아남기 위해 필요한 것에 주력하는 경향을 취하게 된다.[10] 교회가 오로지 교회의 친교에만 초점을 맞출 때, 그것은 쉽사리 다른 친교들에 대해서는 중요시하지 하지 않을 수 있으며, 심지어 교회들 사이의 경쟁도 일으킬 수 있다.

교회가 반드시 알아야 할 것은 그리스도께서는 모든 교회에 임재하신다는 사실이다. 만일 그리스도께서 각 교회에 참여하신다면, 그리고 전체 교회가 그리스도의 몸이자 신부라고 한다면, 전체 교회는 각 집회에 참여한다. 따라서, 각 교회는 전체에 대해 열린 자세로 있어야 한다. 우리가 사는 지역에 있는 한 교회는 다른 지역교회들과 그들의 지도자들을 위해 예배 프로그램에서 매주 기도 요청을 하는 순서를 두고 있다. 이것이 좋은 첫걸음이다.

---

[10] George R. Hunsberger에 따르면, "교회의 구성원들 그리고 교회 바깥에 있는 이들 양편은 교회로 하여금 **종교적 예배와 상품들의 상인들**이 될 것을 기대한다." 다음 책을 보라. George R. Hunsberger, "Missional Vocation: Called and Sent to Represent the Reign of God," in *Missional Church: A Vision for the Sending of the Church in North America*, ed. Darrell L. Guder (Grand Rapids: Eerdmans, 1998), 84. Roger Finke와 Rodney Stark는 미국의 자유시장 종교 시스템에서의 적자생존의 사안에 대해 이야기한다: "종교 기구들은 구성원들을 얻기 위해 경쟁해야만 한다.… 시장의 '보이지 않는 손'은 그것이 그들의 상업적 상대방들의 것으로서 비관용적이고 비효과적인 종교적 회사들로서이다." 다음을 보라. Roger Finke and Rodney Stark, *The Churching of America, 1776–1990: Winners and Losers in Our Religious Economy* (New Brunswick: Rutgers University Press, 1992), 17.

그러나 교회가 서로 간에 자원을 나누는 것과 같은 다른 단계들도 필요하다. 풍요로운 교회들이 자신들의 건축 예산 자금을 덜 풍요로운 교회들에게 그들의 시설을 고치도록 지원 용도로 사용하려 한다면, 그것은 교회의 의미 있는 상징이 될 것이다. 우리는 교회가 각자의 건축 프로그램을 어떻게 다루는가를 보면 그 교회가 어떤 마음을 가지고 있는지에 대해 많은 것을 배울 수 있다.

개인주의(individualism)와 분리주의(separatism)는 교회들이 서로에 연관되는 방식에만 국한되지 않는다. 그것은 대부분, 교회와 그 안에 있는 개인들이 세상과 관계되는 방식에도 영향을 준다. 매우 빈번하게 복음주의는 개인들, 그리고 심지어 개별 공동체가 하나님 나라 공동체로 들어가도록 초청하는 쪽으로 확장하는 대신, 개인 영혼만이 구원을 받는 개별적 선포로 축소된다. 공동체는 우리의 구원이 현실화되고 완전해지는 장소이다. 사실, 우리의 구원은 공동체 안에서 육성되고 실현되어야만 한다. 왜냐하면 우리 하나님은 공동체적이며, 하나님과 우리의 연합도 그렇기 때문이다. 사실, 공동체와 친교로 들어가는 것이 구원이다.[11]

그러한 진입(entrance)은 세상으로부터 후퇴를 포함하지 않는다. 오히려 세상에서 새로운 종류의 공동체의 창조하고 함양하여 세상 구조들에 대한 구속적 변형으로 이끌어 가는, 세계 안에서의 새로운 존재 방식이다. 교회는 세상 속에서 그리스도의 몸이다. 그리고 그리스도께서 하신 것처럼, 교회도 세상에 자신을 주어야만 한다.

디트리히 본회퍼(Dietrich Bonhoeffer)가 주장하듯, 교회는 "그것이 타자

---

11 Robert E. Webber는 구원에 대한 개인화된 의식-"계몽화된 개신교"을 비판한다. Robert E. Webber, *Ancient-Future Faith: Rethinking Evangelicalism for a Postmodern World* (Grand Rapids: Baker Academic, 1999), 143–46. 또한 다음 책을 보라. Everett Ferguson, *The Church of Christ: A Biblical Ecclesiology for Today* (Grand Rapids: Eerdmans, 1997), chapter 3.

를 위해 존재할 때에만" 교회이다.

"교회는 인간 삶의 세속 문제들 속에서 자신을 나누어야 하며, 지배하지 말아야 하고, 도움을 주고 섬겨야 한다."[12]

하나님께서 세상을 구원하도록 아들을 주신 것처럼, 하나님은 그의 교회를 세상에 주신다. 교회는 세상의 소우주이며,[13] 하나님께서 그의 세상을 새롭게 만들기 위해 아들과 성령을 통해 책임을 지시는 변화의 사역이다.

따라서 만일 교회가 덜 개인적이 되고 더 삼위일체적으로 된다면 그것은 어떻게 보일 것인가?

그것은 앞서 말한 요르단-이집트인들의 모임과 같은 어떤 것처럼 보일 것이다. 그것이 완벽한 공동체는 아니었음에는 의심의 여지가 없다. 그러나 개인주의가 최고로 다스리는 곳에 있는 문화 안에서는 그것이 심원하게 아름답고 독특한 것이다. 이 공동체는 개인주의나 개별 가족이나 개별 교회에 집중되어 있지 않았다. 대신 축제시에 그들 모두 함께하는 자리를 가졌다.

각자 개별적으로 그리고 핵가족으로 저녁 만찬 식탁에 자리를 잡았다. 우리 역시 다른 교회 방문객으로, 그런 식으로 행동하고 있었다. 하지만 이 교회의 친교는 자신의 공동체 안에 있는 모든 이들에게 식탁의 풍요로움을 나눌 마음을 가지고 있었다. 아마도, 그들의 개방성과 포용은 자신

---

[12] Dietrich Bonhoeffer, *Letters and Papers from Prison*, rev. ed., ed. Eberhard Bethge (New York: Macmillan, 1967), 203–4.

[13] St. Maximus는 소우주라는 용어 속에서 교회에 대해 이야기했다. 다음 책을 보라. St. Maximus the Confessor, *The Church, the Liturgy and the Soul of Man*, trans. Dom Julian Stead, OSB (Still River, MA: St. Bede's, 1982), 66–67, 69. 또한 Martin Luther King 역시 그렇게 말했다. 다음을 보라. Richard Lischer, *The Preacher King: Martin Luther King, Jr. and the Word That Moved America* (New York: Oxford University Press, 1995), 16–17.

들이 이방인들로서 그리고 최근의 이주자들로서 자주 배제당했던 문화 속에서, 개방됨과 포용의 중요성을 깨달았다는 사실에 기인하고 있었다.

우리 역시 보다 자주 그리스도 안에서 우리의 새로운 정체성을 부여하 생일 축하 파티 테이블에 모여 앉을 필요가 있다. 너무 자주 우리는 개별 그룹, 핵가족들, 개교회들에만 머무르며, 자기 일만 수행하는, 그래서 다른 이들과 세상과 분리된 공동체이다.

주님은 우리 삶, 가족, 교회, 그리고 공동체 안에서 새일을 행하려고 하신다.

삼위일체적 공동체는 무엇인가?

헨리 나우엔(Henri Nouwen)과 필립 얀시(Philip Yancey)는 우리에게 그 실마리를 제공한다. 얀시는 나우엔이 만든 관점을 발전시키면서, 이렇게 쓰고 있다.

> 헨리 나우엔은 "공동체"를 당신이 별로 같이 살고 싶어 하지 않는 사람과 늘 함께 사는 곳이라고 정의한 바 있다. 우리 대부분은 클럽 혹은 파벌을 형성하고 있기는 하지만 공동체는 형성하지는 않은 채 같이 살고 싶어하는 사람들 사이에 둘러싸여 있다. 따라서 어떤 이들은 하나의 클럽을 형성할 수도 있다. 그 클럽 역시 은총을 받아들이며, 비전을 나누기는 한다. 그러나 공동체를 형성하려 하지는 않는다.[14]

너무나 자주, 우리는 오로지 우리의 개인적 친구들과만 어울린다. 그러나 주님 안에서 형제 자매된 자들과는 아니다.

결국, 선택은 미국인으로서 우리의 물려받은 권리이다!

---

[14] Philip Yancey, "Why I Don't Go to a Megachurch," *Christianity Today*, May 20, 1996, 80.

그리고 우리는 자신의 친구들과만 함께 하고, 그들을 우리의 교회 가족들으로 부르기를 선택했다. 그러나 교회 가족은 우리와 같은 이들인 우리의 친구들로만 국한되지 않는다. 오로지 친구들, 즉 우리와 같은 종류의 사람들로 이루어진 친교는 교회가 아니라 파당(clique)이다.

우리가 원하는 것만을 선택하는 그리고 우리가 원하는 이들과만 함께 하려는 것을 미국적 자유라고 여기는 것, 그것은 실제로는 **결박**(bondage)에 불과하다. 왜냐하면, 그것은 우리를 위해 그리스도 안에서 선택하신 우리와 완전히 다른 사람들인 "다른 이들"을 위해 우리 자신이 자유하지 않기 때문이다.

우리는 성령께서 창조하신 결속을 통해 그리스도 안에서 형제자매로서 동일한 아버지를 공유한다. 하나님은 우리를 가족 식탁으로 초청하여 우리의 차이들을 "타자"와 더불어 풀어가도록, 함께 양식을 나누도록, 그리고 다른 "타자들"을 십자가에 달리시고 부활하신 분의 식탁으로 초대하도록 부르신다. 그리스도께서는 하나님이 아닌 다른 분이 되셨다. 그는 우리를 하나님과 그리고 서로와 화해시키기 위해 버림받은 타자가 되셨다. 사회적 부적응자들 그리고 버림받은 자들로 이루어진 그의 일원과 함께하신 예수의 마지막 만찬은 종말론적 나라의 가족들이 가진 첫 번째 만찬이다.

주님의 만찬은 우리가 개인, 핵가족, 교회, 그리고 고립된 내부자에게서 벗어나 타자를 포함하는 존재로 재형성되도록 만드시는 방법을 주신다. 그러므로 우리는 그 속에서 참으로 하나님의 가족인 우리의 본래 모습이 될 수 있다.

그리스도 자신이 가지신 중동에서의 마지막 만찬은 참으로 우리가 새로 태어난 전가족을 위한 생일 축하 축제가 된다. 그리고 다가오는 하나님 나라 안에 있는 하나님의 영원한 집 안에서 다시금 완성될 이 생일 축하의 빛 안에서, 하나님은 우리로 하여금 친구들의 권역을 확장하여 우리의 파당이 가족이라는 권역으로 완전히 변화될 수 있도록 하신다. 우리가 이를 행할 때까지 우리는 절대로 완성될 수 없을 것이다.

≋ **심화 연구를 위한 질문들**

1. 당신은 미국교회에서 개인주의가 문제화될 수 있다는 사실을 어떻게 받아들이는가?
2. 예수와의 개인적 관계는 교회 생활에 왜 그토록 중요한가?
3. 우리가 교회 공동체를 하나님의 궁극적인 가족으로 생각한다면, 그것은 어떤 모습으로 보이게 될까?
4. 교회가 사람들이 오로지 그들과 닮은 사람들과 모여드는 사회적 클럽이 되는 것으로부터 참된 공동체로 옮겨가기 위해 우리는 어떻게 해야 할까?

제3장

종말론적 공동체로서의 교회

> 교회가 무엇인가 하는 것은, 요약해 말하자면, 교회가 무엇이 되어야 하는지에 따라 규정된다.
>
> – 스탠리 그렌츠[1]

1. 일시적 공동체로부터 하나님의 미래의 공동체로

수년 전, 12세 소년과 그의 아버지가 마틴 루터의 생애 현장들을 방문하는 중에 마인츠의 장엄한 성당을 가로질러 걷고 있었다. 고전적 고딕 구조로 세워진 그 건축물은 눈을 들어 하늘을 우러러 보라고 청하고 있었다. 아버지는 자신의 아들이 건물의 위엄에 완전히 사로잡혀 있는 것을 보면서, 무슨 생각을 하고 있는지 물었다.

---

1 Stanley Grenz, *Theology for the Community of God* (Grand Rapids: Eerdmans, 2000), 479.

"아빠!"

그는 대답했다.

"이 건물의 모든 것이 내가 하늘을 향해 하나님을 찾도록 만들어요."

그 아이의 대답은 이 위대한 중세교회의 건축가에게 있어 얼마나 큰 기쁨인가!

실제로, 고딕교회 건축은 교회론에 관해 중요한 신학적 원칙을 설명해 내고 있다. 어린 소년이 교회의 건물 위로 그것이 가리키는 하나님을 본 것처럼, 세상의 교회도 오늘날 그 자신을 넘어서 이 땅보다 더 큰 그리고 현재보다 더 큰 하나님을 향해 가리켜야만 한다. 교회는 자신의 정체성과 사명을 이해하기 위해 자신의 미래를 바라보아야만 한다. 교회에 대한 성경의 최종 그림이 그 이야기의 맨 끝자락에서 발견되어야 하기 때문이다.

사도 요한은 요한계시록 21, 22장의 본문에서 우리를 그 최종 모습인 교회로 초청하는데, 이는 새 예루살렘이 하늘로부터 마침내 결혼식이 도래한 신부, 즉 신랑을 위해 온전히 치장하고 있는 신부와 같이 내려올 때의 모습이다.

그것은 모든 죄로부터 정결하게 되고 모든 파괴로부터 치유받은 교회이다. 또한 모든 인간 문화 속에 있는 사람들과 부요한 자들을 맞아들이는 공동체이다. 거기에서, 인간은 그 자신의 내적 적대감을 치료한다. 영광스런 피조물과 완전한 조화 안에 살면서, 성부 하나님께 영광을 돌리며, 그리스도와 함께 해방된 사랑이라는 궁극적 목적을 성취한다.

성경 내러티브에서, 하나님의 사람들은 자신들의 미래가 그들의 현재 상황의 고난을 개선하는 길이자, 하나님께서 현재 그들이 어떤 백성이 되길 원하시는지 이해하도록 돕는 것이라고 상상하면서 언제나 앞을 보도록 요청받는다. 따라서, 교회의 신학이 실제로 성경적이 되려면 그것은 교회를 종말론적 공동체로 이해해야만 한다.

미국 복음주의 전통에서 자라난 우리 중 많은 이가 종말론을 세상의 마지막에 대한 성경 예언의 구체적인 해석을 지리적으로 표기하는 지도 공부에 종종 집중해 왔다. 이런 접근의 열쇠는 이 모든 것이 교회가 천상적 배경 속으로 천천히 사라졌을 때, 이스라엘의 회복(1948년 재건된 것으로 말해진), 즉 다시금 하나님의 보호하시는 은총의 수혜자이자 전 세계를 통치하는 그리스도의 나라의 중심자리가 되고자 하는 민족의 부상이다.[2]

그러나 사람들이 이스라엘 민족의 미래에 대해 무엇을 믿든지 간에, 교회는 절대로 일시적 공동체의 모습으로 후퇴해서는 안 된다. 교회는 하나님의 미래 공동체이며, 그것은 성경적 종말론이 언제나 교회의 미래에 대한 연구이어야 함을 의미한다. 역으로, 교회의 어떤 성경적 신학도 그 미래에 대한 연구, 혹은 종말론적 용어로 말한다면, 하나님 나라와 교회의 관계를 포함해야만 한다.

교회와 하나님 나라 사이의 관계는 성경의 장들마다 쏟아져 나오는 주제이다. 예수의 가르침의 중심 주제는 하나님 나라이다. 그리고 그가 자신의 교회를 세우시겠다는 약속이 하나님 나라에 대한 그의 사도들과 그들의 선포 위에 있다. 역사를 통틀어, 교회는 하나님 나라와의 관계성을 이해하려고 분투해 왔다. 본질적 질문은 약속된 나라가 현재하고 있는지 혹은 여전히 미래의 희망에 머물러 있는지 하는 것이다.

---

[2] 종말론은 기술적으로 "마지막 일들"을 의미하며, "미래의 일들"을 의미하는 것은 아니다. 그래서 성경적 종말론은 단지 교회가 역사 속에서 스스로를 발견하는 곳으로부터의 미래인 사건들에 대한 것만은 아니다. 성경 예언자들의 관점에서 볼 때, 종말론은 그의 피조물을 타락으로부터 구원하여 그의 백성들을 그와의 영원한, 완전한 관계로 가져오고자 하는 하나님의 계획을 성취하는 사건에 대한 것이다. 따라서, 십자가와 매장 및 부활과 같은 종말론적 사건들은 이미 일어났다. 그리스도의 재림과 같은 다른 것들은 미래에 남아 있다.

복음서 기자들은 이 질문에 역설적으로 대답했다. 하나님 나라는 실제로 예수의 삶과 사역에 현존했고 그의 부활 안에서 죽음을 향해 능력을 과시했다. 그럼에도 불구하고, 교회는 여전히 신랑의 도착을 기다리고 있는 신부로 그려지고 있다. 21세기에 학문적 합의는 신약성경은 여기에 있으면서 여기에 있지 않은, 지금 있지만 아직 있지 않은 나라의 그림을 제시한다는 것이다.[3] 그리고 하나님 나라는 한편으로 그와 같지 않으면서도 하나님 나라의 현재의 기능인 그리고 종말론적 성취를 기대하는 공동체를 창조했다.

이것이 의미하는 바는 교회는 미래의 축복을 실현하는 가운데, 한편으로 이 축복의 성취가 그리스도의 재림에서 드러날 것을 기다리는 성취와 희망의 공동체라는 것이다. 이 정체성이 교회를 가능한 최대한 그 미래의 이미지인 그리스도의 흠 없는 신부로서 닮도록 요청하면서 교회이자 신부의 모습을 만들어낸다.

하나님 나라에 대한 이 역설적 관계는 교회에 대한 많은 주요 질문들을 제기한다.

현재 그리고 미래에 교회는 하나님 나라의 어떤 측면을 자신의 존재와 사명 안에서 경험하기를 기대할 수 있는가?

---

3   이 합의를 향한 전개를 설명하고 기록하는 일부 책들은 다음과 같다: George Eldon Ladd, *The Presence of the Future* (Grand Rapids: Eerdmans, 1974); George Eldon Ladd, *A Theology of the New Testament* (Grand Rapids: Eerdmans, 1974); Darrol Bryant and Donald Dayton, *The Coming Kingdom: Essays in American Millennialism and Eschatology* (Barrytown, Ny: Rose of Sharon Press, 1983); Shirley Jackson Case, *The Millennial Hope* (Chicago: University of Chicago Press, 1958); W. G. Kummel, *Promise and Fulfillment: The Eschatological Message of Jesus*, trans. Dorothea Barton (London: SCM, 1971); Timothy Weber, *Living in the Shadow of the Second Coming: American Premillennialism: 1875–1982*, 2nd ed. (Grand Rapids: Academic Books, 1983); and Craig Blaising and Darrell Bock, eds. *Dispensationalism, Israel and the Church* (Grand Rapids: Zondervan, 1992).

현재 하나님 나라에서 교회의 역할은 무엇인가?

그리고 하나님 나라의 현재/미래의 본질이 세속 정부에 영향을 끼치며 문화적 가치를 형성하는 것을 포함한 교회의 문화 개입을 어떻게 이끄는가?

이것들은 많은 토론을 낳은 의미 있는 질문들이었다. 우리는 이 질문들에 관해 이어지는 내용들에서 주목하려 한다.

첫째, 우리는 공관복음, 요한복음, 그리고 사도행전에서 이해된 것처럼 예수님의 사역 안에서 그리고 그에 의해 설립된 교회 안에서 하나님 나라의 임재를 이해하고자 할 것이다.

둘째, 우리는 이 종말론적 교회의 본질과 성격들을 검증하고자 할 것이다.

셋째, 끝으로 우리는 그러한 교회가 어떻게 문화에 개입해야 할 것인지에 대해 제안할 것이다.

2. 예수, 하나님 나라, 그리고 종말론적 공동체로서 교회

히브리 성경의 각 장들에 예시된 것처럼, 하나님 나라 주제는 공관복음에서 가장 분명히 부각되어 있다. 하나님 나라는 예수의 설교의 근본 주제이다. 실제로 마가는 탄생 설화 대신, 오시는 왕에 대한 요한의 고지와 나라가 가까이 왔다는 예수의 선포로 시작한다(막 1:1-5). 마찬가지로, 마태와 누가는 예수의 첫 번째 중심 설교 사건을 하나님 나라가 도래했다는 선포로, 그리고 그것이 이사야에 의해 환상으로 그려진 것으로, 그리고 그것을 선언하는 분인 예수님 자신에 대한 선포로 기록한다.

하나님 나라에 대한 많은 구절들과 예수의 설교 안에 있는 하나님 나라의 현존 중에서 가장 중요한 하나가 마태복음 12:22-32에서 발견된다. 이곳에서, 하나님 나라의 도래는 창세기 3:15으로 완전하게 되돌아가며 하와의 자손에 의한 사탄의 궁극적 패배에 대한 약속으로 완전히 되돌아가는 이미지로 포착된다. 하나님 나라의 이와 같은 미래적 축복은 성령의 권능으로 예수께서 귀신들을 추방하는 것에서 출발하였다(하나님 나라의 현존에 대한 다른 표징 - 참조. 겔 36장; 욜 2장 등등).

출애굽 이미지와 하나님의 백성이라는 형식을 끌어오면서, 예수는 강한 자의 집을 강탈하시므로 사탄의 소유물인 사람들을 자신에게로 취하신다. 그는 모든 언어, 족속 그리고 민족으로부터 온 이들로 구성된 하나님 나라의 백성, 즉 교회(마 16장)를 모으기 위해 이런 구원의 사명을 시작하신다(마 28: 19-20). 하나님 나라의 사역이 복음 설교, 치유, 그리고 죽은 자의 부활로 이 백성들을 위해 이제 시작되었다고 예수는 선언한다. 따라서, 미래의 축복들이 현재에 경험된다.

그럼에도 불구하고, 하나님 나라의 도래에 대한 예수의 설교는 뒤섞인 메시지들을 담고 있다. 하나님 나라의 설교의 역설의 가장 두드러지는 예 중 하나가 누가복음 7:18-23에서 발견된다. 헤롯의 불륜 결혼을 비난하여 감방에 홀로 버려진 요한은 예수의 사역에 대해 논쟁을 벌인다. 그 당시의 유대인들의 남은 자들처럼, 요한도 아직 일어나지 않은 사건들을 포함한 나라에 대한 기대를 가졌다.

자신이 갇혔다는 사실로 인해 요한의 마음에 강력히 각인된 사실인 하나님 나라에 대한 예수의 선포에도, 여전히 로마와 그외 악한 지배자들은 요동하지 않은 채 여전히 권력을 유지하고 있었다. 요한은 하나님이 불의한 통치자들을 몰아내고 이스라엘에게 다윗의 영광을 회복시켜 주므로, 당신의 나라와 함께 능력을 발하실 것이라 생각하였다.[4] 당연히 하나님에 의해 메시야/왕의 도래를 선포하는 직분을 받아 그 나라를 고대하며 전 생애를 바쳤던 요한은 자신의 제자들을 예수에게 보내어, 혹시 그가 실수를 한 것은 아닌지 물어보게 한다.

혹시 예수는 그분이 아니셨던 것일까?

예수께서 주신 간접적인 대답은 하나님 나라의 역설을 잘 보여 준다. 그는 요한의 제자들에게 되돌아가서 그들이 본 기적들과 자신을 연결해 보라고 이야기한다. 다리를 절던 사람이 걷게 되었고, 맹인이 보게 되었으며, 죽은 자가 다시 일어났다. 그리고 복음이 가난한 자에게 전파되고 있다. 이 기적들은 예언자들에 의해 미리 언급된 하나님 나라의 표징들이다(사 42:7; 61:1).

그리고, 예수께서는 "나로 인해 실족하지 않는 자는 복이 있다"라고 퉁명스럽게 대답하신다. 여기서 예수는 한편으로 예언이 확실히 성취하고 있지만 현재의 모든 기대들에 미치지는 못한다. 격동적인 묵시록적 요소들은 아직 여기 없다. 이스라엘의 올바른 정치 체계 회복 역시 아직이다.

예수는 고난당하고 억눌린 유대인들이 구하는 것이 이것임을 안다. 그러나 그는 또한 하나님 나라의 약속의 이 모습은 아직… 그가 성취할 수 있는 것이 아님도 안다. 그래서 그들은 그 이상을 넘지 말아야 한다. 여기서 예수는 자신의 제자들로 하여금 깨진 채 남아 있는 공동체 한 가운데에서 하나님 나라의 현존을 깨달으라고 촉구한다. 따라서 하나님 나라와 그 능력은 실현과 소망 양쪽이 된다.

---

[4] 1세기의 유대적 메시야의 기대들에 대한 예에 대해서는 다음과 같은 중간기 문헌을 보라. *Psalms of Solomon* 17, *The Testament of Judah* 24, *1 Enoch* 48, and *IV Ezra* 13.

현대 신약성경 학자들은 요한의 종말론적 이원론이 공관복음과는 차이가 있음을 이해하게 되었다. 공관복음은 하나님 나라의 언어, 그리고 이 시대 대 오는 세대의 수평적 이원론의 언어를 통해 세상을 본다. 반면, 요한의 이원론은 위와 아래라는 언어를 사용하므로 수직적이다. 성육신을 통해, 그리고 후에는 성령을 통해 하나님은 인간 역사에 개입하신다. 이러한 초점은 하나님의 초월을 인간의 영역으로 끌어오면서 상당한 분량의 "실현된 종말론"을 낳는다.

요한의 접근은 다드(C.H. Dodd) 같은 학자들이 요한복음 안에는 사실상 모든 종류의 종말론적 소망이 이미 그리스도와 성령의 오심과 더불어 일어났음을, 그래서 영원한 생명이 단순한 미래적 소망에만 머무르지 않고, 이미 교회 안에서 현재적 사실이 되었음을 결론짓도록 했다. 다드는 이렇게 주장한다.

"그리스도의 재림을 소망한 교회의 모든 것은 이미 성령을 통해 그리스도의 현재적 경험 안에서 주어져 있다."[5]

사실, 요한복음은 엄청날 정도로 종말론적 축복의 현재적 경험에 초점을 맞추고 있다. 그리스도 안에서 하나님은 모든 백성에게 생명을 주시려고 지상에 오신다(요 1장). 또한 요한복음 1장에서 에스겔의 종말론적 성전 환상을 사용하면서, 요한은 예수를 당신의 백성 한 가운데에 거주하시겠다는 하나님의 약속을 성취하는 새로운 장막(skene)으로 그린다. 그리고 4장에서 그는 새로운 성전으로 나타난다. 그래서 예루살렘과 그리심산 양쪽을 대체한 예배의 "장소"가 이제 그분 안에서 발견된다. 이것은 에스겔이 약속한 바와 같이 성령 하나님과 하나님의 영광이 되돌아

---

[5] George Eldon Ladd, *A Theology of the New Testament*, rev. ed. (Grand Rapids: Eerdmans, 1993), 336.

올 성전이다.

예수께서는 요한복음 11장에서 마르다에게 자신의 정체가 "부활이자 생명"이며 그것은 단순히 미래의 일만이 아닌 현재의 사건임을 분명히 하면서, 나사로를 무덤에서 불러내신다. 요한복음 14장에서 예수께서는 제자들의 공동체를 고아로 남겨둔 채 떠나지 않겠다고 약속하신다. 대신 오순절 날을 기대하며, 그들에게로 보혜사의 인격, 성령 안에서 되돌아올 것이라고 선언하신다.

그러나 요한복음에서 이것은 종말론이 완전히 실현되었음을 의미하는 것도 아니며, 이미(already)나 아직(not-yet)의 의미가 없다는 것도 아니다. 예수께서 그 제자들에게 그들을 위한 장소를 예비해 두기 위해 멀리 가실 것이고, 그가 돌아올 때 그들은 그가 있는 곳에 있을 것임을 말씀하신다. 더욱이 요한일서 3:2에서는 그리스도의 공동체가 여전히 그의 오심을 기다리고 있음을 인식한다.

이 모든 종말론은 성령을 통해 교회 안에 즉시 적용되는 반면, 그리스도의 현재적 거하심과 교회를 위한 그분의 미래적 오심 안에서, 요한은 그의 종말론적 비전을 요한계시록에서 교회와 가장 분명하게 결부시킨다.[6] 다음의 내용들은 요한이 보여 주는 몇 가지 이미지들이다.

---

6 전형적으로, 세대주의 전천년주의자들은, 자신들이 요한계시록을 그리스도의 재림 직전에 "큰 환난"으로 알려진 인간 역사의 실제적 미래를 기술하는 것으로 이해하지만, 교회를 이 7년 환난기의 시작에 "휴거"되었기 때문에, 이 기간에는 존재하지 않는 것으로 본다. 따라서, 하나님의 고난받는 백성으로서 교회에 대한 요한의 이미지는 요한계시록에 대한 세대주의자의 해석의 일부가 아니다. 그러나, 여기에서 현존하는 이미지들의 나머지는 여전히 적용되는데, 그들은 그의 재림시에 그리스도와 더불어 돌아와서 천년 시기를 시작하는 승리하는 교회의 이미지들이기 때문이다. 비세대주의적 전천년주의자들, 그리고 요한계시록에 대한 비미래주의적 혹은 비역사적 해석들을 붙잡는 이들은 전체 책을 교회에 대해 서술하는 것으로 이해한다.

첫째, 종말론적 그리스도께서 지역교회에 말씀하신다.

요한 공동체의 리더로 이야기하고 있는 자신의 편지와는 달리, 여기서 요한은 일곱 지역교회들에 직접적으로 말씀하시는 부활하시고 영광스러운 그리스도 자신의 그림을 제시한다. 여기에서 우리 목적을 위해 중요한 것은 메시지 각각의 특별한 내용들이 아니다. 오히려 각 지역교회의 한 가운데에 승귀하신 하나님의 아들인 영광스러운 그리스도께서 각각의 교회 공동체의 가치와 행위들이 그들의 부활하신 주님의 삶과 가르침을 반영하는 공동체를 형성하는 것에 대해 충실했는지 혹은 충실함이 부족했는지를 증거하시면서 서 계신다는 것이다.

그분은 심판하시려고 거기에 계신다. 그러나 격려하기 위해서도 계신다. 교회들이 사악한 세상 체계의 박해와 유혹 양쪽 아래에서 투쟁한다는 것은 명확하다. 그리스도께서는 이 고난 속의 교회들에게 자신들이 그에게 충실하게 남아 있는 한 미래의 영광의 약속을 확장하신다.

둘째, 요한의 이미지는 하나님의 영광으로서의 교회가 무덤을 넘어 확장되어 간다는 것을 암시한다.

심지어 지금도 그러하다. 요한계시록 4장과 5장에서 우리는 엄청난 무리의 천사/하늘의 피조물들이 하늘의 권좌의 중심에서 십자가에 달리시고 부활하신 어린 양 찬양을 통해 하나님을 찬양하는 것을 본다.

셋째, 요한계시록 20장에서, 요한은 이 영광스런 모임에 포함된 이미지를 죽은 신자들의 영혼으로 확장한다.

여기서 교회의 궁극적 운명에 대한 요한의 이해의 전주가 있다. 예수 그리스도의 교회는 천상의 공동체이며, 그 구성원의 일부는 심지어 하늘 존전의 하나님 자신의 "현존" 안에 있다. 지상의 교회는 현재 천상의 교회와의 연합 안에 존재한다. 그럼에도 불구하고, 이 양쪽의 교회 요소들은 여전히 자신의 신부에 대한 그리스도의 마지막 계시를 고대하고 있다. 왜냐하면 천상의 교회가 자신들의 몸의 부활에 의해 확증을 기다리는 중인 순전한 백성으로서 인내하고 있는 반면, 현재 지상의 교회는 죄로 인해 파괴된 인간 공동체로서 인내하고 있기 때문이다.

그리고, 요한계시록 19-22장에서 요한은 우리에게 하나님의 백성들이 그리스도의 궁극적 승리를 통해 그들이 결국 되어야 할 모든 것이 될 마지막 순간의 이야기를 말하고 있다. 요한계시록 19장에서, 그리스도는 박해받는 신부를 구원하기 위해 내려오셔서, 신부를 자신과 함께 축하 잔치를 벌일 어린 양의 결혼 잔치로 옮기신다. 그리고 교회는 하나님의 거하는 장소인 새 예루살렘의 형태로 지상으로 되돌아온다.

이 모든 영광스러운 비전이 그 미래의 운명에 대해 확신을 주므로, 파괴된 그리고 무너진 세계의 한복판에 있는 교회에 위로를 주기 위해, 심지어 지금 저 운명의 빛 안에서 살도록 용기를 주기 위해 지금 교회에 주어지는 중이다.

넷째, 요한은 우리에게 종말의 교회는 참으로 세계적 교회임을 보여 준다.

유대인의 용어로 묘사되었지만(새 예루살렘처럼), 그럼에도 불구하고, 그것은 다인종적이며 다문화적 공동체이다. 여기에서 우리는 그리스도의 위엄에 환호하면서 그리스도 앞으로 자신들의 지상 문화들의 보물들을 가져오는 민족들과 왕들의 공동체를 보기 때문이다. 야웨의 성전 도시인 예루살렘은 유대 나라를 대표하지 않는다. 오히려 그것은 그분의 백성들 한 가운데에 하나님의 현존인 교회, 즉 모든 방언과 족속과 나라

로부터 불러들인 교회를 대표한다.[7]

요한으로부터 오순절 이후의 교회 이야기로 옮겨 간 사도행전은 예수의 사역 안에 도달한 나라가 궁극적으로 구약 히브리어 성경에 약속된 것처럼 하나님의 종말론적 공동체로서 교회를 창조한다고 계시한다. 사도행전 2장에서 무리들에게 그리스도를 받아들이라는 베드로의 설교는 그 나라에 대한 상상으로 가득 차있다. 그들은 정화(purification)를 통해 도래하는 왕국을 준비하는 상징으로 회개하여 세례를 받아야 한다. 그들은 하나님 나라 기대의 핵심 요소인 성령을 약속받는다. 그리고 나사렛 예수는 그의 부활을 통해 궁극적 권위의 자리로 높여진, 약속된 메시야이자 새로운 다윗으로 선포된다.

---

7 우리가 본 장에서 접근해 왔던 길에 수많은 사안들이 있다. 하나님의 나라에 대한 교회의 관계, 하나님의 약속된 백성으로서의 교회, 다인종 세계 공동체로서의 교회의 궁극적 이미지, 기타 등등이다. 그것은 교회와 이스라엘 사이의 관계의 질문을 제기한다. 이 논의의 역사는 일반적 양극성으로 귀결되어 왔다. 즉, 이스라엘은 더 이상 하나님의 백성의 미래에서 유일한 요소가 아니라는 의미에서 "새 이스라엘"인 교회에 의해 대체되었거나, 혹은 교회가 하나님의 계획 안에서 이스라엘로부터 분리된 공동체라는 것이다. 두 번째 시나리오에서 하나님은 마침내 이스라엘에 대한 그의 역사적 약속들을 성취하시고, 마지막 날에 모든 나라가 그리스도에 대한 믿음을 가지게 할 것이며, 그리고 이스라엘의 나라로부터 천년왕국을 통치하러 이 땅에 다시 오실 것이다. 수많은 중재적 입장들이 또한 제안되어 왔다. 우리의 입장은, 짧게 말해서, 우리가 하나님의 백성의 미래에서 이스라엘을 중요시하지 않는 대체 신학을 지지하지 않는다는 것이다. 오히려, 우리는 하나님께서 미래 안에서의 어떤 시간에 독특한 방식으로, 아마도 그리스도의 재림 사건들 그리고 천년왕국의 통치 안에서 요소로서 여전히 이스라엘과 더불어 일하고 계시리라고 믿기 위한 증거를 발견한다(롬 9-11장). 그러나 우리는 이스라엘이 다시금 하나님의 백성의 성경적 사고의 초점이 되는 대신, 교회는 본질적으로 종말에 대한 성경 내러티브의 배후로 사라지는, 일종의 역사적 삽입구로 보는 관점도 지지하지 않는다. 하나님의 백성에 대한 궁극적인 성경 비전은 교회, 하나의 백성, 유대인과 이방인이 그리스도와의 연합 안에서 그리고 서로 하나님의 경배와 예배 안에서 영원히 함께 사는 것의 비전이다. 교회와 이스라엘에 대한 그 이상의 토론에 대해서는 다음을 보라. Scott Bader-Saye, *The Church and Israel after Christendom: The Politics of Election* (Eugene,: Cascade Books, 2005), 24.

요약하면, 역사적 기독교의 학문은 교회와 관계를 맺은 하나님 나라의 현존 혹은 부재를 고려하는 추의 수많은 왕복을 경험해 왔다. 그러나 20세기에는 다양한 기독교 전통에 속한 학자들 사이에 합의가 이루어졌다. 이 합의는 성경 내러티브의 역설, 즉 하나님 나라는 여기 현존하면서 여기 현존하지 않는. 지금 현존하면서 아직은 아니다.[8]

예수께서 설교하고 계신 하나님 나라 복음은 하나님께서 그리스도의 인격 안에서, 그의 백성의 마음 안에서 왕으로 통치하시면서 사탄의 나라를 공격하고 인류 가운데에서 사역하고 계신다는 것이다. 그는 하나님 나라가 이 현재적 악한 시대에 역사하고 있음을 보여 주신다. 그것이 도래했다. 하지만 아직 이 세대를 끝내지는 않으셨다.

3. 하나님 나라와 관계된 종말론적 교회의 본질

하나님 나라의 본질을 예수의 사역에서 시작되었으나 미래에 정점에 달하게 될 것이라고 이해하려는 노력은 교회의 본질을 하나님 나라와 연결된 공동체로 이해하려는 유사한 노력으로 마무리되었다. 궁극적으로 교회의 변증법적 본질로 나타난 것은 교회를 지상의 하나님 나라로, 혹은 하나님 나라를 기다리는 공동체로 보는 경향에서 비롯되었다.

---

[8] 미국 복음주의자들을 20세기의 중반에 이 지점으로 데려온 가장 영향력있는 학자는 George Eldon Ladd이다. 원래 그의 책 『예수와 하나님 나라』(*Jesus and the Kingdom*), 후에는 『미래의 현존』(*The Presence of the Future*)이라고 다시 제목이 붙여진 그의 저작은 세대주의자들(*dispensationalists*)과 비세대주의자들(*nondispensationalists*) 사이에서 공히 합의 지점을 이루는 기반이 되었다.

1) 하나님 나라를 기다리고 있는 공동체

예수는 감람산 강화로 알려져 있는 확장된 설교에서(마 24-5장; 막 13장; 눅 12장; 19장; 21장) 미래에 대한 비전을 하나님의 백성, 즉 교회에 대한 신학과 함께 직조해 간다. 자신들의 주인이 돌아올 것에 대한 기대로 살아가는 종들과 신랑을 기다리고 있는 처녀들의 이야기에 가장 극적으로 묘사된 그 주된 주제들 중에 하나는, 교회를 그녀의 왕과 그의 나라를 기다리는, 그리고 기다림 속에 있는 공동체(혹은 신부)로 서술하는 것이다. 바울도 교회를 그리스도의 재림에 대한 기대 가운데 살아가는 그리스도의 공동체로 묘사하면서 지속적으로 이 주제에 주목한다.

몇 가지 예들이 고린도전서 1장에서 발견된다. 결혼, 물질적 소유, 그리고 세상과의 다른 한시적 연관성들에 대한 바울의 조언(고전 7장)은 이러한 세상적 가치들을 반영하지 않을 생명의 길을 세우라고 요청하면서, 이러한 기대의 렌즈를 통해 주어진다. 더 나아가, 고린도전서 10장과 11장은 재림에 대한 기대로 살아가는 공동체로서 교회에 관한 주요 성찬식 구절을 우리에게 제공한다.

성찬식은 교회로 하여금 다시 한번 아버지의 나라에서 그들과 더불어 잔을 마시게 될 때인 그분의 재림에 대한 기대 안에서 십자가에 달리신 그리스도를 만나는 것을 허용하는 최후의 만찬의 재현이다. 바울은 데살로니가전서 4장에서 교회를 밤의 도적같이 임하실 두 번째 오심의 기대로 살아가는 것으로 그린다. 베드로도 교회가 여호와의 날을 인내로 기다리도록 격려하기 위해 이 예상할 수 없는 도적(unexpected thief) 이미지를 사용한다. 교회는 자신을 기다림 안에 있는 공동체로 이해하면서 그 나라를 기다리는 것에 대한 질문과 씨름해 왔다.

교회는 어떻게 기다려야 하는가?

교회는 기다리는 동안 무엇을 해야 하는가?

그리고 교회는 기다리는 동안 세상의 적대감을 어떻게 견뎌야 하는가?

콘스탄티누스가 교회를 제국의 공적 종교로 합법화하기 전에, 교회의 종말론은 종종 박해받는 하찮은 종파라는 지위에 의해 영향을 받았다.[9] 성경 맥락에서나 교회 역사에서 볼 때, 박해의 산물 중 하나는 역사를 넘어선 승리하는 실존에 초점을 맞춘 종말론이다.

이것은 사악한 자들을 징벌하고 의로운 자들을 상주시키려고 역사 바깥으로부터 대격변을 일으키는 하나님의 등장, 최고의 영성 행위로서 순교, 그리고 그를 둘러싸고 있는 세상으로부터 분리된 거룩한 공동체로 교회를 강조하는 형태로 다양하게 나타난다. 이 모든 세 가지 강조들이 콘스탄티누스 이전의 초대교회의 종말론에서 하나의 역할을 감당하였다.

초대교회의 신학에 있어서 순교에 대한 찬미는 죽음의 박해와 위협의 상황에 처한 교회의 많은 종말론적 사고가 신자들이 믿음 안에서 하나님 나라로 들어가기 위해 어떻게 견딜지와 관련되었음을 설명한다. 박해 시기 동안 그리스도인들, 특별히 기독교 지도자들은 자신들이 믿음의 고백들을 철회하므로 자신들의 생명을 구하기 위해 황제에게 분향할 것인지를 질문받았다.

그들이 배교를 거부하여 당한 처형들은 죽음에 직면한 개개인의 신앙으로 널리 회자되었다. 이 상황에서 순교는 하나님의 현존으로 나아가는 확실하고도 직접적인 길로 이해되었다. 순교는 존경받았고 어떤 경우에는 심지어 갈구되기도 했다.

---

[9] 초대교회의 종말론에 대한 역사적 조사는 드물다. 하나의 탁월한 예외는 Brian Daley의 다음 책이다. Brian Daley, *The Hope of the Early Church: A Handbook of Patristic Eschatology* (New York: Cambridge University Press, 1991). 또한 다음 책을 보라. J. N. D. Kelly, *Early Christian Doctrines* (San Francisco: Harper Collins, 1978), 459-89.

안디옥의 이그나티우스(Ignatius of Antioch, 110년경)의 편지에서, 우리는 이와 같은 순교의 이상화(idealization)를 보게 된다. 그가 순교를 위해 로마로 가는 도상에서 소아시아교회들에 보낸 일곱 편지는 순교가 예수의 참된 제자가 되기 위한 가장 확실한 길이라는 이그나티우스의 확신을 드러낸다. 실제로 시릴 리차드슨(Cyril Richardson)이 이그나티우스에 대해 논평한 것과 같다.

> 그는 확실히 '하나님께 도달하기' 위해 안달이 나 있었다.[10]

이그나티우스에게 있어서 순교의 종말론(eschatology of martyrdom)은 매우 개인적이고, 내세적이며, 순교자 편에서 그리스도와의 직접적인 개인적, 인격적인 연합을 위한 희망에 집중하는 반면, 교회와 동일하게 실현된 종말론적 요소들도 있다. 이그나티우스는 신자들에게 그리스도와 연합한 사람들로서 믿음 안에서 함께 만나도록 촉구한다. 만날 때에 그들은 항상 성찬에 참여해야 한다. 그것은 "불멸의 약이며, 죽음을 물리치는 해독제로, 예수 그리스도와의 연합 가운데 영원한 삶으로 넘겨 주는 약이다."[11]

순교의 찬미가 그려내는 것은 교회가 하나님 나라를 기다리는 역사적 방법들 중 하나로, 세상과의 근본적인 단절로 이끌었다는 것이다. 하찮게 여겨진 교회가 사악한 자를 심판하고 의로운 자에게 상을 주시는 하나님의 돌아오심을 고대하고 있었다. 그리고 초대교회의 일반적 기대는 하나님의 심판이 가까이 왔다는 것이었다.

이 기대 중 많은 형태들이 전천년주의(premillennialism)를 취했는데, 그

---

[10] Cyril Richardson, *Early Christian Fathers* (New York: Macmillan, 1970), 93.
[11] Ibid., 93.

것은 모든 것들이 끝나기 전에 새로워진 지상에서 천 년 동안 그리스도께서 통치하신다는 희망의 형태였다.[12]

하나님 나라를 기다리는 것에 대한 이 접근은 종종 교회사를 통해 교회가 사회의 한 부분인가, 아니면 변방으로 밀렸는가라는 교회의 지위에 대한 인식에 따라 밀려오거나 빠져나갔다.

19세기 말 인구가 증가하는 가운데, 미국의 많은 교회들이 계몽주의가 지녔던 반초자연주의(antisupernaturalism of the Enlightenment)에 의해 침체기에 들어서기 시작하자, 세대주의(dispensationalism)로 불리는 새로운 형태의 전천년주의가 나타났다.

그것은 교회를 미래의 하나님 나라로부터, 그리고 종말론으로부터 철저하게 단절된 것으로 보았다. 고전적 세대주의에서는 하나님 나라를 지상적, 물질적 왕국으로 이해했다. 그 나라에 대한 구약성경의 예언들은, 그들의 지상적 형상화와 더불어, 재림하신 예수께서 다윗의 영광으로 회복된 이스라엘의 예루살렘으로부터 나스리게 될 것임을 의미했다. 하지만 교회는 구약성경에 의해서는 사실상 전혀 알려지지 않은 실체이며, 하나님 나라의 완전한 성취도 아니라고 말했다.[13] 윌리엄 블랙스톤(William Blackstone)이 1908년 고전인 『예수가 오고 계신다』(Jesus is coming)에서 말하듯, 교회는 신비이며, 구약성경에 의해 전혀 말해진 바 없는 실체이다. 그것은 단지 그리스도, 신랑이 오실 때 시작될 약속의 성취를 기다릴 뿐이다.[14] 따라서, 교회는 종말론적 공동체가 아니다.

---

[12] 초대교회의 지지자들은 Papius, Pseudo-Barnabus, Justin Martyr, Irenaeus, Tertullian, 그리고 Hippolytus를 포함한다.

[13] 미국에서 세대주의의 영향력있는 선생들은 C. I. Scofield, Lewis Sperry Chafer, John Walvoord, Dwight Pentecost, 그리고 Charles Ryrie를 포함한다. 이들 모두는 미국에서의 세대주의의 탁월한 제도적 구성 요소로 남아 있는 달라스신학교와 연관된다.

[14] William E. Blackstone, *Jesus Is Coming* (New York: Fleming H. Revell, 1908), 82-84. 우리의 주

근대에 와서 어떠한 주요한 기독교 운동도, 최소한 미국에서는, 20세기 전반부의 고전적인 세대주의적 전천년주의(classic dispensational premillennialism)가 했던 것보다 교회론과 종말론 사이의, 그리고 교회와 하나님 나라 사이의 강한 불일치를 만들어 낸 적이 없다. 세대주의자들은 근대주의자의 추진력을 가진 자유주의적 후천년주의(liberal postmillennialism)에 저항하면서 현 세대에서 교회와 하나님 나라 사이의 어떤 실질적 연관성도 제거했다.

교회는 그리스도에 의해 자신들에게 주어진 그 나라에 대한 이스라엘의 거부와 교회의 환난 전 휴거로 시작하여 지상의 천년왕국으로 이어질 이스라엘에 대한 하나님의 갱신 사이에 낀 일종의 삽입구 정도로 이해되었다. 이 신학의 결과 중 하나는 사실상 모든 종말론적 이미지와 성경 토론이 교회가 아닌 이스라엘의 갱신된 나라를 언급하고 있는 것으로 이해되었다는 것이다.

따라서 종말론과 그 나라에 대한 신학은, 그리스도인들이 능동적으로 복음화해야 하고 언제라도 올 수 있는 휴거를 기대하면서 거룩하게 살아야 한다는 것 이외에 교회론에서 별로 역할을 감당하지 않았다. 교회는 자신을 그 나라에 대한 구약 약속들과 단절된 신비로 이해하며, 그 나라를 이 세상에 뿌리내린 현실이라기보다 오히려 우선적으로 기대되어야 할 미래 실재로 이해할 만큼 스스로를 복음주의와 별도로 사회 참여와

장은 바울이 에베소서에서 교회에 대해 "신비"로 이야기했을 때, 그는 히브리 성경들이 그것을 기대하지 않았거나 심지어 언급조차 하지 않았다는 것을 의미하지 않았다는 것이다. 오히려, 교회는 하나님께서 인종적/민족적 이스라엘을 그의 나라에 대한 약속의 한 부분으로 계획하고 계실는지도 모른다는 생각을 버리지 않고도, 그의 백성, 이스라엘의 미래적 나라에 대한 하나님의 약속을 성취한다.

단절하는 경향을 지녀 왔다.[15]

세대주의 설교자들이 종종 자신의 청중들에게 "침몰하고 있는 배(세상)의 굴뚝을 청소하지" 말라고 경고했던 것은 바로 이러한 맥락에서였다.[16] 하나님은 불의한 세상을 심판하고 그로부터 자신의 의로운 교회를 구원하시려고 오고 계신다. 따라서 21세기 초의 세대주의자들의 대중적 문구에서 교회의 직무는 단지 "내가 올 때까지만 자리 잡고" 있으라는 것이었다.

2) 지상에서의 하나님 나라

여기 있으면서도 여기 있지 않은, 지금 그러나 아직 아닌, 하나님 나라의 변증법적 역설(긴장, 패러독스)은 교회의 변증법적 본질로 귀결된다. 교회는 이 세대와 오고 있는 세대 사이에 붙잡혀 있는 공동체이며, 한편으로는 미래의 희망으로 남아 있는 나라를 기다리면서, 다른 한편으로는 교회를 창조하고, 또한 세상 속에서 그리스도의 선교를 위해 그에 힘을 불어넣어 주는 나라의 축복들을 끌어안고 있다.

---

[15] 본 장에서, 전도 대 사회적 행동/참여에 대해 이야기할 때, 우리는 다음 정의들을 염두에 두고 있다. **전도**라는 말은, 신자가 불신자에게 예수 그리스도와 구원의 메시지를 소개하고, 그들을 믿음으로 부르기 위해 **복음의 구두적 선포 실행을 언급하는 말로 사용한다**. **사회적 행동/참여**라는 말은 인간 존재와 사회의 향상을 위해 교회에 의해 취해지는 행동들을 의미하는 말로 사용한다. 이것은 아주 광범위한 의미에서 이해될 수 있고 가난한 자들을 위한 더 나은 삶의 조건, 더 나은 보건 관리, 더 나은 인종적 관계들, 인종적 그리고 성적 평등과 같은 것들을 위한 교회의 사역에 의해 대표될 수도 있다. 우리는 이들 행동들이 많은 이들에게 전도 형태들로 보여질 수 있고 보여지는 것을 이해하고 동의한다. 그러나 이 논의에서, 우리는 전도와 사회적 행동을 서로 다르지만, 상호 보완적인 노력으로 언급할 것이다.

[16] 이 자주 반복되는 내용은 유명한 라디오 설교자인 J. Vernon McGee에 의해 언급되었지만, 일반적으로 D. L. Moody가 말한 것으로 여겨진다.

교회와 그 나라의 관계에 대한 그리스도의 비전은 교회가 그 나라의 권능 위에 세워지며, 지상에서 왕국의 권능을 대표한다는 것이 확실하다. 예수께서는 베드로와 제자들에게 그 왕국 열쇠(마 16:18; 18:18)를 약속하신다. 제자들은 그 왕국 열쇠를 통해 그 왕국에 들어가는 조건을 선포할 것이다. 그들은 이 권능으로 자신들이 파송받은 대로 가르치고 치유하며 마귀를 내쫓기 위해 세상을 향해 나아갈 것이다(마 10:7-). 그들은 심지어 세례 요한이 헤롯에게 했던 것처럼, 관원들의 부도덕한 행위에 대해 말하면서, 그래서 회개하라고 촉구하면서(막 6:17-20), 정부의 관원들 앞에서 그리스도와 그의 나라에 대해 증거할 것이다(마 10:17-20).

요약하면, 예수 그리스도의 교회는 종말론적 나라의 권세로 세상에 개입할 것이다. 바울의 신학도 첫째 아담의 죄가 전 인류에 영향을 미친것처럼, 둘째 아담의 의와 구속이 우주적 규모의 구속을 통해(롬 8:9-22) 사람들의 새로운 공동체만이 아닌 새로운 피조물로 초청하면서(고후 5:17) 보편적 효과를 동일하게 지닌다고 주장함으로 동일한 관점의 문화적 참여를 제시한다.

그 나라가 자신 안에 도래했다는 그리스도의 선포를 진중하게 받아들인 교회는 교회사의 다양한 시점에서 자신은 이 땅에서 하나님 나라를 대표한다는 인식으로 사회를 그 나라의 이미지로 변화시키려고 노력했다. 콘스탄티누스 이후, 장차 임할 나라에 대한 기대는 교회가 박해받고 소외되었던 이전 세기에는 불가능했던 새로운 형태를 취했다. 콘스탄틴의 호의와 후견은 4세기 중반부터 교회의 종말론이 심판과 구원을 향한 하나님의 가공할 만한 개입에 대한 강조에서, 인간 역사 내에서의 하나님의 구원에 대한 보다 내재적 묘사로의 변화를 낳았다.

예를 들어, 가이사랴의 유세비우스(Eusebius of Caesarea, 339년 죽음)의 작품에서 이런 변화가 선명했다. 유세비우스는 하나님의 구원 사역을 우선적으로 종말론적 관점에서 보지 않고, 제국의 공식 종교로서 교회의 설립이라는 관점에서 보았다. 하나님은 자신의 종 콘스탄틴을 통해 교회에서 영원한 나라의 축복을 가져오신다. 우리는 유세비우스에게서, 교회를 통한 세상의 기독교화를 이야기하는 종말론의 씨앗을 본다. 브라이언 데일리(Brian Daley)는 그에 대해 다음과 같이 썼다.

> 유세비우스에게 있어서, 지상의 나라가 점점 더 약속의 나라의 성격들을 취해감에 따라, 교회가 지닌 미래의 희망들은 인간 행위자들이 하나님의 구원의 선물을 실현시킬 것인가 부패시킬 것인가, 그리스도의 이상 사회를 건설할 것인가 방해할 것인가라는 이차원적 배경이 되었을 뿐이다. 종말론에 대한 경시와 과거에 대한 그의 관점 때문에, 유세비우스는, 혹자의 판단에 따르면 "기독교회에 있어서 첫 번째 정치신학자"로 불리웠다.[17]

아마도 유세비우스에 대한 보다 정확한 평가는 그가 종말론을 경시했다는 것이 아니라, 그가 부분적으로 종말론을 교회론으로 넘겨버렸다는 데 있을 것이다. 미래에 대한 희망들이 교회 안에서, 그리고 교회의 사역을 통해 세상 속까지 실현되었다는 것이다. 이 관점은 중세가 시작되기 전에, 가장 중요한 신학의 저작인 어거스틴의 『신국론』(City of God)에서 기념비적인 중요성과 영향을 취한다.

초기에 이레네우스나 다른 이들의 천년왕국주의의 정신을 붙잡고 있던 어거스틴은, 후에 이것을 거부하면서, 보다 상징적 해석을 선호하였다. 하나님 나라가 그 궁극적인 형태는 미래에 남아 있는 반면, 그 나라

---

[17] Brian Daley, *The Hope of the Early Church: A Handbook of Patristic Eschatology* (Peabody: Hendrickson, 2003), 78.

는 실제로 교회 안에서 지금 현존한다. 어거스틴은 다음과 같이 적었다.

> 우리는 어떤 의미에서 하나님 나라는 그가 가르치는 것을 무너뜨리는 사람, 그리고 그것을 행하는 사람이 둘 다 있는 곳으로 이해해야 한다. 어떤 의미에서 전자는 거의 그곳에 없을 것이고, 후자는 그곳에 가득 찰것이다. 다른 의미에서 하나님 나라는 그가 가르치는 것을 그대로 행하는 자만이 들어가게 될 것으로 이해해야만 한다.
>
> 결과적으로, 두 부류가 모두 존재하는 곳은 현재 존재하는 것과 같은 교회이며, 오직 한 부류만 존재하게 될 곳, 그곳은 어떤 사악한 사람도 그 안에 있지 않을 때의 교회 모습이다. 따라서, 교회는 바로 지금도 그리스도의 왕국이자, 하늘의 왕국이다.[18]

천년왕국은 미래에 이루어질 그리스도의 지상 통치가 아니라, 세례를 통해 죄악된 삶으로부터 부활을 경험한 신자들의 삶 속에 일어나는 그리스도의 현재적 통치로 생각될 수 있다. 이러한 종말론의 교회화(ecclesialization of eschatology)는 로마교회를 그 나라와 동일시한 중세의 경향에서 중요한 역할을 수행했다.

자신을 종말론적 공동체로 보았던 초대교회의 관점은 주류 사회로부터 밀려난 박해받는 공동체라는 지위에 의해 크게 영향받았다. 이와 비슷하게, 콘스탄틴의 개종 이후, 사회적 수용과 권력의 장소가 된 교회의 우위는 중세를 통해 그리고 중세를 넘어 그 종말론적 관점을 혁명적으로 바꾸었다. 쉽게 말해, 중세가 보여 준 분명한 사실은 국가 기관들과 동등

---

[18] Augustine, *City of God, 20.9, in Nicene and Post-Nicene Fathers*, vol. 2, ed. Philip Schaaf, (Grand Rapids: Eerdmans, 1979), 430.

하거나 때로는 더 큰 기관으로서 교회의 부상이다.

초대교회가 자신들이 살던 문화나 사회의 즉각적이고 거대한 규모의 변화를 이성적으로 소망할 수 없었고, 대신 자신을 죽음을 넘어 진정한 집을 기대하는 그리고 세상을 심판하기 위한 하나님의 격변적 개입을 소망하는 하나의 피난 공동체였던 반면, 중세교회는 스스로를 지상 제국으로 보았다.

그것은 그 나라를 지금 지상으로 가져오는 하나님의 도구였다. 교황직의 정치와의 연관성을 통해, 그리고 보다 훨씬 중요하게, 모든 나라들로부터 혹은 모든 나라들에게 구원을 부여하거나 혹은 거두어들일 교회의 힘을 통해, 교회는 국법을 교회법으로 만드는 법체계를 조절할 능력까지 가졌다. 하나님 나라를 지상에 가져오기 위해 고안된 교회와 국가 사이의 제국적 공생은 이 중세적 동맹인 신성로마제국이라는 이름 안에서 가장 잘 드러난다.

중세로부터 근대로 옮겨오면서, 우리는 미국에서 자신을 지상의 하나님 나라로 이해하는 교회의 다른 예를 발견한다. 미국에서의 하나님 나라의 신학은 성경적, 학문적 접근들로부터 수많은 미국의 유토피아 공동체들의 급진적인 대중적 천년왕국주의에 이르기까지 풍요롭고도 다양한 천년왕국 관점들을 포함하고 있다.

그것은 코튼 마더(Cotton Mather)의 『아메리카에서 행한 그리스도의 위대한 일들』(*Magnalia Christi Americana*)로부터 마틴 루터 킹의 "나는 꿈이 있습니다"(I Have a Dream)라는 연설에 이르기까지 "하나님에게 선택된" 존재라는 미국적 신화의 발전을 보는 전통이다. 미국의 종말론적 풍경화의 다양한 관점들은 초대, 중세교회들에서 제기된 것들과 유사한 질문들을 제기한다.

그 나라는 현재적인가, 미래적인가?

초월적인가, 내재적인가?

그리고 참여 대 불참, 낙관주의 대 비관주의라는 관점에서 교회는 하나님 나라 및 사회와 어떤 관계에 있는가?

고전인 『황무지로의 소명』(Errand into Wilderness)에서 역사가 페리 밀러(Perry Miller)는 언급하기를, 비록 일부 초기 식민지 주민들이 유럽에서의 종교적 박해를 피해 미국으로 오긴 했지만, 대륙을 넘어간 이민의 주된 주제는 정착자들이 거룩한 선교(divine mission)를 수행한다는 의식이었다. 그들은 하나님의 도움으로 진정한 기독교 원칙에 따라 운영되고 교회 설립을 제공하고 방어해 줄 정부를 가진 새로운 사회를 창조하려고 했다.

존 윈스롭(John Winthrop)은 억압받는 계층들을 위해 번영을 찾으려는 생각이 아니라, 자신의 신자 그룹을 하나님과 언약을 맺게 하려고 미국으로 이끌었다. 페리 밀러에 따르면, 메사추세츠 베이 회사는 "그 책임져야 할 목록의 첫 부분에, 짧은 기간에, 의도적으로, 그리고 지속적으로, 이단을 철저히 제압하는 의무, 반대자들을 진압하거나 어떻게든 제거하는 의무"를 지닌 정부를 수립하려고 왔다.[19]

그 생각은, 만일 사람들이 하나님과의 약속을 지킨다면, 그분이 미국 사회를 번영시켜 주리라는 것이었다. 황야에서의 사명은 미국을 온 세상이 인정하는 하나님의 "언덕 위의 도시"(city on a hill)로 만드는 것이었다. 이러한 초기 미국 정착민들의 최우선적 확신은 하나님이 미국에서 참된 교회를 통해 세상을 개혁하시려고 그리고 지상에 자신의 나라를 가져오시려고 역사하신다는 것이었다. 역사가 어네스트 투브슨(Ernest Tuveson)은, 초기 미국 청교도 인크리스 마더(Increase Mather)의 저작에 있는 천년

---

[19] Perry Miller, *Errand into the Wilderness* (Cambridge: Harvard University Press, 1956), 5.

왕국 주제에 대해 논평하며 이렇게 쓴 바 있다.

> 뉴잉글랜드의 개척자들은 종교개혁을 더욱 전진시키기 위해 종교개혁가들의 개척자 국민으로부터 분리되어 나왔다고 하는 함축된 의미가 있다. 그리고 천년왕국주의자의 교리가 발전함에 따라, 이 분리된 공동체는… 하나님의 계획에서 단지 하나의 특별한 도구만이 아닌, 그가 정하신 바로 그의 대리 기관임을 "선포하는 것"처럼 보이게 되었다.[20]

천년왕국의 장소로서의 미국이라는 그리고 점진적 설립을 위한 하나님의 도구로서의 교회라는 이 주제들 안에서, 하나님 나라는 역사 과정을 통해 하나님의 능력에 의해 전개되어야 할 내재된 실재(immanent reality)라는 강한 미국적 확신이 드러난다. 그것은 식민지 시대의 위대한 신학자, 조나단 에드워즈(Jonathan Edwards)와 그의 제자 사무엘 홉킨스(Samuel Hopkins)에 의해 받아들여져 괄목하게 확장되있다. 제1차 대각성 운동의 정점에서 에드워즈는 가까운 미래에 있을 교회를 통한 천년왕국의 설립에 대한 전망들에 대해 빛나는 말로 말했다. 1742년 에드워즈는 이렇게 썼다.

> 이처럼 특별하고 놀라운 하나님의 성령의 역사는 그토록 자주 성경에서 예견되었던, 인간 세상을 새롭게 할 것이라는 하나님의 영광스러운 역사의 여명이거나 혹은 최소한 전주곡이라는 것이라는 생각이 든다.… 그리고 이 역사가 미국에서 시작될 것이라고 여겨질 많은 것들이 있다.[21]

---

[20] Ernest Lee Tuveson, *Redeemer Nation: The Idea of America's Millennial Role* (Chicago: University of Chicago Press, 1968), 99.

[21] Jonathan Edwards, "Some Thoughts concerning the Revival of Religion in New England,"

그러나 1747년에 이르러, 에드워즈의 비전에 실망이 스며들기 시작했다. 그는 교회가 수년 전 그랬던 것처럼, 같은 속도로 번영하거나 사회를 개혁하지 못하고 있는 것을 주목했다. 에드워즈는 천년왕국을 임박한 필연성으로 보는 관점으로부터 미래의 유토피아적 희망으로 보는 관점으로 바꾸었다.

이러한 비관주의적 조짐은 초기 에드워즈가 가지고 있던 후천년적 낙관주의의 갑옷 안에 있는 벌어진 작은 틈새를 반영한 것으로, 20세기 초 미국의 전천년주의를 특징짓는 거대하게 부풀어 오른 비관주의를 예시한다. 우리가 여기에서 에드워즈와 함께 보고 있는 것은, 초대교회로부터 중세교회로의 전환에서 본 것처럼, 종말론이 교회론으로 넘어갈수록 교회는 점점 더 사회를 개혁하려는 희망을 품고 거기에 관여해 간다는 것이다. 역으로, 종말론이 교회로부터 더 멀어질수록, 교회도 사회 개혁에 대해 더 비관적으로 변해 간다는 것이다.

홉킨스와 후기 에드워즈에 의해 정련된 식민지 미국의 후천년주의에서 하나님 나라는 역사 과정 안에 내재되어 있다.[22] 그것은 그리스도의 재림에 의해 갑자기 도달하게 되는 것이 아니라, 교회를 통한 하나님의 통치와 점진적 역사를 통해 도달하게 되는 것이었다. 하나님은 유럽에서 교회 안에서 개혁의 역사를 시작했으며, 그 교회들의 순수한 요소들을 미국으로 가져와 하나님 나라의 기준들을 예시화하고 촉진하려는 새로운 공동체를 세우고자 하셨다.

The Works of Jonathan Edwards, 2 vols., ed. John E. Smith (New Haven: Yale University Press, 1772), 2:353.

[22] 이 생각에 대한 보다 많은 정보에 대해서는 다음 책을 보라. Conrad Cherry, *God's New Israel: Religious Interpretations of American Destiny* (Chapel Hill: University of North Carolina Press, 1998); Paul Boyer, *When Time Shall Be No More* (Cambridge: Belknap Press of Harvard University Press, 1992).

나중에 교회 사역을 통한 하나님 나라의 내재하심에 관한 이런 의미는 하나님 나라는 절대로 교회를 통해 전개될 수 없으며 오로지 인간 역사의 종국에 갑작스럽게 도래될 수 있는 실재라는, 초월적 개념의 성장하는 전천년적 인식(a growing premillennial perception)으로부터 도전을 받게 되었다.[23]

역사를 통틀어, 교회는 교회와 하나님 나라 사이의 성경적 변증법을 유지할 때 둘 사이의 관계를 가장 잘 이해했다. 그러나 최근 수십 년 동안 가장 비변증법적 관점의 대표자들이 어느 정도 균형을 맞추었다. 로마 가톨릭교회에서는 하나님 나라를 사실상 교회로 보았던 중세적 종합이 보다는 중도적 입장에 굴복했다.

제2바티칸 공의회는 지상에서의 가시적 교회와 하나님 나라를 밀접하게 연결시켰던 중세교회의 승리주의적 관점을 넘어, 교회를 미래를 향한 도상에 있는 공동체이자 막 시작된 형태이지만 장차 그 정체성의 궁극적 실현을 희망하는 미래적 약속을 가진 순례자로 묘사한다. 교회는 이미 실재적인 거룩함을 소유하고 있지만, 아직은 불완전하다. 그것은 그의 몸과 피로 교회를 그의 영광스러운 생명 안에서 참여자로 만드는 그리스도의 실재적 현존에 의해 자양분을 공급받고 있다.

---

[23] 다음 글을 보라. Donald Dayton, "Millennial Views and Social Reform in Nineteenth-Century America," in *The Coming Kingdom*. 사회적 위기에 대한 천년왕국 운동의 관계에 대한 탁월한 연구에 대해서는 Michael Barkun의 책을 보라. Michael Barkun, *Disaster and the Millennium* (New Haven: Yale University Press, 1974). 위기에 대한 이들 공동체들의 민감성에 대한 그의 기술 중에서, 그는 그러한 운동의 구성원들이 스스로 진리에 대한 오류로부터 종교적 경건의 새로운 형태로 움직여 가는 것을 인지한다고 언급한다. 그들은 또한 스스로가 전통적 제도들 안에서 인지된 불평등에 대항하여 반응하는 것을 본다. 이 민감성은 사회 그리고 주된 선상의 기독교에 반하는 세대주의적 근본주의자들(dispensational fundamentalists)의 반응이 대표적이다.

따라서 회복을 향한 약속과 희망이 그리스도 안에서 이미 시작되었다. 그것은 성령의 파송 안에서 앞으로 전진하며, 그리고 그분을 통해 우리가 믿음을 통해 지상에서의 삶의 의미를 배우는 교회 안에서 계속되며, 한편으로 우리에게는 미래의 선에 대한 희망이자 아버지에 의해 세상에서 우리에게 주어진 과제를 산출하는 반면, 그래서 우리의 구원을 이루어 나가게 된다.[24]

스펙트럼의 다른 끝에 있는, 미국신학의 20세기 전반부의 전통적인 세대주의적 전천년주의는 지지자들이 "점진적 세대주의"(progressive dispensationalism)라고 부르는 관점을 받아들였다. 이 관점은 교회와 하나님 나라 사이의 분명한 분리를 유지하면서도, 실제로 그리스도 안에서 시작되었고 그리스도인들은 현재 그 나라의 백성들이며, 그 나라의 권세는 교회 안에서 드러났다고 이해한다.[25]

4. 하나님 나라와의 관계 안에서 종말론적 교회의 기능

교회와 종말론적 하나님 나라 사이의 변증법적 관계를 고려할 때, 교회는 이렇게 질문해야 한다.

그렇다면, 하나님 나라와 비교할 때 교회의 기능은 무엇인가?

---

[24] Austin Flannery, OP, ed., *Vatican Council II: The Conciliar and Post Conciliar Documents*, rev. ed., *Lumen Gentium* (Boston: St. Paul Editions, 1987), 48. 또한 다음을 보라. Henri de Lubac, *The Splendor of the Church* (San Francisco: Ignatius Press, 1986), 156–59, 238–39.

[25] 다음 책을 보라. Craig Blaising and Darrell Bock, *Progressive Dispensationalism* (Grand Rapids: Baker Academic, 1993).

그 자신의 존재를 위한 그 나라의 가치들을 포용하는 것 이상으로, 교회는 세상 속에서 그 나라의 가치와 요구를 실천하는 자신의 역할에 대해 어떻게 파악하고 있는가?

아래의 범주들은 교회가 그 종말론적 기능을 이해하게 될 몇 가지 방법들을 제시하고 있다.

1) 교회는 그 나라로 들어가는 출입구이다

교회는 그 나라를 향한 출입구이다. 이러한 연결은 아마도 마태복음 16장과 누가복음 9장에서 베드로의 고백에 대한 예수의 응답에서 가장 분명히 증언되었다. 마태복음에서, 베드로는 예수를 단지 메시야만이 아닌 왕이신 여호와의 존귀한 아들로 고백한다. 예수는 그의 교회를 자신을 메시야/왕으로 깨달은 베드로 (그리고 다른 사도들) 위에 세우실 것이라고 대답하신다. 그리고 이 고백에서 제자들을 따르는 모든 이들은 교회의 구성원이 되며, 또한 그 나라로 들어가는 입구를 발견한다.

교회는 그 나라의 도래와 상관없는 개별적인 것으로 존재하지 않고, 그 나라로 들어가는 출입구로 존재한다. 교회의 "문들"로 들어가는 모든 이들을 위해 그 나라의 문을 열어 주는 열쇠가 지도자들과 구성원들에게 주어진다. 오순절에 베드로는 그리스도의 제자들의 새로운 공동체로의 진입은 약속된 나라 공동체로의 진입을 뜻한다고 주장하고 있기 때문이다(행 2:14-19).

교회 초기에, 지도자들은 그 나라의 축복을 즐기기 위해서는, 누구든 교회, 즉 왕의 공동체의 구성원이 되어야만 한다는 생각을 논의하기 시작했다. 자신의 저작 『교회의 일치에 대하여』(*On the Unity of the Church*)에서, 카르타고의 키프리안(Cyprian of Carthage, 약 258년)은 교회를 영원한 축복을 향한 유일한 길이라고 가르친다.

교회로부터 스스로를 분리하는 자들은 비록 그들이 죽음의 위협 아래에서 참된 신앙을 고백했다고 할지라도, 천국의 축복을 받을 수 없다. 키프리안은 교회의 일치를 벗어난 사람들은 비록 그가 믿음을 위해 순교했을지라도 다음과 같다고 주장한다.

> 형제들의 적들이 무슨 평화를 스스로에게 약속하는가?
> 사제들의 경쟁자들은 자신들이 기념하는 것이 무슨 희생이라고 생각하는가? 그들은 자신들이 함께 모일 때, 그리스도의 교회의 바깥에서 함께 모이는 이들이 그들과 더불어 그리스도를 가지고 있다고 여기고 있는가?
> 비록 그러한 이들이 예수 그리스도의 이름을 고백하는 것 때문에 살육을 당한다 할지라도, 그 얼룩은 심지어 피로도 씻기지 않는다. 불화라는 용서받을 수 없는 큰 잘못은 심지어 고난을 통해서도 제거되지 않는다. 교회 안에 있지 않은 자는 순교자가 될 수 없다. 그리고 그 나라에서 다스리게 될 것을 저버리는 자는 그 나라를 얻을 수 없다.[26]

따라서, 키프리안에게 있어서, 하나된 교회 바깥에 있는 이들은, 비록 그들이 그리스도를 고백했다고 해도 하나님 나라로의 어떠한 접근도 불가능하다. 우리는 여기서 인정받은 특별한 주교 그룹에 의해 결속된 하나의 제도로서의 교회가 사후에 신자들을 기다리고 있는 구원의 유일한 출입구라는 사상이 시작되는 것을 본다. 교회와 그 나라의 구원 사이의 이러한 연결은 중세의 로마 가톨릭교회에서 완전한 꽃을 피우게 되

---

[26] Cyprian of Carthage, *On the Unity of the Church*, 13–14, in *Ante-Nicene Fathers*, vol. 5, eds., Alexander Roberts and James Donaldson (Peabody: Hendrickson, 1994), 425–26.

었다. 로마 가톨릭 신학자들이나 개신교에 의해 인지된[27] 교회의 이러한 중세적인 제도화 안에 내재해 있는 문제들에도 불구하고,[28] 교회의 종말론적 정체성이라는 관점에서 교회의 공동체적 본질에 대한 강조의 중요성을 깨닫는 것은 중요하다.

초대교회의 종말론이 박해에 직면할 때, 공동체를 하나로 묶은 것처럼, 중세교회의 제도화된 종말론도 마찬가지로 사람들로 하여금 안전과 세속 권력의 유혹이 그들을 하나님 나라로 데려다 줄 수 없고, 오로지 교회 안에서 구성원이 되는 것만이 이를 수행할 수 있다는 사실을 상기시켰다.

로마 가톨릭교회의 시각이 지닌 유익들 중 하나는, 종말론적 공동체 구성원이 될 때 종말론적 구원이 시작된다는 생각에 초점을 맞춘 것이다. 즉, 성경적인 구원신학은 구원이 공동체, 즉 단지 구원받은 개인들만이 아닌 "하나님 자신의 소유된 백성"을 창조한다고 주장한다.

그 나라의 축복을 즐기기 위한 종말론적 공동체 구성원에 대한 가톨릭의 강조와 대조적으로, 근대 개신교 복음주의자들은 종말론적 구원을 향한 진입구로서 예수의 메시지에 초점을 맞추는 경향이 있었다. 개신교 신자들은, 존 칼빈이 교회는 우선 어디에서든지 그리스도에 대한 믿음을 가진 모든 사람들의 공동체이며, 어떤 한 교회나 교파에 모여지는 것이 아니므로 오로지 하나님에게만 보일 수 있다고 이해한 대중화된 시각을 점차적으로 선택했다.[29]

---

[27] 종교개혁가들의 비판에 대해 보편적으로 제기되는 두가지 핵심 문제들은 교회 제도가 성경보다 더 권위적이 되었다는 것과 교회가 하나님의 성령 자신보다 하나님의 은혜를 분여하는데 있어서 보다 더 도구로 되었다는 점에 있었다.

[28] 예를 들어 다음 책을 보라. Avery Dulles, *Models of the Church* (Dublin: Gill and Macmillan, 1988); Dennis Doyle, *Communion Ecclesiology: Vision and Versions* (Maryknoll: Orbis, 2000).

[29] John Calvin, *Institutes*, 4.1.7. 여기서 칼빈이 중세 로마 가톨릭교회로부터 벗어남을 주

보이는 교회의 회원 자격으로 부여된 그 나라의 축복을 누리는 것을 막는 위험들 중 하나는, 교회와 분리된 채 예수와의 개인적 관계로 구원을 이해하게 하는, 즉 구원을 궁극적으로 공동체적인 것으로 보지 못하게 하는 경향이다. 하나님 나라의 시민이 되는 것은 왕 바로 그분과의 개인적 관계를 통해 이루어진다. 그리고 왕과 완전한 관계를 갖게 되는 것은 그의 몸, 교회와 관계를 갖게 되는 것이다. 그 이유는 그 나라의 축복들 중 많은 것들이 오로지 하나님께서 서로와 나누도록 그 공동체 구성원에게 베푸신 은총을 통해서만 경험되기 때문이다.[30] 교회는 그 나라로 들어가는 출입구이다.

2) 교회는 그 나라를 증언한다

교회는 그 나라를 증언한다. 사도행전은 사도적 교회가 하나님 나라의 증인이 되는 것을 그 기본 기능 중 하나로 이해하고 있음을 분명히 한다. 사실, 예수께서 승천하시면서 제자들에게 남기신 마지막 말들에서 이 과제를 강조하셨다. 하나님 나라의 기대들로 가득 차있는 문구에서(행 1:3-8) 예수는 제자들에게 모든 권위를 받으신(마 28:19) 메시야/왕 예수의 증

목해 보라. 모든 세례받은 성원들은 필수적으로 교회의 참된 구성원인 것이 아니다. 그들은 실제로 불신앙자일 수 있는 까닭이다. 따라서, 교회에 대한 칼빈의 정의는 제도주의적이라기보다 개인주의적이다. 이 점에 대해 다음 책을 보라. John Howard Yoder, *The Royal Priesthood: Essays Ecclesiological and Ecumenical* (Grand Rapids: Eerdmans, 1994), 57ff, 여기에서 John Howard Yoder는 보이는 교회와 보이지 않는 교회의 이러한 분리를 콘스탄틴 시대로 추적해 나간다. 또한 Robert Webber의 다음 책에 있는 이 생각에 대한 논의를 보라. Robert Webber, *Ancient-Future Faith: Rethinking Evangelicalism for a Postmodern World* (Grand Rapids: Baker Academic, 1999).

30 우리는 "섬기는 공동체로서의 교회"에 대한 장에서 바울의 신학을 검토함으로 아래 이어지는 글에서 이것에 대해 논의할 것이다.

인들이 되라고 선포하신다. 이 제자들에게 있어서 그리스도의 증인이 된다는 것은 그 나라의 증인됨을 의미한다. 후에 우리는 빌립이 사마리아에서 그 나라의 복된 소식을 선포하는 것을 보게 된다(행 8:12).

결국, 바울은 이방인을 위해 하나님 나라의 설교자가 되었다(행 19:8; 20:25; 28:23, 31). 이 모든 것이 의미하는 것은 교회가 세상에서 그리스도를 선포할 때, 그것은 복음 메시지가 사람들로 하여금 그리스도를 전적으로 개인적으로만 받아들이라고 요구하는 것처럼 제시하지 않는다는 것이다.

그 나라를 선포할 때, 교회는 그리스도를 종말론적 공동체를 통치하시는 왕으로 가리킨다. 즉, 모든 사람들에게 그리스도를 믿으라고 요청하면서, 그래서 지금 그의 왕 되심을 축하하는 공동체의 구성원이 되며, 그의 통치가 실제로 결국 모든 피조물 위에 완벽히 도래하는 현실이 될 때까지 그의 왕적 권위 아래 살라고 요청한다. 나아가, 교회는 공동체 안에서 그 가치를 구현하므로 그 나라의 살아 있는 증이이 된다. 성경신학자 조지 래드(George Eldon Ladd)는 다음과 같이 말한다.

> 만일 예수의 제자들이 그 나라의 삶과 친교를 받아들인 자들이라면, 그리고 그 삶이 실제로 종말론적 나라에 대한 기대라면, 그것은 교회의 주된 과제들 중의 하나가 이 현재의 악한 세대 안에 도래할 시대의 삶과 친교를 보여 주는 것으로 귀결된다.[31]

교회 역사를 통틀어, 그 나라를 증거하는 길은 언제나 교회와 하나님 나라가 얼마나 가까운 관계인지를 보는 관점을 지니고 있었다. 예컨대,

---

[31] Ladd, *Presence of the Future*, 268.

종말론적 미래주의(eschatological futurism)에 대한 세대주의의 강조는 하나님 나라를 세울 때 아무런 역할도 하지 못하는 도덕적 쇠퇴와 치료할 수 없는 실체로써의 인간 문화를 거부하는 경향으로 진행되었다.

올리치(G.L. Alrich)는, 대중적 정기 간행물인「우리의 희망」(Our Hope)에서 세상은 확실히 도덕적 쇠락 중이며, 하나님 나라는 오로지 초자연적 수단으로만 임할 것이기에, 사회 개혁을 시도할 아무런 이유도 없다고 주장했다.

> 네가 현재 얽혀 있는 바로 그 일들, 그리고 네가 개혁과 교육 등으로 더 낫게 만들려고 시도하는 세상은 그 아들의 살인자 위에 임한 하나님의 저주 아래 있음을, 그래서 파국을 맞을 것임을 기억하라.[32]

고전적 세대주의자들에게 있어서, 사회를 개혁될 수 있거나 하나님 나라 설립에 참여할 수 있는 실재로 보는 것을 거부하는 것은 분명했다. 그러나 이러한 확신은 그들이 교회가 사회에서 하나님의 역사를 절대 수행하지 않을 것이라고 믿었다는 의미는 아니다. 역으로, 그들은 미국이나 해외 양쪽에서 사회에 공격적으로 개입해 들어갔다. 우선적으로는 복음주의에 초점을 둔 선교 사역을 통해서였다. 그러나 그들은 전형적으로 이 세상에서 백성들의 삶을 향상시키는 데 목적을 둔 계획들에는 초점을 두지 않았다.[33]

---

[32] G. L. Alrich, "Our Comforting Hope," *Our Hope* 21.8 (February 1915): 180.

[33] 복음주의에 대한 이 강조의 긍정적 측면은 선교적 행동에서 쇄신된 노력이었다. 세대주의자들은 학생 자원 운동과 다른 그러한 선교 기구들의 설립에서 중요했다. 그 결과, 세대주의자들은 19세기 말에서 20세기로 나아가는 해외 선교에서 세력이 되었다. 큰 강조는 주님이 재림하시기 전에 그리스도의 복된 소식을 가능한 한 많은 사람들에게, 가능한 한 신속히 전달하는 데 놓여 있었다.

문화 개혁에 대한 실망은 교회의 증거에 대한 대단히 편협한 시각을 이끌었다. 이 세상에 대해 아무런 희망도 없다면, 사역할 가치가 있는 유일한 세상은 다가올 세상이며, 요구되는 진입로는 예수에 대한 믿음이었다. 따라서 세상에서 교회의 전체 사역은 복음주의였다. 코넌트(J. E. Conant)는 이렇게 언급했다.

> 따라서 아주 분명한 것은, 교회가 세상을 회개시키기 위해 위탁을 받은 것이 아니며, 세상을 교육시키기 위해서나, 문명화시키기 위해, 혹은 경제 문제를 해결하도록 돕기 위해 위탁받은 것도 아니며, 그 사회 질서를 기독교화하기 위해서도 아니고, 그것을 다스리는 데 참여하는 것도 아니라는 것이다. 그것은 단지 "모든 피조물을 향해 설교"할 수 있을 뿐이다. 그것을 넘어서도 아니고 그보다 덜한 것도 아니며, 누구든지 "복된 소식"을 믿고자 하는 자는 구원과 변화에 이르는 하나님의 능력을 경험하게 될 것이라는 것뿐이었다.[34]

따라서 우리는 세대주의 안에서 완전한 미래의 왕국에 대한 극단적인 초월적 관점과 결국 사회에 대한 희망의 상실과 분리라는 급진적인 천년왕국 운동을 본다. 이 모든 것의 핵심은, 교회가 종말론 및 하나님 나라와의 관계를 어떻게 이해하느냐가 교회와 문화와의 관계에 중요한 영향을 미친다는 사실을 알아야 한다는 것이다.

성경의 변증법을 떠나, 오히려 그 나라에 대한 시각을 급진적인 현재나 미래로 선택하는 것은 그 나라를 신실하게 증거할 교회의 능력에 언

---

[34] J. E. Conant, "The Growing Menace of the 'Social Gospel,'" in *Fighting Fundamentalism: Polemical Thrusts of the 1930s and 1940s*, ed. Joel Carpenter (New York: Garland, 1988), 61.

제나 부정적인 영향을 끼칠 것이다. 교회가 지금 그리고 아직 아니라는 변증법의 긴장 안에서 살아가기 위해 사역할 때, 그것은 언제나 보다 신실한 증인이 될 것이다.

루터교 신학자 필립 헤프너(Phillip Hefner)는 루터의 두왕국론의 변증법을 반복하여 울리면서,[35] 교회는 "그 나라를 들여다보는 것"이며 따라서 그와 직접적으로 연결되어 있다고 주장한다.[36] 그것은 그 나라의 미래의 최종성을 가리키지만, 그럼에도 불구하고 교회는 하나님께서 인간 창조를 위한 그의 뜻과 의도를 실현할 의도를 지닌 공동체이다.

교회는 하나님의 궁극적 미래에 대한 상징이기에, 그것 자체가 최종 목적지는 아니다. 하나님의 미래는 교회 안에서 완전히 도달되지 않으며, 교회도 하나님의 비전으로 세상을 순응시켜 나가기 위해 세상을 완전히 개혁할 수도 없다. 교회는 "세상에서 하나님께서 무엇을 뜻하시는지에 대한 **신호**들을 구체적으로 드러낼" 책임이 있다.

따라서, 교회는 세상에 대한 하나님의 구속 목적들을 대리할 책임이 있고, 미래 나라에서 궁극적으로 드러난다. 그래서 교회와 그 나라의 이런 관계는 교회가 무엇이며 무엇이 되어야만 하는지를 이야기한다.

> 교회의 구조들, 메시지, 예전, 공동체의 삶, 그리고 전도는 세상을 향한 하나님의 의도들에 일치하기 위해 항상 개혁되어야만 한다.… 교회의 희망은 그것이 사라지지 않고 하나님 자신의 성취 사역으로 변모될 그날을

---

[35] 루터의 신학의 짧은 논의에 대해서는 다음 책을 보라. Robert Webber, *The Secular Saint* (Grand Rapids: Zondervan, 1979). 다음 책에 있는 루터의 신정적 관점들에 대한 보다 확장된 토론을 보라. Bernd Wannenwetsch, *Political Worship: Ethics for Christian Citizens* (Oxford: Oxford University Press, 2004), 59–71.

[36] 다음 책에 나오는 교회에 대한 그의 설명을 보라. Carl Braaten and Robert Jensen, eds., *Christian Dogmatics*, vol. 2 (Philadelphia: Fortress, 1984), 179–248.

가리킨다.³⁷

개혁파 전통의 대표자인 도날드 블러쉬(Donald Bloesch)는 교회는 도래하는 하나님 나라의 예기 징후에 머무르는 것이 아니라, 그 나라의 "도약판이자 전위대"라고 주장한다. 그 나라는 교회 안에서 하나님의 말씀과 새 인간을 창조하는 영의 창조적이고 구속하는 능력이다. 교회 안에서 그 나라의 현존은 인간관계들을 재정립하는 도덕적 쇄신을 가져온다. 그래서 교회는 하나님의 왕적 통치가 보이도록 만들어지고, 설교와 목회로 자신과 세상 양쪽에 그 나라의 능력을 전달하는 공동체이다. 따라서 그것은 은총의 보이는 수단이다.

블러쉬에게 있어서는, 인간 역사는 그 나라가 선포되는 경기장이지만, 그 나라는 역사에서 생기지 않으며, 위로부터 와서, 주님이신 그리스도의 통치가 모든 피조물 위에 언젠가는 임할 예정이듯, 교회 안에서 명백하게 드러나는 공동체를 창조한다. 그것은 역사의 점진적인 그리스도화를 만들어내는 것이 아니다. 교회는 전투하는 교회와 승리하는 교회 양쪽으로서 하나님 나라와 관련된다.

지상의 천년왕국에서 전투하는 교회는 그 길을 잃어버린 세상을 회복시킨다. 영원한 나라에서, 모든 인간의 창조는 승리하는 교회로 만들어질 것이다. 거기에서 죄, 사망, 그리고 악마는 결국 제거된다. 현시대에, 승리하는 교회의 승리들은 타락한 세상 속에서 교회 현존의 한복판에 실재한다. 이처럼 그 나라는 인간의 진보에 의해서가 아니라 말씀과 성령에 의해 교회 안에 뿌리내린다.³⁸

---

37 Ibid., 247.
38 Donald Bloesch, *The Church: Sacraments, Worship, Ministry, Mission* (Downers Grove: InterVarsity, 2002), 69–81.

그래서 교회는 그 나라에 대해 증거하면서, 파괴되고 죄된 백성을 "거룩한 나라"(벧전 2:9-10)로 변화시키는 역사를 시작하는 그리스도의 왕권 아래 사는 공동체가 되는 하나님 나라의 변화시키는 축복들을 은혜로 받는다. 이 순례자 공동체는 변화의 도상에서 그 자신의 관계들 속에서 그 왕국의 가치들을 살아 내고, 바깥에 있는 이들에게 그리스도에 의해 제공된 구속과 변화의 경험에 참여하도록 요청하는 양 방향을 추구한다.

3) 교회는 그 나라의 도구이다

교회는 하나님 나라의 도구이다. 이것은 교회가 단지 그 나라를 가리키고(증거), 그 나라를 향한 문(출입구)을 열 뿐만 아니라, 그 자신의 구성원들은 물론 세상에도 그 나라의 축복들을 가져온다는 것을 의미한다. 우리가 오순절 때 교회가 설립되기 이전에 복음서의 내러티브에서 본 것은 그 나라의 권세는 본질적으로 예수에게 제한되어 있다는 것이다. 복음을 듣는 이들은 그것을 예수로부터 듣는다. 치유를 경험하는 사람들은 예수에 의해 치유받는다.

물론, 우리는 예수의 부재중에 세상을 향해 나라의 권세와 축복을 확장할 권위가 주어진 한정된 예들을 제자들에게서 발견한다(예컨대, 마 10장의 12명과 눅 10장의 72명의 파송). 그러나 이것들은 예수께서 제자들과 함께 계실 때 그들에게 주신 전형적인 역할이라기보다 예수께서 교회에 주실 미래의 권위에 대한 전주곡인 것으로 보인다(마 16장).

그러나 오순절 이후, 이에 관한 모든 것들이 변한다. 부활하신 예수는 성령의 인격적 대리자를 통해 세상에 죄 용서에 대한 그 나라의 좋은 소식만이 아니라, 그 나라의 기적적인 치유의 힘도 가져오시면서 제자들에게로 되돌아오신다(요 14:15-21).

제자들이 설교할 때, 병자들이 건강해지고 마귀들이 쫓겨난다. 더욱이, 단지 소수에 의해 경험된 것이지만 예수의 현존 안에서 주어진 축복이 이제는 그리스도의 현존이 성령의 인격 안에 계시되는 모든 교회에서 경험된다. 이전에는 단지 나사렛 예수의 인격 안에서만 하나님과 그의 축복들을 계시하시려고 성육신하셨던 그리스도의 인격이 이제는 교회의 구성원들 내에 성육신하신다. 그들 안에 성령을 통해 거주하시므로, 그들은 예수의 현존과 그의 축복을 서로를 향해 그리고 세상을 향해 확장할 수 있게 된다.

교회의 종말론적 본성에 초점을 맞춘 모든 초기 자료들 중에, 미래를 현재로 끌어들이며 그 나라의 도구가 되는 교회에 대한 본 장의 이미지와 특히 연관되는 하나의 자료는 바로 니사의 그레고리(Gregory of Nyssa)의 전도서에 대한 네 번째 설교이다.[39] 아무도, 심지어 교회에서도, 노예 제도의 실행에 반대해 주장하지 않고 있던 시절에, 그레고리는 그의 종말론에 기반을 두고 교회는 노예 제도를 완전히 거부해야만 한다고 주장한다. 데이비드 하트(D. Bentley Hart)는 하나님 나라는

> 밤의 도적처럼 갑자기 임할 것이기에 어떤 내재적 과정도 불가하다.… 오직 그런 식으로 만물을 완성할 것이다. 그러나 동시에, 그 나라는 이미 부활절에 역사 속에 나타났으며 지금도 매 순간 심판의 역사가 힘, 특권 혹은 운명에 대한 모든 우리의 내재적인 진리를 가로질러 내리면서 드리워진다.[40]

---

[39] 이 저작에 대한 탁월한 기고문에 대해서는 다음 글을 보라. D. Bentley Hart, "The 'Whole Humanity': Gregory of Nyssa's Critique of Slavery in Light of his Eschatology," *Scottish Journal of Theology* 54, no. 1 (2001): 51-69.

[40] Ibid., 55.

길고 복잡한 주장을 요약하면, 하나님은 마음의 이상(ideal in mind)으로 모든 인류를 창조하셨지만, 그것은 타락에 의해 파괴되었다. 그리스도는 성육신을 통해 이 파괴된 인류를 받아들이셨고, 그들을 원래의 이상적이고 초월적인 종말로 되돌리신다. 그러나 그 목표가 현실이 될 때까지, 교회는 그리스도의 신비로운 몸으로서 구속된 인류의 보이는 형태이다.

인류에 대한 하나님의 비전은 죄와 사망의 속박이 극복되는 것이므로, 정치 혹은 사회적 권세에 대한 속박 역시 극복되어야만 한다. 따라서, 구속된 이들의 공동체는 유대인들과 이방인들, 노예와 자유인들, 남자와 여자로 나누는 사회적 권세들을 거부해야 하는 공동체가 된다. 그리고 그리스도가 인류의 전체를 자신 안에 받아들였기에, 노예 제도에 대한 비난도 교회뿐 아니라 교회를 통해 세상에도 고지되어야만 한다. 여기서 우리는 교회의 정체성과 사명을 형성하는 가운데 종말론의 역할과 우리가 제5장에서 다시 보게 될 하나의 원칙을 발견한다.

간단히 말해, 교회의 종말론적 본질은 사회 현안들에 대한 개입을 주장한다. 그 자신의 실존에서 그 나라의 가치들(인간의 존엄, 형제애 그리고 자유)을 실현화할 뿐만 아니라, 교회 바깥에 있는 세상에 마찬가지로 그것들을 가져다 줄 것을 요구한다. 정의와 평화에 대한 하나님의 종말론적 약속은 교회가 지금 지상에서 이러한 현실들을 세우기 위해 사역해야 함을 의미한다. 영적 거듭남을 넘어서는 땅과 인간의 미래의 치유에 대한 바울의 비전(롬 8:15)은 교회가 이제 복음주의를 넘어 땅과 인류를 치유하는 사역을 해야 함을 의미한다.

그리고 교회가 파괴된 세상 속에 정의, 평화 그리고 치유를 가져오도록 도울 때, 그것은 선하며 경건한 일이자, 비록 복음 전도가 명백하게 일어나지는 않더라도 하나님 나라의 도구로서의 교회의 역할의 참된 행동이다.

5. 종말론적 교회의 성격들

우리는 종말론적 교회의 본질이 하나님 나라를 기다리는 공동체이자 지상에 임한 하나님 나라라는 두 가지 모두에 해당됨을 보았다. 그러한 것으로서, 그 기능은 하나님 나라를 향한 관문이어야 하며, 하나님 나라에 대한 증언을 담고 있어야 하고, 하나님 나라의 도구여야 한다.

그렇다면, 이 공동체는 어떤 모습인가?
이 땅에서 이러한 희망을 품고 살아 가는 공동체의 특징은 무엇인가?
이 질문들에 대해 우리는 본 장의 남은 부분을 바치고자 한다.

1) 회복된 관계의 공동체

우선적이면서 가장 중요한 것은, 인간과 하나님의 관계에 대한 성경 이야기가 관계와 공동체에 대한 이야기라는 점이다. 하지만, 아담과 하와의 반역 이후, 그 관계가 변화되었다. 하나님과 인간의 관계가 파괴되었고, 또한 모든 피조물에 영향을 미치게 되었기 때문이다. 그러나 하나님은 단념하지 않으셨으며, 곧바로 재앙을 치유하기 위해 자신을 헌신하셨다. 창조 관계를 바른 자리로 회복시키고, 아담과 하와가 전혀 상상도 못할 장소로 데리고 가셨다.

"하나님의 백성"(people of God)이라는 아이디어는 아브라함의 씨로 출발한 민족 형성의 약속과 함께 시작된 것이 아니라, 바로 첫 번째 인간의 창조와 더불어 시작되었다. 우리가 이미 제1장에서 본 것처럼, 아버지, 아들, 그리고 성령의 관계로 영원히 존재하시는 삼위일체 하나님은 아담과 하와를 인격 공동체로 창조하셨다.

창조의 원작(the original story)의 진행은 독자로 하여금 아담의 삶이 가진 공허감에 대해 놀라게 만들며, 심지어 동물과의 소통조차 없음을 보여 준다. 그가 하나님과의 관계 안에 있기는 하지만, 단지 생각에 잠겨 홀로 그 관계를 즐기고 있을 뿐이다. 마치 아무도 없는 박물관에 있는 미켈란젤로의 다윗을 즐기려는 르네상스 예술의 애호가처럼 말이다. 이 이야기는 우리에게 아담이 결코 혼자 있어서는 안 되며 다른 것들과의 관계를 통해 하나님과의 관계 속에 있어야 함을 말해 준다.

이 긴밀하게 엮인 하나님과 피조물 사이의 관계는 아담이 죄를 짓자, 하나님과 그의 관계가 손상되고 하와와의 관계 및 다른 피조물과의 관계 모두 손상된 사실에 잘 나타난다.

따라서 "하나님의 백성"의 구성원으로서 치유하는 공동체를 발견하는 경험은 하나님을 찾는 한 수단이 된다. 죄로 파괴된 관계를 치유하고자 하는 하나님의 종말론적 약속은 여기 창세기 3:15에서 시작된다. 하와의 씨앗을 통해 그는 사탄을 으깰 것이며, 인간 공동체를 다시 세우고, 자연과의 조화로, 궁극적으로 죽음에서 인류를 끌어내어 자신과의 공동체로 회복할 것이다. 더 나아가, 아담과 하와의 낙원에서의 추방 이야기와 그 생명나무 이야기에서 우리는 낙원의 현상 유지(status quo)로의 회복이 아닌, 다시금 생명나무와 인류가 하나님과 얼굴과 얼굴을 맞대고 발견하는 하나님 나라를 기대하게 된다(계 21-22장).

에베소서 5장에서, 그리스도의 신부로서의 교회 이미지는 그리스도와 교회의 연합을 묘사하며, 관계의 궁극적 치유를 상상하고 그 치유를 현재에로 되돌이키는 종말론적 이미지이다. "이미"는 그리스도가 교회의 머리로 자신을 주셨으며, 그 죄를 씻어내므로 거룩하게 만드셨다는 사실에서 보여진다. 그럼에도 불구하고, 결혼은 "아직" 완전히 정점에 이르지 않았다. 성경 본문은 그리스도가 교회를 자신에게 완전히 거룩한 신부로 보여 주시려는 날을 기대한다.

바울에게 있어서 그리스도와의 연합은 절대로 개인적 연합이 아니라 공동체적이다. 신자들이 그리스도와 하나인 것처럼, 신자들도 서로 하나이다. 그들은 함께 신부의 한 "인격"을 구성한다. 늘 그렇듯, 바울은 이 이미지로 윤리적 영향들에 대한 추상적인 신학 개념들 위로 움직여 나간다. 그리스도와 신자의 연합은 항상 다른 신자들과의 연합을 포함하며, 인간관계의 치유를 가져오면서 타락한 세상의 관계 구조들에 혁명을 불러온다. 남편에게 소유물처럼 다루어지던 고대 세계에서 대개 공적 기능에서 배제된 아내는 자신의 아내의 유익을 위해 자신의 삶을 주려는 남편으로부터 자비를 얻을 수 있다.[41]

이와 비슷하게, 고대 세계에서 부모/자녀 그리고 주인/종의 구조들도 변화된다. 부모들은 단지 순종을 요구하기보다 그들의 자녀를 양육하는 자가 되어야 한다. 그리고 주인들은 그리스도께서 주인과 종 양쪽 모두의 주인임을 기억하며 인간 존재와 그의 관계에 있어서 차별하는 문화유형을 따르지 않는다.

여기서 종말론적 초점의 핵심은 그리스도와 교회의 결혼의 완성을 기대하는 것은 부분적으로 타락한 세상의 관계 구조에 맞서 그리스도 안에서 하나 됨이라는 궁극적인 실재를 기대하는 인간관계의 변화라는 것이다. 궁극적으로, 성경은 피조물 자체의 깨어짐과 인간과의 깨어진 관계 양쪽에 대한 궁극적 치유를 제시한다. 타락은 하나님/인간 그리고 인간/인간의 관계만이 아니라, 인간/피조물의 관계도 훼방했다. 아담과 하와는 더 이상 타락한 피조물 안에서 지구의 이상적 청지기로 기능하지 못했다(창 3장).

---

[41] 고대 세계에서 여성의 자리에 대한 요약에 관해서는 다음 글을 보라. Klyne Snodgrass, *Ephesians: The NIV Application Commentary* (Grand Rapids: Zondervan, 1996). 34.

궁극적 구원에 대한 성경의 비전은 영적인 것만이 아니라 실제로 완전히 지상적인 것이다. 이사야는 놀라운 생산성과 조화가 어우러진 창조를 상상한다. 바울은 파괴된 피조물이 그리스도의 재림을 찬양하기 위해 돌아서는 것을 상상한다. 그리고 요한은 새 하늘과 새 땅에서 매우 원래적인 아름다움을 가진 완벽과 평화의 우주를 본다.

그래서 교회가 그 미래를 현재로 끌어당기기 위해 의도되었다면, 이것은 피조물과 교회의 관계를 위해 중요한 영향을 미친다. 교회는 그 궁극적 치유를 기대하면서 서로에 대한 적대적이며 실용적 관계로부터 보완적이고 보호적인 관계로 피조물에 대한 인간관계를 변화시키므로, 파괴된 환경의 치유에 대한 변호자로 부름받았다. 이것은 회복된 공동체와 관련하여 중요한 영향을 미친다, 그것에 대해 제4장에서 심도 깊은 주의를 기울일 것이다.

2) 메시야의 공동체

구약학자 월터 카이저(Walter Kaiser)는, 다른 것들 중에서도 구약성경 안에서 약속의 3부작으로 "나는 그들의 하나님이 되고, 그들은 나의 백성이 되리라. 그리고 나는 그들의 가운데에서 거하리라"를 동일시했다.[42] 성경 이야기 전체에는 이 3중적 약속에 대한 점진적 실현이 곳곳에 나타난다. 하지만, 하나님 자신의 소유와 현존에 대한 백성의 약속은 여전히 미래적인 희망이라고 하는 의미도 항상 남아 있다.

창세기 12장은 이스라엘이 세워지므로 약속의 성취를 볼 것이지만, 또한 그 성취는 이방 민족이 포함될 때까지 종결되지 않을 것임을 인정한

---

[42] Walter Kaiser, *Toward an Old Testament Theology* (Grand Rapids: Zondervan, 1978), 45.

다. 장들을 지나면서, 이스라엘 자손이 하나님의 백성이 되고, 그들의 위대한 지도자가 하나님의 두려운 면전의 가장자리로 그들을 이끌지만, 우리는 이 위대한 백성의 형성과 하나님의 사람조차 여전히 예기적인 것임을 본다. 왜냐하면 오경(신 18장)은 다른 예언자, 또 한 명의 모세가 하나님 나라의 궁극적 지도자로 와서 그들에게 하나님의 말씀을 전할 것이라는 결론으로 종결되기 때문이다.

그렇다면 우리는 모세오경에서 보는 것은 한 백성을 창조하겠다는 하나님의 자신의 종말론적 약속의 성취이다. 하지만, 심지어 그 땅을 향한 그들의 진입과 그들의 왕의 획득도 그들의 정체성과 사명(mission)을 성취하지는 못했다. 그들은 여전히 새로운 예언자/제사장/왕 그리고 민족의 구원 양쪽을 기대하고 있다. 그들은 종말론적 백성이다.

신약성경은 처음부터 메시야적 공동체의 형성이라는 이 주제를 꺼내들었다. 마태복음의 핵심에서 유대인 청중에게 보여 주려는 열망은 예수가 약속된 종말론적인 하나님의 새로워진 그리고 완벽해진 백성의 지도자라는 것이다. 이의 적합한 예는 바로 애굽으로부터 아기 예수가 되돌아오는 것에 대한 그의 서술에서 보여진다. 이 이야기는 이스라엘이 그의 인도하심을 받아 애굽의 노예로부터 나와 여호와의 백성이 되어 약속된 땅으로 간다는 호세아의 주석 관점에서 볼 수 있다.

예수는 여기에서 새로운 이스라엘, 하나님의 백성을 대표한다. 그는 그들의 대표자이다. 따라서, 그가 이끌고자 하는 백성은 단지 역사적으로만 모세 공동체와 연결되어 있는 것이 아니라, 예언자들이 환상으로 그려낸 새로운 약속의 땅을 향해 새로운 모세에 의해 이끌리는 새로운 공동체이기도 하다.

수난 이야기에서 교회의 메시야적 본성은 또한 메시야적 성찬을 통해 묘사된다. 우리는 최후의 만찬을 통해 그리스도의 신부의 혼인 잔치의 마지막 식사를 예시하는 하나님의 백성의 종말론적 성찬을 본다.[43] 마지막 성찬이 희생되고 부활하신 어린 양(계 19:9)의 결혼 만찬이듯, 이 식사는 자기희생을 통해 아버지에 대한 헌신을 성취하고 미래의 결혼식에서 신부가 될 권리를 스스로 얻은 막 희생될 어린 양의 약혼/계약 만찬이다.

그는 교회의 전체 공동체의 대표자인 제자들과 더불어 먹는다. 그것은 새 언약의 만찬이다. 그것은 다가올 시대의 특징인 용서의 만찬이다. 그것은 그리스도를 통해 나라의 도래의 실현될 것을 깨닫고 다가올 왕국 안에서 그와 함께 교회의 궁극적 친교를 기대한다(그리스도는 그가 그것을 그의 아버지의 나라 안에서 교회와 더불어 마실 때까지 다시 언약의 잔을 마시고자 하지 않으신다).

그리고 바울 신학 안에서 그것은 교회 안에 현존의 축제에서, 그리고 그의 다시 오심의 기대 안에서, 그리스도의 죽음과 부활을 기억하는 식사가 된다(고전 11장). 여기에서 초점은 이 근본적인 교회의 축제가 그리스도의 현재의 현존과 그의 미래의 오심에 대한 희망 양쪽을 인정하는 종말론적 축제라는 점이다. 따라서, 미래에 오시는 그리스도는 성만찬 식사를 통해 교회의 현재 삶으로 들어오신다.

바울에게 있어서, 아마도 메시야가 될 수 없었을 것 같은 분, 로마인들에 의해 십자가에 못박히신 그분은, 그의 부활을 통해 주님으로 그리고 그리스도로 보여졌다(롬 1-4장). 그리고 교회는 한 나라에서 다른 나라로 옮겨진 사람들의 공동체이며, 어둠의 나라로부터 그의 아들, 그리스도, 기름부음받은 이, 혹은 메시야의 나라로 옮겨진 것이다(골 1:12-13). 그것은 그리스도가 지금 머리가 되어 다스리는 공동체이며(골 1:18) 말씀과

---

[43] 여기에서의 강조는 그의 백성들과 함께 하시는 왕의 임재에 뿌리를 둔 공동체에 놓여 있다. 유사한 것으로 출 33장에서 모세는 이스라엘이 하나님의 백성이라는 것을 족속들이 알게 될 유일한 길은 하나님께서 그들과 함께 하실 때라고 주장한다.

성령을 통해 자신을 드러내시며, 메시야적 구원 약속을 가져오시는 공동체이다.

교회는 메시야적 공동체이다. 그 안에서 하나님은 그의 백성과 더불어 사시겠다는 약속을 시작하셨다. 교회는 하나님에 대한 진리를 가르치는 단순한 공동체가 아니다. 그 대신 바로 그의 현존을 축하하는 곳이다. 교회가 모이는 곳에서라면 어디에서든, 그것은 메시야의 참된 현존을 경험한다. 단지 그에 대해서만 듣기만 하는 데 머무르는 것이 아니라, 시대의 끝에서 그를 보고, 만지게 될 임재의 기대 안에 있는 그들의 한 가운데에서 그가 거하는 중에 그를 경배하고 사랑하고 순종한다.

3) 성령 공동체

사도행전 2장에서 오순절에 성령에 의해 창조된 새로운 공동체가 예언자가 기대하는 특징들을 보여 주기 시작하면서 성령의 종말론적 약속(욜 2장)이 성취된다. 기적과 표징들이 사도들에 의해 수행된다(행 2:42-48). 예수께서 자신의 위상을 하나님 나라를 가져다 주신 분으로 입증했던 동일한 방식으로 교회의 성격이 하나님 나라임을 입증하면서 말이다(마 4장; 눅 7장 등등). 사도행전 6장에서 우리는 지도력이 예언자적 계급의 구성원이 아니라 성령과 지혜에 의해 성취된 사람들에게 본질적으로 주어지는 것을 본다.

성령의 이 종말론적 약속은 분명히 바울의 교회론에서도 두드러지게 나타난다. 약속된 구속이 교회가 성령 안에서, 의, 평화, 그리고 기쁨을 경험할 때 이미 그를 위해 시작되었기 때문이다(롬 14:17). 교회가 예수 그리스도 위에 서 있는 동안, 하나님 나라를 따라 살 수 있는 능력이 가능해진다. 왜냐하면 그 삶은 "성령 안에"(롬 8장) 있기 때문이다.

더 나아가서, 하나님의 사랑은 율법으로는 바뀔 수 없는 굳어져 있고 반항적인 신자의 마음에 성령에 의해 부어져(롬 5장), 모든 것보다 하나님을 더 갈망하는 자들로 바꾸신다(참고, 겔 36장). 이러한 성령의 공동체는 마음을 바꾸는 이런 "칭의"를 경험하는 것을 넘어(롬 8:1 이하), 바울의 말에 따르면, 이미 영광스럽게 되었다(롬 8:30).

따라서, 종말론적인 것이 교회의 삶의 현재 안으로 들어온다. 더 나아가, 교회에 대한 바울의 성전 이미지(예컨대, 고전 3장)는 여호와의 성전으로 성령이 되돌아오는 에스겔의 종말론적 상을 상기시킨다. 여기서, 개인적으로 성령과 더불어 충만하게 된 신자는 여호와의 종말론적 성전, 즉 그리스도의 몸을 창조하기 위해 함께 온다.

이레네우스 역시 종말의 축복의 시작이 성령을 통해 교회 안에서 현존한 것으로 보면서 이렇게 주장한다.

> 교회가 있는 곳에, 거기에 하나님의 성령이 있다, 그리고 하나님의 영이 있는 곳에, 거기에 교회가 있으며, 그리고 모든 종류의 은총이 있다.… 그러므로, 그에게 참여하지 않는 자는 어머니의 품으로부터 생명을 공급받지도 못하고, 그리스도의 몸으로부터 솟아나는 가장 맑은 샘도 즐기지 못한다.[44]

여기에서, 성령의 종말론적 약속은 다가올 시대의 완전한 실현의 기대 안에서 교회 안에서 현실화된다. 성령을 통한 그리스도와의 연합의 신비로운 친교로서, 교회는 하늘에서 이어지는 사회적 실재이다. 따라서, 현재의 상태 안에 있는 교회는 단지 하늘 교회의 약속 혹은 보증에 머무는

---

[44] Irenaeus of Lyons, *Against Heresies*, Bk. 3, Ch. 24, *Ante-Nicene Fathers*, vol. 1, 458.

것이 아니라, 그에 대한 기대이기도 하다.

이미 성령의 종말론적 선물은 교회에 부어졌다. 성례전은 하나님 나라가 신비스럽게 지금 교회 안에 임함을 보여 준다. 그들은 미래를 지시하는 표징이지만, 그러나 그보다 더해, 그들은 지금 교회 안에 있는 그 현존을 지시한다. 제2바티칸 공의회 문서인 "인류의 빛"(*Lumen Gentium*)은 그것을 이렇게 표현한다.

> 특별히 하늘의 교회와 우리의 연합이 가장 잘 실현되는 곳은 거룩한 예전 안에서이다. 그리고 그리스도의 피로 구속받았고 모두 함께 하나의 교회로 모이는 모든 족속과 방언 모두가 그리고 백성 그리고 민족이, 찬양의 한 목소리로, 한 분 그리고 삼위일체 하나님을 영광스럽게 할 때에, 우리는 예전 안에서 성례전적 표징을 통해, 우리에 대한 성령의 능력을 통해, 그리고 공동체의 기쁨과 더불어 신적 위엄의 찬양을 함께 거행한다.[45]

말씀 중심의 관점은 성령의 현존에 대한 이 성례전적 관점과 결합되어야 한다. 신학자 칼 바르트(Karl Barth)는 말씀이 설교될 때 그것은 실제로 종말론적 사건이라고 주장한다. 왜냐하면 설교 안에서 계시되는 존재는 바로 하나님 그분이시기 때문이다.[46] 하나님께서 스스로를 그의 백성에게 계시하실 때, 절대로 자신을 단순히 소통하는 개념 혹은 진리로 계시하지 않으시기 때문이다.

오히려 그는 언제나 자신을 관계적으로 계시하신다. 그는 기록된 말씀과 육신을 입으신 말씀, 둘 다를 가지고, 진리의 영으로서 성령의 관계적

---

45 Flannery, ed., *Lumen Gentium*, 48. 또한 다음 책을 보라. Simon Chan, *Liturgical Theology: The Church as Worshipping Community* (Downers Grove, IL: InterVarsity, 2006), 54.

46 다음 책을 보라. Karl Barth, *The Preaching of the Gospel* (Philadelphia: Westminster, 1963), 78.

사역을 통해 우리에게 관여하신다(요 14장).

더 나아가, 바울은 그의 말씀 안에서 표현된 하나님의 지혜는 오로지 성령에 의해 변화된 이들에 의해 완전히 포용될 수 있다고 우리에게 말한다(고전 2:6-16). 그리고 단지 성령과 만난 이들만이 종말론적 약속의 성취로서 그리스도를 인정하는 그리고 그의 모습으로 점점 변화되어 가는 자유를 발견한다(고후 3:12-18).

이 모든 것의 결론은, 하나님께서 그리스도의 인격 안에서, 성령의 사역을 통해 그의 백성과 가지시는 인격적, 관계적 현존이다. 그들이 교회에 모여 함께 찬양할 때, 그들은 성령으로 충만했다(엡 5:18-21). 교회는 그들을 단지 그리스도에게만 순종하는 공동체로가 아닌, 그리스도에 대한 사랑으로 서로에게도 순종하는 공동체로 바뀌기 시작한다.

성령 없는 교회는 잃어버린 조직이다. 우리가 공동체적인 하나님에 의해 창조된 존재로써, 오로지 하나님과 인격적으로 만날 때, 하나님께서 이 세계의 파괴됨을 치유하시는 곳에서 우리는 공동체가 될 수 있다. 성령의 인격은 하나님 나라의 지금 그리고 아직 아님의 실재를 통해 교회에 현존하며, 우리가 모여 그와 닮아가고자 하는 날에 대한 기대로 정신, 심장, 그리고 몸을 하나님과의 더 깊은 관계 안으로 들어가 그를 얼굴과 얼굴로 맞댈 때, 교회 안에서 그분은 우리를 만나신다. 그러면 이 종말론적 공동체는 성령에 의해 힘을 얻어 새 방식으로 살기 시작한다.

4) 사회적 의의 공동체

타락 이후부터, 성경 내러티브는 인류를 인격적으로나 사회적으로 의의 자리로 회복시키는 것에 관심을 둔다. 개별 인간들은 하나님에 반항하는 형태를 지닌, 그리고 죄된 행동과 하나님에 대한 왜곡된 마음으로 이루어진 반항 형태의 불의로 인해 손상된 상태이다.

그러나 인류는 또한 사회적으로도 불의하다. 인간의 불의는 서로를 향해 지닌 인간들의 적대감으로, 그리고 인간과 사회적 차별에 기반을 둔 장벽과 선입견을 만들면서 자신을 드러낸다. 따라서, 의에 대한 성경적 신학은 그 핵심에서 볼 때 **관계성**에 대한 것이다.

개인적으로, 그것은 한 사람과 하나님과의 깨어진 관계의 회복에 대한 것이다. 그것은 신학자들이 일반적으로 말하듯, 하나님과의 올바른 관계, 하나님에 의해 주어진 올바른 관계이다. 그렇다면 이 개인적 의는 사회적 의의 기반을 형성한다. 개인들이 하나님과의 관계의 의 안에서 자라남에 따라, 그들은 또한 서로 그들의 관계의 의 안에서도 자라간다.

따라서, 성경적 종말론(biblical eschatology)은 미래적인 사회적 의(social righteousness)의 공동체를 바라본다. 개인적 의의 신학은 구원신학, 즉 구원론에서 다루기 때문에, 우리는 여기에서 주로 사회적 의의 개념에 대해 다룰 것이며 개인적 의는 주로 사회적 의로 이끄는 변화로 다룰 것이다.

히브리 성경에서 사회적 의의 개념이 예언서보다 분명히 언급되는 곳은 없다. 성경 예언 문학의 에토스는 근본적으로 현재와 미래 양쪽을 바라본다. 일반적으로 이스라엘의 고통스런 시기나 불순종의 시기에 말씀을 전했던 예언자들은, 그의 백성을 심판하러 오시거나 그들을 구원하기 위해 오시는 하나님의 시간을 기대하며, 또한 의와 평화 안에서 하나님 나라를 세우고자 하시는 위대한 메시야이자 왕이신 분의 오심을 기대했다. 이 미래의 구원의 모습은 개인의 말로 묘사되지 않고, 왕 그리고 하나님의 경배에 대한 순종으로 연결되어 있는 민족의 말 그리고 백성의 말로 묘사된다.

따라서, 고난당하고 파괴된 이스라엘에 있어서, 그 자신의 자기이해는 늘 적어도 부분적으로는 하나님께서 언젠가 오셔서 모든 것을 그의 선택된 공동체를 위해 올바르게 만드실 것에 대한 희망의 기능을 가진다. 그럼에도 불구하고, 예언자들은 미래의 이런 모습을 단순히 어느 날 일들이 더 좋아질 것이라는 희망을 창조하기 위한 것이라고 말하지 않았다. 사실, 그들은 이러한 이미지를 이제 그들의 미래의 모습과 일치시키기 시작하라는 하나님의 백성에 대한 부르심의 부분으로 제시했다.

이사야는 이스라엘을 위한 하나님의 영광스러운 미래에 대한 그의 확대된 이미지에서, 새 창조와 쇄신된 창조 양쪽의 장소에 하나님의 백성이 거주하는 회복된 공동체를 기대한다(사 60-66장). 그곳은 하나님이 그의 백성들 안에서 기뻐하실 평화, 번영, 그리고 의의 공동체가 될 것이다.

예레미야는 그 마음이 율법의 외적 강요에 의해서가 아니라, 새 언약을 통해 변화된 마음의 준비된 응답으로 하나님을 알고 순종하는 변화된 백성들의 공동체의 환상을 본다(렘 30-31장). 에스겔은 하나님의 영광이 성전으로부터 떠나는 것, 그리고 후에 그 영광이 되돌아와 하나님의 백성이 의 안에서 그에게 경배하고자 하는 시대를 본다.

따라서, 종말론적인 것은 경배 공동체(community of worship)를 고대한다. 나아가 에스겔은 마른 뼈 골짜기에 대한 자신의 환상 안에서 포로에서 돌아온 백성이 성령의 위격 안에서 그들 한가운데 계시는 하나님의 땅에서 사는 상상을 한다. 말라기 3-4장은 여호와 바로 그분이 심판하시려고, 그리고 의, 치유의 나라, 기쁨, 그리고 완벽한 공동체로 그를 경배하는 민족을 되찾시려고, 언약에 대한 그의 파송자의 인격으로 오시고자 하는 날을 바라 본다.

그러나 이 예언자들 모두, 하나님의 백성의 미래의 영광스러운 그림을 그리며, 미래를 현재로 끌어들이는 경고도 포함시킨다. 이사야는 백성들에게 지금 의를 찾고 가난한 자를 돌보라고 요청한다(참고, 사 58-59장). 그리고 성실과 의로 하나님을 경배하라고 요청한다(사 61:10-11). 예레미야는 이미 포로로 잡혀갈 것과 이스라엘의 미래의 영광스러운 회복에 대해 예언했고, 성읍의 파괴에서 살아남는 자들에게, 거기 머물러 여호와 하나님께 순종하며 살라고 요구한다(렘 42장). 왜냐하면, 그는 미래의 영광스러운 회복의 기대 속에 있는 현재를 사는 그들에게 회복을 가져다줄 수 있는 분이기 때문이다.

이러한 모티브는 산상 설교를 통해 계속된다. 새로운 모세이신 예수께서 새 율법, 변화된 마음의 율법을 주어 율법을 성취하실 것이라고 설교하신다. 이것은 하나님 나라 윤리이며 하나님의 종말론적 백성들의 윤리이다. 그래서 그들은 하나님의 율법을 자신들의 마음으로부터 알고 따르고자 할 것이다(렘 31장).

이러한 하나님 나라의 의는 개인에 대해서만 의미를 가지는 것이 아니다. 그것은 공동체에서도 이루어질 수 있는 것이다. 의를 향해 굶주리고 목마른 자들, 그리고 그래서 채워진 자들은 긍휼로 응답하고자 한다. 그리고 평화를 이루는 자들이 되는 것을 통해(마 5:6-9), 그들은 하나님에 대해 희생을 드리기 전에 서로의 관계를 회복하고자 한다(마 5:23-24).[47] 그들은 자신들의 결혼에 신실하게(마 5:27-32), 자신들의 약속에 진실되게(마 5:33-41) 머무르고자 하며, 보복에 대해서는 "아니오"라고 말하고자 하고(마 5:38-39), 궁핍한 자에게는 희생적으로 나눠 주며(마 5:40-41), 그들의 적을 사랑하고자 한다.

예수께서 그의 제자들을 부르신 곳은 바로 공동체에 대한 이러한 종말론적 비전으로이다. 그러나 그것은 성령께서 오셔서 그들의 마음을 변화시키고, 그들의 사회적 장벽과 선입견이 변화되기 전까지는 제자들이 완

---

47 궁극적 희생으로서의 그리스도의 본성을 감안할 때, 우리는 교회에 있어서는 제단을 둘러싼 신자들의 이 화해의 측면이 성찬에서 나타난다고 주장할 것이다. 성례전적 공동체로서 교회에 대한 다음 장을 보라.

전히 사로잡힌 것으로 보이지 않는 공동체의 현실이다.

사실, 사도행전의 교회는 종말에서야 무너져 내릴 장벽을 무너뜨리기 시작한다. 아브라함에 대한 약속 안에 포함되고 선지자들에게 환상으로 보여진 이방인들이(창 12장; 사 49:6, 22; 호 1:10; 슥 2:10-11 등등) 교회에 의해 하나님 나라의 공동체의 일부분으로 포용된다. 요엘이 마지막 때에 예언의 영이 내릴 것임을 선포한 여성들이 이 새로운 공동체의 지도력에 포함된다.

그리고 부유한 구성원들의 희생으로 가난한 자들의 필요가 채워진다. 따라서, 이전에는 위계적, 단일 민족적, 국가적 공동체 안에서 구체화되어 있던 하나님의 백성들은 모든 언어, 종족, 성, 그리고 사회경제적 계층의 모든 백성으로 구성된 하나의 공동체로서 그것의 궁극적 상태의 이미지로 보여지기 시작한다.[48]

바울은 또한 사회적 의의 공동체로서의 교회를 그려낸다. 갈라디아서에서 이 종말론적 공동체는 출애굽한 이스라엘처럼, 노예로부터 백성을 자유롭게 하는 하나님의 강력한 역사를 통해 창조되었다. 한때는 온 세상이 바울이 말한 것처럼 죄의 노예였다. 또한, 유대 공동체도 율법주의로 인해 율법에 사로잡힌 자였다.

이제 새로운 약속의 공동체가 있는데, 거기에서는 모든 이들이 믿음으로 하나님의 자녀들이며, 그리고 바울이 말하는 변화가 우리를 자유하게 한다(롬 8:21). 그러나 바울에 있어서 이 새로운 자유는 단지 개인적인 것은 아니다. 그것은 개인 신자에 의해 경험된 죄나 죄책으로부터의 자유에 머무르지 않는다. 그것은 이웃에 대한 사랑 안에서 이루어지는 약속

---

[48] 사도적 교회에서의 "이미/아직 아니"에 대한 확장된 논의에 대해서는 다음 글을 보라. Thomas N. Finger, *Christian Theology: An Eschatological Approach* (Scottdale: Herald Press, 1989), 2:247–69.

된 성령에 의해 창조된 자유이다(갈 5:13-15). 그것은 또한 공동체의 자유이며, 거기에서 유대인/이방인, 노예/자유인, 그리고 남자/여자라고 하는 사회적 구조가 변화된다(갈 3:28).

갈라디아서 3:28은 대단히 논쟁적 구절로 여기에서 일부의 주석가들은 개별 인간들이, 어느 사회 계층 출신이든, 예수 그리스도에 대한 믿음에 의해 평등하게 구원받는다는 사고를 보게 된다. 우리는 이것이 확실히 진리이지만, 그것이 충분한 해석은 아님을 주장한다.

바울은 여기에서 "너희 모두가 개별적으로 그리스도에 대한 믿음을 통해서 구원받는다"라고 말하지 않는다. 그 대신, "너희는 모두 그리스도 예수 안에서 하나다"라고 주장한다. 나아가, 바울이나 그의 어떤 독자도 그리스인들, 노예들, 그리고 여성들이 구원받을 수 없다고 생각한 것 같지 않기에, 그의 의도는 개인 구원으로부터 사회적 변혁으로 넘어가야만 한다.

이것은 복음이 어떻게 개인들을 죄와 율법의 속박으로부터 해방시켜 주는 것뿐 아니라, 새 공동체를 창조하고, 파괴적인 인종주의, 노예 제도, 그리고 성 차별 같은 사회 구조에서 해방시키는 것에 대한 구절이다.

그것은 교회 구조의 종말론적 본질에 대한 바울의 근본적인 선포이다. 신자는 그리스도 안에서 성령에 의해 여호와의 종말론적 성전이 되도록 함께 초청받는 존재이며, 서로에 대해 주인/종, 유대인/이방인 혹은 심지어 남편/아내로서가 아니라, "하나님의 가정"의 동등한 구성원으로, "신자의 가정" 안의 형제자매로(엡 6:10) 연결된다(갈 2:19).

따라서, 신자들은 사회적 장벽을 부숴뜨리는 공동체를 창조하도록 부름받는데, 인류의 모든 지파들이 단지 하나님에게 동등하게 나오는 것뿐 아니라, 그분의 나라에서 동등한 경배와 예배의 장소까지도 소유한 미래의 하나님의 백성을 기대하면서, 사회적 장벽을 무너뜨리는 공동체를 창조하도록 부름받으며,[49] 민족들과 사회적 차이들이 폐지되지 않으면서도 더 이상 차별과 적대감의 근원이 되지 않고, 오히려 축제와 부요의 원천이 되도록 하는 요한계시록에 의해 그려진 공동체를 창조하도록 부름받는다.

이와 유사하게, 믿음과 의에 대한 토론에서, 야고보는 교회가 부유한 자들을 좋아하고 가난한 자들을 경히 여기며, 신자들 사이의 불화를 만들어 낸다고 훈계한다(약 2:1-7; 4:5-5:6). 그에게 있어서, 개인적 의의 요구는 공동체적 의가 부재한 가운데서는 의심스럽다.

사회적 의의 비전으로, 교회는 그 종국의 완벽한 공동체 경험에 대한 기대로 오늘날 부름받는다. 인종, 계급, 성, 부, 나이와 같은 것에 기반을 둔 부적절한 사회적 장벽이나 선입견이 각성되어 거부되어야만 한다. 개인적 의는 사회적 의로 이끌려져야만 한다.

하나님의 은혜와 자비에 대해 전혀 모르는 세상 제도들이 이 장벽을 제거하는 데 교회보다 더 크게 기여하고 있다는 것은 얼마나 슬픈 일인가.

---

[49] 엡 2:11-22은 바울에 의한 이와 동일한 기본 주장의 재진술임을 주목해 보라. 한때 민족적/인종적 이스라엘에 주어진 약속의 바깥에 있던 이방인들이 이제는 십자가의 보혈을 통해서 하나님 가까이에 가까워졌다. 그러나 다시금, 여기에서 바울의 비전은 단지 이방인의 개인적 구원의 하나에 불과한 것이 아니라, 사회적으로 멀리 떨어져 있던 유대인과 이방인을 예수 그리스도를 주춧돌로 삼고 한 몸, 한 건물로 화목하게 되었다는 것이다. 이 지점에서 다음 책을 보라. N. T. Wright, *The Climax of the Covenant: Christ and the Law in Pauline Theology* (Minneapolis: Fortress, 1994).

5) 사탄이 무장 해제되는 공동체

마지막으로, 종말론적 공동체로서 교회에 대한 토론에서 사탄의 무장 해제에 대해 토론하지 않는다면 태만을 범한 것일 수 있다. 타락한 세계를 구제하겠다는 종말론적 약속의 첫 언급부터, 하나님은 사탄의 머리를 깨뜨릴 것을 예견하신다(창 3:15). 사탄은 창조 세계와 완벽한 관계를 이루시겠다는 하나님의 계획을 탈선시킨 도구가 되었기에, 사탄의 파멸은 문제 해결의 일부가 되어야만 한다.

히브리어 구약성경의 저자들은 사탄을 대적자로(타락에 있어서, 욥기의 서론에서, 다윗의 이스라엘 계수에서 기타 등등) 인식한 반면, 사탄과 맞서 파괴하겠다는 하나님의 계획을 우리가 보기 시작하는 것은 신약성경에의 일이다. 특히 사탄이 무장 해제되는 곳은 교회 안이며, 교회를 위해서이다. 우리는 광야에서 사탄과 예수의 싸움에서(마 4장) 예수의 파송의 종말론적 본질과 교회 설립에 대한 흥미로운 지시를 발견한다. 이 사건에 대한 현대의 여러 설교와 주석은 그 안에서 어떻게 그리스도인들이 사탄과 싸움을 벌여야 하는지에 대한 예를 보여 준다.

이 본문이 그 주제에 대해 가치 있을 수는 있지만, 그것이 마태의 주요 관심은 아니다. 이레네우스는 확실히 무엇이 더 중요한 모티브인지 파악했다.[50] 이 장면은 예수께서 자신의 백성을 대표하고, 그들과 자신을 세례에서 동일시하며, 부활과 재림에서 사탄을 완전히 파괴할 기대 가운데 우리를 위해 사탄을 파괴하시는 장소인 복락원이다. 여기에서 예수는 창 3:15의 약속의 성취를 시작하신다. 사탄의 머리를 짓부수기 시작하시고, 십자가, 부활을 통해, 그리고 마침내 그리스도의 승리의 재림을 통해 완

---

[50] Irenaeus of Lyons, *Against Heresies*, 21.

벽히 분쇄할 것이다.

이 종말론적 지도자는 타락하여 부서진 세상일지라도, 하나님 나라를 향한 열쇠를 자신의 백성에게 주실 것이며, 그들에게 자신의 지도를 따르도록 힘을 주시면서, 교회 안에서 사탄의 권세에 도전하여 파괴하실 것이다. 사탄이 승리하신 그리스도와 자신의 마지막 운명을 마주칠 때까지 말이다(계 19-20장).

더 나아가, 악마를 물리친 예수(마 12장)께서 의미하는 것 중 하나는 성령과 하나님 나라의 현존을 보여 주는 것이다. 그러므로 사탄과 대면하여 그를 거부하고 물리치는 이 힘은 그리스도에 의해 성령을 통해 교회에 주어진 것이다. 그래서 사도들이 교회에서 마귀를 물리칠 때, 하나님은 그들을 통해 이 새로운 공동체가 실제로 하나님 나라의 공동체이자, 지옥의 문이 그를 대항해 승리할 수 없는 공동체임을 입증하시려고 사역 중이시다(마 16:18).

바울에 있어서는, 교회는 높은 곳에 있는 통치자들에게 그들에 대한 그리스도의 승리를 증거하고, 악마적 실체들에게 그들의 궁극적 패배를 확신시키는 종말론적 공동체이다. "권세들"(골 2:15)에 대한 그리스도의 종말론적 무장 해제가 승리하는 성도의 삶을 통해 나타나기 때문이다. 교회가 사탄의 세력과 맞서 싸움에 개입할 때, 종말론적 공동체의 무기들을 사용하며(믿음, 진실, 의, 복음, 구원-엡 3장과 6장), 종말론적 영의 힘을 통해 그리스도의 최후 승리를 기대하며 전투한다.[51]

사탄의 무장 해제에 대한 이런 의미는 초대교회에서 유지되어 왔다.

---

[51] 바울의 신학에서 악마에 대한 교회의 종말론적 전투의 장소에 대한 완전한 논의에 대해서는 다음 책을 보라. Clinton E. Arnold, *Powers of Darkness: Principalities and Powers in Paul's Letters* (Downers Grove: InterVarsity, 1992). 또한 다음을 보라. Walter Wink, *The Powers*, 3 vols. (Minneapolis: Fortress, 1984-92).

세례를 받은 초심자에 대한 설교에서, 예루살렘의 시릴(c 315-386)은 서쪽을 향해 물로 걸어 들어가며 말로 사탄과 그의 모든 위세와 그의 모든 길들을 거부한 후 동쪽을 향하여 돌아서서 그리스도를 주님으로 끌어 안는 그들의 행동에 대해 설명한다.

그리스도는 세례가 상징하는 자신의 죽음과 장사 및 부활을 통해 사탄을 무찌르셨다. 그리고 비록 그것이 여전히 우는 사자와 같이 삼킬 자를 찾아 땅을 배회할지라도, 그의 권세는 교회 안에서 깨어졌다. 그는 거기에서 발톱이 빠졌다.[52]

사탄은 여전히 공격적이고, 교회는 사탄의 분노와 파괴의 표적이지만, 교회가 성령의 권능 안에서 행할 때 사탄을 두려워할 필요가 없고 그의 속임과 권세에 포로가 될 필요도 없다. 그러므로 교회가 모이는 모든 시간과 장소에서, 사탄의 모든 공격에도 불구하고, 미래가 안전하다는 사실로 기뻐할 수 있다. 왜냐하면 그리스도께서 자신의 죽음을 통해 죽음의 권세를 잡은 자의 파괴를 확실히 했기 때문이나(히 2:14).

6. 결론

우리는 교회가 하나님의 미래 공동체로서 그 정체성을 통해 현재에 완전히 참여하고 있는 종말론적 공동체임을 보았다.

그렇다면, 어떻게 이 관점이 어떻게 교회가 그 정체성과 사명을 더 잘 이해하도록 돕는가?

아래에 이어지는 것은 몇 개의 제안들인데, 첫 번째 것은 일반적이고

---

[52] Cyril of Jerusalem, *Mystagogical Catechesis I: On the Rites before Baptism*, 3-6.

나머지 것들은 다소 특별한 것들이다:

① 교회는 성경에 계시된 대로 그리고 교회의 전통에 의해 가장 잘 이해된 대로 그 종말론적 정체성의 가치와 구조를 이해하기 위해 사역해야 한다. 그리고 이 가치들과 구조들은 그 지도자들이 교회의 목적, 가치관, 그리고 사명에 대한 진술을 구성한 대로 지역교회의 삶 속으로 들어와야 한다.
② 만일 교회가 현재에 그 미래 공동체를 닮은 공동체를 세우고자 추구한다면, 이것이 의미하는 바는, 부분적으로는, 교회가 온전한 인간 가족을 위한 공동체로, 모든 종족의 사람들, 즉 사회경제적 위상, 남자와 여자, 어른과 아이가 하나님 앞에서 예수 그리스도의 종으로서 동등한 입장으로 나오는 장소라고 하는 것이다. 교회의 미래에 대한 다른 중요한 이미지들이 있지만, 역사적으로 이 공동체 이미지는 교회가 거의 성취하지 못해 온 것이다. 종종, 세상 제도들이 이런 성경적 이미지를 교회보다 더 잘 반영한다.
③ 교회는 그리스도의 재림에 입각한 미래 구원에 대한 지속적인 소망 안에 살아야 한다. 그러므로, 교회는 일시적인 것들에 궁극적 가치를 두지 않도록 조심해야 한다. 번영을 누리고 있는 서구에서, 이것은 교회가 소비주의에 갖는 관심에 늘 조심해야 한다는 의미이다.
④ 종말론적 모습들이 개인적이라기보다 공동체적이기에, 교회는 개인적 관심을 충족시키는 사역보다 공동체를 건설하는 사역에 더 가치를 부여해야 한다.
⑤ 자신이 오고 있는 하나님 나라의 도구이기에, 교회는 세상을 향한 하나님 나라의 가치들을 산출하도록 사역해야 한다. 이것은 언어적 선포를 넘어 사회적 행동으로 나아감을 의미한다. 그것은 또한 사

회 구조들 안에서 하나님 나라의 가치들을 촉구하기 위해 교회 사역을 확장시키므로, 개인들에 대한 하나님 나라의 가치들을 산출하는 것을 넘어서는 것을 의미한다.

⑥ 교회의 종말론적 에토스는 교회가 복음주의를 향하도록 자극해야 한다. 오고 있는 하나님 나라는 인류를 회개와 소망을 향해 부르므로, 구속과 심판을 위해 세상에 관여한다. 교회는 단지 사회 정의를 위한 사역 그 이상을 행해야 한다. 교회는 그리스도의 재림의 그늘 안에 살기에, 세상이 구원을 위해 그리스도에게 돌아서도록 촉구해야만 한다.

종말론적 공동체로서 교회에 대한 연구는 그리스도의 신부가, 은유적으로 말해, 한 발은 이 세상을 딛고, 다른 한 발은 다음 세상을 디디므로 존재함을 보여 주었다. 교회는 타락한 세상에서 구원받으며, 오고 있는 세대를 완성하려고 다가오는 하나님 나라에 대한 소망 안에서 살아가는 공동체이다.

교회가 그 구원을 기다리는 동안, 가능한 최대한 현시대에 종말론적 정체성을 확고히 추구하는 공동체를 창조하면서, 그리고 그것의 세상과의 참여 안에서 종말론적 하나님 나라의 가치를 살아가면서, 그리스도가 오실 날에 흠 없는 신부가 되도록 분투해야만 한다.

≈ 심화 연구를 위한 질문들

1. 종말론을 생각할 때 사람들은 보통 무엇을 떠올리는가?
2. 교회에 대한 이해에서 종말론을 제거하면 무엇을 잃는가?
3. 우리가 교회의 현재 사역 안으로 그 성경적 미래를 끌어올 때 교회는 어떤 식으로 변화되는가?
4. 당신이 자신을 오늘 하나님 나라 공동체의 일부로 생각한다는 것은 무엇을 의미하는가?

제4장

종말론, 교회 그리고 생태학

　우리들은 아마도 캠핑, 배낭 여행, 혹은 간단하게 해변에 앉아 대양의 파도가 부서지는 것을 보며, 아름다움, 힘, 그리고 자연의 위대함에 사로잡힌 채 자연을 여행하는 뜻 깊은 시기들을 보내면서 성장했지만, 또한 산업 시대의 생태학적 황폐가 증가하는 것을 보면서 성장한 이들로써, 환경 신학이 점차 중요한 이슈가 되고 있음을 본다. 1980년대에, 많은 기독교 신학자들은 내무장관 제임스 와트(James Watt)가 기독교적 세계관을 환경 정책을 배제한 채 사용한 것에 충격을 받았다. 확실히, 그는 우주에 대한 하나님의 관점을 반영하지 못했다.

　물론 교회가 다른 나무들을 베어 넘어뜨린 것을 용서해달라고 탄원하면서 숲에서 나무들을 향해 눈물을 흘리거나 통곡하는 범신론자들의 모습에 감화되어야 하는 것은 아니다. 문제는 환경을 비하하며 그 오용을 조장하는 입장들을 변호하기 위해 논쟁해 온 많은 이들이 성경의 메타 내러티브(거대 담론)를 사용해 왔다는 사실에 있으며, 이는 특히 20세기에 복음주의의 전통에 있는 자들에 의해서였다.

톰 사인(Tom Sine)은, 예컨대 큰 성공을 거둔 레프트 비하인드(Left Behind) 시리즈의 영향력 있는 공동 저자인 팀 라헤이(Tim LaHaye)가 세계가 방금 불타버린다고 해도 환경에 대해 크게 관심 기울일 필요가 없다는 합리주의로 이끄는 우주에 대한 도피주의적 세계관을 제시한다고 주장한다.[1]

프랑크 페레티(Frank Peretti), 래리 버킷(Larry Burkett) 같은 다른 인기 있는 복음주의 저자들은 환경을 부정적인 관점에서 바라보았다. 페레티는 환경보호론자들을 거짓말하는 영들에 사로 잡힌 자들이라고 묘사하고, 자연에 대한 인간 지배 패러다임을 지지하면서, 우리의 관심을 환경이 아닌, 단지 인류의 유익을 위해 자연을 사용하는 것에만 신경을 써야 한다고 주장하였다.[2]

인기 있는 그리스도인 저자들로부터 주어지는 환경에 대한 이런 형식의 불행한 대답들은, 철학자 린 화이트(Lynn White)가 1967년에 쓴 역사적인 에세이에서, 환경 비하에 대한 주된 책임은 그리스도인들의 세계관에 있다는 주장을 강화하는 데 기여할 뿐이었다.[3] 화이트가 역사적 기독교를 잘 파악하지 못하고 있다는 사실에도 불구하고, 20세기의 압도적인 인간 중심적 신학은 그 같은 유형을 지지해 주었다.

그에 대한 응답으로, 우리는 성경 내러티브의 압도적인 초점은 하나님 나라의 축복된 소망이 이 전체 우주를 포함한 구원임을 주장한다고 선언할 것이다. 따라서 명쾌한 기독교 신앙은 교회를 종말론적 공동체로 부

---

[1] Tom Sine, "Who Is Tim LaHaye?" *Sojourners* (September/October, 2001): 2.

[2] Jonathan Wilson, "Evangelicals and the Environment: A Theological Concern," *Christian Scholars Review* 28, no. 2 (1998): 301.

[3] Lynn White, "The Historical Roots of Our Ecologic Crisis," *Science* 155, no. 3767 (1967). 23.

르며, 환경에 관심을 쏟으면서, 하나님 나라의 영광스러운 정점을 기대하며, 현재 파괴된 것을 치유하는 일부가 된다. 미래적 구원에 대한 성경적 비전은 다른 많은 세계의 이미지를 포함한다. 그러나 하나님 나라는 미래적 영적 존재를 향한 소망도 아니며, 이 세계에서 전적인 천상의 피조물로 탈출하려는 소망도 아니다. 오히려, 그것은 죄와 저주의 속박으로부터 해방되므로 새로워진 현 우주에서 구속된 몸의 현존을 향한 소망을 말한다.

역사적으로 볼 때, 기독교 신학은 타락한 인간 중심의 본질, 그리고 하나님 나라 구원의 인간 중심적 본질을 강조해 왔다.[4] 아담과 하와는 죄를 지어 하나님과 자신들의 관계를 파괴함으로 육신적, 영적 죽음에 빠졌다. 그래서 신학자들이 자주 타락의 우주적 본질에 대해 언급한 반면, 하나님과의 관계 및 인간 상호 간의 관계의 단절 너머에 있는 타락의 결과들에는 별 관심을 기울이지 않았다.

하지만 인간과 환경 사이의 깨어진 관계도 매우 중요하다. 인간은 하나님과 다른 인간들로부터 분열되었을 뿐 아니라, 리처드 영(Richard Young)의 말처럼, "성경을 보면, 자연은 타락에 의해 영향받으며, 땅에 대한 저주는 인류와 땅 사이의 왜곡된 관계를 드러낸다."[5]

죄의 결과로, 이전에는 근심걱정 없는 방목자였던 아담이 이제는 땅에서 얻은 소산물로 자신과 가족을 위해 지켜내기 위해 저주하에서 고통스럽고 잔인하게 스스로 투쟁하면서. 땀을 흘리는 농부가 되었다.

---

[4] 전천년주의자들은, 초대교회에서나 20세기의 세대주의적 사고 양쪽에서, 하나님 나라 안에서의 창조의 완성에 대한 분명한 신학을 갖고 있었음이 언급되어야만 한다. 그러나 고전적인 세대주의자들은, 그들이 그 나라를 본질적으로 미래적인 것으로 보는 경향이 있었기에, 그 환경적 함의들을 현재로 이끌어 오지 않았다.

[5] Richard Young, *Healing the Earth: A Theocentric Perspective on Environmental Problems and Their Solutions* (Nashville: Broadman and Holman, 1994), 139.

그러나 은총의 하나님은 자신의 피조물에게 소망을 남겨둔 채 떠나지 않으신다. 창세기 3:15에서, 우리는 구속자의 약속에 대한 첫 번째 언급을 본다. 그는 하나님 나라의 왕이 되려는 분이시며, 그의 구원은 저주를 지양하고, 다시 한번, 우주를 원래 의도대로 만들고자 하신다. 간단히 말해, 하나님 나라는 교회의 구속만이 아닌, 모든 피조물의 구속에 대한 것이기도 하다. 태초로부터, 구속 이야기는 단순히 하나님과 그 백성 사이의 관계의 회복에 대한 이야기만이 아니라, 영광스런 나라 안에서 그의 의의 백성의 한 가운데에서 거하시는 하나님의 이야기이기도 하다. 폴 샌트마이어(Paul Santmire)는 이렇게 말한다.

> 월터 브루그만이 보여 준 바와 같이, 이런 의미에서 구원은 구약성경의 그 중심 모티브는 아닐지라도, 땅에서 풍요로운 경험을 보여 주는 것이 하나의 중심이기는 하다. 브루그만이 범주적으로 언급하는 것처럼, "그것은 여호와와 그의 백성에 대해 더 이상 이야기하려 하지 않을 것이지만, 우리는 여호와에 대해 그리고 그의 백성과 그의 땅에 대해" 이야기해야 한다.[6]

하나님의 구원은 백성에 대한 것만이 아니라, 땅에 대한 것이기도 하다. 이스라엘 민족을 향한 하나님의 예언자로서, 구원에 대한 이사야의 비전은 분명히 민족적, 정치적 쇄신을 다룬다. 그러나 그보다 더 나아가서, 그것은 구원받은 땅의 신학(theology of a redeemed earth)이기도 하다. 미래에 대한 이사야의 비전은 서로에 대한 조화 안에서 자연의 모든 요소가

---

[6] Paul Santmire, *Nature Reborn: The Ecological and Cosmic Promise of Christian Theology* (Minneapolis: Fortress, 2000), 133.

다시 한번 존재하는 곳의 비전이며, 이사야 35:1에서 표출된 비전이다.

> 광야와 메마른 땅이 기뻐하며 사막이 백합화 같이 피어 즐거워하며 (사 35:1).

이사야는 우리에게 파괴된, 그러나 하나님에 의해 완전히 새롭게 만들어진 세계에 대한 이미지가 아니라, 죄가 제거되고, 다시 회복되어 새로워진, 타락 이전의 창조에 대한 향수가 있는 그의 이미지로 채색된 것의 이미지를 준다. 그는 이렇게 말한다.

> 나 여호와가 시온의 모든 황폐한 곳들을 위로하여 그 사막을 에덴 같게, 그 광야를 여호와의 동산 같게 하였나니 그 가운데에 기뻐함과 즐거워함과 감사함과 창화하는 소리가 있으리라(사 51:3).

복음서에서는 히브리어로 된 구약성경에서만큼 땅을 지향하는 언어나 가르침을 찾기 어려운 반면, 우리는 구약성경의 땅에 대한 비전에 의존하는 것, 그리고 완전히 새로운 '무로부터의 창조'(creatio ex nihilo)보다 현재의 갱신으로 하나님 나라를 상상하는 여러 언급들 양쪽을 모두 발견한다. 만일 우리가 예수 탄생의 수태고지와 더불어 시작한다면, 목자들이 들은 천사 찬양대의 다른 세계의 목소리뿐 아니라, 신비로운 별의 지상의 목소리도 듣게 된다. 마치 멀리로부터 온 신비로운 한 그룹의 이방인에게 말하는 것처럼 말이다.

"오라, 그리고 나는 너에게 유대인의 왕으로 태어나신 분 뿐 아니라, 모든 지상의 왕으로 태어나신 이를 보여줄 것이다."

하나님 나라의 도래를 입증하는 예수의 기적들은, 영적인 것을 넘어,

인간의 몸과 심지어 자연까지의 구원을 주장한다. 인간 몸을 치유해 주시는 분이자 종종 '소조'(*sozo*, 구원이라는 헬라어)라는 동사의 그룹에 의해 언급된 기적들을 행하시는 분은 성난 바다를 향해 일어서서 "잠잠하라!"고 꾸짖는 분이기도 하다(마 8:26-27). 이 명령은 자연에 대한 하나님/인간의 권위 묘사만이 아니라, 인간의 아들딸들을 고문하는 마귀에 대한 그분의 명령과 유사하며, 땅과 인류 양쪽이 조화 안에서 함께 살아 가는 치유를 경험해야 함을 묘사한다.

그 밖에 세 개의 시나리오들이 복음서의 구원에 대한 묘사에서 이 세상과 다음 세상 사이의 연속성을 보여 준다.

첫째, 사탄과 광야에서의 유혹에 대한 예수의 승리는 구원이 땅의 영역에서 시작됨을 지시한다.

구원은 지상으로부터의 도피가 아니다. 그것은 지상 한가운데에서의 거룩함이다.

둘째, 성육신은 구원론에서의 어떠한 영적/물질적 이원론도 거부한다.

하나님은 인류를 소망을 상실한 저주받은 땅으로부터 구원하시려고, 영으로서만 자신의 피조 세계로 오신 것이 아니라, 스스로 피조 세계의 일부까지 되셨다. 요한은 하나님의 임재를 상징하는 가시적이고 만질 수 있는 장막과 이스라엘 성전을 상기시키면서, 하나님이 성육신을 통해 육신이 되셨고 가시적이고 만질 수 있는 인간으로 자기 백성 가운데 거하신다는 사실을 말해 준다.

인류는 그리스도에게서, 심지어 사멸할 육신의 장막을 입으신 모습에서, 하나님의 영광을 목도했다. 그러나 성육신은 단지 인류를 구원하시려는 하나님의 열망에 대한 상징을 넘어, 자신의 영광을 모든 피조 세계를 통해 드러내시려는 하나님의 원래적 목적을 보여 주며 회복된 피조 세계가 다시 한번 하나님의 영광을 해방된 목소리로 선포할 날을 예시한다.

셋째, 피조물의 구속에 대한 패러다임으로서 예수의 부활은 죽음에 대한 승리가 창조의 한계에 대한 승리가 아닌 영광스런 창조에 대한 기대라는 사실을 지시한다.

왜냐하면 부활하신 그리스도는 육신을 영원히 보유하실 뿐 아니라, 심지어 그의 육신적 상처 자국까지 간직하면서, 영광스런 권세와 아름다움으로 새롭게 되시기 때문이다. 따라서, 우리 주님의 영광스런 몸은 새로운 몸이자 치유받은 몸이고, 우리의 부활한 몸과 구원받은 창조의 바로 그 본성 양쪽의 전조가 되신다.

바울에게 있어서, 복음은 온 세계에 좋은 소식이 되기 위해 성, 계급, 그리고 인종의 경계선들을 깨뜨리고 확장된다. 따라서 하나님 나라의 구원의 한 부분으로서 온 우주라는 그의 이미지는 적합하다. 로마서 8장에서, 바울은 타락과 구원의 소망에 대해 창세기에 내포된 것이 무엇인지를 분명히 설명한다.

저주의 결과로, 모든 피조물은 좌절에 종속되었고, 쇠락으로 절름발이가 되었으며, 그 창조의 목적에 도달하기 불가능하게 되었다. 이것은 세상에 의도되었던 길이 아니다. 그럼에도 불구하고, 인류의 반역에 의해 이 노예 상태로 들어갔던 피조 세계는 자유함을 입을 것이며, 인자가 저주에 대한 승리를 확보하신 하나님의 아들과 딸들의 영광을 누리는 수혜자가 될 것이다.

더욱이, 우리는 이미 완성된 칭의 사역이 종말에 성화와 영광을 완성시키는 소망으로 이어질 것을 주장하는 하나님 나라에 대한 바울의 신학이 이 구절에서 작용하고 있음을 본다. 이 바울에 있어서, 인류와 우주는 구원의 하나님 나라 패턴 안에 아주 긴밀히 연결되어 있기에, 그는 심지어 피조 세계의 영광스러운 출산을 확신하지만, 해산하기까지 고통을 참아내는 임산부와 연결한다. 골로새서 1장에서, 우리는 다시금 바울이 하나님 나라의 구원을 우주와 연결시키는 것을 발견한다.

여기서도, 그것은 인류의 구원이며, 어둠의 나라로부터 사랑스런 아들의 나라로의 교회의 이전이며, 그것은 영광스런 그리스도를 위한 길로 이끌어가는 것이다. 그리고 영광스런 그리스도는 인류와 전체 우주를 하나님과 화해시키시면서 구속자인 동시에 창조주가 되신다. 더 나아가, 이러한 우주적 화해는 십자가의 피에서 성취되며, 바울로 하여금 이 우주적 구원은 아마도 아시시의 성 프란시스의 기대 안에서처럼, "하늘 아래 모든 피조물"에 대한 설교가 성취된 복음이라고 찬미하도록 이끈다. 신약신학자 데이비드 갈랜드(David Garland)가 언급했다.

> 십자가는 하나님과 인간 사이의 새로운 관계를 세우는데, 그것은 죄에 의해 창조된 파열, 즉 하나님으로부터의 멀어짐, 다른 인간들로부터의 멀어짐, 그리고 피조된 것들로부터의 멀어짐을 극복하는 것이다.[7]

따라서 하나님 나라를 가져오시는 그리스도는 하나님과 인간 존재들의 새로운 관계를 위한 기반을 세우시는 것에 머무르는 것이 아니라, 마찬가지로 피조물과 교회의 관계를 위해서도 세우시는데, 그것은 죽음으로부터 생명으로의 구속 안에서 교회와 동반자가 된다.

---

[7] David Garland, *Colossians/Philemon: The NIV Application Commentary* (Grand Rapids: Zondervan, 1998), 94.

넷째, 하나님 나라의 지상적 성격이 성경의 메타내러티브 전체 이미지 속에서 발견된다.

구속 이야기는 낙원에서 시작되고 자연으로 가득한 도시 안에서 귀결된다. 원시 낙원에 동일한 자연의 요소들이 발견된다. 요한계시록 21장과 22장은 우리를 새 하늘과 새 땅으로 안내해 준다. 그것은 처음부터(de novo) 완전히 다시 창조된 것이 아니라, 구속받은 자들이 넘쳐나는 곳이다.

왜냐하면, 하나님께서 자신이 모든 것을 새롭게 만드시겠다고 선포하실 때, 교회가 지상에 새 예루살렘으로 강림하기 때문이다. 새것으로의 이 철저한 변화에서, 옛것은 "땅의 왕들"이 그들의 영광을 그 도시로 가져오듯이 잊혀지지 않을 것이다. 심지어, 도시 그 자체의 형상도 땅 위에 잘 알려진 건물 재료로 가득 차있지만, 그들이 구속되지 못한 타락 상태에서 장애를 입은 채 전에는 불가능했던 방식으로, 하나님의 영광을 보여 주려고 그들의 능력을 회복한다.[8]

---

[8] 이 점에서, 주석은 갱신과 변화보다 파괴와 재창조를 지향하는 이미지를 제공하는 벧후 3장의 긴장에 대해 언급하는 것이 적절해 보인다. 베드로의 언어는 "멸망"이라는 용어의 사용 및 우주의 기본 요소들에 대한 그의 언급과 더불어 갱신보다 파괴로 기울어진다는 사실을 인정해야 한다. 다른 한편으로, 본문의 증거는 대부분의 학자들로 하여금 10절 끝에 있는 말이 "타버려야 한다"가 아니라 "드러나다"가 되어야 한다는 결론을 내리게 한다. 이것은 멸망보다 정화에 가까운 것처럼 들린다.

베드로 스스로는 행 3장에 있는 자신의 설교에서 갱신 형식을 사용한다. 21절에서 그는 메시야가 하나님께서 모든 것을 회복시키는 때가 올 때까지 하늘에 머물러 있어야만 한다고 말한다. 베드로의 이미지는 또한 파괴/새 창조를 갱신/변화와 종종 혼용했던 이사야에 상당히 의존하고 있다. 신약성경 역시 같은 본문에서 두 가지 유형의 이미지를 모두 사용한다. 계 21:1은 하늘과 땅의 사라짐을 언급하는 데 반해 5절은 하나님께서 만물을 새롭게 하심에 대해 말씀하심으로 갱신처럼 들린다. 베드로와 대조적으로, 롬 8장에서의 바울의 우주의 종말론은 파괴의 의미로 읽혀질 수 없다. 바울은 분명히 치유와 변혁을 염두에 두고 있었다.

요약하면, 성경은 스스로가 모순되지 않으면서, 이 사안에 대해 역설적인 의미에서 말한다. 사실인즉, 갱신/변혁 그리고 파괴/대치의 양쪽은 본문 안에 현존해 있으며, 그래서 그래서 우주의 구속이 하나님 나라의 윤리의 일부이며 교회가 하나님 나라의 도구라면, 우리는 그 구속의 가치들은 현재로 다시 유입되어야 한다고 주장한다. 교회는 환경에 대해 관심을 가져야만 한다. 이 부분에서 누군가는 저항할지도 모른다.

> 잠깐만 기다리세요!
> 하나님의 구속의 미래적 요소들을 교회의 현재로 끌어들이는 것은 별개의 일일 뿐입니다. 왜냐하면 구속이 우리 안에서 이미 시작했기 때문이지요. 우리는 이제 그리스도 안에서 우리의 구원의 실재적 현실들을 성령의 내주를 통해 경험합니다. 그러나 우주는 미래적 구원의 어떠한 모습도 지금 경험하고 있질 않습니다.
> 그러니 왜 우리가 우주의 미래적 구원의 실재들을 현재에로 끌어 와야 합니까?

실제로, 우리가 아는 것처럼 우주의 물질적 구속은 시작되지 않았다. 인간 정부의 구속도 마찬가지다. 그럼에도 불구하고, 그리스도인들은 정부가 아직 실재로 구원받지 못했지만 그리스도의 완전한 다스리심 아래 있는 그 미래적 구원의 어떤 성격들을 반영할 수 있기를 갈망하면서 성경적 가치에 비추어 시민의 법들을 위해 여전히 일하고 있다.

마찬가지로, 하나님 나라 신학은 재림 때에 창조물의 완전하고 최종적

양쪽은 포용되어야만 한다. 본문은 우리로 하여금 이해하기에 명백히 불가능한 무엇인가에 대해 이야기한다. 그래서, 그것은 그것이 우리의 이해의 범주를 넘어선 현실을 설명하기 위해 인간의 용어 안에서 할 수 있는 최선을 사용하면서, 언급 대상에 대한 우리의 현재의 틀로부터 다양한 이미지를 사용한다. 이 본문에 대한 포괄적인 주석적 고려에 대해서는 다음 책을 보라. Douglas Moo, *2 Peter/Jude: The NIV Application Commentary* (Grand Rapids: Zondervan, 1996), 200–202.

인 구원을 기대하면서, 구원받지 못한 현재에도 미래의 가치들을 가져오므로, 교회로 하여금 문화와 우주에 참여하도록 자극한다.

현재의 하나님 나라 임재가 인류에게 구원의 치유를 인류를 위한 현재적 실재로 만들어 온 것처럼, 프란시스 셰퍼(Francis Schaeffer)가 주장했듯이, 그것은 환경의 "실제적인 치유"(substantial healing)를 가져와야 한다.[9] 그리고 하나님이 교회를 통해 인간을 위한 치유의 은혜를 가져오시기에, 교회는 그 미래의 영광을 현재로 끌어들이면서, 하나님이 땅을 치유하시는 은총을 가져오시도록 쓰임받아야 한다.

이것이 의미하는 바는 환경에 대한 관심에 있어서 현상 유지(status quo)로는 충분하지 않다는 것이다. 오늘날 교회가 종말론적 완성을 기대하면서 신자들을 그리스도와 일치하는 삶으로 인도하는 사역을 하듯, 이제 교회는 자연(nature)이 영광스러운 미래와 더욱 일치시키도록 하는 사역해야 한다. 더욱이, 그것은 피조 세계를 원래의 영광스러운 미래적 지위로 옮기는 문제로 끝나지 않는다. 왜냐하면 우주는 인류와 마찬가지로, 하나님의 영광을 선포하도록 디자인되었기 때문이다.

시편 기자는 바로 여기에서 그리고 지금, 피조 세계는 하나님의 영광을 선포한다고 말한다(시 19편). 그리고 이사야는 나무들이 스스로 하나님 나라가 도래할 때 손뼉을 치게 될 것이라고 선언한다(사 55:12). 그러나, 바울이 로마서 8장에서 상기시키듯, 이 기능에 기여하는 피조 세계의 능력은 감퇴되었다. 땅은 하나님을 찬양하는 목적을 지닌 목소리를 갖고 있다. 그러나 이 목소리가 저주받아 약해지고 뒤틀려졌다. 따라서 그것은 신음하고 있다.

---

9 Francis Schaeffer, "Pollution and the Death of Man," in *The Complete Works of Francis Schaeffer: A Christian Worldview*, vol. 5 (Westchester: Crossway, 1982), 37–76.

그래서 하나님의 자녀들이 성령의 첫 열매들을 통해 하나님 나라의 구원을 경험할 때, 자연도 찬양의 목소리를 치유하려는 교회 사역을 통해 그 자신의 구원 경험을 시작할 수 있다. 신학자 어네스트 루카스(Ernest Lucas)는 이렇게 말한다.

> 우리는 그리스도께서 어느 날 선포하러 오실 유산에 대한 관리자들(trustees)이라는 개념 안에 종말론적 동기가 있다.… 그것[동기]은… 그리스도에 관한 골로새서 1:16 말씀 안에 내포되어 있는데, 바로 "모든 것들이 그로 인해 창조되었고 그를 위해 창조되었다"라고 말씀하고 있다.[10]

여기에, 교회가 땅을 돌보는 데 참여하는 현재적 동기가 있다. 언젠가 하나님의 영광을 완전하게 선포할 땅은 공간과 시간 안에서 창조되었고, 이제 그리스도의 권세에 의해서만이 아닌, 그의 영광을 위해서도 존재한다. 따라서 신자들이 땅을 치유할 때, 우리는 이제 보다 분명하게 그리고 우리와 화합하여 우주가 그리스도를 영화롭게 하도록 자유를 제공한다.

하나님의 영광을 선포하는 인간의 능력은 개인들을 넘어 교회를 향해 그리고 궁극적으로 새 예루살렘 안에 모든 나라들이 모이는 것을 향해 움직여, 점점 하나님의 종말론적 비전을 따라간다.

그래서 또한 찬송가 작가가 선포하듯, 인간의 찬양이 "온 땅의 기쁨"[11] 이신 분을 찬양하며 우주의 목소리로 기뻐할 때 완성된다. 한때 완전했

---

10 Ernest Lucas, "The New Testament Teaching on the Environment," *Transformation* 16 (1999): 98.
11 어떻게 창조가 목소리를 갖는가에 대해서 그 이상의 토론을 위해서 어떻게 자연이 하나님을 그 존재 스스로부터 찬양하는지에 대한 Rodney Clapp의 논평을 보라. Rodney Clapp, *Tortured Wonders: Christian Spirituality for People, Not Angels* (Grand Rapids: Brazos, 2004), 128-30.

지만 지금은 파괴된 땅 위에 다시금 영광스럽게 될 그날이, 그 자신의 종말론적 기대 안에서 교회와 함께 임할 것이다.

하나님 나라는 우리가 창조에 대한 창세기의 역사만 보도록 요구하지 않으며, 인간 이외의 피조 세계의 본질 및 목적을 이해하기 위해 그리고 그것을 돌보아야 할 우리의 역할을 분별하도록 종말에 대해 살펴보도록 요구한다. 교회가 미래를 향한 이 급진적 비전을 이해하지 않는다면 그리고 이 비전을 창조와 구속에 대한 그 신학의 일부로 만들지 않는다면, 환경에 대한 무관심 속에 쇠퇴하게 될 것이다. 혹은 그것은 그 남편이 다시 올 것을 위해 낙원을 준비하는 신부가 아니라 기껏해야 하나님의 포도원의 품꾼으로 역할만을 하게 될 뿐일 것이다.[12]

---

12 우리는 환경 과학자들이 아니다. 그러나 환경 문제에 대한 일반 지식은 교회가 자연에 대한 보호에 참여할 수 있는 수많은 구체적인 길을 제시하게 될 것이다. 한 가지 명백한 이슈는 재생(recycling)에 대한 것이다. 교회 사무실은 대체로 쓰레기통으로 들어가는 문서들의 묶음들을 이면지나 메모지로 재생하거나 사용해야 한다. 큰 교회 소풍에서 나온 알루미늄 음료수 캔들은 수집되어 금속 재생산업자들에게 보내져야 한다. 교회는 아마도 도로를 떠맡거나 혹은 쓰레기 청소단을 조직하면서 교회 소유지 근처에 환경을 깨끗하게 하는데 참여를 할 수 있다. 교회는 또한 벌목이나 자연 재해에 의해 땅이 헐벗겨졌던 곳을 다시 조림 작업으로 돕기 위해 자원할 수 있다. 교회 건물 관리자들은 그들의 힘 있는 회사들을 에너지 감사를 위해, 아마도 그들에게 덜 에너지를 쓰도록 도울 뿐 아니라, 사명들을 위해 돈이 돌려질 수 있는 비용 절감을 가져오도록 하면서 감사를 하기 위해 취할 수 있다. 교회들은 의도적으로 조경을 하거나 정원을 만드는 생태적으로 친근한 방법들을 사용할 수 있다. 궁극적으로, 설교는 마찬가지로 창조적 돌봄에서 중요하다. 목사들은 성경이 그의 창조를 위한 하나님의 돌보심을 확언할 때 교구 주민들을 돌볼 필요가 있다. 그들은 또한 환경을 해치는 것이 자주 누구보다도 가난한 사람들에게 영향을 끼치면서, 종종 사람을 해치는 것이라고 가르칠 필요가 있다. 창조의 돌봄에 대한 보다 많은 정보들에 관해서는 다음의 기구들을 생각해 보라: Restoring Eden, the Christian Environmental Network, and the National Association of Evangelicals (모두 온라인에서 연결될 수 있다.) 또한 Bill Moyers의 탁월한 PBS 다큐멘터리를 볼 것을 생각해 보라. *Is God Green?*

≋ 심화 연구를 위한 질문들

1. 마틴 루터의 말로 알려진 것, 즉 "내일 세상이 종말이 올 것으로 안다 하더라도, 나는 오늘 한 그루 나무를 심을 것이다"에 대해 어떻게 이해하는가?
2. 자연의 구속에 너무 많은 관심을 기울이면 교회에는 어떤 위험이 생길까?
3. 자연에 대한 하나님의 미래 계획의 빛에서 볼 때, 지금 그리고 여기에서 자에 관심을 두는 것이 당신에게 중요한 일이 되어야 하는가?
4. 오늘 교회가 자연을 돌보기 위해 참여할 수 있는 길은 무엇인가?

제5장

예배 공동체로서의 교회

> 교회는 무엇보다도 예배하는 공동체이다. 예배가 첫 번째이며, 교리와 훈련은 두 번째이다.
>
> —조시 플로로브스키(George Florovsky)[1]

1. 교회의 첫 번째 과제이자 중요한 목적으로서의 예배

"교회의 첫 번째이자 가장 중요한 우선순위는 무엇일까요?"

방안 가득히 앉아 있는 신학자들이 질문을 받는다면, 가장 일반적 대답이 "예배"가 될 것이라는 사실은 놀라운 일이 아닐 것이다. 플로로프스키의 확언은 이 질문에 대한 정교회 전통의 정서를 대변해 준다.[2] 그러

---

1 Donald Bloesch, *The Church: Sacraments, Worship, Ministry, Mission* (Downers Grove, InterVarsity, 2002), 117.
2 유사한 진술들이 기독교 전통들의 스펙트럼을 가로지르는 신학자들로부터 온다. 개혁

나 서방교회 역시 웨스트민스터 대요리문답(Westminster Larger Catechism) 진술 중에 인간의 최종 목적은 하나님을 영화롭게 하고 그를 영원히 즐거워하는 것이라고 예배를 최우선 순위에 두고 있다.[3]

우리 또한 예배가, 그리고 그리스도 안에서 우리를 향한 성령을 통한 그의 사랑에 대한 하나님을 향한 사랑의 응답이, 교회의 우선 과제이자 최상의 목적이라고 주장한다. 우리는 본 장에서 예배를 교회가 매주 모여 행하는 특별한 행위라고 생각하고자 한다.

종종 신자의 모든 삶은 예배로 생각될 수 있다고 주장되기는 하지만, 우리는 일반적으로 예배라고 불리는 행위에 대해서만 언급하고자 한다. 여기서 말하는 예배를 공동체로서 교회가 하나님의 삼위일체적 공동체에 참여하여 하나님의 인격과 구속적 사역을 선포하고 축하하는 행위로 정의하고자 한다.

2. 삼위일체적인 것으로서의 예배

첫 번째 장에서 우리는 하나님의 삼위일체적 본질이 교회의 본질을 위한 기반을 조성한다고 주장했다. 그것은 하나님의 삼위일체적 공동체 안에 있는 관계적 참여 안에서 그 삶이 발견되는 공동체이다. 만일 이레네

파 신학자인 Donald Bloesch는 신학은 교의학적이고 정통주의적인 양쪽이라고 주장한다(ibid.) 카리스마적 신학자 Rodman Williams는 예배는 교회의 우선적 기능이라고 쓰고 있다. 다음 책을 보라. Rodman Williams, *Renewal Theology: The Church, the Kingdom and Last Things* (Grand Rapids: Zondervan, 1992), 87. 성공회 신학자인 Rowan Williams는 신학은 기념인, 소통인, 그리고 비판적인 차원들로 나뉘어져야 한다고 제안한다. Rowan Williams, *On Christian Theology* (Oxford: Blackwell, 2000), xiii.

[3] Westminster Larger Catechism, Question 1.

우스와 많은 그 후대의 학자들의 주장처럼, 하나님이 모든 일들을 삼위일체적으로 행하신다면, 하나님께서 예배를 받으시는 것처럼 "수동적으로" 하시는 일도 포함된다는 것이다.[4] 하나님이 아들로서, 혹은 아버지로서만 우리를 단지 구원하시는 것이 아닌 것처럼, 예배도 개별적으로 받지 않으신다. 그분은 예배를 아버지, 아들, 그리고 성령으로 받으신다(계 4-5장).[5]

성경 내러티브에서, 우리는 하나님의 모든 세 인격들이 예배 안에 포함되어 있음을 발견한다. 물론 히브리어 구약성경에서는 삼위일체 하나님에 대한 언급이 명시되지 않기에 예배는 단지 한 분 하나님을 직접적으로 향하는 것으로 나타난다. 신약성경에서는 삼위일체적 예배가 보다 분명하게 선포된다.

구약성경의 한 분 하나님에 대한 예배는 복음서에서 예수의 실천을 통해 그리고 아버지이신 하나님을 경배하라는 명령을 통해 확언된다. 요한복음 4장에서, 예수께서는 아버지가 그분을 신령과 진정으로 예배하는 이들을 찾으신다고 말씀하신다. 그리고 산상수훈에서, 예배 행위로서 기도는 "하늘에 계신 우리 아버지"를 향한다(마 6:9).

예배는 또한 신약성경에서 기독론적 초점을 가지고 있다. 예수께서 완전한 인간이시라는 분명한 복음의 깨달음 중심에는 그가 또한 하나님이라는 확신도 떠오른다. 감람산 대화에서 예수께서는 하나님 나라의 왕으로 나타나셨다. 요한복음에서 인간의 육신을 입고 우리에게 오신 이는 영원한 로고스이자 모든 것의 창조주로 묘사되었다. 요한계시록에서 요한은 극적으로 경배 현장에 계신 성육신하신 하나님으로 그리스도에 대

---

[4] Irenaeus of Lyons, *Against Heresies*, 1.22.1.
[5] Robin Parry, *Worshipping Trinity* (Bletchley, Paternoster, 2005), 102–21.

한 자신의 신학에 초점을 맞추었다.

요한계시록 5장에서, 어린 양은 요한계시록 4장에서처럼 전능하신 여호와로 동일한 경배를 받으신다. 바울에게 있어서도 그리스도는 예배의 초점이 되시는데, 아버지에 의해 가장 높은 곳으로 올리셔서 그의 이름을 언급할 때, 모든 무릎이 경배하며 숙이고 모든 혀가 예수를 주님으로 선포하기에 이른다(빌 2:5-11).

마지막으로, 예배에서 성령의 역할은 삼위일체 안에서 그리고 하나님의 인간과의 사역 양쪽 안에서 모두 그의 역할과 일치한다. 바울이 우리를 향한 신적 사랑의 중재자로 성령을 언급할 때(롬 5:5), 우리는 삼위일체의 삶 안에서 그분은 자신을 통해 아들을 위한 아버지 그리고 아버지를 위한 아들의 사랑의 소통이 이루어지는 분이심을 믿는다.[6]

인간과의 하나님의 사역에서, 하나님과 인간을 상호 관계 안으로 가져오시는 이는 성령이시다. 바울이 말한 바와 같이, 우리가 하나님을 "아빠/아버지"라는 관계적 이름으로 부를 수 있도록 되는 것은 성령에 의해서이며, 그리고 그분을 통해 우리는 "예수가 주님이시다"라고 선포할 수 있게 된다(고전 12:13). 그리고 우리 마음의 무의식적 열망이 기도 중에 하나님 앞에 가져와지는 것 역시 성령을 통해서인데, 왜냐하면 우리 인간의 마음을 친밀하게 알고 계시는 성령께서 하나님의 마음도 알고 계시기 때문이다(롬 8장).

성경에는 성령에 대한 예배의 직접적인 논의는 많지 않은데, 추측컨대 아버지와 아들의 사랑과 사역의 촉진자이자 소통자로서의 그의 역할 때문일 것이다. 그러나 성령께서 인간에 의해 직접적으로 영향을 받으시고

---

[6] 비교. Augustine, *On the Trinity*, Book 9; Jonathan Edwards, "Treatise on Grace," in *The Works of Jonathan Edwards. Vol. 21: Writings on the Trinity, Grace, and Faith*, ed. Sang Hyun Lee (New Haven: Yale University Press, 2003), 186–89.

심지어 말을 들으시는 것은 분명하다. 그는 스스로 슬퍼하실 수 있다는 측면에서 우리의 행동으로부터 영향을 받으신다(엡 4:30). 그리고 사도행전 5:3-4에서 아나니아가 하나님께 거짓말을 하는 장면에서 실제로 성령에게 거짓말한 것임을 본다. 만일, 그분이 슬퍼하실 수 있고 거짓말을 들을 수 있다면, 그리고 만일 그분이 하나님이시라면, 성령께서는 예배를 받으실 수도 있다고 결론 내리는 것은 합리적이다.[7]

바울은 에베소서 5:18-20에서 예배의 과정 안에 어떻게 모든 세 인격들이 참여하고 계시는지 보여 주면서 우리에게 여러 편린들을 가져 온다. 신자들은 성령과 더불어 관계적으로 충만해진다. 성령께서 신자들을 예배의 행위로 데려가며, 거기에서 그들은 하나님 아버지에 대해 주 예수 그리스도의 이름으로 감사드린다. 따라서 우리의 경배는 성령에 의해 관계적으로 자극을 얻으며, 우리의 대제사장이신 그리스도의 인격과 사역으로 중재되고, 아버지에 대해 감사를 드리는 것에서 정점에 오른다. 그러나 이것은 성부만이 유일한 혹은 심지어 궁극적인 예배의 대상임을 의미하지 않는다. 콘스탄티노플 신조는 고백한다.

> 우리는 성령, 주님, 생명의 수여자를 믿습니다. 그분은 아버지로부터 나오셨습니다. 그분은 아버지와 아들과 함께 경배 받고 영광 받으실 분이십니다.[8]

이 의식들은 아버지에 대한 영광송(Gloria Patri)으로 불리우는 송영 안에서 반복되는데, 이것은 최소한 4세기로 거슬러 올라가는 것이며 "영광

---

[7] 다음 책을 보라. Parry, *Worshiping Trinity*, 112-15.
[8] Philip Schaff, ed., *The Creeds of Christendom*, 6th ed., vol. 3 (Grand Rapids: Baker Books, 1993), 59.

이 아버지께, 그리고 아들과 성령께"라고 선언하는 것이다. 교회는 삼위일체 하나님의 한 분 그리고 모든 인격들에 대한 경배를 선언하는 데 있어서 정당하다. 그리고 그것을 행할 때, 하나님은 이 예배를 우리 없이 자존하신 분으로서 받으시는 것이 아니라, 우리를 아버지, 아들 그리고 성령의 소통적 생명 안으로 환영하시는 하나님으로서 받으신다.

이 모든 것에 대해 보다 노골적인 질문을 한다면, 하나님의 삼위일체적 본질이 예배에 가져오는 성과는 무엇인가?

신학자들은 종종 삼위일체에 대해 교회와 무관한 신비로 보인다는 식으로 가르쳐 왔다. 그러나 예배를 위한 삼위일체의 의미는 엄청나다. 삼위일체적 경배는, 신학자 제임스 토랜스(James Torrance)의 말처럼, 아버지와 아들의 소통 안에서 성령을 통해 참여하는 선물이다. 그리고 우리가 이 소통에 참여할 때, 하나님은 우리에게 참된 인간이 되는 것이 무엇을 의미하는지 입증하는 예배를 통해 우리와 관계를 맺으신다. 인격성은 "관계와 사랑 및 교제를 통해" 최상의 상태로 가장 완전하게 존재하기 때문이다.[9]

전형적으로 그리스도에 초점을 둔 비삼위일체적 예배는 예배를 하나님을 달래기 위한 행동 수정(behavior modification) 요구에 대한 응답으로 바꿀 위험에 있다.[10] 비삼위일체적인 하나님, 존재론적으로 비관계적이신 분은 멀리 떨어져 있는 분이거나 근엄한 분이거나 혹은 내재하는 분이거

---

[9] James B. Torrance, *Worship, Community, and the Triune God of Grace* (Downers Grove: InterVarsity, 1996), 39.

[10] 우리는 이것을 예컨대 종교가 본질적으로 윤리학으로 변화된 Harnack에게서 본다. 그에게 있어서는, 그리스도는 우리에게 관계적으로 관여하신 하나님이 아니라, 단지 하나님의 성격의 예일 뿐이었다. 또한 G. K. Chesterton의 이 주제에 대한 자극적 논의를 보라. G. K. Chesterton, *Orthodoxy* (New York: Image Books, 1959), 141–42.

나 비인격적인 분이시기 때문이다.[11]

그러나 삼위일체 하나님은 예배에서 멀리 떨어져 있는 분도 아니고, 비인격적인 분도 아니다. 자신의 영원한 서로간의 사랑을 통해, 아버지는 아들을 우리 중 하나가 되도록 보내셨으며 그리고 성령을 통해, 우리와 함께 계시는 분이시기 때문이다.

한 걸음 더 나아가, 삼위일체적 예배는 아버지, 아들 그리고 성령, 즉 세 분이신 영원한 공동체와 더불어 시작한다. 그것은 교회를 신적 생명에의 참여로서 예배의 자리로 부른다. 그렇게 하면서 이것은 예배의 수평 공동체로 귀결된다. 예배는 단지 눈을 들어 천국을 바라보며 하나님의 삶으로 들어가는 교회인 것만이 아니라, 또한 서로에 대해 하나님의 가치를 선포하는 수많은 교회들이기도 하다("시와 찬미와 신령한 노래들로 서로에 **대해서** 노래하며," 골 3:16. 고딕체는 덧붙인 것). 예배는 행동이며, 사실상 참된 인간 공동체의 탁월한 행동이다.

3. 종말론적인 것으로서의 예배

만일 예배가 하나님의 인격과 구속 사역을 선포하고 축하하는 교회의 행동이라면, 그렇다면 예배는 종말론적인 것이어야만 한다. 예배, 특히 성만찬의 예전에서, 하나님은 마지막 날 우리 자신의 부활 가운데 우리에게 약속된 승리를 이미 실현하신 분으로 관계하시면서, 부활하신 그리스도의 인격 안에서 성령을 통해 우리에게 오고 계시기 때문이다. 그분

---

[11] 후자의 경우, 19세기 후반기와 20세기 초반기의 자유주의 기독교의 결과로서, 이러한 사례는 Adolf von Harnack 그리고 Henry Nelson Wieman과 같은 신학자들에게서 찾아볼 수 있다.

이 제정하신 성만찬 제도에서, 예수께서는 다음과 같이 선포하시면서 애찬의 식사를 종말론적 축제로서 지정하신다.

> 그러나 너희에게 이르노니 내가 포도나무에서 난 것을 이제부터 내 아버지의 나라에서 새것으로 너희와 함께 마시는 날까지 마시지 아니하리라 하시니라(마 26:29).

바울은 교회가 빵과 잔을 취할 때마다 그리스도께서 다시 오실 때까지 그의 죽음을 선포한다는 설명으로(고전 11:26) 교회를 위해 이 주제를 계속해 말한다. 그리고 교회가 축하하는 구속 사역은 그리스도에 의해 성취되었으나 여전히 파괴된 인간을 위한 그 마지막 적용을 기대하고 있다. 따라서, 교회는 예배를 드릴 때마다 이미 그리스도의 부활을 통해 성취되었으나 그의 공동체적 몸에서 아직 완전히 실현화되지 않은 미래를 기념한다.

예배의 이러한 종말론적 측면은 신약성경이 아니라 구약성경에서 시작한다. 히브리어 구약성경에서 시도하는 예배의 큰 유익들 중 하나는 시편 안에서 우리 예배의 실제적 매뉴얼을 갖는다는 것이다. 그러나 매뉴얼보다 더 중요한 것이 예배신학이다.[12] 그 안에서 우리는 비탄으로 지배된 초기 시편으로부터 찬양으로 돋보이는 후기 것으로의 진보를 본다. 그 이유 중 하나는 후기 시편이 다섯 번째 권, 시편 107-150편에서 보여지듯, 그들의 초점을 현재로부터 종말론적인 것으로 옮기기 시작하기 때문이다.

---

[12] 우리가 시편의 예배신학을 이해하는 데 도움을 주신 멀트노마대학교 히브리 성경 교수인 Ray Lubeck 박사에게 감사드린다.

시편 107편은 포로기와 귀환을 회상하는 가운데 그것은 포로기가 단지 이스라엘 반역의 결과(11절)였음을 분명히 하고 있으며, 또한 여호와가 그의 백성의 울부짖음을 듣고 그들을 회복시키셨으며, 그들을 포로 상태로부터 모든 곳으로부터 다시 모으실 것이라고 하면서 마지막 책을 소개하고 있다. 시편 110편에서 우리는 다윗 언약의 성취를 고대하는 히브리 예배를 본다.

그러나 이 시편의 확언들은 다윗을 능가한다. 1절은 여호와와의 공동 통치자인 왕에 대해 이야기하고 있다. 왕이자 주가 되실 분에 대한 이 예언은 예수에 의해 메시야로(마 22:44), 그리고 베드로에 의해 예수로(행 2:34 이하) 설명된다. 4절은 멜기세덱의 반차를 따른 적법하고 영속적인 제사장이신 왕을 기대하는데, 그의 제사장직은 아론보다 지위가 높고 시간적으로 앞서는 것으로 보여 진다. 심지어 유대인들이 땅으로 돌아올 때, 그들은 이스라엘을 다시금 탁월하게 만들기 위해 다윗보다 위대한 누군가를 필요하게 될 것이 분명하기 때문이다. 오직 메시야만이 그렇게 할 것이다.

책의 마지막 시편(시 147-150편)은 시편을 모든 땅, 모든 창조, 그리고 모든 백성으로부터 나오는 여호와에 대한 넘치는 찬양으로 마치면서 예루살렘의 회복과 재건을 다시금 기뻐하고 있다. 초기 시편에 나오는 고난은 기쁨과 소망을 향한 길로 바뀐다. 따라서 시편의 마지막 책에서 이스라엘의 예배는 바벨론 포로로부터의 귀환의 형태에서 일어난 하나님의 현재적 구원에 대해 기쁨을 갖는 것과 하나님 나라의 마지막 구원의 소망 안에서 하나님에 대한 찬양을 노래하는 양쪽을 수행한다.

신약성경으로 와서 볼 때, 우리는 예배 주제에 대한 구약성경과의 엄청난 연속성을 발견하게 된다. 그러나 거기에는 이스라엘의 예배에서 대망하기만 했던 실재가 성취됨에 따른 변화가 나타난다. 하나님은 변화하지 않으셨다. 그러나 그분은 스스로를 그의 백성과의 관계의 새로운 장소로 자신을 가져오셨다. 신약성경에서 우리는 교회의 예배가 점증적으로 성취를 향한 기대로 움직이면서, 최소한 부분적으로라도 종말론적 특성으로 변해가고 있음을 본다.

공관복음서에서 메시야적 나라의 도래에 대한 주제는 예배를 포함하면서 그 신학 전부에 대한 종말론적 성격을 가져 온다. 예컨대, 누가복음에서는 마리아의 찬양송(눅 1:46-55)과 사가랴의 찬양송(눅 1:67-79)이 메시야 시대의 기대에 대한 구약성경의 이미지들로 채워져 있으며, 정결예식의 날에 예수에 대한 안나의 선포(눅 2:36 이하)도 그분 나라의 약속의 성취에 대해 하나님께 영광을 돌린다.

요한복음도 종말론적 예배 이미지로 가득하다. 요한복음 1장, 2장 그리고 4장에서 우리는 일반적인 성전 예배와 에스겔 43장과 같은 본문에서 볼 수 있는 회복된 성전 예배에 대한 종말론적 기대를 상기시키는 성전 이미지를 본다. 성전에 대한 그의 생생한 시각 안에서, 예언자는 여호와께서 우상 숭배하는 제사장들에 대해 성전으로부터 그의 영광을 거두어 가시는 반응을 보이시는 것을 망연자실하며 본다.

그리고 여호와의 영광이 성전에로 되돌아오게 될 날을 기대하는 에스겔에게 하나님은 미래를 보여 준다. 솔로몬에 의해 세워진 성전, 혹은 헤롯에 의한 성전, 즉 벽돌이나 몰타르로 만든 것을 넘어서는 것으로 묘사되는 것으로 말이다. 이것은 요한이 예수를 성전과 연관시킬 때 그의 마음속에 있는 이미지와 거의 비슷한 것이다.

요한복음 1장에서, 하나님의 영원한 말씀은 인간 존재 사이에서 육신과 "장막"(스케네)을 입었다. 그리고 그가 행동하실 때, 성전은 그의 영광의 증거가 된다. 요한복음 2장에서 그는 언젠가 무너진 뒤에 스스로 다시 세워지게 될 성전이다. 그리고 요한복음 4장에서 그는 모든 참된 경배자들이 아버지를 경배하러 올 새로운 성전이시다. 그리스도 안에서 하나님의 영광은 성전으로 되돌아오며, 그것은 그리스도 자신을 말한다. 따라서 이제 모든 참된 예배가 그리스도를 통해 아버지께로 온다.

요한에게 있어서, 그리스도인의 경배는 쇄신된 경배에 대한 구약성경의 약속 성취이지만, 우리가 아는 대로 그것은 "이미 그러나 아직"의 방식으로서이다. 요한에게 있어서 새로운 성전인 그리스도를 통한 하나님에 대한 예배는 새 예루살렘에서 정점에 달하는데 그곳에는 어떠한 성전도 없다.

"왜냐하면 전능하신 주 하나님 그리고 어린 양이 그 성전이시기 때문이다." 그리고 "하나님의 영광이 비치고 어린 양이 그 등불이 되심"이기 때문에"(계 21:22-23) 그 성은 햇빛을 필요로 하지 않는다.

요한계시록에서 시작부터 끝까지 핵심 신학 주제들 중의 하나가 바로 예배이다. 요한이 파괴되는 단계에 있는 지상교회를 다양하게 보여 준 후, 하나님은 하늘 장막을 걷어내신다. 그때 요한은 눈을 들어 예배하는 것을 본다. 거기에, 수많은 이들, 천사들, 그리고 모든 창조를 대표하는 형상들이 하나님과 부활하신 어린 양을 경배한다. 후에(계 20장) 우리는 하나님의 면전에 있는 자들 가운데 일부는 바로 자신들의 믿음 때문에 순교당한 사람들임을 발견한다.

히브리서 12: 22-23의 교회에 대한 천상의 비전이 신자가 죽으면 그리스도의 현존으로 즉각 진입한다는 바울의 신학(고후 5:1-10)과 결부되면서, 교회는 여기에서 땅과 하늘에서 동시에 존재하고 예배하는 공동체로 묘사된다. 정교회에서 이 요한적 이미지는, 땅 위의 교회가 예배를 위해 모이는 때에, 하늘 공동체 예배에서도 실제로 참여하고 있는 것과 같은 양쪽 공동의 장을 가져오는 예배의 개념으로 이어졌다.

이 개념은 지역 모임이 예배를 드릴 때마다, "성인, 천사, 성모 마리아 및 그리스도 자신"을 포함하는 우주적 교회가 현존하는 것을 보여 준다.[13] 성경 이야기 끝에서, 그들이 하나님/어린 양 앞으로 나와 예배에서 하나님께 스스로를 드릴 때, 우리는 자신들의 나라의 광채와 영광을 예물로 가져오는 지상 나라들과 왕들을 발견한다.

만일 교회가 그 예배가 종말론적이어야 함을 이해한다면, 그것은 예배가 보여 지게 될 것에 어떻게 영향을 끼칠까?

근본적으로 교회 예배는 하나님 나라의 여기 그리고 여기 아닌 곳의 에토스를 반영해야만 한다. 그처럼, 교회 예배는 현재 교회 위에 그분이 왕이 되시도록 초청하면서, 그리고 우리의 깨어짐 안에서 우리와 함께 하시는 그분의 임재를 송축하면서, 부활하신 그리스도의 인격 안에서 예배하는 공동체 안에 계신 하나님의 현존을 인식하는 형식을 창조해 내야 한다.

예를 들어, 실제로 자기 자리에서 일어나 성만찬을 향해 앞으로 나아가는 것은, 우리가 실제로 그와 만나려고 성찬 탁자로 가는 것처럼, 우리와 함께하시는 그리스도의 왕적 임재를 상징할 수 있다. 빵과 포도주가 단순히 앉아 있는 예배자들의 자리에 돌려지는 중에는 이 상징이 덜 분명해 보인다. 공동의 죄 고백을 허용하는 예배 실천들도 그리스도께서 우리의 깨어짐 내에 우리와 영광으로 함께 계신다고 가르친다.

다른 예배 형식들은 우리의 무너진 삶을 궁극적으로 그리고 완전히 구속하시려는 그리스도의 재림 안에 있는 교회의 소망을 표출해야만 한다. 종말론적 예배는 에큐메니컬적이면서 다문화적이어야 한다. 만일 궁극적인 예배 공동체가 전체 교회로 연합되려면, 역사적 신학적 차이들로

---

13 비교. Kallistos Ware, "The Earthly Heaven," in *Eastern Orthodox Theology: A Contemporary Reader*, ed. Daniel B. Clendenin (Grand Rapids: Baker Academic, 1995), 12. 또한 다음 책을 보라. Alexander Schmemann, *For the Life of the World: Sacraments and Orthodoxy* (Crestwood: St. Vladimir's Seminary Press, 1973).

분열된 교회들을 임시로 통합하는 방법으로 예배드릴 이 연합을 발견하는 방법을 찾아야 할 것이다.

요한계시록 끝자락의 예배에 대한 요한의 종말론적 이미지에서, 우리는 이 종말론적 예배가 다민족적이고 다양하게 사회경제적이어야 함을 발견한다. 모든 나라에서 온 백성, 왕에서부터 종들까지, 예배 가운데 하나님 앞에 공동체로 올 것이다. 이것은 단순히 요한에게만 미래의 비전이 아니라, 현재 교회를 위해서도 중요한 영향들을 가진다. 만일 미래 예배가 현재로 끌어와질 수 있다면, 오늘날 교회는 그것이 그 특별한 문화적 설정 안에서 다양한 인종적 그리고 경제적 배경들로부터 온 예배자들을 함께 모을 수 있도록 행해야 한다.

천국에서는 백인들이 몇 블록 떨어진 다른 곳에서 예배드리는 흑인들 반대편에 있는 어떤 한 건물에서 예배드리지 않을 것이다. 대신, 모두 어린 양 앞으로 함께 올 것이다. 파괴된 세계에서는 익명성으로 남아 있던 사회적 다양성이 그곳에서 치유될 것이며, 모든 인류의 풍요로움을 예배로 가져오게 될 것이다. 만일 이것이 예배에서 하나님의 궁극적 목적이라면, 그것은 가능한 한 현재 교회의 목적이기도 해야 한다.[14]

---

[14] 이 생각은 1970년대에 Donald McGavran, Peter Wagner, 그리고 다른 이들에 의해 설명된, 동종 단위 원칙의 실천과 갈등을 일으킨다. 동종 단위 워칙은 메가처치 시대의 많은 교회 성장을 위한 지도적 원칙이 되어왔다. 이 생각은 만일 교회가 사회의 특별한 부분을 목표로 해서, 모든 프로그램을 단지 이들 사람들을 끌어들이도록 형성한다면, 그것은 친밀 그룹을 형성할 것이고, 교회는 빨리 성장하게 될 것이라는 것이다. 그것은 효과를 보았는가? 많은 메가처치들의 폭발적인 성장으로부터는 그렇게 나타날지도 모른다. 특히, 백인이고 상층으로 올라가는 이들에게는 그러하다. 그러나 우리가 드문 질문으로 발견하는 것은 이것이다. "어떤 종류의 교회가 이 전략을 창안하는가?" 우리 자신의 감각은 이 전략이 거의 언제나 성경적 메타내러티브 끝자락의 하나와 같은 어떤 것으로 보이는 교회를 만드는데 실패할 것이라는 것이다. 오늘날, 교회는 이 접근에 대해 심각하게 다시 생각할 필요가 있다. 흥미로운 것은, 아이콘과 같은 윌로우크릭

4. 만남으로서의 예배

우리가 이 초점에 대해 언급한 것과 연결할 때, 구약성경의 많은 신학자들은 처음부터 끝까지 이야기를 통해 그 길을 직조해 나가는 기본적인, 하나님으로부터 온 세 부분으로 이루어진 약속이 있다는 것에 동의했다. 그 신학의 모든 부분을 형성하면서 말이다.

"나는 너희의 하나님이 되리라. 너희는 나의 백성이 되리라. 그리고 나는 너희의 한 가운데에 거하리라."[15]

성경에서 제기되는 예배신학은 이 약속의 요소들을 반영한다. 타락에서부터 이어져 온 하나님의 구속적 개입은 그 백성에게서 예배 응답을 불러일으킨다. 이 예배는 이스라엘에게 그들이 단지 하나의 백성이 아닌, 그분의 백성(his people)이라는 의미를 주는 데 핵심 역할을 수행한다.

구약성경의 내러티브는 하나님께서 예배 창시자임을 보여 준다. 혹은 다른 방향에서 똑같이 말하면, 예배는 하나님과의 만남에 대한 응답이다. 예배의 응답을 요구하는 것은 하나님께서 구속 행위를 통해 시작하신 일이다. 노아는 홍수 이야기에서(창 8장) 홍수의 물들이 빠진 후, 방주를 떠나 하나님께 예배하려고 제단을 세운다. 아마도 그는 홍수가 지나간 후에야 하나님께서 자신을 지켜 주신 엄청난 재앙을 생각하였을 것이

공동체교회를 설립하게 위해 그러한 협소 목표 전략을 사용했던 Bill Hybels가 소외된 목사들과의 상호 작용 가운데 어떤 불리한 면에 대해 고려하기 시작했다는 점이다. 다음 잡지에 나온 인터뷰를 보라. *Christianity Today* 49, no. 4 (April 2005). 또한 다음 책을 보라. Paul Louis Metzger, *Consuming Jesus: Beyond Race and Class Divisions in a Consumer Church* (Grand Rapids: Eerdmans, 2007). 53.

15 비교. Walter Kaiser, *Toward an Old Testament Theology* (Grand Rapids: Zondervan, 1978), 67. 그리고 J. Barton Payne, *The Theology of the Older Testament* (Grand Rapids: Zondervan, 1962). 34.

다. 그토록 큰 구원에 감사드리면서 말이다.

창세기 12장에서 아브람은 그때까지 그에게 생소했던 하나님에게 부름받는다. 그리고 자신의 다신론적 고향으로부터 멀리 떠난다. 그가 가나안 외곽에 도달하자, 아브람에게 하나님이 나타나신다. 그리고 언젠가 아브람의 가족에서 일어 날 나라를 위한 고향이 될 곳을 그에게 보여 주신다. 아브람의 응답은 예배를 위한 제단을 세우는 것이었다.

우리는 구약성경 이야기를 통틀어 비슷한 사건들을 발견하게 된다. 하나님의 목소리는 모세를 불타는 떨기나무에서 불러냈다. 모세는 하나님의 거룩함에 대한 응답으로 자신의 신을 벗는다. 그리고 당연히 출애굽은 전체 이야기의 모범적 사건이 된다. 거듭 말해, 하나님은 응답으로 그들과 만나시는 중에, 애굽으로부터 그들을 이끌어 낸 구원 행위를 그들에게 상기시킨다(삼상 10:18; 느 9:18; 렘 2:6; 11:4; 겔 20:10; 미 6:4). 이 구원 행위가 예배와 순종으로 이끌어 갔듯, 그의 구원에 대한 상기는 예배로 귀결되어야만 한다.

하나님의 구원 행위가 예배를 이끌어 내는 능력과 관련된다면, 인격으로서 하나님의 내적 아름다움 역시 동일한 능력을 가진다. 이스라엘은 예배를 통해 그가 무슨 일을 하셨는가(사역) 뿐 아니라 그가 누구신가(인격)에 대해서도 반응한다. 그 임재가 시내산에서의 천둥과 번개를 가져왔던 바로 그 하나님은 두려운 존재이시다. 하나님께서 이사야로 하여금 하늘의 영광을 보도록 커튼을 열어젖힐 때, 마치 죽은 것처럼 그는 비탄할 수 밖에 없었는데, 자신이 죄인으로 거룩하고 전능하신 여호와를 보았기 때문이다.

고전적 저술『거룩함의 개념』(*The Idea of the Holy*)에서, 루돌프 오토(Rudolph Otto)는 두려움(tremendum)과 매혹(fascinans)으로 임재하시는 하나님의 역설적 요소에 대해 이야기한다. 그분은 그 경외감에 가득 찬 선포로

우리를 매혹하면서도 동시에 접근을 허용치 않는 전적 타자로 계시하시는 분이다.[16]

예를 들어, 이사야를 향한 그의 자기계시는 예언자를 파괴하는 의미가 아니라 그를 매혹하는 의미를 가진다. 이사야의 두려움은 그를 죄에서 정결케 하려고 파송된 하나님의 사자를 통해서만 개선될 수 있다. 따라서 신약학자인 랄프 마틴(Ralph Martin)이 말하기를, 신자의 하나님께로의 접근은 "우리의 연약함과 죄됨의 지속적 인식 안에서만 이루어질 수 있다. 우리는 경외와 두려움으로 그에게 가까이 다가갈 수 있기에… 모든 것을 삼키시는 불이신 하나님을 만홀히 여길 수 없다!"라고 했다.[17]

그러나 우리의 모든 두려움에도 불구하고, 이 두려운 하나님께 다가서는 것을 허락받는다. 왜냐하면, 오토가 설명하듯, 모든 거룩한 것은 또한 모든 은혜로운 것이기 때문이다.[18] 즉, 하나님은 거룩한 하나님으로 우리에게 다가오시지만 그의 거룩하심은 사랑에 종속되어 있다. 하지만 이 사랑조차 거룩한 사랑이며, 우리와 만나실 때 우리 안에 거룩함을 요청하시는 거룩한 사랑이다.

그러나 그분은 루터가 궁극적으로 은혜로운 하나님에 대한 그의 발견에서 찾았던 것은 바로 그 하나님이다. 그는 예전과 설교가 언제나 복음과 율법 양쪽을 포함해야 한다고 주장한다. 왜냐하면, 루터교 신학자 마르바 던(Marva Dawn)이 주장하듯, 우리는 하나님의 사랑과 은혜가 그의 분노 가운데에서 역사하신다는 사실을 이해할 때에만 참다운 기쁨을 맛볼 수 있기 때문이다.[19]

---

[16] Rudolph Otto, *The Idea of the Holy: An Inquiry into the Non-Rational Factor in the Idea of the Divine and Its Relation to the Rational* (New York: Oxford University Press, 1958). 45.

[17] Ralph Martin, *Worship in the Early Church* (Grand Rapids: Eerdmans, 1964), 14.

[18] Otto, *Idea of the Holy*, 140.

[19] Marva Dawn, *Reaching Out without Dumbing Down: A Theology of Worship for the Turn-of-*

아마도 거룩한 하나님과의 만남이 어떻게 예배를 통해 그러한 기쁨의 응답을 일으키는지에 대해 쇠렌 키에르케고르(Søren Kierkegaard)가 가장 잘 설명했을 것이다.

> 하늘에 계신 아버지여!
> 우리 죄악을 통해 우리를 보지 마시고, 우리를 붙드사 우리 죄악과 맞서게 하소서.
> 그리하여 우리 영혼에서 당신의 생각이 깨어날 때, 그리고 매 순간 그것이 깨어날 때마다 당신에 대한 생각이 우리로 하여금 우리가 범한 것을 기억하는 대신, 당신이 용서를 하신 것을 기억하게 하시고, 우리의 잘못이 아닌, 우리를 구원해 주신 것을 기억하게 하옵소서![20]

구약성경처럼, 신약성경에서도 하나님에 대한 예배는 하나님의 주도적 행위 및 그와의 만남에 대한 인간의 응답을 담는다. 이 만남은 여러 방식들로 일어난다. 하나님은 전능하신 행위, 성령의 관계적 임재, 그리고 말씀 전파를 통해 자신을 계시하신다. 우리는 이 세 가지 수단들을 사도행전의 초대교회 이야기에서 본다.

베드로의 설교에서, 하나님은 듣는 사람들에게 복음 선포, 즉 하나님이 예수 그리스도를 통해 인류를 위해 행하신 강력하고 은혜로우신 행위에 대한 묘사를 통해 대부분 제시된다. 하나님의 사역에 대한 메시지는 그것을 듣는 사람들에게 매혹적이자 은혜로운 하나님의 인격으로 대면하며, 그들은 회개와 경배로 응답한다. 가령, 사도행전 10장의 베드로의

---

the-Century Culture (Grand Rapids: Eerdmans, 1995). 66.

20 Søren Kierkegaard, *Devotional Classics*, eds. Richard Foster and James Bryan Smith (San Francisco: Harper Collins, 1993), 107.

설교의 끝부분에서, 고넬료의 집에서 듣는 이들의 응답은 회개와 하나님에 대한 찬양이었다.

회심과 예배라는 이 각각의 상황들에서, 하나님은 또한 성령을 통해 스스로를 계시하신다. 사도행전 2장에서 제자들에게, 사도행전 8장에서는 사마리아인들에게, 사도행전 10장은 고넬료의 집에서, 누가는 성령께서 그들을 하나님과의 인격적, 관계적 만남으로 인도하신 사실을 서술한다. 그 결과는 찬양과 예배이다.[21]

마지막으로, 하나님은 또한 그의 백성들에게 능력 있는 행위들을 통해서 계시하셨다. 예를 들어, 사도행전 2: 42-48의 공동체 예배는 부분적으로 하나님께서 사도들을 통해 행하신 기적들에 대한 응답이다. 그리고 사도행전 4장에서는 공동체가 하나님이 베드로를 감옥에서 기적적으로 풀어 주신 것에 대한 반응으로 예배한다.

1) 장소(Location)

예배는 하나님의 백성들이 그의 현존을 경험하는 것이다. 아이러니하게도, 비록 성경 내러티브가 지속적으로 하나님의 편재하심을 인식하기는 하지만, 하나님의 백성들이 하나님의 임재를 가장 완전히 경험하기 위해서는 특정 장소로 함께 모여야만 했다. 이스라엘 나라에 있어서 그 장소는 장막이었고, 궁극적으로는 예루살렘 성전이었다. 광야에서 유랑하는 동안, 스스로를 구름기둥과 불기둥에서 보여 주신 하나님은 회막에서 자신의 독특한 임재로 민족을 이끄신다(출 25장).

---

21 행 10장에서 예배/찬양이 성령의 나타나심의 한 요소였다는 것은 분명하다. 이 사건이 단지 2, 8, 10, 19장에서 서술된 패러다임의 한 예이기 때문에, 예배/찬양은 비록 찬양이 특별히 언급되지 않았다 할지라도 이들 사건 각각의 부분이었다고 가정된다.

그들은 일 년 내 매일같이 그리고 공동체의 모든 천막에서 자신들의 죄에 대한 하나님의 용서를 깨닫고 이해하지만, 특히 속죄일에, 그들은 회막 주위에 모여, 하나님과 그 용서를 경험한다(레 16장). 시각적 견지에서 그들이 희생 제사를 지켜보면서 하나님의 임재를 대면한다. 그들은 자신들의 손을 속죄양에 올려 놓을 때, 그들의 죄가 무죄한 제물에게로 옮겨가고 광야로 내버려짐을 느끼면서 그들을 위한 그분의 역사를 경험한다. 여기 이 장소에서, 하나님은 자신의 임재를 그가 어디에서보다도 훨씬 더 생생하고 집중적으로 그의 백성에게 알려 주신다.[22]

다윗 왕이 예루살렘을 정복하고 그곳을 거주할 도시로 만들고 나서야, 비로소 이 도시는 이스라엘의 경배를 위한 고정된 장소가 된다. 다윗은 언약궤를 영원한 거소로 거기에 머무르도록 가져 온다. 그리고 결국 솔로몬이 떠돌아다니는 회막을 여호와를 위한 영원한 성전으로 대체하려는 다윗의 꿈을 성취한다.

헌신에 대한 그의 기도에서, 솔로몬은 이제 이 성전이 무소부재하신 하나님의 거주하시는 장소임을 언급한다. 여기에서 그분은 그의 백성들과 함께 거주하고자 하신다. 그는 질문한다.

> 하나님이 참으로 땅에 거하시리이까. 하늘과 하늘들의 하늘이라도 주를 용납하지 못하겠거든 하물며 내가 건축한 이 성전이오리이까(왕상 8:27).

그러나, 이 대단한 헌신 예배가 진행되는 동안, 하나님은 구름 가운데 성전에 나타나셨다. 그의 영광의 존재가 너무 압도적이어서 제사장들은

---

[22] 바울은 엡 4장에서도 그리스도의 은총이, 심지어 그리스도 자신이 우리에게 성령의 은사들을 실천하는 것을 통해 교회 안에서 서로를 통해 우리에게 중재됨을 설명하면서, 마찬가지로 이 생각에 도달한다.

그들의 과업을 수행하지 못할 정도였다. 이러한 하나님의 영광의 현존, 성전에서의 거주하심은 백성들에게 너무나 강력하고 그들의 삶의 핵심이었기에, 이스라엘 역사 이야기의 독자는 에스겔이 이스라엘의 성전 제사장의 가증스런 예배의 결과로 성전을 떠나는 하나님의 영광에 대한 그의 비전을 이야기할 때처럼(겔 10장), 비탄으로 옮겨간다. 당시 백성들의 예배 환경은 최악의 상태였다. 대부분의 백성들은 적절하게 예배할 수 없었다. 왜냐하면 그들은 바벨론 포로로 인해 성전에서 떠나 있었기 때문이다.

심지어 예루살렘에 머물러 있는 이들조차 적절하게 예배할 수 없었다. 왜냐하면 황폐한 성전이 도시 안에 있지만, 여호와께서는 더 이상 성전 안에 임재하시지 않기 때문이었다. 하나님이 거하시는 곳으로서, 그리고 예배 처소로서 성전에 대한 지고의 중요성은 에스라 치하에서 예루살렘으로 포로들이 되돌아오는 가운데 포로 시기의 최고의 우선순위를 성전 재건에 둔 사실에서 다시 드러난다(스 1:1-8).

신약성경의 예배 또한 어떤 장소의 의미를 담고 있다. 그러나 다른 의미에서이다. 위의 논의처럼, 신약성경에서 성전의 인상은 지리적 장소로부터 관계적인 것으로 변화되었다. 마치 이제 예수님 자신과 교회가 성전, 참된 예배의 장소라는 것인 듯이 말이다. 모세가 딛고 있는 땅이 하나님이 거기서 그와 함께 현존하시기에 거룩한 것처럼, 바울은 하나님이 그리스도의 임재를 통해 성령으로 그의 백성들 한가운데 거주하시기에, 교회가 거룩한 공간이라고 우리에게 말한다(고전 3:16).

예배와 장소에 대한 이 논의가 교회에 대해 말하는 것은, 하나님의 무소부재하심이나 각 개별 신자들 안에 성령을 통한 그의 임재 역시(고전 6:19) 그리스도인이 예배를 위해 특정 장소에 모여야 할 필요성을 제거하지는 않는다는 것이다(히 10:25). 더욱이, 개인이 한편으로 하나님을 홀로 예배할 수 있긴 하지만, 그러한 예배자는 모인 교회에서 만나 주시는 하나님의 임재를 온전히 경험할 수는 없다. 하나님 스스로 자신의 백성 한가운데에 사심으로 경배받기 원하시기 때문이다. 오로지 신자들이 그리스도와의 개별적 연합을 서로 나눌 때, 그리스도 안에 있는 하나님의 임재는 우리를 예배의 다음 특성으로 인도하는 그것의 지상에서의 충만함으로 경험될 수 있다. 친교적(공동체적)인 하나님은 친교적 예배를 갈구하신다.

2) 공동체

히브리어로 된 구약성경에서 예배는 공동체적이다. 왜냐하면 그것은 하나님의 백성의 예배이기 때문이다. 물론 족장들이 다양한 여행의 지점들에서 홀로 있을 때 예배를 드린 것처럼 보이기도 한다. 그러나 구약성경에서 예배의 일반적이고 체계화된 이미지는 그것이 전체 **공동체의** 기능이라는 것이다.

예루살렘으로 올라가는 시편들은 매년 국가적 예배 축제들을 거행하기 위해 그들이 예루살렘과 성전으로 길을 갈 때 백성의 모임들로 노래되었다. 그리고 이스라엘 역사에서 중요한 예배 사건들은 양들을 돌볼 사람이 남아 있었는지 궁금증을 불러 일으켰다. 왜냐하면 모든 백성이 얼굴을 비쳐야 하는 것처럼 보였기 때문이다. 솔로몬은 성전 헌당식을 위해 "이스라엘의 모든 회중"을 불러냈다(왕상 8장). 여기에는 이 거대한 예배를 올바로 드리려면 모든 백성이 모여야 한다는 의미가 있었다. 실제로, 성경 본문에서 제사장들은 모든 이스라엘의 장로들이 도착하기 전에는 예배 행사를 시작하려고 주님의 궤를 들어 올리지 않았다(왕상 3장).

그리고 아마도, 이 예배 행사에 어떤 다른 이스라엘의 역사에서보다 더 큰 드라마가 있겠지만, 온 무리가 이 행사에 동참했다는 사실이야말로 어떤 영화나 사건보다 큰 의미를 가진다. 왕이 하나님과 그의 백성의 관계를 위한 간구로 충만한 기도를 마친 후, 이 이야기는 우리에게 온 이스라엘이 다 왕과 함께 희생 제물을 드렸다고 말한다.

더 나아가, 이스라엘의 경배는 수직적 의미와 수평적 의미 양쪽에서 공동체적이었다. 그것은 어떤 다른 사람의 삶이나 하나님의 삶에 대한 참여였다. 예배 실행의 마지막에서(모두 14일에 걸친), 왕의 기도로 축복을 받은 후, 사람들은 그를 축복하는 것으로 응답한다. 더 나아가서, 솔로몬의 기도는 서로에 대해 죄를 지은 하나님의 공동체 구성원들 사이의 구속과 화해에 대한 탄원으로 성취된다(왕상 8장).

따라서, 그들이 떠날 때 그들 마음속에 느껴진 기쁨은 확실히 그들을 위한 하나님의 위대한 사역으로 인해서만이 아닌, 예배가 그들에게 서로와의 화해의 장소를 제공해 주었기 때문이기도 했다. 후에 예수는 그의 제자들에게 위대한 화해자이신 하나님께 희생을 드리기 전에 서로 가능한 한 자신의 무너지지 않은 관계들을 화해시키도록 촉구하면서, 예배에서 공동체의 이 수평적 측면을 생각하신다(마 5:23-24). 예수께서 촉구하신 것처럼, 히브리 성경에서 발견되는 예배의 공동체적 시각은 또한 신약성경에서도 예배의 핵심 요소이다.

사도행전의 초대교회 이야기에서 일반 패턴은 성령이 백성들의 그룹에 임하는 것이며, 그들은 그에 따라 예배에서 응답한다. 또한 교회는 자주 예배하는 공동체로서 함께 모여야 하는 곳으로 여겨진다(행 2:42ff.). 바울 서신에서 우리는 예배가 성령에 의해 그리스도 안에 있는 공동체에 대한 것임을 발견한다.

에베소서 5:18 이하에서 바울은 예배를 성령 충만함을 받은 개별 신자들의 결과로 본다. 성령은 그럼으로써 그들을 함께 모이게 한다. 여기에서 우리는 공동체 예배가 두 방식으로 대화적임을 본다. 신자들은 단순히 하나님이 임재하실 때 그를 향한 하나님의 가치를 선포하는 백성의 그룹 정도만이 아니다. 그들은 또한 서로에 대한 하나님의 영광을 선포하는 신자들이기도 하다.

백성들이 서로를 향해 하나님의 찬양을 부를 때, 그들은 또한 하나님께 노래하는 것이다. 예배는 마치 방 안에 있는 사람은 자신과 하나님뿐인 것처럼, 눈을 감고 모두 같은 방향을 향하는, 개인들의 공동체적 모임이 아니다. 그렇지 않다. 예배에서 우리는 하나님을 향해 이야기하듯 서로를 향해 이야기한다. 우리는 하나님 안에서 서로와 **더불어** 기뻐함으로 기뻐한다. 그렇게 할 때에야 예배는 진짜로 하나님의 인격과 사역에 대한 공동체 축제인 것이다.[23]

여기서 더 나아가, 예배에서 신자들은 그리스도를 서로와 **더불어** 축하하기만 하는 것이 아니라, 서로를 **향해** 그리스도를 드러내야 한다. 베드로는 교회는 그 백성들을 왕적인 제사장으로 만들기 위한 하나님의 오랜 열망의 성취라고 주장한다. 이것으로부터 종교개혁가들은 중세교회에 맞서 자신들이 "모든 믿는 자들의 제사장"이라고 비난했다. 오늘날 복음주의자들에게 있어서, 이것은 교회의 목사가 더 이상 교회 내 다른 지체의 제사장이 될 수 없다는 의미로 받아들여졌다. 그는 회중에 대해 하나님을 대표하지도 않고 혹은 하나님 앞에서 회중을 대표하지도 않는다. 대신, 그는 회중을 서로에 대해 그리스도를 대표하는 것으로 이끌며, 하

---

23 이 신학에 대한 명백한 실천적 응답은 찬양 리더들이 개인보다 공동체를 촉진하는, 회중을 단순한 관찰보다 참여로 인도하는 예배의 형태를 사용하기 위해 애써야 한다는 것이다. 공동체를 낙담시키는 일반적인 찬양-인도의 한가지 예는 눈을 감고 노래를 부르는 청중 앞에 서 있는 찬양 인도자의 모습이다. 이러한 자세는 공동체에 참여하지 않고, 다른 이들에게 이 사람은 그/그녀 자신만의 "나와 예수"의 순간을 가지고 있으며, 따라서 누구도 개입할 수 없다는 인상을 줌으로써 인도자를 주변 사람들과 분리시킨다.

나님 앞에 동등한 참여자로 감사 제단을 쌓는다. 로마 가톨릭 그리고 정교회의 입장은 모든 신자들이 어떤 의미에서는 제사장들이라고 하는 반면, 서품을 받은 성직자가 하나님에 대해 회중을 대표하는 데 있어서, 그리고 하나님의 은총을 회중에게 나누어 주는 데 있어서 독특한 역할을 가진다는 것이다.[24]

바울은 고린도전서 10장에서 다른 방식으로 예배의 공동체적 측면을 그려낸다. 바울은 성만찬에 대한 논의로 진입하면서 교회 구성원들이 빵과 포도주 안에서 코이노니아, 친교/공동체를 가진다고 주장한다. 그래서 성만찬 안에서 활성화된 예배는 신자와 그리스도의 연합만이 아니라, 모든 다른 신자들과 그의 연합을 확인시켜 준다.

더 나아가, 고린도전서 11장과 14장은 질서 잡힌 공동체 예배를 그린다. 하나는 그 실행과 훈련 안에서 결합되어 있는 것이며, 다른 하나는 모두를 위해 장소를 제공해 줌으로이다. 남성들과 더불어 여인이, 예언자들은 방언을 말하는 자들과 함께, 그리고 선생들과 더불어 찬송을 부르는 자들이 예배 안에 포함되어 있다. 심지어 바울은 불신자도 알아들을 수 있는 방식으로 예배하라고 촉구함으로 진정으로 공적인 예배 행위

---

24 로마 가톨릭과 정교회 친교에서 사제와 평신도 사이의 관계에 대한 주제는 복잡하다. 양자는 중재자로서의 역할, 권위 및 지위의 실질적인 차이에 대한 논쟁을 계속 중이다. 로마 가톨릭교회에서는, 이 구별이 실제로 얼마나 구별되어 있는지에 대해서는 신학자들 사이에서는 상당한 양의 자유가 있다. 확실히, 제2바티칸 공의회에서는, 특별히 평신도의 사도직에 대한 정도(Decree on the Apostolate of the Laity)에서 성례전의 축성을 포함하여 교회 목회의 모든 영역에서 평신도의 참여의 수준이 올라갔다. 로마 가톨릭의 관점에 대한 간단한 설명에 대해서는 다음을 보라. Richard McBrien, *Catholicism* (Oak Grove: Winston Press, 1981), 679-80, 808-11. 정교회의 관점에 대한 간단한 논평에 대해서는 다음을 보라. John Karmiris, "Concerning the Sacraments," in Clendenin, *Eastern Orthodox Theology*, 22-23. 보다 확장된 설명을 위해서는 다음 책을 참조하라. Schmemann, *For the Life of the World*.

가 되게 하고 있다.

3) 사랑

많은 신학자들, 특별히 개혁신학 전통에 있는 이들은 전형적으로 예배 정의를 하나님의 영광을 선포하는 교회의 공동체 행위라는 설명과 함께 시작한다.[25] 사실, 이것은 어떤 의미에서는 예배에 대한 적절한 개념이다. 그리고 우리가 아래에서 토론하고자 하는 예배의 측면이기도 하다.

그러나 위에서 표현된 예배의 삼위일체론적 기반을 감안할 때, 우리는 예배를 특징짓는 더 좋은 길, 최고의 그리고 최선의 것은 하나님에 의해 시작된 관계적 만남이라고 믿는다. 그러한 것으로서, 영광보다 먼저 사랑을 토론하는 것은 중요하다. 인간들이 하나님을 적절하게 아주 적절하게 예배할 수 있는 것은 오직 그들이 하나님의 거룩함 가운데에서 사랑을 이해하고 나서다.

그래서 인간들은 오직 그의 사랑에 응답할 때에만 참으로 하나님을 영광스럽게 할 수 있다. 하나님의 사랑에 대한 깨달음 없이 인간들은 그를 오직 두려움과 공포 안에서만 응답할 수 있기 때문이다.[26]

---

[25] 예컨대 다음을 보라. Millard Erickson, *Christian Theology* (Grand Rapids: Baker Academic, 1985), 1056–57; Wayne Grudem, *Systematic Theology* (Grand Rapids: Zondervan, 1994), 1003; 그리고 James Montgomery Boice, *Foundations of the Christian Faith* (Downers Grove: InterVarsity, 1986), 589.

[26] 『하나님을 열망함』(*Desiring God*)의 저자인 John Piper의 영광에 초점을 맞춘 신학은 지난 십 년 동안 복음주의 권역에서 대단히 인기를 얻게 되었지만, 평가절하하는 이들이 없는 것도 아니다. 하나님을 사랑하기 전에 하나님께 영광을 돌리는 것을 격려하고 심지어 그를 기쁘게 할 경우 언제나 제기될 수 있는 위험은 인간을 사랑하심으로 인간과의 만남을 시작하시는 하나님의 관계적 에토스로부터 분리될 수 있다는 것이다. 그것을 간단히 말하자면, "비록 누군가 하나님에 대한 사랑 없이 하나님께 영광을 돌릴

아주 철저하게 관계적 행동으로서, 예배는 하나님의 위대하심이나 심지어 우리를 위한 그의 구원의 위대한 행동에 대한 공동체적 선언보다 더 큰 것이어야 한다. 그러한 예배는 지나치게 객관적이며, 참된 예배에 필요한 또 하나의 중요한 요소인 주관적, 관계적 요소를 결여할 수 있기 때문이다. 하나님이 우리 인간과의 만남에서 무엇보다 먼저 하신 것은 구원에 대한 선포가 아니라 우리를 구원하시는 인격적이고 편견 없는 사랑의 행위였다. 요한은 그를 다음과 같이 표현한다.

> 우리가 사랑함은 그가 먼저 우리를 사랑하셨음이라(요일 4:19).

그리고 요한의 접근은 신약성경에만 국한되는 것이 결코 아니다. 왜냐하면 우리가 당신의 거룩함으로 인해 하나님에 대한 의무적인 응답으로 채워지기를 기대하는 율법이 사실상 그분이 시작한 사랑에 대한 반응인 하나님에 대한 인간의 사랑으로 가득 채워지기 때문이다. "사랑"이라는 말은 신명기에서 20번 이상 사용되었다.[27] 그것들 중 대부분은 하나님에 대한 인간의 사랑에 대해서이다. 그러나, 분명히, 인간의 사랑은 하나님의 시작하시는 사랑에 대한 응답 안에 있다.

수 있다 할지라도, 하나님을 영화롭게 할 열망 없이 하나님을 사랑할 수는 없다는 것이다. 달리 말하자면, 하나님을 사랑하는 사람은 하나님께 영광을 돌릴 열망을 갖지만, 반면 하나님께 영광을 돌리는 사람이 반드시 하나님을 사랑하는 것은 아니다." Paul Louis Metzger, "The Halfway House of Hedonism: Potential Problems in John Piper's Desiring God," *CRUX* (Winter, 2005) 41:4, 21-27. 또한, Arthur McGill의 다음 책에 나오는 신적 영광에 대한 삼위일체적 설명을 보라. Arthur McGill, *Death and Life: An American Theology* (Eugene: Wipf and Stock, 1987), 66-69.

[27] 신명기 5:10; 6:5; 7:9, 12, 13; 10:12, 19; 11:1, 13, 22; 13:3, 6; 19:9; 21:15-16; 30:6, 16, 20; 33:3.

이스라엘과 그의 계약은 사랑의 언약이기 때문이며(신 7:9, 12), 그는 수천 세대 동안 자신의 계약 백성을 사랑하기로 약속하셨기 때문이다(신 5:10; 7:9).

마찬가지로 바울에게 있어서도, 하나님에 대한 올바른 교리보다 우리를 반역적 죄인들로부터 예배하는 아들과 딸로 변화시키는 하나님과의 그런 종류의 만남이 더 필요하다. 성령은 우리를 그리스도와의 관계적 연합으로 데려오시며, 하나님의 사랑을 우리 마음에 부으시고(롬 5:5), 이 만남의 결과로 우리는 더 이상 하나님을 멀리 떨어져 있는 심판자로가 아닌 사랑스런 아버지, 아빠로서 관계를 갖게 된다(롬 8:15).

바울은 참된 예배자들은 영으로 예배를 드리는 자들이라고 말한 바 있다(빌 3:3). 그들이 함께 있을 때, 그들은 성령으로 충만한 자들이다(엡 5:18). 성령은 그리스도 안에서 하나님과의 관계적 사랑으로 모인 교회에 관여하시며, 응답으로 사랑의 대답을 끌어내신다. 그것은 하나님을 영화롭게 하려는 교회의 열망으로 이끌어간다.

4) 영광

이 시점에서, 하나님을 영화롭게 한다는 차원에서 예배에 대한 논의는 매우 바람직하다. 우리가 예배를, 하나님의 인격과 사역에 대한 영광을 선포함으로써 하나님의 측량할 수 없는 가치를 선언하는 행위로 제시하는 것이 바로 여기에서이다. 이제 하나님을 영화롭게 하는 것은 찬양과 감사의 형식을 취한다.

우리는 그의 인격, 곧 그는 우리를 사랑하시는 하나님이시라는 사실에 대해 찬양과 감사를 드리며, 이어서 그의 거룩하심과 모든 다른 그의 영광스러운 속성들에 대해서도 우리는 기쁘게 찬양할 수 있다. 우리는 그에게 우리에게 존재를 주셨던 그리고 창조 안에서 스스로를 선언하셨던 분이신 창조주 되심에 감사드린다(계 4:11; 시 29:3-10). 우리는 또한 그가 행하신 것과 행하실 일에 대해 그를 송축하고 감사드린다.

이스라엘의 백성들은 지속적으로 리허설을 하였고 그들을 위해 구원하시는 하나님의 행위들을 기뻐했다. 특별히, 출애굽의 모범적 구원과 메시아 사역을 예시하면서, 그분은 자신의 백성을 죄의 노예로부터 구원해 내고자 하셨다.

스스로 홍해에서 바로의 군대로부터 구원받은 것을 깨달았을 때, 이스라엘 백성들이 송축하는 분위기를 상상해 보라.

바로를 위한 수백 년의 노예 생활은, 하나님께서 "포로된" 언약 백성인 그들을 새로운 관계로 초청하실 때, 끝났다. 거기서, 즉 홍해의 바닷가에서 모세와 미리암은 여호와이신 그분 그리고 그의 위대한 구원 행위로 인해(출 15:1-18) 송축과 감사의 노래로 이스라엘 백성들을 이끌어낸다. 스탠리 그렌츠(Stanley Grenz)는 이것을 다음과 같이 요약한다.

> 무엇보다도… 하나님의 백성은 그의 구원하시는 행동들로 인해 그를 예배했을 것이다.… 그 공동체적 예배의 삶을 통해, 공동체는 우리의 영적 현존의 근본 사건들을 함께 기념하기 위해 모이며, 그 중심에는 죄의 노예로부터 인류를 해방하는 그리스도 안에서의 하나님의 행동이 있다.[28]

5) 헌신/희생

우리가 영원부터 상호 관계에서 스스로를 내어 주는 사랑 안에 존재해

---

[28] Stanley Grenz, *Theology for the Community of God* (Grand Rapids: Eerdmans, 1994), 491.

오신 분으로 삼위일체 하나님의 본성을 이해하기 시작할 때, 예배가 궁극적으로 헌신과 하나님에 대한 자기희생을 포함한다는 이해의 기반을 갖는다. 그의 사랑에 사로잡히고, 그에게 영광을 돌리기 위한 열망 속에서, 교회는 결국 자신을 그리고 자신의 사랑을 하나님께 완전히 드릴 수 있다.

바울은 반역적이고 파괴적인 인류를 구원하기 위한 하나님의 은혜로운 행위에 초점을 맞춘 긴 신학 강론 후, 로마서 11장을 하나님의 무한한 위대하심에 대한 시적인 감탄으로 마친다. 그리고 그는 그것에 대해 교회가 응답하도록 요청한다.

> 그러므로 형제들아 내가 하나님의 모든 자비하심으로 너희를 권하노니 너희 몸을 하나님이 기뻐하시는 거룩한 산 제물로 드리라. 이는 너희가 드릴 영적 예배니라(롬 12:1-2).

사실, 이러한 자기희생은 하나님이 언제나 원하셨던 응답이다. 예언서를 통틀어, 우리의 마음으로 드리는 하나님께 대한 헌신된 삶이 없다면, 자신의 백성이 드리는 법적이며 적절한 희생조차 거절하시는 하나님을 본다.[29] 다윗 왕은 간통과 살인이라는 자신의 죄들에 대한 절망과 죄의식 중에 이 사실에 대한 큰 깨달음으로 하나님께 외친다.

> 주께서는 제사를 기뻐하지 아니하시나니 그렇지 아니하면 내가 드렸을 것이라. 주는 번제를 기뻐하지 아니하시나이다. 하나님께서 구하시는 제사는 상한 심령이라. 하나님이여 상하고 통회하는 마음을 주께서 멸시하지

---

29 사 1장; 58장; 말 2장 등의 본문을 참조하라.

아니하시리이다(시 51:16-17).

　헌신과 자기희생의 이미지 속에는 많은 개념이 함께 한다. 그들 중 두 가지는 완전한 자기헌신과 죄의 고백이다. 바울의 이미지는 독자로 하여금 스스로가 희생 제물의 제단에서 타올라가는 것으로 상상하게 만든다. 여기 이 상황에는 단순히 완전한 자기내어줌에 대해 이야기하는 죽음의 이미지가 있다. 희생된 동물은 그가 가진 자신의 생명 모두를 내어 준다. 그러므로 교회는 그리스도를 통한 하나님의 측량할 수 없는 인격과 사역에 대한 응답으로, 아무 것도 남김없이 자신을 드리는 것이 마땅하다. 그것이 가장 합당한 예배의 반응이다.

　시편 51편에서 성전 제사 이미지이기도 한 다윗의 자기헌신은 하나님께 드려진 것은 순전하고 거룩해야만 함을 인정한다. 죄악된 인간 존재에게, 이것은 죄의 고백을 의미하며, 정확히 다윗이 시편 51편에서 행하는 것이다. 예배하는 교회에 있어서, 이것은 예배자들에게 언제나 고백되지 않은 죄를 다룰 기회가 있어야 함을 의미한다.

5. 행위로서의 예배

　지금까지, 우리는 예배란 본질적으로, 삼위일체적이며, 아버지, 아들, 그리고 성령으로 만나시는 한 분 하나님과의 종말론적 만남을 위해 모인 교회의 응답이라고 말해 왔다. 우리는 참된 예배는 관계적이라고 주장했다. 그것은 하나님의 영광과 가치에 대한 선언이자, 예수 그리스도 안에서 그의 사랑에 의해 사로잡히고 변화된 이들의 구원을 향한, 성령을 통해 그들에게 전달된 그의 위대한 사역에 대한 감사드림이다.

이것을 기초로, 우리는 교회의 예배(worship service) 목적이 하나님의 백성들을 예배에 대한 적절한 응답으로 이끌어 그분과의 관계적 만남으로 가져오는 것이라고 주장할 수 있다.

그런데, 어떻게 교회는 이것을 행하는가, 그리고 응답을 위해 어떤 형식을 취하는가?

우리는 본 장의 남은 부분을 예배의 다양한 수단들과 형식들을 위한 범주들의 윤곽을 그리면서 이 질문들에 대한 대답들을 제시할 것이다.

1) 드라마

사람들은 우리가 살아 있는 이야기 속으로 빠져들기 위해 무대 연극, 특히 뮤지컬보다 더 강력한 것이 없음을 오랫동안 이해해 왔다. 그리고 청중이 이야기와 그 노래를 알 때, 그래서 그들이 마음을 무대 위로 쏟아 부을 때, 연주자들과 함께 부르지 않는 것은 거의 불가능하다. 훨씬 강력한 것은 배우들 자신의 경험이다. 배역을 연구하고 그들의 동선을 따라 연습하는 수개월을 보내면서, 그들은 스스로 이야기를 살아가며, 그들의 고통, 그들의 기쁨 그들의 좌절과 흥분을 느끼면서, 실제로 그들이 이야기에서 연기하는 배역들이 되어간다.

이스라엘 축제일 드라마로부터 그리스도의 고난에 대한 교회의 연습에 이르기까지, 하나님의 백성들은 청중으로서가 아니라 스스로를 그들의 구원 이야기 안으로 몰입하므로, 일종의 가상 현실적 연습에의 참여자가 된다. 교회에서 예배의 주된 목적들 중 하나는 백성들로 하여금 이야기의 주인공인 그리스도와 만나는 이야기로 초청하므로 복음서 이야기를 재진술하도록 만드는 것이다.

교회는 예배를 통해 그리스도의 구원에 대한 역사적 사건을 재창조하고 재현한다고 로버트 웨버(Robert Webber)는 주장한다. 그래서 그것은 단순히 이야기의 재진술만이 아닌 하나님과의 인격적 만남이 된다. 이 접근에 따르면, 지금 진행되는 예배에서, 예배 인도자들은 감독들이며 회중들은 청중만이 아닌 하나님에 대해 그리고 서로에 대해 드라마를 재진술하고 재상연하는 배우들이 된다.[30]

교회 역사의 다양한 시대에, 교파 전통들의 대부분은 회중의 참여를 축소하고, 때로는 소멸하는 실수해 왔다. 그래서 사제/찬양대/목사가 행동을 통해 참여하는 동안 수동적으로 바라보는 관객 수준에 머물게 되었던 것이다. 제2바티칸 공의회 이전 로마 가톨릭 예배는 라틴어로 진행되었으며, 사제는 회중에게서 등을 돌린 채 미사를 드리므로, 구원 이야기로부터 시각적으로나 언어적 양쪽으로 자신들을 구별하였다.[31] 제2바티칸 공의회가 미사를 라틴어로부터 토착어로 바꾸면서, 그리고 사제를 백성을 향하도록 하면서, 그리고 평신도들을 성찬 축제에서 사제를 돕도록 초청하면서 전 교회를 예배의 드라마에 다시 참여시키는 데 크게 발전하였다.

전통들의 스펙트럼의 다른 끝에서, 미국의 복음주의교회 역시 회중의 참여를 억제했었다. 20세기 초반의 근본주의자와 근대주의자의 논쟁의 결과로 수백만 명의 그리스도인들이 수천의 독립 교단과 새로운 종파들을 만들어 내면서 주요 교회들로부터 떠났다. (일반적으로는 논쟁보다도 예전적 이유에서였다) 예배의 전통적인 예전적 요소들로부터 벗어나, 이들 중

---

[30] Robert Webber, *Ancient-Future Faith: Rethinking Evanglicalism for a Postmodern World* (Grand Rapids: Baker Academic, 1999), 99.

[31] 교황 베네딕트 16세의 최근 교구들로 하여금 라틴 미사를 준비하도록 격려한 것은 제2바티칸 공의회 이전의 사고로 되돌아간 것이 아니라는 점을 주목하라. 그는 단지 그를 열망하는 이들을 위해 전통적 미사를 허용하고 있을 뿐이다.

많은 이들이 그들이 비판했던 교파들 속에 합류하므로 신학적으로 자유주의적으로 되었다.³²

그 결과, 미국의 복음주의 전통에서 자라난 우리 중 많은 이에게 예배 참여는 찬송가 부르기로 제한되었다. 무릎 꿇는 것도, 응답적 읽기도, 사도신경 암송도 없었다. 실제로 모든 것은 회중의 유익을 위해 목사와 그의 조력자에 의해서만 수행되었다. 더 나아가, 가장 복음주의적인 개신교 교회들도 성만찬을 매달 한 번 혹은 심지어 분기당 거행하는 것으로 제한한 것은 회중의 참여를 제한하는 것이다. 그러나 백성들을 효과적으로 하나님과의 만남으로 끌어들이기 위해, 교회는 예배의 수동성을 넘어 참여에 우선을 두어야만 한다.³³

역사적으로 볼 때, 교회는 참된 예배를 촉진하기 위해 그리스도의 구속 드라마로 신자들을 이끌면서 예전을 개발했다. 이것은 대중 예배 형식이나 방식과 다른 어떤 것을 의미하지 않는다. 초기 시대부터 교회가 모일 때, 예배에 포함된 일반 요소들을 지니고 있었음을 본다. 사도행전 2:42은 사도들의 가르침, 친교, 떡을 뗌 그리고 기도를 목록화하여 보여

---

32 근본주의자/현대주의자 논쟁의 역사적 배경에 대해서는 다음을 참조하라. 비교. George Marsden, *Fundamentalism and American Culture* (New York: Oxford, 1982), 그리고 Mark Noll, *American Evangelical Christianity: An Introduction* (Oxford: Blackwell, 2001).

33 복음주의의 분파를 고려하면, 오순절교회와 카리스마 전통들은 언제나 예배에서 회중적인 참여의 높은 수준에 의해 특성이 주어져왔다고 올바로 주장할 것이다. 그러나 그것은 역사적 기독교 예전의 수단들을 통한 참여는 아니었다. 그 대신 그 자신만의 예전을 창조해 왔다. 역사적 배경에 관해서는 다음을 참조하라. Grant Wacker, *Heaven Below: Early Pentecostals in American Culture* (Cambridge: Harvard University Press, 2001), 그리고 Vinson Synan, *The Century of the Holy Spirit: 100 Years of Pentecostal and Charismatic Renewal, 1901–2001* (Nashville: Thomas Nelson, 2001). 또한 오순절 예배의 참여적 측면 그리고 로마 가톨릭 그리고 정교회 예전 전통들의 풍요로움을 토론으로 가져오고자 시도하는 오순절 신학자 Simon Chan의 매혹적 기여를 보라. Simon Chan, *Liturgical Theology: The Church as Worshipping Community* (Downers Grove, IL: InterVarsity, 2006), 특히, 147–66.

주고 있다.³⁴

2세기로 전환되는 무렵에, 이그나티우스는 교회 지도자들의 가르침에 귀를 기울이면서, 기도자와 성찬 수행자들이 정규 교회 예배들의 일부라고 말한다.³⁵ 순교자 저스틴은 이 동일한 형식들이 2세기 예배의 정규 부분임을 지시한다.

> 그리고 주일이라고 부르는 날, 도시나 국가에 살고 있는 이들이 한 장소에서 만남을 가졌다. 그리고 사도들의 기억 혹은 예언자들의 저술들을 시간이 허락되는 대로 읽는다. 읽는 이가 강독을 마치면, 대화를 통해 지도자는 이 고귀한 것들의 상상에로 [우리를] 촉구하면서 초청한다. 그러면 우리는 모두 함께 일어서 기도를 올린다. 그리고 앞에서 이야기한 바와 같이 우리가 기도를 마쳤을 때, 떡, 포도주, 물이 주어진다. 그리고 지도자는 동시에 기도를 올리고 자신의 최상의 능력으로 감사를 드리며 회중은 아멘으로 화답한다. 서로에 의해 축성된 [요소들]의 분배와 받아들임이 이루어지고, 집사들에 의해 결석한 이들에게도 그것들이 보내어진다.³⁶

---

34 여기에서 "떡을 떼는 것"이 주의 만찬이라고 하는 것은 우리의 주장이다. 이 떡을 떼는 것은 예배로부터 떨어져서 일어나는 일반 식사와 반대되는 것으로, 찬양 예배의 실제적 부분으로 보여 진다. 또한, 누가는 수난 기사와 눅 24장에서 엠마오 도상으로 가는 제자들의 이야기 양쪽에서 성찬을 언급하기 위해 빵을 떼는 것의 개념을 사용한다. 또한 다음을 보라. Marva Dawn, *Powers, Weakness, and the Tabernacling of God* (Grand Rapids: Eerdmans, 2001), 98–100.

35 다음 서한들을 참조하라. *Letter to the Ephesians* 20:2, 그리고 *Letter to the Smyrnaeans* 7:1.

36 Justin Martyr, *First Apology*, chapter 67 in Richardson, *Early Christian Fathers*, (New York: Macmillan, 1970), 287–88.

예배 형식들이 초대교회 시기에 발전되었을 때, 형식과 자유 양쪽이 함께 있었음은 분명하다. 예컨대, 어떤 기도들은 고정되지 않았다. (예컨대, 지도자는 "그의 능력의 최대한으로" 기도했다) 한편 다른 형식들은 고정이 되었는데, 예컨대 성만찬 기도들을 우리는 "사도적 전통"(The Apostolic Tradition)과 같은 문서들에서 본다.[37]

콘스탄틴의 회심 이후로 로마 제국에서 교회 위상은 변화되었다. 교회가 더 빨리 퍼져감에 따라 새로운 선상에서 예배 전통의 발전이 이루어졌다. 동방에서의 그러한 예배는 서방과는 다른 어느 정도 자신만의 성격을 형성하기 시작했다. 심지어 서방에서는 서방이 9세기에 로마 의식으로 통일될 때까지 갈리칸 의식과 로마 의식이 있었다.

예전 역사를 향한 이 짧은 여행의 초점은 교회는 언제나 공적 예배를 위한 형식들을 가졌다는 점이다. 독립된 바이블교회들조차 예배 형식이 있었다. 이 형식들은 최소한 두 가지 기능을 한다. 그것은 교회가 하나님과 만나게 하며 그분의 구속 진리들을 선포하는 것이다. 일부 중요치 않은 전통들을 제외하면, 교회는 두 종류의 형식을 가진다. 즉, 그리스도께서 직접 세우신 것으로 알려진 제도나 성경에 포함된 내용(예컨대 세례, 성찬, 시편 찬송), 그리고 교회가 자체적으로 만든 것(예컨대, 사도신경 암송, 찬송/찬양 부르기, 다양한 순서로 무릎 꿇기/일어서기)이다.[38]

---

[37] "사도적 전통"(The Apostolic Tradition)은 교회의 생활을 위한 초기의 매뉴얼인데, 그것은 찬양의 형식을 포함하고 있었다. 그것은 3세기에 만들어진 것이며 교회에서 찬양과 예배의 형태들의 초기의 성경 외적인 예들이었다.

[38] 일부 그룹들은 그들이 성경에서 보지 않은 형식들을 사용하는 것에 조심해 왔다. 그리스도의교회는 예컨대 전통적으로 음악 악기들을 사용해 오지 않았다. 어떤 대단히 보수적인 개혁파교회들은, 오로지 성경에 있는 찬양 형태들만을 사용하는 찬양 원칙으로 알려진 것을 실천하는데, 하나님은 찬양의 적절한 형태들을 제정하셨고 누구도 하나님께서 제정하지 않은 방식으로 찬양하도록 강요되어서는 안된다고 생각하기 때문

루터교 신학자 필립 헤프너(Philip Hefner)는 예전은 교회가 드리는 기도, 찬양, 그리고 헌신의 공적 행위라고 말한다. 그것은 신자들을 믿음과의 최상의 가능한 친교로 이끌어 준다. 그것은 교회에 생명을 주는 믿음의 표현이다. 그리고 그리스도 안에 있는 하나님의 구속 세계에 대한 증언자이다. 나아가, 그것은 신자를 그리스도의 현존에로, 그와의 관계적 나눔으로 데려다 준다. 그것은 백성들을 하나님의 계시를 받고 찬양으로 응답하므로, 백성들이 참여하도록 허락하는 행위들과 말로 만들어진다.[39] 교회의 역사적 패턴들에 대해 보다 민감한 교회의 예전은 예배자들을 질서 잡힌 경험을 통해 이끌어 가고자 의도하는 구별된 순서를 가지고 있다.

헤프너는 루터교 예전을 이런 식으로 설명한다. 예배의 첫 번째 부분은 찬양, 기도, 그리고 오늘날의 삶에로 하나님의 역사를 연관시키는 설교에 뒤이어 성경 강독으로 구성된다. 이어서, 그리스도의 구속 역사를 송축하면서, 세상 속에서 그리스도의 역사에 신자들이 삶과 사역을 합력하도록 성령에 대한 탄원으로 마무리 지으면서 성찬이 이어진다.

평화의 입맞춤 또한 예전의 중요한 부분이며, 이웃 그리스도인들과의 사랑과 연합을 반영한다.[40] 그것은 예전이 하나님의 백성의 공동체의 한 가운데에서 받아들여질 수 있음을 의미한다. 그러나 그것만 홀로 그렇다는 것을 의미하는 것은 아니다. 예전은 수직적이기도 하고 수평적이기도

이다. 찬양의 강한 규칙적 원칙의 예들에 관해서는 다음을 보라. John Murray, *Collected Writings of John Murray, vol. 1* (Edinburgh: Banner of Truth, 1976), 165-68; 그리고 다음을 보라. Westminster Confession of Faith, 20.2. 보다 완곡한 관점에 대해서는 다음을 보라. Edmund Clowney, *The Church* (Downers Grove: InterVarsity, 1995), 117-36.

[39] Carl E Braaten and Robert W. Jenson, eds. *Christian Dogmatics*, vol. 2 (Philadelphia: Fortress, 1984), 231.

[40] Ibid., 232.

하다. 헤프너는 다음과 같이 쓰고 있다.

> 받아들임은 그리스도의 유익에 대한 개인의 친밀한 전유를 포함한다. 그러나 그것은 또한 동료 인간 존재에 대한 친밀한 수평적 사랑과 그들과의 나눔을 포함한다. 은총을 받아들이는 것과 사랑과 섬김의 삶을 통해 그것을 표현하는 행위는 둘 다 철저히 육화되어 있으며, 체화되어 있고 지상적이다.[41]

로마 가톨릭교회는 예배 드라마에 대한 자신의 신학을 통해 예전의 삼위일체적 본성에 대해 인식한다. 루터교의 이념과 유사하게, 로마 가톨릭 요리문답은, 예전을 통해 교회는 삼위일체의 신비와 피조물을 구원하고자 하는 하나님의 계획을 고백한다고 가르친다.[42] 성부는 세상의 구속을 위해 자신의 아들과 성령을 내어 주심으로 신비를 성취하신다.

예전은 하나님의 사역 안에 하나님의 백성의 참여를 촉진시킨다. 예전을 통해, 우리의 대제사장이신 그리스도 자신의 구속 사역을 교회 안에서, 교회와 더불어 그리고 교회를 통하여 계속한다. 참여의 문제는 로마 가톨릭 예전/예배에서 매우 중요하다.

그것은 성령을 통한 그리스도와의 관계적 참여이다. 예전에 깊이 참여하는 자들은 그리스도의 신비에로 접촉하게 된다. 보이는 상징들/표징들을 통해 신자들은 상징된 것들에로 움직여 간다. 따라서, 예전의 상징들은 실제로 그리스도에게 백성들을 연결시킨다. 예전은 구원의 공동체의 삶 안에서 신자들에 개입하면서 그리고 모두의 참여를 수반하면서 축

---

[41] Ibid., 233.
[42] 본 장에서 모든 언급들은 다음 책 1066장 그리고 이어지는 장에서 취했다. *Catechism of the Catholic Church* (Ligouri: Ligouri Publications, 1994).

제, 선언, 그리고 능동적 자선을 결합시킨다. 예전은 성부의 사역이다. 왜냐하면 거기에는 다음과 같은 것들이 있기 때문이다.

> 아버지는 모든 창조와 구원의 축복의 근원이자 종결로서 인정되고 경배된다. 성육신하시고 우리를 위해 죽으시고 부활하신 말씀 안에서, 당신은 당신의 축복으로 우리를 채우신다. 그는 그의 말씀을 통해 우리의 마음속으로 모든 선물들을 담고 있는 선물, 즉 성령을 부어 주신다.[43]

교회는 성부 아버지께 표현할 길 없는 자신의 아들이라는 선물을 주신 것에 대해 송축한다. 그리고 성령께는 하나님의 복이 하나님에 대한 찬양 안에서 결실 맺는 삶의 열매들을 통해 생명으로 나타나도록 요청한다.

그리스도는 또한 예전 안에 역사하신다. 왜냐하면 그는 대제사장으로 섬기면서, 성령을 자신의 몸인 교회에 부어 주면서 아버지의 오른 편에 앉아 계시기 때문이다. 그는 스스로를 실제로 임재하도록 그리고 그의 은총을 효력있게 만들도록 교회의 성례전을 통해 역사하시므로 이것을 행하신다. 가장 중요하게, 유월절의 신비가 그 은총을 따라 교회의 삶으로 현존하게 만드신다. 그리스도는 또한 말씀을 통해 현존하신다. 왜냐하면 성경이 읽힐 때 말씀하시는 이는 바로 그 자신이기 때문이다. 그리고 그는 교회가 기도하고 찬송할 때 현존하신다.

예전에서 성경의 역할은 교회의 선생이 되는 것을 포함한다.

> 교회의 중심에서 성령의 열망과 역사는 우리가 부활하신 그리스도의 생

---

[43] Ibid., 1082.

명으로 살도록 하신다. 성령께서 그가 우리 안에서 일으키신 신앙의 응답과 만나실 때, 그는 참된 합력을 이루신다. 그것을 통해, 예전은 성령과 교회 공통 사역이 된다.… [성령은] 교회로 하여금 그녀의 주님을 만나도록 준비시킨다. 그는 그리스도를 회상하며 회중들의 신앙으로 그분을 선포하도록 만든다. 그 변화하는 능력으로, 그는 그리스도의 신비를 여기 그리고 지금 현존하도록 만드신다. 마지막으로, 공동체의 성령은 교회를 그리스도의 삶과 사명으로 결속시킨다.⁴⁴

미국의 20세기 복음주의 운동은 그 자신의 매우 짧은 역사에서 스스로 비예전적 교회로 보이려는 경향을 가졌다. 이것을 예증하기 위해 대중적인 세 복음주의 조직신학서 색인들에서는 **예전**이라는 용어에 대해 두 가지 언급을 보여 준다.⁴⁵

주의 깊은 복음주의자들이 예전의 역사적 형식들을 경멸하지 않는 반면, 웨인 그루뎀(Wayne Grudem)은 다음과 같이 말하고 있다.

> 복음주의자들은… 자신들이 익숙치 않은 예배 형식들을 너무 빨리 묵살하지 않도록 조심스러울 필요가 있다.… 그리스도인들이 예전을 합심하여 읽으므로, 합심하여 예배를 드리고 **찬송을 부르는** 말로 기도할 수 있다면, 그들이 합심하여 큰 목소리로 말씀을 읽으면서 진정으로 예배하고 기도하는 것을 어떤 것도 방해할 수 없다!⁴⁶

---

44 Ibid., 1091.
45 Erickson의 『서론』(*Christian Theology*, CLC 刊), Boice의 『기독교 신앙의 원천』(*Foundations of the Christian Faith*), 그리고 Grudem의 『조직신학』(*Systematic Theology*). Boice와 Grudem 각각은 이 용어를 사용한 적이 있지만, Erickson은 전혀 사용하지 않았다.
46 Grudem, *Systematic Theology*, 1012, note 14.

당연히 복음주의자들은 예전들을 갖고 있다. 그러나 그들은 많은 역사적 형식들을 거부하는 경향을 가지는데, 이는 이 형식들이 자신들이 자유주의적이라고 여겨 온 교회들과 연관되어 있기 때문이다. 예배 형식들을 고려하는 복음주의자들의 장점은 성경적 모델들에 대한 그들의 헌신에 있다. 로버트 소치(Robert Saucy)의 고전적 교회론이 좋은 예이다.[47]

그는 성경의 중심성과 교회의 전 교인들이 말씀 수단을 통해 헌신할 기회를 갖도록 하는 중요성의 예들을 언급하기 위해 신약성경 본문으로 간다. (각자는 지시의 말, 계시, 방언, 해석을 가진다[고전 14:26].) 그는 다양한 형태의 기도, 즉 탄원, 간청, 감사가 예배 안에 포함되어 있다고 언급한다. 그리고 찬송에 대한 성경적 형식들을 토론한다. 그는 또한 성경적 예배가 짧은 신조를 진술하는 후렴을 포함한다고 제시한다. 고린도전서 15:3-5과 로마서 4:25에서 발견되는 것과 같은 것들이다.

그에게 부족한 것은 예전적/역사적 전통들의 중심이 구원 사건의 재현으로서 그리고 성령을 통해 이런 행동의 복들 안으로 신자들이 참여하는 것으로서의 전체 예배의 철학이다. 또한, 예전적 예배 그 자체 안에 순서와 절차에 대한 느낌이 거의 없다. 또한, 복음주의자들은 일반적으로 예전적 연차표 혹은 교회력을 제외시켜 왔다. 그러한 경향들은 한 해 동안 교회의 삶에 하나님의 참여를 진행시키며 발전시키는것 그리고 그리스도 안에서 하나님의 구원 이야기를 준비하고 재진술하기 위해 모인 예배의 각 행위의 풍요로운 경험의 양쪽을 복음주의자들에게서 빼앗아 버렸다. 복음주의자들은 백성들에 대한 하나님의 열망에 충실하기 위해 교회의 모든 기능들 중에서 성경의 우선순위에 헌신되어 있는 반면, 그들로 하여금 하나님과의 보다 거룩한 만남으로 이끌어 가려는 역사적 예

---

47 Robert Saucy, *The Church in God's Program* (Chicago: Moody, 1972), 177-90.

전적 교회들로부터도 많은 것을 배울 수 있다.

마지막으로, 은사적 운동은 특별히 복음주의자들 사이에서 공적 예배 형식들에 크게 기여하였다. 은사적 설교자들과 신학자들은 연합된 접근을 대표하지 않는다. 은사적 예배의 근본 원칙이 성령 안에서 자유라고 하는 것에 대해서는 의문의 여지가 없다(고후 3:17). 이것은 은사적 예배가 엄청난 자발성과 회중의 참여를 수반함을 의미한다. 성령이 예배자의 마음에 말씀을 내리실 때, 교회는 그것을 선포해야 한다.

만일 회중들 중 누군가 자신의 마음속에 새 노래가 넘친다고 말한다면, 그것을 노래하게 하라.

은사적 교회가 모든 질서를 뭉갠다는 것이 아니다. 왜냐하면 대부분은 고린도전서 14장에 있는 질서와 정결을 향한 바울의 외침을 인정하고자 하기 때문이다. 그럼에도 불구하고, 질서에 대한 요청이 성령의 자유의 불을 끄도록 허용되어서는 안 된다.

2) 상징

교회 역사가들은 때때로 스테인드글래스 유리창의 기원이 고대와 중세 세계의 엄청난 문맹 인구들로 하여금 성경 이야기들을 읽지 않고도 배우도록 도와 주는 데 있었다고 언급하였다. 그러한 일반적 진술이 비록 농부들이 글을 읽을 수 있더라도 성경에는 접근할 수 없었다는 사실을 간과한 것이기는 하지만, 그 초점만큼은 명확하다.

눈에 보이는 상징들이 구원에 대한 성경 이야기를 소통하는 데 있어서 언어만큼이나 효과적인 것일 수 있다. 성경 이야기 그 자체는 시작부터 끝까지 상징으로 가득 차있다. 아마도 그들 모두의 정점은 예수께서 다락방에서 제자들에게 떼신 떡 조각을 건네 주면서 "이것이 내 몸이다"라고 선포한 순간일 것이다.

교회는 언제나 하나님께서 스스로 말보다 다른 방식으로 인간에게 스스로를 계시하신 것을 이해했다. 베버는 다음과 같이 언급하였다.

> 형식들은 단지 외적인 것이 아니라 영적 실재의 표징들과 상징들이다. 인간 인격의 물질적 형태 안에서 심지어 비물질적인 분이신 하나님이 인간들과 만나셨을 때, 예수께서 그렇게 그리스도인들은 그분을 볼 수 있고 만질 수 있는 형식들의 맥락에서 예배에서 만난다.[48]

성경은 하나님께서 자신을 출애굽 같은 역사적 사건들을 통해 전달하신다고 지시한다. 시편 역시 물질적 피조물들이 하나님의 영광을 신자들이 깨달아 그분을 찬송하고 사랑하도록 만드는 방식으로 자연의 위엄을 통해 자신의 선포하므로 하나님을 계시한다고 주장한다. 영지주의와의 싸움에서, 교회는 물질적 피조물들이 하나님의 산물이며 선한 것이라고 주장했다. 성육신 그 자체가 위험에 처했을 때, 그것은 실제로 이 신학의 핵심 사건이었다.

말씀이 육신이 되시어 우리 가운데 장막이 되었다. 하나님께서 자신을 계시하시려고 인간의 몸을 입으신 것은 물리적 실재들이 예배 안에 한 자리를 차지한다는 것을 보여 준다. 이것은 우상 숭배가 아니다. 만일 제자들이 그리스도의 육신에 예배를 드렸다면 우상이라고 할 수 있었을 것이다. 그러나 그들은 육신 안에 계시된 하나님을 예배했다. 마찬가지로 성례전 혹은 그림에 예배를 드리는 것은 우상이다. 그들을 통해 계시된

---

48 Webber, *Ancient-Future Faith*, 109. 또한 다음을 보라. Wannenwetsch, *Political Worship: Ethics of Christian Citizens* (Oxford: Oxford University Press, 2004), 68–69.

하나님께 예배를 드리는 것이 아니기 때문이다.

고대와 중세 세계의 교회에 있어서 하나님께서 보이는 상징들을 통해서 스스로 계시하셨다는 아이디어는 유용한 것이었다. 그러나 계몽주의의 철학적 혁명은 근대 기독교 전통들 사이에서 이미지적 소통의 가치를 감소시키면서 소통의 합리적 방법들을 강화시켰다. 그러나 포스트모더니즘의 현대 문화에서는 이미지적 소통이 르네상스를 경험하기 시작했다. 실제로, "이머징교회"(emerging church)와 같은 미국에서의 최근 운동은 가상 현실 문화에서 태어난 젊은 신자들로 채워진 가운데 아이콘과 같은 것의 상징들의 가치를 발견해 왔다.

모든 시대가 상징적 실재들을 구성하기 위한 그 도구들을 가지고 있는 한편, 어떠한 시대도 포스트모더니즘의 규정하는 성격과 같은 가상 현실들의 창조를 만든 기술적 원천들을 알지 못했다. 문화 관찰자들이 이 추세를 인식했을 때, 일련의 저자들은 상징, 시뮬레이션, 그리고 종교 사이의 자연적 그리고 역사적 관계를 언급하기 시작했다.

로버트 웨버(Robert Weber)는 피터 로체 드 코펜(Peter Roche de Coppen)의 제의의 본질과 사용을 만족스러운 듯 인용한다.

> 짧게 말해, '상징들은 우리가 분명한 현존을 간구하는 심리정신적(psychospiritual) 수단들이며, 분명한 의식 상태를 도입하고, 우리가 우리 자신들 안에서 이미지를, 모사를, 혹은 우리 없이 혹은 우리 위에 있는 것의 현존화를, 재창조하는 우리 인식에 초점을 두는 심리정신적 수단들이다.'[49]

---

[49] Webber, *Ancient-Future Faith*, 107.

교회의 가장 분명한 상징들은 성례전이다. 그밖에도 십자가, 탁자, 설교단, 아이콘들, 제의들, 촛불들, 무릎 꿇기, 숙이기, 손을 드는 것들 등등이 있다. 이 상징들은 모든 사람들로 하여금 예배에 참여하도록 허용해 준다. 상징들은 스스로 종결되는 것이 아니라 그들 위에 있는 어떤 것을 표상하는 것이며 상상과 예배자들의 마음에서 나오는 응답을 촉발한다.

상징들은 그 의미가 신앙을 가진 자들에게는 계시되고 그렇지 않은 자들에게는 숨겨져 있는 우화들과 같다. 신자들에게, 상징의 영적 의미는 믿음에 의해 접근되며, 신자로 하여금 물질적인 것들을 통해 그림이나 인격적 물품이 (돌아가신 아버지가 쓰시던 포켓나이프나 할머니의 머리핀과 같이) 우리에게 사랑했던 분들과 우리의 관계를 생각할 수 있도록 만드는 것과 유사한 방식으로 하나님에게 관계적으로 연결시킨다.

우리 중 많은 이들은 우리의 작업 장소에, 예컨대 가족 구성원의 사진들이나 우리 아이들로부터 가져온 그림들, 아마도 심지어 배우자에게서 받은 오래된 연애 편지들을 가지고 있다. 그것은 그 자체로 남편이나 아내 사이의 관계에 대한 이미지인 것이다. 이 모든 것들이 상징들이라는 것은 그들 각각이 우리에 대한 관계를 말해진 언어와 다른 방식에서, 그러나 그만큼이나 깊은 의미로 우리와 소통한다는 것이다.

3) 말씀

교회의 특정 분파는 예배를 통해 상징적 만남의 결여를 경험한 반면, 다른 분파들은 말씀, 즉 성경을 통해 사람들에게 하나님을 적절히 드러내는 데 실패했다. 종교개혁가들은 중세 시대에 자취를 감추었던 성경적 설교를 통해 갱신을 요구할 권리가 있었다. 성경은 신자들의 삶을 변화시키는 특별한 힘이 있다. 다윗이 이렇게 말한 바 있다.

> 내가 주께 범죄하지 아니하려 하여 주의 말씀을 내 마음에 두었나이다 (시 119:11).

예수께서도 또한 그의 제자들을 위해 기도할 때에 하나님의 말씀은 변화시키는 효력이 있음을 인지하신다.

> 그들을 진리 안에서 거룩하게 하소서, 당신의 말씀은 참이니이다(요 17:18).

사도행전 시대에, 사도들의 성경 가르침을 듣는 것은 교회 안에서 예배 생활의 중심이었다(행 2:42). 바울에게 있어서, 성경 읽기와 올바른 교리의 전개는 예배의 핵심적 요소이다. 우리가 하나님과 진실되게 만나는 것은 성경의 말씀을 통해서인데, 그 까닭은 말씀이 우리로 하여금 하나님을 진실로 보도록, 그래서 그에 의해 변화되도록 만들기 때문이다.

바울은 디모데에게 성경이 언제나 읽혀지고 공적 예배에서 가르쳐지도록 하라고 말한다. 그는 디모데에게 자신의 삶과 교리를 가까이에서 지켜보도록 격려했는데, 올바른 교리는 삶의 올바른 답변으로 이끌어 주기 때문이고, 그 반대도 성립하기 때문이다(딤전 4:13-16).

초대교회에서, 성경을 읽는 것은 매주 예배 축제의 규칙적인 부분이 되었다. 아주 초기의 증언은 (약 150년경) 순교자 저스틴(앞에서 언급했는데)이었다. 3세기와 4세기에, 예배에서의 성경 읽기는 고정되었다. 예배는 두 부분으로 구분되었다.

첫째 부분은 "말씀 예전"이며, 성경 읽기, 도입 그리고 기도로 구성되었다. 미사의 역사에서, 아달베르트 하만(Adalbert Hamman)은 쓰고 있다.

> 행사를 시작하는 강독은… 요한 크리소스톰과 사도신경에 따르면 세 번이었다. 즉 구약성경에서 예언을 취하고, 사도행전이나 서신서에서 발췌하고 복음서가 이어진다. 시편을 읽는 사이에 노래가 이어지는데, 거기에서 백성들이 후렴을 기도와 함께 취한다.… 강독이 설교에 뒤따른다. 이것은 성경에 대한 주석으로 구성되는데, 그 본문은 바로 설교에 대한 관점과 함께 선택되어 읽혀진다. 설교자는 본문을 매일의 삶에 적용했다.[50]

이것은 교회 예배에 있어서 성경의 중심성을 보여 준다. 성경은 읽히기만 한 것이 아니라, 그들은 또한 노래되고, 설명되고, 삶에 적용되었다.

둘째 부분은, 교회가 그분의 씌여진 말씀에 의해서 하나님과 만났던 후에야, 상징적으로 성찬을 통해 하나님을 만나도록 움직여졌다.

말씀과 성찬 식탁 패턴은 역사가들이 보편적으로 교회 초기로부터 경배를 위한 규범으로 인정하는 것이었다. 이 패턴의 보편성은 현대교회의 일부 종파들에게 경배에 대한 자신들의 철학을 다시 생각하도록 격려한다. 일생동안 미국 복음주의 전통의 구성원인 우리 중 많은 이들은 말씀

---

[50] Adalbert Hamman, ed., *The Mass: Ancient Liturgies and Patristic Texts* (Staten Island: Alba House, 1967), 20. 예배에서의 성경의 중요성에 대한 다른 중요한 초대교회의 증언에 대해서는 다음을 보라. *Apostolic Tradition of Hippolytus*, Part IV, 35. 여기에서 신자들은 가능한 한 많이 신자들이 하나님께서 말씀하시는 것을 듣게 되고 성령과 만나게 되는 하나님의 말씀으로부터 가르침을 듣기 위해 교회에 가도록 촉구된다. 따라서, 성경은 하나님을 단지 지성적으로만 배우는 것이 아니라, 관계적으로 만나는 중요한 방식으로 이해된다.

과 식탁의 역사적 균형 없이 성장해 왔다.[51] 균형이 결여된 이러한 부정적인 효력들 중에는 예배의 다른 요소들 위로 그것이 높여지므로 예배로부터 말씀 사역의 단절이 있다. 복음주의자들 사이에는 예배를 오로지 찬송 부르기 그리고 회중의 참여를 포함한 다른 요소들을 포괄하는 것으로 보는 것이 전형화되어 있다.

그 결과는 예배를 종종 성경을 설교하는 메인 이벤트를 위한 "예열 작업"으로 이해하는 것이다. 세계관의 아이러니한 왜곡으로, 복음주의자들이 자유로운 모더니즘이라고 반대한 계몽주의적 합리주의는 복음주의자들이 하나님과의 만남에 대한 수단들로서 실존주의적이거나 상징적인 방식보다 합리주의적인 설명을 우선하게 만드는 결과를 초래했다. 이러한 경향은 대부분의 복음주의자들이 성만찬에 대해 실제적 임재를 부인하고 기념적 의미일 뿐이라는 관점을 가지고 있다는 사실에 의해 더욱 입증된다.[52]

일반적으로 복음주의로부터 성장해 나온 것으로 이해되는 "이머징교회"가 말씀과 성찬 식탁의 양쪽의 역사적 균형을 다시 논의하기 시작하고, 예배에서 하나님을 만나는 수단으로 성경의 가르침에 대한 중요한 균형으로서 상징적 만남에 대해 보다 초점을 두기 시작한 것은 고무적인 일이라 할 것이다.[53]

---

[51] 이것은 주간별로가 아니라 단지 매월 혹은 분기별로 주의 만찬을 거행하는 전형적인 복음적 실천에서 보여진다.
[52] 성만찬의 다양한 관점들에 대한 설명에 관해서는 아래의 제7장 "성례전 공동체로서의 교회"를 보라.
[53] 이 생각의 토론을 위해서는 다음을 보라. Eddie Gibbs, *Church Next: Quantum Changes in How We Do Ministry* (Downers Grove: InterVarsity, 2000); Dan Kimball, *The Emerging Church: Vintage Christianity for New Generations* (Grand Rapids: Zondervan, 2003); Tom Beaudoin, *Virtual Faith: The Irreverent Spiritual Quest of Generation X* (San Francisco: Jossey-Bass, 1998).

4) 성찬 식탁

성찬 식탁, 즉 성만찬에 대한 토론은 우리가 교회의 성례전적 본질에 대해 전체 장을 포함하고자 한다는 조명 하에 짧게 다루어질 것이다. 성만찬에서 교회는 그리스도의 현존에 대한 가장 강력한 예전적 상징을 지닌다. 상징(기념설이든 실재적 임재설이든)의 본질에 대한 교회의 시각이 무엇이든, 빵과 포도주는 모여진 교회에 그리스도를 다시 드러낸다.

여기에서는 만남의 신학(theology of encounter)이 부활하신 그리스도와 만나기 위해 신자들이 식탁으로 나오는 것으로 드라마틱하게 상연된다. 왜냐하면 그것은 그분의 식탁이며, 사제, 목사 혹은 장로들의 식탁이 아니기 때문이다. 누가는 엠마오 도상에서의 제자들과 예수의 만남 이야기 안에 그의 제자들과 더불어 예수께서 현존하고 있는 곳에서, 그가 식탁의 주인이시라는 것을 강력하게 서술한다(눅 24:30-32).[54]

그리스도와의 만남을 촉진하는 것과 더불어, 주의 만찬은 또한 그것이 그리스도 안에서 그의 구원하신 은총에 대해 하나님께 영광을 드리는 점에서 예배의 요소이기도 하다. 우리가 위에서 언급한 것처럼, 바울은 교회가 빵과 잔을 들 때마다 그것은 그리스도의 죽음을 선포한다고 주장한다(고전 11:26).

더 나아가, 식탁 예배는 종말론적이다. 왜냐하면 거기에서 하나님 나라의 지금 그리고 아직 아님의 본질이 부활하신 그리스도께서 이제 그의

---

[54] 식탁의 주인으로서의 그리스도의 이러한 형상은 종종 예배자들의 장의자의 열을 통해 빵과 포도주가 지나가는 그들 교회 전통에서 종종 사라졌다. 이 실천은 신자들에게 그들이 거기에 계시는 그리스도와 만나기 위해 식탁으로 오고 있음을 깨닫는 것을 어렵게 만든다. 성찬에서 이 형상에 대한 확장된 토론에 대해서는 다음을 참조하라. 비교. Henri Nouwen, *With Burning Hearts: A Meditation on the Eucharistic Life* (Maryknoll: Orbis, 1994).

교회와 함께 현존해 계시며 또한 오셔야 할 것임을 선포하는 가운데 실현되기 때문이다. 성체는 또한 헌신과 자기희생의 기회를 제공한다. 신자가 주님과 만나기 위해 그분의 식탁으로 나올 때, 그는 그리스도 앞에서 비천함으로 그리고 그의 주되심에 굴복하는 물질적 심상에 참여한다. 나아가, 하나님의 어린 양의 몸과 피로서의 떡과 포도주의 희생적 에토스는 참여자로 하여금 그 자신을 그리스도를 위해 하나님께 산 제사로 드리도록 요청한다(롬 12:1-2을 보라).

5) 음악

로버트 소치(Robert Saucy)는 이렇게 쓰고 있다.

> 무엇보다도, 교회는 찬송으로 하나님을 찬양했다. 구약성경에서 하나님의 백성이 회중 예배에서 사용하기 위해 의도된 것으로서 많은 시편으로 찬양하는 적절한 도구로 음악을 발견했을 때조차,… 교회는 성령 안에서 노래함을 통해 그 기쁜 열정을 표출했다.[55]

시편에는 이스라엘 민족을 위한 예배 매뉴얼만이 있는 것이 아니며, 찬송가도 있다. 마지막 성찬에 대한 깊은 심원한 예배 이후에, 예수와 제자들은 찬송을 부르기 위해 떠난다(마 26:30; 막 14:26). 그리고 바울은 교회로 하여금 그들이 예배드릴 때 찬송을 부르라고 격려한다(골 3:16; 엡 5:19).

왜 노래가 그토록 예배에 적합한 것인가?

---

[55] Saucy, *Church in God's Program*, 184.

첫째, 성경은 하나님의 영광을 찬송하는 것이 인간뿐 아니라 모든 창조 질서에 대한 특징을 이룬다고 말한다.

비록 은유적이기는 하지만, 이사야가 자연이 하나님을 찬양하고 있다고 상상할 때, 그는 노래를 부르고 있는 상상을 하고 있다. 산들이 하나님을 찬양하는 가운데 노래를 부르며(사 49:13; 55:12), 더 나아가, 천사들이 노래로 하나님을 찬양한다(눅 2:13-14). 그리고 하나님께서 요한을 위해 하늘 장막을 걷으실 때, 요한은 하나님의 영광을 찬양하는 수백만의 천사들과 수많은 피조물들의 광경에 압도된다(계 5장).

이것은 음악과 노래가 단지 인간 문화의 산물만이 아니라, 하나님의 피조물의 직조 부분이기도 하다는 것을 말한다. 음악은 그의 피조물에 대한 하나님의 의도하신 부분이다. 그것은 그가 선(good)을 선포하실 때 피조물의 아름다움(beauty)의 부분이다(창 1:9ff.).

그러나 음악과 노래하기는 또한 그들이 인간들로 하여금 우리의 존재 그대로인 모든 것으로 예배하도록 돕기에 예배의 중요한 수단들이기도 하다. 그렌츠(Grenz)는 다음과 같이 말한다.

> 음악 형식들은 문화들 사이에서 다양 하지만, 음악 자체는 인간 삶의 보편적인 부분으로 보인다. 음악은 사람들에게 그들의 존재의 넓은 차원으로 표현하는 수단을 제공한다. 노래는 세계에 대한 작곡자의 관념을 가사에서 그리고 음악의 구조 안에서 표현하므로 삶의 인지적 측면을 포함할 수 있다. 그러나 음악은 또한 비인지적인 것도 반영한다. 그것은 느낌들, 감정 그리고 분위기를 사로잡으며, 그러면서 단어들로만 말해질 수 없는 것을 표현한다.[56]

---

[56] Grenz, *Theology for the Community of God*, 492.

음악은 영혼을 향한 창이다. 그것을 통해 그리스도의 메시지와 그 분의 인격이 다른 표현 형식이 없는 방식으로 우리를 만질 수 있다. 그리고 그 것으로 우리는 마음의 가장 깊은 곳으로부터 하나님에게 응답할 수 있다.

둘째, 노래는 모든 회중이 그리스도를 능동적으로 축하하도록 허락하면서 공동체를 예배하도록 돕는다.

회중 노래의 아름다움들 중의 하나는 노래 은사가 없는 사람도 즐겁게 노래하는 것에 참여할 수 있다는 것이다. 왜냐하면 노래하는 전체 공동체의 음량과 힘이 어떤 실수를 줄이기도 하고 혹은 개별 가수의 불협화음이 최소화되기 때문이다. 사실, 하나님에 대한 찬양을 노래하는 큰 공동체의 부분이 되는 것에는 변화의 능력이 존재한다. 심지어 재능이 없는 가수들까지도 기쁘게 참여할 수 있다. 경기장에서 수천 명의 다른 그리스도인들과 노래하는 경험을 한 사람이라면, 예컨대, 그 순간의 사로잡는 힘을 결코 잊을 수 없을 것이다.

셋째, 우리는 그것이 우리를 가르치기 때문에 예배에서 음악을 사용한다.

그 가사를 통해 하나님에 대한 진리와 그것은 또한 우리 마음에 있는 그 진리를 공고하게 할 수 있다. 심지어 신학 서적이나 성경을 읽을 수 없는 어린 아이들도 노래를 통해 영광스런 자연과 하나님의 경이로운 구속 사역에 대해 많은 것을 배울 수 있다. 교회는 신학을 가르치는 음악의 힘으로 인해, 그 음악이 신학적으로 건강하다는 확신을 갖도록 조심해야만 한다.

공고한 성경적 그리고 신학적 훈련을 받지 않은 설교 목사를 고용하는 일에 관심이 없는 교회는 별로 없을 것이다. 성경은 그릇된 가르침이 그리스도의 몸에 대해 얼마나 파괴적일 수 있는가에 대해 분명하게 보여 준다. 그러나 매주 수천 교회들에서 불려지는 수많은 노래들이 제공하는 얄팍하고 심지어 비성경적 신학 때문에, 어떤 이는 정말로 교회가 찬양 작곡가들과 그 노래들을 선택하여 노래를 인도하는 이들의 성경적 신학적 훈련에 대해 관심을 갖고 있는지 의문을 갖는다.

6) 기도

영국성공회/감독교회(Anglican/Episcopal Church)에서의 모든 예배를 위한 안내서가 『공동기도서』(*Book of Common Prayer*)라고 불리운다는 사실을 언급하는 일은 흥미로운 일이다. 매뉴얼은 찬양, 고백 그리고 교회생활에서 모든 종류의 경우와 필요에 대한 청원 기도들로 채워져 있다. 아주 초기의 시기들로부터, 아마도 『공동기도서』가 씌여지기 이전부터, 교회는 기도가 그 공동체 삶의 본질적 측면임을 인식했다. 사도행전에서 우리는 종종 집에서든(행 2:42) 혹은 성전에서든(행 3:1), 합력하여 기도하는 교회를 본다.

예배하는 그리스도인들은 그들이 인도를 필요로 할 때(행 1:14; 2:4), 박해받을 때(행 4:23-31), 그리고 사역을 위해 제자들을 구별할 때(행 6:6; 13:3), 기도했다. 바울은 교회로 하여금 "모든 종류의 기도와 간구들로 모든 경우에 성령 안에서 기도"하라고 격려한다(엡 6:18). 그는 디모데로 하여금 교회를 "간구, 기도, 도고, 그리고 감사" 안에서 이끌라고 격려한다(딤전 2:1).

교회의 기도 내용은 일반적으로 간구, 도고, 고백, 그리고 감사/찬양의 주제 하에 범주화될 수 있다.[57] 이 범주들은 우리가 신약성경 본문에

---

[57] 기도의 이러한 패턴은 일반적으로 두음문자로 "ACTS"라는 형태를 취해 왔다. 왜냐

들어있는 몇 안 되는 기도 안에서뿐 아니라, 그 예전을 위해 교회가 만든 수백 개의 기도 안에서도 반영된다. 이것들로 회중은 그리스도 안에서 그의 은혜로운 역사에 대해 하나님께 감사하면서, 하나님에게 영광을 돌리는 삶을 살도록 도움을 요청하면서, 그리고 종종 몇 가지 형태의 송영을 포함하면서 규칙적으로 죄를 고백한다.

이 기도들 중 많은 것은 교회의 삶에서 특별한 경우에 적용되도록 만들어졌다. 예를 들면, 성체성사, 부활절, 성금요일 등등이다.[58] 다른 것들도 다양한 사람들과 시간들을 위한 도고로 만들어졌다. 이 모든 것들은 하나님이 모든 사건, 이슈, 그리고 삶의 시간들에서 그의 백성들을 만나고자 하는 갈망을 갖는다는 교회의 확신을 반영한다.[59] 이 범주들은 역사적 정교회, 로마 가톨릭 그리고 개신교에서 오늘날까지 이어지고 있다. 널리 보편적으로, 특히 미국 복음주의교회들 사이에서 사용되지 않는 기도는 고백 기도이다. 리차드 레너드(Richard Leonard)가 올바르게 언급했다.

하면 "경배(adoration), 고백(confession), 감사(thanksgiving), 그리고 탄원(supplication)"이 그리스도인들에게 기도의 성경적 패턴을 기억하는 방법이었기 때문이다. 그 역사적으로 교회 예전으로 어떻게 기도가 받아들여졌는지 보기 위해서는 다음을 참조하라. 비교. Frank C. Senn, *Christian Liturgy: Catholic and Evangelical* (Minneapolis: Fortress, 1997).

58 전통적 교회 기도를 위한 많은 자료들이 있다. 가장 보편적이고 접근 가능한 것 중 하나는 『공동기도서』(the *Book of Common Prayer*)이다. 미국에서는 그것이 세계성공회연합 (the Anglican communion worldwide) 대표인 감독교회에 의해 출판되었다. 최신판은 1979년에 나왔으며, 온라인을 통해 모든 내용을 활용할 수 있다.

59 초기 시대로부터 현대까지 이르는 교회 기도의 예들을 위한 좋은 자료는 다음에 포함되어 있다. Hamman, ed., *The Mass*; R. C. D. Jasper 그리고 G. J. Cuming, eds., *Prayers of the Eucharist: Early and Reformed* (New York: Oxford, 1980); 그리고 The Book of Common Prayer. 탁월한 고대의 자료들은 다음을 포함하고 있다. *The Apostolic Tradition of Hippolytus (third century) and The Apostolic Constitutions* (fourth century).

> 고백 기도는 일반적으로 복음적 그리고 은사적 교회의 공동 예배에서 발견되지 않는다. 그리고 죄의 고백은 일반적으로 모인 회중의 삶보다도 그리스도에 대한 개별적 회심과 개인적인 상담 상황들을 동반하는 행위이다.[60]

초대교회는 신자들에게 예배 과정에서 자신과 하나님 사이의 장벽을 제거하는, 즉 고백되지 않은 죄를 다루도록 허용하므로 이 기도의 가치를 인식했다. 여기가 현대교회, 특히 미국의 복음적 전통이 역사적 전통의 예전을 공부하는 것으로부터 유익을 얻을 수 있는 또 다른 자리이다. 역사적 교회의 공적 기도를 연구하는 가치는 필연적으로 오늘날의 공적 예배에서 그들을 재생산하는 데 있지 않다. 하지만 우리는 그들을 통해 교회가 어떻게 공적 기도로 하나님을 예배해 왔는지, 어떻게 그것이 영광, 사랑, 헌신 그리고 고백과 같은 예배의 요소들을 포함해 왔는지를 볼 수 있다.

우리는 또한 회중을 응답적 기도(responsive prayer), 일치의 기도(unison prayer)를 통해, 그리고 서로를 위한 기도(prayer for one another) 과정으로 끌어들이면서 어떻게 기도가 공동체를 창조해 왔는지를 본다. 만일 기도가 공적 예배 행위가 될 수 있다면, 최고의 예배 인도자들은 기도자로 하여금 예배에서 교회에 적합한 사안들을 언급하도록 격려하기만 하는 이들이 아니라, 회중을 예배 사건으로 끌어 들이는 자들이기도 하다. 교회의 삶의 한 부분이 되어 온 모든 기도 중에 어떤 것도 주기도문처럼 보편적으로 받아들여져 온 것은 없다. 이것은 제자들이 예수님께 기도하는 법을 물었을 때 그들에게 주신 기도이다.

---

60 Richard Leonard, "Service of the Word," in *The Complete Library of Christian Worship*, vol. 1, *The Biblical Foundations of Christian Worship*, ed. Robert E. Webber (Nashville: Star Song, 1993), 304.

더욱이, 그것은 교회의 전체 공동체의 삶 그리고 하나님과 세계에 관한 관계를 언급하는 기도이다. 그것은 협력적 예배(하늘에 계신 우리 아버지)의 수직적 그리고 수평적 관계성 양쪽 모두를 인식하는 것에 의해 시작한다. 여기에서 교회는 초월적이면서 동시에 내재적이신 하나님, 하늘 위에 계시지만 그러나 아이가 그 아빠를 부드럽게 부르는 말인 "아빠"로 알려질 수 있도록 낮아지신 한분을 우러러 본다. "우리" 아버지로서, 그분은 또한 그의 교회의 다양한 공동체를 한 몸으로 묶으시는 하나님이시다. 카르타고의 키프리안은 이에 대해 이렇게 쓴 바 있다.

> 우리는 "나의 아버지, 하늘에 계신 분"에게 "나에게 오늘날 나의 양식을 주시라고" 말하는 것이 아니다. 또한 각 사람이 오로지 자신의 빚을 그로부터 용서받았음을, 그가 유혹에 빠지지 않고 단지 자신을 악으로부터 벗어나게 해달라고 요청하는 것도 아니다. 우리 기도는 공적이며 보편적인 것이다. 우리가 기도할 때, 우리는 한 사람을 위해서가 아니라 모든 사람들을 위해 기도한다. 왜냐하면 우리 모든 사람들은 하나이기 때문이다.[61]

"당신의 나라가 임하옵시며, 당신의 뜻이 하늘에서와 같이 땅에서도 이루어질 것입니다"라는 구절에 있어서, 교회는 그 소망을 그리스도의 재림에 두거나 그에게 지금 그의 나라의 가치를 살아내도록 돕도록 간구하는 가운데, 오로지 하나님이 그의 교회를 유혹과 악의 파괴적 효력으로부터 보호할 때에만 생존할 수 있다는 가치를 살아내도록 종말론적으로 기도한다.

---

61 Nicholas Ayo, *The Lord's Prayer: A Survey Theological and Literary* (Notre Dame: University of Notre Dame Press, 1992), 121.

매일매일 빵을 요청하면서, 교회는 그 가장 기본적 필요들이 영광스러운 하나님에 의해 공급됨을 깨닫는다. 그리고 용서를 향한 교회의 간구에서, 그것은 빵이 기본적인 물질적 필요이며, 용서는 기본적인 영적 필요임을 깨닫는다. 송영으로 마무리하면서, 우리 아버지는 예배의 신학과 경험을 가로지르는 기도가 되신다. 교회는 주기도문 안에서 하나님의 사랑하는 부성적 관계를 인식하면서, 교회의 삶의 모든 영역에서 그의 사랑하는 현존을 드러내도록 그를 초청하면서, 그의 나라의 성취때까지 완전히 구원받은 미래 안에서 교회의 소망으로서 그의 영광을 선언하면서, 하나님의 공동체로 모인다. 이와 같이 우리는 예배로서의 궁극적인 기도의 예를 가진다.[62]

10. 결론

온 세상은 예배한다. 그리고 예배는 언제나 관계적이다. 아브라함 시대의 이교도의 문화들로부터 오늘날까지, 종교적 우상의 예배는 언제나 그들 우상들에 의해 표상되는 권능 있는 인물들과 연관되어 왔으며, 호의를 보여 왔다. 그리고 미국인들이 점점 더 물질에 굴복하므로, 소비주의 제단(altar of consumerism)에서 예배하는 것처럼, 예배는 여전히 관계에 대한 것이다.

---

[62] 잘 알려진 기도의 협력 낭독의 가치는 또한 20세기 복음주의자들에 의해 대부분 포기되었던 역사적 신조들에 대한 공동체의 선포에 의해 경험될 수 있다. 예컨대, 니케아 신조 혹은 사도신경의 암송은 회중에게 어떤 세대를 통틀어 전체 교회와의 연합의 의미를 줄 수 있고 또한 사람들에게 기독교 신앙의 핵심 신학적 근원들을 기억하도록 가치 있는 길을 제공할 수 있다.

"젊은 아가씨들을 유혹하려고" 스포츠 카를 위해 돈을 모으는 대학의 청년들로부터, 보다 사회 엘리트층들이 되려고 더 큰 집을 희망하는 여성들에 이르기까지, 우리는 자신을 보다 잘 연결되도록 하기 위해 우리를 기꺼이 희생하고자 하며 존경을 주기를 원한다. 하나님은 그의 백성들에게 잘 연결되기를 원하시며, 그의 백성들도 서로 연결되기를 원하신다. 왜냐하면 그들 모두 그분의 사랑받는 신부이기 때문이다. 공동체의 하나님이 그의 공동체의 신부에게 관여하시는 것은 바로 교회의 예배 안에서이다.

≈ 심화 연구를 위한 질문들

1. 어떻게 삼위일체적 신학이 예배를 형성할 수 있는가?
2. 어떻게 예전이 예배의 관계적 요소를 고양하는 능력을 가지는가?
3. 예술을 사용하는 것처럼, 우리의 예배의 방법들을 보다 "거룩하게" 만드는 것의 이점들은 무엇인가?
4. 만일 하나님 나라의 종말론적 공동체가 다양하다면, 어떻게 우리는 그 다양성을 오늘날 우리의 예배의 구조로 가져올 수 있는가?

제6장

예배하는 교회가 문화와 관계를 맺다

1. 예배와 문화

베이비부머 세대에 태어나서 미국의 복음적인 교회들에서 성장했던 우리들은 우선적으로 현대 기독교 음악(CCM)의 탄생을 경험했다. 1960년대의 문화적 혁명은 교회를 포함한 모든 제도에 영향을 끼쳤다. 우리 중 한 사람이 1970년대에 남부 캘리포니아에서 산다는 것은 매주 토요일 밤 코스타 메사의 오리지널 갈보리채플에서 수천 명의 젊은이들을 향해 연주하는 마라나타 음악, 그리고 크리스천 록 밴드들을 낳으면서 예수운동(Jesus Movement)이 교회에 가져다 준 문화적 이동을 목도하는 것을 의미했다.

다른 한편, 전에 록 뮤지션이었다가 기독교인으로 회심한 이로부터 배우는 경험을 가지기도 했다. 그는 십대 기독교인들에게 록 음악으로부터 떨어져 있으라고 경고했다. 왜냐하면 모두가 그렇게 알듯, 심지어 그것이 기독교 가사로 구성되었을지라도 "음량 플러스 박자는 조작과 같

기"(volume plus pulsation equals manipulation) 때문이라는 것이었다.¹

교회는 음악 형태들에 있어서 수많은 변화와 발전을 경험해 왔다. 그레고리안 성가의 도입으로부터 "왜 악마가 모든 좋은 음악을 가져야만 하는가?"라는 질문을 제기한 첫 번째 사람인 마틴 루터의 대중 선율들의 채택에 이르기까지, 아이삭 와츠(Isaac Watts), 찰스 웨슬리(Charles Wesley), 그리고 파니 크로스비(Fanny Crosby)의 대중 찬송가 스타일에 이르기까지, 교회는 음악과 더불어 길을 같이 하기도 했고, 문화의 영향을 받기도 했으며 그 결과들을 예배로 집약해 넣었다.

그러나 아마도 이 역사적 발전들 중의 어떤 것도 가장 최근의 것처럼 기억할 만한 것은 아니었다. 록 음악에 의해 촉발된 음악 형식에서의 변화는 문화가 포스트모던적 시대로 움직여 갔을 때보다 엄청난 변화를 동반했기 때문이다.

본 장의 목표는 교회와 그 예배에 미친 록 음악 혹은 심지어 포스트모더니즘의 효과들을 검증하는 데 있지 않다. 오히려, 우리는 특별히 예배 형식들이 저 문화에 의해 영향을 받을 때 일어나는 일에 초점을 맞추면서, 예배를 위한 현대적 형식들을 받아들이는 데 대해 생산적 질문들을 던지도록 예배 지도자들 그리고 교회 성원들을 돕는 목표로 교회와 대중문화 사이의 관계를 짧게 보고자 한다.

---

1 한 전직 록 드럼 연주자는 1970년대 초반 저자들 중 한 사람이 참석한 지역교회에서 이러한 정식을 주장했다. 록 음악과의 긍정적 관계를 최근에 주장한 다른 복음주의자가 있다. 다음을 보라. Craig Detweiler and Barry Taylor, *A Matrix of Meanings: Finding God in Pop Culture* (Grand Rapids: Baker Academic, 2003).

2. 문화와 하나님의 영

여기에서 우리가 언급하고자 하는 주된 질문은 교회가 그 예배에서 대중문화를 사용하는 것을 어떻게 생각해야 하는가 그리고 만일 그것이 그 예배 형태에 있어서 대중문화를 포용한다면, 유용함과 위험들은 무엇인가 하는 것이다. 보다 근본적으로, 스탠리 그렌츠가 제시했듯, 우리는 대중문화가 "성령의 놀이터"일 수 있는지 혹은 악마의 "사악한 도구"일 뿐인지 물어볼 수 있다. 만일 대중문화가 악마에 속해 있다면, 분명히 교회는 하나님을 예배하기 위해 그 형식들을 사용해서는 안 된다. 다른 한편으로, 만일 하나님이 그 안에서 역사하신다면, 문화는 교회에게 예배를 위한 강력한 형식들을 제시할 수 있다.

긍정적이든 부정적이든 그렌츠의 질문에 대답하기에 앞서, 우리는 대중문화를 정의할 필요가 있다. 크리스토퍼 가이스트(Christopher Geist)와 잭 나크바(Jack Nachbar)의 저작을 요약하면서, 그렌츠는 대중문화의 네 가지 차원들을 서술한다.

① 다수의 대중이 공유하는 생각의 신념들, 가치들, 미신들, 그리고 계기들.
② 사람들의 조형물과 이미지.
③ 예술.
④ 많은 사람이 모이는 의식이나 행사.[2]

---

[2] Stanley Grenz, "(Pop) Culture: Playground of the Spirit or Diabolical Device?" *Cultural Encounters: A Journal of the Theology of Culture* 1, no. 1 (2004): 17.

대중문화의 상징은 이처럼 공유된 의미를 전달하며 사람들은 그것으로 자신에 대해 깨닫고 자신의 갈망이 무엇인지 파악하며 자신이 사는 세상을 구축해 나간다. 대중문화의 상징들은 단순히 그들이 가치 있는 것이라는 사실에 의해 의미를 전달한다. 다른 말로, 대중문화에는 어떠한 참된 중립적 상징들, 이미지들 혹은 제의들도 없다.

대중문화와 그 상징들이 선천적으로 사악한지 혹은 선한지 하는 것은 교회의 역사를 통해 많은 논쟁의 재료가 되어 왔다. 초대교회는 일반적으로 그리스도인들에게 극장, 경기장 등과 같은 문화와 같은 이벤트로부터 떨어져 있으라고 충고했다. 왜냐하면 거기에서의 대부분의 오락은 성적으로 노골적이거나 혹은 폭력적이었기 때문이다.

그와 유사하게 미국의 근본주의 운동이나 많은 복음주의자들은 그것들이 타락한 그리고 오염된 문화의 일부이며 어떤 사람의 믿음을 떨어뜨릴 뿐일 수 있다고 주장하면서 영화, 연극, 그리고 일반 예술과 같은 문화를 거부해 왔다.

근본주의가 문화를 거부한 배경에는 어떤 선한 동기가 있던 반면, 그 결과들은 교회의 증언에 손해를 끼쳤다. 근본주의는 문화를 통해 하나님을 발견하는 능력을 상실하였으며 하나님께서 타락하고 파괴된 것을 통해 말씀하시는 것을 듣는 데 불가능한 경향을 발전시켰기 때문이다.

따라서 마틴 루터 킹 그리고 시민권 운동에 의해 설교된 하나님 나라의 메시지는, 예컨대 킹의 개인적 부정 행위 때문에[3] 대부분의 근본주의자들 (그리고 마찬가지로 복음주의자들)에 의해 무시되고 있다. 혹자는 어떻

---

[3] 1960년대에, 복음주의 교회들에서는 사람들이 마틴 루터 킹에 대해 인정하지 않는 다고 말하는 것을 듣는 것이 전형적인 일일 수 있었다. 왜냐하면 그가 공산주의와 연결되어 있다는 의심을 받고 있었기 때문이다. 보다 최근에는 의심의 이유로 언급되는 것이 그의 성적 불륜이다.

게 하나님께서 그토록 익살스럽게 가야바를 통해 혹은 심지어 당나귀를 통해 말씀하실 수 있었는지 놀라워한다. 나아가, 근본주의는 하나님을 간절히 찾는 참된 인간을 듣고 이해하는 능력을 대부분 잃어버렸다.

훨씬 넓게, 미국 기독교는 대체로 문화는 완전히 타락한 것으로서, 심지어 하나님을 바라보는 능력에 있어서 무능하다고 주장하는 어떤 대중적 칼빈주의의 렌즈를 통해 문화를 보는 경향이 있어 왔다. 차라리 인간은 공허함에 대해 알고 있으며 많은 것들로 채우고자 하는 헛된 시도를 하지만, 그들은 오로지 하나님에 의해서만 채워질 수 있다고 주장한[4] 어거스틴의 이미지가 낫다.

문화는 하나님을 찾지만, 종종 단지 보다 낮은 신으로 만족하면서 종결될 뿐이다. 왜냐하면 인간 문화가 실제로 참된 하나님과 만날 때, 그는 우리가 찾던 분이 아닌 분으로 우리에게 부딪혀올 것이기 때문이다.

다른 한편으로, 진보주의자들은 때로 대중문화의 어떤 그리고 모든 상징은 교회가 하나님과 관여함에 있어서 유익이 될 수 있는 것처럼 행동했다.

미국장로교회가 그들이 1993년 "하나님에 대한 재형상화" 회의에서 여신 이미지에 관해서 벌였던 최근의 투쟁을 생각해 보라.

대부분의 장로교인들은 여신 이미지가 사람들로 하여금 그리스도 안에서 계시된 하나님과 유익한 관계를 맺게 한다는 관점을 의심하는 반응을 보였다. 그런 상징들이 하나님과 교회를 단순히 적절하게 관여시키지 않을 것임은 자명해 보인다.

예컨대 누구든 만(卍)자가 예배에서 사용될 수 있는지 상상할 수 있는가?

그것의 사용이 언제나 반대적 산출을 낳는 기독교 예배에 대해 아주 정반대의 가치로 본질적으로 담겨진 그러한 상징들이 있다. 그러나 사실

---

[4] 『성 어거스틴의 고백록』(Confessions) 1.1.

우리는 좋아하든 싫어하든, 톰 보도인(Tom Beaudoin)의 주장처럼, "우리는 대중문화를 통해 우리의 종교적 관심들, 꿈들, 두려움들, 희망들, 그리고 갈망들을 표현한다."[5]

종교적 표현은 문화적 실재이다. 기독교 상징들은 원초적으로 "하늘로부터 떨어진" 것이 아니다. 성육신이 그토록 심원하게 묘사하듯, 하나님은 일상적인 것에서 스스로를 계시하신다. 그가 스스로를 살과 피의 일상적 실재를 통해 계시하듯, 그렇게 우리는 그에게 빵과 포도주라는 일상적 요소들을 통해 관여한다.

심지어 보다 믿기 어려운 것은, 하나님은 대중문화의 비종교적 상징을 통해서도 계시하신다는 것이다. 예컨대, 이글스의 돈 헨리(Don Henley of the Eagles)가 자신의 노래 "문제의 핵심"(Heart of the Matter)에서 받을 자격이 없는 용서만이 우리를 자기파괴로부터 지켜줄 수 있는 유일한 것이라 선언할 때, 우리가 하나님의 음성을 듣고 있음을 알 수 있는 것처럼 말이다.

결국 우리는 문화가 하나님께서 말씀하시는 그리고 말씀하시는 것에서 생겨난 양쪽의 자리이자, 하나님의 자기계시를 왜곡하는 자리이기도 하다고 결론을 내린다. 그래서 우리가 대중문화와 그 상징을 교회로 가져오는 것은 수용할 수 있으며 필요하기도 하다. 왜냐하면 하나님은 그들을 통해 우리에게 관여하시며 우리는 그에게 응답하기 때문이다. 그러나 문화의 상징들은 또한 하나님의 관여와 우리의 응답 양쪽을 왜곡시킬 수 있기 때문에, 우리는 염려도 해야 한다.

---

5   Tom Beaudoin, *Virtual Faith: The Irreverent Spiritual Quest of Generation X* (San Francisco: Jossey-Bass, 1998), xiv.

3. 예배 형식의 기능

대중문화가 상징하는 것으로부터 행하는 것으로 옮겨가면서, 그렌츠는 이렇게 쓰고 있다.

"팝 문화는 사람들이 스스로 만들어가는 가치관과 관점을 **반성하기도** 하고 **영향을 주기도** 한다."[6]

다른 말로, 문화는 하나님을 찾는 인간을 반영하며, 우리가 그분을 찾고 그분에게 관여하는 방식을 상당하게 구술해 준다. 그리고 우리가 그분을 찾을 때, 그분이 어떤 모습으로 보이는지를 그린다. 교회는 하나님과 구원의 복음에 대한 관점을 반영하고 형성하는 예배에 대한 수천의 문화적 상징들을 사용했고 받아들였다. 강단이나, 무릎을 꿇는 의자들, 제의들/가운들, 물고기 상징들, 예수의 그림들이나 제자들, 비디오 스크린들, 향, 영화 장면들 등등 모든 것들이 하나님과 복음의 소통에 대한 관점에 영향을 끼친다.

그 결과, 교회에서의 형식과 기능 사이의 지속적 긴장이 있어 왔다. 만일 예배 형태들이 하나님과 구원에 대한 그분의 메시지를 전하는 역할을 한다면(기능), 문화는 형식 변화를 촉발시킬 것이며 이런 변화는 기능에 영향을 미칠 수밖에 없다. 교회가 물어야 할 중요한 질문은, 대중문화에서 채택된 예배 형식의 변화는 성경에 서술된 것으로 그리고 역사적 기독교 정통주의에 의해 이해된 것으로, 성령을 통해 그리스도 안에 계신 하나님과 참된 만남을 촉진하는가라는 것이다. 우리는 이 질문을 『예배를 추구하는 이해』(*Worship Seeking Understanding*)라는 탁월한 책에서 존 위트블리엇(John Witvliet)이 틀을 만든 예배를 위한 몇 가지 확신들의 렌즈

---

[6] Grenz, "(Pop) Culture," 15.

를 통해 살펴볼 것이다.

첫째, 모든 예전 행위는 문화적으로 조건 지어져 있다. 위트블리엇은 쓰고 있다.

"예전적 문화화는 예전적 축제에 대한 현존하는 문화적 영향들에 대한 정확한 서술로 시작해야 한다."[7]

즉, 예배가 필수적으로 대중문화 요소들을 포함하기에, 교회는 동시대 문화가 어떻게 그 예배에 영향을 끼쳤는지를 질문하면서 그 예배의 형태들을 시험해야만 한다.

둘째, 예전과 문화 사이의 관계는 창조 그리고 성육신에 대한 성경 신학적 범주들에 의해 이론적으로 형성된다.

만일 창조가 인간 문화 행동에 대한 기반을 공급하는 것으로서 대단히 가치 있는 것으로 이해된다면, 기독교의 문화 개입은 비슷하게 선에 대해 큰 가능성을 포함하는 것으로 평가되고 보여지게 될 것이다. 더 나아가서, 성육신은 교회의 문화 개입에 대한 모형을 제공해 준다. 세상에서 교회는 그리스도론적 패턴을 반영한다. 따라서 만일 성육신 안에서, 하나님이 예수 안에 있는 피조물/문화의 실재의 형태와 정체성을 받아들이면서 하나님이 누구이신지에 대한 가장 분명한 인상을 취하신다면, 교회는 대중문화의 상징들이 예배 안에 있는 강력하며 긍정적인 자리에 대한 가능성을 가지고 있다는 것을 인정해야만 한다.

---

[7] John Witvliet, *Worship Seeking Understanding: Windows into Christian Practice* (Grand Rapids: Baker Academic, 2003), 115.

셋째, 예전적 문화화는 자신의 문화적 상황에 대해 신학적 정보에 근거한 문화적 비판을 필요로 한다.

> 모든 사려 깊은 예전주의자들의 목표는 단순히 문화를 적절히 서술하는 것에 이르는 것이 아니라, 오히려 특정 문화의 특성들이 예전의 본질과 목적을 향상시키거나 모호하게 하는지, 그리고 어떻게 예전적 개혁이 현대 문화적 흔적들의 비현실적 가능성을 활용할 수 있는지 분별하는 것이다.[8]

여기에서 문화적으로 형성된 예배의 모든 논의에서 핵심 요소는 아마도 문화 비판의 문제이다. 예배 인도자들은 각 형태들이 참된 예배를 고양시키는지 혹은 저하시키는지를 질문하면서 그들이 사용하는 문화적으로 만들어 낸 예배 형태들을 비판할 필요가 있다. 동시대의 형태들은 그들이 일반적으로 이해 가능한 상징들을 통해 교회에 관여하는 데 그치지 않고, 그들이 온전하게 하나님과 복음을 대표할 수 있는지가 검증이 되어야만 한다.

아마도, 대중문화의 예배 형태들이 즉각적 인식 가능성, 이해, 그리고 공통성을 가지고, 예배를 드리는 데 참여하는 넓은 스펙트럼의 사람들에게 관여를 할 능력을 가지고 있는지 질문하는 사람들은 별로 없을 것이다. 이미 지적으로 그리고 감정적으로 동시대의 음악 그리고 컴퓨터 그래픽과 결부되어 있는 사람들은 그러한 형식들이 사용될 때, 자신들이 쉽사리 예배의 경험들로 끌려 들어온다는 사실을 발견하게 될 것이다. 이것은 긍정적 측면이다.

그러나 생각이 있는 예배 지도자들과 신학자들은 불리한 면 역시 있을

---

[8] Ibid., 118.

수 있다는 것을 알아채 왔다. 도날드 블뢰쉬(Donald Bloesch)는 보다 동시대적이고 편안함을 주는 예배 형태들을 향한 추구는 우리 문화의 걷잡을 수 없는 소비주의자의 자극들이 주어진 가운데 하나님보다 스스로에 대한 집중과 자기 자신의 편안함으로 이끌어 갈 수 있다고 주장한다. 그는 다음과 같이 쓰고 있다.

> 예배는 이제 찬양과 감사를 위한 우리의 희생을 하나님 앞으로 가져가는 것보다 우리 안에 있는 창조적 능력들로 박자를 맞추어 들어가는 것을 의미한다. 구원 이야기를 성경 안에 기술되어 있는 것처럼 재진술하는 찬송가들이 영혼을 보다 높은 실재의 차원으로 변혁시키기 위해 설계된 찬양 코러스로 대체되고 있다.[9]

예배는 의미 혹은 경험을 추구하는 것이 아니라 이러한 의미와 구원이 그리스도 안에서의 하나님의 비교할 바 없는 구원의 행위 안에서 발견된다는 사실에 대한 인정으로 그친다는 것이다. 감리교 목사 크레이그 라이스(Craig Rice)는 이것에 동의한다.

> 교회가 모든 인간의 마음에 현존해 있는 하나님에 대한 갈구를 시장 문화 그리고 소비주의자의 사회를 추구하는 갈망과 지속적으로 혼동하는 한, 그 예배는 기껏해야 부적절한 것으로, 그리고 최악의 경우에는 명백한 장애물로 남게 될 것이다.[10]

---

[9] Donald Bloesch, *The Church: Sacraments, Worship, Ministry, Mission* (Downers Grove: InterVarsity, 2002), 131.

[10] Ibid., 135.

참된 예배가 사람들의 필요들을 충족시키게 될 것이라는 사실에는 어떠한 질문의 여지도 없다. 문제는 예배 형태들이 사람들의 "느낀 욕구들"(felt needs, 주관적 욕구[현재적 욕구]의 일종으로 이는 사회적인 욕구 상황이 개인, 가족이나 집단, 지역 주민 등 그 담당자에 의해 사회적 해결의 필요성을 포함해서 느끼게 된 상태를 말한다. 그러나 이것은 아직 욕구의 존재가 감성적 수준에서 자각되고 있는 단계에 머물러 있는 것이며 해결의 주체적 행동에 결부되는 것은 아니다-역주)을 충족시키는 데 집중되어 있을 때 일어난다. 매주마다 교회는 대체로 자기충족에 초점을 맞추도록 재촉하는 소비문화가 그들을 위해 규정한 필요를 가진 사람들로 채워진다. 느낀 필요들을 깨닫는 것도 좋으나, 교회 예배의 역할은 이런 필요를 충족시켜 주는 것보다는 사람들에게 그들의 "실제 필요"(real needs)가 더욱 심오하다는 것을 보여 주는 것이다.

현대적인 예배 형식이 사람들의 "실제 필요"에 대처할 수 있는가?

물론이다. 그러나 단지 편안하고 친숙한 형태들만을 선택할 때, 하나님의 현존이 그렇게 편안할 수만은 없는 하나님과 만남을 가지는 것보다, 사람들이 듣고 느끼고 싶어 하는 것만 제공해 주는 경향이 있어 왔다. 시장주도적 예배에 의해 편안하게 만들어진 하나님은 근본적으로 자기충족보다 자기부정에 관한 것인 회개나 복음을 필요로 하는 죄인들과 만나주실 것 같지 않다. 마틴 마티(Martin Marty)를 인용하면서, 마르바 던(Marva Dawn)은 언급한다. 예배가 시장에 의해 추진된다면, 그것은

> 군중들을 끌 수는 있지만, '우리가 왜 전율해야 하는지조차 알지 못하는 이들의 미학과 경험에 의해 예배가 측정될 만큼' 아직 거듭나지 않은 자에게 익숙해질 것이다.[11]

---

[11] Marva Dawn, *Reaching Out without Dumbing Down: A Theology of Worship for the Turn-of-*

넷째, 주어진 문화와의 완전한 동일시 혹은 그에 대한 거부와 같은 극단들은 어떻게든 피해야 한다.

여기에서, 위트블리엇(Witvliet)은 문화와 예배 형태들에 대한 변증법적 접근을 요청한다.

> 요약하자면, 문화적 관여가 피하고자 하는 것은 한편으로 "문화적 굴복"이고, 다른 한편으로 '문화적 거부'라는 양쪽의 위험들이다. 문화적 관여의 모든 예에서, 예와 아니오가 있어야 하고, 그 안에 존재하되 속하지 않아야 하며, 받아들여진 문화적 실행들에 대한 연속성과 불연속성이 있어야 한다.[12]

마르바 던도 이에 동의한다.

> 기독교 신앙은 언제나 이상한 것이었다는 것, 그리고 우리가 지 **변증법**적 축의 중요성을 강조해야만 한다는 점을 언급할 수 있다. 그러나, 교회가 이 축을 극단적으로 받아들일 때 즉, 전통을 고수하거나 일상적 삶을 탈피하는 방식으로 종교 의식을 행함으로 문화와 완전히 멀어지게 될 때, 기독교인들은 문화에 대한 사역을 방해하는 분파주의, 지역주의 혹은 신비한 영지주의를 통해 스스로 물러나 세상과 분리된다.[13]

간략히 말하면, 예배 형태의 최상의 배열은 교회가 인간 문화의 부분

---

the-Century Culture (Grand Rapids: Eerdmans, 1995), 98.

[12] Witvliet, *Worship Seeking Understanding*, 119.

[13] Dawn, *Reaching Out without Dumbing Down*, 59.

이 되셨던 하나님을 반영하는 방식으로 그 지속적으로 변화하는 형태들을 통해 문화를 향해 말하면서, 또한 타락한 문화에 맞서 초월적 가치들과 진리들을 표방하는 반문화적 공동체 양쪽 모두에 관련되어 있음을 보여준다는 것이다.

다섯째, 예전 행위는 특별한 문화 상황의 독특한 표현들을 통해 기독교 문화 안에서 일상 요소들을 반영해야만 한다.

특수성과 보편성 사이에 신중한 균형이 있어야만 한다. 제프리 웨인라이트(Geoffrey Wainwright)는 언급한다.

> 토착화는 기독교 복음을 모든 문화와 관련시키기 위해 필요하지만, 그에 수반되는 위험은 이 특별화가 모든(all) 문화들에 대한 복음의 보편적 연관성을 위협하는 방식으로 이해될 수 있다는 점이다.[14]

여기에서 초점은 우리가 만일 교회의 예배 형식들을 특별한 문화 혹은 하위 문화의 독특한 형식에까지 완전히 적용할 경우, 회중 가운데 그 문화 바깥 사람들은 이러한 형식이 지닌 초월적 의미를 모를 것이며 그것을 하나님이나 복음과 연결하지 못하게 될 것이다. 더욱이 검증되지 않은 문화적 형태들을 예배에 사용하는 것은 국가 기독교, 혹은 더 나쁘게, 국가(미국적) 예수를, 혹은 X세대, 베이비붐 세대 혹은 포스트모던적 예수를 양산할 수 있는 위험을 무릅써야 할 것이다. 그 결과로 교회는 문화 자신의 이미지 안에서 만들어진 신을 증거하게 될 것이다.[15]

---

[14] Witvliet, *Worship Seeking Understanding*, 119.
[15] 교회가 그 자신의 자기 이미지를 위해 문화를 채택하는 가장 위험한 사례 중 하나는 교회가 강단에서 미국 국기를 예수 그리고 그의 교회의 상징들 옆에 놓을 때이다. 교회는

이처럼 보편적인 신앙 한 가운데에서 특수성을 충족시키려는 이러한 분투에 의해 소개된 현대 상황은, "전통적" 예배와 "현대적" 예배 모두를 선택하는 방식으로 예배 형식에 대한 불만을 해소하고자 하는 오늘날 많은 대형교회들이 시행하는 방식이다. 이것은 확실한 해결처럼 보일 수 있지만, 우리는 그것이 문제투성이라고 믿는다. 이것을 행하려면 필수적으로 지역 모임들을 나누어, 연로한 예배자들은 전통 예배에 참석하고, 젊은이들은 현대적 예배를 참석하는, 예배자들의 연령에 기반을 둔 두 모임들로 해야 한다.

대부분의 미국교회들이 이미 연령에 기반을 두고 다른 더 작은 교회 모임으로 분열되었다는 것을 받아들인다면, (즉, 성인 성경 연구반, 젊은이 그룹들 등등) 교회는 어떻게 주님을 예배하기 위한 다세대적 공동체로 함께 모일 수 있는 것일까?

파괴된 세상에서 예수를 따르면서 수십 년을 보낸 지혜를 나누어줄 수 있는 할아버지, 할머니 같은 분들과 젊은이들이 어디에서 어깨를 비비며 지낼 수 있을까?

자신들이 오랜 기간 가지고 있던 믿음이 에너지, 희망 그리고 젊은이들의 파고드는 질문들을 통해 도전받는 것을 보면서 어른들은 젊은 사람들과 어떻게 관계를 맺을 수있는가?

어디에서 젊은이들은 "옛" 예배 상징들의 풍요로움을 배우는가 그리고 어디에서 연로한 그리스도인들은 그들로 하여금 계속해서 변화하는

성경적 삼위일체 하나님 그리고 예수 그리스도 안에서의 구원의 그의 복된 소식에 대해 증거해야 한다. 국가를 통해 미국에 이 일들을 연결시키는 것은, 마치 그것이 하나님의 아젠다를 대표하는 것인 양, 세상에서 미국의 역할과 행위를 세례주는 것이다. 이것을 행하는 것은 미국의 정책과 행위가 종종 오만하고 부도덕적인 것으로 경멸되는 세계에서 교회의 증거를 심각하게 깎아내리는 것일 수 있다.

문화에 참여하면서 같은 하나님을 새로운 방식으로 예배하는 방법을 배우는가?

그것이 세대들을 함께 모이도록 하는 다른 창조적인 그리고 효과적인 길들을 생각해 내지 않는 한, "예배 전쟁"을 끝낼 한 방을 찾기 위해 교회는 비싼 값을 치르게 될 것이다.[16]

여섯째, 그리스도교회의 구성적인 예전적 행동들은(말씀 선포, 공동 기도, 세례 그리고 성찬을 포함하는) 기독교 전통에서 "보편적" 혹은 공통 요소들 사이에 있다. 그리고 이러한 종류의 상징들은 최소한 두 가지 이유에서 보편적으로 남아야 한다.

첫 번째 이유로서, 교회는 다문화적 공동체이기만 한 것이 아니라 또한 항상 예수 그리스도 안에서 계시된 동일한 하나님 안에서 그 정체성을

---

[16] 이 동일한 사안의 다른 형태는 인종적 교회와 관련이 있다. 예컨대, 베트남 이민자들로 구성된 교회는 베트남교회로 무한정하게 남아있는가? 이것은 어려운 질문이다. 분명히, 예배자들의 언어로 예배를 드리는 이민자교회는 필요하다. 오로지 그렇게 할 때 그들은 이해를 가지고 예배를 드릴 수 있기 때문이다. 그러나 세 세대가 지나고 나서, 교회의 구성원들 대부분이 미국인들이고 본토박이 영어 사용자들이라고 한다면, 교회는 스스로를 베트남교회로 보존하고자 사역해야 하는가? 상부에서는 인종적 문화 및 베트남인들에게 효과적으로 닿을 수 있는 능력을 보존하고 있을 것이다. 그러나 하부도 중요하다. 그러한 교회는 실제로 그 자신의 인종성 바깥에서 누구와도 연결하기 불가능하게 될 것이다. 또한, 이어지는 세대들이 베트남인들이기보다 미국인들로서 정체성을 갖기 시작함에 따라 (우리는 이것이 좋은 일이거나 혹은 나쁜 일이라고 제시하지 않는다) 그들은 점차적으로 베트남교회에서 예배드리는 것이 어렵다는 것을 발견하게 될 것이다. 오늘날 슬픈 현실은 이 상황에서 많은 교회들이 분열되고 있다는 것이다. 젊은이들은 새로운 미국교회로 떠나고 있고, 따라서 세대의 지혜와 인종 문화를 상실한다. 더 나은 해결은 보다 문화적으로 관계가 있는 형태들을 받아들이는 것을 따라 인종성의 어떤 유지를 수반하게 될 것이다.

발견하는 역사적 공동체이기도 하다.

따라서 모든 세대를 아우르는 교회를 연합시키는 신학적이고 관계적인 실재들이 있는 것처럼, 이러한 연합은 상징들의 일관성 안에서 반영되어야만 한다. 나아가, 기독교 예배의 역사적 형태들의 사용은 모임으로 하여금, 그것이 근대성의 다른 유행들을 따라서 사라져버릴 위험에 있는 현재적 공동체일 뿐만 아니라 이천 년 전 마지막 만찬에서 제자들이 만난 그 예수를 만나기 위해 식탁으로 오는 모든 시대의 성도들과 실제적으로 연합한 공동체라는 사실을 경험적으로 깨닫게 한다. 스스로를 항상 더 새로운 상징들을 통해 지속적으로 재해석하는 강박관념으로 사로잡힌 교회는 자신이 누구이고 왜 존재하는가를 잊어버릴 위험에 있다. 월터 브루그만은 한탄한다.

> 기억상실로 인해 인사불성이 된 공동체는 오로지 "지금"만이 있으며 단지 "우리"만이 있다고 생각할 수 있다.… 기억상실에 빠진 사람들은 매우 귀가 얇고 맹목적으로 순종하며 편리한 시행을 선호한다. [교회의 역사적 형식들 안에 끼워져 있는] 이 기억들은… 모가 난, 기이한, 그리고 동화되기 불가능한 것을 만들어낸다. 소비주의가 "생산물"이 사회적 기준점을 대신하는 기억상실에 의존한다는 것은 분명하며 이러한 "소비자의 가치들"은 조만간 수치스런 종류의 잔인함으로 이어진다.[17]

세계적으로 퍼져 있는 유대인 공동체는, 유배와 억압의 세기들을 통해 공동체의 과거를 잊는다는 것은 자신이 누구이며 어떤 사람이 되어야 하

---

17 Walter Brueggemann, *Biblical Perspectives on Evangelism: Living in a Three-Storied Universe* (Nashville: Abingdon, 1993), 121.

는지를 이해하는 능력을 잃어버리는 것이라고 배워 왔다. 따라서, 홀로코스트에 관한 그들의 지속적인 표어는 "절대로 잊지 말자!"라는 것이었다.

그러나 누군가는 반대할지도 모른다.

"왜 우리는 우리가 누구인지 그리고 하나님이 누구신지 기억하기 위해 옛 형식들과 상징들을 유지해야만 하는가?

우리는 지속되고 있는 실재들을 현대 문화의 언어로 가장 잘 표현할 수 없는가?"

특정 상징들에 관한 한, 대답은 결정적으로 아니오이며, 그것은 우리를 변화하는 문화에도 불구하고 특정 예배 형식을 일관되게 유지해야 하는 두 번째 이유로 이끌어간다.

두 번째 이유로써, 성경은 때로 기능만이 아니라 형식도 지정한다는 것이다.

분명한 예는 주의 만찬이다. 이러한 형식은 여기서 어느 정도 기능에 해당한다. 초대교회 시기 동안, 성찬 형식은 그것을 일종의 식인풍습(carnivalism)이라고 본 이교도들에게는 상처가 되었다. 하지만 교회는 그 형식을 바꾸려 하지 않았는데, 그 까닭은 그것이 대변했던 메시지와 그토록 밀접하게 연결되어 있었기 때문이었다. 혹자는 빵과 포도주같은 상징들이 그것들이 고대 중동 문화에서 그랬던 것처럼 모든 문화들에서 동일한 의미를 갖지 않기에, 교회는 "문화적 동등가들"(cultural equivalents), 즉 각 문화로부터 같은 의미를 지니는 상징들을 사용해야 했다고 제안해 왔다.

문제는 그 문화적 동등가들이 절대로 정확하지 않으며, 보통은 심지어 그 의미에 있어서도 가깝지 않다는 데 있다. 예컨대, 성찬에 대한 아시아 문화에서 빵 대신에 밥을 사용하자고 제안하는 사람도 있다. 왜냐하면 밥은 빵과 같이 일상의 삶에서 기본 음식 재료이기 때문이라는 것이었다. 문제는 빵이 밥보다는 훨씬 더 성경 내러티브에서 많은 것을 나타내는데 있다. 그것은 성전에서 제단에 올린 빵에 의해 묘사되듯 하나님의 임재를 나타내고 있다. 또한, 밥과는 달리, 떼어질 수 있는 빵의 능력은 그리스도의 떼어진 몸의 이미지를 위해 지대한 중요성을 가진다.

비슷하게, 누구도 포도주에 대한 문화적 동등가를 발견할 것 같지가 않은데, 그것은 성경 본문에서 기본적인 식사 음료만을 표상할 뿐 아니라, 또한 생명, 피 그리고 심판도 표상하고 있기 때문이다.[18] 사람들에게는 옛 표징의 중요성을 가르치고 그들을 손상되지 않게 보존하는 편이 훨씬 더 낫다.[19]

4. 결론

그렇디면, "예배 전쟁들," 현대적 예배 형식 대 전통적 예배 형식에 대한 전쟁에 대한 해결책은 무엇인가?

위에서 친숙하게 보았던 것처럼, 대답은 변증법적 접근, 문화를 따라

---

[18] 우리는 분명히 세례는 일종의 변하지 않는 상징이라고 주장할 것이다. 물이나 그리고 심지어 그것을 쏟아붓는, 그 안에 잠기는, 그리고 그것을 통과하는 실행들도, 성경 내러티브에 있는 그토록 많은 중요한 신학적 현실들을 표상하기 때문이며, 어떤 다른 상징으로도 그 의미를 복사할 길은 전혀 없다.

[19] 창의적인 예배 인도자들은 여전히 보다 전통적인 형식들을 사용하면서도, 젊은 사람들을 참된 예배로 끌어들이기 위해 많은 일들을 행해 왔다. 다음과 같은 예들을 포함한다: 전통적 찬송가들을 받아들이고 음악을 재구성하기, 전통적인 말을 여전히 유지하면서도 보다 그 느낌을 보다 현대적으로 만들기. 그리고 그러한 찬송가 뒤에 있는 역사를 말하기(예를 들어 파션으로 호라티오 스패포드[Horatio Spafford]의 아이들이 익사한 것을 배운 다음 그의 찬송가 "내 평생에 가는 길"[It Is Well with My Soul]의 작곡에 대해). 그 문화적 형식을 초월하는 힘과 연관성을 가지고 찬송가를 만들기.

변화하는 예배 형태에 대한 '예'이면서 '아니오'인 접근에 놓여 있어야만 한다. 현대적인 형태들이 보다 효과적으로 삼위일체 하나님과의 참된 관계로 예배자들의 광범위한 공동체를 끌어당길 때는 '예'이다. 그들이 성경적 복음을 정확하게 나타낼 때는 '예'이다. 그들이 역사적인 기독교 전통과 성경 내러티브에 의해 주어진 형상의 충만함을 결여하거나 왜곡하는 하나님의 형상 혹은 복음을 나타낼 때는 '아니오'이다. 그들이 지역 교회들에서 철저한 분리를 만들어낼 때는 '아니오'이다.

만일 교회의 성경적 이미지가 다인종적이고, 다세대적이며, 다문화적이라면, 교회는 심지어 그들의 어려움의 한 가운데에서도, 언제나 그 공동체의 다양한 요소들을 예배를 통한 일치로 가져오도록 추구하면서 그러한 다양성들을 상찬해야 한다. 예배와 문화적 관계의 도전하는 변증법에 관해서는, 마르바 던이 잘 말한 바 있다.

> 이 변증법의 두 축을 함께 붙잡기 위한 주된 열쇠는 교육이다. 믿음의 전통의 선물들을 아직 그것을 알지도 이해하지도 못하는 이들에게 가르치는 것 그리고 유산을 사랑하는 이들에게 그것이 다른 이들에게 나타내질 수 있는 어떤 새로운 형식들을 가르치는 것 말이다.[20]

≈ **심화 연구를 위한 질문들**

1. 문화적 형태들을 위해 받아들여진 예배가 너무 멀리 갔음을 어떻게 아는가?
2. 성경에 합의하지 않고 예배를 보다 문화적 관계를 가지도록 만들 때 기준은 무엇인가?

---

20 Dawn, *Reaching Out without Dumbing Down*, 59.

제7장

성례전적 공동체로서의 교회

1. 신성 모독 그리고 성례전

영화 "대부"(*The Godfather*)에서, 마이클 콜레오네는 가족으로, 즉 교회라고 하는 하나님의 가족으로 그 여동생의 아기를 받아들이기 위한 세례식을 치르는 가운데 대부로 섬기고 있다. 찬 물에서 세례를 치르는 가운데, 마이클 콜리오네는 아이를 위해 악마를 물리친다. 그리고 장면이 바뀌고 관객들은 마이클의 부하들이 동시적으로 총으로 경쟁자인 마피아 패밀리들을 냉혈한 같이 쏴 죽이는 살인을 목도한다.

특이하지만 기억에 남을 방식으로, 이 장면은 우리가 교회를 성례전 공동체로 토론하는 핵심적인 두 초점들을 묘사하고 있다.

첫째, 성례전(혹은 교회법)은 우리가 하나님의 이야기 그리고 하나님의 가족의 삶에 참여하는 곳에서 일어나는 공동체 사건이다.

둘째, 성례전은 우리가 악을 물리치는 그리고 어둠의 권세와 싸움을 벌이는 그리고 십자가에 달리시고 부활하신 그리스도에 대한 하나님의 승리에 대한 증인을 증거하는 곳에서의 신정적(theo-political) 사건들이다.[1]

성례전의 친교적인 그리고 신정적 본질은 삼위일체적 그리고 그 나라의 실재를 반영한다. 그것은 본서의 지배적 초점이며, 그것이 미국교회의 일상적 삶을 지배하게 되어야 한다. 불행히도, 우리의 궁극적 가족이나 정치적 동맹은 너무나 자주 아무렇게나 놓여 있다. 앞서 언급한 "대부"의 경우에서처럼 말이다. 이것이 일어날 때, 우리는 성례전의 의미를 성경 구절의 의식을 치르기 위한 경건한 상징임에도 불구하고, 신성모독으로 그리고 개별적인 균열, 부족적이고 그리고 민족주의적인 분파들로 축소시킨다.

성례전의 이러한 축소적 설명 대신, 세례와 성만찬은 삼위일체 하나님의 가족 및 신정적 공동체로서 교회를 세우고 구성하는 공동체적이며 신정적인 사건들이다. 교회는 성례전적 공동체이다. 그리고 말씀과 함께한다. 성례전들은 교회의 삶과 실천들을 형성하여 교회가 하나님의 이야기에 참여하여 삼위일체적인 나라의 삶을 완전히 경험할 수 있게 된다.

---

[1] 신정적(theo-political)이라는 용어는 교회를 하나님의(theo) 도시(polis), 즉 자신의 정부적 그리고 정치 구조를 가진 일종의 도시로 이해한다. 이 구조는 그리스도의 나라의 공동체로서 교회의 정체성에 의해 형성된다. 세례와 주의 만찬의 성례전들은 그리스도의 도시 그리고 그 통치 안에서 결합과 연속을 상징하는 사건들이다. 벧전은 그리스도의 공동체가 그리스도를 위해 하나님에 의해 세워진 모든 권위들에 존중을 보여주도록 가르친다(벧전 2:13-17). 그것을 이야기하면서, 벧전은 또한 같은 맥락에서, 교회가 "선택받은 백성, 충성스런 제사장, 거룩한 족속, 하나님께 속한 백성"(벧전 2:9)이라는 것을 특징화하면서 모든 다른 그룹들과 영역들로부터 그리스도 공동체를 구별한다. 따라서, 교회가 이 세상에서 족속들 사이에서 하나님의 평화의 주체로서 존재하는 것이 중요한 한편, 또한 교회가 삼위일체 하나님의 나라의 공동체로서 그 독특한 현존을 받아들이면서, 모든 다른 권세들로부터 그 구별을 유지한다는 것 또한 생생하게 중요하다.

교회 예배의 핵심에는 그리스도 안에서 모든 만물의 화해에 대한 기대로 구속적 사랑에 대한 삼위일체 하나님의 이야기의 재현이 있다. 제5장에서 짧게 주목한 것처럼, 교회는 성례전을 통해 이야기를 재진술할 뿐 아니라, 성령에 의한 예수 그리스도의 임재를 통해 하나님 자신을 다시 만나기도 한다. 세례, 성찬 그리고 다른 성스러운 상징들은 거룩한 공동체가 구속의 이야기로 이끌려 들어오는, 그래서 그리스도의 현존으로 이끌려 들어오는 "가상 현실들"(virtual realities)로 봉사한다. 그렇다면 성례전적 예배는 복음 드라마를 재현함을 통해 교회가 하나님의 은총을 경험하는 일종의 공동체 극장이 된다. 성례전의 성경적, 역사적, 그리고 공동체적 신학은 그리스도인들을 모든 전통들로부터 그의 현존과 은총에 대한 삼위일체 하나님의 가장 완전한 표현이 오직 그의 종말론적 공동체, 즉 교회 안에서만 알려질 수 있다는 이해로 옮기면서, 실재적 임재와 제도적 은총에 대한 주장들로 넘어간다.

이어지는 글에서, 우리는 그 서사적 이야기 안에서 성례전의 핵심 중요성을 조명하므로 성경 드라마를 이야기하고자 시도할 것이다. 기독교 공동체의 정체성, 목적, 그리고 행동이라는 관점에서 성례전의 뜻을 이해하는 데 주의가 기울여질 것이다. 더 나아가서, 우리는 어떻게 다양한 전통들이 성례전에 대한 연관 속에서 그리스도의 현존을 보고 있는지, 그리고 어떻게 성경의 드라마가 이 다양한 관점들을 이해할 수 있는지를 숙고하고자 한다. 그 길을 따라서, 우리는 공동체적 현실과 신정적 능력으로서 교회의 현존에 대한 성례전적 중요성을 언급할 것이다.[2]

---

2 우리가 계속해 나가기 전에, 우리의 고찰이 세례와 주의 만찬의 성례전에 맞춰질 것이라는 것을 언급하는 것은 중요하다. 대부분의 역사에서, 로마 가톨릭교회는 일곱 성례전이 있다고 주장해 왔다: 세례, 견신례, 성찬, 혼인례, 서품, 참회 그리고 종부성사이다. 개신교는 두 개를 인정해 왔다: 세례와 성만찬이다. 본서의 에큐메니컬한 성질과 범위

2. 세례와 성찬: 성경 드라마의 재현

세례와 성찬은 바울이 고린도전서 10-12장의 본문에서 세례와 주의 만찬에 호소하므로 성경 드라마를 다시 들려주듯이 성경 드라마를 재현한다. 고린도인들은 그들의 참된 순종이 어디에 놓여 있는지, 그리고 자신들의 신적 기원을 가진 가족이 무엇인지를 잊어버렸다. 그래서 바울은 그것들을 상기시키고자 한다.

분쟁 중인 분파들과 계층의 분열들(고전 1:10-17; 11:17-22을 보라), 그리고 우상과 부도덕(고전 6:12-20; 10:6-22)을 다루면서, 바울은 육욕에 빠져 있는 고린도인들에 대한 경고로 이스라엘의 이야기를 재진술한다. 고린도인들은 성례전을 신성모독했다. 그리고 그리스도를 먹고 마셨던 이스라엘의 많은 이들과 같이, 그들 자신의 몸들은 자신들이 거역의 한 장소인 광야로 흩어져 버리게 되었다(고전 10:3-6; 11:28-32).

교회의 경우에서와 같이, 이스라엘은 하나님의 가족이자 군대 양쪽이었다(엡 6:12-17이 분명히 하듯이 교회의 싸움은 육과 피로 싸우는 것은 아니지만). 출애굽 내러티브는 우리에게 "이스라엘인들[이스라엘의 자녀들, 족장들]은 싸움을 위해 무장하고 애굽으로부터 나갔다"(출 13:18)라고 이야기하고 있다. 홍해에서 모세를 향했던 그들의 세례와(고전 10:2) 유월절 축제는 모든 애굽의 신들(출 12:12)과 바로와 그의 권세들(출 14:13-14)에 대

를 고려할 때, 우리의 의도는 다섯 개의 논쟁된 "성례전들"을 논의하고자 하는 것이 아니라, 교회의 세 주된 가지들-로마 가톨릭, 정교회, 그리고 개신교(후자의 경우에 몇 개의 예외로부터 분리해서)에 의해 인정되어 왔던 두가지에 숙고의 초점을 두고자 하는 것이다. 우리를 바쁘게 만들기 위해서는 딱 이들 두 성례전에 관계된 논쟁들로 충분하다! 이들 두 성례전들, 즉 세례와 성만찬을 토론하는 것에서의 우리의 궁극적 목적은 독자들로 하여금 교회를 성례전적 공동체로서 생각한다는 것이 무엇을 의미하는 가에 대해 심각하게 반추하는 것을 돕고자 하는 것이다.

한 하나님의 심판의 표징으로 봉사했다.

교회가 출애굽에서의 세례와 유월절에 대한 이스라엘의 이야기를 그 자신의 세례와 부활절 축제 동안 재진술할 때, 그것은 바벨론 창기의 타락에서 그리고 어린 양의 결혼 잔치의 시작에서 세상, 육, 그리고 마귀로부터 하나님 앞에 궁극적인 구원을 고대한다(계 18; 19장을 보라). 세례와 만찬에서의 이러한 기억과 기대의 행동들은 그 자체가 이야기된 참여의 시각적이며 생생한 수단들이다. 후에 우리는 "이야기된 참여의 시각적이며 생생한 수단들"(virtual and vital means of storied participation)의 의미를 설명할 것이다. 지금, 우리는 세례와 주의 만찬이 교회가 그 가족의 역사와 하나님의 통치 아래에서의 운명을 기억하고 참여하며 고대하는, 가족적이며 신정적인 사건들임을 말하기 원한다.

자신들이 세례를 받았던 동일한 물로 하나님께서 바로를 삼키시는 것을 목도한 후, 이스라엘은 만나를 먹고(출 16:1-2을 보라), 바위로부터 물을 마시며(출 17:1-7을 보라) 땅을 가로질러 여행했다. 예수께서는 만나를 주신 것을, 생명의 빵으로 자신을 주시는 분으로서 자신과 그 사역의 전조를 보여 준 것이라고 선언하신다(요 6:30-39). 그리고 바울은 이스라엘이 그것으로부터 마셨던 바위는 그리스도였다고 주장한다(고전 10:4).

주님이 "나는 생명의 떡이니 내게 오는 자는 결코 주리지 아니할 터이요 나를 믿는 자는 영원히 목마르지 아니하리라"(요 6:35)고 선언하실 때, 두 이미지들, 즉 하늘로부터 나온 빵과 바위로부터 나온 물을 염두에 두고 있었다는 것은 매우 그럴듯한 일이다. 그럴지라도, 그분의 인격은 항상 그리고 오로지 참된 빵과 생명의 물이었다. 왜냐하면 그는 생명을 가져오기 위해 살육당한 유월절 양이시기 때문이다.

> 내가 진실로 진실로 너희에게 이르노니 인자의 살을 먹지 아니하고 인자의 피를 마시지 아니하면 너희 속에 생명이 없느니라. 내 살을 먹고 내 피를 마시는 자는 영생을 가졌고 마지막 날에 내가 그를 다시 살리리니 내 살은 참된 양식이요 내 피는 참된 음료로다. 내 살을 먹고 내 피를 마시는 자는 내 안에 거하고 나도 그의 안에 거하나니 살아 계신 아버지께서 나를 보내시매 내가 아버지로 말미암아 사는 것 같이 나를 먹는 그 사람도 나로 말미암아 살리라. 이것은 하늘에서 내려온 떡이니 조상들이 먹고도 죽은 그것과 같지 아니하여 이 떡을 먹는 자는 영원히 살리라(요 6:53-58).

하나님은 애굽으로부터 이스라엘을 하나님께서 구해 내신 것을 지속적으로 기념하는 것으로서 이스라엘에게 유월절과 효소를 넣지 않은 빵의 축제를 거행하라고 명하셨다. 완전한 양을 희생하여 먹고, 그 피를 집 문설주에 뿌리므로, 주님께 순종하는 자들만이 장자의 죽음을 막게 될 것이다. 그리고 오직 누룩을 넣지 않은 빵을 먹은 자만이 이스라엘의 공동체의 일부로 남을 것이다(출 12장을 보라). 그리고 오직 그리스도를 먹고 마시는 자들만이 영원히 살게 될 것이다(위의 요 6:53-58을 보라).[3]

하나님은 이삭을 보존하신 것처럼, 죽음의 천사가 애굽을 통과해 지나가던 밤에 이스라엘의 처음 태어난 남자들을 보존하는 가운데, 그의 장자들을 희생의 흠 없는 어린 양으로 구별해 놓으셨다(창 22장; 출 12; 13장을 보라). 하나님은 이스라엘로 하여금 젊은이들을 가르치면서 유월절 사건을 매년 기념하도록 명령하셨다.

---

[3] 로마 가톨릭 교도들과 정교회 교도들이 요 6장을 성찬적 구절로 보는 데 반해, 많은 개신 교도들은 그렇게 보질 않는다. 그러나 요한이 마지막 만찬에 대해 이야기하지 않는 것을 받아들이면(반면 공관복음은 그렇게 한다) 우리는 요 6장이 주의 만찬에 대한 요한의 이해를 전달한다고 믿는다.

이는 여호와의 유월절 제사라 여호와께서 애굽 사람에게 재앙을 내리실 때에 애굽에 있는 이스라엘 자손의 집을 넘으사 우리의 집을 구원하셨느니라(출 12:27).

애굽으로부터, 하나님은 그 아들을 불러내셨다. 그의 민족의 아들, 이스라엘, 그리고 그의 인격적 아들, 예수를, 그리고 주님의 산에서, 하나님은 아브라함의 하나뿐인 독생자의 장소에서 희생을 위해 덤불에서 그의 하나뿐인 독생자의 전조인 양을 준비하셨다(창 22:13-14; 요 3:16; 8:56; 히 12:22-24). 그것은 주님의 산에서 준비되었다.

요한복음 6장에는 궁극적인 유월절 축제가 전조가 나타난다. 예수의 많은 제자들은 흔들렸고 그의 말씀으로 인해 돌아섰다(요 6:60-61, 66). 그의 말씀은 그분이 피를 흘리고 죽는 메시아, 즉 생명의 빵이며 세상의 죄를 멸하실 하나님의 양이 될 것이라고 옹호하고 있기 때문이다. 베드로는 오직 예수만이 영원한 생명의 말씀을 가진 분임을 이해하여, 절대 돌아서지 않을 것이라고 했으나(요 6:68-69), 그는 어떻게 이 일들이 하나님의 기름부음 받은 분에게 일어날 수 있는지 헤아릴 수 없었다. 오로지 "마지막" 유월절을 기념하는 밤이 되어서야 이 모든 참상이 차츰 드러나기 시작했다.

매우 흥미롭게도, 요한복음은 주의 만찬 제도에 대해서는 설명하지 않고 단지 만찬 그리고 제자들의 발을 씻기시는 예수의 토론에 대해 언급을 남기고 있을 뿐이다. 우리는 주의 만찬의 제도를 누가복음에서 발견한다. 랍비이자 제자들로 구성된 그 가족의 수장이신 예수는 하나님께서 출애굽 시에 세우신 관습에 따라 그 저녁에 이스라엘의 역사를 진술하고 있다. 누룩을 넣지 않은 빵을 떼고 유월절 양에 대해 논의하시면서, 주님은 그의 제자들을 공식적인 본문에는 있지 않은 (그러나 확실히 구약성경 본문의 행간에는 있는 것으로) 삽입된 행을 통해 그의 제자들을 놀라게 한다. 여기에 그 행들이 있다.

> 또 떡을 가져 감사 기도 하시고 떼어 그들에게 주시며 이르시되 '이것은 너희를 위하여 주는 내 몸이라. 너희가 이를 행하여 나를 기념하라' 하시고 저녁 먹은 후에 잔도 그와 같이 하여 이르시되 '이 잔은 내 피로 세우는 새 언약이니 곧 너희를 위하여 붓는 것이라'(눅 22:19-20).

몇 줄 앞에서 주님께서는 그의 제자들에게 말했다.

> 내가 고난을 받기 전에 너희와 함께 이 유월절 먹기를 원하고 원하였노라. 내가 너희에게 이르노니 이 유월절이 하나님 나라에서 이루기까지 다시 먹지 아니하리라(눅 22:15-16).

여기에서 주님은 이 세대가 끝날 무렵 그리고 다음 세대가 시작할 무렵 이루어질 그의 재림과 어린 양의 혼인 잔치에 대해 언급하고 있다. 바울이 그날의 출현을 고대하는 것과 꼭 같이, 주님 스스로 그 날을 간절히 기대하신다. 그리고 교회가 주의 만찬을 거행할 때마다, 하나님의 백성은 바울이 고린도인들에게 가르치듯 주의 죽음을 그가 오실 때까지 선포해야 한다(고전 11:26).

그리스도가 돌아오시고 우리를 새로운 삶으로 일으키실 때까지, 우리는 여기 이 땅에서 그의 고난과 죽음에 참여한다. 세례의 물을 통과하고 생명의 잔을 마시는 동안, 우리는 또한 우리 주의 고난과 죽음을 경험한다. 이것들은 모두 같은 이야기의 일부분이기 때문이다. 따라서, 우리는 그의 세례와 더불어 세례를 받고 그의 잔에서 마신다(막 10:38-39). 우리가 자신의 죄로 인해 죽지 않는 반면(그리스도의 사역이 속죄를 성취하셨기에), 또한 자신의 죄와 세상의 죄로 인해 죽는다. 만일 우리가 충만한 생명 속으로 들어가려면, 우리는 성령에 저항하여 전쟁을 일으키는 우리 자신과 세상 그리고 세상의 욕정에 대해 죽어야한다.

오순절과 혼인 잔치 사이에서, 교회는 애굽-바벨론-로마라는 시련들을 견딘다. 교회는 세기 말에 종말이 고조되는 가운데 타락한 나라들과 권세들에게 쏟아지는 하나님의 분노로부터 보존될 것이지만(이스라엘의 문설주에 피가 있었던 것처럼, 하나님의 표가 우리의 이마에 있을 것이기에), 교회는 그 권세들 스스로가 "애굽의 역병들"을 치르는 가운데서도, 그들 권세들의 손에 의해 고난과 억압 속에 있을 것이다. 성령으로 세례를 주신 같은 주님이 또한 불로 세례를 주신다(눅 3:16-17).

세례 요한은 자신의 세례에서 그리고 불로 세례를 받는 것을 선포하므로 예수와 동일시된다는 것이 무엇을 의미하는지 직접 배웠다. 사람들에게 "그는 성령과 불로 너희에게 세례를 베푸실 것이요 손에 키를 들고 자기의 타작마당을 정하게 하사 알곡은 모아 곳간에 들이고 쭉정이는 꺼지지 않는 불에 태우시리라"고 말하면서, 본문은 요한이 헤롯이 행한 모든 악을 비난하므로 헤롯이 그를 감옥에 넣었다고 우리에게 말한다(눅 3:16-20).

요한이 예수와 동일시된 것처럼, 예수도 요한의 세례를 받음으로써 우리와 동일시된다(눅 3:21). 요한의 세례는 회개의 세례이며, 예수는(요한의 항의에 대항하면서[마 3:14]) 모든 의를 성취하기 위해(마 3:15) 그것을 받는다. 그리고 모든 것들을 요약하는 과정을 시작한다. 마태, 마가, 그리고 누가는 예수의 세례에 대한 설명을 제공한다(요 1:26-34을 보라).

세례 받으신 후 (그에게 성령께서 강림하신 그 시간에), 예수께서는 마귀에 의해 시험을 받으시려고 광야로 인도되신다(마 4:1-11; 막 1:12-13; 눅 4:1-3을 보라). 다시 한번 눈에 띄는 것은 세 공관복음이 그리스도의 유혹에 대한 내용을 포함하고 있다는 것이다. 그리고 세 권 모두 성령이 그리스도께서 세례를 받으실 때 강림하셨던 것을 증거한 것처럼, 마찬가지로 성령이 예수를 유혹을 받도록 광야로 이끌어 가셨다고 말한다.

누가는 유혹 이후에, 예수께서 그가 메시아 시대의 도래를 선포하셨을 때 성령의 능력 안에서 그의 공적 사역을 시작하셨다고 말한다(그것은 성령의 메시야로서의 기름부으심과 더불어 나타나게 되었다. 눅 4:16-21을 보라). 우리 역시 성령을 통해 그리스도로 세례를 받음으로써, 메시야의 시대에 참여하고, 사라져 가는 세대에 속한 그들 권세들과 싸움을 벌인다(이 세상의 지나감에 대해서는 요일 2:15-17을 보라).

4세기 신학자 예루살렘의 시릴(Cyril of Jerusalem)은 『기독교 성례전 강의』(Lectures on the Christian Sacraments)에서 성경 드라마의 예행 연습을 한다. 여기서 시릴은 세례에 대해 존재하는 구약성경 유형론에 대해 말한다.

> 이제 옛 시대로부터 새로운 시대로의 변화가, 형상으로부터 현실로의 변화가 일어난다. 거기에서는 우리가 애굽으로부터 보내진 모세를 가진었다. 여기에는 아버지로부터 세상으로 보내진 그리스도를 가지고 있다. 거기에서는, 모세가 애굽으로부터 억압된 백성들을 이끌고 나올 것이며, 여기에서는 그리스도가 죄에 압도된 인류를 구원할 것이다.
>
> 거기에서는, 어린 양의 피가 파괴자에 반해 선포되었고, 여기에서는 흠 없는 어린 양 예수 그리스도의 피가 악한 영들을 위협하는 매력으로 만들어졌다. 거기에서는 폭군이 옛 백성들을 심지어 바다에까지 쫓아갔고 이러한 방식으로 그리고 비슷한 방식에서 여기서는 뻔뻔하고 수치 없는 영이자 악의 권위가 심지어 구원의 격랑에 이르기까지 당신을 따라갔다. 옛 폭군은 바다로 빠져들어 갔다. 그리고 여기에서는 그가 구원의 물 속으로

사라진다.⁴

세례를 준비하는 이들(세례문답자들)은 세례의 물로 들어가기 전에 폭군 사탄과 그의 사역, 위선과 숭배 의식을 버려야 했다.⁵ 물로 들어감으로써 그들의 옛 인간의 의복은 벗겨졌다. 그리고 그들은 이 옷들, 즉 육의 탐욕스런 욕망을 다시 입도록 허락이 되지 않았다. 적들의 권세는 타락한 육체 안에 자신들의 거주지를 만들기 때문이다.

이 새로운 신자들은, 마치 그리스도가 십자가에서 그의 벌거벗음과 수치스런 고난을 통해 타락한 정사들과 권세들을 까발려 정복하신 것처럼 그들의 타락한 욕정을 물리침으로 적의 권세에 승리를 하셨다.⁶ 초기의 세례문답자들 역시 옛 옷을 벗어버리고 세례의 물로부터 올라와 그리스도의 새로운 옷으로 갈아입었다. "옛 사람"에 관해 시릴은 이렇게 쓴다.

> 일단 그를 벗어버린 어떤 영혼도 다시금 그를 취하시 못하고, 대신에 아가서에 나온 그리스도의 배우자와 더불어 말할 것이다.
> **내가 옷을 벗었으니 어찌 다시 입겠는가?**
> **오, 경이로운 일이로다!**
> 당신은 모든 이들의 눈앞에서 벌거벗기웠지만 부끄러워하지 않았다.
> 참으로 당신이 원래 형태를 가진 아담의 형상을 가지고 있기 때문이다.
> 그는 낙원에서 벌거벗었으나 부끄러워하지 않았다.⁷

4　Cyril of Jerusalem, *Lectures on the Christian Sacraments: The Procatechesis and the Five Mystagogical Catecheses*, ed. F. L. Cross (Crestwood: St. Vladimir's Seminary Press, 1986), 54.

5　Ibid., 54-56.

6　Ibid., 59.

7　Ibid., 59-60.

시릴에게 있어서 세례는 죄의 방면과 하나님의 가정에 입양되는 것을 의미한다. 그것은 또한 그리스도의 고난에의 참여를 상징화한다. 시릴은 세례가 구원을 베푸는 것이라고 믿었다.[8] 시릴에 있어서 유일한 대체물은 피흘린 순교자의 세례였다.[9]

시릴은 당연히 사탄의 사역들과 허식과 로마 체제를 물리치는 것 사이에 있는 연관성을 목도했다. 그가 섬겼던 동방교회는 시대적으로 억압을 경험하고 있었기 때문이다. 이때는 교회가 로마 체제에서 (비록 유대교를 통해서이기는 하지만) 공식적 종교적 위상으로 인식된 이후, 오랜 세월이 지났을 때였다.

첫 세기 말엽에 기록된 요한계시록에서, 요한은 예루살렘 약탈에서 20년 정도 지났을 뿐이었다. 그리스도께서 곧 오시리라는 믿음은 많은 이들에게 여전히 압도적인 확신이었다.

그러나 시릴의 시대에는 교회의 신정적 관심이 영성화되었다. 진지한

---

8   Ibid., 61–62.
9   Ibid., xxx. 시릴 그리고 후기 어거스틴의 가르침의 결과로서 로마 가톨릭 그리고 루터교도들은 예컨대 물세례가 실제로 구원을 한다고 생각하고 있었다. 이것은 왜 가톨릭 교도들과 루터교인들이 유아들을 세례를 주었는지에 대한 이유 중 하나이다. 그들이 본 바로는, 물 세례는 원죄를 제거한다. 전형적으로, 칼빈 그리고 재세례파들로부터 온 전통들은 세례를 통한 중생 개념을 거부한다. 칼빈으로부터 생겨난 개혁파 전통은 세례받은 유아들이 히브리어 성경들에서 할례받은 유아들과 거의 같이 언약 공동체 안에서 참여자로 만들어진다는 것을 확언했다. 개혁파에 있어서는, 유아 세례는 은총의 표징이고 상징으로서 효과가 있었지만, 그러나 중생적인 개념은 아니었다. 유아 세례는 그들에게 이 유아들이 구원을 향하여 그리고 삶에서 후에 신성을 향하도록 도움을 주게 될 은총을 전달하지만, 그러나 또한 만일 그들이 결국 주님의 지식과 은총을 믿고 자라지 않는다면, 세례를 받은 자들에게 심판을 전달한다. 침례교도들은 세례를 구원적인 것으로 보지 않고 혹은 심지어 은총의 수단으로도 보지 않았다. 그러나 오히려 그리스도에 대한 인격적 믿음을 통해 오는 내적 현실에 대한 외적 표징으로 보았다. 침례교 전통에 있는 이들에게는, 오로지 신앙을 받아들일 수 있는 이들과 믿는 이들만이 (따라서, 유아는 아니다) 세례를 받아야 한다. 따라서, 침례교회는 유아 헌신을 행하지만 유아 세례의 실행은 거절한다.

주의를 요구하는 신정적 권세로 교회를 바라볼 실재적 가능성은 없었기 때문이다. 하지만 오늘날 미국 복음주의교회는 큰 권세를 갖고 있다. 하지만 하나님의 권세가 워싱턴에 로비를 하거나 통치하는 정치 정당의 사람들과 충성을 형성함을 통해서가 아니라 궁극적으로 십자가의 약함과 그에 따르는 부활을 통해서 보여진다는 것을 회상해야만 한다.

요한계시록은 대단히 정치적인 책이다. 그러나 거기서 그리스도의 나라의 교회는 약함을 통해 승리를 거두고 있다. 힘을 보여주므로 자신의 손으로 상황을 장악하려는 대신, 자신의 백성을 구원하시는 하나님을 바라봄을 통해서이다. 교회가 십자가의 약함이라는 전략을 군림하는 권력을 향하여 사용하기를 포기할 때, 그것은 무심코 스스로를 유사 국가이자 그리스도의 나라의 라이벌로 세우는 것이다.

대안적으로, 교회가 그리스도의 나라를 다른 세상의 것으로 그리고/혹은 완전히 미래로만 여길 때, 그것은 부지불식간에 교회의 궁극적 충성을 위해 경쟁하면서, "라이벌" 왕국들이 넘쳐날 수 있는 공백을 만들어 낸다. 자기 자신의 손으로 일을 벌이는 교회 그리고 침묵하며 남아 있는 교회 양쪽 모두 여기에서 그리고 지금 그리스도의 영원한 나라를 증거 하는 데 실패하고 있다.

그리스도의 나라는 이 세상의 것이 아니지만, 이 세상의 힘들을 견제한다. 승리하신 어린 양인 사자가 있는 권좌가 있는 방의 장면(계 5장), 전능자의 그늘 안에 거하는 제단 아래 순교자들(계 6장) 그리고 바벨론의 창기의 파괴와 어린 양의 혼인 잔치(계 18; 19장) 모두가 로마의 통치가 응징되므로 끝날 것임을 증거한다.

요한계시록처럼, 세례와 주의 만찬은 본질상 신정적이다. 이미 제시컷처럼, 그들은 또한 친교적 사건들이다. 요한은 소아시아에 있는(단지 개인적으로만 있지 않은) 그의 교회를 향해, 어느 날 새 하늘과 새 땅의 여명과 더불어 그 충만함으로 임하게 될 나라의 관점으로 현재 있는 타락한 힘들을 극복하라고 요청한다. 요한의 백성은 사실상 (마치 애굽에 있던 유대인들의 집이 그들의 문설주에 흠 없는 양의 표징을 지녔던 것처럼) 양의 표징을 지닐 때(계 7:3-14:1), 하나님께서 그들을 분노의 역병에서 보호해 주시고 그의 백성들을 약속된 땅에서의 식탁 잔치를 향해 이끌어 갈 것(계 19장)을 기뻐할 수 있다.

그들의 한 가운데에, 그 백성들의 장막 중심에 거하시는(계 21:2-3) 하나님은, 그들이 하나님께서 그리스도 안에서 그들을 위해 행하신 것을 회상할 때, 그들이 성령을 통해 그리스도 안에서 하나님께 참여할 때, 그리고 그들이 그리스도의 다시 오심을 기대할 때, 그들을 성령에 의해 믿음이 보이게 될 날에 이르기까지 앞서 인도하시면서(계 22:17) 인내로 극복할 권세를 주신다. 성경과 성례전의 신정적이자 공동체적 의미는 하나님의 백성들이 오셨던 분이자 오시고 있는 분이며 오실 분을 회상하고 참여하며 기대하는 것으로써 우리의 시공간의 재구성이자 변혁과 결부되어 있다. 이 모든 포괄적인 거룩한 이야기와 그 상징들은 그 정체성, 목적, 그리고 행동 안에 있는 교회를 확증한다.

3. 정체성, 목적, 그리고 행동을 위한 거룩한 이야기와 상징의 의미

먼 옛날부터, 거룩한 이야기와 그 상징들은 정체성, 목적, 그리고 행동을 공유하므로 하나님 나라의 공동체를 확증하는 역할을 해 왔다. 말씀과 성례전이 함께 간다는 것은 별로 놀라운 일이 아니다. 정체성, 목적, 그리고 행동에 대한 그러한 확증은 공간-시간 영역의 재구성과 결부되어 있다. 그것을 통해 하나님은 말씀과 성례전을 통해 구원 역사에 대한 전체 이야기의 한 부분이 되도록 우리의 삶을 재구성하신다.

거룩한 이야기는 시간의 의미를 재형성하고, 거룩한 상징들은 공간의 의미를 재형성한다. 더 이상 우리는 교회에 가는 것을 하나님을 위한 공간과 시간을 만드는 것으로 보아서는 안 되고, 하나님께서 우리를 위해 공간과 시간을 만드는 것으로 보아야 한다. 교회는 우리가 말씀과 성례전을 통해 이스라엘의 그리스도의 특별한 역사를(모든 시간에 대한 이야기) 재현하는 하나님의 친교적 만남의 장소이다. 하나님 나라 공동체가 그 상징과 더불어 거룩한 이야기를 재현하는 데 실패할 때, 하나님의 백성은 자신이 누구인지, 그리고 어떤 사람이 되며 무엇을 하도록 부름받았는지에 대한 시야를 잃어버린다.

이스라엘은 출애굽, 바벨론 포로, 그리고 귀환 사이에서 살았던 공동체였다. 그 정체성, 목적, 그리고 행동의 의미는 거룩한 제의를 실행하는 가운데 이야기를 재현하는 것과 결부되어 있다. 교회는 출애굽, 포로, 그리고 귀환 사이에서 살아가는 공동체이다. 구원과 포로, 그리고 그 자신의 정체성, 목적 그리고 행동은 거룩한 제의를 시행하는 동안 그 이야기를 재현하는 것과 결부되어 있다. 이 깨달음과 확신이 없다면, 교회는 참된 충성이 다른 곳(즉, 국가나 시장과 같은 타락한 정사들과 함께)에 놓인 종교적이고 경건한 개인들의 자발적 회합으로 전락하고 말 것이다.

성만찬과 세례 안에서의 그리스도에 대한 회상과 성경 이야기의 재현은 타락한 정사와 권세들에 대한 그리스도의 승리를 증거한다. 그것들은 하나님으로부터 백성들을 그리고 백성의 그룹을 서로 갈라 놓는 것을 포부로 삼는 자들이다. 이 타락한 권세들은 "분리하고 다스리라"는 낡은 세대의 전략에 기반을 두고 작동한다. 그들은 교회를 현혹하여 분리된 삶을 살게 함으로 무력화시킨다.

영화 "로메로"(Romero)는 엘 살바도르의 주교 고 오스카 로메로가 스페인 사람들의 후예인 귀족들이 화를 낼지라도, 종종 토착민 농부들의 유아들과 스페인 사람들의 후예인 귀족의 유아을 함께 세례주겠다고 결정하는 모습을 보여 준다. 윌리엄 카바노프(William Cavanaugh)는 로메로가 부유한 이들과 가난한 이들이 함께 미사를 드리도록 데려오기를 결정했다고 또 다시 말한다. 그러자 또 다시 귀족들이 분노하며 화를 냈다. 그들의 항의에도 불구하고, 로메로가 성찬으로부터 얻은 지지와 힘으로 "부자와 가난한 이들을 분리하는 공간적 장벽들을 허무는 것을" 해결하였다고 카바노프는 말한다.

로메로는 "교회의 크기를 살펴서 그것을 보편적이고 연합된 것으로 선언하므로가 아니라, 믿는 자들을 제단 주위의 특별한 장소에 모이게 함으로, 그리고 한 장소에서, 한 순간에, 지상에서 천국의 **보편성**(*Catholica*)을 실현하므로" 이것을 실행했다.[10] 로메로는 성례전이 우리의 공간 감각을 다시 재구성하도록 봉사한다는 것을 잘 이해했다. 민중을 억압하거나 그들의 소유를 빼앗거나 그들을 죽이는 타락한 권력에 대한 로메로의 저항, 그리고 성찬식을 거행함으로써 민중들 사이에 연대를 만들어낸 것 때문에, 타락한 적대적 권력들이 그가 미사를 거행하는 동안 총으로 쏴 죽인 것은 별로 놀라운 일이 아니었다.

그리스도는 성례전을 실행하는 중에 특별한 방식으로 그의 공동체에 현존하신다. 약속의 말씀과 성례전적 참여 안에 있는 믿음을 통한 그분의 살아 있는 현존에 대한 생생한 감각이 없는 교회는 그 정체성, 목적, 그리고 행동이 공격받는 것을 견뎌낼 수 없을 것이다. 그리스도의 교회는 겁쟁이가 될 것이고(그리스도의 나라의 공동체를 그들의 참된 정체성이 다른

---

[10] William T. Cavanaugh, *Theopolitical Imagination: Discovering the Liturgy as a Political Act in an Age of Global Consumerism* (Edinburgh: T&T Clark, 2002), 122.

곳에 놓인 종교적 개인들의 자발적 연합들로 축소시키려고 하면서), 교회에 불리한 이 사회적 권력들에 직면할 용기와 강함을 잃게 될 것이다.

성례전에 임하시는 그리스도의 참된 현존은 로메로와 엘살바도르에 있는 그의 작은 무리를 강하게 했다. 성례전에서 그리스도의 참된 현존은 사적이며 개인화된 정서들의 게토화된 공동체로 우리의 본문을 모른다는 이유로, 틀림없이 반격할 제국에 직면한 미국의 우리 일상 한 가운데에 놓인 그리스도의 작은 무리를 강하게 할 것이다.

식민지화하는 정부와 시장 권력은 기독교 공동체들과 함께 모이는 것에 아무런 어려움이 없다. 그러나 기독교 공동체들이, 만일 자신의 종교적 상징들을 국가의 자유화하고 개인화시키는 권세들에 의문을 제기하는 신정적, 공동체적 상징을 갖는, 그래서 경건한 감정 이상을 운반하는 것으로 그들의 종교적 상징들을 이해하고자 한다면, 크게 어려움을 겪게 될 것이다. 강함은 고립에서가 아니라, 숫자들에서 발견되기 때문이다.

이것을 염두에 둘 때, 성소와 예배 행사 내에 싱경과 성례전의 전략적 역할과 배치는 스탠리 하우어워스가 "개인들의 사적 열망들에 의해 지지되는 임의적 제도들"을 종교 공동체들의 근대적 가치 폄하라고 부른 것에 저항하는 효과적 상징으로 기여한다.[11]

로메로의 세례와 성찬집회는 교회가 결코 임의적 제도가 아니며, 성경과 성례전에 중심을 둔 친교적 실천들로 구체화된 하나님의 공적 열망들에 의해 지지된 비판적 나라의 증언을 상징하는 것으로, 이러한 근대적 경향에 저항을 한다. 교회가 그 거룩한 본문과 상징들이 얼마나 능력 있고 의미 있는지 깨닫는 것을 방해하는 자유화되고 개인화된 권세들에 저

---

[11] Stanley Hauerwas, *Against the Nations: War and Survival in a Liberal Society* (Notre Dame: University of Notre Dame Press, 1992), 124.

항하여, 성경은 하나님의 백성들이 늘 행함 속에서 함께 모이는 것을 그만두지 말고, 서로 격려함으로 세대를 관통해서 모든 하나님의 백성들과 함께 약속의 땅으로 들어갈 그날이 오는 것을 바라보라고 촉구한다(히 10:24-25; 11:39-40).

하나님의 백성들은 (심지어 지금도) 희생 제물 되신 어린 양이자 대제사장이신 그리스도를 통해 약속의 땅에 있는 시온산을 오르도록 부름받아 왔다(히 12:22-24). 그러한 기억과 예행 연습의 결과로, 어떤 경우에는 의심할 바 없이 피를 흘리게도 될 것이고, 다른 경우들에서는 재산을 빼앗기고 투옥되는 것을 일어나게 될 것이지만, 또한 모든 경우에 영원한 삶을 향해 길을 내어 주게 될 것이다(히 10:32-39을 보라). 하나님의 백성이 되어질 것의 빛 안에서 현재를 살 때, 그러한 소망이 공동체를 유지하고 변화시킬 것이다.

교회가 복음의 이야기를 연습하는 데, 그리고/혹은 성례전을 둘러싼 거룩한 공간을 다시 세우는 데 실패할 때, 교회는 자유주의가 "개인들의 사적 욕망들에 의해 지지된 임의적 제도들"로 그리스도의 교회를 평가절하하며 축소하는 희생양이 된다.

이러한 실패의 한 가지 예는 근대에 시작된 성경 내러티브의 쇠퇴로부터 귀결되었다. 한스 프라이(Hans Frei)의 『성경 내러티브의 쇠락』(*The Eclipse of Biblical Narrative*)는 이것에 대해 기록한다.[12] 성경의 적법성을 교의적 진리들을 모으기 위한(근본적 복음주의), 도덕적 철학적 이념들을 예증하는(자유주의), 그리고 실천적 삶을 위한 관련을 보여주고자 하는(구도자 중심 기독교) 근본적인 교과서로서 정당화하고자 했던 근대적 시도들은 성

---

[12] 다음을 보라. Hans W. Frei, *The Eclipse of Biblical Narrative: A Study in Eighteenth and Nineteenth Century Hermeneutics* (New Haven: Yale University Press, 1980).

경이 패러다임적 이야기이자 그것이 우리의 것들(이야기들)임을 기록하는 데 실패한다.

하나님의 이야기가 모든 것을 포괄하고 있다는 고대와 중세의 관점은 심원하면서도 생명을 제공한다. 일단 우리가 우리 삶에서 하나님을 위한 자리를 발견하려는 우리의 생각의 변화를 만든다면(우리의 믿음 여행에서 그분의 이야기를 위한 장소를 개척하면서), 우리는 하나님께서 실제로 현실을 구성하고 우리의 삶과 연관되게 그리고 살 가치가 있게 만드는 **그** 이야기의 참여자로 우리를 만드셨음을 안다.

복음 이야기를 예행 연습하는 것이나 그리고/혹은 성례전 주위의 거룩한 공간을 다시 세우는 것에 실패하는 또 다른 예는 1980년대에 구도자들을 보다 편안하게 느끼도록 할 목적으로 거룩한 공간을 중립화한 것이다. 거룩한 공간의 중립화는 십자가와 다른 특별한 기독교 상징들을 교회의 안식처와 예배의 중심 공간 안에 있는 고귀한 장소들에서 제거한 것을 포함한다. 이제 누군가는 현대 세계에서 거룩한 상징주의에 대한 구도자의 염려를 받아들이면서, 그와 같은 거룩한 공간의 중립화가 그 당시에는 적절했지만, 오늘날 포스트모던적 구도자들 사이에서의 거룩한 상징주의의 재흥은 그것을 거룩한 공간에 되돌려 놓는 것을 필요하게 만든다고 주장할 것이다.[13]

이와 대조적으로, 우리는 그러한 실용적 관점(교회가 구도자의 유형에 기반된 거룩한 공간을 중립화하거나 혹은 재활성화시키는 것이 모두 옳다고 제안하는 것)은 종교 상징들이 장식 창문이 아닌 우리의 한 가운데에서 종말론적 왕국의 상징들을 구성한다는 것을 이해하는데 실패한다고 주장할 것이

---

[13] 로버트 웨버의 다음 책에 나오는 1980년대의 성스런 공간의 중립화에 대한 논의를 보라. Robert E. Webber, *Ancient-Future Faith: Rethinking Evangelicalism for a Postmodern World* (Grand Rapids: Baker Academic, 1999), 108.

다. 만일 정말로 "매체가 메시지"(the medium is the message)라면, 신정적 왕국의 공동체 메시지는, 만일 "포스트모던" 교회들이 공간을 거룩한 것으로서 그러한 신비적 분위기와 더불어 단순히 그들의 예배 섬김을 고취하기 위해 재활성화된다면, 거룩한 매체의 중립화와 더불어 상실되고 결코 재발견되지 않았을 것이다.

하나님의 종말론적 왕국 공동체는(하나님의 부르심에 신실할 때) 식탁 친교와 같은 실천들을 통해 성경을 재현하므로 유대인과 이방인, 남성과 여성, 노예와 자유인을 포함하는 라이벌 그룹들 사이의 구분들을 무너뜨리려고 한다. 주의 만찬은 교회 안에 있는 다양한 그룹들 사이의 적대감의 장벽들에 대한 뿌리 뽑기를 요구하면서, 다양한 인구 구성층들이 함께 앉도록 한다.

커피숍이 오늘날 교회의 주의 만찬에 그림자를 드리우거나 대체하는 것은 얼마나 불행스러운 일인가!

스타벅스에서 커피를 마시러 함께 모여든 이들은 대부분 친구들이거나 혹은 "친우 그룹들"(affinity groups)이다. 그들은 종종 좁게 정의내려진 인구구성 층을 대변한다. 더욱이, 스타벅스에서의 커피는 한편으로 종종 여가와 소모적 소득을, 그리고 다른 한편으로는 지역적, 지방적, 국가적 그리고 세계적 수준에서의 자유시장 대기업의 그리 여유롭지 못한 경쟁적 본성을 전달한다.

교회 안에 스타벅스와 같은 커피숍의 존이 생기는 것은 확실히 혼합된 신호들을 보여 준다. 왜냐하면 그것의 틈새적인, 여가적인, 경쟁적인 자유시장 환경과 동인들이 교회 자신의 공통적 그리고 신정적 정체성, 목적, 그리고 행동에 영향을 주고 중립화하기 때문이다. 매체는 메시지이다. 혹은 최소한 그것과 불가분리하게 연관되어 있다.

사람들이 스타벅스에 커피를 마시러, 그리고 친구들과 교제하러 가는 반면, 하나님의 백성들은 종종 세례와 주의 만찬의 협력적 의미를 인식하는 데 실패한다. 대신, 그들은 이 거룩한 실천들을 예수와의 개인적, 인격적 관계의 구축에서 그들을 지지하는 것으로 성례전을 여기므로, 대단히 개인적이며 개별적 용어들로 이해한다.

미국의 복음주의자들은 우리가 닫힌 눈으로 우리의 사적인 장의자들과 좌석들로 **고립**된 **친교**(communion in isolation)를 취하는 "나와 예수의 순간"(a me and Jesus moment)으로 친교 사건을 만드는 경향으로 만들어 왔다. 우리 중 어떤 이는 루터교 신자로 **다른 이들과 친교**를 취하기 위해 식탁 앞에서 뻗은 팔과 손으로 무릎을 꿇으면서, 병든 이, 연장자, 그리고 부유한 자나 가난한 자를 포함한 다른 이들(communion with others)과 함께 친교를 나누는 것에 깊이 감사하면서 성장했다.

우리가 친교의 사건을 고립의 형태(a form of isolation)로 바꿔온 것은 어떠한가?

만일 우리가 그것의 신학적 수용을 심각하게 받아들였다면, 친교가 절대 고독 안에서는 받아들여질 수 없음을 깨달았을 것이다. 누군가는 고독 가운데 라떼를 마실 것을 선택했을 수 있겠지만, 주의 만찬의 경우에는 절대 그렇게 할 수 없을 것이다. 심지어 집에서 침대에 갇혀 있는 연로한 사람조차 고립 속에서 친교를 취할 수 없다. 우리 학생들 중 한 사람은 루터교회의 평신도 지도자이다. 목사가 성례전을 집전하기 위해 자리에 누워 있는 사람의 집으로 갈 때마다, 목사는 회중이 먹고 마신 것과 동일한 빵과 같은 잔으로부터의 포도주를 제공한다. 심지어 자리에 누워 있는 사람도 전체 공동체와 더불어 전체 그리스도에게 참여한다. 하나의 빵으로부터 먹고 하나의 잔으로부터 마시는 가운데, 공동체는 그리스도에게 참여한다. 그리고 그리스도를 통해 하나님의 백성들은 성령 안에서 서로와 더불어 친교를 나눈다.

위에 언급된 중립화 경향에 대항하여, 우리는 거룩한 공간에 대한 초기 근대의 개념으로 회귀할 필요가 있다. 거기에서 우리는 실제로 우리 스스로 표징과 상징들에 참여하는 것으로 보았으며, 교회를 전체 우주의 소우주로 보았다. 교회로 들어가는 것은 하나님의 우주로 들어가는 것이다. 정교회 교부인 고백자 막시무스(Maximus the Confessor)는 교회를 "그 부분들의 차별화에 의해 동일한 것으로 나뉘어지지 않는," 보이면서도 보이지 않는 형상으로서의 소우주로 이야기한다. 신도석과 제단 같은 교회 건물의 내부를 구성하는 구별된 공간들은 전체 교회의 부분들로 기능한다.[14] 동일한 방식으로, 비물질적인 그리고 물질적인 현실 차원들은 막시무스가 반추하는 것처럼, 분리되지 않고 연관되어 있음에도 불구하고 구별되어 있다.

> 이처럼 현자는 하나님의 창조로 생겨난 우주, 즉 무형의 지적인 실체들을 담고 있는 영적인 세상과, 마치 그들이 모두 다른 교회인 것처럼, 손으로 만들어진 것이 아니라 우리가 만드는 것들에 의해 제시된 것처럼(많은 본성들과 종류들의 사물들이 그렇게 놀랍게 함께 짜여진) 감각의 대상인 이런 물질적 세상이 구분된 것을 엿본다. 그것의 제단은 위에 있는 세상으로, 위에 있는 권세들에 할당되어 있으며, 그것의 평신도석은 아래에 있는 세상으로, 그 다수가 감각 속에서 살아가도록 되어 있는 이들에게 맡겨진 것이다.[15]

마틴 루터 킹 주니어 또한 교회를 소우주로 본다. 그 구조는 하나님의 창조적 현실의 보편적 구조화, 그리고 구속적 목적들을 반영한다. 킹의

---

[14] Maximus the Confessor, *The Church, the Liturgy and the Soul of Man: The Mystagogia of St. Maximus the Confessor*, trans. Dom Julian Stead, OSB (Still River: St. Bede's, 1982), 68.

[15] Ibid., 69.

"아프리카계 침례교도의 거룩한 우주" 안에서, 누군가는 "모든 인간적 법과 제도를 비판하는" 신적으로 결정지워진 위계 제도를 감지한다.[16] 아틀란타에 있는 킹의 위대한 에벤에셀침례교회에서 하나님의 능력은 인상적인 강단과 성경에 집중된다. 겸손한 친교의 식탁은 강단 앞에 서 있고 성인과 죄인이 식탁 앞에 앉아 있다.

교회 누군가의 자리는 회중 누군가의 위상을 반영한다. 강단은 회중 위로 어렴풋이 보이며, 목사의 자리가 바로 그 뒤에 있다. 찬양대는 강단과 좌석 뒤로 서는데, 이 찬양대는 천사의 무리를 상징하고 있으며, 위로 천상을 향하고 있다. 십자가는 찬양대 위로 그리고 뒤로 걸려 있으며, "색채가 입혀진 창문" 위로 예수의 초상화가 십자가 위로 떠올라 있다.[17]

> 설교자는 신적 우주의 위계 서열 내에서 다른 권세를 향해 하나님의 주권을 선포하는 권위를 가진 이로 자리를 차지하고 있다. 설교자는 직접적으로 하나님에게 부름받았기에, 그는 또한 하나님의 목적들이 온 세계에서 어떻게 펼쳐지고 있는지를 "볼 수" 있는 위계의 바깥에 특권적 자리를 가지고 있다.[18]

킹은 후에 교회, 즉 그의 "아프리카계 침례교도의 거룩한 우주"를 언약의 방주로 보게 되었다. 그는 그것을 그와 더불어 자신의 시민 권리 운동에서 받아들이고자 하였다.[19]

---

16 다음 책을 보라. Richard Lischer, *The Preacher King: Martin Luther King, Jr. and the Word That Moved America* (New York: Oxford University Press, 1995), 17.

17 Ibid., 16.

18 Ibid., 17–18.

19 Ibid., 17.

에벤에셀의 예배 (그리고 예배 장소)는 단지 흑인의 생존을 위한 세상만을 세운 것이 아니라 생존이 희망될 수 있는 전부가 되는 세상에 대한 영속적 비판을 제도화했다.[20]

거룩한 공간은 하나님의 종말론적 왕국의 보이는 표징으로 타락한 정사들과 권세들에 저항해서 예언적 증언으로 섬길 수 있었다. 예루살렘의 시릴(Cyril of Jerusalem)은 거룩한 공간을 단지 그러한 예언자적 증거이자 보이는 표징으로 명확히 보았다. 세례에 대한 논의에서 그는 이렇게 쓴다.

> 먼저, 당신은 세례장의 바깥 현관으로 들어선다. 그리고 거기서 서쪽을 향해 마주 선다. 당신은 당신의 손을 앞으로 뻗으며 그리고 사탄 앞에서처럼 당신이 그를 포기하라는 명령을 듣는다. 이제 당신은 그 사람이 옛 역사에서 발견됨을 알아야 한다. 가장 잔혹하고 무자비한 폭군인 바로가 자유롭고 고결하게 태어난 히브리 백성들을 억압할 때, 하나님은 그들을 애굽인들의 악한 종의 신분에서 구원시키도록 모세를 보내셨기 때문이다. 그리고 파괴자가 피의 표징을 가진 집에서 도망치도록 문설주에 어린 양의 피가 발라졌을 때, 히브리 백성들은 놀랍게 구출되었다. 그러나, 그들이 구출된 후에도 대적은 그들을 쫓았고 바다가 그들을 위해 놀랍게 갈라진 것을 보게 되었다. 그럼에도 불구하고 그는 그들의 발걸음을 쫓아 계속 나아갔지만, 갑자기 엄습 당했고 홍해에 집어삼켜졌다.[21]

시릴은 후에 세례문답자들이 세례 의식 동안에 사탄을 물리치기 위해 서쪽을 향하는 이유는 "서쪽이 민감한 어둠의 지역이고, 그는 어둠으로

---

20 Ibid.
21 Cyril of Jerusalem, *Lectures on the Christian Sacraments*, 53–54.

존재하며, 그 또한 어둠 안에 지배 영역을 가지고 있기 때문이다"라고 설명했다. 그래서, "그러므로 당신은 서쪽을 향해 상징적 의미를 지닌 채 바라보면서 그 어둠과 음울한 지배자를 물리치는 것이다."[22] 바깥방에서 서쪽을 마주하는 동안 사탄을 물리치면서 이렇게 말한다.

> 거기에는 당신에게 하나님의 낙원이 열려 있으며, 그곳은 그분이 동쪽을 향해 가꾸어 놓으신 곳으로, 우리의 첫 번째 선조가 자신의 범죄로 인해 추방된 장소이다. 그리고 이것이 상징하는 것은 당신이 서쪽으로부터 동쪽, 즉 빛의 장소로 회귀함을 의미한다.[23]

사탄이 서쪽 그리고 어둠과 결부되어 있는 반면, 그리스도, 즉 아침의 별은 동쪽 그리고 빛과 연결되어 있다. 초신자는 옷을 입지 않은 채 내부의 방으로 들어가며, 악령을 쫓아내는 기름이 발라진다. 그리고 "그리스도께서 십자가에서 무덤으로 옮겨진 것처럼, 그 역시 신적 세례의 거룩한 못으로 인도"된다. 아버지, 아들, 그리고 성령에 대한 믿음을 고백하면서, 새신자는 물 속으로 내려가고 물로부터 세 차례 올라오는데, "그리스도의 삼일간의 매장 모습을 은밀히 가리키는 것이다."[24]

시릴은 새신자가 문자적으로 죽지는 않았고, 문자적으로 매장된 것도 아니고, 문자적으로 부활한 것도 아니지만, ("모방"은 형상이다) "구원은 현실이다"라고 주장한다.[25] 여기에서 "모방"이 "비현실"을 의미하는 것으로 받아들여져서는 안 된다. 상징에 대한 고대의 강조를 받아들이면서,

---

[22] Ibid., 54-55.
[23] Ibid., 57-58.
[24] Ibid., 60-61.
[25] Ibid., 61.

신자는 세례의 상징의 가상 현실(virtuality)을 통해 그리스도의 수난, 죽음 그리고 부활의 삶의 실제적 경험 안으로 들어간다.

본 장의 시작 부분에서 언급된 대로, 세례, 성만찬, 그리고 다른 거룩한 상징들은 거룩한 공동체가 구속의 이야기이기에, 그리스도의 현존으로 이끌려 들어가는 "가상 현실들"로 섬긴다. 우리가 지시한 것처럼, 성례전적 예배는 교회가 공간과 시간에서 복음의 드라마를 재현함으로써 하나님의 은총을 경험하는 일종의 공동체 극장이 된다. 그러한 재현은 정체성, 목적, 그리고 행동에 대한 우리의 감각을 재구성한다. 이 드라마에서 우리는 죄, 즉 세상, 육, 그리고 악마의 비현실에 대해 죽고, 성령의 권능 안에서 그리스도의 속죄 사역을 통해 가능해진 하나님의 의의 현실에 대해 산다.

"모방," "가상 현실," 그리고 "그리스도의 현존"에 대한 토론은 더 깊은 탐험을 요구한다. 이런 그리고 유사한 용어들이 성례전에서의 "실재적 현존," 즉 루터가 『교회의 바벨론 포로』(The Babylonian Captivity of the Church)에서 성례전에 대한 로마 가톨릭교회에 대해 공격한 것에서 생겨난 것에 대한 역사적 논의의 핵심으로 다가간다. 에큐메니컬 대화와 기독교의 경험을 위한 보다 심원한 친교의 모색하므로, 해묵은 분열에서 빠져나오기 위해 이 논쟁의 기본 범주들과 용어들을 이해하는 것은 중요하다.

4. "바벨론 포로"의 재고(再考): 현실적 임재의 현실적 문제

마틴 루터의 역사적 논문인 『교회의 바벨론 포로』(The Babylonian Captivity of the Church)는 로마 가톨릭교회의 성례전 교리에 대한 공격이었다. 그의 비판의 가장 중요하고 지대한 영향을 끼친 측면은 성찬에 대한 그의 논의였다. 로마 가톨릭교회의 성직 계층제가 누가 보기에도 하나님의 주권의 목적들을 하찮게 만들고, 사람들이 그리스도를 경험하는 것을 방해하며 포로로 사로잡는 것에 격노한 루터는 사제들이 성찬식을 받는 이들에게 효력을 만들 아무런 능력도 없다고 주장했다. 따라서, 성례전은 자체의 능력에 의해 작용되는 것(사효론[事效論], *ex opere operato*)이 아니었다.

오히려, 그것은 오직 하나님의 선물인 믿음을 통해서만 그것이 작용한다. 루터는 다음과 같이 말한 바 있다.

> 미사를 가치 있게 유지하기 위해서는 이 약속에 신실하게 의지하고 있는, 즉 그리스도가 그의 이 말씀 [마지막 만찬에서 제도를 세우신 그리스도의 말씀] 안에 참으로 계신다고 하는, 그리고 이 무한한 축복들이 그에 부여되어 있다고 하는 것을 의심하지 않는 믿음 이외에 그 어떤 것도 필요치 않다.[26]

루터는 또한 그리스도가 미사를 행하는 가운데 희생이 되신다고 하는 가르침에 도전했다. 인기 있는 개신교의 의견과 대조적으로 공식 로마 가톨릭 가르침은 그리스도가 미사에서 매번 희생되신다는 것을 부정한다는 것을 주목하는 것이 중요하다. 『로마 가톨릭교회의 요리문답』(*The Catechism of the Catholic Church*)에 따르면, "성찬은 따라서 그것이 십자가에서의 희생을 **재-현하기**(현재적으로 만들기 때문에) 때문에, 그것이 그 **기념**

---

[26] Martin Luther, *The Babylonian Captivity of the Church in Three Treatises* (Philadelphia: Fortress, 1966), 158.

이기 때문에, 그리고 그것이 그 열매에 **적용되기** 때문에 희생이다."²⁷ 이러한 '단 한 번에 영원히'(once-for-all) 치른 희생을 제시해 내는 것을 **회상**(*anamnesis*)이라고 부른다.²⁸ 로마 가톨릭교회는 또한 "그리스도의 희생과 성찬식의 희생은 **하나의 단일한 희생**이다"라고 주장한다.²⁹ 비록 개신교인들이 종종 공식 로마 가톨릭 가르침을 오해했기는 하지만, 희생으로서 미사에 대한 로마 가톨릭 교리를 향한 루터의 도전을 받아들이는 데에는 오해가 없었다.

루터는 은총의 매개로서의 로마 가톨릭 제도들의 필수불가성(그리고 따라서 사회의 힘)에 질문을 제기했다.³⁰ 루터는 로마 가톨릭의 화체설 교리를 거부했다.³¹ 그것은 트렌트 공의회가 아래와 같이 요약했던 것이었다.

---

27   *The Catechism of the Catholic Church* (Liguori: Liguori Publications, 1994), 344 (italics added).

28   See ibid., subsection 1103, 286 (italics added).

29   Ibid., 344 (italics added).

30   각 전통, 즉 로마 가톨릭 그리고 개신교는 자신의 방식대로 하나님의 주권 교리를 보호하고 싶어한다. 각자는 절반의 성공을 거두었다. 로마 가톨릭은 교회 안에서 역사하는 하나님의 주권을 정당히 강조하고, 개신교는 개별 신자의 삶에서 역사하시는 하나님의 주권을 정당하게 강조한다. 그러나 제2바티칸 공의회 이전의 로마 가톨릭은 교회가 그리스도의 현존을 중재한다고 말하는데 있어서 오류를 범했는데, 그들이 로마 가톨릭교회만을 주권적으로 만들고자 하는 경향을 가지는 데에서 그러했다. (어떤 이들은 현재의 교황이 이 오용을 교정하기 위해 먼 길을 갔다고 주장하는 한편, 다른 이들은 신앙의 교리에 대한 회합에 의해 나온 최근의 진술에 대해 관심을 제기한다: http://www.vatican.va/roman_curia/congregations/cfaith/documents/ rc_con_cfaith_doc_20070629_responsa-quaestiones_en.html). 개신교들은 반대 방향, 즉 그/그녀의 믿음을 통해 개별 신자 자신이 주권적이 되도록 만드는 것으로 갔다. (비록 루터는 하나님께서 신앙을 창조하신다고 주장하여 이 경향에 대한 방어를 추구했지만). 양쪽 극단에 반해, 하나님은 그의 아들과 성령을 통해 자신을 교회에 연합하심으로 그리고 믿음을 창조하시므로 주권적이 되신다.

31   Luther, *The Babylonian Captivity of the Church*, 143–52.

빵과 포도주의 축성으로, 빵의 실체 전부가 우리 주 그리스도의 몸의 실체로 그리고 포도주의 실체 전부가 그의 피의 실체로 변화된다. 이 변화를 거룩한 로마 가톨릭교회는 적절하고 적합하게 화체설이라고 불렀다.[32]

루터 자신의 시각은 종종 잘못 명칭이 주어진 공재설(그리스도가 지역적으로 요소들에 현존한다고 주장했던 것을 중세적으로 가르친 것)이었다.[33] 오히려, 루터는 그리스도의 몸과 피가 신비롭고 비지역적 방식으로 실제로 빵과 포도주의 요소들 "안에, 옆에 그리고 아래에" 현존한다고 말한 것으로 인용되었다. 마르부르크 회담(Marburg Colloquy) 중에 스위스 사람들과의 대화에서 루터는 다음과 같이 말했다.

"그리스도는 참으로 현존하신다. 즉 비록 양적, 질적 혹은 지역적인 것은 아니지만 실체적으로, 본질적으로 계신다."[34]

마르부르크 회담(1529)은 루터, 멜랑히톤, 츠빙글리, 부처, 그리고 외

---

32 Council of Trent (1551): DS 1642; 다음 책에서 인용함. *Catechism of the Catholic Church*, 347. 정교회는 종종 화체설이라는 용어를 사용하지만, Kallistos Ware는 정교회에서 이 용어는 "어떠한 독특한 혹은 결정적인 권위도 가지지 않는다"라고 주장한다. 또한 정교회에서 그 사용은 "신학자들로 하여금 아리스토텔레스적인 철학 개념들을 수용하게"(로마 가톨릭교회에서 가지고 있는 것처럼) 하지도 않는다." Ware는 또한 정교회가 항상 요소들의 축성에서 빵과 포도주로부터 그리스도의 몸과 피로 "변화의 실재를 주장"해 왔지만 정교회는 "결코 변화의 방식을 설명하고자 시도하지 않았다"라고 말한다. 다음 책을 보라. Kallistos (Timothy) Ware, *The Orthodox Church* (Baltimore: Penguin, 1963), 290–91. Ware가 정교회를 위한 성례전의 중요성에 대해 이야기하는 것은 또한 로마 가톨릭교회에도 해당되며 심지어 루터교회에도 해당될 수 있다: "성례는 기독교 예배의 핵심적 위치를 차지하거나 혹은 그들이 그리스어로 불리웠던 것처럼 신비에 속한다."

33 다음 책을 보라. Roland H. Bainton, *Here I Stand: A Life of Martin Luther* (Nashville: Abingdon, 1978), 108.

34 Ibid., 249. 또한 다음을 보라. "The Marburg Colloquy and The Marburg Articles, 1529," in *Luther's Works: Word and Sacrament*, IV, vol. 38, trans. Martin E. Lehmann (Philadelphia: Fortress, 1971), 58–61.

콜람파디우스를 포함하는 다양한 개신교 지도자들을 한 자리에 불러 모았다. 츠빙글리가 주의 만찬이 단지 기념적인 것이라고 종종 주장했다고 여겨진 반면, 여기서는 그리스도께서 영적으로 현존하신다고 관점의 진보를 보여 주었다. 그러나 루터는 그리스도는 물질적으로 현존하시며, 그의 현존은 믿음과 분리되서는 아무 유익이 없다고 주장했다. 아마도 두 개혁가 사이의 주된 차이는 루터가 그리스도는 물질적으로 현존한다고 주장했고, 츠빙글리는 그리스도가 오로지 영적으로만 현존한다고 생각했던 것에 있었다.

마르부르크를 넘어서 그리스도의 실재적 현존에 대한 루터와 칼빈의 제자들 사이의 논쟁은 그리스도의 인격 안에 있는 본성의 교류와 연관되었다. 루터의 전통이 그리스도의 인간 본성은 직접적으로 그리스도의 인격 안에 있는 신적 본성에 연관이 되어 있고, 그래서 무소부재와 같은 신적 속성들에 참여한다고 주장한 반면, 칼빈주의자들은 그리스도의 인간 본성은 간접적으로 그리스도의 인격을 통한 신적 본성에 연관되어 있다고 주장한다. 이러한 주장을 받아들여, 개혁파 사람들은 인간 본성이 신적 본성이나 그 속성들, 무소부재 같은 것에 참여하지 않는다고 주장했다.

따라서 루터교 사람들이 그리스도의 인간 본성은 어디에나 (비록 지역적이지는 않지만) 현존한다고 주장한 반면, 개혁파 사람들은 그리스도의 인간 본성은 그리스도께서 하나님의 우편에 앉아 계신 하늘에 위치해 있다고 주장한다.[35] 칼빈을 따르는 자들은 그리스도는 성례전 안에서 신자들

---

[35] 이러한 그리스도론적 주제에 대한 논의에 대해 다음의 저작을 보라. Richard Muller, "communicatio idiomatum/communicatio proprietatum," in *Dictionary of Latin and Greek Theological Terms: Drawn Principally from Protestant Scholastic Theology* (Grand Rapids: Baker, 1985); Heinrich Schmid, *The Doctrinal Theology of the Evangelical Lutheran Church*, 3rd ed., rev. trans., Charles A. Hay and Henry E. Jacobs (Minneapolis: Augsburg, 1899), 331; Heinrich Heppe, *Reformed Dogmatics: Set out and Illustrated from the Sources*, with a foreword by Karl

에게 참으로 현존한다고 강조했지만, 우리의 마음을 신-인께서 하나님의 우편에 앉아 계신 장소로 **하늘로 올리심**(sursum corda)에 의해 그리스도를 그의 인성 안에서 현존하도록 만드시는 이는 바로 성령이었다.[36]

모든 개신교 전통들이 믿음은 성례전이 효력을 발하도록 현존해야만 한다고 주장한 반면, 침례교도의 유산은 그리스도께서 성례전에서 실제로 현존하신다는 루터, 츠빙글리, 그리고 칼빈의 확신을 공유하지 않는다. 오히려, 주의 만찬은 법령이면서 기념이다. 즉, 주의 만찬은 그리스도의 현존의 은총이 식탁에서 신자들에게 중재되는 곳에서의 성례전이 아니다. 더 나아가서, 침례교의 관점에서는, 만찬은 전적으로 기념, 즉 그리스도께서 우리를 위해 행하셨던 것을 회상하는 시간으로 기능한다.[37]

Barth, ed. Ernst Bizer, trans. G. T. Thomson (Great Britain: George Allen & Unwin, 1950; reprint, Grand Rapids: Baker, 1978), 432–33; Karl Barth, *The Göttingen Dogmatics: Instruction in the Christian Religion*, vol. 1, trans. Geoffrey W. Bromiley (Grand Rapids: Eerdmans, 1990), 159.

36 『라틴어와 그리스어 신학 용어 사전』(*Dictionary of Latin and Greek Theological Terms*)에서 Richard Muller의 "마음을 높여"(*sursum corda*) 그리고 "성례전의 연합"(*unio sacramentalis*)에 대한 설명을 보라. 칼빈은 다음과 같이 쓰고 있다: "경건한 영혼이 성찬에서 그리스도를 적절히 파악하기 위해 그들이 하늘로 들어올려져야만 하기 때문에… 성경 자체는 또한 우리에게 그리스도의 승천에 대한 상세한 진술을 통해 그가 우리의 시야와 교제로부터 물러나심으로 그에 대한 모든 육신적 생각으로부터 흔들어 떼어 놓도록 할 뿐 아니라, 우리가 그를 상기할 때마다, 우리의 마음이 들어올려지도록 그리고 하늘에서 아버지의 우편에 앉아 계신 그를 찾도록 요구한다[골 3:1-2]" John Calvin, *Institutes of the Christian Religion*, ed. John T. McNeill (Philadelphia: Westminster, 1960), vol. II, Bk. IV, Ch. XVII, part 36.

37 뉘앙스를 가진 예에 대해서는 다음을 보라. Christopher J. Ellis, *Gathering: A Theology and Spirituality of Worship in Free Church Tradition* (London: SCM, 2004). 기념에 대한 로마 가톨릭의 이해가 그리스도의 사역이 식탁에서 재현된다는 것을 상징하는 반면, 기념에 대한 널리 퍼져 있는 침례교의 이해는 그리스도가 재현하지 않고 단지 기억되는 것이라는 것을 상징한다. 침례교 유산에서 대다수에 있어서는, 십자가에서의 그리스도의 종결된 사역은 역사의 사건으로 남는다. 그리고 그의 사역의 현재적 의미는 신자의 삶에 대해 그 실존적인 효과로 보존된다. 이러한 시각에서, 그리스도는 그가 어떤 다른

우리는 우리가 실제로 식탁에 모였을 때, 그리스도께서 자신의 속죄 사역에서 우리를 위해 행하셨던 것을 회상한다는 우리의 침례교 형제와 자매들의 시각을 공유한다. 이런 관념은 대단히 성경적이며 실존적으로 의미가 있다. 주님 자신은 우리가 주의 만찬을 기념할 때마다, 우리는 그를 기념하는 가운데 식을 거행하는 것이라고 말씀하셨다(고전 11:24-25).

그러나, 성경은 또한 우리가 식탁에서 그리스도에 참여하고(고전 10:14-22), 마찬가지로 우리가 거기에 모일 때 그의 오심을 기대하는 것이라고 가르친다(눅 22:14-18).[38] 따라서, 교회는 마음으로부터 그리고 주 예수로 인해 회상, 참여, 그리고 기대의 태도로 식탁으로 다가오도록 부름받는다. 그분은 계셨던 그리고 계신 그리고 오실 분이시다.

우리가 식탁에서 그리스도의 사역을 회상할 때, 승천하신 그리스도 자신이 성령의 능력 안에서 우리에게 현존하시며, 우리 안에서 그날이 그의 다시 오심을 향해 가까워졌다는 기대를 재촉하신다. 빵과 포도주의 요소들이 그것 자체 안에 그리고 그 자체에 의해서는 아무런 성례전적 의미도 갖지 않은 반면, 식탁 축제에서 그것들이 지닌 그리스도에게로 가까움이 그것들에 의미를 부여한다. 고린도교회가 이교도 축제에 참여하는 것에 대해 질책하는 가운데, 바울은 우상에게 바쳐진 음식들과 우상들 자체는 아무것도 아니라고 말한다.

공간적인 사건에 임재하는 것과 동일한 방식으로 식탁에서 모이는 것에 현존하신다. 여기에서 성례전에서의 그리스도의 실재 현존에 대해 고수하고 있는 복음주의 침례교도는 John E. Colwell이다. 그의 저작을 보라. John E. Colwell, *Promise and Presence: An Exploration of Sacramental Theology* (Bletchley, UK: Paternoster, 2006).

[38] 눅 24장에서 성만찬에서 사용된 제정사가 다시 사용되었다는 것은 언급할 가치가 있다. 누가에게 있어서는, 이것은 부활 후의 교회가 식탁에서 부활하신 그리스도와 만나는 하나의 모델이 된다. 또한 오직 주님께서 제의의 말씀을 재진술하면서 빵을 떼실 때에만 그 자리에 있던 제자들이 그를 인식했다고 하는 것은 주목할 가치가 있다. (그리고 그가 엠마오 도상에서 메시아에 대해 이야기된 모든 성경들을 이전에 그들에게 풀어 줄 때가 아니라.)

그러나 그럼에도 불구하고, 음식과 우상들은 그것들이 바쳐진 그리고 그것들이 상징하는 귀신의 현존에 참여한 것들이다. 바울은 특히 이 동일한 고린도인들이 그리스도의 제자들로서 그의 축제에 그리스도와 참여할 때, 고린도 교인들에게 이 축제들에서 귀신들에 참여하는 것에 대해 경고한다. 누구도 주님의 질투와 심판을 불러일으키지 않고 두 축제들에 참석할 수 없다(고전 10:18-22을 보라). 바울이 다음 장에서 이야기하듯, 그들 중 많은 이들은 병을 얻게 되었고 무가치한 방식으로 식탁에서 먹고 마시는 것에 빠져들었다(고전 11:27-32). 주님은 그의 현존에 참여하는 자들에게 복을 내리시고 심판하기 위해 식탁에서 현존하신다.

우리가 식탁에서 그리스도의 현존에 참여한다는 확신은 급진적 생각이다. 그러면 우리는 식탁에 감히 쉽게 접근할 엄두를 내질 못한다. 성찬에 관련된 로마 가톨릭교회의 신학과 실천들에 대한 고전적 개신교의 비판이 그 역사적 맥락에 있어서 철저한 것이었던 반면, 그리스도께서 식탁의 내 행사에서 현존하신다는 주장은 절대로 급진적이기를 멈추지 않는다. 주님 자신이 식탁에 **항상 가까이** 현존하신다.

따라서 우리는 주님의 만찬을 자주 거행하지 말아야 한다는 전형적인 복음주의의 슬로건 대신, 그것이 암송(종종 기념설적 관점과 결부해서)처럼 되도록 해서는 안 되며, 우리는 스스로 거듭해서 다시 자신을 나타내시는 그리스도께서 주검으로서가 아니라 죽었지만 영원히 살아계신 분으로서 절대로 늦지 않으실 것이라고 주장하게 될 것이다. 그것은 항상 **새로운 것이다**. 성경의 선포, 기도, 그리고 성만찬의 거행을 포함하는 기독교 예배의 문제는 말씀과 성례전 자체를 통한 성경 드라마의 예행 연습의 거룩하고 철저한 실천들로부터가 아닌, 하나님의 백성들의 냉담한 마

음들과 우둔한 생각들로부터 비롯되는 것이다.[39]

마찬가지로 공동체의 삶에 대한 급진적 종교개혁의 강조 역시 급친적이다. 우리가 종종 다른 전통들이 행하듯 주의 만찬을 거행하는 데 대해 동일한 정도의 중요성을 부여하지 않는 재세례파 동료들에 동의하지는 않지만, 공동체의 삶에 대한 그들의 헌신은 존경한다. 각각의 그리고 매일의 식사가 의미 깊은 영적 경험이 되어야 한다는 그들의 시각에 대해서는 무언가 말해질 것이 있다. 더 나아가, 퀘이커 전통에 속한 이들은 매일의 식사가 주님의 만찬이라고 주장한다. 그들은 또한 모든 삶이 성례전적이라고 믿으며, 그리고 그리스도의 몸의 구성원은 세례나 성만찬 축제와 같은 외적인 의식 준수가 아닌 그의 삶 전체의 내적 변화를 요청한다고 믿는다.[40]

퀘이커 교도들은 대단히 통합된 영성을 갈구한다. 우리는 통합적 영성을 향한 그들의 갈망을 공유한다. 따라서 우리는 주님의 식탁 축제와 식탁 친교를 위한 모든 다른 경우들 사이에 질적 차이가 있다고 믿고 있지만, (주의 만찬에 대해서는 유월절의 성취 축제로 거행되었다) 이 궁극적 식사는 우리 그리스도인들의 현존과 공동체의 삶을 다른 형태의 식탁 친교를 포함하는 가운데 깊이 있게 형성해야 한다.

급진적 종교개혁과 퀘이커 전통들 안에 있는 많은 것들이 종종 공동체

---

39 만일 우리가 이러한 모순적 결론의 이 논리를 따르고자 한다면, 우리는 기도와 성경 읽기를 특별한 사건으로 보존하기 위해 한 달에 한 번 기도하고, 성경도 한 달에 한 번만 읽어야 할 것이다.

40 성례전에 대한 퀘이커 교도들의 관점에 대해 도움이 되는 도입을 위해서는 다음을 보라. D. Elton Trueblood's chapter "A Sacramental World," in *The People Called Quakers* (Richmond: Friends United, 1971). 다양한 재세례파 신학과 실천들의 총체적 개관에 대해서는 다음을 보라. Thomas N. Finger, *A Contemporary Anabaptist Theology: Biblical, Historical, Constructive* (Downers Grove: InterVarsity, 2004), esp. 184-97.

의 삶에 대해 다른 전통들에서 온 것보다 깊은 의미를 지닌다. 왜냐하면 아마도 그들이 교회를 남아 있는 공동체로 보고, 따라서 그 참된 충성이 국가를 촉진시키거나 그리고/혹은 시장의 부흥, 즉 바벨론 포로의 근대적 형태에 속한 경건한 개인들의 자발적인 조합으로 교회를 축소시키는 대부분의 종파들보다 더 주의를 기울이고 있기 때문일 것이다.

또한 기독교인들은 하나님과 자신들의 관계를 반추하고 새로운 인류의 그리스도의 대항문화적 왕국 공동체의 구성원으로서 서로를 확인하는 것에 너무 자주 실패하므로, 주의 만찬을 사적이자 개인적 방식으로 거행하고 있다. 예수는 "소비의 공동체"(community of consumption)인 교회의 머리라는 재세례파 신학자 존 하워드 요더(John Howard Yoder)의 주장을 받아들일 때,[41] 식탁 친교와 같은 교회의 실천들은 인종, 계급, 그리고 성의 구별이 삼키워지는 새로운 인류의 정체성, 목적, 그리고 행동에 대해 증언한다.

다시 요더의 말을 인용해 보자.

> 교회의 존재 자체가 [교회의] 주된 임무이다. 그것은 교회가 자유로워지기 시작한 자신의 지배권에 대한 그리스도의 주되심의 선언이다.… 교회는 거기에서… 경제와 인종적 차이들이 극복된 그런 류의 인간의 예증이 되어야만 한다.[42]

교회는, 그리고 그 안에 있는 친교는, 생동감 넘치는 삶의 종말론적 나라의 변혁의 전조이다. 교회의 그러한 시각은 급진적이며 주의 만찬과

---

[41] John Howard Yoder, *Body Politics: Five Practices of the Christian Community before the Watching World* (Nashville: Discipleship Resources, 1992), 17.

[42] John Howard Yoder, *The Politics of Jesus*, 2nd ed. (Grand Rapids: Eerdmans, 1994), 150.

평범한 식탁 친교를 포함하는 그 실천들의 급진적 개념을 반영한다. 기독교의 식탁 친교에 정해진 의미는 또한 전체 기독교 공동체의 제사장적 개념을 반영한다. 모든 신자들은 사제들이다. 여기에서 그들은 개신교 종교개혁의 가장 심원한 요구들 중 하나인 모든 신자들의 제사장직을 받아들인다.

앞서 살핀 논점에 비추어 볼 때, 성찬에 대한 로마 가톨릭과 루터의 논쟁으로 되돌아가 볼 필요가 있다. 루터는 오로지 안수 받은 사제만이(그리고 평신도는 안 되고) 잔을 들고 마실 수 있다는 관행을 거절했다.[43] 로마 가톨릭교회는 그리스도가 그 사도들에게 "너희가 그것을 모두 마셔버리라"고 그의 말씀을 언급했다고 주장했지만, 루터는 모든 신자들이 사제라고 응수했다.[44]

바벨론적인 로마의 전리품 상자에 사로잡힌 잔을 되찾으라는 루터의 요구는 궁극적으로 성직을 가진 이들인 고위 기독교 계층에 속해 있는 그리스도인의 카스트나 계급 제도로부터 포로된 그리스도인들을 자유롭게 하라는 요구였다. 이 요구는 일반 백성들의 언어로 성경을 번역하라는 그의 시각에 못지않게 루터 시대에는 급진적인 것으로 여겨졌다. 그러한 급진주의 때문에 전 종교개혁의 인물이었던 존 위클리프의 몸이 파내져 불태워졌으며, 존 후스 역시 화형당했다.

성찬에 대한 루터의 시각들은 그의 시대에 급진적이었던 반면, 세례에 대한 그의 관심은 보수적이었다. 성찬에 대한 그의 교리가 그를 회중주의(교회는 오로지 신자들로만 만들어졌다는) 방향으로 이끌어 간 반면, 세례에 대한 그의 교리는 그를 국가교회의 방향(교회는 국가와 동맹 관계에 있으며,

---

[43] Luther, *Babylonian Captivity of the Church*, 142.
[44] Bainton, *Here I Stand*, 108.

따라서 모든 시민들은 교회로 세례를 받아야 한다는)으로 이끌어 갔다. 이러한 이유로, 롤랜드 베인턴(Roland Bainton)은 그것을 "사회적 성례"(sociological sacrament)라고 이름 붙인다.[45] 성례전에 대한 루터의 교리는, 그의 믿음에 의한 칭의 교리가 성례전에 대한 그의 관점을 형성했던 것처럼,[46] 그의 교회에 대한 그의 교리를 형성했고, 큰 견지에서 교회에 대한 관계를 형성했다.[47]

개신교 복음주의자들이 루터 사상의 기본 라인을 따르는 것처럼, 우리는 구원의 인격적 본성을 강조하기를 원한다. 구원은 믿음으로부터 온다. 그러나 하나님은 다양한 기독교 전통들에서 역사하고 계신다는 우리의 에큐메니컬적 확신을 받아들이면서, 우리는 다양한 전통들이 믿음의 수용에 의한 구원 방식을 이해하는 여러 방식들의 기반을 갈아먹기를 원치 않으면서 믿음의 중요성을 강조하고자 한다.

따라서 우리는 사람들이 물세례로 구원받음을 믿지는 않지만, 자신들의 물세례가 구원을 위한 도구라고 생각하는 사람들도, 그리스도를 통해 그들을 구원하신다는 하나님의 약속을 믿으므로 구원을 얻는 사람들과 동일한 방식으로 구원받는다고 믿는다. 우리의 관점에서, 믿음 그 자체는 성령에 의해 그리스도 안에서 우리에게 주어진 하나님의 은총의 선물이다.

---

[45] Ibid., 110.
[46] 『여기에 내가 서 있다』(Here I Stand)에 나오는 Bainton의 논의를 보라. 110쪽. 그럼에도 불구하고, 주의 만찬의 경우에서와 같이, 루터는 신앙이 물세례가 효과가 있는 것으로 입증된다고 하는 것에 비판적이었다고 믿었다. (첫째로는 아이 안에 있는 내포된 믿음의 생각에 의해서, 그리고 후에는 어린아이의 후견인의 믿음에 의해서.)
[47] 다음을 보라. Ibid., 108-9. 그들의 신학과 교회론이 생생하게 성만찬에 대한 그들의 감사에 의해 형성된 세명의 현대 신학자들은 로마 가톨릭 신학자 William Cavanaugh, 정교회 신학자 John Zizioulas, 그리고 루터교 신학자 Robert Jenson이다.

더 나아가서, 우리는 그와 같이 물세례가 구원을 한다고 믿지는 않지만, 하나님께서 당신 자신에 대한, 그리고 구원의 사건에 참여하는 상징들로 섬기기 위해 증거할 피조물적 수단을 사용하신다고 믿는다. 하나님 자신은 우리를 구원하시려고 인간이 되셨다. 우리는 그리스도의 인성을 경배하기보다 인간이 되신 하나님을 경배한다. 그리고 마찬가지로 그리스도의 인성이 아니라, 인간이 되신 하나님께서 우리를 구원하신다.

샘에서 솟아나는 물, 밀에서 나오는 빵, 포도 덩쿨에서 나오는 포도주가 우리를 구원하는 것은 아닌 반면, 그들은 하나님께서 창조를 치유하시고 인간을 위한 치유하는 향유로 사용하시려고 피조물을 사용하시는 곳에서 하나님의 핵심을 말씀하시는 사역의 참여에서 상징으로 기능한다.

물세례를 재건하자는 옹호자들은 응답으로 사도행전 2:38에 대해 주목하려고 한다. 거기에서 베드로는 회개의 필요에 대해 이야기하며, 죄 용서를 받아들이고 성령의 은사를 받기 위해 세례를 받을 필요에 대해 이야기한다. 그러나 사도행전 4:4에는 사람들의 믿음과 교회에 받아들여짐에 대해 이야기할 때 세례에 대한 어떤 언급도 없다. 사도행전 10장에는 고넬료와 그의 가족들이 물로 세례를 받기에 앞서 성령을 받는다(행 10:44-48). 물세례가 거듭나게 하는 것이라고 말할 수는 없지만, 우리는 반드시 물로 세례를 받아야 된다고 말해야만 한다.

무엇보다도, 물세례는 출애굽과 함께 시작된 구원의 성경적 드라마를 증거하는 데 상징적으로 중요한 역할을 감당한다. 더욱이, 그것은 내적 실재, 즉 성령 세례의 보이는 표징이다. 성경은 언제나 영적 역동성과 창조적 역동성을 밀접하게 연관 짓는다. (딛 3:5에서 거듭남을 묘사하기 위해 물 이미지를 사용한 것에 주목하라.) 심지어 그들을 구별할 때에도 그러하다. (예수는 요 3장에서 니고데모에게, 또한 육으로 난 것은 육이며 영으로 난 것은 영이라고 말씀하시면서, 물과 성령에 의한 거듭남을 설명할 때 겔 36장의 새 언약의 언어로부터 끌어온다.)

마지막으로, 물세례는 앞서 언급한 본문에서 볼 수 있듯이 교회와의 공동체적 하나 됨에도 매우 중요하다(행 2:41; 10:45-48). 이것은 모두 이스라엘의 백성들이 홍해에서 하나님의 백성으로 떠오르면서 그곳을 통과했던 출애굽 사건으로 되돌아간다. 유사하게, 하나님의 백성이 요단강을 통과했을 때, 그들은 하나님의 약속의 땅에서 하나님의 백성이 되었다. 그래서 물을 통과하는 것은 언제나 하나님의 거룩한 장소에서 하나님의 공동체로 들어가는 것을 묘사한다.

이러한 배경에서, 물세례는 기독교의 공동체의 삶의 **개념**을 상징화한다. 비슷하게, 주의 만찬은 마치 히브리어로 된 구약성경에서 유월절 예식에서 참으로 그랬던 것처럼, 그 삶의 **구축**과 관계가 있다.

물세례의 중요성에 대한 다양한 시각들이 있다. 로마 가톨릭 교도들과 루터교인들은 물세례를 거듭나게 하는 것으로 본다. (세례 받은 유아의 경우에서처럼) 개혁파 전통은 물세례를 비록 그것이 없더라도 예배가 거듭나게 하는 것으로 보기는 하지만, 하나님의 계약의 공동체로 들어가는 상징으로 본다. (따라서, 세례 받은 유아는 하나님의 계약 공동체에서 참여자로 보여진다. 그리고 아이가 자라고 복음을 깨닫게 됨에 따라 질문을 받은 개인은 완전히 계약의 공동체에 참여하는 가운데 믿음으로 촉구된다.) 침례교도들은 물세례를 이미 일어난 내적 현실에 대한 공적 진술로 파악한다. (이 경우에, 오로지 믿는 개인들만 세례를 받는다.)

우리의 시각으로 볼 때에는 물세례는 누구도 거듭나게 하는 것이 아니다. 그러나 물세례는 우리의 삶에서 하나님의 구원하는 행동들에 대한 창조적인 신호로 기능하면서 구원 역사에서 참여적 표징으로 섬긴다. 우리는 또한 신자의 세례가 세례에 대한 성경의 가르침을 가장 잘 이해하고 있다고 주장한다. (비록 신약성경은 루디아나 빌립보의 간수장의 사람들과 같은 전체 가족들이 세례를 받았다고 가르치고 있기는 하지만[행 16장을 보라], 그것은 잘 해야 유아들이 그들의 수에 포함되어 있는 상태에 대한 추론이다.) 유아의 헌신의 실천이 신약성경 어디에서도 첫 세기의 교회 관행으로 언급이 되어 있지 않기는 하지만, 유아 세례에 대해서도 마찬가지로 진리로 받아들여 지고 있다. 물론 어디에서도 그것이 특별히 언급되고 있지 않다.

그러나 신자들이 세례를 받는 데 대해 이야기를 하는 수 많은 본문들이 있다. 우리가 신자들이 세례를 받는 것이 세례에 대한 신약성경 자료에 더 적합한 것이라고 생각하는 반면, 우리는 또한 교회는 세례의 물을 분열을 초래하는 주제로 바꿀 생각은 없었다고 믿는다. 즉, 세례는 사람들을 연합시킬 의도를 가지고 있으며, 그들을 분열시키는 것이 아니다. 이러한 역사적 그리고 동시대적 상황을 염두에 두고, 신약성경의 아주 분명한 연합에 대한 강조를 따라, 우리는 특별한 유아 혹은 신자의 세례 신학을 연합의 신학이 대체한다고 제안한다. 따라서, 우리는 유아 세례를 존중하며, 유아로서 세례를 받은 이들에 대해, 그것이 그들의 양심에 걸림돌이 되지 않는 한, 재세례를 받는 것이 필요하다고 느끼지 않는다.[48]

세례와 주의 만찬에 대한 특별한 시각들만큼이나 중요한 것은 연합의 신학과 삼위일체 하나님의 주권적 현존의 신학 그리고 이러한 성례전적 사건들 안에서의 사역이 중심 위치를 차지하는 것이다. 우리의 관점에서 볼 때, 교회는 하나님의 은총의 분배자가 아니다. 그리스도와 성령은 세례와 주의 만찬 안에서 하나님의 성례전적 현존이다. 세례의 그리고 식

---

[48] 다음 책에 나오는 유아와 신자의 세례에 대한 Geoffrey Bromiley의 기고문을 보라. Walter A. Elwell, ed., *Evangelical Dictionary of Theology* (Grand Rapids: Baker Academic, 1984), s.v. "Baptism, Believers'" and "Baptism, Infant." 이 질문에 대한 그 이상의 논의에 대해서는 다음을 보라. Joachim Jeremias, *Infant Baptism in the First Four Centuries* (Eugene, OR: Wipf and Stock, 2004); 그리고 Kurt Aland, *Did the Early Church Baptize Infants?* (Eugene: Wipf and Stock, 2004).

탁의 사건들은 인간의 사건들이지만, 그들은 그들이 성령을 통해 그리스도에 대한 신실한 믿음 안에서 실천될 때 신적 사건들이 된다. 빵과 포도주가 은총의 기적을 통해 하나님의 성례전적 현존, 즉 아들 그리고 성령에 참여하는 것과 동일하게, 믿음은 그 자체가 삼위일체 하나님의 기적적 창조물이다.

그래서 성례전들 자체가 그리고 저절로 우리를 구원하는 것이 아니다. 대신, 그들은 그리스도 안에 있는 하나님의 구원하시는 현존과 성령을 통해 불가분리하게 연결되어 있다. 하나님은 언제나 우리 한 가운데에서 창조적 수단들을 통해 역사하시기 때문이다.

성령 안에서 그리스도는 하나님의 성례전적 현존이다. 그리고 세례와 주의 만찬의 보이는 표징들과 상징들이 매 순간 하나님의 백성들을 그것들을 거행하도록 모으시는 성령을 통해 그리스도의 성례전적 현실에 참여하는 반면, 그들이 성례전적, 그리스도론적 (그리고 성령론적) 현실을 구성하는 것은 아니다. 오직 그리스도만이 이 창조적 행위들에서 성령을 통하여 자신을 우리에게 주신다. 그리고 오직 그만이 성령을 통하여 우리의 한 가운데에서 하나님의 성례전적 은총을 구성한다.

그리스도는 말씀과 성례전을 통해 성령 안에서 자신의 백성에게 스스로를 매개하신다. 교회는 그리스도의 종결된 사역에 덧붙이는 것이 아니라 이 참여적 상징들을 통해 그것에 대한 시각으로 그리스도의 구원하는 역사를 증거하면서 살아간다. 우리는 심지어 오셨던 분이며 오시고 있는 분이시고 오실 분이신 그리스도 그 자신에게 참여하면서 그리스도께서 구성하신 이 상징들에도 참여한다.

신자들 안에 신앙의 창조과 함께 성례전적 공동체에 대한 삼위일체 하나님의 현존과 구성에 대한 강조는 어떠한 형태의 제도주의에도 방어를 수행한다. 성례전을 둘러싼 성경 이야기로 재방문하는 것과 거룩한 공간을 재활성화하는 것은 믿을 수 있는 증거를 자동적으로 옹호하는 것이 아니다. 성례전도, 그들을 관리하는 이들도, 자신 안에서 성례전을 효과적으로 만들 능력이 없다(사효론, *ex opere operato*). 그러나 성경 이야기와 거룩한 상징들의 재발견은 하나님의 백성들의 마음과 삶의 회복에 발맞춰 간다. 성례전과 개인적 신앙은 상호 간에 서로를 강화시킨다. 하나님은 우리를 능동적 참여자들로 거룩한 드라마에로 끌어들인다.

성례전을 둘러싼 성경 이야기를 다시 살펴보는 것과 거룩한 공간을 재활성화하는 것이 그리스도에 대한 신뢰할 만한 증언을 향상시키지만, 자동적으로 전달하지는 않는 반면, 기독교 제자도로 움직여 나가는 데 실패하는 것은 세례의 특별한 형식 혹은 형태를 촉진시키는 것과는 별로 관계가 없든지 아예 관계가 없다. 문제는 어디에나, 즉 개인의 마음 안에서나 혹은 교회의 설교와 가르침 안에나 놓여 있다. 제프리 브로밀리(Geoffrey Bromiley)가 다음과 같이 언급한 바와 같다.

> 때때로 그렇게 불리우듯, 영아 세례 혹은 유아 세례가 실행되는 곳에서, 성숙하게 자라난 이들이 자신의 믿음의 고백을 해야 하는 것은 당연하고 필요한 일이다. 그러나 그들은 이것이 그들을 구원하지 않으며, 그들이 믿기 전에 그들을 위해 이미 행하신 하나님의 역사가 그들을 구원해 주는 것이라는 분명한 증거로 그렇게 하는 것이다. 물론, 그들이 이 고백을 하지 않든지 혹은 형식적으로 할 가능성이 생긴다. 그러나 이것은 다른 관리 방식으로 도망칠 수는 없다. 그것은 설교와 가르침의 문제이다. 그리고 심지어 그들이 믿지 않고 명목적으로 그렇게 한다 해도, 하나님의 역사의 표징으로써 그들이 받은 과거의 세례는 그들을 부르거나 혹은 궁극

적으로 그들을 비난하기 위한 지속적인 증거이다.[49]

모든 주된 전통들은 그리스도의 제자들에게 그의 발걸음을 따르도록 촉구하고 초청하는 가운데, 그리스도 안에 계시된 하나님의 값비싼 은총의 면전에서 값싼 은총을 거절한다. 이러한 그리스도론으로 이끄는 제자도에 대한 강조는 다양한 세례 전통들을 함께 묶는 일상적 실마리로 섬겨야 한다. 우리는 우리 자신끼리 싸우고 있어서는 안 되며, 우리 일상생활에서 세상, 육, 그리고 악이라는 우리 상호의 적들에 대항하여 함께 싸워야 한다.

제자도에 대한 앞선 토론은 사람들로 하여금 그들을 영적으로 수행하기 위해서 그들의 가족들의 믿음 혹은 그들 자신의 과거의 장점들이나 의식들에 의존하는 것에 대항하여 지키도록 격려해야만 한다고 말하도록 우리를 이끌어 준다. 그 대신, 그들은 인격적으로나 반복적으로 그들의 삶에 대한 그리스도의 부름에 응답하기 위해 격려 받고 도전받아야만 한다.

그리스도인들의 삶은 과정이며, 누군가의 과거에 맡겨진 고정된 사건이 아니다. 따라서 우리는 다음과 같이 생각하는 것에 반해서 사람들에게 아주 주의 깊게 주의를 환기시켜야만 한다.

"나는 세례 받았기 때문에 구원받았다. 그리고 나는 아무리 즐겨도 살게 되어 있다"거나 혹은 그 반대로 "나는 십자군 기도를 기도했다. 그리고 구원을 얻었다. 그래서 나는 뒤로 물러나 편히 앉아있을 수 있다"라는 생각이다.

우리는 그리스도를 따르는 이들을 고난을 통해 완전해지시고 우리

---

[49] Elwell, *Evangelical Dictionary of Theology*, s. v. "Baptism, Infant," by Bromiley.

의 대제사장으로서 아버지의 권좌 앞에서 우리에게 현존하시는 승천하신 그리스도에 대한 시각 안에서 성숙을 향해 성장하도록 가르쳐야만 한다. 우리 안에 착한 일을 시작하신 이 동일한 예수께서 그것을 그의 나타나실 날에 완전에 이를 때까지 이루어 나가실 것이다(빌 1:6). 죽음으로부터 일어나고 하늘에 오르셨던 이 동일한 예수께서 하나님의 영광을 위해 성령의 능력 안에서 모든 선한 일과 섬김에서 우리를 구원하시고 영감을 주시고 채비를 갖추게 할 것이다.

이 동일한 예수께서 우리를 바벨론 포로의 현대적 버전으로부터(그것이 무엇이 되었든지) 우리가 성경 이야기를 재현하고 성령의 능력 안에서 세례와 성찬식 안에 그리고 그를 통한 그의 성례전적 현존을 통한 그리스도의 나라의 역사에 참여할 때 자유를 주실 것이다.

5. 바벨론 포로와 미국교회

미국교회가 그 자신의 바벨론 포로의 형태를 경험하는 한 가지 방법이 있다. 그것은 미국이 기독교 국가로 세워졌으며, 하나님께서 미국을 자신을 위해 기독교 국가로 되찾기를 원하시며, 그리고 그리스도의 나라를 향한 우리의 궁극적 충성은 미국을 향한 충성을 통해 실현된다고 주장하는 선전의 먹잇감으로 떨어지는 것을 통해서이다.[50]

---

[50] 하나님 아래 있는 나라로서 미국에 대한 하나님의 섭리적 계획에 대한 분명한 지지 의사에 관해서는 다음을 보라. Stephen H. Webb, *American Providence: A Nation with a Mission* (New York: Continuum, 2004). 또한 다음 책에 나오는 Cavanaugh와의 그의 논쟁을 보라. *Cultural Encounters: A Journal for the Theology of Culture* 2, no. 2 (2006): 7–29; 카바노프의 기고문. "The Empire of the Empty Shrine: American Imperialism and the Church," Cavanaugh에 대한 Webb의 응답 그리고 Cavanaugh 대답.

이런 관점이 우리의 사고를 지배할 때, 우리는 예배에서 새로 세례 받은 이(그들이 유아이든, 십대이든, 성인이든 혹은 노인이든)를 우리의 참된 형제이며 자매들로 소개하는 목사의 말을 이해하는 것이 대단히 어렵게 된다. 우리는 그들을 몸에 필수적으로 연결된 신자로 보는 것이 아니라, 주로 그들의 핵가족들, 가족 소유인 주식, 그리고 국가에 속한 것으로 본다. 왜냐하면 다른 제도들에 속하는 것과 달리, 교회 가족들은 외관상 따뜻한 마음의 종교적 감성으로 연결된 소비주의자들의 무작위적 모임으로 구성되어 있기 때문이다. 이런 식의 영적 연합은 자발적이면서 심지어 서로에 대한 잠깐 혹은 단기간의 언약적 위탁에 기반을 두고 있다. 우리는 이런 사고방식을 넘어서야 하며, 교회를 생물학적, 경제적, 그리고 법률적 결속에 기반을 둔 그러한 공동체들보다는 훨씬 더 심원한 것으로 함께 결속되어 묶여 있는 것으로 볼 필요가 있다.

그렇지 않을 경우, 우리는 자신을 옛삶의 방식에 대해서는 죽었고, 결코 늙지 않을 것이고 절대 끝나지 않을 새로운 여행을 시작한 이들로 구성된 성례전적 공동체로 보는 것이 아주 어려워진다. 우리가 본서를 쓸 때, 7월 4일 축제(독립기념일)가 열리고 있다. 교회는 미국이 크리스마스와 부활절의 경우처럼 어떻게 오늘 같은 국경일을 신격화하는지, 기독교적인 것들을 세속화하는지, 그리고 심지어 국가 상징들을 기독교의 것들 위에 두는지 깨달아야만 한다.

하나님 아래에 있는 한 국가로 되면서, 미국은 종종 하나님 위에 있는 한 국가인 것처럼 보인다![51]

---

51 이 지점에서 다음 책에 있는 예수의 시대의 문화적 세계관에 담긴 상징들의 기능에 대한 N.T. Wright의 논의를 보라. N. T. Wright, *Jesus and the Victory of God* (Minneapolis: Fortress, 1994), 369-442. N.T. Wright의 분석은 오늘날 미국에서 기독교인들의 삶을 규정하는 지배적 상징들을 뒤엎고 도전하고자 하는 우리의 필요를 진단하는 데 꽤 도움이 된다.

이것은 나눔을 실천하기 위해 살았던 한 목사의 이야기를 상기시킨다. 한 주일 예배 동안에, 그는 친교 식탁 위에 미국기를 걸쳐 놓으면서 그리스도를 향한 사람들의 헌신에 도전을 하기로 작정했다. 사람들에게 잔을 들고 마시라고 할 때가 되자, 그는 의도적으로 깃발에 포도 주스를 부어 버렸다. 사람들은 경악했다. 나중에 장로들 중 한 사람은 자신이 처음 순간 목사에게 격분했다고 말했다.

그러나 후에, 그것을 잠시 숙고한 후에는, 목사가 하나님의 사람들이 그들의 참된 충성심이 어디에 있는지를 보도록 돕고자 시도하고 있다는 것을 깨달았다. 모든 사람들이 교회를 떠나 집으로 간 후, 한 사람이 노크도 없이 목사의 연구실로 뛰어 들어갔다. 그는 곧바로 목사에게로 와서, 그의 손가락을 목사의 가슴에 몇 차례 폭력적으로 찌르면서 말했다.

"미국기에 다시는 절대로, 절대로 그렇게 하지 마시오!"

루터 시대에 바벨론 포로는 구원의 값을 치르기 위해 예배시에 축성되고 관리된 포도주, 즉 그리스도의 고귀한 피를 평신도가 혹시 흘릴 수도 있다는 성직자의 두려움에서 유래되었다. 바벨론 포로는 오늘날 성직자가 포도 주스를 셀 수 없는 수 많은 미국인들의 고귀한 피 값이 치러진 미국의 국기와 같은 것들 위로 흘릴 것이라는 평신도의 입장에서의 두려움 속에서 스스로를 표명한다.

애국심과 미국의 국가적 상징들을 폄하하려는 의도는 없다. 그러나 교회는 그 궁극적 충성이 성찬 거행 때마다 헌물을 바치는 그리스도의 나라에 속해 있음을 보려고 앞으로 나와야만 한다. 성찬 예식은 단순히 전몰자들에 대한 기념식이 아닌, 바로 그것, 즉 죽임당하시고 부활하신 영원히 살아 계신 분을 위한 축제이다. 그는 하나님과 함께 다스리시고, 곧 다시 오실 것이고, 그의 나라는 영원할 것이다.

미국교회는 예루살렘의 시릴(Cyril of Jerusalem) 시대에 그토록 만연해 있던 피의 순교를 현재 경험하고 있지는 않다. 또한 그것은 피 흘린 세례가 구원을 위한 물세례에 대한 대체로 충분하다는 생각을 촉진시키는 것도 아니다. 또한 미국교회는 루터 시대에 그토록 만연해 있던 중세 기독교 공동체의 종교적 카스트 시스템을 예증화시킨 백색 순교(수도원주의)를 촉진시키지도 않는다. 그 시대에는 오직 사제와 성직자들만이 잔을 들고 마실 수 있었다.

오늘날에는 붉은 혹은 백색의 순교로 요청을 받지 않는 반면, 교회로 하여금, 우리가 그리스도와 그의 나라에 속한 교회라는 사실에 대해 증언하는 거룩한 상징들을 간직하도록 요청해야만 한다. 교회는 절대로 종교적 개인들의 자발적 조합을 의미하지 않는다. 그리스도인들의 궁극적 헌신은 그리스도의 교회와 더불어 놓여 있으며, 국가나 시장 혹은 핵가족과 더불어 놓여 있지 않다.

교회의 거룩한 상징들은 개별 신자들의 경건한 감정을 일구기 위한 자료들로 축소될 수 없다. 오히려, 세례와 성찬은 우리 교회들이 하나님 나라의 시민이며 하나님 경제의 주주들이며 하나님의 가족의 구성원들임을 의미한다. 속담이 말하듯, 다른 이들은 잊기 위해 포도주를 마시지만, 우리는 기억하기 위해 포도주를 마신다.

우리가 빵을 먹고 잔을 마실 때, 우리는 그리스도가 누구신지 그리고 그가 우리를 위해 무엇을 하셨는지를 기억하자.

또한 우리의 옛 주인(바로-출 14장)이자 결혼 파트너(롬 6장-7장)가 세례에서 장례됨으로써 우리가 우리 주 그리스도와의 해방을 주는 사랑을 통한 강력한 연합에 사로잡힘을 경험하도록 부활했을때, 우리가 누가 되었는지를 기억하기를 바란다.

≈ 심화 연구를 위한 질문들

1. 매주마다 주님의 만찬을 거행하는 것이 그것의 새로움을 박탈하는 것이라고 주장하는 자에게 어떻게 대답할 것인가?
2. 우리는 성례전이 구원을 위한 단순한 제도적 기계주의가 된다는 것에 대해 어떻게 방어할 것인가?
3. 교회가 주님의 만찬을 거행할 때 그리스도는 어떤 방식에서 특별히 현존하시는가?
4. 교회는 성례전 거행과 주님의 만찬을 어떻게 보다 친교적으로 만들 수 있는가?

제8장

성례전 그리고 성배를 찾아서

모든 사람은 성배를 찾고 있는 것처럼 보인다. 몬티 피톤(Monty Python), 인디애너 존스(Indiana Jones), 댄 브라운(Dan Brown) 그리고 진정한 성찬을 찾고 있는 조 크리스천(Joe Christian)이 그들이다. 사실 그들은 진성한 성찬을 찾고 있다. 성배는 결국 어떤 잔이나 마리아 막달레나의 뼈 같은 것이 아니라 나사렛 예수를 중심으로 식탁 주위에 둘러앉은 참된 교제(성찬)이다.

우리 중 누군가는 (성만찬 혹은 주님의 만찬에 대한 관점이 교회와 동일한 자들만이 성찬에 참여할 수 있는) 폐쇄적 성찬(closed communion)을 실천하고 있던 교회에서 성장했다. 이것은 대단히 불안한 요소이다. "폐쇄적 성찬"은 그리스도와의 관계만으로는 식탁에 앉을 자격을 얻기에 충분치 않다는 것을 암시하는 것처럼 보인다. 식탁에 앉기 위해서는 그곳에 놓인 빵과 포도주에 대한 "생각이 우리와 똑같아야 한다"라는 것이다.

우리가 성례전에 있어서 그리스도의 임재에 대한 다양한 전통의 관점들의 신학적 중요성에 대해 깊이 감사하지만, 또한 그리스도의 몸인 교회 안에서 보이는 연합의 신학적 중요성에 대해 훨씬 깊이 감사하고 있다. 보다 많은 사람들이 종교라고 하는 그들의 약을 얻기 위해 댄 브라운에게로 가고 있는 시대에, 그리고 참된 공동체를 발견하기 위해 마을 술집으로 가고 있는 시대에, 교회가 식탁에서 일어나는 그리스도와 그의 백성들 사이의 교제(성찬)라는 신적 신비를 깊게 파헤치는 것은 보다 더 중요한 일이다. 식탁에 놓인 빵과 포도주에 대한 그리스도의 임재와 관련된 다양한 관점들만큼이나 생동적인 것, 심지어 보다 근본적인 것은 그리스도가 식탁에서 그의 백성들에게 임재하신다는 확신이며, 그리고 이 확신이 다른 이들과의 우리의 친교 및 둘러싸고 있는 세상에 대한 우리의 증언에 매우 중요하다는 사실이다.

가톨릭 교도들, 성공회 교도들, 루터교도들, 정교회 교도들, 개혁파 교도들, 침례교도들 그리고 다른 교파 사람들이 함께 와서 식탁 교제에 동참한다면 얼마나 놀라운 일이 되겠는가.

친교를 위해 의도된 식탁이 종종 신학 논쟁들과 교회 분파들의 중심이 되는 것은 얼마나 슬픈 일인가.

개신교 전통에 속한 우리들에게 균열은 일찍이 마르부르크 회담(1529) 동안 츠빙글리와 벌인 루터의 유명한 논쟁에서 생겨났다. 교회사는 복잡한 분열의 역사라고 할 수도 있지만, 루터와 츠빙글리가 공동체에 대한 각자의 관점 때문에 교회의 교제를 와해시켰다는 사실은 비극이자 비극적 아이러니이다(개신교는 이러한 비극을 결코 극복하지 못했다).

성찬의 친교는 궁극적으로 나와 동일한 생각이나 행동이나 관점을 가진 자들과 함께 하는 것이어서는 안 된다. 그것은 하나님에 대한 것이나 나에 대한 것만도 아니다. 성찬은 그리스도께서 성취하신 사역을 회상하고 그의 다시 오심을 기대하며 성령을 통한 그리스도 안에서의 참여자로서 포도주와 만찬을 함께 하는 하나님과 그의 백성에 대한 것이다.

개신교 자유교회의 아놀드 T. 올슨(Arnold T. Olson)은 한때 성찬은 오직 신자들을 위한 것이지만 동시에 **모든**(all) 신자들을 위한 것이라고 말한 바 있다.[1] 우리는 이 주장에 동의한다. 이제, 의심할 바 없이, 누군가는 우리가 식탁으로 접근하는 데 제한들을 두고 있다고 말하고자 할 것이다. 마치 우리가 비판했던 이와 똑같이 말이다. 그렇기도 하고 아니기도 하다.

유일한 제한은 그리스도에 대한 믿음이지만, 그것은 주님의 만찬이 그 시작부터 그리스도 자신의 가족 식사로 의도된 것이기 때문이었다. 그것을 진술 안에는, 항상 이 가족 축제에로의 지속적 초청이 있다. 이 초청은 그 사람의 신학적 차이들, 인종, 경제 수준, 그리고 연령에 상관없이 언제나 주 예수를 믿고자 하는 누구에게나 열려 있다.

물론, 신자들은 바울이 권면한 대로(고전 11:28) 식탁에 참여하기 전에 먼저 자신을 살펴야만 한다. 이것은 그들이 서로의 기대에 부응하는 것이 아니라, 그들이 그리스도의 무한한 넘침을 받아늘이는 것이다. 그들이 모든 것을 동일한 방식으로 올바르게 혹은 정확하게 믿는 것이 아니라, 그들이 믿는 이를 바라보는 것이다. 그들이 식탁으로 오기 전에 함께 행동하는 것이 아니라 그들이 다른 사람들이 자신의 행동들을 두루 살피는 것을 결코 방해하지 않도록 하는 것이다. 그리고 그들이 이 친교가 살아 있는 머리와 우리의 친교인 만큼, 한 몸 안에서 우리 상호 간의 관계에 대한 것임을 깨닫는 것이다.

앞서 언급한 교회는 이제 열린 친교(open communion)를 실천한다고 주장

---

[1] Arnold T. Olson, *Believers Only* (Free Church Press, 1964). 자유교회 전통은 지나치게 몸을 보편화해서 주어진 장소에서 지역화하는 데 실패하지 않도록 조심해야 하지만, 폐쇄된 성찬을 행하는 교회 전통들은 (보이는 교회가 보편적 교회가 된다는 그들의 강조가 어떻든 간에) 동일한 위험에 직면하는 것으로 종결된다.

한다. 그러나 우리는 더 이상 저 특정 교회와 그 교파의 확인된 성원이 될 필요가 없지만, 빵과 포도주에 대한 그리스도의 임재에 대해 그 교회, 교파와 동일한 방식으로 믿어야만 한다. 그들의 성찬 예배 자료들은 이 조항에다가 그리스도의 몸을 분별함 없이 만찬을 먹고 마시는 이들은 그들에 대한 심판을 먹고 마시는 것이라는 바울의 경고(고전 11:29)를 덧붙인다.

바울의 경고에 대한 우리 자신의 해석은 더 나아가며 본문의 앞부분에 제시된 고린도인들에 대한 그의 질책에 기반을 두고 있다. 부유한 그리스도인들은 식사에서 그들의 풍부한 음식들을 그리스도 안에서 그들의 가난한 형제들과 자매들과 더불어 나누지 않고 있었다. 부유한 그리스도인들은 고린도에 있는 가정교회의 저녁 식사 방에서 함께 포도주를 마시고 식사를 하고 있었지만, 보다 덜 가진 신자들은 바라만 보며 뜰 바깥에 서 있었다. 이 부유한 그리스도인들은 그리스도의 몸(고린도에 있는 교회 전체)을 분별하는 것에 실패했다. 그 결과, 그들은 그들 자신에 대한 심판을 먹고 마셨다(고전 11:29).

고든 피(Gordon Fee)는 고린도교회에서 "가진 자들"과 "가난한 자들" 사이의 사회학적 분리(sociological divisions)가 주님의 만찬을 기념하는 자리에서 드러났으며 이것은 아마도 일반적 식사의 한 부분이었을 것이라고 주장한다. 피는 고린도에서 자신과 같은 지위의 사람들을 초청하여 만찬 룸에서 먹는 동안 다른 사람들이 바깥뜰에서 먹고 있는 장면"은 사회적으로 자연스러운 일이었을 것"이라고 말한다.[2] 피는 후에 이렇게 말했다.

---

[2] Gordon D. Fee, *The First Epistle to the Corinthians*, *The New International Commentary on the New Testament*, vol. 7 (Grand Rapids: Eerdmans, 1987), 533–34. Craig Blomberg는 고린도전서에 나오는 교회에 대한 바울의 비전은 오늘날 교회-성장 운동에서 끼리끼리 모이는 동질집단편성과 연관성을 가지고 있다고 주장한다. Craig L. Blomberg, *1 Corinthians*, The NIV Application Commentary, 6 (Grand Rapids: Zondervan, 1995), 239.

그들 스스로가 '전통을 지키는 것이라고' 생각하는 사람들에게, 여기에서 언급된 행동들은 아마도 특별한 의미를 부여할 만한 행위로 생각되지 않았을 것이다. 그들은 언제나 그와 같이 행동했다. 출신과 환경은 그들의 운명을 결정했으며, 사회는 그들의 관습을 지시했다.

바울에게 있어서는, 이와 대조적으로 "주님의 만찬에서 그들의 습관들은 만찬 그 자체의 의미를 파괴하는 것이었는데, 왜냐하면 그것은 그 식사가 선포하는 일치를 파괴하기 때문이다."[3]

이러한 바울의 말의 배경 이해에 기반을 둘 때, 우리는 바울에게 있어서 "그리스도의 몸을 분별하는 것"은 우리가 더 이상 우리 문화의 관습에 따라 먹어서는 안 되고, 그리스도의 나라의 사회적 관습에 따라 먹어야 된다는 의미로 볼 수 있다. 왜냐하면 이것은 어떤 일상적 식사가 아니라 그리스도의 비일상적 식사이기 때문이다. 여기서 올바르게 분별한다는 것은 (식사에서 그리스도의 임재의 의미를 분별하는 한편), 타인에 대해 올바르게 행동하는 것을 포함한다. 그것은 우리가 타인이 식탁으로 오는 것을 방해하지 않는다는 것을 확실히 하는 것을 수반한다. 경제적 입지 그리고 그외의 것들에 상관없이 모두 환영받는다.

"경제적 입지에 상관없이"라고 말하는 것은 식탁이 경제와 상관없다는 것을 말하고자 하는 것이 아니다. 식탁은 그리스도 나라의 경제 그리고 정치 역학을 의미하거나 상징화한다. 만일 교회들이(다른 선상을 따른 그들의 시각과 상관없이) 경제적 재분배를 평가하고 소비주의 및 인간 정체성의 그 상업화에 맞서 싸우기만 했더라면….

소비주의는 우리가 원래 원했던 것, 심지어 원래는 원하거나 필요로

---

[3] Fee, *First Epistle to the Corinthians*, 544.

하지 않았던 것들까지 가능한 많이 취한다는 의미가 담겨 있다. "물질"(Stuff)이 사람을 눌러 이겼다. 가장 물질적인 사람이 이긴 것이다. 보다 성경적 용어로 말하면, 물질이 사람을 위해 있지 않고 사람이 물질을 위해 있다는 것이다. 우리 스스로를 소비 물질에 내주는 대신, 우리 교회는 우리 자신을 소비하도록 그리스도 그분에 의해 소비되도록 우리 자신을 내주어야 한다. 존 하워드 요더가 말한 적이 있듯, 예수는 "소비 공동체"의 머리이시다.[4]

그리스도인들은 소비하는 인간(*homo consumens*)의 자리에서 점점 소비된 인간(*homo consumendus*)이 되어가고 있다. 그러한 소비는 사거나 파는 것을 통해 일어나지 않으며, 그리스도로 말미암아 성령으로 하나님과 인격적 교제를 하기 위해 그리스도의 피라는 지극히 비싼 값으로 구매한 결과이다. 그리고 이 모든 것이 바로 우리가 주님의 가족 만찬에서 기념하는 내용이다. 그와 같은 좋은 소식은 우리를 소비주의적 충동의 노예가 되는 것에서 해방시킨다.

그러나 결핍의 두려움이 종종 우리의 생각을 지배한다. 월터 브루그만은 그것을 이러한 방식으로 말한 바 있다.

> 비록 우리 중 많은 이들이 선의에서 나온 행동이기는 하지만, 스스로의 삶을 소비주의에 투자하여 넣었다. 우리는 "더 많이"라는 말에 애정을 가진다. 그러나 우리는 결코 충분히 가질 수 없다. 소비주의는 단순히 마케팅 전략만이 아니다. 그것은 우리 사이에서 악마적인 영적 힘이 되었다. 그리고 우리가 직면한 신학적 질문은 복음이 우리를 그에 맞서도록 도울

---

[4] John Howard Yoder, *Body Politics: Five Practices of the Christian Community before the Watching World* (Nashville: Discipleship Resources, 1992), 17.

힘을 가지고 있는지 하는 것이다.⁵

성만찬에서 그리스도의 실재적 현존에 대한 이슈만큼이나 중요한 것으로 종종 토의되고, 심지어 보다 중요한 것은, 지금 우리 앞에 놓여 있는 문제이다. 하나님의 풍요의 이야기는 친교를 고취하지만, 한편으로 소비주의와 결부되어 있는 결핍의 소식은 그것을 파괴한다.

어떤 생각이 이길까?

로마 가톨릭, 정교회, 그리고 개신교가 식탁에 함께 앉아 말씀을 나누며 참으로 하나님의 풍성하심을 넘치게 한다면 얼마나 좋겠는가?

이것이 교회로서 우리가 지금 마주치는 실재 질문이다.⁶ 브루그만이 다른 곳에서 간절한 마음으로 말하듯이 말이다.

> 서로 간에 싸우기를 즐기는 자유주의적인 그리고 보수주의적인 교회 지체늘이 우리와 마주치는 실제적인 문제가 바로 하나님의 풍요에 대한 소식이 결핍의 이야기보다 신뢰할 수 있느냐 하는 것임을 인식한다면 얼마나 놀라운 일이겠는가?… 교회가 지금 마주치는 큰 질문은 우리의 믿음이 우리로 하여금 새로운 길에서 살 수 있도록 허용해 주는지 하는 것이다.⁷

---

5   Walter Brueggemann, "The Liturgy of Abundance, the Myth of Scarcity," *Christian Century*, March 24–31, 1999, 342.

6   어떠한 경우에도 우리는 "공동 식탁"의 상실 문제에 대한 해결이 간단한 것이라고 주장하려는 것이 아니다. 가톨릭과 정교회는 진정한 성찬을 위해서는 성체성사(Sacrament of Orders)가 필요하다고 믿는다. 만일 로마 가톨릭과 정교회가 개신교와 함께 식탁으로 온다면, 그들은 사실상 가톨릭주의와 정통성을 포기하는 것이 된다. 개신교가 가톨릭 혹은 정교회와 함께 식탁에 참예하기 위해서는 개신교 전통을 포기하고 로마 가톨릭 혹은 정교회가 되어야만 한다.

7   Brueggemann, "The Liturgy of Abundance, the Myth of Scarcity," 344–45.

브루그만은 세상이 하나님의 풍요로운 관용하심으로 흠뻑 젖어 있다는 좋은 소식을 선포하는 예수의 성례전적 방향에 대해 이야기해 나간다. 예수의 성례전적 방향은 "세상이 풍요로 채워지고 관대함으로 가득해져 있다"라는 것을 선포한다. 빵이 떼어지고 나눠질 때 모두에게 충족함이 있다. 예수는 공적 실재의 성례전적이고 세상 전복적인 재편에 참여하신다.[8] "신성 모독"은 다른 한편으로, "성례전의 반대이다." 그것은

> 평탄한, 공허한, 일방적인, 탈진된 것을 의미한다. 시장 이데올로기는 우리로 하여금 세상은 세속적이라고 믿도록 하기를 원한다. 즉, 삶은 사고 팔고, 무게 달고, 팔고, 그리고 교역하는 것으로, 그리고 결국 죽음과 허무로 잠겨 들어가는 것으로 이루어져 있다.[9]

경제에 대한 예수의 시각은 "확실히 다르며 자기관심을 넘어 경제를 깨트리며 축복함으로 변형시킨다. 깨트려진 금요일의 빵으로부터 일요일의 풍요가 온다."[10]

결핍의 두려움으로부터보다 차라리 하나님의 관용하심에 대한 시각 안에서 살아 있음의 최상의 예들 중 하나는 고린도의 부유한 그리스도인들로부터 오는 것이 아니라, 시카고에 사는 소수의 가난한 그리스도인들로부터 온다. 『성탄절의 일』(*The Case for Christmas*)에서 리 스트로벨(Lee Strobel)은 그가 「시카고 트리뷴」(*Chicago Tribune*) 기자로 일했던 시절에 썼던 이야기를 재진술한다.

---

[8] Ibid. 346.
[9] Ibid.
[10] Ibid.

때는 크리스마스 시기였고, 스트로벨은 가난한, 시내에 사는 가정들에 대한 이야기를 써 달라는 과제를 받았다. 이 시기에, 스트로벨은 열정적 무신론자였다. 그리고 그는 그가 어떻게 그들의 어려움에도 불구하고 델가도 가정의 모습으로부터 충격을 받았는지를 진술한다. 열 여섯 살의 퍼펙타는 약해지고 있는 관절염으로부터의 고통으로 고문을 받고 있었는데, 그녀의 두 손녀들, 리디아와 제니와 함께, 바퀴 벌레가 우글거리는 공동 주택이자 진이 빠진 아주 작은 그리고 아주 가난한 두 칸짜리 아파트에서 살고 있었다. 단지 부엌 안에 있는 작은 식탁과 한줌의 쌀만 가지고 가구도, 깔개도 그리고 벽걸이도 없이 그들은 그리스도에게 소망을 걸어 놓았다. 두 소녀들은 아무런 옷도 소유하고 있지 않았다. 각자에게 짧은 소매의 드레스만 남겨 놓고, 그리고 그들은 닳아 빠진 그리고 올이 다 드러난 스웨터를 나누었다.

스트로벨은 어떻게 소녀들이 매일 매서운 시카고의 겨울 속에서 학교로 만마일을 걸어서 가야 했는지 신술한다. 살을 에는 온도가 입고 있지 않은 한 사람에게라도 너무나 가혹할 때 스웨터를 번갈아 입으면서. 퍼펙타는 예수의 임재와 그들에 대한 신실함에 대해 큰 확신을 가지고 이야기했다. 스트로벨은 쓰고 있다.

나는 그녀의 집에서 전혀 절망이나 자기연민을 느끼지 못했다. 그 대신에, 거기에는 **희망**과 **평화**의 부드러운 느낌이 있었다.

스트로벨은 이 기사를 마치고 보다 세간의 주목을 끄는 기사를 써야 했다. 그런데 이 이야기는 끝나지 않았다. 크리스마스 이브에, 그는 델가도의 집으로 되돌아가 거닐면서 그리고 그들에 대한 그리스도의 돌봄에 대한 그들의 확신으로 되돌아가서 그의 생각들을 찾았다. 스트로벨은 재진술한다.

> 나는 이 상황의 아이러니와 씨름을 계속했다. 여기에는 믿음밖에는 남은 것이 없었던, 그러나 행복해 보였던 가정이 있었다. 한편, 나는 내가 물질적으로 필요로 했던 모든 것을 가지고 있었다. 그러나 내 마음속은 그들의 아파트처럼 공허하고 황폐하였으며, 믿음이 없었다.

성탄 전야에 써야 할 엄청나게 중요한 뉴스는 없었다. 그리고 스트로벨은 델가도 가정을 방문했다. 그는 도착했을 때 그가 보았고 들었던 것을 믿을 수 없었다. 그의 독자층으로부터 온 동정은 압도적 분출을 보였다. 새로운 기계들, 깔개들, 그리고 가구들이 다수의 크리스마스 포장이 된 선물들, 큰 크리스마스 트리, 음식으로 채워진 가방들, 많은 현금, 그리고 온갖 종류의 겨울 옷들이 작은 아파트를 채웠다. 넘쳐나는 위문품으로 압도된 가운데, 무신론자 스트로벨은 분필로 크리스마스의 친선 문구를 적었다. 진짜로 스트로벨을 압도했던 것은 델가도의 응답이었다.

> 그러나 나에게 이 쏟아진 것 만큼이나 놀라웠던 것, 내 발걸음이 꺼려지게 될 정도로 놀라움을 갖게 되었던 것이 있었다. 퍼펙타와 손녀들은 새로 얻어진 부의 많은 것을 내어 줄 준비가 되어 있었다. 내가 퍼펙타에게 왜냐고 물었을 때, 그녀는 더듬거리는 영어로 대답했다.
> "우리 이웃들은 여전히 궁핍 가운데 있어요. 우리는 그들이 아무것도 가지지 않은 동안에 풍요를 가질 수는 없어요. 이것이 예수께서 우리에게 하기를 원하는 것이에요."
> 그것은 나에게 충격을 주는 일이었다!

내가 내 삶에서 그 시절 그들의 입장에 처해 있었다면, 나는 모든 것을 쌓아 두었을 것이다. 나는 퍼펙타에게 그녀가 이 모든 맛있는 것들을 보낸 이들의 관대함에 대해 무엇을 생각했는지 물어보았다. 그리고 그녀의 대답은 다시 나를 놀라게 했다.

"이것은 놀라운 것이에요. 그리고 이것은 매우 좋은 것이에요."

그녀는 선물에 대고 몸짓을 하며 말했다.

"우리는 이것을 받도록 한 아무 일도 없어요. 그것은 하나님으로부터의 선물이에요. 그러나,"

그녀는 덧붙였다.

"그것은 그의 가장 큰 선물은 아니에요. 아니죠. 우리는 그것을 내일 기념할 거에요. 그것은 예수님이시죠."

그녀에게는, 구유 안에 있는 이 아기는 모든 것을 의미하는, 즉 물질적 소유보다도 더, 안락보다도 더, 안전보다도 더한 받기를 기대할 수 없는 선물이었다. 그리고 이 순간, 무언가 내 안에 있는 것이 이 예수를 알기를 간절히 원했다. 왜냐하면, 어떤 의미에서, 나는 그를 퍼펙타와 그 손녀들 안에서 보았기 때문이었다. 그들은 가난에도 불구하고 평화를 가지고 있었다. 반면 나는 부요에도 불구하고 분노를 가지고 있었다. 그들은 관대함의 기쁨을 알았다. 반면 나는 단지 갈구하는 욕망의 외로움을 알았을 뿐이었다. 그들은 희망을 향해 하늘을 바라보았다. 반면 나는 물질적인 것의 일천함으로 족쇄가 채워져 있었다. 그리고 무언가가 나를 그들이 가지고 있던 것에 대해 갈망하게 만들었다. 혹은 보다 정확하게 말해, 그들이 알고 있던 한 사람에게로 말이다.[11]

---

11 이 인용문은 다음 글로부터 취해 온 것이다. Lee Strobel, "Making the Case for Christmas," found at Faithful Reader.com. 다음을 보라. http://www.faithfulreader.com/authors/au-strobel-lee.asp. 이 글은 다음 글에 기반을 두고 있는 것이다. *The Case for*

델가도 사람들은 브루그만이 이야기한 세속적 방향을 체화시켰다. 크리스마스에 대한 그들의 사례는 또한 성 금요일, 부활절, 그리고 모든 삶의 요약과 변화에 대한 사례이기도 하다. 그것은 주님의 만찬이 기대하는 것이다. 사실, 델가도 사람들이 어떤 신비스런 방식으로 스트로벨에 대해 그리스도의 몸이자 피였다고 이야기하는 것은 정당하다. 바로 그렇게, 그는 그들이 믿었던 이 한 사람을 알기를 원했다.

크리스마스에 대한 그들의 사례는 하나님의 풍요의 이야기의 진실에 대한 사례를 만들었다. 그리고 그리스도와 그 연합 안에서 교회의 성례전적 실재를 전형화시켰다. 다른 한편, 고린도교인들은 결핍과 세속적인 것의 신비에 대한 사례를 만들었다. 한편, 무신론자 스트로벨은 가난에 시달리는 델가도 가족들에게서 자신에게 믿음을 갖도록 몰아가는 압도적으로 관대한 그리스도의 몸을 식별할 수 있었다. 고린도에 있는 영적으로는 파산에 있으면서 부요한 자들은 그들의 가난한 형제와 자매들 안에 있는 그의 현존을 구분하는 데 실패하면서 그리스도를 부정했다.

예수께서 오천 명을 먹이셨던 것처럼 그리고 남은 물고기와 빵이 몇 광주리가 있었던 것처럼, 그리고 예수께서 델가도의 가족들을 먹이시고 그들이 성탄절에 그 풍요로운 마음으로 나눠줄 수 있도록 하신 것처럼, 예수께서는 우리를 한 해 동안 내내 먹이고자 하신다. 그래서 우리는 다른 이들과 나눌 수 있다. 그의 식탁에는 보다 많은 이들을 위한 자리가 언제나 있다. 그리고 그래서, 문을 닫을 필요가 없다.

크리스마스 때의 형무소 펠로우십의 천사 트리 사역은 우리의 교회들이 다른 이들, 이 경우에는 사회로부터 고립된 이의 가족들이 감옥의 담

Christmas: A Journalist Investigates the Identity of the Child in the Manger (Grand Rapids: Zondervan, 2005), 12.

힌 문 뒤에서 주님의 풍요로움을 나눌 수 있도록 해 주는 하나의 방식이다. 교회에 있어서 다른 방식은 몇몇 이머전트교회 목사들이 나라를 가로질러 만들어 내고 있는 강림절 음모(Advent Conspiracy)와 결부되도록 하는 것이다.

이 제안에서 "음모자들"은 탐욕의 "헤롯 제국"에 저항하여 모임을 이끌도록 동력을 주고자 했다. 크리스마스 기간 동안 관계적으로 서로를 내어줌으로, 자신들이 지금 스스로를 위해 쓸 수 있었던 돈의 일정 부분을 나눔을 통해, 그리고 이 돈을 세계 도처의 가난한 장소들에서 깨끗한 물을 마실 수 있는 우물을 세우는 일에 투입하는 것을 통해서와 같은 일들에서이다.

주님의 성만찬의 의미에서 보다 중요한 일은 우리 교회들이 성만찬의 축제 이후에 교회의 가난한 이들을 위해 희생을 받아들인 모임들의 지도를 따를 수 있다는 것인데, 이는 초대교회의 전통을 따르는 것이다. 그리고 초대교회의 전통을 따르면서, 오늘날의 교회는 그들이 주님의 식탁을 기념하는 그 주간의 아가페 잔치를 베풀 기회를 얻을 수 있다. 비록 그들의 자리에 있는 그룹의 동료들을 따라가지는 않는다 하더라도, 할 수 있는 누구든지 접시를 가지고 오는 곳에서 그리고 모든 이들이 식탁에서 음식을 먹을 장소가 있는 곳에서 조금씩 음식을 접대하면서 말이다.

같은 지역에 있는 교회는 심지어 서로 그들의 자원들을 나눌 수 있다. 보다 부유한 교회들은 많은 필요를 지닌 시설들과 보급소들에 대한 그들의 상대와 재정적 자원들을 나눌 수 있다. 그리고 그들의 상대들은 자신들의 어려운 상황들의 한 가운데에서 그리스도 안에서 그들의 희망의 풍요로움을 나눌 수 있다.

그래서 보다 풍요로운 교회들은 "부자병"(affluenza)에 대해 면역이 된다. 우리가 참으로 하나님의 풍요의 복음과 식탁의 경제학을 진지하게 받아들일 때, 우리는 결핍의 신화를 확실히 깨게 될 것이고, 성배를 발견하게 될 것이다. 그러나, 우리가 하나님 나라의 복음, 그리고 식탁의 경제학에 우리의 생각과 마음을 닫아버릴 때, 우리 스스로가 참되고 지속하는 친교 그리고 효과적인 증인으로부터 떨어져 폐쇄적이 된다.[12]

친교는 나와 다른 요소들을 향해 그리스도의 현존을 보는 이들에게 문을 닫는 것이어서는 안되고, 하나님의 관대함으로 떨어져 나온 사람들에게로 그리고 결핍의 두려움에 의해 표징지워진 이에게로 향해야 한다. 가장 중요한 사안은 요소들에 대한 그리스도의 임재 방식이 아니다. 대신에 우리가 식탁에서 하나님의 풍요로움 안에서 서로 나누기 위한 것으로 함께 오는 것으로, 그리고 우리가 식탁으로부터 생기가 되찾아지고 새로워질 때 당신과 나에 대한 그리스도의 현존이다.

이들 두 가지를 질문해 보자.

첫째, 우리들 교회는 시시 때때로 성만찬의 축제를 통해 그리스도의 몸과 피로 변화되고 있는가?

둘째, 예수는 우리가 서로에 대해 연관을 맺고 있을 때 우리 가운데, 우리와 함께 그리고 우리 아래에 살고 계신가?

만일 우리가 두 질문에 대해 "예"라고 대답할 수 있다면, 우리는 그리스도의 몸을 올바로 구분한 것이다.

영화 "인디애나 존스와 성배를 찾아서"(Indiana Jones and the Last Crusade)에서, 존스는 성배를 찾아 나선다. 결국, 그는 그 남은 장소를 찾아낸다. 나치 역시 그렇게 한다. 한 기사가 성배를 포함한 엄청나게 쭉 놓여 있는

---

12 이 사안에 대해 보다 많은 것들을 제16장에서 다루게 될 것이다.

잔들 위에 서 있다. 이 기사는 그럼에도 불구하고 그들의 전사들의 가장 작은 사람이다. 존스도 나치도 성배가 어떻게 생겼는지를 모른다. 그리고 그들 각자는 선택에 있어서 오직 올바르게 한 번의 기회만 얻는다. 그들은 그들이 선택하는 잔이 무엇이 되었든 그 내용을 마셔야만 한다. 그리고 성배 이외에 모든 컵에 담긴 액체는 치명적이다. 잔을 마신 후에 그는 쪼그라들어 죽게 된다. 그를 보고 기사는 말한다.

"그가 잘못 골랐네."

존스가 다음 차례다. 그는 예수가 유대인 목수였다는 것을 상기한다. 그리고 그는 남아 있는 잔들 모두 중에 가장 보통의 것을 선택한다. 그는 거기에 담긴 것을 마시고 살아남는다. 그는 현명한 선택을 했다.

본 장의 처음에서 바로 언급했듯, 우리는 보다 많은 사람들이 종교라는 약을 얻기 위해 댄 브라운에게로 가는 그리고 참된 공동체를 찾기 위해 마을 술집으로 가는 시대에 살고 있다. 이러한 상황이 주어진 가운데, 교회가 식탁에서 일어나는 그리스도와 그의 백성들 사이의 친교의 신적인 신비로 깊이 파고 들어가는 것이 점점 더 중요해지고 있다.

만일 우리 스스로가 실재로 일어나는 일을 올바로 구별하지 않는다면, 세상이 어떻게 올바로 우리, 즉 교회가 그리스도의 몸임을 구별할 수 있겠는가?

우리는 식탁에서 요소들에 대한 그리스도의 현존에 관계되는 질문들과 씨름을 계속하는 가운데, 서로와의 친교 안에서 주변의 세상에 대한 우리의 증거 안에서 이 확신이 만들어 내는 차이를 마음에 두면서, 식탁으로 모든 신자들을 환영하는 방식에 대해, 그리고 교회 안과 바깥에서 주님의 엄청난 양의 수확을 재분배하는 방식에 대해 계속해서 보다 많이 씨름을 해 나가야 한다.

≈ 심화 연구를 위한 질문들

1. 친교로서 주님의 만찬에 대한 우리의 이해는 우리로 하여금 다양한 교회 전통들 사이의 교회들과 분파들을 넘어서 어떻게 행하도록 돕는가?
2. 성경적 문화에서, 공통의 식사를 나누는 것은 종종 낯선 이들과 이방인들을 환영한다. 어떻게 주의 만찬에 대한 우리의 실천이 이런 생각을 보다 온전히 반영할 수 있는가?
3. 친교의 사건은 우리로 하여금 인종과 계층의 장벽을 넘어 가도록 어떻게 격려하는가?

제9장

섬기는 공동체로서의 교회

> 모든 그리스도인들의 첫째 과제는 신자들의 공동체를 고양시키는 것이다.
> — 하워드 스나이더[1]

세상에서 교회의 삶은 언제나 성육신적인 것을 의미하였다. 그래서, 교회는 인류를 향한 섬김에 있어서 섬김을 받으러 오시지 않고 섬기러 오셨던 그리스도의 성육신을 대변한다. 본 장은 섬기는 공동체로서 교회에 대한 부분이다. 하지만, 세상을 섬기는 공동체로서의 교회에 대한 장은 아니다. 이 주제는 선교적 공동체로서 교회에 대한 장에서 계속된다.

여기에서 우리는 신자들이 사랑하고 서로를 섬기는 공동체로서 교회를 바라본다. 비록 교회가 모든 사람들을 섬기기 위해 명령을 받은 것은 아니지만, "모든 사람에게 선을 행하라, 특별히 신자들의 가족에 속한 이들에게 하라"(갈 6:10)는 갈라디아서에서의 바울의 가르침을 따르면서,

---

1 Howard Snyder, *Community of the King* (Downers Grove: InterVarsity, 1978), 75.

특별히 다른 신자들을 섬기기 위해 부름을 받은 것이기 때문이다.

본서의 몇 장들에 포함된 말씀 **공동체**가 그 가장 완전한 표현을 발견하는 곳이 바로 본 장일 것이다. 예배, 성례전, 그리고 선교가 공동체와 그들을 낳는 공동체 안에서 이루어져야 할 모든 행동들이기는 하지만, 그것은 교회가 그 완전한 의미에서 공동체를 세우는 것은 그 자신을 향한 사랑하는 섬김의 행위에서이기 때문이다.

또한 주목할 만큼 중요한 것은 우리가 본 장에서 예배에 대해 이야기할 때, 우리는 그것을 넓은 뜻으로 의미한다는 것이다. 예배는 단지 사람들에게 그들의 육신적 필요들을 도와 주는 것이 아니라, 가르침, 영적인 은사들의 사용, 기도하기, 다른 이들과 물건들을 나누기, 그리고 심지어 교회의 치리까지 같은 그러한 예배들을 포함하는 통전적인 것이다.

1. 교회 예배의 원천들

1) 삼위일체

예배의 공동체로서의 교회의 기능에서 삼위일체 하나님의 역할에 대해 숙고하면서 디트리히 본회퍼는 다음과 같이 말한다.

> 만일 하나님의 아들이 육신을 입으신 것이라면, 그분은 참으로 그리고 육신적으로, 순전한 은총으로, 우리의 존재, 우리의 본질, 우리 자신들을 취하신 것입니다. 이것은 삼위일체 하나님의 영원한 작정이었습니다. 이제 우리는 그 안에 있습니다. 그가 어디에 계시든, 그는 우리를 지탱하고 계십니다. 그리고 그가 계시는 곳에, 우리 또한 있습니다. … 그리스도인들

의 공동체는 예수 그리스도를 통한 그리고 그 안에 있는 공동체를 의미합니다. 성경이 그리스도인의 삶을 향한 방향들과 통치의 길에서 제공하는 모든 것은 이러한 전제 위에 함께 놓여 있습니다.[2]

교회의 예배는 인류를 향한 종으로 자신을 주신 삼위일체 하나님의 자기내어줌의 사랑의 결과에서 흘러나온다. 정교회 신학자들은 삼위일체에 대한 그들의 사회적 교리와 더불어, 자기내어줌과 자기희생은 단지 아들의 기능만이 아니라 삼위일체의 모든 세 구성원들의 기능이라고 주장한다.

따라서, 하나님은, 본성상 자기희생적인 하나님이시다. 삼위일체의 영원한 "나-너" 관계들 안에서, 그는 사랑하시며 섬기시는 하나님이시다.[3] 이것은 섬기는 공동체로서 교회를 위한 실천적인 영향들을 가진다. 주교 칼리스토스 웨어(Kallistos Ware)는 쓰고 있다.

> 러시아 사상가 페오도로프(Feodorov)가 말했듯, 우리의 사회적 강령은 삼위일체의 교리이다.… 인간의 인격은 성경이 가르치듯 하나님의 형상 안에서 만들어진다. 그리고 그리스도인들에게 하나님은 삼위일체를 의미한다. 따라서 우리가 누구인지 알 수 있는 것은 그리고 하나님께서 우리에

---

[2] Dietrich Bonhoeffer, *Life Together*, in *Dietrich Bonhoeffer Works*, vol. 5, ed. Geffrey B. Kelley, trans. Daniel W. Bloesch and James H. Burtness (Minneapolis: Fortress, 1996), 33.

[3] Nonna Harrison 수녀는 다음과 같이 쓰고 있다. "삼위일체 안에 자기비움 그리고 다른 인격에 대한 존중은 특별히 아들과 성령에게만 해당한다고 생각하는 것은 잘못이다. 그 밖의 모든 것인 자기비움은 아버지와 더불어 시작한다. 아들과 성령은 그분에게로 똑같이 되돌려 드리는 희생에 의해 그분의 겸손한 사랑에 응답한다. 그래서 그분들의 관계는 상호적이다." "The Holy Trinity: A Model for Human Community," *St. Nina Quarterly 3*, no. 3 (April 2005): 5, http://www.stnina.org/journal/art/3.3.2

게 무엇이 되고자 의도하시는지를 이해할 수 있는 것은 오로지 삼위일체의 교리의 빛 안에서라는 것이다. 우리의 개인적 삶들, 우리의 인격적 관계들, 그리고 기독교 사회를 형성하는 우리의 모든 계획들은 삼위일체의 올바른 신학에 달려 있다.[4]

삼위일체 하나님의 형상 안에서 인간적이 된다는 것은 많은 값을 치르는 자기희생적 사랑으로 타인을 사랑하는 것을 의미한다. 만일 아버지가 우리를 위해 그의 독생자를 주실 정도로 우리를 사랑하셨다면, 우리는 또한 타인을 위해 우리의 삶을 내놓아야 한다.[5] 이러한 패턴은 신약성경 저술들의 스팩트럼을 가로질러 펼쳐지고 있다.

공관복음에서, 인자는 사로잡히고 파괴된 인류를 위한 속전으로 스스로를 주시기 위해 오신다(마 20:28). 요한복음에서, 아버지는 아들을 세상으로 보내셔서 그의 생명을 그의 양을 위해 주게 하신다. 이것은 삼위일체적인 아버지/아들의 관계를 부으시는 행동이시며, 거기에서 아버지와 아들이 공유한 영광은 인간을 위한 아들의 자기희생 안에서 표명된다. 그리고 아들은, 구주로서 제자들의 발을 씻기신 후, 그들에게 육신을 입으신 하나님으로 이런 식으로 섬긴다면 그들 역시 서로를 섬겨야 할 것이라고 말씀하신다(요 13:12-17).

더 나아가 요한의 사고에서, 성령께서는 아버지와 아들 사이의 사랑으로부터 흘러나오셔서 예수의 위로하시는, 그리고 그들 한 가운데에서 아버지의 사랑하시는 현존이 되시는 것으로 제자들을 섬기러 파송되신다 (요 4:15-21). 바울에 있어서는, 아버지는 교회를 위해 종의 형태를 취하시

---

[4] Timothy Ware, *The Orthodox Church* (London: Penguin, 1997), 208.
[5] 다음을 보라; Timothy Ware, "The Human Person as an Icon of the Trinity," unionwithchrist.org

고 자신의 생명을 내어주시기로 결심하신 아들을 높이신다. 여기에서 아버지와 아들 사이의 삼위일체적인 동등성은 아들의 자기비하와 섬김을 방해하지 않는다. 대신에 그것을 낳는다. 그리고 이 자기내어줌은 교회가 그 자신의 섬김 안에서 가져야 할 자세의 예증이 된다.

"너희는 그리스도 예수와 같은 마음가짐을 가져야 한다"(빌 2:5-11).

더 나아가서, 교회를 향한 섬김 가운데 하나님으로부터 흘러나오는 이러한 사랑의 삼위일체적인 상호성은 교회의 모범으로서 뿐만 아니라 또한 섬김을 위한 그 권한 부여에 있어서도 동일하다. 교회를 향해 은사를 주시는 하나님은 그들에게 "같은 성령," "같은 주," 그리고 "같은 하나님"으로 주시기 때문이다(고전 12:4-6). 삼위일체의 인격들 사이의 사랑하는 관계성으로부터, 교회에는 사랑의 섬김을 촉진하는 은사들이 주어진다. 미로슬라브 볼프(Miroslav Volf)는 다음과 같이 쓴다.

> 삼위일체적 인격들 사이의 상호성은 모든 성원들이 아버지의 능력을 통해 주님을 닮아가면서, 서로 간에 성령께서 주신 그들의 특별한 은사들과 더불어 섬기는 교회의 형상 안에서 그 상응을 발견한다. 신적인 인격과 같이, 그들은 모두 상호 주고받는 자리에 서 있다.[6]

2) 종말론

교회의 섬김은 또한 그 종말론적 희망의 맛보기이기도 하다. 히브리

---

[6] Miroslav Volf, "The Trinity and the Church," in *Trinitarian Soundings in Systematic Theology*, ed. Paul Louis Metzger (London: T&T Clark, 2005), 170.

성경에서 하나님의 백성의 종말론적인 소망은 종으로서 오시는 메시야에 대한 소망을 포함한다(사 53장). 그리고 아모스는 하나님께서 이스라엘을 깨뜨리고자 하시는 이유들 중 하나는 부유한 이들과 권세 있는 자들이 하나님의 백성들 사이에서 가난한 자들을 억압하는 것이라고 주장한다(암 2:5). 오직 그 길에서 돌이켜 궁핍한 자들을 돌보는 이스라엘만이 마지막에 회복될 것이다. 하나님의 백성의 이상적인 형상은 서로를 위해 근심하고 섬기는 사람들의 공동체의 그것이다.

신약성경은 이러한 종말론적 소망을 하나님 나라에 대한 그 신학을 통해 수행하고 확장한다. 예수는 그 제자들에게 나라에서 가장 큰 이는 섬기는 자가 되고자 하는 사람이라고 말씀하신다(마 23:11). 더 나아가, 그리스도의 오심에서 영예를 얻게 될 종은 그 주인의 부재중에 주인의 재정적 자산들을 돌보는 데 있어서만이 아니라 하나님의 가정에서 다른 종들을 돌보는 데 신실했던 이가 될 것이다(마 24:45). 그리고, 아마도 가장 놀라운 것은, 하나님 나라에 들어가게 될 이들은 다른 제자들을 섬김으로 사실상 그리스도 자신을 섬긴, "의로운" 이들이라는 점이다(마 25:34-46). 확실히, 하나님 나라는 종들의 공동체로 묘사된다.

바울에게서 하나님 나라는 타자 중심의 사랑의 섬김 영역이다. 로마서 14장에서, 하나님 나라는 먹을 것과 마실 것의 문제에 있어서 자기 중심성에 대한 것이 아니다. 대신에 평화와 교화로 이끌면서, 교회 안에서 다른 이들을 겸손히 돌보는 것에 대한 것이다. 고린도전서 13장에서, 종말(완전)에 대한 기대 안에 있는 가장 높은 가치는 다른 이들을 위한 사랑이다. 더 나아가서, 그리스도의 재림은 지금 그의 교회를 위한 섬김을 위한 동기가 된다.

타자 중심의 섬김의 어려움을 깨달으면서, 바울은 종종 가장 깊은 반감들(남편/부인, 부모/자녀, 주인/종 사이에서)을 만들어 내는 저 관계들을 언급하며, 특별히 그러한 섬김이 어려운 지역을 향해 이야기한다. 그는 하나님에 대한 사랑에 의해, 그리고 그리스도께서 언젠가 다시 오셔서 믿는 자들을 그들이 어떻게 서로를 섬겼고 돌봐줬는지를 기초로 심판하실 것임을 기억하면서, 그것을 동기로 하여 서로 겸손히 섬길 것을 요구한다(엡 5:25-6:9).

3) 신자들의 제사장직

교회 전체의 신학을 위한 두 가지 신학적 근원들(삼위일체와 종말론)에 덧붙여, 신자들의 제사장직은 교회의 섬김 사역을 위한 중요한 원천이다. 히브리 성경에서 제사장들은 하나님에게로 공동체를, 그리고 공동체로 하나님을 연결시키기 위한 자신들의 사역을 수행하는 백성들의 처음이자 가장 우선적인 섬김이들이었다.

신약성경에서 우리는 궁극적인 대제사장이신 그리스도에 대한 각 신자들의 직접적인 관계가 전체 교회를 거룩한 제사장직으로 만드는 것임을 발견한다. 그것은 각 신자들에게 그리스도를 통해 하나님을 향한 직접적 접근만을 제공하는 것이 아니라 또한 사랑의 섬김에 의해 하나님에게 다른 이들을 연결시킬 수 있는 능력도 준다(히 4장; 벧전 2장). 제사장으로서, 신자들은 그들이 서로를 섬길 때 예수 그리스도의 인격을 통해서 그리고 성령의 능력 안에서 다른 이들에게 하나님을 표현한다.

신자의 제사장직 신학이 개신교 교인들 사이에서 가장 강조되어 왔다는 사실에도 불구하고, 그것은 다른 전통들의 측면도 마찬가지이다. 제2 바티칸 공의회의 『교회의 교의 헌법』(*Dogmatic Constitution on the Church*)은 평신도들이 중요한 제사장적 기능을 가지고 있다는 점을 깨닫는다.

비록 그들의 차이가 본질적이고 위계의 차이에만 머무는 것이 아니라 할지라도, 신자들의 일반 제사장직 그리고 사목적 혹은 위계적 사제직은 서로에 대해 명령되어 있다. 각자는 그 자신의 적합한 길에서 그리스도의 제사장직을 나눈다.… 신자는 진실로 그들의 충실한 제사장직의 덕으로, 성만찬의 제의에 참여한다. 그들은 역시 제사장직을 성례전, 기도, 감사, 거룩한 삶의 증거, 절제, 그리고 능동적 자선을 받아들이는 것에서 수행한다.[7]

정교회 전통에서는, 평신도의 이러한 제사장적 사역은 종종 "예전 후의 예전"(the liturgy after the liturgy)으로 언급된다. 신자들은 그들이 서로 간에 교회의 공식적 예전적 섬김들을 넘어서 사역할 때, 교회의 제사장적 기능을 수행하기를 계속하는 것이다.

2. 섬김의 목적: 하나님 나라의 가치들을 반영하는 구속적 공동체

종말론적 공동체로서 교회에 대한 우리의 논의에서 주목했듯이, 교회는 하나님 나라에 의해 태어나고 그 나라에 대한 증거를 담고 그 가치를 반사하는 양쪽을 의미한다. 신자들이 서로에 대해 그리스도를 대표하면서 서로를 섬길 때, 무너졌지만 구속받은 사람들은 다른 무너진 사람들 안에 인격적 그리고 보편적 변화를 가져오도록 그리스도의 구속적 사랑으로 관계를 맺는다. 신약성경은 교회의 구속받은 공동체 안에 반영되도록 설계된 하나님 나라의 많은 가치들을 토론한다. 이제 제3장에서 언급

---

7 Vatican Council II, *Dogmatic Constitution on the Church*, 361. 평신도의 사제직의 참여에 대한 탁월한 제2바티칸 공의회 이전 논의에 대해서는 다음을 보라. Yves Congar, *Lay People in the Church* (London: Geoffrey Chapman, 1965).

한 하나님 나라에 대한 토론을 반복하지 않고 다양한 신약성경의 저자들에게서 반영되어 있는 몇 가지 가치들을 제시할 것이다. 공관복음에서는 몇 가지 가치들이 나타난다.

첫째, 하나님 나라는 백성들이 사탄의 포로로부터 자유로워진 공동체를 창조하기 위해 왔다.

이러한 가치는 예수님의 많은 축귀에 나타난다. 마태복음 12장에서 예수는 성령의 약속된 능력에 의해 악마를 쫓아내는 것을 설명한다. 그리고 그는 강한 자(사탄)의 집으로 들어가서 그의 소유된 것(포로로 잡힌 인간)을 훔쳐오는 것으로 스스로를 그려내는 것으로 의미를 설명한다. 여기에서의 이슈는 근본적으로 마귀의 억압으로부터 자유로워지는 것이 아니다. 왜냐하면 확실히 아주 그러한 상태에 있는 사람은 많지 않기 때문이다.

오히려, 그것은 사람들로 하여금 하나님을 보고 그에게로 이끌리지 못하게 가로막는 세상적 구조들에 사로잡혀 있음을 보여 준다. 따라서 예수는 바리새인들에게 그들의 참 아버지는 아브라함이 아니라 마귀라고 말씀하신다. 예수께서 백성들을 그러한 포로됨으로부터 해방할 때, 그들은 그에게서 그가 누구인지를 보며 그에게 사로잡힌다. 교회에서 우리는 이러한 섬김을 사람들을 예수 그리스도에게로 인도하고, 그들에게 죄와 자신에 사로잡힘으로부터 그들을 해방시키기 위해, 그와의 관계를 수립할 때 수행한다.

둘째, 이것과 연관해서, 우리는 또한 공관복음 안에서 하나님 나라가 죄인들이 은총과 죄 용서를 받을 수 있는 공동체를 세우는 것을 보는 것을 안다.

예수는 이러한 가치를 종종 "죄인"들을 포용하고 그들에게 용서를 선포하는 것에 의해 보여 주신다. 아마도 가장 강력한 묘사는 탕자에 대한 그의 비유에서 발견된다. 여기에서, 죄인들의 수치스러운 일들이 용서하시는 아버지에 의해 다시 환영받는다. 그리고 그에 의해 개인적으로 용서받게 되는 것만 아니라, 은총에 의해 공동체의 구성원으로도 다시 받아들여진다.

따라서, 잃어버린 아들을 섬기시는 아버지는 은총으로 활동하는 종들의 공동체의 머리이시다.

셋째, 공관복음에 나와 있는 그 나라에 대한 그림은 육체적으로 파괴되고 사회적 장벽에 포로 된 이들이 자유로워지는 공동체를 예시한다.

당연히, 예수의 치유의 기적들은 이러한 종류의 섬김을 보여 준다. 예수께서 때로 육체적 치유를 죄의 용서와 결합시키는 한편, 때로 그는 바로 죄를 언급하지 않고 사람들을 치유하신다. 더욱이, 열 명의 나병 환자에 대한 그의 치유에서, 육체적 치유를 넘어선 그의 주된 관심은 치유가 그들에게 공동체로 다시 들어가는 것을 허용해 줄 것이라는 점이다.

따라서, 그는 그들에게 그들 자신이 깨끗하다고 선포되기 위해 제사장들에게 보여 주라고 말씀하신다. 그 나라에 의해 그려진 공동체는 또한 성과 인종의 사회적 장벽들이 무너져 내린 곳이다. 여성들과 사마리아인들은 예수에 의해 그 시대의 현상 유지의 문화적 그리고 종교적 제한들을 무너뜨리는 방식으로 포용된다.

요한의 신학에서, 예배는 다른 이들을 위해 누군가를 주는 것에, 그러면서 그리스도 안에서 하나님과 같이 되는 것에 집중이 되어 있다. 하나님은 그가 자신을 줄 정도로 사랑하셨다(요 3장). 선한 목자는 양을 위해 그의 생명을 버리신다(요 10장). 가장 큰 사랑은 친구를 위해 그의 생명의 버리는 것이다(요 15장). 여기에, 예수께서 행하신 모든 것은 그를 따르는 이들을 구원하기 위해 그 자신의 생명을 내어 주시는 것으로부터 그의 제자들의 발을 씻기시는 것까지(요 13장), 상징적으로 그들을 세상의 "때"로부터 구속하시면서 그리고 그들에게 그들이 서로를 위해 똑같은 종류의 구속적 섬김을 실행해야 함을 가르치는 가운데 구속적인 것이다.

우리는 바울에게서 다른 그리스도인들을 섬기는 그리고 구속적인 공동체를 세우는 그리스도인들과 관련된 수많은 주제들을 발견한다. 모든 그의 편지들은 어떤 의미에서 신자들이 믿음 안에서 성숙하게 될 것이라는 그의 소망을 언급하고 있다. 우리는 성숙의 이 목적이 분명히 에베소서 4장의 예배와 연관된 것을 본다. 그는 1절부터 6절까지에서 삼위일체 하나님 안에서 근원적 하나 됨으로 인해 교회의 특성이 되어야 할 사랑의 섬김에 대해 이야기한다.

그리고 그는 이 섬김이 어떻게 개인적 신자들의 영적 은사들, 전체 몸이 세워지는 목표를 통해서 예표되는지를 그리스도 안에서의 성숙함으로 움직여 가면서 보여 준다. 그것은 교리적 신실함 그리고 성품의 형성을 포함한다. 이 모든 것은 각 성원들이 전체 몸의 유익을 위해 섬길 때 발전된다. 에베소서 5장에서, 바울은 교회를 특성지어야 할 겸손하고, 사랑하고 그리고 순종적인 섬김을 설명하기 위해 신부의 이미지를 끌어들인다. 또한 결혼, 육아, 그리고 종됨을 직접적으로 언급한다. 타락한 문화의 파괴됨과 미성숙 너머로 떠오르는, 이 관계적 구조들이 혁명적이 될 장소인 공동체가 되도록 교회에 요구하면서 말이다.

더 나아가 빌레몬서에서는, 그의 도망간 종 오네시모를 다시 받으라는 주인에 대한 그의 요구를 통해, 바울은 교회 안에서 섬김에 대한 문화적 위계 질서들이, 이제 종과 그의 종이 각각 그리스도 안에서 형제로서 서로를 섬기는 것으로 재정립되어야 한다고 설명한다.

넷째, 마지막으로, 야고보는 그를 위해 주로 교회 성원들 사이의 관계들에 초점을 둔 그리고 그리스도 안에서 참된 믿음의 열매들인 사역들에 대해 이야기한다.

그의 목표는 우리에게 인격적 적대감과 사회적 선입견들로부터 자유로워진 공동체의 그림을 주는 것이다. 타자 중심의 그리고 선입견 없는 사랑을 통해 살아가는 지혜는 치유를 경험하는 공동체를 창조한다.

3. 구속적 공동체를 향한 수단들

하나님 나라의 가치들을 반영하는 구속적 공동체를 건설하는 목표는 질문의 여지없이 벅찬 것이다. 한편으로는 사랑하며, 섬기는 교회라는 성경적 목표를 서술하는 일이 있다. 거기에 도달하는 것은 완전히 다른 일이다. 이어지는 내용들은 신약성경 저자들이 그 이상적인 것을 향해 움직이기 위해 교회에 대해 필요한 것으로 여겼던 수단들 몇 가지이다.

1) 사랑

교회가 섬기는 공동체를 창조하는 데 성공하는 핵심은 사랑이다. 타자를 사랑하는 데 관한 성경적 생각은 언제나 근본적으로 하나님에 대한 사랑의, 그리고 우리를 향한 하나님의 사랑의 결과물이다. 요한은 말하기를, 우리가 하나님을 사랑하는 것은 그가 우리를 먼저 사랑하셨기 때문이라고 한다(요일 4:19). 이와 유사하게, 타자를 향한 참된 사랑의 섬김은 우리를 향하신 하나님의 산물이자 응답이다. 교회가 그리스도 안에서 하나님의 사랑을 받아들일 때, 그 성원들은 서로에 대한 사랑의 섬김 안에서 응답하도록 변화된다. 루터는 자신의 책 『그리스도인의 자유』(*The Freedom of the Christian*)에서 그리스도인은 "모든 것에 대해 완전히 자유로운 주인이며, 누구에게도 종속되지 않는다"라고 주장한다.

"그리스도인은 모든 것에 대해 완전히 순종적인 종이며, 모두에 대해 종속된다."[8]

루터에게 있어서 율법은 참으로 사랑하는 섬김에 동기를 부여할 수 없다. 오로지 믿음을 만들어 내는 하나님의 은혜로운 사랑만이 그것을 행할 수 있다. 참된 믿음의 사람은, 루터는 말하기를, 이런 방식으로 생각한다.

> 비록 내가 가치 없고 저주받은 사람일지라도, 나의 하나님은 나의 편에서 어떠한 공로도 없이, 순전히 자유로운 은총으로 그리스도 안에서 나에게 모든 의와 구원의 풍요함을 선물하셨다. 그래서 이제부터 나는 이것이 참되다는 것을 믿는 믿음 외에는 아무 것도 필요로 하지 않는다.
>
> 따라서 왜 내가 자유로이, 즐겁게, 나의 온 마음으로, 그리고 열정으로 내가 알고 있는 모든 것, 즉 그의 측량할 바 없는 부요함으로 나를 압도했던, 그러한 아버지를 기뻐하고 받아들여질 만한 모든 것을 행하고자 하지 않아야 하는가?
>
> 따라서 나는 마치 그리스도께서 나를 위해 그 자신을 희생하셨듯이, 내 자신을 내 이웃에 대해 한 명의 그리스도처럼 내어 줄 것이다.[9]

여기서 루터는 신약성경의 가르침뿐만 아니라, 하나님에 대한 사랑에 이어 이웃에 대한 사랑을 말씀하신 예수님의 요약에서 볼 수 있는 것과

---

[8] Martin Luther, "The Freedom of the Christian," in *Martin Luther: Selections from His Writings*, ed. John Dillenberger (Garden City: Doubleday, 1961), 53.

[9] Ibid., 75.

같은 성경 전체의 가르침을 반영한다. 순서는 뒤집힐 수 없다. 하나님의 사랑에 사로잡혀 그 사랑에 응답하기 전에는 누구도 그의 이웃을 참으로 사랑할 수 없다.

따라서, 요한의 예수에 있어서, 서로에 대한 그 구성원의 사랑에 의해 알려지게 될 공동체는 그 친구들을 위해 그 생명을 버리신 그 주님의 희생적인 사랑을 이해하도록 된 공동체이다. 이 사랑이 교회가 섬기는 공동체가 되는 우선 수단이다.

2) 은총

토마스 아 켐피스는 다음과 같이 쓰고 있다.

> 의로운 사람들의 목적은 그들 자신과 그들 자신의 지혜에 대해서보다 하나님의 은총에 의존한다. 사람들은 뜻을 가지지만 하나님은 해결하신다. 사람이 세상에서 걸어야 하는 길은 그 자신 안에서 발견되지 아니하고, 하나님의 은총에서 발견된다.[10]

섬기는 공동체를 창조하기 위한 수단으로서의 은총에 대한 특별한 통찰은 합당한 대상에 대한 응답으로 행동하는 것일 수 있는 사랑과 달리, 그 대상이 아무런 자격이 없다는 사실을 즉시 깨닫는다. 여기에서의 전제는 교회의 구성원들이 서로를 섬기고 있는 죄인들로서 서로를 섬기는 것이다. 그러나 만일 교회에서의 섬김이 죄인들을 향하여 죄인들로부터 나오는 것이라면, 이 섬김에 힘을 부여하는 은총은 교회를 넘어서는 것

---

[10] Thomas à Kempis, *The Imitation of Christ* (Garden City: Image, 1955), 54.

으로부터 와야 한다.

바울은 공동체가 그리스도 안에서 하나님의 은총을 만날 때, 그 은총 안에서 그리고 그에 의해 사는 공동체가 되며 각 지체는 상호 은총을 드러낸다고 주장함으로써 이러한 사실을 암시한다. 은총은 결국 교회에 의해 표현되기 위해 교회에 주어진다. 영적 은사들의 수단들을 통한 섬김에 대한 그의 토론에 앞서 있는 에베소서 4장에서, 바울은 이들 은사들의 원천이 은총이라고 말한다(엡 4:7; 비교. 롬 12:4-6). 그리고 이 은총은 우리에게 양으로나 실체로나 능력으로 오는 것이 아니고, 인격으로 온다.

바울이 이야기하는 은총은 관계적이다. 왜냐하면 그것은 성령에 의해 예수 그리스도의 인격을 통해 모든 것 위에 계시고 모든 것 안에 계신 하나님으로부터 교회로 오기 때문이다(엡 4:4-6). 따라서 바울에게 있어서 이러한 은총의 관계적 만남은 신자들이 그를 통해 "겸손과 온유 및 사랑 가운데 오래 참는" 수단이 된다(엡 4:2).

3) 은사

한스 큉은 다음과 같이 쓰고 있다.

> 모든 은사는 성령 안에 있는 하나님의 은총과 능력의 표현들이다. 그들은 모두 하나님의 하나의 큰 은사, 즉 그리스도 예수 안에서 우리에게 주어진 새로운 삶을 가리키고 있다.… 그리스도의 은총의 충만함 안에서 영적 은사들의 풍요로움이 우리에게 계시된다.… 사도가 되었든, 예언자이든, 교사이든, 복음전파자이든, 감독이든 혹은 집사이든 간에, 그가 위로를 하든, 권고를 하든, 용서를 하든, 사랑을 하든 간에, 이 모든 것들은 예수 그리스도 안에 있는 은사들이며, 그 자신의 인격 안에 있는 모든 것들

이시며 그것을 행하시는 분이신 그분을 가리키고 있다. 은사들은 구체적이며 인격적 형태인 은혜의 계시들이며, 하나님의 은총의 능력이다.[11]

바울의 신학에서, '은사들'(*charismata*)은 자연스럽게 섬김의 수단들로서 '은총'(*charis*)로부터 흘러나온다. 은사들은 교회의 사역이 이루어지도록 하기 위한 우선적 도구들이 아니다. 오히려, 영적 은사를 사용하는 것은 타자를 향한 하나님의 은총의 도구가 될 수 있다.[12] 그리고 은혜가 관계적이고 그리스도를 통해 우리에게 오는 까닭에, 은사들을 통해 우리는 서로 안에서 하나님의 은총을 만날 뿐 아니라, 실제로 서로 안에서 은혜의 수여자이신 그리스도를 만난다.

이 기능은 그리스도의 몸으로서 교회의 실존을 통해 수행된다. 머리로서, 그와 그의 은총은 부분들을 통해 교회의 나머지에게로 흘러 들어간다. 베드로는 신자들이 자신의 은사들을 사용할 때, 그들은 하나님의 은총을 그 다양한 형태로 행하는 것이라고 선언하면서, 그리고 가르치는 자들은 교회에 대해 바로 하나님의 말씀들을 말하는 것이라고 제시하면서 이 사실을 확언한다(벧전 4:10-11).

이러한 신학이 섬김에 미치는 영향은 지대하다. 신자들은 자신의 섬김을 단순히 교회 안에서 직분을 수행하는 것이라고 생각하는 대신, 그리스도의 은총의 도구이자, 형제자매에게 그리스도 자신을 전하는 통로로 스스로를 여겨야 한다. 이것은 그분의 백성과 소통하시는 하나님에 대한 사고를 보다 자연스럽게 허용해 주는, 가르침과 같은 가장 높은 측면의 은사들을 통해 더 쉽게 보도록 만들어 줄 수 있다. 그래서 이런 은혜로운

---

[11] Hans Küng, *The Church* (Garden City: Image, 1976), 247–48.

[12] Snyder, *Community of the King*, 79.

섬김의 신학은 특별히 낮은 측면의 은사들과 섬김의 자리에 있는 이들을 격려할 수 있다.

예컨대, 아이의 엄마와 아빠가 간섭받지 않은 채 자유롭게 예배하고 기도하고 하나님의 말씀을 듣도록 몇분 간의 자유를 허락하면서, 한 여성이 활동적인 유아가 성경 이야기의 그림들에 색을 입히도록 돕고 있는 것을 생각해 보라.

생각 있는 부모라면 누가 이 은사 안에서 그들이 하나님 자신의 은총을 받고 있음을 깨닫지 못할 것인가?

그들이 그리스도 그리고 그의 은사와 만나는 것을 촉진할 때, 영적 은사들의 목적은, 바울에 따르면 섬김을 위한 교회를 세우는 것이어야 한다. 제2 바티칸 공의회의 『교회의 교의 헌법』은 이렇게 말한다.

> 성령은 교회 성례전과 직분들을 통해서만 백성을 거룩하게 하며, 그들을 이끄시고 그의 덕을 그들 안에 풍요롭게 하신다. 그가 뜻하시는 대로 그의 은사들을 분여하시면서… 그는 또한 모든 계층의 신자들 사이에서 특별한 은총들을 나누어 주신다. 그는 이 선물들로, 그들을 적합하게 만드시며, 교회를 새롭게 하고 세우기 위해 다양한 과업들과 직무들을 떠맡도록 준비시키신다.[13]

---

[13] Austin Flannery, OP, ed., *Vatican Council II: The Concilier and Post Conciliar Documents*, rev. ed. (Boston: St. Pacel Editions, 1987), 363. 우리는 은총에 대한 가톨릭과 개신교의 이해 사이에 차이가 있다는 것을 이해한다. 우리의 시각으로는 주입에 대한 로마 가톨릭의 사고가 문제가 된다. 그러나 법적 전가에 대한 전형적인 복음주의적 사고 또한 문제가 되는데, 그것이 편협하다는 점에 있어서이다. 이에 대해 보다 많은 내용은 다음 책을 보라. Paul Louis Metzger, "Mystical Union with Christ: An Alternative to Blood Transfusions and Legal Fictions," *Westminster Theological Journal* 65 (2003): 201–14.

은사들의 목적이 단지 교회 사역을 성취하는 데에만 있지 않고, 타자에게 그리스도와 그의 은총을 연결시키는 것이기도 한 한편, 이 관계적 은총은 신자들을 교회의 목적들을 성취하도록 돕기 위해 열망을 갖는 사람들로 바꾼다. 이런 변화된 사람들은 하나님께서 주신 은사들을 통해 교회를 섬긴다.

교회가 잘 기능하려면, 개별 신자들은 자신들의 특별한 영적 은사들에 대해 깨달아야 할 필요가 있다. 그들은 그리스도의 은총을 가장 효과적으로 봉사하는 방식으로 타자를 섬길 수 있다. 바울은 하나님이 신자들에게 주권적으로 은사들을 나누어 주신다고 말한다. 그것은 교회의 구성원이 아닌 하나님께서 어떻게 각 사람에게 자신의 은사를 주시고자 하는지를 의미한다(고전 12:7). 미국 복음주의교회에서 영적 은사들에 대한 인식은 한 사람의 은사(들)을 발견하기 위한 전형적인 미국적 접근으로 이끌어 왔다.

교회 경험의 어떤 시점에서, 우리 중 많은 이들은 자신의 은사를 결정하기 위해 계획된 "영적 은사 테스트"에 가까운 어떤 것을 받았다. 어떤 교회들은 심지어 교구 주민들이 자신들이 참여해야 할 섬김의 영역을 결정하기 위해 이 테스트들을 받도록 요구받아 왔다. 그러나 목회적 경험은 그러한 테스트들의 가치가 별로 만족스럽지 못하다는 것을 보여 왔다. 그들이 보여 주는 것은 응답자들이 행하고 싶은 것 혹은 그들이 할 수 있는 것을 그들이 원한다는 것이었다. 그것들은 그러한 과제를 위해 그들이 은사를 받았는지 여부를 전적으로 보여 주지는 않는다.

영적 은사들이 관계를 통해 부여되어 있으며, 우선적으로, 관계적 기능을 수행한다는 것을 받아들인다면, 특정인의 영적 은사(들)를 발견하는 것은 관계적으로 일어나야 하는 어떤 것으로 보일 수 있다. 은사들이 교회를 세우도록 계획되었기에, 한 사람의 은사에 대해서는 그 은사가 요구되는 사역을 수행하려는 그/그녀의 열망에 의해서만 확인된다는 의미가 아니라, 실제로, 이 사람이 섬김의 영역에 대한 은사가 있다는 것이 교회 안에 있는 타자들에게도 확인되어야 한다는 것이다.

교회가 "만일 네가 이를 행한다면 우리에게는 그것이 축복이자 그리스도의 사역을 느끼는 것이다"라고 말하는 것에 어떤 의미가 존재해야만 한다.

이러한 시나리오에서는, 아마도 교구 성도들의 영적 은사들을 발견하는 가장 효과적인 방법은, 단순히 말해, 다양한 다른 사역들에서 섬김을 행하여, 교회가 그들이 어떤 은사가 있는지를 말하게 하는 것이다. 은사는 공동체를 세우기 위해서 존재한다는 사실에 대한 확인은 고립된 자아 안에서가 아니라 공동체에서 발견된다.[14]

4) 가르침

교회는 말씀 중심의 공동체이다. 예배에 대한 장에서 우리는 예배의

---

[14] 구속적 공동체를 창조하는 수단으로서 영적 은사의 신학에 대한 관심의 또 다른 영역은 은사에 기반을 둔 것이거나 혹은 직분에 기반을 둔 것으로서의 교회 안에서의 사역과 관계된다. 이 주제는 "질서 잡힌 공동체로서의 교회"의 장에서 다루어질 것이다. 또한 다양한 은사의 기술과 이른바 카리스마적 은사들이 여전히 활동적인가에 대한 논쟁 양쪽이 많은 저자들에 의해 다루어진 주제들이기 때문에, 우리는 그것을 여기에서 다루지 않을 것이다. 이들 논의들에 대한 가장 최근의 자료들의 몇가지는 다음과 같다. Kenneth Berding, *What Are Spiritual Gifts? Rethinking the Conventional View* (Grand Rapids: Kregel, 2006); Bruce Bugbee, *What You Do Best in the Body of Christ: Discover Your Spiritual Gifts, Personal Style, and God-Given Passion* (Grand Rapids: Zondervan, 2005); Stuart Calvert, *Uniquely Gifted: Discovering Your Spiritual Gifts* (Birmingham: New Hope, 1993); J. I. Packer et al., *The Kingdom and the Power: Are Healing and the Spiritual Gifts Used by Jesus and the Early Church Meant for the Church Today?* (Ventura: Regal, 1993).

요소로서 말씀에 대해 언급했다. 본 장에서 우리는 성경 진리의 가르침을 예배의 본질적 요소로 이해한다. 하나님과 그리스도 안에 있는 인성에 대한 진리를 가르치는 것은 몇가지 방식으로 교회를 섬긴다.

그것은 은총의 메시지에 대한 교회의 지속적 필요를 충족시킨다. 그것은 하나님에 대한 성경 개념들이 문화에 편만해 있는 분위기들에 순응하도록 하는 인간의 경향으로부터 교회를 보호하는 것을 돕는다. 또한, 말씀의 예언자적 측면은 교회에게 구속적이며 그리스도를 영화롭게 하는 공동체가 무엇처럼 보이는지를 보여 주며, 그러한 공동체의 삶의 형식을 추구하도록 재촉한다. 성경에 대한 가르침과 배움에 대한 성경적 강조가 그토록 강력하기에 우리는 최소한 비전문가적 의미에서, 교회가 성경적 신학자들로 가득 차 있어야 한다고 올바른 결론을 내릴 수 있게 된다.

하나님의 백성들을 하나님의 말씀으로 가르치는 것에 헌신하는 것은 성경적 메타내러티브에 가득 차있다. 모세는 신명기에서 율법의 두 번째 주심으로 토라를 마무리하면서, 이스라엘에게 그들이 한 분 하나님을 사랑하는 핵심적 방식은 그의 계명들을 배우고, 그를 기억하며, 그것들을 그들의 자녀에게 가르쳐서 그들이 자신들을 그의 구속 이야기로 이끌어 들이신 하나님의 성품을 알 수 있도록 하는 것이라고 격려하면서 쉐마 (*Shema*, 신 6:4-4)를 만들어 낸다.

제사장들과 랍비들에게는 하나님의 백성들에게 율법을 가르치는 것이 그들에 대한 큰 섬김이었다. 그것은 의와 지혜의 길로 그들을 인도해 들이는 등불이 되었기 때문이다. 포로 귀환 후, 성경의 가르침이 상당히 약화되었을 때, 에스라는 돌아온 사람들에게 토라를 가르치기 위해 모든 제사장들을 함께 모았고, 그들이 단지 듣기만 하지 않고, 또한 삶을 위한 중요성을 확실히 이해하도록 하였다(느 8:12).

초대교회도 교회에서의 하나님 말씀의 가르침의 중요성을 깨달았다.

사도행전은 사람들이 기도와 성찬만큼이나 열심히 사도들의 가르침에 헌신했음을 보여 준다. 그리고 사도들은 교회가 많은 필요들을 가졌지만, 그들이 제공할 수 있는 예배의 가장 중요한 측면은 기도와 말씀을 가르치는 것임을 깨달았다(행 2:42; 6:2).

바울에게 있어서 말씀을 가르치는 일은 이 일을 잘 할 수 있는 이들을 위한 주된 섬김의 영역이었다. 바울은 각양 종교로 가득한 오늘날의 세상과 매우 유사한 곳에 살면서 젊은 목사 친구인 디모데에게 이러한 말로 권면했다.

> 너는 말씀을 전파하라. 때를 얻든지 못 얻든지 항상 힘쓰라. 범사에 오래 참음과 가르침으로 경책하며 경계하며 권하라. 때가 이르리니 사람이 바른 교훈을 받지 아니하며 귀가 가려워서 자기의 사욕을 따를 스승을 많이 두고 또 그 귀를 진리에서 돌이켜 허탄한 이야기를 따르리라(딤후 4:2-4).

디모데는 말씀, 즉 맡겨진 진리의 메시지를 신자들에게 설교하는 것을 통해 교회를 섬기고자 했다. 바울이 "기초가 튼튼한 가르침"이라고 불렀던 것은, "바른 교훈"이라는 구절의 문자적 번역이다. 그러나 바울은 또한 많은 사람들이 자신들을 견고하게 세울 가르침을 원하지 않을 것임을 디모데에게 말했다. 그들은 자신들의 개인적 필요에 부합하는 부드러운 진리만을 선호할 것이다. 디모데는 성경을 읽고 그들을 신실하게 가르치며, 자신의 삶뿐만 아니라 다른 사람에게 성경을 어떻게 가르칠 것인가에 주의를 기울임으로써 교회를 섬겨야 했다.

여기에서 우리는 그의 모든 편지들에 일관된 바울의 가르침의 요소를 본다. 성경을 신실하게 가르치는 것은 신실한 삶과 연결된다(딤전 4:13-16). 그가 골로새에서 주장한 것처럼, 하나님에 대한 진리를 가르치는 것은 모든 사람을 그리스도 안에서의 성숙으로 인도하는 수단으로 교회를 섬기는 것이었다. 교회에 대한 섬김으로서 가르침의 중요성에 대한 이러한 사도적 강조는 속사도 시대에도 동일하게 수행되었다.

예컨대, 『디다케』(*Didache*, 약 120년 경)는 지도자들에게 자신들이 그분의 "대제사장들"인 까닭에, 그들이 "술통" 그리고 "탈곡 마당"의 "처음 열매들"로부터 아낌없이 값이 치러졌다는 것을 확실히 하면서, 교회를 가르치고 섬기는 이들을 적절히 돌보도록 교회를 훈계한다.

그러나 지난 세기 동안에 모든 기독교 전통들이 성경을 가르치는 데 동등한 임무를 받은 것은 아니다. 미국에서 우리는 복음적 전통 안에서 우리가 교회에서 성경적 가르침을 주었던 장소를 자랑스러워했다. 그러나 복음주의자들로서, 우리 저자들은 우리의 전통이 성경에 뿌리를 내린 신학적 진리들을 가르치는 그 역사적 사명을 잃어버리기 시작했음을 염려한다. 고든-콘웰신학교(Gordon-Conwell Seminary) 교수인 데이비드 웰즈(David Wells)는 다음과 같이 쓰고 있다.

> 나는 복음주의교회가 기분 좋게 신학적 무식으로 빠져드는 것을 깊은 의혹을 가지고 지켜 보았다.… 복음적 정신 안에서의 이 거대한 변화의 결과들은 신학교의 모든 신입반에서, 대부분의 출판물에서, 교회의 대다수에서 그리고 그들의 목사들의 다수에서 명백하게 나타났다.[15]

이것은 복음주의자들이 종교적 의견을 듣는 일을 그만두었음을 의미하지 않는다. 사실, 방송 전파들과 기독교 서점들은 훨씬 더 많은 양들로

---

[15] David Wells, *No Place for Truth, Or, Whatever Happened to Evangelical Theology?* (Grand Rapids: Eerdmans, 1993), 4.

소비되고 있는 종교적 자료들로 빽빽하게 들어 차있다. 그러나 이 자료의 초점과 내용은 대부분 문제투성이다. 교회는 미묘한 방식으로 그 보호하는 신학적 옷으로부터 벌거벗겨지고 있다.

우선, 문화의 포스트모던적 변화의 선상에서, 지난 수십 년간에 걸쳐 "무엇이 참된 것인가"라는 것으로부터 "무엇이 작동하는 것인가"로 이동해 왔다.

기독교 서점들의 서가를 훑어 보면 혹자는 만일 그가 오늘날 기독교 도서 시장에서 많은 돈을 벌기를 원한다면, 신학에 대해 책을 쓰는 것은 최선의 길은 아닐 수 있다고 믿게 될 것이다.[16] 대신에 그리스도인들이 어떻게 그들의 삶을 더 낫게 만들 수 있는가에 대해 쓴다면, 당신은 곧 베스트셀러를 가질 수 있을 것이다. 미국의 복음주의적 기독교는 "~하는 법" 종교로 바뀌고 있는 중이다. 그리고, 불행하게도, 대부분의 "~하는 법"들은 자신에 대한 비성경적 초점을 드러낸다. 이 초점이 기독교 마케팅과 광고에서보나 너 명백한 곳은 어디에도 없다. 혹자는 그리스도인들이 가장 알고 싶어 하는 것은 행복해지는 법, 재정적으로 번영하는 법, 그리고 성령으로 충만해지는 동안 살을 빼는 법이라고 생각할 것이다.

기독교 서점들은 『건강과 행복에 이르는 하나님의 열쇠』(*God's Key to Health and Happiness*), 『노 데이팅』(*I Kissed Dating Goodbye*), 『체중을 줄이는 다이어트』(*The Weigh Down Diet*), 『기분 나쁜 일에 기분 좋아하기』(*Feeling Good about Feeling Bad*), 그리고 『네 자신의 최상의 자신이 되는 법』(*How to Become Your Own Best Self*)과 같은 제목들로 가득 차있다. 확실히, 교회는 매일의 삶에서 성경적 믿음이 실제로 이루어지는지를 보여 주기 위해 일해야만 한다. 그러나 우리는 너무나 자주 개인적 성장과 만족이 진리에 선행하

---

16 인터넷을 통한 크리스천 베스트셀러 리스트 탐색은 이 주장을 바로 확신시킨다.

고 있는 것은 아닌지 염려해야 한다.

따라서, 우리를 염려시키는 다른 한 가지는 많은 복음적 교회들이 사람들을 더 나은 삶을 얻도록 돕지만, 성경적 내용은 거의 담고 있지 않은 주제들에 초점을 맞춘 성인 교육을 강화하고 있다는 것이다. 많은 교회의 일정들은 결혼을 향상시키는 법, 당신의 돈을 관리하는 법, 더 나은 부모가 되는 법, 그리고 한 번도 데이트를 하지 않고도 결혼으로 이어가는 관계를 만드는 법에 대한 수업들로 가득 차있다.

이것들은 확실히 중요한 주제들이며, 교회는 그들을 언급해야만 한다. 그러나 어디에 그리스도, 죄, 구원, 성경, 그리고 하나님의 삼위일체의 본질의 신학에 대한 수업이 있는지 궁금해진다. 신학 교육의 이러한 기초들은 자주 어디에도 자리 잡을 곳이 없는 것처럼 보이고 종종 우리의 개인적 문제들을 해결하기 위한 방법들에 대한 수업들로 대치되어 왔다.

개인 문제들과 자기개발에 집중되어 있는 기독교의 궁극적 결과는 신학은 치유책이 되며, 행복을 위한 추구가 의를 위한 추구를, 건강함이 거룩함을, 그리고 느낌이 진리를 대체하는 것이다. 그리고 하나님의 주권은 즐기기 위해 취하는 어떤 것으로 인해 쇠락해진다.[17] 그리스도인들은 그들이 쇼핑몰에서 경험하는 것처럼, 느껴진 모든 필요를 충족하기 위해 무엇인가를 즐겁게 찾아나서는, 즉 교회를 쇼핑하는 소비자들이 된다.

그러나 소비주의로서 기독교는 결국 낯선 공허함이 찾아오며, 또한 의미에 대한 그들의 참된 필요가 소비주의에 의해서는 결코 충족될 수 없음을 발견하게 된다. 이 의미는 오로지 하나님과 그리스도 안에서 세계에 대한 그분의 자기희생적 구속에 관한 성경 진리에 의해서만 공급될 수 있다. 교회에서 성경적 가르침과 학습 능력이 강화되어야 한다는 사

---

17 이것들 그리고 유사한 관찰들에 대해서는 David Wells를 보라.

실은 당연히 개신교회에만 국한되는 것이 아니다. 수년 전 주목할 만한 로마 가톨릭 학자이자 많은 책들의 저술가가 언급했다.

"나의 다음 책의 제목은 '**설교들은 더 길어야 된다**'가 될 예정이다. 누구도 하나님의 말씀의 보석들을 단지 15분 안에 캐낼 수는 없다."[18]

이 비판은 또한 이 세대에 대한 응답이 수십 년에 걸친 복음주의교회들 사이에 일반적으로 받아들여지고 있는, 예배의 모든 다른 요소들이 단지 성경의 가르침을 위한 "예열"인 교회의 공적 예배 모습으로의 회귀임을 의미하는 것만은 아니다.

5) 기도

교회가 구성원들에 대한 사랑의 섬김 안에서 보여 주는 위대한 행동들 중의 하나는 그들을 위해 기도하는 것이다. 신약성경 내러티브에서 공동체의 기도는 교회의 삶에서 주된 역할을 수행한다. 오순절에 교회가 세워지기 전에, 예수는 그 손을 아이들에게 올리시고 그들을 위해 기도해 주심으로 하나님의 공동체를 위한 기도의 가치를 보여 주신다(마 19장; 막 10장). 그는 제자들에게 기도를 가르치시면서 그들이 합력하여 기도하라고 재촉하신다.

"하늘에 계신 우리 아버지…."

교회가 세워지고 난 후, 공동체의 기도는 교회의 삶에서 중요한 특징이 되었다. 승천의 기사 뒤에 곧바로, 누가는 남성들과 여성들의 모임으로 이루어진 제자들이 "오로지 기도에" 힘쓴 사실을 보여 준다(행 1:14).

---

18 1994년 미조리 세인트루이스에 있는 복음주의자들의 그룹에 대한 James Hitchcock 박사의 논평.

사도행전 2장에서, 우리는 기도가 교회를 위한 공동체의 중심에 있는 것을 본다. 가르침, 친교, 성찬, 그리고 기도는 신자들이 그들의 재산을 모두의 유익을 위해 나누면서, 그리고 그들 한 가운데에서 기적의 표징들을 보면서 서로를 위해 돌봐 주는 공동체를 창조했다. 많은 사람들을 그리스도에 대한 믿음을 고백하고 교회의 구성원이 되도록 이끌어 들이면서 그 문화에 긍정적으로 개입했던 것은 공동체였다.

바울에게서, 기도는 또한 교회의 삶에 있어서 핵심적인 구성 요소이기도 하다. 그들이 무엇을 위해 기도해야 하는지 교회들에 이야기하는 것보다 더 많이, 바울은 그가 그들을 위해 기도한다는 것을 교회에 이야기하는 예를 들면서 섬긴다. 다른 신자들을 위한 바울의 기도의 압도적인 모티브는 그들의 영적 성숙과 관계된다. 즉, 그는 교회가 성령을 통해 그리스도, 그리고 사탄의 영향에 포로된 세계에서 변화된 삶을 향한 그의 부활의 위대한 능력(엡 1:18 이하)을 보다 완전하게 알게 될 것을 기도한다. 그리고 그들이 그것을 알게 되면서 자신들의 마음속에 있는 그리스도의 내주를 통해 하나님의 위대한 사랑으로 변화되기를 기도한다(엡 3:16 이하).

그는 하나님께서 그리스도 안에서 성숙을 향하여 교회를 계속 움직여 나가실 것이라는 확신으로 기도한다(빌 1:4-6). 그리고 그리스도를 영광스럽게 하는 그리고 선한 사역을 통해 열매를 맺는 삶을 살 영적 지혜를 위해 기도한다(골 1:10). 영의 은사들이 그리스도, 그리고 그의 은혜와 만나는 것을 촉진하는 것처럼, 다른 신자들을 위한 기도도 하나님의 사랑이 그리스도를 반영하는 변화된 삶으로 이끌어 가는 인격적 변화를 일으키면서 그분 자신과 만나는 것으로 귀결된다. 따라서, 교회에서 다른 이들을 위한 기도는, 심지어 그들로부터 떨어져 있는 동안에도, 관계적으로 교회를 섬긴다.

바울은 기도를 모델화시키는 것과 더불어, 공동체적 기도를 위한 설명을 제공한다. 그러나 이 설명들은 대단히 일반적이다. 그는 에베소교회에 "모든 종류의 기도들과 간구로 모든 경우에" 기도하라고 격려한다 (엡 6:18). 그리고 그는 빌립보교회들에게 단지 하나님을 향해 그 간구가 알려지게 만들라고 재촉한다(빌 4:6). 이 모든 것 안에 있는 가정은 하나님이 교회를 위한 기도에 응답할 것이라는 것이며, 신자들이 강력한 일들을 행할 것을 보게 될 것이라는 사실이다.

그러나 바울에게 있어서 이 모든 기도의 핵심에는 여전히 관계가 놓여 있다. 그는 에베소교회에 "성령 안에서" 기도하라고 말한다. 그리고 빌립보 교인들에게 그들이 감사의 기대와 더불어 하나님을 향한 그들의 간구를 보여 준다면, 하나님으로부터 오는 평화가 그들의 마음과 생각을 예수 그리스도 안에서 지켜 줄 것이라고 확신시킨다.

공동체 기도의 이러한 관계적 효과는 최소한 바울의 생각 안에서 특별한 기도들에 대한 응답들만큼이나 중요한 것이다. 하나님께서 기도에 대한 응답 안에서 주시는 것은 단지 대답만이 아니라 그 자신이기도 하다. 교회를 위한 이 사실의 가치는 하나님의 백성들이 기도를 통해 하나님께서 "산들을 움직"이실 것이라는 그들의 기대를 감소시키지 않고, 오히려 교회가 무엇보다도 필요로 하는 것은 그리스도 그 자신이라는 것에 대한 그들의 깨달음을 증진시키는 것이다.

따라서, 교회 구성원들이 다른 이를 위해 기도할 때, 그들은 서로에 대한 하나님의 은혜를, 그리스도와 그리고 그리스도를 통해 그들의 관계를 깊게 하여 서로에 대한 하나님의 은혜를 살피게 된다. 기도가 교회를 섬기는 방식에 대한 마지막 언급으로서, 또한 왜 말로 하는 기도가 그토록 중요한가 하는 것의 중심에 그 관계적 가치가 있다.

한 지체가 다른 지체를 위해 침묵으로 기도한다면, 하나님은 들으시고 대답하시는 분이시기 때문에, 어떠한 유익도 없는 것일까?

확실하게도, 그러나 곤경에 있는 어떤 사람이 실제로 다른 지체와 관계를 가지면서 그리스도 안에서 그 목소리를 들을 때만큼 직접적 유익이 있는 곳은 거의 없다. 더 나아가, 그들을 위해 기도하는 동안 누군가에게 손을 댄다면 이러한 관계적 유익은 보다 더 강화된다. 따라서 초대교회의 실천은 그들이 기도하고 있는 이들에게 손을 올리는 것이었다(즉, 행 6:6; 8:17; 28:8; 딤전 4:14; 딤후 1:6).

6) 치유

섬기는 공동체로서 교회의 다른 중요한 이미지는 치유의 이미지이다. 궁극적 상태인 그리스도의 완전한 신부로서의 교회에 대한 상징인 새 예루살렘에 대한 요한의 종말론적 그림에서(계 22:1-2), 그는 생명의 강가에 있는 생명나무를 그리고 있다. 그 열매가 매달 열리는데, 요한은 우리에게 그 잎사귀는 하나님 나라의 치유를 위한 것이라고 말한다(계 22:1-2). 여기에서 하나님의 백성은 그들이 타락 이후 금지된 건강과 생명의 근원으로 재결합된다.

그리고 예언적 비전의 심오한 성취 안에서, 열방이 치유받기 위해 예루살렘으로 온다. 이 이미지는 독자로 하여금 그들의 구원에 대해서만이 아니라 또한 이스라엘과 그들의 화해에 대해서도 숙고하도록 이끌어 간다. 요한계시록 22장 후반부인 12-14절에서, 예수의 말씀은 교회가 완전히 치유받은 교회에 대한 이러한 종말론적 묘사의 빛 안에서 살아야 한다는 사실을 보여 준다.

교회 사역으로서 치유에 대해서는 많은 언급이 있었다. 사도 시대부터 오늘날까지, 교회는 사람들이 치유를 받는(때로는 기적적 방법으로) 장소로 보여져 왔다. 예수님의 능력과 그의 인도하심을 따라, 사도들은 치료될 수 없는 질병들을 가진 많은 이들을 기도로, 그리고 그들을 만지거나 혹은 그리스도의 이름으로 치유를 선포하므로 치유를 행했다.

불행하게도, 오늘날 미국인들이 교회와의 연관 하에 치유를 생각할 때 잘못된 이미지는 화려한 복음 전도자가 환자와 지체 장애우를 낫게 하는 기독교 텔레비전에서의 극적인 치유이다. 이 이미지들은 "엘머 갠트리"(Elmer Gantry)로부터 "기적 만들기"(Leap of Faith)에 이르는, 사기꾼에 관한 수많은 영화뿐 아니라, 또한 마술적 속임수와 순간적인 심리적 위안보다 별로 나을 것 없는 것으로 밝혀진 대중 "치유"에 대한 보도로부터도 비롯된 일반적인 냉소주의와 마주치게 된다.

이 모든 것들의 가장 커다란 재앙은 거짓 치유가 아니라, 교회의 치유를 개인의 신체적 질병이나 (미국의 대중 기독교에서 동일한 가치를 가지는) 신용카드 빚으로부터 해방시켜 주는 사역으로 생각하는 이미지의 확산이다.[19] 확실히, 성경 내러티브 안에는 많은 기적적 치유들이 있다. 그리고 교회 역사는 육체 치유에 헌신된 사역들로 가득 차있다. 초기 중세의 베데딕트수도회는 (6-9세기까지) 선구자적으로 입원과 호스피스 사역을 수용했으며, 수많은 현대의 가톨릭 교단들도 아픈 이들을 위한 돌봄을 위해 헌신하고 있다.

19세기와 20세기의 개신교 선교의 특징은 병원을 세우는 것이었으며, 병자들과 죽어가는 자들을 돌보기 위한 의료 인원들의 훈련이었다. 그러나 성경 내러티브에서 그러한 치유가 치유 목회의 우선 목표로 다루어졌음을 의미하지는 않는다. 그것은 보다 자주 훨씬 깊이 있고 훨씬 오래 지

---

19 가난한 이들 사이에서의 번영의 복음에 대한 John M. Perkins의 비판을 보라. John M. Perkins, *Beyond Charity: The Call to Christian Community Development* (Grand Rapids: Baker Books, 1993), 71.

속되는 치유의 포인트다. 치유에 대한 교회 목회의 핵심에는 관계에 대한 치유가 있다.[20] 당연히, 가장 위대한 명령은 하나님을 사랑하는 것이었고, 그래서 교회에서 치유되어야 할 우선적 관계는 인간과 하나님 사이의 것이었다. 치유되어야 할 두 번째 관계들은 그리고 전혀 떨어져 있지 않은 두 번째("그리고 너의 이웃을 네 몸과 같이")는 교회 자신의 지체들 사이에 있는 관계들이다.

유명한 연극 "탈출구가 없다"(No Exit)에서, 실존주의 철학자 쟝 폴 사르트르(Jean-Paul Sartre)는 "타인은 지옥이다"라고 결론짓는다.[21] 만일 죄의 근본적인 성격들 중 하나가 자기중심성이라면, 사르트르는 제대로 맞춘 것이다. 타락한 인간 존재들, 그들의 핵심에서 그들 자신의 공허함을 채우고자 그리고 그들 자신의 욕구들을 만족시키는 동기를 부여받은 이들은, 다른 이들을 심지어 그들 자신보다 더 아낌을 받아야 할 하나님의 가치 있는 피조물로 보는 것보다 이 목적들을 성취하기 위한 도구로 보는 데 보다 더 기울어져 있다.

따라서, 신약성경은 사람들이 그리스도와의 관계 안으로 들어갈 때, 타인들에 대한 그들의 관계들이 변화될 것이라는 희망으로 가득 차있다. 그들의 선생인 그리스도에 의해 변화된 제자들은 그들의 동료 제자들의 발을 씻길 수 있었다. 그들의 형제들에 저항해서 지속적으로 죄를 지었던 이들은 그들을 일흔 번씩 일곱 번 용서할 수 있었다. 그리고 바울은 말하기를, 교회에서 신자들은 다른 신자들을 관계적 조화를 창조하고 본성적 적대감들을 치유하는 수단으로 섬기면서 자기 자신보다 더 중요하게 생각할 수 있었다. 그는 심지어 유오디아와 순두게를 서로 평안 가운데

---

[20] 예컨대 불구인 사람에 대해 육체적 치유에 대한 그의 필요성을 생각하기 전에 하나님과의 관계적 치유를 언급하면서, 그의 죄가 용서받았다는 예수의 선포를 생각하라.
[21] Jean-Paul Sartre, *No Exit and Three Other Plays* (New York: Alfred A. Knopf, 1989), 45.

있으라고 부탁하면서 이름을 부르기에 이르렀다. 그들 두 사람은 복음을 선포함에 있어 바울을 도왔다.

그러나 만일 예수의 기쁜 소식들이 동료 교회 지체들 사이의 평화를 가져다줄 수 없다면, 어떻게 그것은 상대적으로 찢겨진 세계에 평화를 이야기할 수 있는가?

치유의 장소로서 교회에 대한 이 신학은 야고보서에서 가장 분명히 표현된다. 실천 없는 참된 믿음이 있을 수 있는가에 대한 냉소주의를 보여주면서, 야고보는 만일 믿는다고 고백한 한 사람이 음식이나 옷이 없는 형제 혹은 자매를 보고도 그/그녀의 무너짐에 아무런 치유를 가져오지 않는다면, 그의 믿음은 그릇된 것이라고 제시한다.

무너진 사람은 곧 형제 혹은 자매라는 야고보의 언급을 깨닫는 것은 중요하다. 그는 여기에서 교회에 대해 이야기하고 있다. 그리고 치유에 대한 그의 전체 신학은 이 공동체에 초점이 맞춰져 있다. 게다가 치유에 대한 야고보의 신학은 육체적 그리고 심지어 경제적 측면들을 포함하고 있으면서도, 우선적으로는 관계적이다. 야고보서 2:1-7에서, 그는 부와 가난 사이의 깊은 관계적 분리에 대해 언급한다. 그것은 세계 체계의 일부이자 단위이기도 하다.

야고보는 만일 교회가 부유한 자들을 선호한다면, 그것은 단지 사회경제적 계급 사이의 분리를 영속화시키는 것일 뿐이라고 주장한다. 더 나아가, 교회가 부유한 자들이 가난한 자들에 대한 억압을 계속할 때에도 교회에서 특별한 대우를 계속해 주면서 부유한 자들에게 동의해 준다면, 그것은 가난한 자의 무너짐을 영속화시키는 것이다. 더 나아가서, 이 사회적 질병을 지속하는 것은 그들로 하여금 그들에게 모든 선한 것을 주시는 하나님의 주권을 무시하면서도(약 1:17), 자신들의 부와 힘이 스스로의 삶에 대한 완전한 통제권을 줄 수 있을 것이라고 계속해서 생각하도록 만들어

줌으로써(약 4:13-16) 부유한 자들의 파괴됨 역시 영속화시킨다.

야고보서 3장과 4장에서 야고보는 하나님의 형상으로 만들어진 사람들을 깎아내리는 혀의 힘에 대해 이야기한다. 불안과 부패한 욕망들에 이끌려, 혀는 교회에서 서로를 사랑하고 있어야 할 사람들을 오히려 서로를 살육하는 것으로 이끌며 전쟁의 불꽃과 적대감을 만들어 낸다. 야고보는 이것이 위로부터 내려오는 평화를 만드는 지혜가 아니고 악마적인 것이라고 말한다. 세상으로 하여금 만족하도록 바라보는 교회는 대신에 자기파괴적이 될 것인데, 왜냐하면 세상과 그 물건들은 오로지 자기소비로만 이끌 수 있을 뿐이기 때문이다.

그러나 신자들이 그리스도의 오심을 향한 인내와 더불어 바라볼 때, 그들은 서로와 인내하는 것을 배우게 된다(약 5:7-9). 자신들의 깨진 상처로 인해 서로를 공격하는 대신, 그들은 치유하기를 배운다. 야고보는 그의 책을 환경들(곤란함), 질병, 죄, 그리고 반역(진리로부터 떠돌아다님)에 의해 파괴된 사람들의 공동체로서 교회의 이미지로 마무리한다(약 5:13-19). 이 공동체 안으로 기도, 고백, 죄의 용서, 의무, 그리고 아마도 심지어 의약(기름)에 의해 가져와진 치유가 온다.

다시 주목해 보면, 야고보의 치유적 교회론에서, 치유는 교회의 공동체 안에서 일어난다. 신자들은 교회 바깥에서 치유를 얻을 수 있는 것으로 이야기되지 않으며, 그들은 공동체에 충분히 잘 연합을 하게 된다. 사실은 공동체 안에 있는 모두가 아프고 무너져 있다. 그러나 또한 자주, 그러한 종류의 무너짐의 사람들은 자신들의 싸움에 대해 정직해지는 것이나 교회 안에서 도움을 찾는 것을 허용받지 못해 왔다.

미국의 근본주의적인 복음주의교회에서 성장했던 이들에 있어서, 알코올 중독은 질병의 이러한 "손댈 수 없는" 종류들 중의 하나의 예증이 되곤 했다. 종종, 알콜과 투쟁을 벌이는 그리스도인들은 자신을 아주 잘 관리를 하는 것으로 이야기하거나 혹은 교회에 오기 이전에 잘 관리했었다고 말했다. 아마도 이런 생각은 알코올 중독자들과 싸우는 것으로 가득 찬 교회는 그 이미지를 손상시킬 것이라는 것이었다. 불행히도, 실제로 교회의 이미지를 손상시키는 것은 은총을 통한 마음의 변화보다 율법을 통한 습관의 변혁에 기반을 둔 무너진 죄인에 대한 이러한 거절일 것이다. 교회는 결과적으로 온전한 사람들의 공동체가 되는 것을 의미하는 것이 아니라, 그리스도께서 주님인 곳인 공동체 안에서 온전성을 찾고 있는 죄인들의 병원이다.

고맙게도, 오늘날 복음주의적 전통 안에 있는 많은 교회들은 알코올, 약물 오용과의 투쟁을 위한 치유의 장소가 되어 왔다. 그렇지만 동성애와 싸우고 있는 가운데, 너희들은 화장실에나 머물러 있으라고 듣는 이들을 위해서는 똑같이 말해질 것 같지가 않다. 그래서 오늘날, 동성에게 끌리는 것에 맞서 싸우고 있는 신자들은 종종 침묵을 지키거나 홀로 투쟁하는 것을 계속하든지 혹은 기독교를 거부하든지 아니면 동성애가 하나님으로부터의 선물이라는 비성경적 이념을 확언하는 교회를 찾아 성경적 믿음을 모두 포기하든지 하는 곳으로 물러나고 있다.

실제로, 목사들이 "안녕, 이 사람은 내 친구 밥이야. 그는 동성애와 싸우고 있어. 그는 치유를 찾고 있고 그래서 그리스도에 대한 순종 안에서 걸어갈 수 있기를 소망해. 그는 그와 함께 걷기 위해 우리를 필요로 해"라고 이야기하며 다른 사람들과 함께 교회의 앞으로 나아갈 수 있을 때, 교회는 참된 성경적 치유의 장소가 되기 위한 또 하나의 거대한 발걸음을 취할 것이다. 아마도 교회의 모든 이미지는 분명히 과도한 것일 수 있다. 교회는 분명히 치유의 장소가 될 수 있다. 그리고 신자들은 서로를 치유하도록 돕는 것을 통해 서로를 섬긴다. 그러나 일부 신학자들은 교회는 단지 기독교가 사람들로 하여금 그들 스스로에 대해 더 낫게 느끼도록 돕기 위한 보다 나은 자기돕기 전략으로 표상되는 곳인 치료 센터가 되지 않도록 주의를 기울여야만 한다고 지적해 왔다.[22]

충분히 옳은 일이다. 교회의 궁극적 목표는 사람들이 자신에 대해 더 낫게 느끼도록 하는 것이 아니며, 오직 그리스도만이 모든 사람의 깨어짐에 대한 해답임을 알고 그를 찬양하는 것이다.

어거스틴은 모든 인간의 마음들이 그리스도 안에서 안식을 취함으로 치유를 발견하기까지 쉴 수가 없다는 말을 했는데 이는 맞는 말이다.[23] 삼위일체 하나님에 의해 창조된 교회에서, 신자들은 육체적, 사회적, 인종적, 감정적, 그리고 영적인, 즉 온갖 질병들을 현재 그리고 미래에, 여기 그리고 다른 방식으로 치유를 가져오며 서로를 그리스도 안에서 쉼을 발견하도록 돕는 것을 통해 섬기고 있다.

7) 나눔

참된 기독교 공동체를 요청하는 그의 책 『20세기 말의 교회』(*The Church at the End of the 20th Century*)에서 프란시스 셰퍼(Francis Schaeffer)는 다음과 같이 쓰고 있다.

> 여기에 무언가 두드러지는 것이 있다: 그리스인들이 유대인들에게 돈을 보내 주고 있다. 안디옥교회가 헤롯의 양부모로부터 노예에 이르기까지 전체 사회 스펙트럼을 초월하였듯이, 교회와 그 공동체는 또한 유대인과 이방인을 초월했다. 단지 이론적으로만이 아닌 실제적으로도 그렇다.

---

[22] 다음 책을 보라. Wells, *No Place for Truth*, 그리고 Donald G. Bloesch를 보라. Donald G. Bloesch, *The Church: Sacraments, Worship, Ministry* (Downers Grove, IL: InterVarsity, 2002).

[23] Augustine, *Confessions*, 1.1.

그것을 다시 한번 강하게 이야기해 보자.

만일 물질적인 소유와 필요의 영역에서 생활의 물질과 무관하게 사랑에 대해서만 이야기한다면 아무런 소용이 없다. 만일 그것이 집에서나 바깥에서나 그리스도 안에서 우리 형제들을 위해 우리의 물질적인 것들을 나누는 것을 의미하지 않는다면, 그것은 별로 의미가 없거나 아무런 의미가 없는 것이다.[24]

그 초기 시기로부터 역사를 관통하여 교회는 궁핍한 이들과 물질적인 것들을 나누므로 하나님의 백성 공동체를 섬기기 위한 성경적 위임을 깨달아 왔다. 순교자 저스틴은 『첫 번째 변증』(First Apology, 150)에서 과부, 고아, 그리고 교회에서 병든 이를 돕기 위한 기독교 예배의 상황에서의 헌금을 걷는 규칙적인 실천에 대해 이야기한다. 『헤르마스의 목자』(Shepherd of Hermas, 150)의 저자는 기독교의 환대 정신에서 과부, 고아 그리고 궁핍한 자를 목회하는 교회의 중요성을 강조한다. 암브로시우스(339-397)는, 밀라노의 주교로 자신의 첫 번째 행동에서, 그의 큰 부를 기독교 빈자에게 나누어 주었다. 베긴회 수도회(Beguines)는 12세기 네덜란드에서 설립된 수녀회의 구성원들이었는데, 그들이 평신도도 아니었고, 수사회도 아니었기 때문에 비일상적인 자들이라고 불리었다. 그들은 병든 사람들과 궁핍한 자들을 기독교의 자선으로 섬겼다.

존 칼빈은 자신의 『교회 법령집』(Ecclesiastical Ordinances, 1542)에서 집사들의 역할을 교회에서 자선 사역 관리를 제공하는 것이라고 설명한다. 17세기 대중적인 로마 가톨릭의 영성은 신자들의 물질적 궁핍을 관리하

---

[24] Francis Schaeffer, *The Church at the End of the Twentieth Century*, in *The Complete Works of Francis Schaeffer: A Christian Worldview*, vol. 4, *A Christian View of the Church* (Westchester, IL: Crossway, 1982), 64.

는데 대한 강조를 통한 독립 평신도 단체들에 대한 그 강조로 유명했다. '성스런 마음의 헌신'(The devotion of the Sacred Heart), '거룩한 가족'(Holy Family), 그리고 '성 요셉'(St. Joseph)은 밀접한 사제적인 감독 하에 운영되는 가장 대중적인 평신도 연합들 같은 것이 되었다. 그리고 존 에튀드(John Etudes), 쟝 쟈끄 올리비에(Jean-Jacques Olivier) 같은 개혁가들은 교회적인 자선을 향한 그들의 그리스도 중심적인 격려로 잘 알려져 있었다.

교회에 대한 성경 이야기에서 가장 두드러지는 장면들 중 하나는 우리를 사도행전 2장에서 만난다.

> 그들은 사도들의 가르침과 친교에, 떡을 떼고 기도하는 일에 헌신했다. 모두가 경외심으로 충만해졌으며, 많은 이들은 놀라워했고, 기적적인 표징들이 사도들에 의해 행해졌다. 모든 신자들은 함께 했고 모든 것들을 함께 나눴다. 자신들의 소유들과 물건들을 팔면서, 누구든지 원하는 것이 있으면 내주었다. 매일같이 그들은 성전 뜰에서 함께 만났다. 그들은 그들의 집에서 떡을 떼었고, 하나님을 찬양하고 모든 사람들의 호의를 즐거워하며 기쁨과 신실한 마음으로 함께 먹었다. 그리고 주님께서는 그들의 수에 날마다 구원받는 사람들을 덧붙이셨다(행 2:42-47, 저자 직역).

신약 시대에 교회에서 물질적인 자선에 관해서는 카르멜 필처(Carmel Pilcher)가 쓴 바 있다.

> 초대교회에서는 모든 그리스도인들이 주일 성찬에 나눌 것을 가지고 왔다. 빵 혹은 포도주, 기름 혹은 옷들을 말이다. 모두들, 즉 나눠 줄 것이 없던 과부와 고아 혹은 떠돌이나 나그네를 제외한 이들이었다. 이 가난한 이들은 선물들, 즉 성찬 공동체에서 축복을 받고, 떼어지고 분병된 빵

과 포도주와 더불어 식탁으로 가져온 선물들의 수혜자가 되었다. 성찬을 끝내면서 소진되지 않은 선물들은 다가오는 주일에 공동체에서 그것들을 필요한 이들에게 나누었다.[25]

신약성경을 통해서 궁핍한 자들과 물질적인 것들을 나누는 것의 실천은 교회와 그 지도자들의 가르침을 특징지었다. 자신들의 부모들을 돌보는 데 써야 하는 돈을 성전에 바친 데 대해 예수께서 질책하셨던 젊은이들에 대한 극적인 대조로, 초대교회의 구성원들은 그들과 아무런 혈연관계에 있지도 않았던 이들에게 자신의 소유들을 나누거나 혹은 심지어 그것들을 팔아 궁핍한 자들에게 돈을 제공해 주면서 가족 구성원으로 여겼다. 이것은 사도들과 기적적인 표징들의 가르침과 더불어 그리스도에게로 많은 사람들을 끌어오는 데 공헌했다. 가난한 이들의 궁핍을 채우기 위해 그들 자신의 부를 희생했던 신자들이 그 자신의 아들의 부요를 가난 가운데 있는 인간을 만나기 위해 희생하신 삼위일체 하나님의 그 성품을 반영했던 까닭이다. 바울은 다음과 같이 말한 바 있다.

> 너희를 위하여 가난하게 되심은 그의 가난함으로 말미암아 너희를 부요하게 하려 하심이라(고후 8:9).

그리고, 참된 종교는 이웃의 사랑 안에서 형태를 취한다는 예수의 주장을 반영하면서, 야고보는 참된 종교는 곤경 가운데 있는 고아와 과부를 돕는 것이라고 주장한다(약 1:27).

---

[25] Carmel Pilcher, RSJ, "A Culture of Sharing: Truthful Eucharist," *Dies Domini: Year of the Eucharist*, 2005, www.cathnews.com/eucharist/reflections.php

성공이 종종 물질적 소유의 용어로 서술되는 곳, "가장 많은 장난감을 가지고 죽은 자가 이기는" 곳, 그리고 사람들이 이를 얻기 위해 얼마나 많은 신용카드 빚을 늘리든지 간에, 광고업자들이 사람들에게 자신들의 산출의 유익을 누리기에 합당하다고 확신을 주고자 수백만 달러를 지출하는 곳에서, 교회가 사람들의 부를 다른 이들과 나누도록 독려하는 것은 힘든 설득 작업일 수 있다.

누군가가 대중적인 텔레비전 설교자를 통해 그리고 그들의 웹사이트들을 방문하므로 교회를 알게 된다면, 사실 그는 교회의 목적이 돈과 소유물을 나누기보다 보다 많이 취하는 것이라고 생각하게 될 수 있다. 그리고 통계 또한 이러한 것들을 말하고 있다. 미국과 캐나다의 11개 주요 개신교 교파들(혹은 그들의 역사적 선조들)의 교인들 중 그들이 수입 중 기부하는 비율은 1921년이나 1933년보다도 2000년에 더 낮아졌다.

1921년에 성도들은 수입 중 2.9퍼센트를 기부하였다. 대공황의 한복판에 있던 1933년에는 3.3퍼센트까지 성장했다. 전례없는 번영의 반세기를 보냈던 2000년에는 2.6퍼센트로 하락했다.[26] 바나그룹의 리서치는 그리스도인들 사이의 이러한 기부의 하락 요소 중 하나는 교회의 성도들도 포함하는 미국에서의 신용카드 빚의 증가 추세라고 제시한다.[27]

여기에서 초점은 그리스도인들 사이에서의 기부의 경향을 분석하고자 하는 것도 아니고, 목사들로 하여금 교회가 기부를 덜 한다고 야단치라는 구실을 제공하고자 하는 것도 아니다. 오히려, 교회가 그리스도를 향한 사랑으로 다른 이들과 나누는 것의 아름다움을 깨닫게 하고자 함이다. 감람산 강화(Olivet Discourse)에서, 예수께서는 제자들에게 그들이 궁

---

26   John L. Ronsvalle and Sylvia Ronsvalle, *The State of Church Giving through 2000* (Champaign, IL: Empty Tomb, 2002), 40.

27   George Barna, *Barna Research Archives: Money, Barna Research Group*, www.barna.org

핍한 가운데 있는 예수의 다른 제자들에게 줄 때, 그것은 예수 자신에게 주고 있는 것과 같은 것이라고 가르치신다. 그리고 그러한 나눔에 대한 보상은 아버지와 종말론적 나라의 큰 기쁨으로부터 주어지는 축복이 될 것이라고 하셨다.

바울은 에베소교회 장로들을 향한 고별 설교에서 그들에게 약한 자를 도와주라고 촉구했다. 예수께서 주는 것이 받는 것보다 복되다고 그들에게 말씀하셨기 때문이다. 물질적 소유를 상찬하는 세상에서, 이들 소유들은 그것들이 심지어 그것을 소유한 사람들을 소유하게 되는 정도로 보호받는 경향이 있다. 그러나 초대교회는 그들의 물질적 부에 의한 소유로부터 자유케 하면서, 그리고 궁핍한 제자들에게 구원을 제공하기 위해 그리스도가 주신 훨씬 큰 부로 이끌면서 하나님을 그들의 재산의 궁극적 소유자로 보도록 가르쳤다(행 4:32-35).

건강한 교회는 나눔의 장소이며, 사람들이 자신들의 물질적 소유를 가볍게 믿고 있던 장소였다. 그들은 부와 소유에는 궁극적인 기쁨도 없고 최종적 만족도 없다고 깨달았다. 비록 하나님께서 우리가 즐기도록 모든 것들을 창조하셨기는 하지만, 관계적인 삼위일체적 하나님은 우리를 오로지 물질적인 것들이 사랑과 자기희생 안에서 다른 이들과 나누어질 때에만 가장 만족하는 그런 존재로 만드셨다.

부가 우리를 그리스도와 만날 능력을 가지도록 허락하는 것은 오로지 우리가 우리의 부를 다른 이들과 나눌 때뿐이기 때문이다. 우리가 내어주는 것은 궁극적으로 그를 위해서이다. 종말론적 공동체로서, 교회는 그 부의 것을 이제 되어야 할 것의 빛 안에서 내어 준다. 물질적인 것들이 종말에 아무런 의미가 없을 것이기 때문이 아니라 그날에 우리가 하나님을 향해 소유한 모든 것을 주는 것이 우리 기쁨이 될 것이기 때문이다(마 25:34-40).

4. 결론

교회는 결혼식을 올릴 준비를 하고 있으며, 그리스도에 대한 그녀 자신의 결혼을 축하하는 자이다. 어떤 신부이든, 교회는 이날을 위해 최상의 모습을 보기를 원한다. 그리고 그녀의 예비 신랑은 점과 흠이 없이 도착하게 될 신부를 기다리기만 하는 것이 아니라, 심지어 그녀의 편에 결혼 훨씬 이전부터 있고, 그녀를 섬기며, 그녀로 하여금 서로에 대한 그들의 사랑하는 섬김을 통해 그들에 대한 그의 변화시키는 은총을 표현하면서 그녀가 가진 의미대로 되도록 돕는다.

따라서, 교회에 있어서 결혼 준비는 옷, 머리, 그리고 화장에 대한 것만이 아니라, 서로를 섬기는 신자들에 대한 것이다. 교회의 성원들은 서로를 그리스도의 사랑하는 친절과 은혜의 도구로 섬긴다. 그것은 인간의 마음을 변화시키며, 신적 성품의 성장을 통해 그리스도와 닮음과 연합을 낳는다. 이 모든 것은, 교회가 그녀의 신랑과의 궁극적 연합을 통해 완전해지게 될 때에 대한 기대 안에서이다.

≈ **심화 연구를 위한 질문들**

1. 어떤 깨어짐과 죄의 영역들이 오늘날 교회에서 치유가 가장 발견되어야 할 필요를 가지는가?
2. 어떻게 교회는 이 사람들에게 치유의 공동체가 될 수 있는가?
3. 어떻게 교회는 다른 이들에게 변화를 요구하면서도, 다른 한편으로 비판적이지 않은 은총을 보여 주는가?

제10장

교회 권징 – 예배의 잃어버린 요소

목사들로 가득한 방을 방문하여 목회 사역 중 가장 싫어하는 것이 무엇이냐고 묻는다면, 몇 번이고 들을 수 있을 말이 바로 "교회 권징"이다. 자신들의 깨어짐에 대해 특별히 아주 잘 깨닫고 있는 극소수의 교회 지도자들만이 교회 구성원들이 자신의 죄된 행동에 직면하는 것을 즐긴다. 게다가 목사 혹은 장로들이 호출되는 상황은 보통 사건이 상당히 진행된 경우이며 심각한 부수적 피해를 수반하는 통탄할 죄의 경우들이다.

우리는 두 가지 이유로 섬기는 공동체로서 교회에 대해 문화적 관여의 형태로서 교회 권징을 논의하고자 한다.

첫째, 교회 권징이 잘 행해지지 않았으며 교회론 교과서들에서도 자주 논의되지 않은 두 가지 이유가 조명되어야 할 필요가 있다.

둘째, 교회 권징은 교회의 구성원이 심각한 죄를 뉘우치지 않을 때, 성경이 교회로 하여금 그를 내보내고, 그가 왔던 세상의 문화로 되돌려 보내는 것으로 그를 더 이상 공동체의 구성원이 아닌 것으로 다루라고 요청한다는 점에서 특이한 방식으로 문화와 관계를 가진다.

본 장은 교회 권징을 위한 포괄적인 신학이나 전략을 제공하고자 하지 않는다.[1] 우리는 어떤 성경적 원칙들을 제공하고, 역사적 교회의 투쟁들에 대해 무언가를 조사할 것이다. 그리고 궁극적으로, 교회 권징의 실재 이야기를 재진술할 것이다. 우리가 구속적 이야기의 조명 하에서 교회 권징을 볼 때에만 우리는 그토록 어려운 무언가를 실천하는 것으로 나아가는 용기를 얻게 될 것이다.

성경 내러티브는 권징 행위와 더불어 공동체 안에서 죄를 언급할 필요에 대해 분명히 한다. 모세 율법은 특별한 범죄에 대해 여러 징계 수단을 제공한다. 그러나 신약성경은 심각한 죄에 대한 권징 행위가 교회의 특징임을 분명히 하지만, 그러한 징계 방법론과 기준에 대해서는 구체적으로 제시하지 않는다. 교회 권징에 대한 근본적인 신약성경 구절은 마태복음 18:15-20이다. 여기에서, 예수는 제자들에게 만일 필요하다면 죄인이 한 사람 이상을 직면해야 함을 말한다. 가장 이상적인 것은, 모든 교회 권징은 그가 죄를 깨닫고 회개하며 용서를 구하는 선에서 멈추는 것이다.

그러나 예수는 죄를 범한 자가 이런 대면에 아무런 반응을 보이지 않는 상황에 대해 언급한다. 그 경우 장로들이 그에게로 나아갈 수 있다.

---

[1] 교회 권징에 대해서는 놀라우리만큼 적은 책들이 쓰여졌던 한편, 아래에 나오는 자료들은 고려되어야 한다. 이 주제에 대한 책들에 덧붙여서, 대부분의 교파들은 교회 권징에 대한 기준과 실행들을 가지고 있는데, 특히 이들 교파들에 직접적으로 접촉되는 것에 의해 접근될 수 있는 목회적 죄의 경우에 그러하다. J. Carl Laney, *A Guide to Church Discipline* (Minneapolis: Bethany House, 1985); Don Baker, *Beyond Forgiveness: The Healing Touch of Church Discipline* (Portland: Multnomah, 1984); Marlin Jeschke, *Discipling in the Church: Recovering a Ministry of the Gospel* (Scottdale: Herald Press, 1988); *Church Ethics and Its Organizational Context: Learning from the Sex Abuse Scandal in the Catholic Church*, ed. Jean M. Bartunek, Mary Ann Hinsdale, and James F. Keenan (Lanham: Rowman & Littlefield, 2006).

그래도 그가 회개하지 않는다면, 그에 관해 모든 교회에 보고가 이루어져야 한다. 만일 그가 여전히 듣기를 거부한다면, 그는 공동체로부터 축출되는 자로서 이방인이나 세리처럼 다루어질 수 있다. 이에 따라 땅에서 교회와 그 지도자들에 의해 엮인 무엇이든지 하늘에서도 엮어져 있다는 예수의 확언이 온다. 따라서, 교회는 범죄한 개인의 삶에 대해 분명한 권위를 가진다. 요한복음 20장에서 예수는 제자들에게 그들이 어떤 사람의 죄가 용서되었다고 선언한다면, 그러면 그들은 용서받은 것이요, 만일 그렇지 않다면, 그들은 그렇지 못하다고 말씀하신다. 다양한 해석들 중 대부분은 교회가 공동체의 죄 문제들에 주어진 권위라고 하는 데 동의한다.

바울은 또한 교회 안에서 죄에 직면하는 것에 대한 필요성을 분명히 한다. 디모데전서 5:1-2에서, 그는 교회의 구성원들에게 개별적으로 그들의 죄에 관해 탄원하도록 디모데를 격려한다. 디모데후서 4:2과 디도서 1:13에서, 그는 건전한 교리를 거부하는 이들에 대해 맹렬히 질책한다. 고린도전서 5장에서, 바울은 교회로 하여금 그 장모와 더불어 성관계를 가진 구성원을 권징하도록 훈계한다.

심지어 그들에게 그와 먹지도 말도록 요청하는데, 그것은 아주 최소한의 의미에서 본다면, 성찬 참여로부터 그를 제외시키라는 것이다. 요한은 또한 교회로 하여금 그들이 죄악된 행동에 잡혀 있는 형제와 자매를 위해 하나님과 더불어 간섭해야만 함을 말하면서 죄에 대한 권징을 언급한다(요일 5:16-17). 교회로 하여금 죄인들을 권징하라는 성경의 분명한 요청의 중심에 교회 권징의 궁극적 목적은 언제나 구속이어야 하며, 심판이 아님을 이해하는 것은 본질적이다. 말린 제쉬케(Marlin Jeschke)는 이렇게 쓰고 있다.

교회 역사에서 복음의 의미는 너무나 자주, 비록 선교적 선포에서 인식되기는 하지만, 권징에 관해서는 잊혀져 왔다. 반면 교회는 다른 경로를 취해 왔다: 고발, 법정, 소송, 비난, 징벌, 짧게 말해, 율법주의, 그리고 결의법(決疑法)이다. 우리는 사람들에게 처음부터 좋은 소식으로 만나는 것은, 언제나 하나님의 은총의 능력에 대한 좋은 소식으로 남는다는 것을 잊는다. 그것은 그들이 인류를 향한 하나님의 은혜로운 의도와 더불어 순종 가운데 살 수 있도록 죄로부터 해방시킨다.[2]

그리스도의 은혜는 회개와 삶의 변화를 요구하는 매서운 은총이긴 하지만, 그것은 한량없는 은혜이기도 하다. 그리스도 안에 있는 하나님의 은총의 복음으로서 습관의 변화를 다루는 어떤 교회 권징도 가벼운 것은 없다. 그것은 언제나 복음에 뿌리를 내린, 그리고 하나님의 거룩한 무조건적 사랑에 대한 응답을 향한 부르심이다. 오로지 교회 권징이 이러한 뿌리에서 자라 나올 때에만, 그것은 구속적이라고 불릴 수 있다.

교회 권징의 구속적 목적들은 범죄한 개인과 공동체 모두를 포함한다. 개인을 향한 소망은 그/그녀가 죄를 회개하고 공동체 안에서의 건강한 교제의 자리를 회복하는 것이다(갈 6:1-2). 교회 권징은, 사랑하는 부모의 그것과 같아서, 절대로 장애를 발생시키는 것을 의미하지 않고, 치유하는 것을 의미한다(히 12:7-13). 그릇된 가르침에 참여하고 있는 사람들의 경우에 권징은 "믿음 안에서 건강"해지는 장소로 그들을 회복시키는 것을 의미한다(딛 1:13).[3]

온전함이 먼저 개인들을 회복시킬 때, 그것은 공동체를 회복시킨다.

---

[2] Jeschke, *Discipling in the Church*, 30.

[3] 이것보다 더 많은 교회 권징의 목적에 대해서는 Laney의 설명을 보라(Laney, *Guide to Church Discipline*).

교회에 대한 그리스도의 비전은 그를 흠도 없고 티도 없는 신부로 만드는 것이다. 오로지 교회가 공동체 구성원들의 죄에 대해 기꺼이 언급하고자 할 때에만, 그것은 그리스도의 순전한 신부로서 궁극적 형상을 향해 계속 움직여 나갈 수 있다. 그리고 오로지 교회가 죄를 구속적으로 다룰 때에만, 그것은 파괴된 세상의 필요에 대해 호소하는 은총적인 치유의 모습을 보여 줄 수 있다.

속사도 시대의 교회는 권징에 대해, 그리고 공동체의 성원들의 삶에서 죄의 회복 척도에 대한 성경적 위임에 대해 깨달았다. 그러나 교회에서 죄에 대해 언급하는 것에 대한 분명한 성경적 체계의 결여는 분쟁과 방법론에 대한 불일치가 있는 교회를 남겼다. 스위트(H. B. Swete)는 다음과 같이 쓰고 있다.

> 메시지를 믿고 과거의 생활들의 죄를 회개한 자들에게 세례는 완전한 면죄를 의미했다. 이 부분에서 사도들의 증언 및 다른 초기 증언에는 주목할 만한 합의가 있다. 세례 이후의 죄의 경우에는 덜 단순했다. 그리고 처음에는 포괄적인 방식에서 다루어지지 못했던 것으로 보인다.[4]

가장 초기에 나온 성경 시대 이후 증거들은 교회 지도자들이 중요한 죄의 경우 회개의 필요성을 인식했지만, 어떠한 속죄 체계도 없었음을 보여 준다. 예컨대 이그나티우스(Ignatius)는 비그리스도인들의 회심을 향한 언급에 있어서만 '**메타노이아**'(*metanoia*, 돌이킴)라는 용어를 사용한 것

---

[4] H. B. Swete, "Penitential Discipline in the First Three Centuries," in *Studies in Early Christianity*, vol. 16, *Christian Life: Ethics, Morality and Discipline in the Early Church*, ed. Everett Ferguson (New York: Garland, 1993), 249.

으로 보인다.⁵ 그리고 폴리캅(Polycarp)은 교회의 장로들 사이에서 일어난 추문에 대해 언급하면서, 그러나 범죄자가 회개의 태도인 뉘우침과 기도를 보여 주는 것으로 만족한다.⁶

2세기 말엽, 세례 이후의 죄에 대해 강한 대조를 이루는 다른 접근들이 개발되었다. 로마의 주교 칼리스투스(Callistus)는, 예컨대, 성적 죄를 범한 이들을 기꺼이 용서해 주고자 한 것으로 보인다. 그리고 회개 이후에는, 그들을 친교로 다시 받아들이고자 했던 것으로 보인다. 다른 이들은 터툴리안(Tertullian)의 입장을 선호했는데, 그는 모든 이전의 죄는 세례에서 용서받았다고 주장하면서 그리스도인은 다시 자신의 죄된 길로 돌아가서는 안 된다고 말했다. 만일 그들이 이미 그랬을 경우, 회개를 위한 오로지 더 한 번의 기회가 있었으며, 그것 이후에는 회개는 반복될 수 없었다.⁷

궁극적으로, 교회는 참회 체계 개발을 선택하면서 터툴리안의 극단적 접근을 거부했다. 이 체계에서는, 주된 죄에 대한 주된 처벌은 성찬으로부터 범죄자를 제하는 것이었고, 때로는 죄의 심각성에 따라 오랜 기간에 걸쳐 이루어졌다. 성찬의 중요성이 한 사람이 은총의 상태에 남아 있을 수 있는 능력의 보증이 되기 시작했을 때, 즉 구원받은 존재로 남아 있을 수 있는 능력의 보증으로서 떠오르기 시작했을 때, 참회 체계의 제거가 두드러지게 되었다.

중세에는 죄에 대한 속죄 체계가 엄청나고 복잡하게 되었다. 그 속죄들은 종종 판례에 의해 결정되었다. 한 가지 분명한 것은 교회가 파문, 회개, 그리고 성찬의 재허락에 관해 완전히 권위적이었다는 것이다.

---

5   *Ephesus* 10.1, *Philadelphia* 3.2, 8.1, *Smyrna* 4.1, 5.3.
6   *Philadelphia* 6.1.
7   Swete, "Penitential Discipline in the First Three Centuries," 257.

개신교 종교개혁의 도래와 더불어, 이 속죄 체계는 교회의 큰 부분에서 제거되었다. 이것은 교회가 바로 로마 가톨릭 체계가 더 이상 적용되지 않았다는 점에서 더 이상 권징을 실천하지 않았음을 의미하는 것은 아니다. 더 나아가, 종교개혁의 분산화와 함께 교회 권징에 대한 어떠한 연합된 접근도 종결되었다.

기독교 전통들과 교파들에 대한 역사적 다양성을 가지고 있는 미국교회에서, 이러한 연합의 결여는 단지 혼란을 가중시키는 것이 되어 왔다. 심지어 성경 무오성에 대한 헌신 속에서 복음주의자들은 교회 권징의 실행에 대한 어떠한 일관성을 가지고 오는 데 별로 성공하질 못했다. 종종, 복음주의교회의 한 성원이 큰 죄로 인해 그리고 회개하지 않는 자세로 인해 파문되었을 때, 그는 단지 거리를 내려가 다른 교단에 속한 이웃 복음주의교회로 옮겨가면 아무런 질문도 받지 않고 받아들여진다. 중세에 파문의 힘은 교회의 모든 문들이 회개하지 않는 죄인들에 대해 닫히게 된다는 사실에서 발견되었다. 오늘날, 분열된 교회는 그러한 연합 전선을 표현하기에 불가능해졌으며, 교회 권징은 종종 별 의미가 없거나 아무런 효과도 일으키지 못한다. 여기에 보다 에큐메니컬한 파트너십을 가져야 할 다른 이유가 있다.

그럼에도 불구하고, 교회 권징 실천에 대한 이런 불행하게 약화된 그리고 빛이 바랜 상태를 그것을 버릴 이유로 받아들여져서는 안 된다. 마치 좋은 부모가 그/그녀의 자녀들이 반응을 보이지 않을 때조차, 그들을 권징하기를 포기하지 않는 것처럼, 교회도 그 구성원들 사이에서 건강한 권징을 계속 실행해야만 한다. 단지 그것이 성경적이기 때문에서만이 아니라, 그것이 작동할 때, 그 결과가 대단히 구속적이기 때문이다.

심지어 죄가 심각하고 효과들이 파국적인 때일지라도, 교회 권징의 구속 능력에 대한 많은 이야기들이 있다. 본 장의 남은 부분은 권징 과정을

인도한 목사가 이야기한 대로 이 이야기들 중 하나에 바쳐질 것이다.[8]

우리는 이곳 세인트루이스에서 있었던 일 가운데 여러분에게 말하고 싶은 것이 있습니다. 여러분들 중에 어떤 이는 그 이야기를 알고 있겠지만 대부분은 알지 못합니다. 저는 여러분들에게 어떤 식으로든 여론을 조성하여 이 일에 관련된 당사자들에게 비난의 화살이 돌아가게 하지 않을 것입니다. 그것은 그들이 별로 원하는 일이 아니기 때문입니다. 그러나 저는 우리 교회에 강력한 효과를 가질 수 있는 하나님의 은총의 묘사가 여기에 있다고 믿기에 이를 행하고자 합니다.

19개월 전, 한 가정이 우리 교회에 방문하러 왔습니다. 그들은 곧바로 교회를 마음에 들어 했으며, 이를 그들의 몸 된 교회로 만들겠다고 결심했습니다. 그러나 그들은 여기에서 불과 몇 주 머무르지 않았으며, 남편과 아내 양쪽이 각각 찾아와 저에게 다음과 같은 말을 했습니다.

"우리가 여기에 정착하기 전에, 우리는 목사님이 우리가 누구인지 그리고 우리가 무엇을 했는지 알았으면 해요. 그래서 만일 우리가 환영받지 않는다면, 우리는 그것을 곧바로 알고 싶어요."

그들의 이야기는 제가 지금까지 들었던 것들 중에 가장 근심스런 것이었습니다. 그는 세인트루이스 자치구에 있는 복음주의교회의 목사였으며 그녀는 그의 비서였습니다. 그들은 서로 부도덕한 관계로 말려들었고, 그것이 드러났을 때, 그들은 자신의 배우자들과 헤어졌으며, 결과적으로 그

---

8 이 이야기는 저자들 중에 한 사람이 이 사건의 끝 무렵에 부교역자로 섬겼던 미드웨스트 교회에서 일어났다. 관계된 이들의 이름들은 프라이버시를 위해 바꾸었다. 저자는 이 시간의 일부를 직접 목격했지만, 그 이야기에 대한 진술은 죄를 지었던 신자들이 전체 회중에 의해 교회 구성원으로 환영받았던 그날에, 권징의 과정을 감독했던 상급 목사였던 Michael P. Andrus 목사의 설교로부터 왔다.

들의 배우자들과 이혼한 후, 서로 결혼했습니다. 이것은 대단히 복잡하고 길게 끌어진 과정의 아주 단순한 서술이지만, 그러나 그들이 하나님의 시각에서 아주 극악무도하고 그리스도의 몸에 대해 아주 파괴적인 죄를 범했다는 것을 보여 주기에는 충분히 말했다고 저는 생각합니다. 두 지역교회와 교파가, 미국장로교회가, 이 커플에 반해 권징을 행한 것은 대단히 적합했던 것이었습니다.

하지만 하나님은 그 위대한 은총 안에서 그들에게서 등을 돌리기를 거부하셨습니다. 그래서 그들은 성령의 확신을 통해 하나님과의 그리고 하나님의 백성과의 친교가 회복되도록 갈망하기 시작했습니다. 그들은 지역에서 그들을 환영해 주고 그에게 가르칠 성인주일학교반을 열어 준 교회에 참석하기 시작했습니다. 그러나 그들이 그 교회의 교리적 온전함이 의심스럽다는 것을 깨닫는 데에는 오래 걸리지 않았습니다. 그들의 최근 행적에 대해 어떠한 우려도 없이 그처럼 쉽게 받아들인 교회라면 교회 내 다른 영역에서 심각한 이단을 허용하고 있다는 것도 놀라운 일이 아닐 것입니다.

그래서 그들은 그 교회를 떠났고 1985년 이른 여름 우리 교회에 출석하기 시작했습니다.

제가 이 이야기를 들었을 때, 저 자신에게 말했습니다.

"주님, 왜 우리입니까?

우리는 세인트루이스에 있는 새로운 교단에 속한 새로운 교회입니다. 우리는 미국장로교(P.C.A.)와 관계를 세우려고 어렵사리 노력하고 있습니다. 우리를 갈라 놓는 이같은 문제는 우리가 결코 원하지 않는 일입니다."

그러나 저는 곧 제가 줄곧 지적으로 알고 있던, 그러나 이전에는 전혀 그토록 실천적으로 받아들이지 않았던, 무언가를 깨달았습니다.

그것은 교회는 병원이라는 것이었습니다.

만일 병원이 그 응급실의 문들을 닫는다면, 절망적으로 곤경에 빠진 자들이 갈 곳은 어디에 있단 말입니까?

그래서 그날 시작된 것은 우리의 사랑하는 주님의 기적적 은총에 대해 무언가 새로운 것을 저에게 가르친 대면, 고백, 용서, 그리고 치유의 과정이었습니다.

저는 모든 이야기를 살펴보고자 했던 것은 아닙니다. 그러나 저는 여러분들이, 우리의 장로님들이, 우리가 이 가족을 우리 교회로 환영하고자 하는 한편으로, 우리는 다른 복음주의교회의 권징을 무시하지 않고자 했음을 처음부터 올바르게 결정했다는 것을 알게 하고 싶었습니다. 우리는 그들에게 만일 그들이 우리 교회에 가입하고 싶다면, 그들은 그들의 이전 교회와 교파로부터 용서와 회복을 구해야 한다고 말했습니다. 그것은 고백과 더불어 아마도 심지어 그들의 이전 배우자들의 보상까지도 요구하는 것이었습니다.

제가 이것을 그들에서 처음 제안했을 때, 저는 "당신의 요구는 불가능해요! 우리는 그들이 우리의 얼굴을 진탕 속에서 흙범벅을 만들었던 이후로 그 사람들에게로 절대로 되돌아갈 수 없어요"라는 불신과 저항의 모습을 보았던 것을 기억합니다.

그러나 하나님은 불가능한 것으로 생각되던 것들 안에서 특별히 일하셨으며, 그리고 천천히 일어나기 시작한 자세의 변화를 만드셨습니다. 그것은 뉘우침을 표현하고 용서를 추구하며, 이전 배우자들에게 쓴 편지와 함께 시작되었습니다. 놀랄 것 없이, 이들 편지들은 상당한 회의감과 함께 받아들여졌습니다.

그러나 우리는 멈추는 것을 거부했습니다.

후에, 이전 교회의 장로들과 만남들이, 그리고 당회와의 그 이상의 만남들이 계획되었습니다. 여기에서 공적 고백이 만들어졌고 우리 교회로부터 영적 지도자들이 또한 이 커플의 삶에서 참된 회개가 있었는지에 대해 증언를 하게 되었습니다. 용서와 회복은 이선 교회 혹은 교파에서 쉽게 오지 않았습니다. 그리고 그것은 이해할 만했습니다. 왜냐하면 이 죄의 결과들은 그들에 대해 충격적인 것이었기 때문입니다.

그러나 비록 그들이 천천히 움직이기는 했지만, 그들은 신중히 행하며 나아갔습니다. 그들이 이전 배우자들에 대해 배상의 사안을 숙고하도록 위원회를 세웠습니다. 그리고 그들은 우리와 함께 수많은 어려운 문제들을 풀기 위해 일했습니다.

최근에, 이분들의 교회 장로들은 무기명으로 파문을 폐하고, 이 가족에게 우리 교회의 돌봄을 받도록 명했습니다. 이틀 후에, 미국장로교 노회는 견책을 제하고 그들이 우리의 돌봄을 받도록 투표했습니다. 어제, 우리 당회는 무기명으로 노엄 그리고 파울라 스미스를 우리 교회의 구성원으로 받아들이기로 투표했습니다.

전체 교회와 더불어 그러한 일을 토론하는 것은 대단히 비일상적인 것이며, 특히 예배 시간에 그렇게 하는 더욱 그렇습니다. 그러나 죄의 공적 본성 그리고 그것이 받아들여진 광범위한 공공성은 공적 회복을 요청한다고 우리는 느꼈습니다. 우리는 누구도 이 일을 가십과 소문으로 듣기를 원치 않았으며, 장로들이 그것에 대해 알았는지 여부와 , 혹은 스미스 부부가 정말 회개했는지 여부가 궁금했습니다. 우리는 또한 다른 복음주의 교회들과 교파들이 우리가 독립된 그룹으로 그 일을 수행한다고 여기지 않음을 알도록 관심을 가졌습니다. 대신, 우리는 우리의 교회를 세인트루이스에서 복음에 대해 연합된 전선을 표현하기 위해 그리스도의 몸의 나머지와 더불어 일하는 그리스도의 몸의 부분으로 봅니다.

저는 이 일들을 노엄과 파울라의 허락과 함께 우리 당회 전체의 허락과 동의를 통해서만 나누었습니다. 그리고 이제 저는 그들에게 기독교적 친교의 올바른 손을 뻗치므로, 그들이 앞으로 나오도록 요청하려 합니다. 저는 여러분이 그들이 완전한 새신자 구성원으로 받아들여지고 있으며 어떠한 보호관찰 하에도 머물러 있지 않다는 것을 알기 원합니다. 장로들은 그들의 회개가 진짜임을 확신하지 않았다면 그들을 성원으로 받아들이지 않고자 했을 것입니다. 회개와 회복된 그리스도인들로서, 우리는 그들을 우리가 모든 다른 성원들에게 행하는 것처럼 몸 안에서 섬김을 위한 자격을 가진 분들로 대하고자 합니다.

교회 권징들에 대한 모든 이야기들이 이렇게 잘 드러나는 것만은 아니다. 그러나 그것들이 행해진다면, 그것은 복음의 아름다운 그림이다. 이것은 개인이 그리스도의 교회 공동체 안에서 살아가기 위해 한 개인이 그리스도 안에 있는 하나님의 은총의 이야기를 들을 때, 어떻게 복음이 사건을 넘어가는지를 보여 준다.

교회는 그분의 매서운 은총이 그의 순종적 백성들을 통해 분배되어, 개별 죄인들뿐 아니라 하나님의 백성의 전 공동체에 치유를 가져오는 곳이다. 따라서 교회 권징의 실행은 섬기는 공동체로서의 교회의 창조에 있어 본질적 구성 요소이다. 그것이 잘 실행될 때, 범죄한 교회 구성원들이 회개하지 않는 죄의 파괴력으로부터 구원된다. 그리고 공동체는 사랑받는 종들의 상실로부터 구원받는다. 앤드류스 목사는 최근에 그의 목회의 모든 기간에 그는 교회 권징의 고통스런 과정에 의해 치유받은 이 커플보다 교회에서 신실한 섬김에 더 헌신된 다른 커플을 알지 못했노라고 말했다.

과정의 고통이 교회로 하여금 그 결과가 가져다 줄 수 있는 기쁨으로

부터 절대로 단념시키지 못하게 되기를!⁹

> ≈ **심화 연구를 위한 질문들**
>
> 1. 당신은 어떻게 교회에서 교회 권징이 별로 이루어지지 못해 왔음을 보았는가?
> 2. 당신은 어떻게 교회에서 교회 권징이 구원을 행해 온 것을 보았는가?

---

9   어떤 이들은 이와 같은 상황에서 성경적으로 볼 때 이 남편과 부인에게 있어서 이혼을 하고 그들의 이전 배우자에게로 되돌아가는 것이라고 주장할 수도 있다. 우리는 이것이 잘못 인식된 것이라고 믿는다. **첫째**, 다른 사람에게로 되돌아가는 것은 결과적으로 또 하나의 한 몸(one flesh) 관계를 파괴하는 것이 될 수도 있다. **둘째**, 하나님은 당신이 그의 은총 가운데에서 고백과 회개의 장소로 나왔던 이후로 그러한 결혼 관계를 지속하고 있는 이들에게 구원을 가져오심을 보여 주셨다. 이것은 다윗의 밧세바와의 죄된 관계와 결혼을 통해 궁극적으로 메시야를 세상으로 보내 주신 하나님의 아름다운 아이러니에서 설명된다.

제11장

질서 잡힌 공동체로서의 교회

> 이 세상에서 한 가지 확실한 일이 있다면, 우리에게 있어서는 교회가 복음에 선행한다는 것이다.
>
> — 앙리 뒤 뤼박(Henri de Lubac)[1]
>
> 내 자신에게 있어서는, 교회론과 정치 형태가 주된 주제로 다루어지고 있는 어떠한 그리스도교 역사의 시기도 애당초 퇴폐적인 것이라고 믿는다.
>
> — 폴 F. M. 찰(Paul F. M. Zahl)[2]

예수 그리스도 위에 세워진 공동체로서, 교회는 질서 잡힌 공동체이다. 그리스도는 그 머리로서 자신의 몸을 다스리시며, 모든 그 참된 권위

---

1 Henri de Lubac, *The Motherhood of the Church* (San Francisco: Ignatius, 1982), 8.
2 Paul F. M. Zahl, "The Bishop-Led Church: The Episcopal or Anglican Polity Affirmed, Weighed, and Defended," in *Perspectives on Church Government: Five Views of Church Polity*, ed. Chad Owen Brand and R. Stanton Norman (Nashville: Broadman and Holman Academic, 2004), 210.

의 원천이 되신다. 신약성경에서 우리는 교회의 삶을 위한 수많은 규칙적이며 질서 잡힌 유형들을 본다.

무엇보다도, 교회는 규칙적으로 모이고(히 10:25), 성찬을 거행하며(고전 10-11장), 가난한 자들에게 나눠 주고(롬 15:26; 갈 2:10), 예전을 발전시키며, 그리고 교회의 치리를 실행해 나간다(고전 5장). 우리는 또한 교회가 이 규칙적인 기능들을 수행하기 위해 그리고 그리스도의 목적과 사명을 위해 진실하게 남아 있기 위해, 그분께서 교회에 당신의 권위 아래에서 인도하고 지도할 특별한 직분으로 기능하는 은사를 받은 사람들을 주셨음을 보게 된다. 그 역사를 통틀어 교회는 그 정체성을 보존하고 그 선교를 성취하기 위한 조직적이고 다스리는 구조들을 세워 왔다.

본 장에서 우리는 교회가 지도력과 예배를 위해 스스로를 어떻게 구조화시켰고 다스려왔는지를 고려하면서 교회 정치에 대한 사안을 다룰 것이다. 우리는 각각의 성경적, 신학적 합리성들을 검증하면서, 그리고 하나님의 백성으로서 교회를 운영하는 구조들인 각각의 것들에 대해 긍정적, 부정적인 것을 제시하면서 교회 정치 체제의 세 가지 주된 역사적 형태들(감독제, 장로교, 그리고 회중교회)을 조사할 것이다.

중심 사안은 각 교회 정치 형태들이 몸의 나머지에 대한 머리로서 그리스도의 권위를 중재하는 것을 어떻게 이해할 수 있는가 하는 데 있다. 그러나 우선 권위 구조를 보기 전에, 권위를 이해하기 위해 다른 장들에서 제시된 이 본문의 교회 지도력에 대한 어떤 일반 원칙 같은 것들을 제시할 것이다.

1. 삼위일체와 교회에서의 권위

만일 교회 지도력이 하나님의 본질과 특성을 반영해야 한다면, 그것은 그분의 삼위일체적 존재를 반영하는 것이어야 한다. 그렇다면, 교회의 지도력 구조는 공동체와 상호 의존성의 기반 위에 기능해야만 한다. 삼위일체 하나님의 각 인격이 항상 다른 구성원들과의 협력 안에서 행위하시기에, 교회의 지도력도 합의를 통해 앞으로 전진해 나갈 때 가장 권위를 가지게 된다. 그런 공동체 그리고 상호 의존성은 사도행전 15장에 나오는 예루살렘 공의회에서 서술되는데, 이는 교회를 위해 적절한 행위에 대해 사도들과 다른 이들이 합의를 할 때였다.

물론, 교회가 어떻게 삼위일체를 그 지도력 구조들 내에 반영하는가는, 삼위일체에 대한 그 시각이 근본적으로 위계적인가 혹은 평등적인가 하는 것에 달려 있다.[3] 어떠한 경우든, 즉 어떤 사람의 기능적 독재를 창조해 내는 어떠한 교회 구조도(감독교회가 되었든 혹은 이름으로는 회중교회이면서도 모든 의도와 목적에 있어서 담임목사에 의해 지배되는 독립교회든) 지도력의 삼위일체적 모델을 반영하고 있다.

삼위일체적 구조 안에서는, 아들 그리고 성령이 단지 아버지의 의지를 수행하기 위한 목적으로서만 기능하는 것이 아니라, 하나님의 모든 행동에서 아버지와 더불어 주체들로 기능하기 때문이다. 따라서 하나님은 언제나 삼위일체적으로 행동하신다.

---

[3] 따라서, 로마 가톨릭과 정교회 전통을 대표하는 Pope Benedict와 신학자 John Zizioulas 두 사람은 삼위일체의 위계적 모델에 기반을 둔 위계적 교회 구조를 주장한다. 다른 한편으로, Miroslav Volf는 삼위일체를 보다 평등주의적으로 이해하며, 따라서 회중 정치가 삼위일체적 본질에 대해 보다 반영적이라고 주장한다. Joseph Ratzinger와 John Zizioulas에 반대하는 Miroslav Volf의 주장에 대해서는 다음을 보라. Miroslav Volf, *After Our Likeness: The Church as the Image of the Trinity* (Grand Rapids: Eerdmanns, 1997), 236.

여기에서 신부로서의 교회라는 은유는 중요하다. 교회를 그리스도의 신부로 보았던 사도 요한(계 21-22장)에게 있어서 교회는 성령 안에서 아버지와 아들에 의해 창조된 사랑의 공동체 그리고 연합으로 초청된다(요 17장; 계 3:20). 에베소서 5장에서 바울은 남편과 아내의 관계라는 용어로 바로 교회의 본질에 대해 이야기한다. 그렇면서, 그는 남편인 그리스도가 교회, 즉 그의 아내에 대해 머리임을 분명히 한다. 그러나 머리로서 그리스도는 또한 스스로를 희생적으로 교회를 위해 내어 준다. 그의 주된 목적은 자기확장에 있지 않고, 단순히 그의 권력을 실행하는 데 있지도 않기 때문이다. 그의 영광과 그의 권세의 실행은 교회의 유익을 위한 그 자신의 자기내어줌에서 일어난다.

그것은 성령에 의해 힘이 부여된 아버지/아들, 남편/아내의 사랑이며, 연합이고 섬김이다. 그것은 교회에 스며들어 세상으로 하여금 교회가 예수에게 속했음을 알게 한다(요 13:17). 따라서, 교회의 정치 체제가 적법하게 되기 위해서는 권위 그리고 자기희생을 표현할 수 있어야만 하며, 진정한 연합을 만들어낼 수 있어야만 한다.

2. 종말론 그리고 교회에서의 권위

제3장에서 우리는 교회가 종말론적 공동체임을 보았고, 이것은 교회가 이 미래의 실재들을 가능한 현재로 끌어와서 언제나 그 궁극적 존재와 성격을 기대해야 함을 의미한다고 주장했다. 이 방법론은 교회가 그 정치 체제와 지도력의 신학을 수행해 나갈 때 핵심 역할을 감당한다.[4]

---

4 아마도 이 지점에서 교회 내 권위 문제에 관해 가톨릭(그리고 정교회도 마찬가지로)과 개신

종말론적 교회의 핵심 이미지 중 하나는 연합된 교회의 이미지, 즉 남편과 주님으로서의 그리스도 아래에 있는 신부라는 것이다. 신약성경의 '지금 그리고 아직 아닌'의 종말론은 교회를 다스리는 그분의 살아 있는 주되심을 통해 그리스도의 미래의 왕직을 현재로 끌어온다. 왜냐하면 그것은 단순히 교회를 인도하는 그리스도의 원칙들에 불과한 것이 아니기 때문이다. 그것은 인격과 그분의 미래에 대한 기대, 즉 모든 피조물에 대한 인격적 통치로 교회를 다스리시는 부활하신 그리스도의 현존이다.

교회에서의 그리스도의 주되심과 관련된 다양한 교회 정치 모델들은 각각 자신들의 구조가 교회에 대해 그런 주권을 가장 분명하게 보여 준

교 사이에 500년간 지속된 불일치에 대해 언급하는 것이 도움이 될 것이다. 종교개혁 이래, 개신교도들은 성경이 교회에서 주된 권위라고 주장했는데, 그것은 교회를 그 궁극적 권위, 예수 그리스도와 연결을 하는 것이었다. 이것은 오직 성경(Sola Scriptura)의 본질이다. 그리고 오랜 증오와 오해의 결과로서 개신교는 가톨릭교회를(그리고 따라서 연대해서 정교회도) 교회 전통과 교도권(Magisterium, 주교에 의한 가르치는 직분)을 성경의 권위보다 우선한다고 비난해 왔다. 한편 가톨릭과 정교회는 통일된 해석적 권위가 없는 개신교는 개인의 독단적 성경 해석에 대한 검증을 할 수 없다고 주장했다. 양쪽의 비난은 둘 다 문제가 있다. 단순히 말해, 권위에 대한 가톨릭의 이해는 절대로 전통이나 가르치는 직분을 성경보다 우선하지 않는다. 오히려, 셋 모두는 전통 그리고 가르치는 직분으로 성경의 진리를 적절히 설명하고, 반영하고, 보호한다. 이 과정의 세밀한 설명에 대해서는 제2바티칸 공의회 문서를 보라. *Dogmatic Constitution on Divine Revelation, Dei Verbum*, Austin Flannery, OP, ed., Vatican Council II: *The Concilier and Post Conciliar Documents*, rev. ed. (Boston: St. Pacel Editions, 1987). 마찬가지로, 주요 흐름의 개신교 사상에서, '오직 성경'(*Sola Scriptura*)은 절대로 성경이 어떠한 교회적 권위 있는 해석도 필요로 하지 않는다는 것을 의미하지 않는다. 루터교와 개혁파 요리문답, 아우구스부르크 신앙고백이나 웨스트민스터 신앙고백과 같은 지침이 되는 문헌들의 존재는 개신교가 성경은 교회에 이식되는 하나님의 말씀으로 그 권위를 위해 적절히 해석되고 이해되어야 한다는 인식에 대해 증거한다. 성경의 권위에 대한 개신교의 생각에 대한 간결하지만 도움이 되는 설명은 다음 책의 "하나님의 말씀의 힘: 권위"라는 제하의 장에서 발견될 수 있다. Millard Erickson, *Christian Theology* (Grand Rapids: Baker, 1985).

다고 주장할 것이다.⁵ 감독교회 구조는 그리스도의 주권이 인격적으로 주교직 안에서 대표된다고 주장할 것이다. 회중주의자들은 그의 주권이 "오직 성경"(*Sola Scriptura*)이라는 종교개혁의 원리를 따라 성경 안에서 표현된다고 주장할 것이다.

그러나 아마도 여기서 중요한 문제는 구조가 아니라 교회에 의해 창조된 환경이다. 그리스도의 주권에 대한 종말론적 이미지에 부합하려면, 교회 지도자는 사람들에게 그리스도는 믿음과 행위의 모든 영역에 있어서 교회의 궁극적 권위임을 알려줄 환경을 만들어내야만 한다. 이것은 포스트모던 사상의 영향으로 영구히 바뀐 세상에서, 모든 시대의 그리고 모든 장소에 있는 모든 교회가 예수 그리스도의 주되심이 어떻게 실행되는지를 동일한 방식으로 이해하며, 그들이 신학적 주제들에 대해 같은 결론을 내릴 것임을 의미하지도 않는다.

그것이 의미하는 것은 예수 그리스도께서 신학, 도덕 및 교회 생활 전반에 대한 전적 권위를 가지고 말씀하신다는 사실과 문화가 예수 그리스도 안에 있는 하나님의 계시에 모순을 일으킬 때에는 예수에게 우선권이 주어진다는 사실을 교회는 알아야 한다는 것이다.

---

5 예컨대, 회중교회주의자 James Leo Garrett은 영국 침례교도 Alex Gilmore를 인용한다: "교회는 민주주의가 아니며 절대로 그렇게 여겨져서도 안 된다. 왜냐하면 권력은 군중의 손에 놓여진 것이 아니라 그리스도의 손에 놓여 있어야 하기 때문이다: 그것이 그리스도정치이다." James Leo Garrett, "The Congregation-Led Church" in *Perspectives on Church Government*, 179. 유사하게, 제2바티칸 공의회의 교회의 교의적 헌법은 교회와 관련해서 주장한다. "그것은 또한 하나님께서 그가 스스로 목자가 되실 것이라고 말씀하신 양떼이며 양들은 비록 인간 목자들이 감독할지라도, 그럼에도 불구하고 언제나 그의 생명을 그의 양을 위해 주셨던 선한 목자이시자 목자들의 왕자이신 그리스도 자신에 의해 인도되고 초장으로 데려와진다." Flannery, *Vatican II*, 353. 따라서, 주교들의 권위인 그리고 심지어 교황의 것인 감독 체계에서는, 언제나 교회의 주님이신 예수 그리스도의 완전하고 유일한 권위에 종속되며 그를 대표한다.

여기에서 예수 그리스도의 주되심은 그분의 교회가 반문화적(anticultural)은 아니지만, 항상 대항문화적(countercultural)이라는 것을 의미한다. 교회에 있어서, 문화는 예수의 주되심을 통해 이해될 수 있어야 하며, 그 역은 성립하지 않는다. 교회 지도자들은 다양한 수단들을 통해 회중에게 자신들의 지도력은 하나님의 말씀 및 역사적 기독교 정통의 가르침에 대한 순종을 통해 언제나 그리스도 자신에게 복종하는 데 있다는 사실을 전달할 때, 이 현실을 가장 건강한 방식으로 본본기로 삼을 것이다.

감독교회 체제(episcopal system)에서 이것은 지도자가 성경의 산물로서 교회의 역사적 전승 및 가르침에 스스로 복종하는 형태를 취할 수 있다. 회중교회의 경우 성경 자체에 대한 직접적 복종의 형태를 취할 수도 있다. 감독교회 전통의 약점은 성경적 증거가 빈약함에도 불구하고 교회의 가르치는 전통이 권위적이 되는 것을 허락해 온 데 있다. 회중교회의 경우, 어떤 사안에 대한 그들의 해석에 있어서 성경의 권위를 강조하면서도, 성경에 기반을 둔 2,000년 역사의 진통과 종종 선혀 다른 견해를 가진다는 사실은 무시하는 경향이 때로 있어 왔다.[6] 여기서 주제는 얼마나 정확하게 교회가 예수 그리스도의 주권에 접근을 해 나가는지, 그리고 그것을 어떻게 그 신앙과 실천에 반영할 것인지에 관심을 둔다.

예수 그리스도의 궁극적 주되심은 그가 주로서 직접 다스리시기 위해 땅으로 돌아오실 때인 재림(파루시아)에서 표명될 것이다. 이러한 직접적인 통치를 하지 않으신 채, 그리스도는 자신의 교회를 매개 권위를 통해

---

6 예컨대, 개신교는 마리아의 무흠 잉태에 대한 교황의 칙령을 성경적 증거가 별로 없거나 아예 없는 교의를 세우기 위한 도가 넘은 감독적 권위의 예로 보며 언급하고자 한다. 감독적 전통에 있는 이들은 해석적 전통 혹은 감독적 권위로부터 단절된 회중 체계 내에서, 그들만이 성경의 참된 해석자들이라고 주장하기 위해 그리고 따라서 완전히 그들이 가르친 모든 것 안에서 완전히 권위적이라고 한 제의 지도자들인 Jim Jones 그리고 David Koresh 그리고 그들의 능력의 제기와 같은 예들에 대해 언급하고자 할 것이다.

기능하도록 남겨 두신 채 떠나셨다. 매우 회중적인 미국 복음주의 전통에서, 권위에 대한 일반적 철학은 성경이 교회에서 최상의 중개적 권위를 가지며, 어떠한 신자이든 다른 권위에 대해서는 오직 성경을 통한 검증만으로 의심하거나 거부할 수도 있다는 것이다.

회중교회는 "오직 성경"(*Sola Scriptura*)이라는 종교개혁 원리, 신자의 제사장직, 그리고 명확한 성경을 기초로, 모든 신자는 어떤 공식적인 교회 교사나 가르침의 권위나 교리적 정확성을 단지 성경에 대한 그 자신의 학습을 통해서만 판단할 수 있다고 주장한다.[7] 그러나 실제로는 교회의 설교하는 담임목사가 사실상 교회의 주된 권위자가 되며 회중을 위해 성경을 해석한다. 반면 비회중적 체계에서는 하나님이 교회의 직분자나 교사를 세워 성경의 진리를 설명하고 어떻게 교회의 삶에 적용할 것인지 결정하게 하셨다고 주장한다.

그렇다면, 어떤 교회 정치 체제가 오늘날 교회의 경험 안으로 예수 그리스도의 종말론적 주권을 다시 끌어오기 위해서 가장 적합한 것인가?

우리는 각 교회 조직체가 이러한 연관성 속에서 장점과 약점을 가지고 있다고 주장하고자 한다. 회중교회 체제는 오직 성경만을 교회에서 전적으로 권위 있는 것으로 인식하고자 할 것이다. 그렇기에 성경은 매개가 될 기독교 주권을 위한 가장 강력한 수단이다. 권위적인 전통과 가르치는 직분을 강조하는 교회 통치 체제 내에서는, 언제나 그 자료들이 하나님의 말씀에 대해 우위를 취하는 위험이 도사리고 있다.

회중교회 체제의 불리한 면은, 그리스도의 주권을 적용하기 위해 설명되고 해석되어야만 하는 성경이, 성경에 대한 그리고 그리스도의 주권에

---

[7] 성경의 명료함은, 성경는 그 근본적인 확언들 안에서, 분명하므로 이해할 만하다는 생각이다. 그에 대해서 어떤 다른 권위에 의해 중재되거나 설명되는 것은 필요하지 않다.

대한 어떠한 권위있는 해석도 없이, 역사적 정통주의 신앙과 분리된 그리스도의 주권의 이해를 위한 문을 열어 놓은 채, 남아 있게 될 것이라는 점이다. 종종, 교리 전통(teaching tradition)과 역사의 교리적 권위를 강조하는 교회의 조직체들의 장점은, 그들이 교회를 성경에 대한 비정통적 해석으로부터, 따라서 그리스도 주권의 부적절한 이해들과 적용으로부터 교회를 보호한다는 것이다.[8]

그렇다면, 우리가 제시했듯이, 만일 특정 교회 정치 체제에 대한 분명하며 규정된 성경적 형태가 없다면, 교회 정치 체제의 다양한 형태들이 자신들의 강점을 어떻게 강조하면서, 예수 그리스도의 종말론적 주권을 교회가 경험하도록 돕는 가운데 그들의 약점을 방어해야만 하는가?

핵심은, 모든 교회의 지도력은 그 조직체와 상관없이, 지속적으로 예수 그리스도를 주님으로 증거하면서, 스스로 자신을 너머 보아야만 한다는 것이다. 회중교회들에서 지도력은, 회중들이 그 주권 자체를 이해하기 위해 그리스도께 주님으로 복송하는 것이 각 개인의 자유 혹은 심지어 전체로서의 지역교회를 넘어가는 것이라고 이해하도록 도울 필요가 있다.

그리스도의 주권을 그 자신의 목적과 편의대로 해석하려는 개인이나 지역교회의 성향에 대해 인식할 때라야, 회중교회는 그 자신의 문화적 맥락에 의해 영향을 받으면서도 건강하게 그 자신을 넘어 볼 것이다. 그것은 역사적 정통성의 주류와 다양한 문화적, 인종적, 그리고 교파적 표

---

[8] 예컨대, 로마 가톨릭 요리문답은 주교의 역할에 대해 설명한다: "교도권의 사명은 그리스도 안에 있는 그의 백성들과 하나님에 의해 세워진 계약의 결정적 본질에 연결되어 있다. 하나님의 백성을 탈선과 흠결로부터 보존하기 위한 것은 그리고 그들에게 흠없는 참된 믿음을 고백할 객관적 가능성을 보증해 주는 것은 이 교도권의 과제이다." *The Catechism of the Catholic Church* (Liguori: Liguori Publications, 1994), 890.

상 안에 있는 현대교회의 다면 렌즈 양쪽을 통해 그리스도의 주권을 이해하려고 할 것이다.

이런 방식으로 교회는 그리스도의 주권에 대한 지엽적이고 편의적 이해들로부터 스스로를 방어한다. 회중이 교회 권위와 구조적으로 연결되어 있지 않은 교회에서는, 자신 너머를 보기 위해 가장 경성해 있어야 하는 것이 바로 지도력이다. 보다 강한 능력을 향한 더 큰 갈망을 만들어내려는 힘의 성향에 비추어 볼 때, 지도력은 그리스도의 주권이 지닌 자기 내어줌의 본질을 보아야만 한다. 더욱이, 그것은 강요되지 않은, 그리스도의 사랑에 의해 사로잡힌 모임의 산물인 연합을 추구하기 위해 그리스도의 완전한 그리고 사랑하는 신부로서 교회의 미래의 이미지를 바라보아야만 한다. 그리고 먼저 지도자들이 그 모본으로 회중들에게 드러나야 한다.

3. 교회 안에서의 영적 은사들, 직분, 그리고 권위

교회 질서에 대한 적절한 신학을 전개하기 위해 언급되어야만 하는 핵심 사안들 중 하나는 공적 지도력과 영적 은사들 사이의 관계이다. 이 질문은 간단히 언급될 수있다.

교회에서의 권위는 우선적으로 은사에 기반을 둔 것인가 혹은 직분에 기반을 둔 것인가?

이런 형태의 대부분의 질문에서처럼, 대답은 둘 다처럼 보일 수 있다. 만일 성경 본문과 초대교회의 삶에 대한 묘사가 이 사안에 대해 우선적인 자료가 되려할 때, 그 증거는 약간 모호하다.

왜냐하면 초대교회에서 지도력은 은사, 직분을 통해, 그리고 심지어 교회에서 권위와 연결되는 분명한 수단이 존재하지 않은 특징이라는 렌즈를 통해 보여지기 때문이다. 히브리 성경에서 하나님 나라의 약속의 중요한 측면들 중 하나는 하나님께서 더 이상 배타적으로 이스라엘의 족속의 공식 권위자들을 통해 말씀하지 않으실 것이고, 어느 날인가 그의 영을 모든 백성에게 부어 줄 것이며(욜 2장), 그 결과로 공식 권위의 구조들의 바깥에 있는 자들이 하나님의 백성을 향해 하나님의 대변자가 될 때가 올 것이라는 것이었다.

이렇게 하나님을 위해 말하기 위한 영적 은사가 주어진 권한 이양의 초기적 사건이 오순절 날 일어난다. 그리고 성령의 이 첫 번째 나타나심이 그리스도에 의해 독특하게 지도력 역할을 부여받은 열두 명에게 임했던 한편, 초대교회에서나 그리고 종말론을 위한 양쪽에 있어서(마 16:17-19; 18:18; 19:28), 그런 나타나심이 교회를 통해 점차 퍼져 나갔고, 그 결과 바울은 고린도에서 예언의 은사를 갈망하도록 교회의 구성원들을 격려하는 데 그치지 않고(고전 14:1, 39), 그들에게 하나님으로부터 예언적 말씀을 가지고 있는 교회 안에 있는 누구라도, 전체 교회와 더불어 그것을 나눌 자격이 있다고 말한다(고전 14:29-31).

이것은 교회에 공적 지도력 구조가 더 이상 필요없다거나 혹은 모든 교회 구성원들이 회중을 인도하는데 있어서 동등한 목소리를 갖도록 성령의 권능을 받을 것이라는 의미가 아니다. 왜냐하면, 초대교회는 공적 지도력을 갖고 있었기 때문이다. 바울은 그리스도로부터 온 독특한 권위를 가진 사도로서, 자신이 세운 교회에서 장로들을 지명했으며, 그들에게 교회를 다스릴 권위를 주었다(딤전 5:17; 딛 1:5). 베드로는 또한 장로들에게 잘 다스리도록 권면하였다(벧전 5:1-4).

그래서 우리가 초대교회에서 보는 것은 영적 은사의 부으심과 공적 지도력 사이의 상호 작용이다. 이 상호 작용 안에서 교회는 지도력 직분 안에 부여된 권위를 깨닫는다. 또한 하나님이 공식 지도자가 아닌 성령에 의해 은사를 받은 이들을 통해 말씀하시고 사역하실 것이라는 것도 이해한다.

바울은 고린도전서와 데살로니가전서에서 그것들이 참으로 하나님이 주신 말씀이라고 확언하려면 예언들이 검증이 되어야만 한다고 주장한다. 그러나 다른 가정은 만일 그들의 원천이 성령을 통한 하나님이시라고 한다면, 이것들은 교회에 의해 존중받고 순종해야 할 선언들이라는 것이다(살전 5:20-21). 공식 지도자가 아니었을 수도 있던 영적으로 권능을 받은 사람들의 이러한 권위와 관련해서, 벵트 홀름버그(Bengt Holmberg)는 다음과 같이 쓰고 있다.

> 능력의 적절한 실행을 위한, 혹은 다른 말로 원시교회에서의 권위의 실행을 위한 가장 중요한 기반은 거룩하신 분(그리스도 혹은 그의 영)에 대한 가까움이다.[9]

고든 피(Gordon Fee)는 신약성경의 교회 지도력에서 은사받음이라는 우선성에 대해 주장하면서, "전체 공동체가 목회와 지도력의 은사가 있다고 인정한 이들은 오직 그 기반 위에서 '안수'를 받아야 했다"라고 쓰고 있다.[10]

교회 지도력을 직분보다 은사를 받은 것에 우선적으로 연관시킬 때,

---

[9] Bengt Holmberg, *Paul and Power: The Structure of Authority in the Primitive Church as Reflected in the Pauline Epistles* (Lund: CWK Gleerup, 1978), 198.

[10] Gordon Fee, "The Priority of Spirit Gifting for Church Ministry," in *Discovering Biblical Equality: Complementarity without Hierarchy*, ed. Ronald Pierce and Rebecca Groothuis (Downers Grove: InterVarsity, 2004), 249.

필연적으로 성직자와 평신도 사이의 간격이 줄어든다. 그리스도의 교회의 모든 구성원들은 그분을 대리하기 위해, 그리고 몸의 나머지 부분들을 섬기기 위해 그의 은혜를 사용하는 은사를 받았기 때문이다. 미로슬라브 볼프(Miroslav Volf)는 다음과 같이 쓰고 있다.

> 교회 구성원들은 상호 의존적이기에, 그들의 삶은 상호성에 의해 특성 지워져야만 한다. 교회는 "서로 내어줌과 받음의" 공동체이다(빌 4:15). "직분의 은사들"(charismata of office)는 이 상호성 안에 통합되어야만 한다. 직분자들은 자신들만이 **그리스도의 인격으로**(*in persona Christi*) 사역을 행하는 것처럼 교회 공동체에 맞서서는 안 된다. 그리스도의 영은 그들 안에서 그들의 직분의 힘으로 행동하는 것이 아니라, 그들의 사역의 실행 안에서 행동하시기에, 그들의 행동은 원칙적으로 교회의 어떤 다른 구성원들과도 구분되는 것이 아니다.[11]

우리가 신약성경 내러티브에서 보는 것은 성령 충만함과 은사받음이 지도력 직위의 전제 조건들이라는 사실이다. 이런 패턴은 사도행전 6장에서 교회에서 행정적 문제들을 다루기 위해 섬기는 지도자들을 선택하는 것에 묘사된다. 교회를 지도하기 위해 성령이 충만한 사람들을 선택하는 이 사건은 책임/지도력이 어떻게 성령의 은사 그리고 성격에 기반을 두고 주어지는지를 묘사하고 있다. 로날드 펑(Ronald Fung)은 신약성경에서 은사와 직분 사이의 상호 작용에 대한 그의 연구를 다음과 같이 요약한다.

---

[11] Volf, *After Our Likeness*, 231.

우리는 [연관되는] 문구를 토론하는 가운데, 반복하여 기능, 은사, 그리고 직분의 상호 작용들에서 성령 혹은 그의 은사들의 우선성을 지적해 왔다. 사역을 만드는 것은 은사이지 직분이 아니다. 직분은 단지 직분을 가진 자가 그것으로 특별한 기능을 위해 주어진 은사를 실행하는 통로일 뿐이다. 그리고 직분에 대한 교회의 위탁은 (그러한 것이 연관되는 곳에서) 단지 한 사람의 영적 은사를 깨닫는 표징일 뿐이며, 그리고 그들 은사들의 수여 안에서 알려진 하나님의 뜻에 대한 응답이다.[12]

초대교회에서 권위와 성령의 은사 부여의 관계에 대한 또 다른 묘사는 아볼로의 교사인 브리스길라의 역할이다. 그녀는 여성으로서 확실히 교회에서 어떠한 공식 직분도 갖고 있지 않았지만, (즉, 그녀는 장로가 아니었지만) 그녀는 성령의 은사를 받은 교사로서 아볼로를 신학적으로 가르쳤으며, 심지어 그의 잘못까지 교정하면서 그가 보다 효과적으로 가르칠 수 있게 도와주었다(행 18:24-26). 이 이야기의 의미는 누가와 바울 두 사람이 그녀의 가르침을 존중했으며 거기에서 직분과는 아무런 관련이 없었던 어떤 권위의 자리를 내어 주었다는 데 있다.

중세 시대까지 로마 가톨릭의 위계 구조는 권위가 우선적인 직분 구조가 되도록 발전되었다. 하지만 이 시기에도 성령 충만과 은사에 대한 주제는 종교적 직분의 힘을 넘어 부각되었다. 그 예로 성령의 영감받은 비전들로 인해 교황이 개인적으로 경청할 정도로 존경받은 시에나의 캐서린(Catherine of Siena) 같은 신비주의자 영향만 생각봐도 된다. 이 시기의 다른 신비주의자들도 비슷하게 높은 존경을 받았다.

---

[12] Ronald Y. K. Fung, "Function or Office? A Survey of the New Testament Evidence," *Evangelical Review of Theology 8*, no. 1 (April 1984): 39.

그러한 성경적, 역사적 선례들을 생각할 때, 교회는 항상 권위 구조에 있어서 성령의 역할을 고려해야만 했다. 이것은 최소한 다음과 같은 방식에서 설명될 수 있었다.

만일 공적 지도자가 성령 충만이나 성령이 부으신 은사의 표징들을 보여 주지 않는다는 것이 교회의 합의라면, 그의 권위는 의문시되어야 한다. 또한, 지도력/권위를 위해 사람들을 선발하는 일은 단지 그들의 기술이나 경험을 규정하는 문제(즉, 성공적인 CEO들은 항상 좋은 장로들을 만들어낸다는 생각처럼)만이 아니라, 성령의 충만케 하심과 성령의 은사주심의 고려할 만한 지표들의 문제라는 것이다.

물론, 그에 이어지는 논리적 질문은 한 사람이 교회의 지도력을 위해 은사를 받을 때 무엇이 혹은 누가 결정을 하는가 하는 것이다. 신약성경의 압도적인 증거는 전체 회중이 지도력을 위해 은사를 받은 이들을 인정하는 데 관여해야만 한다는 것이었다. 사도행전 6장에서, 사도들은 성령으로 충만한 이들과 섬심의 지도력 은사를 받은 이들을 확인하려고 살펴본다. 바울 서신들에도 교회가 지도력을 위해 필요한 특성을 가진 이들을 인정한다.

이러한 의미에서 볼 때, 교회 지도자들은 최소한 시작에 있어서는 만들어지는 것이 아니라 인정받는 것이다. 아무리 많은 양의 훈련으로도 하나님께서 주시지 않은 은사를 주입할 수는 없다. 만일 이것이 사실이라면, 그것은 우리의 신학교의 학생 집단, 혹은 최소한 목사가 되려는 이들의 경우에 있어 중요한 영향을 미칠 것이다. 신학 교수의 입장에서 볼 때, 신학교에는 목사의 은사가 없지만 목사 준비를 하는 학생들도 있다는 것이 우리의 경험이다. 모든 신학교가 목회 사역을 위해 훈련할 열망을 가진 이들 안에서 찾아봐야 하는 것은 목사가 될 사람이 구성원으로 있는 동료들에게서 다음의 말들로 확증되는 것이다.

이 사람은 교회 지도력을 위해 은사가 있습니다. 그/그녀가 지도하면 우리는 따르겠습니다. 우리는 단지 당신이 그/그녀를 훈련시켜 주셔서 그/그녀의 은사가 극대화될 수 있는 것을 원합니다.

이런 류의 인정을 받은 은사는 신적 특성과 결합되어, 영향을 끼치기 위해 직책을 필요로 하지 않으면서도, 회중들이 그의 지도를 따르기를 원하여 임명하려는 지도자들을 만들어 낸다.

4. 교회 정치 체제와 권위

역사를 통틀어, 교회는 스스로에게 다양한 방식으로 질서를 부여해 왔다. 그러나 이 모든 형태들은 세 주된 교회 조직체들, 즉 감독제, 장로제, 그리고 회중제에 포함될 수 있다. 감독 구조는 가장 위계적이다. 감독제라는 말은 그리스어 단어인 '에피스코포스'(*episcopos*)라는 말의 음역으로 거기에서 우리는 주교(bishop)라는 단어가 나왔다. 감독 조직체를 가진 교회들은 주교들에 의해 다스려지는 큰 교단과 연결되어 있다.

각 주교는 관할 지역에서 자신들의 사제들/목사들을 포함한 모든 교회들에서 상급 권위의 인물이다. 그리고 주교들은 함께 전체 교단을 다스리는 몸을 구성한다. 로마 가톨릭교회의 경우, 나머지 모든 이들에 대한 권위를 갖는 주교가 바로 교황이다.

장로라는 말은 헬라어 단어 '프레스뷔테로스'(*presbuteros*)라는 말의 음역이며, 그 의미는 "연장자"라는 뜻이다. 장로 정치 체제에서, 각 교회는 제직회라고 불리는 몸을 구성하는 연장자들에 의해 통치된다. 지역교회 제직회로부터 나온 대표자들은 당회라고 불리우는 마을/도시를 통치하는 몸을 형성한다. 다양한 당회들로부터 온 대표자들이 지역을 통치하는 몸을 형성하며 노회라고 불린다. 마지막으로, 다양한 노회로부터 나온 대표자들이 총회를 구성하며, 이는 대부분의 장로회 교단들에서 최상위 통치 기구이다.

회중 체제에서는 전체 몸인 회중인 각 교회의 최상위의 인간적 권위자를 선발한다. 여기서는 회중이 재정 업무와 목사 고용의 일을 위해 선거를 해야만 하며, 실제로 목사들 그리고/혹은 장로들에 의한 결정을 거부할 수도 있다. 많은 회중교회들은 교단의 구성원들이며, 그래서 목사들을 안수하거나, 교회 헌법이나 합의된 교리적 진술과 같은 사안들에 대해 교단의 지도자들 혹은 국가적 모임에 종속된다. 반면, 다른 회중교회들은 완전히 독립적이며, 지역 회중의 바깥에 어떤 권위도 갖지 않는다.

뒤에서 우리는 세 가지 주된 교회 정치 체제들 각각에 대해 제시된, 성경들로부터 그리고 그들을 붙들고 있는 전통의 관점 양쪽으로부터 주어지는 어떤 도움 같은 것을 보고자 한다. 또한 각각의 강점과 약점을 제시할 것이다. 많은 경우 그런 식으로 하기는 하지만, 우리는 세 가지 정치 체제 중 어떤 것도 "성경적인 것"인, 혹은 "하나님께서 제정하신 것"이라고 주장하고자 하지 않는다는 것을 언급하려 한다.[13] 우리는 성경이 특별한 교회 조직체를 위해서만 주장을 하지 않는다고 주장한다. 따라서 각 교회를 위한 가장 중요한 주제는 성경과 교회 전통에 대한 그 조직체의 충성도를 재고려하는 데 있지 않으며, 대신에 하나님의 백성을 인도하는 수단으로서 그 체제의 강함과 약함을 고려하는 것이라는 점에 있다.

---

13 우리는 성경이 직분(장로, 집사, 목사)를 임명한다고 믿지만, 권위의 특별한 체제를 믿지는 않는다. 또한, 어떤 사람들은 오늘날 많은 교회들이 실제로 전통적 모델들의 혼합들인 체계를 사용한다고 주장할 것이다. 우리는 이들을 언급하지 않을 것이다.

1) 감독교회 정치

요약해서 말하자면, 감독 체제의 역사적 배경은 지역교회들의 영적 지도자였던 장로들이 있던 초대교회로 되돌아간다. 지역교회들이 번성하면서 보다 많은 감독이 필요해지자, 한 명의 연장자가 주교로 선출되었고, 그가 몇 교회의 장로들의 리더가 되었다. 우리는 이 구조가 이미 1세기 말에 일어났음을 안다. 왜냐하면 이그나티우스가 스미르나(Smyrna)에게 보낸 편지에서, 주교가 있는 곳에 예수 그리스도의 교회가 있다고 주장하고 있기 때문이다.[14]

교회들이 도시로 퍼져 나가면서, 주교는 대도시 주교로 알려지게 되었다. 그리고 이 주교들은 기독교의 주된 지도자들, 특히 다섯 총대주교직들, 즉 로마, 알렉산드리아, 콘스탄티노플, 예루살렘, 그리고 안디옥의 주교들이 되었다. 3세기 중반까지, 로마 주교는 많은 이들에 의해 교회의 최상위 주교로 인정받기 시작했는데, 그가 베드로가 순교당한 전통적인 도시에서 다스렸기 때문이었다. 이것은 교황제의 설립으로 이어졌다.

감독제 체제를 위한 성경적 지지는 마태복음 16장에서 예수께서 교회를 자신 위에 세우시고 하나님 나라의 열쇠를 베드로에게 주시겠다는 진술을 포함하는 것이다.[15] 이 구절에 대해 비가톨릭 교도들은 예수께서 베드로 위에 자신의 교회를 세우시겠다는 것이 아니라 베드로의 고백 위에 혹은 반석으로서의 그 자신 위에 교회를 세우시겠다는 것이라고 자주 주장하므로 몇 년 동안 큰 논쟁이 있어 온 반면, 현재 개신교 학자들 사이에 우세한 의견은 예수께서 실제로 베드로 위헤 자신의 교회를 세우고자

---

14 Ignatius of Antioch, *Letter to Smyrna*, 6.
15 흥미롭게도, 중세와 르네상스 예술에서, 교황은 종종 자신의 허리띠에 달려 있는 열쇠를 갖고 있다고 알려져 있다.

했다는 해석이다. 이 해석에 대한 개신교도들 사이에 있는 저항은 로마교회가 이 구절을 베드로가 첫 번째 교황이라는 생각을 지지하는 것으로 사용했다는 사실에서 유래한다.

그러나 예수께서 여기서 그의 교회를 베드로 위에 세울 것이라고 의미했다고 하더라도, 그것이 곧바로 교황제로 이어지는 것은 아니다. 두 장 뒤에 예수께서는 나라의 열쇠를 주시려는 그의 의도를 반복하시는데, 이 수여는 베드로 혼자에게만이 아니라, 모든 사도들에게이다(마 18:18). 누군가가 이 구절을 베드로를 가리키는 것으로 이해하든 혹은 모든 사도를 가리키는 것으로 이해하든, 예수께서 초대교회를 가르치고, 운영하고, 다스리기 위해 일종의 주교의 다수성을 형성하는 사도들을 위한 독특한 류의 교회 권위를 지시했다고 주장하는 것이 합리적이다.

감독제 체제에서, 이러한 주교의 몸의 권위는 "사도적 계승"(apostolic succession)으로 알려진 개념 안에서 주교들의 각 다음 세대에로 뻗어 나간 것으로 보인다. 심지어 이 계승을 로마교회처럼 베드로에게로 소급해 올라가지 않고, 한 사람의 최상의 주교를 선택하는 교회들에 있어서도, 그것은 종종 사도들에게로 소급해 올라가는 다스림과 목양 전통의 연속으로 이해되고 있으며, 그리고 대목자장의 재림 때까지 교회 세대를 통틀어 연속되는 것으로 이해되었다.

이 체계에 대한 또 다른 성경적 지지는, 여러 일화가 있지만, 야고보가 예루살렘교회의 주교로 부각되어 예루살렘 공의회를 주재하는 것으로 보여진 사실에서도 발견된다. 거기에서 다른 주교들은 그의 결정을 따르는 것처럼 보인다.

로마 가톨릭교회의 서열은 교회의 공식 목회 사역이 그리스도에 의해 사도 베드로 안에서 그리고 후에는 로마의 각 계승적 주교 안에서 첫 번째로 그리고 우선적으로 투입되었다고 주장하는 사도적 계승의 신학을 통해 구성된다. 목회적 권위는 그리스도로부터 로마 주교(교황)에게로 흘러가며, 그리고 그로부터 다른 주교들에게로 그리고 서품 받은 사제들의 공동체의 다른 자들에게로 흘러간다.[16] 따라서, 우리는 로마 가톨릭교회 안에서, 주교의 역할과 권위 양쪽이 우선적으로 직분에 결속되어 있고, 인물이나 혹은 성령에 의해 그에게 부여된 은사들에 결속되어 있지는 않다고 본다.[17]

    정교회의 감독제 신학은 권위를 (교황 체제보다) 다섯 교부들과 에큐메니컬 공의회에 돌린다는 점에서 로마와는 다르다. 정교회는 전체로서 교회의 무오성을 고수하지만, 그러나 지상의 권위 체계보다는 그리스도와 교회의 신비한 연합 위에 더 잘 세워져 있다. 갈리스토스 웨어(Kallistos Ware) 주교는 하나님과 교회 사이의 관계가 위계 안에 묘사되어 있다고 주장한다. 성삼위의 형상으로서, 교회는 삼위일체의 다양성 안에 있는 일치에 따라 질서 지워져 있다. 거기에는 자유와 권위로 인도하는 상호 내주이자 전체주의 없는 일치가 있다.

---

[16] 『요리문답』(Catechism)은 진술한다: 주님은 그분이 베드로라 이름 붙이신 시몬만을 교회의 '반석'으로 만드셨다. 그는 그에게 그의 교회의 열쇠를 주셨으며 전체 양떼의 목자로 세우셨다. "베드로에게 주어지고 있는 맺고 푸는 직분은 또한 그 머리에 연합된 사도들의 일원에게도 맡겨졌다." 베드로와 다른 사도들의 이러한 목자 직분은 바로 교회의 기초에 속해 있으며, 교황의 우선성 아래 주교들에 의해 계속되었다. 로마 주교이자 베드로의 계승자인 교황은 "주교들과 신자의 전체 일원의 연합 양쪽의 영원하고 보이는 원천이자 일치의 근원이다." "로마의 교황에 있어서는, 그리스도의 목회자로서의 그리고 전체 교회의 목자로서의 그의 직분의 이유로, 전체 교회에 대해 충만한, 최상의, 그리고 보편적 권능을, 그가 언제나 방해받지 않고 실행할 수 있는 힘을 가진다." 『요리문답』, 881-82.

[17] 이 생각은 교회에 대해 새로운 것이 아니며, 최소한 도나티스트에게 반대하는 그의 주장에서, 하나님은 자신의 은총을 서품받은 사제를 통해 나누어 준다고 주장했던 그리고 그의 은총은 심지어 주교/사제의 삶에서의 어떤 죄의 존재에 의해서도 약화되지 않는다고 주장했던 어거스틴에게로 되돌아간다.

따라서, 아들과 성령에 대한 아버지의 위치와 같이, 주교는 인격 혹은 가치의 불평등을 표현하지 않으면서도 교회의 나머지에 대해 책임자 직분 혹은 권위의 위치를 유지할 수 있다. 교회의 위계 질서에서, 주교는 지상에서의 하나님의 살아 있는 형상이며, 그로부터 구원이 나오는 성례전의 원천이다. 주교는 삼중의 힘이 부여된다.

① 통치: 그는 양떼를 다스리기 위해 하나님에 의해 지정된다. (그는 그 자신의 교구의 군주이다.) [18]
② 교육: 그는 믿음의 교사로서 행동하기 위해 성령으로부터 은사를 받는다. 그리고 그의 최상의 행위는 성찬식에서의 설교이다.
③ 성례전: 주교는 성례전의 근원이다.

다시금, 삼위일체적인 에토스에 따라, 주교는 교회 위에 세워지지 않고 교회 안에서 직분을 유지한다. 신앙의 보호자인 자는 주교 혼자만이 아니라, 그 역할을 채우는 하나님의 전체 백성이다. 주교는 진리의 선포자이다. 그러나 모두가 진리의 청지기이다.

평신도들은 정교회 질서에서 본질적이다. 교회는 위계적이기만 한 것이 아니라 또한 은사적이고 오순절적이기도 하기 때문이다. 성령께서 모든 하나님의 백성 위로 부어지신다. 그래서 비록 주교, 사제, 그리고 집사와 같은 직분들이 있기는 하지만, 모든 백성들이 예언자들이며 사제들이다.

교회의 "은사적" 측면은 각자가 모두의 선을 위해 성령으로부터 은사를 가지고 있다는 것을 의미한다. 성령께서는 모든 하나님의 백성들에게

---

[18] Timothy Ware, *The Orthodox Church* (London: Penguin, 1997), 249.

부어지신다. 그래서 비록 주교, 사제, 그리고 집사의 직분들이 있더라도, 모든 백성들이 예언자들이자 제사장들이다. 교회의 "카리스마적" 측면은 각자가 모두의 유익을 위해 성령으로부터 오는 은사를 가짐을 의미한다. 교회의 위계적, 카리스마적 측면들 사이에는 어떠한 궁극적 갈등도 없다.

정교회 구조의 핵심 개념은 '소보르노스트'(Sobornost)로서, 그것은 교회의 유기적 연합체를 언급한다.[19] 각 구성원은 다른 이들을 돕는 것으로 그/그녀의 직분을 수행하면서 교회의 공동 작업에 기여한다. 거기에는 개별성과 공통성 양쪽이 있다. 소보르노스트는 교회가 위계적이고, 하나님을 대리하는 주교에 의해 통치되기는 하지만, 거기에는 또한 모든 구성원들 사이에 평등하다는 생각을 표현한다. 교회와 그 구조를 창조하신 이는 성령이시며, 모든 신자들은 성령을 통해 상호 연관된다.

감독제 정치 체제들 중, 로마 가톨릭교회의 관점을 볼 때, 교회가 질서 있는 공동체라는 의미에 영향을 끼치는 기초적 사안들 중 하나는 기독교에서 한시적 우위성을 취하는 것이 교회인가 아니면 복음인가 하는 것이다. 개신교도들에게 있어서는 복음이 항상 우선적이다. '오직 믿음'(*Sola Fide*)은 첫 번째로 '오직 성경'(*Sola Scriptura*)에 대한 것이다. 혹자는 믿음을 성경 메시지를 통한 그리스도에 안에 두면서 교회로 들어간다. 이것은 (본 장 시작에서 신학자 앙리 드 뤼박(Henri de Lubac)를 인용하는 가운데 서술되었듯이) 교회가 우선순위를 차지한다는 로마 가톨릭의 시각은 아니다.

뤼박은 복음이 교회 앞에 존재한다는 사고를 거부한다. 그는 말하기를, 복음이 유래한 책은 교회에 의해 산출되었고 입증되었기에, 교회 전

---

[19] Veli-Matti Karkkainen, *An Introduction to Ecclesiology* (Downers Grove: InterVarsity, 2002), 22.

통과 분리될 수 없다. 교회 없이는 기독교는 없다. 이 사실은 공동체가 그 구조를 따르는 모든 그 밖의 것의 기초라는 말이다. 복음은 그리스도와 개인들의 새로운 관계에 대한 것이 아니라, 하나님의 새로운 백성들과의 새로운 관계에 대한 것이다.

교회는 그리스도를 믿은 이후에 함께 모여든 개인들의 모임이 아니다. 비교회적 기독교(nonecclesial Christianity)라는 가능성은 없다. 그리스도와 그의 메시지가 그토록 교회와 결속되었기에, "우리의 신앙의 근본 교리들이 언어의 변화가 존속할 만한 어떤 것도 남기지 않을 낡은 사고들이 아닌 것처럼, 교회의 본질적 구조들도 포기될 수 있는 '고전적 양식들'이 아니다."[20]

사도적 계승 교리는 감독제 체제가 성경적이며, 하나님이 교회에 하나님의 은총을 효과적으로 나눠주는데 필수적이라고 주장한다. 뤼박은 다음과 같이 쓴다.

> 그리스도의 몸은 보이지 않는 교회 혹은 무척추 동물같은 사람이 아니다. 개인의 영혼 안에서 하나님의 말씀과의 관계이든 혹은 전체로서의 공동체에 대한 관계이든, 그것은 언제나 모두의 그리고 각자의 이 모계적 기능이 실행되는 목사들의 직접적 중재에 빚을 지고 있다. 거룩한 삶이 계속 전달될 수 있는 것은 그들, 즉 첫 번째 사도들의 계승자들을 통해서이며, 믿음의 "순결성"을 손상시키지 않으면서 열매를 거두는 양쪽으로 보존되도록 돌보는 책임을 가진 이들이 바로 그들이기 때문이다. 그들은 우리들 사이에 있는 "하나님의 협력 사역자들"이다. 그리고 그들은 우리를

---

[20] Lubac, *Motherhood of the Church*, 30-31.

위한 "하나님의 신비를 분여하는 자들"이다.[21]

감독제 체제의 또 다른 개념은 영국성공회 신학자 폴 찰(Paul Zahl)과 같은 이들의 주장이다. 그가 볼 때, 감독제 정치 체제는 교회에 유익은 주지만, 교회의 본질은 아니다. 달리 말해, "감독제교회 질서가 교회에 있어서 필수 구성 요소는 아니다."[22] 교회는 위계 체계 하에서 가장 잘 기능적일 수 있는 반면, 그것은 교회가 교회되기 위해서는 필수적이지는 않다.[23]

2) 감독 체제의 장점과 약점

교회 정치의 감독제 형태들이 가지는 몇 가지 이점들이 있다. 한 가지는 위계 질서가 교회가 힘든 시기, 심지어 불화의 한가운데에서 함께 묶어 주기 쉽다는 것이다. 특히, 주교의 권위가 하나님에 의해 주어진 것으로 여겨지는 사도적 계승의 의미가 있는 곳에서는 교회의 분열들이 일어나기 어렵다. 한 장로가 의견이 다른 두 로마 가톨릭 학자들을 언급하며 다음과 같이 논평했다.

> 당신들 로마 가톨릭 교도들에 있어서 놀라운 일들 중 한 가지는, 당신들이 여기에 나올 수 있고 중요한 신학적 사안에 대해 서로 반대 입장을 취하면서도, 논쟁이 끝나고 나면, 당신은 여전히 가톨릭 교도로 남아 있다

---

21 Ibid., 85.
22 Zahl, "Bishop-Led Church," 213.
23 교회로 불리우는 신앙 공동체에 대한 기초로서 위계에 대한 이 사안은 교황 베네딕트 16세였던 Joseph Ratzinger에 의해 교황 바오로 2세의 권위 아래에서 2000년 8월에 출판된 문서 "주 예수"(*Dominus Jesus*)에서 언급되었다. 위계가 없는 그룹들은 참된 교회라기보다 "교회적 공동체들"이라고 불리웠다.

는 것입니다. 우리 장로교인들은 교리에 동의하지 않으면 바로 새로운 교단을 만들어 버립니다.[24]

위계적 권위 하에 있어야 할 필요성은 그리스도인들이 이단을 가르치는 이들의 권위 하에 있도록 만들 수 있다는 이유로 많은 회중주의자들이 반대하는 반면, 교단 분열에 대한 대략의 연구는 대부분의 그런 분열들이 실제로 이단의 결과가 아님을 드러낼 것이다. 많은 장로교와 침례교 교리들이 자신의 전통들 안에 있는 다른 교파들의 것과 대단히 유사하기에, 그들이 왜 분리된 채로 있어야만 하는지 사람들은 놀라워 한다. 확실히 그 차이들을 이해하지 못하는 교회의 무능은 경쟁 교파들의 과잉을 낳으면서, 요한복음 17장에 나오는 기도 속에서 묘사되는 일치를 위한 그리스도의 소망을 반영하지 않으며, 세상이 우리가 예수에게 속했다는 사실을 알도록 보여 줄 수 있는 서로를 위한 사랑도 반영하지 못한다. 부정적 측면에도 불구하고, 감독제 체제들은 앙들을 시행시켜 주기 쉬우며, 이단을 낳기보다 오히려 종종 이단으로부터 보호하기도 쉽다.[25]

감독제 체제들의 또 다른 강점은 전통의 가치를 유지하기 쉽다는 것이다. 수년 전에 혹은 수십 년 전에 형성된 지역 회중은 모든 일들에 관해 최종 권위를 행사하는 교회 안에서는 전통을 평가하기 위한 구조적인 동기 부여가 없다. 그러나 감독제 정치 체제는 본질상 권위를 주교들의 세대 간에 위임될 수 있는 것으로 이해된다. 찰은 다음과 같이 언급한다.

---

24 이 언급은 세인트루이스대학교 역사신학 교수인 Beldon Lane 박사가 저자들 중 한 사람이 참석했던 컨퍼런스에서 행한 것이다.

25 예컨대, 가톨릭 요리문답은 "일탈과 결함으로부터 하나님의 백성을 보존하고, 실수 없이 참된 신앙을 고백하는 객관적인 가능성을 그들에게 보장하는 것"이 교도직의 과제라고 언급한다. "따라서, 교도직의 목회적 의무는 하나님의 백성이 자유케 하는 진리 안에 거해야 한다는 사실에 주의하게 하는 것이다." *Catechism*, 235.

감독제 기독교의 형성에 있어서 전통의 중요성은 지대하다. 대중적 복음주의와 오순절주의에 끊임없이 따라다니는 약점은 복된 소식이 새로운 것이라는 생각이며, 복음은 우리에게 바로 어제 도착했다는 생각이다.[26]

회중교회 체제들의 문제들 중 하나는 역사와 전통을 가치 있게 보지 않으려 하며, 자신들의 해석이 언제나 그들 자신의 문화의 산물이라고 하는 것을 별로 인식하지 못한 채, 자신들의 성경 해석이 가장 적절하고 권위가 있다고 여기는 오류의 희생양이 된다는 것이다.

전통에 대한 평가는 완전히 다른 주제들에 반응을 보인 자신의 시대 속에서 신앙 교리의 표현 방식과 싸워 온 많은 해석자들의 목소리들을 듣는다. 이러한 방식으로 전통은 적절히 이해되고 적용되므로, 하나의 여과 시스템이 된다. 그것은 교회의 관심사이자 실제로 문제가 되어 온 교리적 사안들을 인식하고 이해하도록 돕는다.

3) 장로교 교회 정치

장로교의 정치 체제는 보통 교회 안에 두 가지 주된 직분들, 장로와 집사가 있다고 주장한다. 장로들은 교회의 주된 감독관들이며, 영적 안녕, 교리적 순수성, 그리고 교회 훈련을 위한 책임이 있다. 일반적으로, 두 종류의 장로들이 인정된다. 치리 장로와 가르치는 장로이다. 둘은 제직회에서 함께 섬기지만, 가르치는 장로는 가르침의 영적 은사를 가진 것으로 인정되는 이들이고, 반면 치리 장로는 행정 지도력에 책임이 있는 이들이다. 집사들은 교회의 두 번째 직분을 구성하며 일반적으로 교회

---

[26] Zahl, "Bishop-Led Church," 237.

생활의 재정적, 물질적 사안들에 대해 책임을 진다.

장로교의 정치 시스템을 고수하는 신학자들은 교회가 장로들의 그룹에 의해 통치되는 회당(synagogue)의 관행과 형태들 중 많은 것을 받아들였음을 언급하면서 일반적으로 초대교회가 지지해 주는 것으로 본다. 실제로, 초대교회 회중들은 장로들에 의해 운영되었는데, 위에 언급된 것처럼 곧 다양한 대도시 회중들의 장로들이 그들 모두가 신뢰할 수 있는 한 명의 장로를 선택하는 관행을 시작했다.

따라서 초대교회들이 어느 정도의 독립적이었으며 장로들에 의해 운영이 되었다 할지라도, 이 체계는 곧 개신교 종교개혁이 있기까지 전체 (서구)교회를 통치했던 주교들의 체계에 길을 열어 주었다. 속사도 교부시대에는 감독제 형태가 받아들여진 한편, 개혁가들은 그들이 로마 가톨릭교회의 오용에 대한 반작용으로 장로들이 통치하는 교회들을 설립했으며, 그것이 보다 성경적으로 지지할 만한 것이라고 믿었다.

초기에 장로교주의보의 움직임은 칼빈(Calvin)의 영향에서 왔다. 루터는 결과적으로는 교황제를 거절했지만 감독제 정치 체제를 거부하지는 않았다. 채드 오웬 브랜드(Chad Owen Brand)와 R. 스탠튼 노먼(R. Stanton Norman)은 다음과 같이 쓰고 있다.

> 제네바에서 칼빈은 비록 그가 교사의 직분을 목사의 직분과 융합시키는 경향이 있기는 했지만, 교회를 목사, 장로, 박사(교사), 그리고 집사라는 사중 직분으로 조직하였다.… 칼빈은 감독제에 반해, 둘(장로와 감독)이 아니라 오직 하나의 안수 받은 목사(장로)의 수준만이 있다고 주장했다. 그리고 신약성경에는 두 종류의 장로들 즉 가르치는 장로와 치리 장로가 있다고 주장

했는데, 디모데전서 5:17에 대한 그의 해석에서 나온 확신이었다.[27]

오늘날에 이르기까지 개혁파 전통에 있는 교회들은 장로 제도를 통해 운영되고 있다. 장로주의를 지지하는 성경 본문들은 신약성경을 통틀어 발견된다. 초대교회에 대한 누가의 설명은 예루살렘에 있는 장로들을 언급한다. 그리고 바울과 바나바는 그 교회에서 장로들에게서 기근의 구호를 위한 기금을 받았다. 사도행전 14: 23과 디도서 1:5에서, 우리는 그 장로들이 교회를 인도하도록 위탁받은 것을 읽는다. 그리고 베드로전서 5장에서, 우리는 각 교회의 장로들이 구성원들에 대해 권위를 가지고 있는 것을 본다. 디모데전서 3:4-5, 데살로가전서 5:12, 히브리서 13:17을 포함한 수많은 다른 구절들이 장로 통치에 대해 이야기한다. 사도들이 떠나면서, 이 장로들은 계속해서 지역 교회들의 지도자들이 되어갔다.

감독제 교회 정치를 지지하는 이들이 사도행전 15장에 나오는 예루살렘 공의회를 지지해 주는 구절로 보는 반면, 장로교도 역시 그렇게 본다. 공의회의 시기에 예루살렘에는 수많은 지역 회합들이 있어 왔다. 공의회는 전체 교회의 선을 위한 주제를 결정하기 위해 그들 교회들의 장로들을 함께 불러들였다. 장로교회 정치의 지지자들에게 있어서는, 공의회의 주제는 야고보의 단독 권위에 대한 것이 아가 아니며, 장로들의 공동의 권위에 대한 것이다. 그들은 교회론적 권위가 단지 야고보 혹은 심지어 사도들에 의해서가 아니라 장로들의 다수에 의해 나누어졌다고 주장한다.[28]

장로교 정치 체제의 지지자들이 신학적 주장들을 내놓기는 하지만, 그

---

[27] Brand and Norman, *Perspectives on Church Government*, 18.
[28] See L. Roy Taylor, "Presbyterianism," in *Who Runs the Church? 4 Views on Church Government*, ed. Steven B. Cowan (Grand Rapids: Zondervan, 2004), 81.

들의 주된 주장은 성경이 분명히 이 정치 체제를 하나님에 의해 지정된 것으로 표명한다는 것이다. 그들은 모세와 그가 이끄는 장로 그룹 그리고 이스라엘의 사제 기구에게로 모두 소급해 들어가는 대표자들의 복수 지도력을 본다.

다른 조직체들의 지지자들이 성경 안에 다른 체계들을 위한 중요한 증거가 있다고 주장할 수 있던 반면, 개혁신학자들은 성경이 분명히 장로 제도를 하나님께서 지정하신 조직체라고 주장하는 경향을 갖는다. 그것으로부터 떠나거나 혹은 거기에 덧붙이는 것은 성경으로부터 떠나거나 성경에 덧붙인다는 것이다.[29]

3) 장로교 정치 체제의 강점과 약점

장로교 조직체의 강점 중 하나는 비록, 우리가 제안한 것처럼 성경에 의해 분명히 지정된 한 가지 형태의 교회의 통치 기구를 결정하는 것이 불가능하다고 해도, 어떠한 다른 것보다도 장로가 운영하는 교회에 대해 보다 내러티브적 지지가 있다는 것이다. 교회에 의해 선출된 장로들에 대한 수많은 언급들이 있으며(행 14:23; 딤전 5:17; 약 5:14 등등), 각 교회에 다수의 장로들이 있었음을 암시하는 구절들이 있다(딤전 3; 딛 1).

또한, 교회 안에 많은 장로가 있는 것은 감독제 혹은 회중주의를 금하는 것이 아님을 언급해야만 한다. 장로 통치는 구조의 본질 바로 그 자체로 교회 안에 있는 지도력을 공동체의 일로 만드는 이점을 갖는다. 어떤 단독 인물도 교회를 그 자신의 목적을 위해 취할 수 없으며, 중요한 결정들은 균등한 지도력과 지시로부터 나온 개인적 의제들을 취하도록 돕는

---

[29] Taylor, Reymond, Berkhof, 그리고 Boice는 예컨대, 모두 이 점에 대해 논쟁을 한다.

가운데, 다양한 인물들로부터 나오는 기여들로 이루어져야만 한다. 나아가, 목사는 장로위원회에 속해 있기에, 그는 잘못을 저지르는 것으로부터 방지될 수 있을 뿐 아니라 다른 지도자들로부터 힘든 일 가운데에서 공격으로부터 보호를 받을 수 있거나 격려를 받을 수 있다.

반면, 장로 정치 체제에는 불리한 면들도 있다. 많은 장로가 운영하는 교회들에서는, 장로위원회가 회중으로부터 어떤 압력이나 확인이 없이 그 구성원들을 선택하는 자기 지속적 몸체(self-perpetuating body)이다. 이것은 회중으로부터 지도력의 단절을 일으킬 수도 있고, 또한 폭넓게 회중을 대표하지 않을 수 있는 위원회를 이끌 특정 사람들의 영속성을 가져올 수도 있다. 더 나아가서, 교회 일치를 유지하려면, 장로가 운영하는 교회들은 전체 회중에 영향을 끼치는 중요한 결정들에 대한 성숙한 합의의 중요함을 인식하면서 자신들의 권위에 균형을 맞추는 것을 명확히 하기 위해 열심히 일할 필요가 있다.

4) 회중교회 정치 체제

역사적으로 회중교회 제도는 후기 종교개혁 시기에 표면화되었다. 영국 청교도들 중 주요 소수자들이 잉글랜드국교회의 감독 체제가 지나치게 로마 가톨릭주의를 연상시킨다고 거절하면서 회중주의 조직체를 고수하였다.[30] 일반적으로 재세례파 운동과 일치되는 침례교도들도 공동체적이고 민주적 에토스와 더불어 회중적 성격을 갖고 있었다.

후에 스칸디나비아의 자유교회 운동은 국가교회가 가진 위계 질서적

---

30 이러한 종류의 분리주의자 청교도는 Rebert Brown의 다음 책에서 예증화된다. *Reformation without Tarrying for Any*(1582), 그리고 the Savoy Declaration(1658), 이것은 웨스트민스터 신앙고백에 대한 분리주의자의 응답이었다.

체계를 거절하면서 마찬가지로 회중 제도를 선택했다. 회중제 정치 체제는 초기에는 침례교도들과 더불어 그리고 후기에는 19세기 스칸디나비아 이주민들과 더불어 미국의 지형도의 중요한 부분이 되었다. 회중주의는 또한 미국의 민주주의적 동인들에 쉽사리 맞춰 들어갔다.[31]

회중 형태의 정치 체제에 대한 지지는 다양한 구절들로부터 온다. 예컨대 마태복음 18장 그리고 고린도전서 5장에는 전체 교회가 교회 훈련을 위해 책임이 있다. 우리는 사도행전 6장과 고린도후서 8장에서 전체 교회가 그 지도자들을 뽑는 것을 본다. 더 나아가, 예루살렘 공의회에서는 그 주된 결정을 세우는 이가 사도들만이 아닌 전체 교회이다(행 15:22). 더 나아가서 사도행전과 서신서들의 초점은 지역교회에 주어져 있으며, 거기에서는 지역교회를 넘어선 상급 권위 기구에 대해서 별로 지지를 하지 않는다.

신학적으로, 만인제사장직을 주장하는 종교개혁의 원칙은 회중주의를 주장하는 이들에게 중심 주제가 된다. 페이시 패터슨(Paige Patterson)은 만인제사장직은 성경에 의해 수많은 장소에서 증거를 볼 수 있다고 주장하면서, 베드로전서 2:5-9의 본문이 그 본질을 기술한다고 주장한다.

> 이 구절들에서 그리스도의 제자들은 '거룩한 제사장직'을 수행할 목적을 위해 '살아 있는 돌'로 구성된 '영적 집'을 구성한다고 말한다.[32]

결론적으로, 믿음을 가진 신자들로 구성된 회중은 그리스도 이외에 어떠한 중개자도 필요 없이 하나님께 직접 접근할 수 있다는 것이다. 회중

---

[31] 역사에 대해 다음 책을 보라. Cowan, ed., *Who Runs the Church?* 135-38.
[32] Paige Patterson, "Single Elder Congregationalism," in ibid., 139.

주의자들에게 있어서 하나님에 대한 이러한 "민주적" 접근은 구원 혹은 예배에 대해서 뿐 아니라, 교회 구조와 조직체에도 규정 요소가 된다. 개별 신자 자신이 하나님 앞에서 자신의 영적 상태에 책임이 있기 때문에, 지역교회의 삶에 대해 회중 개개인이 궁극적 책임의 자리가 된다.[33] 따라서, 미로슬라브 볼프는 교회의 일반 사제직은 교회의 직분자의 기능이 아니고, 모든 개별 구성원들의 기능이라고 주장한다. 그는 다음과 같이 쓰고 있다.

> 비록 누구도 교회에서 필수불가결의 역할을 맡고 있는 직분을 가진 자의 두드러진 중요성을 과소평가하지 말아야 하지만, 교회 전체의 삶이 그들을 둘러 싸고 서열이 매겨져 있지는 않다. 다른 사람들도 구원론적으로 볼 때 다른 사람들에 대해 '중요한 타자들'이 될 수 있다.[34]

그러므로, 교회의 권위 구조는 감독제 조직체에서처럼 단일 중심적이어서는 안 되며, 회중이 권위 구조에서 주된 역할을 감당하는 가운데 다중심적이어야 한다.

5) 회중교회 정치의 강점과 약점

적어도 회중주의는 본질상 개별 구성원들에게 교회의 방향과 생활에

---

[33] James Leo Garrett은 신자의 사제직에 대한 루터의 교리가 기독교의 회중이 모든 가르침을 심판하고 목사를 청빙하고 그리고 만일 그들이 이단적이라면 그들을 해고할 권리를 가진다는, 그의 주장으로 이끌었다고 주장한다. 다음을 보라. "Congregation-Led Church," 174.

[34] Volf, *After Our Likeness*, 226.

대해 최대한 의견을 개진할 수 있는 여건을 마련해 준다. 만일 개별 구성원들이 지도력이 교회를 지혜롭지 못한 방향으로 몰아가고 있다고 믿고 있다면 그들은 지도력의 정책과 결정에 반대하며, 심지어 다른 구성원들과 함께 사역하면서, 그들의 목소리를 합하여 지도력을 재평가하도록 혹은 경로를 변경하도록 요구하면서 투표를 할 수 있다.

긍정적인 측면에서 볼 때, 회중주의자들은 그들의 구조가 "회중에게 충성과 지지를 발전시키는 데 있어서 다른 조직체들보다 더 능력이 있고 … 정책 결정에 대한 참여를 통해 그리스도인들로 하여금 '우리교회'라는 말을 의미 있게 말하도록 도와 준다"라고 주장한다.[35]

회중 정치 체제는 또한 은사들이 영향을 발하도록 하는 데 가장 효과적이다. 이 체계에서는 가르침과 지도력의 영적 은사를 가졌지만 교회의 직분자가 아닌 사람들도 자신들의 은사를 교회의 정책-결정 과정에 기여할 수 있다.[36] 회중주의 지지자들은 마태복음 18장에 위탁된 것으로 믿는 교회 훈련의 과정에 회중이 개입하도록 유지하는 데 그 체제가 가장 효과적이라고 주장한다.[37] 교회 훈련이 감독들과 장로들의 통제로 떨어진다면, 그것은 공동체적 이슈가 되기 어려우며, 전체 교회를 거룩한 성도로 부르는 데 덜 효과적일 것이다.

다른 교회 정치 체제들처럼 회중주의의 강점은 또한 가장 큰 약점의 원천이 될 수도 있다. 지도자들이 합의하여 회중에게 비준을 받기 위해

---

[35] Garrett, "Congregation-Led Church," 193.
[36] 은사를 직접적으로 교회와 그 구조에서의 영향에 연결시키는 생각은 지도력에 있어서 여성의 사안에 대한 미국 복음주의자들 사이의 중요한 논쟁에서 핵심 의제이다. 지도력에서 은사와 여성 사이의 연결의 예를 보려면, 다음 website를 보라. Christians for Biblical Equality (cbeinternational.org/new/index.shtml).
[37] 다음을 보라. Garrett, "Congregation-Led Church," 188, 그리고 Wayne Grudem, *Systematic Theology* (Grand Rapids: Zondervan, 1994), 934.

제시한 중요한 정책 결정을 한 명의 밉살스럽고 시끄러운 목소리가 무산시킨 어떤 침례교도의 연간 사업 회의에 대한 희화적 묘사는 회중교회에서 자라났던 많은 이들의 경험에 기반을 두고 있다. 회중주의의 민주적 에토스가 모든 구성원들에게 자신들의 말이 들려질 수 있는 최상의 장소를 제공해 주는 반면, 그것은 또한 그들의 실제적 지혜와 지식을 넘어 영향력을 가지고 있는 구성원들로 하여금 교회 지도력 사역을 저하시키게 만들어 준다.

회중주의의 또 다른 약점은, 특히 교파에 속하지 않은 교회의 경우들에 있어서 독립에 대한 강조가 지역교회의 보편교회와의 연결을 약하게 하는 경향이 있다는 것이다. 감독제교회들, 특히 궁극적 인간 권위가 교황제 안에서 존속되는 로마 가톨릭교회는 교회 연합을 위해 세워진 구조를 가지고 있다. 교황 베네딕트 16세는 예컨대 최근에 로마 가톨릭교회 바깥의 공동체들을 포용하는 가운데, 그리스도 그 자신에게로 소급해 돌아가는 로마 주교를 통한 사도적 승계에 의해 창조된 일치 안에서 제거되지 않고 깊이 뿌리를 내리고 있다고 주장했다.[38]

장로교인인 L. 로이 테일러(L. Roy Taylor)는 또한 회중주의에 대한 이러한 연관 안에서 관심을 표현했다. 그는 이렇게 쓴다.

> 세기를 통틀어, 교회는 자신을 독특한 하나의, 거룩한, 보편적, 그리고 사도적인 것으로서 인정했다. 독립은 너덜거리는 미국식 개인주의나 기업가 정신과는 잘 맞아 들어가지만, 교회의 보편성과 하나 됨을 표현하기기

---

[38] 이 주제에 대한 그의 가장 확장된 논의에 대해서는, 그의 다음 글을 보라. *Dominus Iesus: On the Unicity and Salvific Universality of Jesus Christ and the Church*, published in August of 2000.

위해서는 교회 정치에 별로 적절한 형태가 아니다."³⁹

실제로, 20세기 성경교회 운동(Bible Church Movement) 기간 동안 수천 개의 교회들이 자신들의 교단들로부터 빠져나온 출애굽은 미국에서 세계 어디에서도 유래를 찾아볼 수 없는 예수 그리스도의 하나의 교회에 대한 구조적 단절을 낳고 말았다. 의심의 여지없이 회중주의는 이러한 시나리오에서 큰 역할을 감당했다.

5. 결론

아마도 어떠한 형태의 교회 정치 체제의 가장 분명한 어두운 면은 그들이 모두 파괴된, 죄된 사람들의 손에 힘과 권위를 몰아줬다는 것에 있다. 시민 정부들과 마찬가지로, 가장 효과를 발하는 체계들(독재 정부들) 또한 가장 오용되기 쉬운 것들이었다. 그리고 가장 포용적인 것들(절대적 민주주의들)도 쉽게 불일치와 비효율성으로 시달린다.

심지어 교회 정부의 전통적인 형태들 중에 단지 하나만 실제로 성경적이라고 주장하는 교회들조차 여전히 이 주제들을 다루어야만 한다. "올바른" 교회 통치의 채택에 있어서는 권위의 적절한 사용에 대한 어떠한 보증도 없다. 그래서 우리는 통치의 성경적 **구조**에 대한 필요에로만 돌아오지 않고, 또한 성경적 **원칙**에 대한 필요에로도 되돌아온다.

교회 권위의 성경적 상황은 힘과 희생 양쪽의 원칙들을 보여 주어야만 한다. 장로들은 교회를 통치해야 하지만(벧전 5장), 그러나 그들은 교회의

---

39 Taylor, "Presbyterianism," 236.

한 분이자 참된 목자이신 그리스도의 자기희생을 예증하면서 겸손하게 그렇게 해야 한다. 교회의 모든 목자들 또한 영적인 삶을 위해 양 떼의 나머지 부분에 의존하면서도, 동등하게 그리스도의 인도와 은혜를 필요로 하는 양이기 때문이다. 교회 정치의 성경적 상황은 또한 일치와 연결의 원칙에 초점을 두게 될 것이다. 교회의 영적 일치는 궁극적으로 교회 지도자들의 산물이 아니라, 성령을 통해 그리스도와 연합한 가운데 있는 하나님의 백성들이 되는 것으로부터 오는 삶의 산물이다.

따라서 성경 지도자들과 구조들은 하나님의 성령이 모든 교회의 구성원들의 은사와 섬김을 통해 교회에 그리스도의 삶을 가져오는 것을 인정하면서 포용과 주인 됨을 촉진시킬 것이다. 결론적으로, 힘의 오용이 개별 인격들의 기능만 될 수 있는 것이 아니라, 전체 공동체의 기능들도 될 수 있다는 인식 속에서 건강한 지도력 구조의 교회는 언제나 자신 외부로부터의 책임을 추구할 것이다.

야고보가 지도자로 있던 예루살렘교회가 논쟁 시기 동안 교회의 모든 목소리, 즉 회중들, 사도들, 유대인에게 보내어진 사도(베드로)와 이방인에게 보내진 사도(바울)의 목소리를 청종한 것처럼, 어떤 시대이든 하나님의 종말론적 공동체는 그 통치 구조가 어떠하든 그 자신의 의제들과 관점들 이외에는 다른 것에는 눈을 감아버리는 교구 지도력과 어떤 구조도 확실히 피하면서, 교회의 스펙트럼을 가로질러 들려오는 목소리들에 귀를 기울여야만 했다.

현대교회의 지도자들에게 있어서 이것은 교파들의 분열들을 가로질러 들려오는 그리고 교회 역사의 기간을 가로질러 들려오는 교회의 목소리에 귀를 기울여야 함을 의미한다.

성경적이고 건강한 통치 구조들을 통해 운영되는 교회가 항상 교회 지도력의 사안들에 동의할 것인가?

아니다. 그러나 그것은 그들이 서로 화평한 가운데 살아갈 수 없다는 것을 의미하지도 않는다.

≋ **심화 연구를 위한 질문들**

1. 오늘날 왜 그토록 많은 사람들이 교회 권위의 모습에 부정적 시각을 갖는가?
2. 그리스도의 희생적 주님되심은 교회의 몸으로서 결정하는 일들을 포함하여 교회 지도력의 역동성에 어떤 차이를 만드는가?
3. 당신의 교회 배경을 볼 때 교회의 권위에 있어서 어떤 강점과 약점이 있는가?

제12장

질서 잡힌 공동체에서 여성들의 역할

교회 질서의 본질은 바로 힘과 권위를 포함하고 있는 까닭에, 성(gender)이라는 주제는 반복해서 정치 체제와 지도력에 대한 교회 토론의 표면으로 떠올랐다. 남성과 여성 사이의 조화가 무너진 창세기 3장의 타락 기사에서 출발한 여성(그리고 남성)의 역할은 성경 메타내러티브에서 주제가 되어 왔다. 고린도전서 11-14장이나 디모데전서 2장과 같은 구절들은 교회에서의 여성의 역할이 초대교회 생활에서도 논쟁이 되었음을 보여 준다. 본 장에서 우리는 교회의 질서 잡힌 공동체 내에서 여성 역할을 고려하는 방안으로 성경적 종말론의 렌즈를 통해 교회의 정치 체제와 지도력을 살펴보고자 한다.

우리는 최근 앨리스 매튜스(Alice Matthews) 박사로부터 그녀가 평등주의자들과 위계주의자들이 교회를 함께 이끄는 것이 가능하다고 생각하는지 질문을 받았다고 들은 적이 있다.[1] 그녀는 대답했다.

---

[1] Dr. Matthew는 메사츄세츠에 있는 고든콘웰신학교에서 교육 목회와 여성 목회를 가르

"글쎄요, 그래야만 하겠지요, 안 그런가요?"

그녀가 옳을 수도 있지만, 혹자는 교회가 그 가능성을 위한 구조를 갖고 있는지 의아해 한다. 여성들의 역할에 관한 핵심 구절에 대한 확장된 주석 연구들이 도움을 제공해 왔지만, 어디에도 결정적으로 보이는 것은 없다. 모든 개별적 주요 논쟁 구절들은 최상의 주석이 자신들의 결론들을 지지한다고 주장하는 이 사안에 대한 양쪽의 학자들을 내세우고 있다. 아마도 이런 주제에 대한 주석들로부터 우리가 기대할 수 있는 최상의 것은, 주어진 구절에 대한 어떤 관점도 신뢰할 만한 지지가 있다는 사실을 보여 주는 것일 수 있다.[2]

그러나 이 주제를 들여다 볼 다른 방법들이 있다. 또한 본서의 교회론과 종말론을 병치시키므로, 우리는 신학의 이 두 흐름들을 연결시키는 것이 우리에게 최소한 막다른 골목 근처에 있는 하나의 출구를 만들어

지는 Lois W. Bennett 석좌 조교수이다. 그리고 이 저작에서 평등주의자들은 여성들은 결혼과 교회 양쪽에서, 혹은 최소한 교회에서 남자들과 동등한 권위를 가질 권리가 있다고 주장하는 이들로 규정된다. 위계주의자들은 성경은 남자들이 가정과 교회 양쪽에서 궁극적인 인간 권위의 역할들을 취한다고 주장한다고 믿는 이들이다.

[2] 핵심 구절들에 대한 주석적 해석이 지난 2백 년 동안 어떻게 변화되어 왔는지를 여성 운동의 관점에서 살펴보는 것 역시 흥미로운 일이다. Linda Mercadante는 고전 11장에 관한 해석 변화에 대한 그녀의 주요 논문 요약에서, 칼빈이 가부장적 시대의 최상의 예증이라고 정확히 언급했다. 그의 주석은 이 구절에 대한 바울의 예언은 권위 있는 가르침이라고 주장하며, 그것은 여성들은 머리에 두건을 쓰든지 쓰지 않든지 예언을 할 수 없다는 사실을 의미한다. 더욱이, 그는 부인들뿐 아니라 모든 여성들이 모든 남자들보다 열등하게 창조되었으며, 그들에게 복종해야 한다고 주장한다. 오늘날은 심지어 가장 전통적 해석자들까지도 이 구절에 언급된 예언은 권위 있는 가르침과 유사한 선포가 아니기 때문에 여성에게도 예언이 허용된다는, 다른 주장을 제시한다. 오늘날 모든 여성은 남자에게 복종해야 한다는 칼빈의 급진적 관점을 주장할 사람은 거의 없다. Mercadante는 평등주의자의 해석들 또한 그들의 문화적 설정에 종속되어 있다고 조심스럽게 언급한다. 비교. Linda Mercadante, "The Male-Female Debate: Can We Read the Bible Objectively?" *CRUX* 15, no. 2 (June 1979): 20–25.

줄 것이라고 제안한다. 사실, 하나님 나라의 변증법은 대단히 양극화된 남아 있는 두 입장들 사이의 길 찾기의 최상의 가능성이 될 수도 있다.

우리의 논지는 만일 우리가 미래를 현재로 끌어오는 근본적으로 종말론적 공동체로 교회를 본다면, 필연적으로 교회 안의 지도력에 대해 보다 평등한 철학으로 움직일 것이라는 사실이다. 비록 우리가 가족 안에서 지도력에 대해서는 위계적으로 여전히 볼지라도 말이다. 논문의 두 가지 필수적인 부수 요소들은 교회의 종말론적 이미지는 본질적으로 평등하다는 것이다. 그리고 가족은 지도력 구조가 한시적이어서, 종말론적 공동체 안에서의 지도력 구조를 위한 패러다임으로 무비판적으로 채택될 수 없는 공동체라는 것이다.

신학적으로 분명히 논쟁의 핵심에 있는 바울과 관련해서 우리는 그가 비록 조심스럽기는 하지만 평등의 방향을 향해 명시적으로 움직여 나가면서 교회에서의 사회적 구조들에 대해 근본적인 개념을 다시 제안하고 있다고 주장하고자 한다.

1. 교회의 평등적 미래

우리는 종말이 미래의 교회 구조를 위계적 구조로 제시하는지, 혹은 평등한 구조로 제시하는지를 질문할 필요가 있다.

그리고 만일 그것이 위계적이라면, 그것은 남편/아내의 위계로부터 전승된 가족에 기반을 둔 권위 구조를 유지하는가?

천국/종말의 경제 구조에 대해 많은 것을 이해하는 것은 불가능하지만, 우리에게 기본 개념을 주며 현재의 위계 구조들과 구별하도록 도와 주는 특정 지표들이 있다. 한 가지 흥미로운 지표가 예수 자신으로부터 왔는데 그를 비난하는 자들이 그를 문화적이자 신학적 양쪽 의미에서의 풀기 어려운 딜레마에 그를 빠뜨리고자 시도할 때였다(마 22:23-32).

사두개인들은 남자가 여자와 결혼하고, 그녀에게 아이를 남겨 두지 않고 죽는 시나리오를 제시한다. 그리고 수혼법에 따라 남아 있는 여섯 명의 형제들이 차례로 그녀와 결혼하고 결국 그녀 자신도 죽게 될 때까지 그녀에게 아이를 낳지 않고 죽는다. 그들은 묻는다.

이 여자는 부활 때 어떤 남편과 결혼 관계에 있게 될 것인가?

예수께서는 종말에는, 하나님의 공동체는 남성과 여성의 혼인 관계에 기반된 구조를 갖지 않을 것이라고 말씀하신다. 인간의 결혼은 더 이상 존재하지 않을 것이기 때문이다. 이것이 의미하는 바는 비록 남편과 아내로서 아담과 하와의 창조 질서 안에 내포된 위계가 있다고 할지라도, 이 위계는 하나님의 종말론적 백성에게, 즉 부활의 공동체에 적용되지 않는다는 것이다. 보다 구체적으로 말하면, 아담까지 거슬러 올라가는 끝없는 아버지 행렬이 더 이상 자식들에게 권위를 가지지 않듯, 남편들은 아내들에게 권위를 갖지 못할 것이다.

에베소서 5장에서, 우리는 종말의 평등적 본성에 대한, 그리고, 사실, 종말의 교회에 대한 다른 지표를 발견한다. 구절의 마지막에서 그가 진짜로 말하고자 했던 그리스도와 교회 사이의 관계라고 하는 바울의 약간 수수께끼 같은 진술은 분명히 종말론적이다. 바울은 종말을 고대한다. 그리스도는 그의 자기희생, 부활, 그리고 죄에 대한 마지막 승리로 교회를 완전히 구원한 다음, 자신의 흠 없는 신부로서 교회 스스로 존재하도록 하신다.

여기에서 핵심 초점은 궁극적인 남편/아내 관계는 남자와 여자 사이의 관계가 아니라, 그리스도와 교회의 관계라는 점이다. 그러한 것으로서, 교회의 궁극적 그림은 은유적으로 볼 때, 그리스도의 한 인격적 신부이다. 따라서 순복의 종말론적 구조는 교회와 그리스도 사이에 있는 것이며, 함께 그리스도의 신부를 구성하는 남편들과 아내들 사이에 있는 것이 아니다.

그러나 우리는 두 번째 질문을 제기해야만 한다. 하나님의 종말론적 공동체가 남성과 여성 사이의 결혼의 사회적 구조에 기반을 두고 기능하지는 않을지라도, 우리는 이 종말론적 현실이 현재 어떤 방식으로든 교회 안으로 도입되어야 한다는 증거를 갖고 있는가?

여기서 다시금 바울의 신학이 우리에게 도움을 준다. 위에서 우리가 주목한 것처럼, 그는 갈라디아서와 에베소서에서 하나님의 계시에 기반을 둔 구원 공동체에 있는 사회적 위계들을 철폐하는 데 찬성한다. 그에게 있어서 교회는 유대인과 이방인, 남자와 여자 양쪽을 포함해서 하나님의 백성들의 공동체에 대한 종말론적 약속에 대한 최소한 예상된 형태로의 성취이다. 만일 바울이 유대인들과 이방인들, 자유민과 노예들을 동등한 뿌리를 내린 교회로 함께 오라고 요청하고 있다면, 그는 또한 남성과 여성들에 대해서도 그렇게 하라고 요청하고 있는 것이다.

명백히 바울은 이것이 갈라디아와 에베소교회들 안에 있는 그 방식이라고 단순히 보도하고 있지는 않다. 사실상 그들은 그 방식이 아니다. 그의 비전은 교회를 개인적으로나 협력적으로나 "그리스도 안에 있는" (in Christ) 인격들의 공동체로 보는 데 기반을 둔다. 반면, 바울은 신자들이 참으로 지금 "그리스도 안에" 있으며, 심지어 하나님의 우편에 있는 그의 천상의 실존 안에서 그와 더불어 일으켜진다고 인식하는 한편, 그리스도와의 이 연합의 삶에 대한 완전한 기대는 그리스도께서 영광 중에 나타나실 날을 기다리고 있다. 그러나 그러는 동안, 신자들은 자신을 종말에 대한 시각으로 보아야 한다. 그들은 부활하신 그리스도와 더불어 앉아 있는 존재로 자신의 상태를 마음에 두어야 한다(골 1:1-4).

바울에게 있어서, 그리스도 안에서 미래를 통해 자신들의 현존의 삶을 바라보는 이러한 실천의 모습은 단지 개인으로서만이 아닌, 교회의 실천으로서도 의미가 있다. 따라서 만일 미래 공동체가 남성과 여성 사이의 사회적 장벽들이 무너져 내린 곳이라면, 그 장벽들은 지금 교회 안에서도 무너져 내리기 시작해야 한다.[3]

우리는 바울이 부모/자녀 그리고 주인/종을 포함하는 가정법전(house-code)의 사회 구조들에 대한 모든 토론에서 교회에 대한 이러한 종류의 궤도를 옹호한다고 제안한다. 에베소서 6장이 최소한 아이들이 자랄 때까지 부모/자녀라는 궤도를 그려 내는 한편, 에베소서 4:14-16은 그리스도 안에서, 성령의 은사들을 통해, 교회가 궁극적으로 누구도 더 이상 "아이"(유아)로 남아 있지 않은 지점이 온다고 제안한다. 왜냐하면 모두는 머리이신 "그리스도 안으로 성장"(grown up into Christ)하기 때문이다.

따라서 교회에서는 영적 성숙에 기반을 둔 평등, 나이와 상관없는 성숙이라는 목표가 있다.[4] 그리고 교회가 지금 이 종말론적 목적을 향해 움직여 나가고 있다는 것은 분명하다. 나아가, 주인/종의 구조는 궁극적으로, 오로지 한 주인(엡 6:5-9)만이 계시며, 그분은 언젠가 분명히 모든 것

---

[3] 이것은 현대교회 안에 혹은 심지어 종말 때의 교회 안에 적절한 위계가 없다고 하는 것을 제시하는 것이 아니다. 그러나 현대교회의 권위 구조들은 공동체가 인정하는 은사나 지위(행 6장; 딤전; 장로/집사, 기타 등등) 혹은 바울이 이방인과 그들의 교회를 위한 사도로 소명을 받은 것과 같은, 그리스도에 의한 특별한 위임에 기반을 두고 있다. 더욱이, 우리가 그것을 이해할 수 있는 것과 같은, 미래의 교회 안에 있는 권위는, 성(gender)이 아니라 그리스도에 대한 현재적 신실함에 기반을 두고 있는 것으로 보인다(계 3:21; 20:6; 마 19:28-30).

[4] 바울은 그가 디모데에게 단지 그가 어리다고 해서 누구도 디모데를 자신을 업신여기는 것을 허용하지 말고, 그의 권위적인 가르치는 역할을 계속하라고 충고할 때, 이 사안을 그에게 적용하는 것으로 나타난다.

의 주인으로서 계시되실 것(빌 2:10-11)이라는 사실에 의해 근본적으로 바뀐다. 이와 같이 교회는 이제 오로지 그에게 속한 모든 것의 한 주인만이 계시다는 것을 인정하기 시작해야만 한다.

2. 가족, 교회 그리고 권위 구조들

이것은 우리에게 다른 중요한 주제를 가져 온다. 교회는 전형적으로 지도력 구조의 원칙들에 대한 그 종말론적 정체성의 성경적 묘사를 들여다보지 않았고, 대신 가족, 특히 가족의 가부장적 이미지를 들여다보았다.[5] 당연히, 이것은 교회 지도력의 가부장적 패러다임으로 이끌려졌다. 더욱이, 일부 신학자들은 에베소서 5장 같은 구절들에 기반을 두고, 가족 은유들이 교회를 위해 사용되었기에, 교회의 지도력은 가족의 지도력 구조를 반영해야만 한다고 주장해 왔다.

번 S. 포이트레스(Vern S. Poythress)는 예컨대 성경이 "아버지" 그리고 "남편"과 같은 가족의 권위 언어를 교회 구조를 서술하기 위해 사용하기에, 이것은 남성이 집안에서의 권위에 있어서 아버지와 남편으로 있는 것처럼, 남자들은 교회에서도 권위 있는 인물이 되어야만 함을 의미하는 것이라고 주장한다.[6]

---

[5] Vern S. Poythress와 George Knight에 의한 기고문에 나오는 이 경향에 대한 예들을 참조하라. Vern Poythress and George Knight, *Recovering Biblical Manhood and Womanhood: A Response to Evangelical Feminism*, ed. John Piper and Wayne Grudem (Wheaton: Crossway, 1991).

[6] Vern Poythress, "The Church as Family: Why Male Leadership in the Family Requires Male Leadership in the Church," in Piper and Grudem, eds., *Recovering Biblical Manhood and Womanhood*.

그러나 이 주장은 설득력이 없는데, 다른 이유들 중에서도, 포이트레스는 단지 근거 없이 언어의 유사성이 지도력 구조의 상호 교환성을 필요로 한다고 가정하고 있기 때문이다. 더 나아가서, 포이트레스는 두 사람들이 서로에 대해 하나 이상의 가족 은유를 통해 연관될 수 있다는 점을 무시하는 것처럼 보인다. 예컨대, 신약성경은 그리스도를 우리의 형제라고 말씀하신다.

그러나 그는 또한 우리의 주님이시기도 하다. 그래서 다른 맥락에서는 우리가 그를 우리의 완전한 권위로 받아들이지만, 우리가 그를 형제로서, "동료 상속자"로서 관계를 가지는 그러한 방식들이 있다. 포이트레스는 그가 다음과 같이 이야기할 때, 교회로 전승된 가족의 권위 구조들에 대한 주장을 계속한다. 바울은 말한다.

> 디모데에게 연로한 분을 '마치 그가 당신의 아버지인 것처럼 권고하라고, 젊은이들을 형제들로 대하라고, 연로한 여성들을 어머니처럼, 그리고 젊은 여성들을 자매들처럼 대하라고' 권고한다.

이것은 그러한 맥락들에서는, 디모데는 연로한 분들을 그러한 존중과 연령에 적합한 권위를 받을 만한 분으로 보아야 한다는 것을 지시한다. 그러나 같은 책에서, 바울은 디모데에게 말한다.

> 너는 이것들을 명하고 가르치라. 누구든지 네 연소함을 업신여기지 못하게 하고…(딤전 4:11-12).

이것은 포이트레스가 무시한 본문이다.[7] 여기서, 디모데는 연로한 사람들에 대한 존경 가운데 아들이나 젊은이로 기능하는 것이 아닌, 연로한 사람들을 교회의 권위 구조의 위치에서 교훈하는 형제이자 목사로 기능하고 있다. 이것을 교회 안에서 여성의 역할에 적용할 때, 비록 그들이 그 아내에 대한 남편의 권위에 대해 올바르다고 할지라도, 그리스도인 남자가 그의 아내에게 단지 남편으로서만이 아니라 교회 안에서 형제임을 위계주의자들은 깨달을 필요가 있다.

우리가 종말의 교회가 남편/아내, 부모/자식, 그리고 주인/종과 같은 그러한 지상적, 사회적 범주들의 기반에서 기능하지 않는다는 점을 밝힐지라도, 그리고 바울이 교회가 자신을 미래의 렌즈를 통해 본다고 의도함을 보여 줄 수 있다고 할지라도, 질문은 여전히 남아 있다.

바울은 이 구조들이 교회의 실제 삶에서 어떻게 바뀌어야 한다고 어디에서 제시한 바 있는가?

아마도 빌레몬서가 우리에게 어떤 실마리를 줄 것이다. 바울이 그가 그리스도에게로 인도했던 도망친 노예인 오네시모를 그의 주인인 빌레몬에게 보낼 때, 그는 빌레몬에게 그를 "더 이상 노예로서가 아니라, 노예보다 더 낫게, 사랑하는 형제로서" 다시 받으라고 격려한다(몬 16절). 당연히, 오네시모의 빌레몬과의 "형제" 관계는 혈연 혹은 심지어 결혼과는 아무런 관계가 없는 것이다. 그것은 "교회론적 결속"(ecclesiological bond)이다. 이제 그들은 그리스도 안에 함께 있는 자들로서, 당연히 가정적 관계가 아니라 교회에서의 새로운 관계를 가진다. 그리고 우리가 아는 바와 같이, 빌레몬은 이 편지에서 단지 한 명의 그리스도인으로서가

---

[7] Schreiner는 또한 동일한 구절에 대한 그의 유사한 주석에서 이 구절을 무시한다. 다음을 참조하라. Schreiner, *Two Views on Women in Ministry*, ed. James Beck and Craig Blomberg (Grand Rapids: Zondervan, 2001), 211.

아닌, 그의 집안에서 교회가 만난 한 사람으로 언급된다.

따라서 빌레몬에게 보낸 편지는 어떻게 교회 안에서 사회적 관계들이 변화되는지, 주인/종의 관계가 형제들의 평등한 관계들을 선호하는 가운데 있는 교회에서 뒤집히는지를 보여 준다. 흥미롭게도, 그것이 똑같은 오네시모인지 증명할 길은 없으나, 초대교회 문헌은 후에 주교가 된 오네시모에 대해 이야기한다. 이 사람이 같은 사람이라면, 그리고, 만일 그가 여전히 빌레몬의 종으로 남아 있었다면, 우리가 가지고 있는 것은 교회 안에서, 고대 세계의 가장 강력한 위계들 중 하나가, 교회 바깥에서는 오네시모에 대해 빌레몬이 권위를 가지고 있는 한편, 교회 안에서는 상황이 바뀐, 그 머리가 완전히 뒤집힌 상황이라고 할 수 있다.

만일 그렇다면, 그리스도 안에서 사회 장벽에 대한 바울의 변화의 신학은 노예 오네시모가 그의 주인과 교회적으로 동등성을 가진 자리로 움직여 가는 것에 대해 주장하는 것이다.

이것이 여성의 상황에 대해 또한 판세뇌는 것이 아니라면, 바울이 노예와 주인과 같이 가정 법전 리스트 속에서 언급하는 것은 누구란 말인가?

본질적으로, 성경 이야기에서 일어나는 것은 교회는 신자들을 위한 새로운 가정 단위가 된다는 것이며, 모든 다른 권위 구조들, 심지어 생일/결혼 가정에 대해서도 우선권을 취하게 되리라는 점이다.[8] 교회의 가족 구조는 근본적으로 형제/자매의 동등성을 가지는 것이다. 이것이 바울 시대의 교회에 대해 의미하는 것은 그러한 위계들이 비록 그들이 교회 바깥에서는 동일하게 남아 있다 할지라도, 교회 안에서는 변화를 겪게

---

[8] 궁극적 가족 구조로서의 교회에 대한 확장된 논의를 위해서는, Joseph Hellerman의 탁월한 저술을 보라. Joseph Hellerman, *The Ancient Church as Family* (Minneapolis: Fortress, 2001).

되었다는 것이다.

어떻게 이 패러다임은 교회 안에서 여성들의 역할을 변화시킬 수 있었을까?

신학적으로 그것이 의미하는 바는 교회 안에서, 아내의 남편에 대한 우선적이며 종말론적 관계는 한시적인 남편/아내 관계보다 우선하는 형제/자매 관계라는 것이다. 교회에서 특정 상황에 이 사고를 적용할 때, 그것은 여성이 가정에서 그녀의 남편의 권위에 굴복하는 가운데 남아 있을 수 있다는 것을, 그러나 교회에서는 장로/리더로서, 그의 교회론적으로 동등한 혹은 그에 대한 권위로 기능할 수 있다는 것을 의미한다.

남편이 아내에 대한 권위를 가지는 위계 관계를 주장하는 사람은 여성이 가정에서 남편에게 복종하면서 교회 안에서 권위의 자리를 가지는 것이 불가능하다고 주장한다.[9] 우리는 이것이 교회에서 피고용자가 그의 사장이 다니는 교회의 장로가 되거나 혹은 신학교 학생이 그의 교수가 다니는 교회의 목사가 되는 것만큼이나 가능한 일이라고 주장한다.

이것은 평등주의자들과 위계주의자들을 위한 가능한 화해의 장소가 될 수도 있을까?

비록 누군가 집에서 지금 존재하는 위계의 한시적 구조를 본다 할지라도, 그것은 교회 안에서, 종말론적 공동체로서, 우리는 그 신부를 위한 그리스도의 궁극적 가치들을 보다 정확히 반영하는 평등한 목회로 움직여갈 수는 없는 것일까?

---

9 우리가 여기에서 가정에서의 혼인 위계에 대해 찬성하거나 반대하는 주장을 하고 있는 것이 아님을 주목하라.

≈ 심화 연구를 위한 질문들

1. 교회 지도력에 대한 당신의 시각이 무엇이든, 여성들이 그들의 인격과 전체 교회의 몸을 세우는 데 관여하는 헌신을 가져오도록 힘이 부여될 수 있는 방법이 무엇일까?
2. 교회에서 여성의 역할에 대한 당신의 시각에 영향을 끼칠 당신의 문화적 배경을 어떻게 생각하고 있는가?

제13장

문화적 공동체로서의 교회

그리스도, 문화, 그리고 산상수훈 공동체

1. 문화에 대한 그리스도의 교회의 다면적 관계

교회는 문화적 공동체이다. 그것은 그리스도의 종말론적 공동체이며, 그것 자체로서 그리스도의 나라의 관점으로 다른 문화들에 관여하는 하나의 문화이다.[1]

문화에 대한 그리스도의 관계에 있어서 하나만의 시각이란 있을 수 없다. 이상적인 문화란 없기 때문이다. 교회 안에 구현된 하나님 나라의 문화

---

[1] "문화"는 노동과 여가를 포함하는 모든 영역에서 인간 행동 전체로 규정될 수 있다. 그리고 언어적이든 비언어적이든, 사람들의 삶과 세계관을 형성하고 사회 내에서의 통과 의례를 보증하는 언어와 사회 규범들을 포함한다. 문화는 또한 과학, 예술, 윤리, 그리고 스포츠 영역에서의 인간의 성취의 높이에 대해 이야기하는 것으로 받아들여진다. 궁극적으로, 문화는 특별한 사회 혹은 문명화의 전체에 대해 언급하는 것으로 보일 수 있으며, 교회를 포함하거나 혹은 사회의 종교적 혹은 영적 상대로부터 구분된 것으로 보일 수 있다. 이 에세이에서, 우리는 특별히 문화를 주어진 언어와 사회 규범들을 가진 공동체로 생각하고 있는데, 그것은 공동체의 가치들, 행동들, 그리고 실천들을 형성한다.

는 언제나 구체적인 상황 안에서 특정한 형태를 취하고 있다. 본 장은 문화(스스로가 다양한 장소들에서 시간을 넘어서 변화하는)로서의 그리스도의 교회의 다른 문화들과의 교차적이고 구체적인 관여에 대한 내용으로 한 가지 중요한 주장을 포함한다. 그것은 문화로서의 교회는 다른 문화와의 관계에 있어서 다면적이고 역동적이며, 고정적이지 않고, 언제나 특별하며 절대로 추상화될 수 없고, 항상 동시대적이고, 절대로 떨어져 있을 수 없다는 것이다. 마틴 루터에게서 인용한 문구는 그것을 잘 표현하고 있다.

> 만일 당신이 복음을 그 어떤 측면에서도 당신의 시대를 구체적으로 다루는 사안들을 제외한 가운데 설교하고 있다면, 당신은 복음을 전혀 설교하고 있지 않는 것이다.

우리 자신의 시대를 구체적으로 다루는 방식의 복음 설교법을 보기 위해 주님을 보는 것보다 더 나은 것은 없다. 그의 이야기는 우리 자신의 것을 포함하고 있기 때문이다. 우리는 산상수훈에 집중된 주의를 기울이면서 기독교 성경의 분석을 통해 주제에 접근할 것이다. 산상수훈과 그 주변 맥락들에서, 우리는 주 예수의 언급들이 철저하게 그의 시대의 문화를 포용하면서**도** 대면하고 있음을 발견한다.

신-인으로서, 예수는 그 시대의 분이었고 그 시대를 위한 분이었으며, 한편으로 그 시대를 초월하시고 변혁시키셨다. 산상수훈에서 그려진 그리스도의 나라의 공동체로서의 교회는 그 주님으로부터 그 표지를 받아들인다. 바로 문화에 대한 예수의 관여가 다면적인 것처럼, 우리의 것도 그래야만 한다.

이런 틀 안에서, 우리는 교회의 신약성경 이후의 역사에 주목할 것이다. 우리는 우리 주님의 훌륭한 제자들 중 한 사람, 디트리히 본회퍼

(1906-45)에게 특별한 주의를 기울일 것이다. 그는 나치 시대의 독일이라는 대단히 격동적이고 도전적 환경 속에서 산상수훈대로 살고자 시도했다. 문화에 대한 교회의 관련성은 그 역사를 통틀어 분리로부터 변혁으로 이어지는 연속체에 걸친 모델로 드라마틱하게 다른 방식들에서 이해되어 왔다. 우리는 본회퍼에게서 그리고 그가 그린 기독교 공동체에서 예증된 다양한 모델들을 발견한다. 우리는 문화 바깥에는 교회가 없다는 것을 볼 것이다. 그러나 삼위일체 하나님의 종말론적 나라의 교회 바깥 거기에는 어떠한 궁극적인 문화의 구원도 없다.

2. 그리스도와 문화, 팔복, 본회퍼, 그리고 그를 넘어서

아래에 이어지는 글에서, 우리는 H. 리처드 니버(H. Richard Niebuhr)의 『그리스도와 문화』(*Christ and Culture*)에 나오는 다섯 가지 유형에 따라 신호를 취하면서 다양한 모델들을 조사하게 될 것이다.[2]

① 문화의 그리스도.
② 문화에 반하는 그리스도.
③ 역설 관계에 있는 그리스도와 문화.
④ 문화 위의 그리스도.
⑤ 문화를 변혁시키는 그리스도.

우리는 그것이 널리 통용되고 있기에, 니버의 형태들을 사용할 것이

---

[2] H. Richard Niebuhr, *Christ and Culture* (New York: Harper and Brothers, 1951).

다.³ 우리는 이들 유형들에 대한 니버의 순서, 묘사, 평가, 그리고 설명을 맹종하는 방식으로 따르지는 않고자 한다. 각 유형은 유용한 목적들에 기여하고 있으며, 다른 문화에 관여하는 것에 관한 교회의 대단히 중요한 틀의 일부로서 역할을 갖고 있다.

긍정적인 틀로, 예수는 다섯 유형 각각을 예증한다. 예수는 주인공으로서 문화에 **긍정하시는 분**이며, 적대자로서는 문화에 **반하는 분**이다. 또한 신이자 인간인 이중적인 분으로서는 문화에 대한 하나님의 "예"이자 "아니오" 이시며, 위대한 **종합자**로서는 문화 위에 계신 분이시고, 궁극적인 변혁주의자로서는 문화를 결정적으로 **변혁시키시는 분**이시다. 그러한 예증을 받아들이고, 문화에 개입하는 교회의 목적은 단도직입적으로, 하나의 그리스도 중심의 문화적 대면자에 관한 것이다. 그러나 이 목표가 나타내는 것은 단순한 형태의 참여에 저항한다. 본회퍼와 그의 저술은 문화적 상황에 대처하는 데 있어서 모든 기독교 공동체와 모든 신학자가 요구하는 다면적 지향성을 예증한다.

한편으로, 본회퍼는 쓰고 있다.

"**현재**는 현 시대가 그리스도 앞에서 그 요구를 말하는 자리가 아니라,

---

3 세기를 통틀어 문화에 대한 그리스도의 관계에 대한 다른 도움이 될 만한 연구에 대해서는 다음 저작들을 보라. Robert Webber, *The Secular Saint: A Case for Evangelical Social Responsibility* (Eugene: Wipf & Stock, 2004); Jaroslav Pelikan, J*esus through the Centuries: His Place in the History of Culture, with a new preface by the author* (New Haven: Yale University Press, 1999). 후자의 저작은 다양한 시기에 걸친 문화에 대한 그리스도의 영향을 보여 준다. 그리스도의 각 연대의 지배적인 인상은 여기에서 그 특별한 시기를 보는 렌즈를 제공한다. H. Richard Niebuhr의 패러다임에 대한 두가지 중요한 비판들이 있다: Glen Stassen, D. M. Yeager, and John Howard Yoder, "How H. Richard Niebuhr Reasoned: A Critique of Christ and Culture," in *Authentic Transformation: A New Vision of Christ and Culture* (Nashville: Abingdon, 1996); 그리고 Craig A. Carter, *Rethinking Christ and Culture: A Post-Christendom Perspective* (Grand Rapids: Brazos, 2007).

현재의 시기가 그리스도의 요구 앞에 서 있는 자리이다."[4]

다른 한편으로, 그는 이렇게 요구한다.

"세상에 대한 교회의 말씀은… 그것이 권위를 가지려면, 세상의 가장 깊은 지식으로부터 모든 그 현재적 실재 안에서 세상과 만나야만 한다."[5]

언급되어야 할 보다 많은 것이 있지만, 이 도입적 언급들은 우리가 자신을 위해 일해 왔음을 시사한다. 이 과업의 산과 씨름을 하기 위한 도움을 위해 성경 그리고 주님 자신이 그의 가장 긴 그리고 대부분의 유명한 설교들 중에서 말씀하셨던 것보다도 먼저 향해야 할 더 좋은 곳은 산상수훈이다.

1) 문화의 그리스도 - 주인공으로서의 그리스도

예수님의 일반 교서라 할 수 있는 산상수훈은 성령으로 마태가 예수께서 세례를 받으신 것에 대해 논의한 끝자락에서 나온다. 성령이 아버지로부터 비둘기처럼 강림하셔서(마 3:13-17), 예수를 마귀에게 시험받도록 하시려고 광야로 이끌어 가신다(마 4:1). 그리고 예수께서 공적 사역을 시작하도록 능력을 부여하신다(마 4:17). 마태는 사람들을 위한 주님의 급진적 간섭에 대한 요약된 진술을 제시한다.

> 예수께서 온 갈릴리에 두루 다니사 그들의 회당에서 가르치시며 천국 복음을 전파하시며 백성 중의 모든 병과 모든 약한 것을 고치시니 그의 소

---

[4] Dietrich Bonhoeffer, *No Rusty Swords*, edited and with an introduction by Edwin H. Robertson et al. (London: Collins, 1970), 306.

[5] Dietrich Bonhoeffer; 다음 책에서 인용 Larry Rasmussen, *Dietrich Bonhoeffer: Reality and Resistance* (Nashville: Abingdon, 1972), 25.

문이 온 수리아에 퍼진지라 사람들이 모든 앓는 자 곧 각종 병에 걸려서 고통 당하는 자, 귀신 들린 자, 간질하는 자, 중풍병자들을 데려오니 그들을 고치시더라 갈릴리와 데가볼리와 예루살렘과 유대와 요단 강 건너편에서 수많은 무리가 따르니라(마 4:23-25).

백성들은 예수와 그의 제자들의 무리에 끌렸다(마 5:1-2). 그가 심오하게 말씀하시고 그들의 구체적 상황에 적합하게 구속적으로 행동하셨기 때문이다. 그들은 그에게로 몰려갔고 그를 경외했는데, 이는 그가 그들의 종교 지도자들과는 달리(마 7:29) 권위 있게 말씀하시고(마 7:28-29), 행동하셨기 때문이다(마 8-9장을 보라).

다른 말로, 예수는 "관계적"이었다. 우리는 이 말의 의미를 설명하기 위해 후에 다시 살펴볼 것이다. 잠시 동안은, 예수께서 그 시대의 사람임을 언급하는 것으로 충분하다. 그는 사람들로부터 나왔고 사람들을 위해 나왔다. 니버의 범주를 활용하기 위해, 우리는 여기서 주님께서 문화의 관여에 대한 "문화의 그리스도" 모델을 예증하신다고 말할 수 있다.

종종, 이 문구는 마치 문제의 사람이나 그룹이 문화적 연관을 위해 성경적 확신들을 손상시켜 왔다는 듯한 부정적 의미로 받아들여진다. 우리는 뒤에서 이 현상에 대해 역사적으로 짧게나마 논의할 것이다. 그러나 그 전에, 만일 우리가 문화의 사람이 아니라면, 성경적 신앙에 대해서도 손상시키고 있음을 강조하는 것이 중요하다.

영원한 말씀이 기록된 말씀과 성령에 의지하여 피조된, 세상적인 한계에 적응하심으로 피조물을 썩어지고 파괴될 그 타락으로부터 구속하기 위해 천상의 안전을 떠났기 때문이다. 예수는 오로지 우리의 구체적인 문화적 정황 내에서 우리와 하나가 되시므로만 인성으로 변형될 수 있다. 나지안주스의 그레고리(Gregory of Nazianzus)가 말했듯, "성육신이 없

이는 치유도 없다"(the unassumed is the unhealed).⁶

본회퍼의 삶은 주님의 성육신적 지향성을 증언한다. 본회퍼는 참으로 그의 시대의 사람이었으며, 독일에 대한 충성이 매우 깊었기에, 그가 큰 희생을 감내하고자 하였다. 히틀러의 통치 시기 동안, 본회퍼는 교회와 그 지도자들에 대한 거대한 압박을 피하려고 미국에 남아 있을 수도 있었다. 그러나 그는 사람들과 함께 독일로 되돌아가기를 결정했으며, 그는 그가 백성들에게 닥친 비극을 감내하지 않는다면, 전쟁이 끝난 후 재건의 노력들에서 함께 섬길 수도 없을 것이라고 말했다. 이것은 긍정적 의미에서 "문화의" 사람이 된다는 것이다.

그러나 소위 "독일 그리스도인들"(German Christians)은 "문화의" 것이 되는 것에 대한 부정적 의미를 전형화한다. 그들은 예수의 복음으로부터 떨어져서 그리고 거기에서 벗어나서 아리우스의 복음을 선포하는 그리고 그렇게 총통(주[Lord]가 된 히틀러)이자 그의 제삼(천년)제국(왕국)에 봉사하는 교회 지도자들이었다. 이러한 굴복에 대한 항의로 씌여진 바르멘 선언(Barmen Declaration)은 아리우스의 복음에 대해 다음과 같이 비난한다.

> 마치 교회가 그 선언의 원천으로 인정할 수 있고 인정해야만 할것 처럼, 이 하나의 하나님의 말씀으로부터 떨어지고 벗어난, 하나님의 계시와 전혀 다른 사건이자 권세인, 형상이자 진리인 잘못된 교리를 우리는 거부한다….
>
> 마치 우리가 예수 그리스도에게 속하지 않고 다른 주인들에게 속한 것 같

---

6 Gregory of Nazianzus, Epistle 101, "To Cledonios," in *Patrologia Græca*, vol. XXXVII, col. 181C; 다음에서 인용됨. Erwin Fahlbusch and Geoffrey William Bromiley, eds., *The Encyclopedia of Christianity* (Grand Rapids: Eerdmans, 2005), s. v. "Salvation, The Orthodox Tradition," by Dan-Ilie Ciobotea.

은 우리의 삶의 영역들이 있는 것처럼—우리가 그를 통해 칭의와 성화를 필요로 하지 않게 될 장소가 있기라도 한 것 같은 잘못된 교리를 우리는 거부한다.[7]

이들 독일 그리스도인들은 우리에게 "문화의 그리스도" 모델의 부정적인 예를 제공해 준다. 시대 정신을 따르면서, 그들은 나사렛 예수의 복음에 대한 그들의 증거를 공적 영역에서의 권력과 타협했다. 그 결과는 그들이 성령의 능력 안에서 복음의 선포를 하는 데 실패했다는 것이었다.

(우리가 속한) 북미의 근본주의적-복음주의교회도 마찬가지다. 그들 역시 자유주의 적대자처럼, 그리스도의 나라의 복음을 미국의 힘이라는 복음과 바꾸려 한다. 미국 감리교 감독인 윌리엄 윌리몬(William Willimon)은 제리 파웰(Jerry Falwell), 팻 로버트슨(Pat Robertson), 종교적 우파, 그리고 종교적 좌파와 관련해서 주장한다.

> 팻 로버트슨은 제시 잭슨(Jesse Jackson)이 되었다. 90년대의 랜댈 테리(Randall Terry)는 60년대의 빌 코핀(Bill Coffin)이다. 그리고 평균적인 미국인들은 인간의 갈망이나 도덕적 일탈에 대해 법 제도 바깥에서 대답할 줄을 알지 못한다.
>
> 다시금, 나는 알아야 하겠다. 우리는 전형적인 종교적 우파가 백악관에 초청받기 전에 이 놀이를 했다. 얼마 전 나는 제리 팔웰의 얼굴을 보고 나는 그가 60년대의 감리교도처럼 말하는 것 이외에는 아무 것도 반대하지 않는다고 말했다. 제리는 즐거워하지 않았다.[8]

---

[7] Karl Barth, "The Barmen Declaration"; 다음 책에서 인용. Arthur C. Cochrane, *The Church's Confession under Hitler* (Philadelphia: Westminster Press, 1962), 239-40.

[8] William H. Willimon, "Been There, Preached That: Today's Conservatives Sound like yes-

많은 보수주의자들과 자유주의자들은 십자가의 능력이라는 관점에서 교회의 증거를 확인하는 일을 놓쳐 왔다. 너무 자주, 우리는 마치 그것이 그리스도의 십자가와 부활을 통한 죄인들의 칭의와 그의 약속된 재림이 아니라 우리를 지금 여기에서 구원하기라도 하는 양, 우리의 신뢰를 이러저러한 도덕성을 합법화시키는 데 둔다.

"관계적이" 되는 것은 우리가 문화가 복음을 매력적으로 보이게 만들도록 하는 것을 수반하는 것이 당연히 아니다. 복음은 스스로 관계성을 창조해 낸다. 예수의 제자들은 물건을 판매하는 자들이 아니다. 그들은 하나님 나라를 증언하고 있는 증거자들이며, 그의 부요하심으로부터 주고받는 그의 백성으로서 왕의 삶에 참여하고 있는 이들이다. 복음을 의미 있게 소통한다는 의미에서 문화에 대해 관계를 갖는 것이 중요한 반면, "하나님은 문화와 관계를 가지시는가?"라는 질문에 대한 대답보다 더 중요한 것은 다음과 같은 질문에 대한 대답이다.

> 교회와 주변을 둘러싸고 있는 문화는 삼위일체 하나님, 즉 지금 여기에서 그 종말론적 나라의 문화인 교회에 참여하도록, 사회 안에 사시면서, 개입하고 그리고 초청하시는 그분과 관련이 있는가?

교회는 예수께서 성령의 능력 안에서 선포하시고 구현하신 삼위일체 하나님의 종말론적 나라에 의해 맨 처음이자 우선적으로 형성된 문화 공동체가 되도록 부름받았다. 삼위일체적이고 종말론적인 형성은 의심할 바 없이 교회를 하나님과 관계 맺도록 만들며 또한 의심의 여지없이 (경우에 따라서) 교회를 전 세상과 갈등하도록 이끌어 갈 것이다.

---

terday's Liberals," *Leadership: A Practical Journal for Church Leaders* 16, no. 4 (Fall 1995): 76.

사실, 하나님의 관점을 지닌 채 구속적 방식으로 주변을 둘러 싼 사회와 반대로 가는 것은 교회를 자신을 둘러싼 세상에 대해 가장 관계적으로 구별된 문화로 만들 것이다. 왜냐하면 교회는 자신들이 가장 들을 필요가 있는 것의 관점으로 주변 문화에 도전할 것이기 때문이다.

2) 문화에 반하는 그리스도 - 적대자로서의 그리스도

예수는 자신이 사셨던 주변 문화와 동일시하신 한편, 그는 또한 하나님 나라의 실재라는 관점에서 그것과 정면으로 맞섰다. 예수는 율법주의자들이 의를 뽐내면서도 행하지는 않고, 영성을 자랑하면서도, 자신들의 부과 기준에 부합하지 않는 자들을 배척하던 당시의 지배 종교 구조와 맞섰다. 마태복음 6:1-8의 본문에서, 예수는 그러한 위선과 대면하신다. 이 영적 지도자들은 종교적이기는 했지만, 인간 중심적이어서, 하나님의 영광이 아니라 인간의 영광을 추구했다(마 6:2, 5). 요한은 자신의 복음서에서 분명히 밝힌 대로, 예수님은 이러한 종교지도자들과 달리 인간의 영광이 아니라 하나님의 영광을 추구하셨다고 했다(요 2:24-25; 5:41-44을 보라).

주님께서 이 위선자들에 대해 "생명으로 인도하는 문은 좁고 길이 협착하여 찾는 이가 적음이라"는 이유로 좁은 문으로 들어갈 것을 촉구하는 내용으로 말씀을 시작하신 것은 흥미로운 일이다(마 7:14). 예수의 제자들이 주님께서 그들에게 말했던 것에 압도되었다는 것은 의심의 여지가 없다.

> 내가 너희에게 이르노니, 너희 의가 서기관과 바리새인보다 더 낫지 못하면 결코 천국에 들어가지 못하리라(마 5:20).

도덕 종교가 실제로 예수께서 체현하시고 옹호하신 영성보다 더 많이 요구한다고 생각하는 이는 생각을 바꾸어야만 할 것이다. 바리새인들의 의를 넘어서는 의를 갈구하는 이들은 하나님 앞에서 자신의 무너져 있는 모습과 파산 상태를 느끼게 될 것이다.[9] 예수께서는 우리가 스스로를 의롭게 하는 시도를 포기함으로써 우리가 정말로 생명으로 살도록 요구하신다. 팔복의 첫 번째는 분명히 "심령이 가난한 자는 복이 있나니 천국이 그들의 것임이요"(마 5:3)라고 말씀한다.

이처럼 심령이 가난한 것은 성령께서 우리의 삶 속에서 역사하신 결과이다. 성령께서 그리스도를 광야로 이끄시고 시험을 받게 하시며 자기부인을 받아들이게 하셨듯, 우리를 우리 삶의 끝자락으로, 그리고 계속해서 하나님 나라의 참여자로 데려가신다. 하나님 나라가 동터 오르고 우리 안에 거할 때, 우리는 의로운 행위를 수행한다. 그러나 반대편은 그렇지 못하다. 나쁜 나무가 좋은 열매를 맺을 수 없기 때문이다(마 7:16-20).

인간의 능력은 인간의 마음의 변화에 관한 한 아무 것도 할 수 없다. 오직 하나님께서만 이 일을 하실 수 있다. 그리고 그 일에는 큰 희생이 따른다. 그것은 삼위 하나님과 그의 아들이라는 값을 치렀고, 그것은 마찬가지로 우리의 종국으로 우리를 취해 가면서 우리의 삶의 값도 요구한다.

우리는 본회퍼 스스로가 루터에 대한 그의 묘사에서 설명해 내듯 우리 자신에 대해 죽어야만 하며, 우리의 생명과 의를 위해 그리스도에게 전적으로 의지해야만 한다. 본회퍼에 따르면, 루터는 그의 경건만 빼고 아무것도 없이 수도원으로 갔다. 그러나 경건은 정당화될 수 없다. 하나님

---

[9] John R. W. Stott는 산상수훈의 메시지에서 "영적 파산"으로 심령의 가난을 이야기한다(마 5-7장), *The Bible Speaks Today*, ed. J. A. Moyer and John R. W. Stott (Downers Grove: InterVarsity, 1978), 39.

은 심지어 그의 헌신조차도 벗겨내셔야만 했다.[10] 은총은 그것이 우리를 어디로 끌고 가든 상관없이, 우리 자신의 끝으로 그리고 그리스도에 대한 순종의 끝으로 우리를 취해 간다.

본회퍼의 루터는 은혜를 위해 싸웠는데, 값싼 것으로서가 아니라 비싼 것으로였다.[11] 은혜는 우리의 삶의 값을 요구하는 반면, 행위 구원은 우리에게 손을 대지 않는다. 행위 구원은 대단히 다른 말처럼 들리며 동시에 세속적인 것이다. 그것은 "성도"를 단순한 기독교 그리고 "제자도의 겸손한 사역"과 분리시키며, "자기부인의 제자도를 파렴치한 종교적 자기확신"으로 바꾼다.[12]

"세상으로부터 도피하고자 하는 수도사의 시도는 세상을 향한 사랑의 미묘한 형태로 드러났다."[13]

그러나 단지 위선적인 자기확신만이 세속적인 것은 아니다. 가장 값싼 가격으로 은혜를 얻으려는 시도 또한 세속적이다. 하나님의 은혜는 우리에게 날마다의 존재 그리고 우리의 생명의 값을 치를 것이다.[14] 마태복음 5:3(심령이 가난한 자)을 주석하면서, 본회퍼는 쓰고 있다.

> 그들은 **말할 것도 없이**(*tout court*) "가난한" 이들이다(눅 6:20). 그들은 그들 자신의 것이라고 부를 안전도, 소유도 갖지 않았고, 심지어 그들의 집이라고 부를 발 딛을 곳도 없고, 그들의 절대적 충성을 주장할 지상의 사회도 없다. 그뿐 아니라, 그들은 그들에게 위안과 안전을 제공할 어떠한 영

---

10 Dietrich Bonhoeffer, *The Cost of Discipleship*, 2nd ed. (New York: Macmillan, 1959), 50–51.
11 Ibid., 50–53.
12 Ibid., 50–51.
13 Ibid., 51.
14 Ibid., 52–53.

적 권세도, 경험과 지식도 없다. 그분을 위해 그들은 모든 것을 잃었다. 그를 따르면서 그들은 심지어 그들 자신소차 잃었으며, 그들을 부요하게 만들어 줄 수 있는 모든 것을 잃었다. 이제 그들은 가난한 자들이다. 그토록 경험도 없으며, 그토록 어리석어서, 그들은 그들을 부르는 그밖에는 어떠한 다른 소망도 없다.[15]

본회퍼에게는, 가난과 부요는 그 자체 안에서 그리고 그것 스스로가 목적이 아니다. 오히려,

모든 것은 오직 믿음에만 의존하고 있다.… 부와 이 세상 재산을 소유한 채, 그리스도를 믿는 것은 가능하여, 어떤 이는 그것을 소유하지 않은 사람처럼, 이 재산을 가질 수도 있다.[16]

본회퍼에게 있어서는, 그러한 자기포기의 믿음은 종말론적 요소를 가진다.

오로지 우리가 진지한 갈망으로 그리스도의 임박한 재림을 기다리는 한도 내에서의 우리의 능력 안에서만 이것은 그리스도의 생명의 궁극적 가능성이다.[17]

본회퍼는 예수의 제자들 (옛 그리고 새로운) 그리고 부와 영향력의 체계

---

[15] Ibid., 120.
[16] Ibid., 90–91.
[17] Ibid., 91.

사이의 구분에 대해 말하고 있다.

> 예수는, 위대함과 명성을 즐기고 있으면서 그 발을 굳건하게 땅에 딛고 있던 사람들의 문화와 경건 안에 깊게 뿌리내린 채, 시대 정신에 의해 틀이 짜여진 국가 종교 대표자이자 설교자에 대한 모든 것을 알고 있었다.[18]

"시대 정신에 의해 틀이 형성된" 교회는 절대로 자유의 영이신 메시아 시대의 영에 의해 인도될 수 없다. 또한 그렇게 형성된 이들에게 자유의 소망을 제시할 수도 없다. 칼 바르트는 만일 교회가 자유롭게 남아 있고자 한다면, 그것은 국가로부터 권리와 인정을 절대로 요구해서는 안 된다고 쓰고 있다.

> 교회가 대중의 인정을 받고자 하는 그 요구를 위해 싸우러 그 정치적 투쟁 장수로 들어갈 때마다, 그것은 언제나 국가의 특별한 복적을 이해하는 데 실패했던, 파렴치하며 영적으로 자유롭지 못한 교회였다.[19]

그것은 스스로가 그리스도의 모든 것을 아우르는 요구와 관심을 가져야만 한다. 오로지 그렇게 하고 나서야 그것은 이 썩어가고 어두워져 가는 세상에 소망을 제공해 줄 수 있다. 교회의 희망은 그와 같은 이 세상 안에 있지 않으며, 이 세상 안에서 삼위일체 하나님의 종말론적 나라의 깨치고 들어옴 안에 있다. 삼위일체 하나님의 종말론적 나라에 대한 참된

---

[18] Ibid., 120.
[19] Karl Barth, "The Christian Community and the Civil Community," in *Against the Stream: Shorter Post-War Writings*, 1946–1952, ed. R. G. Smith, trans. E. M. Delacour and S. Godman (London: SCM, 1954), 31.

증언자로서, 교회는 세상을 향해 소망을 제공한다.

본회퍼는 그리스도의 다스리심과 다시 오심에 의해 세상으로부터 불려 나온, 세상을 위한 중재자적 백성들로 교회에 대해 이야기한다.

> 가난과 고통, 굶주림과 목마름 한 가운데에서, 그들은 온유하고, 자비로운 평화를 만드는 이들이었고, 비록 세상이 지속되는 것이 허용될 수 있던 것이 바로 그들로 인한 것이었고 세상을 하나님의 분노와 심판으로부터 보호했던 것이 바로 그들이었지만, 그들은 세상으로부터 박해와 조소를 받았다.
>
> 그들은 세상에서 이방인이며 나그네이다(히 11:13; 13:14; 벧전 2:11). 그들은 위에 있는 일들을 찾으며, 땅위에 있는 일들을 찾지 않는다(골 3:2). 그들의 참된 삶은 아직 확실히 만들어지지 않았고, 하나님 안에서 그리스도와 더불어 숨겨져 있기 때문이다. 여기에서 그들은 그들이 되어야 할 것에 대한 반추 이외에는 보질 않는다.
>
> 여기에서 볼 수 있는 모든 것은 그들의 죽음이며, 그들이 늙은이가 되기까지 비밀스런 날마다의 죽음이며, 그리고 세상 앞에서 그들의 선언된 죽음이다. 그들은 여전히 그들 자신들로부터 숨겨져 있으며, 그들의 왼쪽 손은 그들의 오른손이 하는 것을 알지 못한다. 비록 그들은 볼 수 있는 사회이지만, 그들은 오직 그들의 주님만을 바라보면서, 언제나 심지어 그들 자신에게도 알려지지 않았다. 그분은 하늘에 계시며, 그들의 생명은 그와 더불어 있고, 그들은 그를 기다린다. 그러나 그들의 생명이신 그리스도께서 드러나실 때에는, 그들은 영광 안에서 그와 함께 드러나게 될 것이다 (골 3:4).[20]

---

[20] Bonhoeffer, *Cost of Discipleship*, 303-4.

교회는 하나님의 심판과 분노로부터 구원받은 세상을 향한 소망을 제공해 주는 첫 번째 열매의 종류이다. 이어지는 토론은 예수와 그의 제자 본회퍼가, 그리고 참된 신실한 그리스도인 공동체들이 단지 양극, 즉 "문화의 그리스도" 혹은 "문화에 반하는 그리스도"와 동일시 될 수 없음을 증명한다. 그들의 관여(engagement)의 의미는 아주 매우 복잡하다. 그들의 예를 통해 볼 때, 현대교회는, 그것의 위치에 상관없이, 대체로 다면적 방식으로 사회에 관여하여야 한다.

불행하게도, 우리 자신의 문화 유산, 즉 투쟁적인 근본주의적 복음주의적 운동은 종종 복합성의 필요를 인식하지 못한다. 그것의 적대적 지향성(adversarial orientation)은 교회의 매개적 증거를 통한 그 사회 자신의 구속 대신 대체로 예수와 본훼퍼의 구속적 대항문화적 관여를 반추하는 데 실패한다. 종교적 좌파에 대해서도 똑같이 말할 수 있다.

문화 전쟁의 수사학의 소리로 인해, 누군가는 예수께서 자유주의적이거나 혹은 보수주의적인, 즉 누군가의 당파에 의존하는 정치적 관점으로부터 구원하러 오셨다고 믿는 것으로 이끌려질 수도 있다!

3) 그리스도 그리고 문화적 스펙트럼에 대한 과도기적 언급

우리가 제안한 바와 같이, 니버의 모델 각각은 장점을 가지고 있다. 그들 모두가 복음 안에 어느 정도 반영되어 있기 때문이다. 지금까지 길게 언급한 두 가지, 즉 문화의 주인공으로서의 그리스도와 문화의 적대자로서의 그리스도 상호 간에 균형을 맞추지 못할 때 극단적이 된다. 예수와 본회퍼의 삶은 우리가 다양한 시간과 공간에서의 문화적 관여에 관한 다양한 모델들을 구체화시킨 진리를 묘사한다.

니버의 남아 있는 모델들, 즉 이중적 모델, 종합주의 모델, 그리고 변혁 자 모델은 주인공 관점과 적대자 관점 사이의 스팩트럼에 위치한다. 유사하게, 그들은 "지금" 그리고 "아직 아닌"의 종말론적 극단 사이의 어디엔가 위치한다. 제프리 웨인라이트(Geoffrey Wainwright)는 적대자의 입장에 설 때, 우리는 "아직 아닌"의, 아마도 심지어 "절대로 아닌"의 종말론을 발견한다고 주장한다.[21] 그리고 주인공의 입장에 설 때, "아직 아닌"을 압도하는 "지금"을 발견한다고 주장한다.[22]

웨인라이트에 따르면, 두 유형의 영성 모두 "종말론적 관점에는 많이 부족하다. 어느 것도 하나님 나라를 얻거나 그것을 우선적으로 추구할 수 없다."[23] 우리가 성경 이야기를 완전히 설명하기 위해서는 '지금, 그러나 아직'이라는 양 극단 사이의 변증법이 필요하다.

이 "지금-그리고-아직 아닌"의 패턴은 산상수훈의 시작 부분에서 발견된다. 현재형 시제의 서술 혹은 처방은 미래의 실현과 보상의 약속에 뒤따라 온다.

어떻게 마태복음 5:3-10의 각 복이 시작되는지 주목해 보라.

① 심령이 가난한 자는 복이 있다.
② …애통해 하는 이들은.
③ …온유한 자는.
④ …의에 굶주리고 목마른 자는.
⑤ …긍휼히 여기는 자는.

---

21 Geoffrey Wainwright, "Types of Spirituality," in *The Study of Spirituality*, ed. Cheslyn Jones, Geoffrey Wainwright, and Edward Yarnold, SJ (New York: Oxford University Press, 1986), 595.
22 Ibid., 596.
23 Ibid., 597–98.

⑥ … 마음이 정결한 자는.
⑦ … 화평케 하는 자들은.
⑧ … 의로 인해 핍박받는 자들은.

각 복은 그러한 미래적 축복들의 약속을 세워 준다.

① 천국이 그들의 것이다.
② 그들은 위안을 받을 것이다.
③ 그들은 땅을 유업으로 받을 것이다.
④ 그들은 채움을 받을 것이다.
⑤ 그들에게는 긍휼히 여김을 받을 것이다.
⑥ 그들은 하나님을 볼 것이다.
⑦ 그들은 하나님의 아들이라 일컬음을 받을 것이다.
⑧ 천국이 그들의 것이다.

이러한 종류의 사람들, 즉 심령에 그리스도의 가난을 가진 자이자 핍박받는 공동체는 복 있는 자이다. 왜냐하면 그들은 축복을 받을 것이기 때문이다. 그들은 예수와 예언자들의 발걸음을 따른다. 그리고 다가오게 될 그 나라에 참여하게 될 것이다(마 5:11-12).

예수는 산상수훈에서 그의 제자들의 공동체에게 삼위일체 하나님의 종말론적 공동체가 어떻게 보일 것인지를 서술하면서, 그 가치들이 무엇인지 그리고 그것이 예수의 위임과 선교를 어떻게 살아가는지를 말한다(마 5:1-2을 보라).

오늘날 교회는 현재에서 예수의 공동체로서 산상수훈으로 살도록 부름받는다. 우리가 선포하기를 추구하는 메시지는 마음, 말, 그리고 행동으로 전하는 심판과 소망의 메시지이다. 그것은 문화를 위한 그리고 문화에 반하는 메시지이며, 십자가와 부활을 설명한다. 문화의 그리스도의 방향은 그 자체로, 십자가의 심판을 설명하지 않는다. 문화에 반하는 그리스도의 방향은, 그 자체로, 부활의 변혁적 사역을 설명하지 않는다. 뒤에 이어지는 세 가지 모델들은 중개적 가능성들을 제공한다.

4) 역설적 관계에 있는 그리스도와 문화 – 이원론자로서의 그리스도

이원론자의 입장은 누군가에게 이해하기 가장 어려운 것이다. 왜냐하면 그것은 역설적이기 때문이다. 니버는 이원론자의 입장을 다음과 같이 기술한다.

> 이원론자는 인간의 문화 전체는 무신론적이고 죽음에 이르도록 병들어 있다고 선언한다는 점에서 급진적인 그리스도인들과 함께한다. 그러나 그들 사이에는 이런 차이가 있다. 이원론자는 그가 그 문화에 속해서 거기로부터 빠져 나올 수 없다는 것을, 하나님께서 실제로 그를 그 안에서 그리고 그에 의해 그를 살아가게 하신다는 것을 안다. 왜냐하면 하나님께서 죄 가운에 있는 세상을 그의 은혜로 살도록 하지 않으셨다면, 그것은 한 순간도 존재할 수 없을 것이기 때문이다.[24]

루터는 그리스도인의 삶을 역설적 의미에서 말했다. 신자들은 동시적으로 그리고 그들의 삶을 관통해서 완전히 의로우면서도 완전히 죄인이

---

[24] Niebuhr, *Christ and Culture*, 156.

다.[25] 우리는 또한 국가와 교회의 관계에 대한 루터의 시각 안에서 역설을 발견한다.

> 두 왕국이 있다. 하나는 하나님의 왕국이요, 다른 하나는 세상 왕국이다.… 하나님의 왕국은 은총과 자비의 왕국이며, 분노와 징벌의 왕국이 아니다. 그 안에는 오로지 용서, 서로에 대한 배려, 사랑, 섬김, 선생, 평화, 기쁨 등등 만이 있을 뿐이다. 그러나 세상 왕국은 분노와 혹독함의 왕국이다. 그 안에는 오로지 징벌, 억압, 심판, 그리고 악한 자를 억제하고 선한 자를 보호하는 비난만이 있을 뿐이다.… 이제 이들 두 왕국들을 혼동하는 이들은 (우리의 잘못된 광신도들이 그러하지만) 분노를 하나님의 왕국으로 넣게 될 것이며, 자비를 세상의 왕국으로 넣게 될 것이다. 그리고 그것은 악마를 천국으로 보내고 하나님을 지옥으로 보내는 것과 똑같은 일이다.[26]

니버는 그러한 구분이 분리는 아니라고 주장한다. 하나님의 왕국과 세상 왕국은 "밀접하게 연관되어 있다. 그리스도인들은 이중적 충성과 의무를 가진 분리된 영혼으로서가 아니라 양쪽을 한 분이신 자비하시며 분

---

[25] 루터는 "그리스도인은 의인이자 동시에 죄인이며, 거룩하며 속되고, 하나님의 적이자 하나님의 자녀이다. 어떤 궤변론자도 이 역설을 받아들일 수 없을 것이다. 왜냐하면 그들은 칭의의 참된 의미를 이해하지 않기 때문이다"라고 쓴다. Martin Luther, *Luther's Works*, vol. 26, Lectures on Galatians, 1535, chapters 1–4, ed. Jaroslav Pelikan (Saint Louis: Concordia Publishing House, 1963), 232–33.

[26] Martin Luther, "An Open Letter on the Harsh Book against the Peasants," in *Luther's Works*, vol. 46, The Christian in Society, ed. Robert C. Schultz (Philadelphia: Fortress, 1967), 69–70. 또한 "중심이신 그리스도" 안에서의 그리스도, 교회 그리고 국가의 관계에 대한 본회퍼의 변증법적 서술을 보라. D. Bonhoeffer, *Christ the Center*, trans. Edwin H. Robertson (San Francisco: Harper, 1978), 63–64.

노하시는 하나님에 대한 단일한 충성 행위 안에서 확언해야만 한다."[27]

우리가 루터를 어떻게 읽느냐에 상관없이, 많은 루터교인들은 히틀러 시대에 이중 왕국이라는 논제가 그들에게는 교회의 영역에서는 그리스도를 국가의 영역에서 히틀러에게 순종하는 것을 의미했다고 주장했다.

로마서 13장의 루터의 번역에 대한 바르트의 반대는 이 초점에 연관되어 있다. 바르트는 다음과 같이 말한다.

> 루터의 번역은 '**지배를 받는 것**'을 말한다고 주장한다. 그것은 여기서 의미하는 것과는 위험스럽게 다른 무엇인가이다. 이 지시가 의미하는 마지막 것은 기독교 공동체와 그리스도인들이 시민 공동체 그리고 그 관리들에게 가장 맹목적인 가능한 순종을 제공해야 한다는 것이었다.[28]

바르트는 교회는 국가의 영역에서 그리스도에게 스스로 지배를 받을 수 있다고 주장한다. 그리스도의 왕국은 교회와 세속 영역 양쪽을 포괄하기 때문이다. 그렇다면 교회도 국가도 자신 안에서 목적이 되지 않는다. 따라서 교회는 맹목적 순종으로 국가에게 스스로 지배받지 않아야만 한다.[29] 교회와 국가 양쪽은 그 나라의 도구들이다. 그리고 그들은 서로에게 오로지 그 한 왕국에 대한 그들 각각의 섬김 안에서만 서로에게 순복한다.

오늘날 근본주의적 복음주의자들과 자유주의자들 중에 있는 이원론자들은 그 일에 있어서 종종 교회와 국가가 그리스도에게 상호 간에 순종

---

[27] Niebuhr, *Christ and Culture*, 172.
[28] Karl Barth, "The Christian Community and the Civil Community," 24.
[29] 다음을 보라. ibid., 29.

하는 것으로서 인정하는 데 실패한다.[30]

앞서 우리는 많은 보수주의자들과 자유주의자들이 십자가의 능력의 의미에서 교회의 증거를 확인하는 데 실패해 왔다고 언급했었다. 근본주의적 복음주의자들과 자유주의자들의 측면에서의 그러한 운동들은 교회론과 종말론에 대한 부적절한 주목과 결속되어 있다. 양편의 운동들은 종종 믿음을 사회적이고 교회론적인 의미에서 이해하기보다 개인주의화하는 경향이 있다.

H. 리처드 니버(H. Richard Niebuhr)의 형제에 대한 신시아 모이-로베다(Cynthia Moe-Lobeda)의 비판은 마찬가지로 근본주의적 복음주의자에 반대해서 이루어질 수 있다. 모이 로베다는 자유주의 그리고 라인홀트 니버는 두 충돌하는 요구들을 포용하고 있다고 언급한다.

① "하나님과의 인격적 관계"는 "믿음의 중요한 주제"이다.
② "하나님과의 인격적 관계"는 그리스도인들의 정치적 그리고 공적 삶의 "중심 주제가 **아니다**."

이들 두 충돌하는 요구들은 다음과 같다.

> 자유주의 유산의 신학적 인간론을 반영한다.… 이 인간론은 개인이 하나님과의 관계에서 일차적인 인간 단위라고 생각했던 라인홀트 니버의 저작 안에서 분명히 보여진다. 나는 비록 사회적 존재이기는 하나 하나님 앞에서 개인으로 선다. 그 결과는 믿음이 제공하는 도덕 지식과 규범이

---

30 우리는 여기에서 근본주의자라는 용어를 모든 복음주의자들이 문화에 대한 그들의 관여에 있어서 근본주의적인 것은 아니라는 의미로 한정지어 사용한다.

사회적 그룹들에 의해서보다 개인들에 의해 이해되고 시행되는 공적-개인적 이분법이나.[31]

종교적 우파와 종교적 좌파 양쪽은 종종 교회보다도 개인을 기독교의 정치적 그리고 공적 삶을 위한 일차적 인간 단위로 만든다. 오늘날 많은 이들은 교회를, 참된 충성을 다른 곳에 두고 있는 종교적 개인들의 자발적 조합으로 본다. (선거철에 정치적 후보/정당에 대한 강단의 명시적, 암시적 지지 및 그들의 것을 나누기 위해 그들에게 문을 여는 행위는 교회가 자신에 대해 세례나 성찬과 같은 정치적 실천들을 가진 구별된 영역으로 이해하는 데 부정적인 영향을 끼친다.) 이러한 사적, 그리고/혹은 개인에 대한 강조는 부정적인 결론을 초래한다. 모이-로비다가 주장한다.

> 개인으로서 인간-신적 친밀함의 사회 구조는 기존의 권력 구조들의 이해관계를 위해 섬겨 왔다. 하나님과의 개별적 사적 관계가 공적 도전에서 문제화될 수 없기 때문이다.[32]

본회퍼 시대에 믿음의 개인화-개별화-주관화는 히틀러와 같은 괴물이 흥기하기 위한 진공 상태를 만들어 냈다.[33] 그리고 그것은 오늘날 미국

---

[31] Cynthia D. Moe-Lobeda, *Healing a Broken World: Globalization and God* (Minneapolis: Fortress, 2002), 106.

[32] Ibid.

[33] 다음 책의 서문에 나오는 히틀러의 시대의 상황에 대한 Alan J. Torrance의 논의를 보라. Eberhard Jüngel, *Christ, Justice and Peace: Toward a Theology of the State in Dialogue with the Barmen Declaration*, trans. D. Bruce Hamill and Alan J. Torrance (Edinburgh: T&T Clark, 1992). Alan J. Torrance는 어떻게 독일에서의 국가주의의 흥기가 영성의 주관화 그리고 "복음의 명령"(xi)의 상대화를 이끌어냈는지에 대해 이야기한다. (xi). 또한 다음 책을 보라. Paul Louis Metzger, *The Word of Christ and the World of Culture: Sacred and Secular*

에서 우리에게 심각한 경고로 기능하고 있다. 본회퍼의 가까운 친구이자 동료였던 에버하르트 베트게(Eberhard Bethge)는 "미국적인 기독교"를 강조하는 팔웰 목사의 교회에 대해 어떤 편안함도 발견하지 못했다. 미국에 대해 거대한 존경과 애정을 가지고 있는 베트게는 팔웰의 교회에 들어갔을 때 깊은 어려움을 느꼈다.

> 우리가 현관에 들어갔을 때, 한 안내자가 앞으로 걸어 나와 내 옷깃에 달아야 할 두 개의 뻿지를 주었다: 왼쪽에 있는 것에는 예수 제일이라고 쓰여 있었고, 오른 쪽에는 미국 국기가 그려 있었다.… 나는 자신이 1933년의 독일에 있다는 생각을 지울 수 없었다.… 물론, 그리스도, 그러나 독일의 그리스도를 말하는 것이었다.
> 그러므로 물론, "예수 제일", 그러나 미국의 예수가 제일이었다!
> 이렇게 해서 믿음과 믿음의 사람들에 대한 오랜 역사에 그리스도의 혼합된 이미지, 미국적 혼합주의에 대한 또 하나의 장이, 그처럼 오래고 슬픈 역사에 대한 어떤 교훈도 얻지 못한 채, 덧붙여지고 있었다.[34]

예수의 반대쪽에 있던 뻿지가 교회였더라면 좋았을 텐데!

오늘날 국가적 기독교의 옹호자가 히틀러보다 더 부드러워 보일 수 있기는 하지만, 공적/사적 이원론 및 이분법에 관한 한 결코 부드럽지 않다. 이러한 이분법은 공적인 그리스도의 왕국 공동체로서 교회의 순전한 증거를 약화시키거나 위협한다.

분명히 해 보자.

---

through the Theology of Karl Barth (Grand Rapids: Eerdmans, 2003), 165–66.

[34] Eberhard Bethge의 언급들은 다음 책에서 발견된다. John W. de Gruchy, *Daring, Trusting Spirit: Bonhoeffer's Friend Eberhard Bethge* (Minneapolis: Fortress, 2005), 200–201.

교회와 국가 사이에는 구분이 있는 반면, 그리스도인의 존재에 있어서는 아무런 공적/사적 양분도 없다. 교회는 다른 공적인 것에 맞서는 공적 존재로서 국가에 관여하도록 요청받는다. 교회 자신을 다른 공적인 것들(국가 같은)에 관여하는 구별된 공적 존재로 보기를 실패하는 것은, 라인하르트 휘터(Reinhard Hütter)가 주장하듯, "스스로 국가적 혹은 시민적 종교로서 사회 전반의 공적 영역 틀 내에서 어느 정도의 공적 관련성을 스스로 확보하면서, 국가적 그리고 다른 정체성들 그리고 계획들의 담지자가 되는 것에 의심을 갖는 하나의 이유"가 된다.[35] 이러한 자기 이해의 실패와 국가에 대한 굴종은 또한 교회가 대체로 사회에서의 예언자적 목소리를 상실함을 상징한다.[36]

성경적으로 말해서, 교회(개인이나 국가가 아닌)는 하나님 나라의 목적을 이루는 우선적 인간 단위이다. 그리스도의 나라의 사명의 체현은 교회이며, 고립된 개별 그리스도인이나 국가가 아니기 때문이다. 개인 영역에 대한 믿음의 사사화(私事化)는 비삼위일체적이다. 삼위일체 하나님은 본질상 사회적이며 공동체적이기 때문이다. 그러한 사사화는 또한 그 나라의 불균형적인 종말론에 기인한다.

개인에 대한 강조와 먼 미래에 몰두하는 것은 (교회는 '지금 그리고 아직 아닌'의 나라라는 사실을 망각한 채) 교회를 국가에 굴복시키는, 믿음의 부적절한 정치화를 초래하게 된다. 이처럼 공동체적이고 동시대적인 삼위일체론적 종말론적 왕국의 실재에 대해 무관심을 보이는 곳에서는, 종종

---

[35] Reinhard Hütter, *Suffering Divine Things: Theology as Church Practice* (Grand Rapids: Eerdmans, 1999), 11.

[36] 다음 글을 보라. Kristen Deede Johnson, "'Public' Re-Imagined: A Reconsideration of Church, State, and Civil Society," in *A World for All? Trinity, Church and Global Civil Society*, ed. William F. Storrar, Peter J. Casarella, and Paul Louis Metzger (forthcoming with Eerdmans), 14–15.

믿음의 정치화에 대해 가장 덜 의심했던 이들, 즉 세대주의자들에게 가장 큰 책임이 있다.

이러한 무관심을 염두에 둘 때, 제리 팔웰의 지도를 따르는 소위 휴거를 주장하는 근본주의자들, 『레프트 비하인드 시리즈』(Left Behind series)로 유명한 팀 라헤이(Tim LaHaye), 그리고 팻 로버트슨은 하나님과 국가에 권력의 중심을 되찾아 주기 위해 공화당을 지지해 왔다. 그들의 환난 전 휴거신학과 후천년주의의 실천이라는 희한한 혼합물은 그리스도의 왕국의 공동체는 십자가와 부활에 관한 그리스도의 이야기에 대한 선포와 동참을 통해 세상 나라들과 정면으로 맞서야 한다는 사실을 설명하지 못한다.[37]

산상수훈의 의미를 이스라엘에게만 국한하고 교회의 동참을 금하고자 했던 20세기 중반의 고전적 세대주의자들의 역사적 운동은 본의 아니게 교회를 그리스도의 왕국의 공동체로서 공적 영역(언덕 위의 도시)에 대한 접근을 금하는 금지 구역으로 만들었다.

국회의사당이 결국 그것을 내체했나!

산상수훈은 교회의 주님이 공적으로 타락한 권력에 대해 관여하고 직면하는 것을 명확히 보여 준다. 우리 주님은 신앙을 사사화하지 않는다. 그와 그의 왕국은 로마에 대해 위협으로 보여졌다. 이것은 예수께서 그의 제자의 공동체들에게 다른 뺨을 돌려 대고 짐을 두 배나 멀리 날라 주

---

[37] Jerry Falwell은 대단히 복잡한 인물이다. 스스로를 세속적 미국으로부터 거리를 두는 적대적 근본주의자로서, 그는 문화에 반대하는 그리스도의 모델을 촉진했다. 미국을 되돌리고 싶어 하는 재건주의자로서, 그는 문화를 변화시키시는 자로서 그리스도의 모델을 촉진했다. 그는 또한 교회가 문화의 변화를 촉구하는 자리에까지 이르러야 한다는, 그리스도와 문화의 역설을 무심코 촉구했다. Jerry Falwell은 교회를 사회의 변혁을 가져오는 우선적 인자로 보지 않았다는 점에서 일종의 이원론자적 역할을 수행했다. 그는 이 역할을 국가에게 돌렸다. 교회는 사회의 변혁을 야기시키는 데 있어서 국가에 종속된 역할을 부여받았다.

라고 말씀하신 산상수훈에서 그리고 그가 빌라도에게 그의 왕국은 이 세상의 것이 아니라고 말씀하셨던 재판정에서 드러났다.

그의 왕국은 루터가 주장하듯(앞을 보라) 은혜, 자비, 그리고 사랑의 왕국이며, 복수의 왕국이 아니다. 따라서 그의 왕국은 바로 "로마인들"이 나라를 세웠던 기초에(그때에나 지금에나) 위협을 주었다.

위르겐 몰트만은 빌라도가 예수를 "열심당의 모반자"라고 오해했던 반면, 그는 분명히 예수가 그의 신적인 "은혜의 법"으로 억압과 보응의 "팍스 로마나(*Pax Romana*)와 그 신들과 법들"에 모욕을 주게 될 것이라는 것을 인지했다고 주장한다.[38] 예수는 열심당원 방식의 정치적 혁명가가 아니었다. 사실, 그들과의 유사성에도 불구하고, 그는 핵심적 사안에 대한 비전과 목적에 있어서 그들과 정반대 입장을 취했다. 따라서 예수와 열심당 양쪽이 가난한 자들에 대한 학대를 비난하기는 했지만, 열심당의 반대에 있던 예수는 "가난한 자들로 하여금 그들의 착취자들에 대해 스스로 복수를 하도록 요구하지 않았다."[39]

그러나 은혜와 자비에 대한 예수의 나라는 수동을 가진 나라가 아니다. 월터 윙크(Walter Wink)는 예수께서 그의 제자들에게 가르쳤던 다른 뺨을 돌려 대고 두 배의 거리를 걸어 주는 것에 대해 이야기한다.

> 권력에 의한 너의 억압에 대해 계속 묵인하지 말라. 그에 대해 폭력적으로 반응하지도 말아라. 오히려, 복종하거나 공격하지 않고, 피하거나 싸우지 않으며, 인간의 존엄성을 안전히 할 수 있고 힘의 균형을 변화시키기 시작할 수 있는 제3의 길을 찾으라.

---

[38] Jürgen Moltmann, *The Crucified God: The Cross of Christ as the Foundation and Criticism of Christian Theology* (Minneapolis: Fortress, 1993), 143–44.

[39] Ibid., 141.

예수의 가르침들은 "압제자가 가난한 이들을 새로운 관점에서 보게 하는 약간의 주도권을 회복시켜 주는 것"을 의미했다. 이러한 접근은 억압받는 자들로 하여금 대적과 맞서면서 그들을 바로잡을 수 있는 기회를 부여하게 한다.

> 마태복음 5:39b-41에 나오는 예수의 예들의 논리 [다른 뺨을 돌려대라]는 사랑의 도가니 안에서 불이 붙어서, 무반응 혹은 과민 반응 양쪽을 넘어, 심지어 억압 당하는 자를 죄로부터 자유케 할 뿐만 아니라, 억압하는 자까지 죄로부터 자유케 하는 약속을 하는 새로운 반응을 향해 가고 있다.[40]

예수는 대안적 정치학, 즉 모든 심판을 하나님께 맡겨드리고 원수를 사랑하는 아직-아닌의 종말론적 왕국의 신정적 공동체적 현존으로서의 교회를 창조하시고, 그러면서 이 세상의 왕국들을 불안하게 만드심으로써 묵인과 폭력적 반응의 양 극단을 피하셨다.[41]

이것은 어떤 변증법적 두 왕국의 접근법을 반영한다. 교회는 무장을 하지 않지만, 싸움을 벌인다. 많은 두 왕국 입장들과의 문제는 사람들이 참된 공동체 안에서 살아가는 것에 대한 예수의 정치학이 (거기에서 우리는 다른 뺨을 돌리고 그 이상의 거리를 걸어가는 데) 공적인 기독교 삶과 아무런

---

[40] Walter Wink, *The Powers That Be: Theology for a New Millennium* (New York: Doubleday, 1998), 110-11.

[41] 그가 왕이라고 하는 그리고 그의 나라는 비록 아직 완전히 현실화되지 않았지만 여기에 있으며, 그리고 그의 재림에서 실현될 것이라고 하는 예수의 주장은 가이사를 불안하게 만들기에 충분했다. Karl Barth는 예수 그리스도 이외에 다른 충동(혹은 주)는 없다고 하는 바르멘 신학 선언으로 인해 1930년대 초기에 독일로부터 몰려났다. 제2차 세계대전 기간 동안 일본의 목사들은 그리스도의 재림을 설교하다가 감옥에 갇혔다. 총통들, 도조들, 가이사들, 그리고 가야바의 문제는 부활하시고 통치하시는 예수가 자신들의 욕망을 저지하고 그들의 정원 파티를 망쳤다고 하는 점에서 유사하다.

상관이 없다고 정말로 묵인할 때 표면화된다.

그것은 단지 우리의 마음 상태와 내적 영혼의 삶을 향상시키기 위해 보존된 텍스트일 뿐이다 이것은 복음주의교회 안에서 흔히 일어나는 일이며, 영적, 해석학적 무규범을 반영한다. 어떤 친구가 말한 적이 있는데, 그는 자신의 기독교대학 복음성가 클래스의 그 많은 노래들이 예수께서 말씀하신 것과 실제로 다른 의미를 가르치는 것으로 구성되었을 때 복음주의가 뭔가 잘못된 것을 알았다고 했다.[42]

본회퍼에게 있어서, 예수는 실제로 그가 말씀하신 그분이었다. 그것이 본회퍼가 히틀러에게 반대해서 암살 계획에 참여하는 것이 그토록 힘들다고 생각한 이유였다. 그는 자신의 행동을 절대로 정당화하고자 시도하지 않았다. 그러나 그는 또한 그리스도인들이 그의 영혼은 하나님께 맡기지만, 그의 몸은 국가에게 맡기는 권력의 분리를 절대로 정당화할 수 없었다.[43]

본회퍼는 루터교의 이중 왕국론과 다른 뺨을 돌리라고 하는 예수의 말씀과 분투하고 있던 한편, 결과에 상관없이 그 암살 계획에서 저항 운동

---

[42] 그리스도의 주장을 다룰 때에 해석적 궤변에 대한 본회퍼의 논의에 대해서는 다음 책을 보라. *Cost of Discipleship*, 87-91.

[43] 루터가 어떤 의도로 그 말을 했든지 상관없이, 몸은 가이사의 권위 아래 있지만 영혼은 오직 하나님 홀로 아래에 있다고 하는 그의 언급들은, 확실히 그리스도인으로 하여금 국가에 대한 맹목적이고 무분별한 복종의 길을 열어 주었다. 다음을 보라. Martin Luther, "Temporal Authority: To What Extent It Should Be Obeyed," in *Luther's Works*, vol. 45, *The Christian in Society*, ed. Walther I. Brandt (Philadelphia: Fortress, 1962), 111. 우리의 영혼과 몸에 대한 궁극적 권위는 오로지 영혼과 몸 양쪽을 지옥에 던질 수 있는 한 분에게 속해 있다(마 10:28). 다음 장에 나오는 로마 가톨릭 권역에서의 몸/시간 그리고 영혼/영적인 것에 대해 분리하는 권위의 문제에 대한 William T. Cavanaug의 논의를 보라. "The Minimum of Body," in *Torture and Eucharist: Theology, Politics, and the Body of Christ* (Oxford: Blackwell, 1998), 157-65.

에 참여해야만 한다고 믿었다. 이것은 본회퍼가 어떠한 순수한 이원론자도 아니었다는 것을 보여 준다. 즉, 그가 우리가 이제 살펴볼 종합자의 방향을 포함하는 우리의 날마다의 삶에서 우리 중 그토록 많은 이들이 체현하는 문화적 참여를 둘러싸고 있는 다수의 복잡성과 다양한 접근들을 다루는 우리 모두의 대표적 인물임을 보여 준다.[44]

5) 문화 위의 그리스도 - 종합자로서 그리스도

문화는 "정화되고 고양될" 필요가 있는 반면, 종합주의자 모델(synthesist model)과 더불어 그에 대한 긍정적 차원들도 있다.[45] 초자연적 가능성을 통해 문화가 추진하는 목적이 있다. 이 모델에서는, 많은 로마 가톨릭 교도들과 자연신학 옹호자들이 주장하듯 "은총은 자연을 파괴하지 않고 완성한다"(*gratia non tollit sed perficit naturam*).

송합수의자들의 암시들은 가스펠의 몇 곳에서 발견될 수 있다. 종합주의자의 모델은 성육신적이고 유기적이다.[46] 하나님 나라는 세상에서 겨자씨와 같이 싹을 틔우고 자라나 반죽을 통해 누룩과 같이 퍼진다(마 13:31-33). 예수는 그 나라의 삶에 대한 자신의 이미지들과 비유들 안에서 사람들의 세속적 혹은 지상적 민감함에 호소했다. 그는 새들과 백합화들(마 6:25-34) 그리고 교활한 청지기(눅 16:8-9)를 사용했으며, 바리새인들의 종

---

44 제14장은 곧바로 이어지는 장에서 시작되는 논의와는 다른 종합적 접근에 대한 고려로의 결정적인 진입 지점을 제공할 것이다.

45 Wainwright, "Types of Spirituality," 598.

46 Wainwright는 성육신 그리고 부활은 종합 모델에서 특별한 주목을 받는다고 주장한다. 이 방향은 생물학적인 것 그리고 스며있는 것의 표징들을 담고 있으며, 그것은 인류의 전체 종에 영향을 미치는 것이다(ibid., 598). Wainwright는 딤후 1:10을 이러한 영성의 종류 (그리스도를 통한 전체 인종에로의 신적 삶의 침투)의 표현으로서 제시한다(598-99).

교성과 위선을 책망하는 한편, 이교도 세리들의 믿음과 회개를 확언해 주었다(눅 18:9-14). 예수는 산상수훈에서 "악한" 부모들이 그들의 자녀들에게 좋은 선물들을 주는 법을 안다고 말씀하시면서, 하나님께서 심지어 더 나은 그리고 더 풍요로운 선물들을 주신다고 계속 말씀하신다(마 7:9-11).

세속적이고 이방적인 이들이 어떻게 거룩한 목적들을 가질 수 있는지에 대한 이러한 암시들은 존 도버슈타인(John Doverstein)이 본회퍼의 학창 시절로부터 진술했던 이야기를 상기시킨다. 본에서 바르트의 세미나 중 하나에 참여한 동안, 본회퍼는 지상의 성인(earthy saint)인 루터를 찬성하며 인용했다.

"하나님 없는 사람의 저주는 하나님의 귀에 경건한 자의 할렐루야보다 더 즐겁게 들릴 수 있다."[47]

이러한 세속적 정서는 또한 그가 생의 말년에 쓴 『옥중 서신』(*Letters and Papers from Prison*)에서도 표면화된다. 본회퍼는 거기에서 성년이 된 인간에 대해 이야기한다. 인류는 더 이상 삶에서 기능할 "신"이라는 가설을 필요로 하지 않는다. 이러한 사건들의 상태 그리고 우리를 틈새로부터 구원해 주시는 전능하신 하나님(Deus ex machina, 그분은 히틀러의 광기로부터 독일과 교회를 해방시켜 주지 않았는데)의 공허함과 부재에 직면하면서, 본회퍼는 하나님의 현존과 충만하심을 하나님에 의해 십자가에 버려진 하나님의 약함과 가난함과 슬픔 안에서 발견한다. 그는 다음과 같이 쓰고 있다.

> 하나님은 우리에게 우리가 그분 없이 우리의 삶을 운영해 나가는 사람들로 살아야만 한다는 것을 알도록 하시고자 하신다. 우리와 함께하시는 하

---

47 Dietrich Bonhoeffer; 다음 책에서 인용. John W. Doberstein, "Introduction," in *Dietrich Bonhoeffer, Life Together* (New York: Harper & Row, 1954), 9. 48.

나님은 우리를 버리신 하나님이시다(마 15:34). 하나님의 작업 가설 없는 세상에서 우리를 살도록 하시는 하나님은 그 앞에서 우리가 계속해서 서 있는 하나님이시다. 하나님 앞에서 그리고 하나님과 더불어 우리는 하나님 없이 살아간다. 하나님은 스스로를 세상으로부터 십자가 위로 밀려나도록 하신다. 그는 세상 안에서 약하시고 무력하시며, 그리고 그것은 정확히 그가 우리와 함께 하시고 우리를 도우시는 그 길이며, 유일한 길이다. 마태복음 8:17은 그리스도가 그의 전능의 덕으로가 아니라, 그의 약함과 고통의 덕으로 우리를 돕는 것을 대단히 분명히 하신다.[48]

본회퍼는 그리스도 없는 그리고 교회 없는 영성을 요구하고 있지 않고, 예수가 "타자를 위한 인간"이자 "타자를 위해 존재"하는 그의 몸으로서의 교회로서 보여지는 곳에서 "종교 없는 기독교"를 요구한다. 본회퍼는 다음과 같이 언급한다.

> 교회는 오로지 타자를 위해 존재할 때에만 교회이다.[49]

우리는 우리의 투쟁 속에 하나님께서 간섭하시는 것과 우리를 울부짖음에서 꺼내 주시는 것을 보기를 그만두어야만 한다. 그 대신에 하나님께서 우리와 더불어 고통을 겪고 계시며 그들의 고통 속에서 타자와 동일시하도록 우리를 부르신다는 깨달음과 더불어 울부짖는 이들과 직면해야만 한다.

우리가 하나님께서 교회를 억압과 고통으로부터 구원하시려고 그의

---

[48] Dietrich Bonhoeffer, *Letters and Papers from Prison*, ed. Eberhard Bethge, rev. ed. (New York: Macmillan, 1967), 188.

[49] Ibid., 203.

의로운 오른 팔로 간섭해 오신 교회 역사의 시대가 있었음을 부정하지 못하는 한편, 우리는 또한 교회가 하나님께서 그토록 심원하고 넓게 그의 전능을 십자가의 약함을 통해 그리스도 안에서 그리고 그의 교회 안에서 입증해 보이셨음을 보는 데 실패해 왔다. 오늘날 교회는 가난하고 억눌린 장소에서 가장 급속히 성장하고 있는 반면, 미국에서의 "성장" 대부분은 구성원과 참석의 이동을 통해 이루어지고 있다.

 교회가 예수의 정체성이 고통의 한 가운데에서 타자 안에, 타자와 더불어, 타자를 위한 것임을 깨달을 때, 그리고 그것이 또한 그런 방식으로 타자를 위해 존재하기 위한 것임을 깨달을 때, 하나님과 더불어 궁극적인 풍요함과 영향력을 얻게 될 것이다.

 교회로서 우리는 세속 인류의 성숙으로부터 많은 것을 배워야만 한다. 그것이 우리도 하나님의 교회로서 성숙할 필요가 있다고 우리를 가르치기 때문이다. 본훼퍼에게 있어서 이 세속 시대는 디딤돌로서 다음과 같이 봉사했다.

> 이 세상에서 완전히 살아야만 믿음을 가져야 한다는 것을 배운다고 하는 것을 보다 더 분명하게 깨닫기 위한 기초석은 아니었다고 하더라도, 디딤돌로서 이 세상은 봉사한다. 성인이든 혹은 회개한 죄인이든 혹은 교회의 직원이든 (이른바 사제적 타입으로!), 의로운 사람이든 올바르지 않은 사람이든, 병든 자이든 건강한 자이든, 누구도 스스로 무언가를 만들고자 하는 어떠한 시도를 완전히 포기해야 한다.
>
> 나는 이런 세상성(worldliness)을, 삶의 의무들, 문제들, 성공들, 그리고 실패들, 경험들, 그리고 당혹스러움들 속에서도 조금도 거리낌 없이 사는 것을 의미한다고 본다. 그렇게 할 때, 우리는 세상 속에서 우리 자신의 고통이 아닌 하나님의 고통을 심각하게 받아들이면서, 그리고 겟세마네에

서 그리스도와 함께 보면서, 우리 자신을 하나님의 팔에게로 완전히 던지는 것이다.

내가 생각하기에, 그것이 바로 믿음이자, 그것이 바로 메타노이아(회개)이다. 그리고 그것은 우리가 사람이자 그리스도인이 되는 것이다(참조. 렘 45장!) 우리가 이러한 종류의 삶을 통해 하나님의 고통을 나눌 때, 어떻게 성공이 우리를 오만하게 만들 수 있는가, 혹은 실패가 우리를 길을 잃게 만들 수 있겠는가?[50]

세상적 부요 그리고 정치적 영향(우리 기준에서의 성공)은 하나님의 기준으로는 역효과를 낳는 것들이다. 본회퍼 자신의 영속적 영향력은 여러 측면들에서 볼 때, 그리스도를 얻기 위해 모든 것을 포기한 가운데, 부요와 영향에 대해 그가 죽었던 결과이다. 본회퍼는 애통해 하는 자 그리고 그리스도와 그들의 연합으로 인해 박해받는 자가 참으로 부요하고 영향력이 있는 자이며 심령이 가난한 자, 온유한 자임을 잘 이해하였다.

제자도이자 "종교 없는 기독교"에 대한 본회퍼의 형식은 세상 밖으로 자신을 내던지지 않았다. 대신, 세상 속으로 더 나아가도록 했다. 박해를 받으면서, 그는 스스로를 오히려 더 보다 정당한 사회를 가져오기 위해 내어 주었다. 사실, 그는 기독교적 하나님을 위해 이야기한다고 주장한 이들, 즉 히틀러와 독일 그리스도인들의 손에 고통을 당했다. 심지어 그의 기독교 신앙을 나누지 않았던 유대 백성들을 위해 고난을 받으면서까지 말이다.

그는 하나님의 "믿지 않는" 백성들을 위해 국가적 기독교로부터 독일을 되찾기 위해, 새로운, 더 나은 독일의 기반들을 세우려고 하면서 스스

---

50 Ibid., 193–94.

로를 희생적으로 내어 주었다. 본회퍼의 『옥중 서신』을 읽은 후, 어떤 믿지 않는 유대인이 에버하르트 베트게(Eberhard Bethge, 이 책의 편집자)에게 자신이 이제 "처음으로 왜 예수께서 신으로 여겨질 수 있었는지 보기 시작하고 있다"라고 말했다.[51]

우리 미국 복음주의자들은 최근 몇 년 동안 미국의 힘의 중심에서 많은 영향력을 얻어 왔지만 그러나 과정에서 미국의 심장을 잃어 왔다. 우리 자신같은 류의 사람들을 위해 미국을 그리고 우리 스스로 예수를 되찾는 모습은 미국을 위해 우리의 생명을 포기하는 현실에 의해서만 가능하다. 마치 "타자를 위한 인간"이신 예수께서 자신에 대한 사람들의 태도와 상관없이 스스로를 그의 시대의 사람들에게 아낌없이 주셨던 것처럼 말이다.

"틈새의 하나님" 그리고 "미국을 되찾기"를 생각하는 길은 교수대에서 하나님에게 길을 내어 줄 필요성을 부여한다. 이것은 우리 손을 더럽게 하는 것과 점차적으로 아래로 이동하는 움직임, 그리고 우리 교회의 다양한 삶과 봉사 활동을 포함할 것이다. 진정으로 모든 인간들이 동등하게 창조되었다고 보지 않았던(그 중 하나였던 제퍼슨은 노예를 가지고 있었다), 우리 국가를 건립한 헌법의 아버지들의 종교로 되돌아 가는 대신, 우리는 우리의 국가와 종교에 별로 뿌리를 내리고 있지 않은 예수에 의해 설립된 종교로 되돌아 가야 한다.

우리는 그리스도를 위한 노예들이 될 때, 모든 이들은 참으로 그를 통해 몸과 영혼이 자유롭게 되게 될 것이며, 특히 가난한 이들과 다른 "이들 중 가장 작은" 그룹들(그리고 우리 자신들은 그 과정에서 참으로 자유롭게 될 것인데)이 그렇게 될 것이다.

---

51 Eberhard Bethge, "Foreword," in Dietrich Bonhoeffer, *Letters and Papers*, xv.

교회는 예수와의 연합을 위해 즐겁게 박해를 받을 때에만(마 5:11-16을 보라), 그리고 예수의 시대의 종교 지도자들이 백성들, 성전, 그리고 그들 자신의 위치를 보존하기 위해 예수를 희생시킴으로써 그랬던 것처럼 자신을 보존하려고 하지 않을 때만, 사회 속에서 썩지 않고 꿰뚫어 보는 빛으로 섬길 수 있다(마 27:18 ; 요 11:45-53을 보라).

미국교회의 영성의 변혁은 유효하다. 그것이 국가의 눈으로부터 티를 꺼내기 전에, 먼저 자신 눈에서 들보를 꺼내야만 할 것이다(마 7:3을 보라). 그렇게 할 때에만 그것은 크게 볼 때 문화 내에서 개혁과 변화를 만드는 힘으로 섬길 수 있다.

6) 문화를 변혁시키는 그리스도 – 변혁자로서의 그리스도

이제 우리는 다섯 범주들 중에 마지막까지 왔다. 문화 변혁자로서의 그리스도이다. 문화에 대한 그리스도의 개입에 대한 이 시각은 철저한 문화 정화를 요구하지만 그 대체를 요구하는 것은 아니다. 여기에서 창조와 성육신의 긍정적 현실은 타락의 부정성(negativity)의 고려와 균형을 맞춘다.[52] 이 모델에서는, 역사를 두 자율적 영역(웨인라이트에 따르면 성과 속)으로 나누는 것이 없어 보인다.[53] 교회는 "희미한 윤곽," "아마도 심지어 궁극적인 하나님 나라의 기대"가 되어야 한다.[54]

산상수훈은 그리스도의 공동체를 명확히 하나님의 궁극적인 나라에 대한 기대로서 그리고 그 나라를 시작하고 결과적으로 정점에 이르게 한

---

[52] Wainwright, "Types of Spirituality," 603.
[53] ibid., 604.
[54] ibid., 605.

분으로서의 그리스도 자신으로 그리고 있다. 사실상, 우리가 앞선 장에서 언급한 것처럼, 산상수훈과 그 주변의 내러티브는 예수께서 이스라엘의 역사를 개괄하시거나 혹은 변혁시키신다는 것을 상징한다.

예수께서 자신의 백성들과 동일시하시려고 자신을 요한의 세례(회개의 세례)에 스스로를 내어 주신 이후(마 3:13-17), 성령께서는 예수를 광야로 몰아가셔서 40일 낮밤 동안(이스라엘은 40년간 유혹과 송사를 경험했다) 마귀로부터 유혹을 겪도록 하셨다(마 4:1-11). 그는 돌아오셔서, 말과 행동으로 종말론적 나라가 그의 인격 안에서 가까이 왔다고 선포하시면서 공적 사역을 시작하신다(마 4:12-25). 그리고 산으로 올라가셔서 그 나라의 법을 주신다(마 5:1-2). (반면 모세는 법을 받으러 산으로 올라갔다.)

그의 제자들은 구약성경 선지자들의 반열에 서서 율법의 새로운 선생들이 된다(마 13:10-23을 보라). 예수는 구약성경 이야기 전체를 요약하시고, 완전히 하시고 변용하셔서, 그것이 그 자신의 일부가 되도록 하시므로 궁극적인 예언자, 제사장, 왕이 되신다. 이것은 히브리서의 시작 부분을 상기시킨다.

> 옛적에 선지자들을 통해 여러 부분과 여러 모양으로 우리 조상들에게 말씀하신 하나님이 이 모든 날 마지막에는 아들을 통하여 우리에게 말씀하셨으니 이 아들을 만유의 상속자로 세우시고 또 그로 말미암아 모든 세계를 지으셨느니라. 이는 하나님의 영광의 광채시요 그 본체의 형상이시라. 그의 능력의 말씀으로 만물을 붙드시며 죄를 정결하게 하는 일을 하시고 높은 곳에 계신 지극히 크신 이의 우편에 앉으셨느니라(히 1:1-3).

하나님은 결론적으로 자신의 아들인 예언자 예수를 통해 말씀하시며, 예수는 단번에 영원히 인류의 죄에 대해 정화를 제공하셨던 그리고 지금은 하나님의 승천하셨고 다스리시는 메시야로서 권좌에 앉으신 이로서 위대한 대제사장이시기도 하다.

히브리서 저자는 모세가 모든 하나님의 집에서 신실하셨던 반면, 하나님의 아들인 예수는 모든 하나님의 집에 대해 신실하셨다고 말할 수 있는 것은 놀라운 일이 아니다. 그리스도의 교회는 그리스도 안에서 우리의 것인 소망을 굳건히 잡고 있는 집이다(히 3:1-6). 그리고 예수께서 그의 인격 안에서 율법과 선지자를 성취하거나 혹은 완전하게 하시려고 오셨다고 말씀하시는 것은 놀라운 일이 아니다(마 5:17-20을 보라).

예수는 율법을 왜곡하는 전통들에 맞서셨고, 특히 율법이 그를 증거하는 것이라고 함으로써 그 의미를 깊게 하셨다(마 5:17-6:8; 7:12, 24-29을 보라. 그리고 눅 24:25-27을 보라). 요한의 복음은 예수께서 그가 그 다양한 형상들을 위해 예표로서 섬길 때, 율법과 선지자들에게 그의 그림자를 던지셨음을 계시한다. 그는 하늘의 궁극적인 빵이시며(요 6:30-35을 보라. 참조. 출 16:1-22), 세상의 참된 빛이시고(요 8:12을 보라. 참조. 요 7:1-10; 레 23:33-44),[55] 선한 목자이시며(요 10:1-18을 보라. 참조. 겔 34:1-10), 부활이며 생명이시고(요 11장), 그리고 좋고 참된 포도나무 가지이시다(요 15:1-8을 보라. 참조. 사 5:1-7).

모세의 율법과 사람의 전통들은 확실히 예수께서 체현하셨고, 예수께서 직면하시고, 구원하시고, 완전히 하시고, 그리고 변혁시켜야 했던 문화를 형성했다. 그리고 아직, 예수는 그의 첫 번째 오심에서 나라를 정점에 오르게 하시지는 않으셨다. 이 초점을 교회는 자주 잃어버렸다.

칼빈의 제네바를 설립시킨 선조들 그리고 미국에서 '명백한 운명'의

---

55 예수께서 초막절 동안에 예루살렘을 둘러싸고 있는 언덕에 흩어져 있는 초막들로부터 나오는 불빛을 배경으로 "나는 세상의 빛이다"라고 선포하셨다는 것은 상당히 가능성 있는 이야기이다.

지지자들은 그리스도의 나라의 "지금" 그리고 "아직 아닌"의 사이의 구분의 선상을 인식하는 데 실패했다. 국가가 아니라 교회가 하나님의 종말론적 도시, 즉 언덕 위에 있는 도시이다. 복음이 그리스도 나라의 정책인 한편, 그리고 이 세상의 도시와 정책들과 교차하며 영향을 끼치는 한편, 교회는 후자와 절대로 혼동되어서는 안 된다.

고전적 형태의 세대주의는 그 나라의 "지금"을 "아직 아닌" 속에 포함하는 경향이 있다면, 언약신학(covenant theology)의 신율적 입장은 "아직 아닌"을 "지금" 속에 포함하는 경향이 있었다.[56] 이 움직임들은 교회에 대한 이스라엘의 관계에 대한 그들 각자의 접근들에 병행된다. 세대주의는 이스라엘과 교회를 분리하는 경향이 종종 있어 온[57] 반면, 언약신학은 종종 교회를 찬성하여 이스라엘을 대체하는 경향이 있어 왔다.[58]

두 관점들과 대조적으로, 이스라엘과 교회 사이는 구분되나 분리할 수 없는 관계가 있어서, 그에 따르면, 그리스도는 이스라엘과 교회에 대한 주님이시며, 교회가 있는 곳에 이스라엘의 성취(대체가 아니라)가 있다.

존 윈스롭(John Winthrop)과 같은 칼빈주의자들 그리고 많은 다른 초기 식민지인들은 기독교 사회를 창조하기 위해 미국으로 여행을 떠났다.[59]

---

[56] 신정론자들은 교회는 미국을 히브리어 성경에 제시되어 있는 하나님의 율법이 집행되는 기독교 나라로 만들도록 매진해야 한다고 주장한다. 대표 저작으로는 다음을 보라. Gary North and Gary DeMar, *Christian Reconstruction: What It Is, What It Isn't* (Tyler: Institute for Christian Economics, 1991).

[57] 이스라엘과 교회의 분리를 생각하는 것으로서 세대주의의 고전적 형태들에 대한 비판을 보라. Craig Blaising and Darrell Bock, *Progressive Dispensationalism* (Grand Rapids: Baker Academic, 1993), 50–51.

[58] 대체주의(이스라엘을 대체하는 교회)에 대한 논의는 다음 책을 보라. Scott Bader-Saye, *Church and Israel after Christendom: The Politics of Election* (Eugene: Cascade, 2005), 67, 74, 76.

[59] 다음 책에 나오는 윈스롭에 대한 페리 밀러의 논의를 보라. *Errand into the Wilderness* (Cambridge: Belknap Press of Harvard University Press, 1956), 4–6.

그들은 새로운 이스라엘로 교회를 보았으며 새로운 약속의 땅으로 미국을 보았다. 그것들은 그들에게 있어 하나님이 거주하고 다스리는 목적을 가졌다. 명백한 운명(Manifest Destiny)에 대한 19세기의 옹호자들은 그 요청을 받아들였을 때, 그것은 그 땅의 원주민들에게는 재앙의 소리로 들렸다. 명백한 운명에 대한 지지자들은 원주민들을 여호수아 시대의 가나안인들처럼 다루었다.

본회퍼는 히틀러 타도의 사건 같은 것에서처럼 독일이 어떻게 보여야 하는지에 대해 많은 생각을 제공했다. 비록 본회퍼가 교회가 국가가 되는 곳에서 나라에 대한 어떤 희망을 품기 위해 상당히 루터교도적이기는 했지만,[60] 그는 독일을 위해 그리고 교회를 위해 더 나은 미래를 희망하고 계획했다. 『옥중 서신』에서, 그는 한편으로 "어리석은, 겁쟁이 같은 종류의 낙관주의"에 반대해서 이야기하며, "현재의 사건들이 혼돈, 무질서 그리고 파국이라고 생각하는, 그리고 체념 혹은 경건한 도피주의 안에서 … 재건과 미래 세대를 위한 모든 책임을 포기하는" 비판주의자들에 반해서도 이야기한다. 본회퍼는 단지 심판의 날이 밝아올 때에만 더 나은 지상의 미래에 대해 희망과 계획을 포기할 것이다.

---

[60] 따라서, 그는 신정론자가 아니었다. 그 대신 그는 또한 전혀 재세례파도 아니었다. 재세례파와는 달리, 본회퍼는 그리스도인으로서 정부 구조 혹은 사회 구조를 직면하고 그리고/혹은 촉진하는 데 개입하는데 있어서 침묵하지 않았다. 보통 재세례파가 사회적으로 개입할 때에는, 그들은 공동체로 이야기한다. 그것은 그들에게 있어서는 공적 직분을 추구하기 위한 특성으로부터 나올 것이다. 본회퍼가 교회를 그들의 궁극적 공적 충성이 국가에 대한 것인 종교적 개인들의 자발적 조합으로 보지 않는 한편, 그는 그가 개인적 그리스도인으로서 그리스도의 정체, 교회에 참여하는 것을 넘어선 공적 역할을 가지고 있는 것으로 보았다. 따라서, 그는 스스로 국가적으로나 국제적으로 나치의 광기에 저항하는 투쟁에서 다양한 노력들에 참여하였다.

내일은 심판의 날이 밝아 오게 될 것이다. 그리고 그 경우에, 비록 이전에는 아니지만, 우리는 천천히 더 나은 미래를 위해 일하기를 포기하기 시작하게 될 것이다.[61]

오늘날 미국교회는 (교회로서 첫 번째로 그리고 우선적으로) 항상 그것이 사회에 관여하는 빛으로 오고 있는 그 나라에 대한 정치학과 경제학 대신, 가난한 이들을 위해 세례, 주의 만찬, 그리고 자원의 재분배와 같은 그 자신의 실천들을 통한 증언을 추구하므로, 교회를 위한 그리고 미국을 위한 더 나은 미래를 위해 일해야 한다.

본 장의 시작에서, 우리는 교회를 주변을 둘러싸고 있는 문화에 의해 형성된, 그리고 후자의 궁극적 변혁을 위해 문화에 대해 예언자적으로 직면하고 있는 문화적 공동체라고 말했다. 문화 바깥에는 어떠한 교회도 없다. 그러나 삼위일체 하나님의 종말론적 나라의 교회의 바깥에는 어떠한 문화의 궁극적 구속도 없다. 교회는 예수의 몸과 신부로서 그와 연합하고 있다. 그렇게 교회는 그의 나라의 가치들을 체현하고 말씀과 행위 안에서 주변을 둘러싸고 있는 세상을 선포하도록 부름받고 있다.

2. 언덕 위의 도시

1630년, 존 윈스롭(John Winthrop)은 "기독교적 자선 모델"이라는 제목으로 설교를 했는데, 거기에서 그는 뉴잉글랜드의 청교도 식민지인들에게 세상은 그들이 "언덕 위의 도시"가 되는지 지켜볼 것이라고 경고했

---

61 Bonhoeffer, *Letters and Papers*, 16.

다. 윈스롭은 산상수훈의 소금과 빛의 이미지를 끌어들이면서 다음과 같이 쓰고 있다.

> 우리는 자신이 언덕 위의 도시처럼 되어야 함을 생각해야만 한다. 모든 사람들의 눈이 우리를 향하고 있다. 그래서 만일 우리가 맡아 온 이 사역에서 우리가 우리 하나님을 그릇되게 다룰 경우, 그래서 그분의 도움이 우리에게 사라지게 만든다면, 우리는 세상 속에서 이야깃거리가 되어 사람들의 입에 오르내리게 될 것이다. 그래서 대적들이 하나님의 방법과 그분를 고백하는 모든 자들을 비방하는 입을 열게 될 것이다. 우리는 하나님의 가치 있는 종들의 얼굴을 수치스럽게 만들 것이며, 그들의 기도가 우리에게 저주로 바뀌므로, 우리가 향하고 있는 좋은 땅에서 쫓겨날 것이다.[62]

공적인 것으로서의 교회는, 다른 특별한 공적 영역 그리고 문화에 개입하는 구별된 문화로서, 그 빛을 보는 이들이 저수하기보다 하나님의 영광을 돌리도록 하는 그런 방식으로 빛을 비추는 언덕 위의 도시가 되도록 추구해야 한다. 교회는 오로지 그것이 그 구성원과 온 세상을 향해 자선을 나타낼 때에만 이 찬란한 빛이 될 수 있다.

청교도 공동체는 언제나 서로를 향한 자선에 대해 윈스롭의 설교가 추천했던 사랑을 실천하지 않았다. 또한 청교도들은 보통 자신이 믿는 것과 다른 신앙인들에 대해 자선과 관용을 행한 것으로 기억되지도 않았다. 그 결과, 그들은 하나님에 대해 악하게 말하도록 미국교회의 적들의 입을 열었다. 우리는 더 이상 기독교 아래에 혹은 유토피아적 기독교 사

---

[62] 이것은 다음 글에서 인용했다. John Winthrop(1630), "A Model of Christian Charity," http://religiousfreedom.lib.virginia.edu/sacred/charity.html

회에 살지 않는다. 비록 그리스도인들이 여전히 그것을 갈망하면서 국회의사당에서 로비를 벌이지만 말이다.

교회가 언제나 적들을 공평하게 분담하는 반면, 교회는 미국을 그 적들로부터 되찾으려 하거나 혹은 분리주의 사회처럼 그들에게서 장벽을 치려 하기보다, 함께 공존하는 그들 공동체를 축복하며 살아야만 한다. 그리스도의 종말론적 나라의 공동체로서, 교회는 이 세상에서 벗어나기를 갈망해서는 안 되고, 세상 나라들과 그들의 공동체들 사이에서, 그리스도께서 다시 오실 때 정점에 오르게 될 그 나라에 대한 첫 열매이자 증인으로서 소금과 빛으로 존재하기를 갈망해야 한다.

교회의 역할은 세상을 심판하는 것은 아니라, 섬기는 것이다. 미국을 다시 취하거나 우리가 목회하는 포틀랜드, 오레곤과 같은 도시들을 다시 취하는 것이 미국교회의 자리가 아니라, '이마고 데이 공동체'(Imago Dei Community)의 목사 릭 맥킨리(Rick McKinley) 같은 목사가 자주 말하듯, "포틀랜드에서 사랑하는 것"이 미국교회의 자리이다. 그리고 이-악한-세상으로부터-우리를-구원하시기-위해-오실-틈새의-하나님이라는 불관여의 신학(theology of disengagement)의 자리에서, 우리는 자신의 적들에게서 예루살렘을 다시 취하기 위해서가 아니라, 자신의 생명을 도시문 외곽에 위치한 골고다에서 자신을 주시므로 적들을 하나님께로 받아들이시려고 오신, 동일한 예수에 의해 짜여진 교수대에-있는-하나님이라는 관여의 신학(theology of engagement)을 필요로 한다.

문화의 변혁자 그리스도가 그 통치력을 강요하려고 종종 기독교 국가와 교회-국가 사용을 상정한 반면, 오늘날 미국교회는 우리의 다원화된 사회를 둘러싸고 있는 문화들의 변혁을 추구하기 위해 오직 십자가를 짊어짐으로써만 그리스도의 대체적 왕국의 문화로서 전진할 수 있다. 그러나 십자가를 지는 것만으로 두려움을 가라앉히기에 충분치 않다. 십자가가 종종 '명백한 운명'(Manifest Destiny)의 야망들을 촉진시키기 위해 사용되어왔기 때문이다. 미국에서 태어난 바인 델로리아 주니어(Vine Deloria Jr.)는 이렇게 말한 바 있다.

> 십자가가 가는 곳에, 더욱 풍요로운 삶은 절대로 없다. – 오직 죽음, 파괴 그리고 궁극적으로 배반이 있을 뿐이다.[63]

오늘날 미국교회는 단지 십자가를 지기만 해서는 안 되고, 주변을 둘러싸고 있는 세상 대신, 우리 앞서 본회퍼가 했던 것처럼, 교수대에 기꺼이 매달려 있어야만 한다. 여기서 지지된 변혁주의자 왕국의 모델은 그리스도 중심적이고, 십자가 모양으로 되었으며, 그리고 교회론적으로 짜여져 있다.[64] 그렇지 않으면, 우리는 그리스도와 그의 십자가를 (왜곡함으로써)

---

63 Vine Deloria Jr., *God Is Red* (Golden: Fulcrum, 1994), 261.
64 Niebuhr의 유형은 그리스도-중심적이지도 않고, 십자가적이지도 않으며, 교회론적으로 틀이 잡혀 있지도 않다. 예수와 관련해서, 그는 쓰기를 "[그리스도]는 하나님과 인간에 대한 사랑, 하나님과 가이사에 대한 복종, 하나님과 자연에 대한 신뢰, 신적이자 인간적 행위에 대한 희망을 방사하는 중심이 아니다. 그는 오히려 하나님으로부터 인간을 향한 움직임과 인간으로부터 하나님을 향한 움직임이 지속적으로 교차되는 초점으로 존재한다." Niebuhr, *Christ and Culture*, 29. 우리가 교회의 문화 참여에 대한 사색에서 십자가에 달리시고 부활하신 메시야로서 그리스도에 대한 깊은 성찰이 없다면 교회가 세상의 반대에 직면했을 때, 하나님에 대한 심판을 신뢰하기보다 독자적으로 처리하려 할 것이다. 그리스도의 십자가는 우리에게 심판과 박해를 당하라고 가르치며, 그리스도의 부활은 우리를 그의 시간과 그의 방법으로 우리를 구원하실 하나님에 대한 소망을 가지라고 격려한다. 더 나아가, 교회 안에서 그리스도의 특별한 체현은 문화에 대한 그리스도의 관계에 대한 Niebuhr의 반성들 안에서 각각 의미 있게 형태를 갖지 않는다. 모체에 대한 핵심으로서 교회를 보지 않으면서, 그리스도는 문화에서 그의 구체적인 체현으로부터 추상화된다. 그리고 그리스도가 교회로부터 추상화될 때, 기독교 개인을 타락한 권력의 유형들에 순응되는 것으로부터 방어하기 위해, 국가와 시장을 포함해서 아무것도 남지 않는다. 그리스도와 그의 나라는 그 초월적 근거로서의 교회에 대해 굳건한 희

우리가 산에 올라가 포트맥강이 흐르는 새 예루살렘 언덕에 우리의 기를 꽂기 전에 식면하게 될 어려움을 보여 주는 것으로 변형시킬 수 있다.

"무장과 종말론"에서, 존 하워드 요더는 "십자가를 진 자"는 비록 문화 전쟁에 의해 지배되는 사회의 격랑과 맞서 싸울지라도, "우주의 결을 따라 사역하는 자들"이라고 했다.[65] 본회퍼라는 복잡한 인물은 자신이 위험에 빠진 유대 백성들을 위해 교수대에 매달렸을 때, 그리고 변혁된 독일을 향한 그의 희망의 시각 안에서 이러한 우주적 패턴에 대한 증인으로 섬겼다.

한 알의 밀이 땅에 떨어져 죽지 아니하면, 그것은 어떤 열매도 맺을 수 없다(요 12:24). 오직 그리스도의 제자들이 그들의 박해를 고통스럽게가 아닌, 즐겁게 감당할 때에만, 그들은 본회퍼가 그랬던 것처럼, 소금과 빛으로서 그리고 다른 이들을 하늘에 계신 우리 아버지를 영광스럽게 하기 위해 이끄시는 언덕 위에 세워진 빛나는 도시로서 섬길 수 있다(마 5:11-16; 참조. 히 11-13장).[66]

망을 제공하면서 본질적이다. 교회는 또한 교회가 그리스도의 나라의 구체적인 표명이라는 점에서 현재적 증인으로서 이 희망의 표명을 위한 맥락을 제공하면서 비판적 중요성을 갖는다. Stanley Hauerwas 그리고 Mark Sherwindt가 쓰고 있듯, "그 나라의 이상 없이는, 교회는 그녀의 정체성을 형성하는 희망을 상실한다. 교회가 없이는, 그 나라는 그 구체적 특성을 상실한다." Stanley Hauerwas and Mark Sherwindt, "The Kingdom of God: An Ecclesial Space for Peace," *Word & World* 2, no. 2 (1982): 131.

[65] John Howard Yoder, "Armaments and Eschatology," 다음 글에서 인용 Stanley Hauerwas, *With the Grain of the Universe: The Church's Witness and Natural Theology* (Grand Rapids: Brazos, 2001), 6.

[66] Paul Minear에 따르면, 소금은 고대 세계에서 성전 예전과 예배에서 본질적이었다. Paul Minear, "The Salt of the Earth," in *Interpretation* 51 (January 1997): 34. 희생물 그들 자체는 소금이 쳐졌다. 예수에 따르면, 박해-고난-희생은 참된 제자의 핵심 특성이다. Paul Minear가 언급하듯 제자들이 복음을 위한 고난을 피할 때 그들은 복음의 능력(소금을 치는 것)을 놓치게 된다. (각주 36을 보라.)

≋ 심화 연구를 위한 질문들

1. 교회의 국가와 관계에 대한 당신의 관점은 무엇인가?
2. 그 이해에 기반을 두고 교회는 어떻게 문화에 관여해야 하는가?
3. 기독교 정치가들에게 있어서는, 어떻게 그들의 믿음이 공적 인물로서의 그들의 역할에 영향을 끼치는가?
4. 그리스도인 정치가들에게 있어서는, 교회에서의 그들의 지체됨이 공적 인물들로서의 그들의 역할에 어떻게 영향을 끼치는가?

제14장

오늘날의 문화에서 복음의 게토화를 극복하기

우리 친구들 중 한 사람은 예술과 사회 정의에 대해 수많은 자원을 쏟아 붓고 있는 이머징교회 스태프로 섬기고 있다. 그가 아는 한 사람이 이것은 모두 세련되고 좋지만, 그 대신 복음에 보다 많은 초점을 맞추는 것이 더 낫지 않을까 라는 의견을 개진했다. 현재 그 교회는 그리스도의 나라의 복음에 대한 그 선포에 예술과 사회 정의의 강조들을 집약시키는 일에 대단히 의도적으로 임하고 있다. 이 질문은 반문화적 그리스도의 경향을 염두에 두고 있지만, 우리의 목사 친구와 그의 교회는 제13장에서 제시한 문화의 변혁자로서 그리스도 모델을 보여 준다.

위에서 언급한 잘못된 의견은 우리가 복음적 공동체 안에서 아주 자주 복음을 복음서 책자 정도로 축소시키면서 게토화를 시켜 왔음을 보여 주는 또 하나의 사례이다. 사람들과 하나님을 올바로 받아들이는 것에 대해서 소책자를 통해 이야기들을 나누는 것이 도움은 될 수 있겠지만, 그것이 복음서 메시지의 전부는 아니다. 다음 장에서 복음의 의미와 범위에 대해 보다 많은 것이 이야기될 것이다. ("선교적 공동체로서의 교회.") 지금 우리는 우리가 어떻게 복음의 기독교적 게토화로부터 기독교 노래들에 동반된 그리고 물고기 표를 담고 있는 예술(미국 국기와 함께이든 혹은 아니든)에 의해 묘사된 몇 가지 영적 법칙들에서 빠져 나올 수 있는지에 초점을 둘 것이다. 그들의 자리에서, 우리는 우리가 전체 창조(인간과 비인간)를 구원 드라마에 참여하는 것(예컨대, 롬 8:22-23을 보라)으로 마음에 그리는 곳에서 그리고 우리가 그 외관을 훼손시켰던 사회적 질병들로부터 그의 폐허가 된 렘브란트를 회복시키고 변화시키러 위대한 예술가인 하나님께서 오시는 것을 보는 곳에서 하나님 나라의 관점을 얻을 필요가 있다.

예술과 사회 정의 측면에서 복음의 구분은 몇 가지 형태를 취할 수 있다. 몇몇 교회들은 오직 기독교 하부 문화 안에서 그리고 그것에 의해 산출된 기독교 음악과 사회적 목회에만 가치를 둔다. 다른 이들은 유인상술 전략에 개입을 한다. "세속적" 예술을 사용하고 구도자들에게 어떻게 이 교회들이 통달하고 연관이 되어 있는지를 보여 주는 마케팅 도구로서 사회 정의를 촉진하면서, 구도자들을 끌어들이고 그들을 실재적 복음으로 안내함으로서이다.

첫 번째 지향성은 그것이 예술과 사회 정의 시장을 장악해 온 기독교 하부 문화가 아니라는 것을 인식하는 데 실패한다.

삼위일체 하나님은(우주의 하나님은) 새 하늘과 새 땅의 여명에서 새로운 창조를 만들어 내면서, 자신의 걸작을 쇠퇴와 파괴와 사회적 불공평으로부터 구원해 내는 위대한 예술가이시다(계 21-22장). 피조물 내에서 하나님의 구속적이고 창조적인 사역은 교회 사역들에만 국한되지 않는다. 심지어 세속 영역도 심원하고 경이로운 방식으로 이 위대한 산출에 참여한다.

그리고 "기독교적" 음악 혹은 "기독교적" 미술이라는 것과 같은 상표 라벨도 있을 필요가 없다. 단지 좋은 것이든 혹은 나쁜 것이든 예술만이 있을 뿐이다. 그리고 그리스도인들은, 자신들이 얼마나 기독교 하부 문화의 건전한 자기 이미지에 대해 반추하든 상관없이, 사회적 오류들을 바로 잡는 데 개입해야만 한다.

두 번째 지향성은 하나님께서 위대한 예술가이신 까닭에, 유인 상술을 쓰셔서 사람들이 복음을 나누도록 전환을 하기에 앞서, 예술과 사회 정의라는 미끼를 물도록 하는 데 관여할 필요가 없음을 인식하는 데 실패한다.

복음은 예술과 사회 정의를 사용하지 않으며, 오히려 복음은 모두 예술과 사회 정의에 대한 것이기 때문이다. 하나님은 주된 극작가로서, 지리적으로 사물이 존재하는 방식을 그려내고 또한 우리에게 계셨던 분, 계신 분 그리고 오실 분의 관점 안에서 사물이 있어야 하고 있게 될 방식을 드러냄으로써 희망을 제공한다.

하나님은 우리 이야기로 들어오시며 그들을 아들과 성령을 통해 자신의 서사 대하소설로 써 나가신다. 예수께서는 하나님의 최상의 아이콘이나 이미지로서 창조적인 그리고 문화적인 삶의 깊이로 들어가신다(예컨대, 요 1:14, 18; 히 1:1-3을 보라). 그리고 성령의 다양한 사역들을 통해, 광범위한 문화 집합체를 구원하시려는 그리고 모든 것들을 새롭게 만들기 위한 의도로 문화의 다양한 주체들 안에서 형태를 취하신다. (예수께서 교회를 통해 목회를 계속하시는, 그리고 성령께서 다양한 백성들에게 그들의 언어 안에서 예수의 사역을 특별화하시는 행 1장과 2장을 보라. 또한 계 21:5에 있는 모든 것들을 새롭게 하시겠다는 하나님의 선포를 보라.)

교회는 그것이 스스로를 발견하는 다양한 문화들과 소통하는 방식으로, 그들 자신의 크리스마스와 부활절의 화려한 행사를 통해 큰 크리스마스와 부활절 행사를 상연하면서 말과 행위 안에서 성령을 통해 그리스도의 이야기에 참여하도록 부름받는다.

크리스마스와 부활절의 화려한 행사와 성탄 그림에 대해 이야기하는 것은 조나단 라슨(Jonathan Larson)의 연극 "임대"(Rent)를 생각나게 한다. 이야기는 가공되지 않고 사실적이며, 새로운 세기의 전환에 있는 도시인 미국에서의 삶에 대한 복음의 모습의 많은 것들을 상황화한다.

연극은 두 번째 천 년 시기 말에 뉴욕에서의 성탄 전야에서 시작한다. 일련의 젊은 예술가들과 그들의 친구들 그룹이 상업화된 거대 도시이자 사이버 공간인 미국주식회사의 가상 현실로부터 탈출하려 한다. 몇몇 등장인물들은 머물 곳이 없어(다시 한번 성탄 전야에 머물 숙박 공간, 즉 휴일 숙소가 없어서), 또한 에이즈로 죽어 가면서 동시에 약물 중독으로 고통받고 있다.

그들은 또한 지속할 만한 의미가 없음으로 인해 고동받고 있다. 모든 것, 심지어 사랑까지도 임대되어 있다. 그들은 비록 짧은 순간이기는 하지만 서로를 가지고 있다. 마지막에는, 그들은 자신들이 짧은 순간 이상을 가지고 있음을 발견한다. 죽어가고 있던 그들 중 한 사람이 죽음의 문화와 절망으로부터 생명, 부활하는 삶, 희망, 그리고 의미를 되찾았기 때문이다.[1]

교회들이 영화 "임대"를 크리스마스 시기 혹은 부활절에 상영하고, 영화가 제시하는 구속의 주제에 대한 토론을 이어간다면, 그것은 흥미로운 일이 될 것이다. 진짜 공동체는 지배 문화에 있는 가상 현실, 도시 회복, 상업화, 그리고 기술적 세밀화에 뒤처지는 반면, 비개인화된 유혹들을

---

[1] Jonathan Larson, *Rent* (Finster & Lucky Music, 1996).

통해 올바로 보는 "임대" 안에 남은 자리가 있다. 또한 우리는 그것이 궁극적으로 사람들로 하여금 물건을 사도록 만들 상업적 목적을 갖지 않았음을 알기 위해 크리스마스 이야기의 표면 아래를 시험할 필요가 있다.

또한 그것은 궁극적으로 예물들을 가지고 온 동방박사들과 지팡이를 가진 목자들 혹은 성탄절 세트에 대한 것도 아니다. 그것은 우리를 위한 하나님의 선물에 대한 것이다. 그의 아들의 인격을 통한 그 자신이다. 하나님의 선물은 무엇이 아니라 누구이다. 하나님께서 가난한 자와 멸시받는 목자들에게 그의 아들의 인격을 통해 자신을 주셨던 사실에 비추어, 우리는 유사한 상황에서 다른 이들에게 우리 자신을 줄 수 있다.

이런 관점에 비추어 볼 때, 성탄절 세트를 공공 공원에 세우는 것을 계속하려는 성탄절의 싸움들은 우리를 이상하게 만들어 예수의 삶과 가르침의 전체 초점을 놓치고 있다. 예수께서는 밤에 공원에서 그들의 양떼를 (서로를) 돌봐 주고 있는 집 없는 이들(현대의 목자들)을 도와주는 데 보다 많은 관심을 가지고 있었다. 한 예술가 친구가 한번 말했듯, 우리 그리스도인들은 종종 벼룩 그림을 그리거나 개를 잃어버린 데 사로잡히곤 한다.

"임대"는 많은 문자 그대로의 "그리스도인" 복음 가장행렬 산물들이 하는 것보다 복음의 핵심에 보다 많은 빛을 비추고 있다.

왜 이것이 그러한가?

그것은 우리가 종종 이야기의 깊이인 핵심 의미에 대해 검증하는 것을 실패하므로 진리를 허구로 바꾸기 때문이다. 우리는 예수의 피 묻은, 땀 흘린, 그리고 눈물로 젖어 있는 탄생을 고요한 밤에 평화롭게 잠들어 있는 선물로 싸여 있는, 도자기 같은 얼굴을 가진 그리스도의 아이로 바꾼다. 또한, 우리는 종종 우리 자신의 삶에서 복음의 진리를 성육신하기에 실패하는 것처럼, 메시지의 전달자로서 우리 자신에 걸맞는 예술적 미디어들을 사용하는 데 실패한다. 우리는 우리 복음 작품들 안에서 메시지, 전달자 매체의 진리와 더불어 우리 스스로에 대한 관심을 가질 필요가 있다.

여기에서 우리는 성경 메시지의 진리성에 대한 스타인벡의 토론과 더불어 시작하면서, 조나단 라슨으로 부터 존 스타인벡(John Steinbeck)과 조니 캐쉬(Johnny Cash)에게로 방향을 전환해 보려 한다. 『에덴의 동쪽』(*East of Eden*)에서 (그것은 가인과 아벨의 이야기를 재현한 것인데) 스타인벡이 만든 인물들 중 한 사람, 즉 아담 트래스크의 중국인 노예 리(Lee)는 가인과 아벨의 이야기에 대해 이렇게 말한다.

> 가인과 아벨의 이야기는 모든 사람의 이야기이자 세상에서 가장 잘 알려진 이야기이다. 나는 그것을 인간 영혼의 상징적 이야기라고 생각한다.… 나는 이 오랜 그리고 끔찍한 이야기가 중요하다고 본다. 왜냐하면 그것은 영혼, 즉 비밀스런, 거부된 형을 받은 영혼의 병원 기록이기 때문이다.[2]

어디에선가 리는 다시 이렇게 말한다.

"우리가 자신 안에서 그것이 사실이고 우리의 진실이라고 느끼지 않는 한, 어떠한 이야기도 힘을 갖지 않는다. 또한 지속되지도 않는다."[3]

그리고 다시금 말한다.

> 그리고 여기에서 나는 규칙을 만든다. 위대하고 지속되는 이야기는 모두에 대한 것이다. 그것이 아니면 결코 지속되지 않을 것이다. 낯설거나 이

---

[2] John Steinbeck, *East of Eden, Steinbeck* Centennial ed. (New York: Penguin, 2002), 268–69.
[3] Ibid., 266.

방의 것은 흥미롭지가 않다. 오직 깊이 있게 인격적이고 친근한 것만이 그러할 것이다.[4]

리의 말을 듣고 있던 누군가가 결국 언급한다.

리! 당신은 세워져 있는 교회라는 기계를 통해 당신의 문제들을 더 잘 유지할 수 있겠어요. 혹은 거기에 손이나 발에 손톱 발톱을 기른 중국인이 있을지도 몰라요. 그들은 문제들을 좋아하지만 자신의 문제달을 좋아하니까요.[5]

모든 거리 구석에 있는 "세워져 있는 교회들"은 진리의 구석을 가졌다고 주장한다. 그러나 그들은 스타인벡이 그토록 능수능란하게 했던 것처럼 인간 영혼의 어두운 구석들을 파헤치는 것에는 자주 실패한다.

성경 메시지나 이야기는 우리가 믿든 안 믿든 진리이지만, 그것이 그러한 지속적인 힘을 가지고 있고 세대로부터 세대에 이르기까지 지속되는 이유는, 그리고 그 주제들이 시시 때때로 다시금 "임대"로부터 『에덴의 동쪽』에 이르는 광범위한 선상의 예술적 형태들에서 나타나는 이유는, 바로 우리가 우리 자신 안에서 그것이 사실이며 진리라고 느끼기 때문이다. 그것은 원고를 썼던 이로부터 우리 자신의 존재를 도출해 내기 때문에 우리에게 진리이다.

"임대"와 『에덴의 동쪽』만이 아니라, 성경적 상징주의가 없는 이야기들도 특별한 각도에서는 복음의 이야기를 밝혀낼 수 있다. 그리스도로부

---

[4] Ibid., 268.
[5] Ibid., 269.

터 나온 역사 속에서 오르내린 이야기들은 하나님의 이야기를 가리킬 수 있다. 예를 들면, 땅으로 내려오고, 죽고 다시 부활하는 그리스 비극들 그리고 신들의 풍요의 문화의 전설들과 같은 것들이다.

누군가는 성경 기사와 다른 이야기들 사이의 공명을 발견하지만, 그것이 많은 것들 중 하나의 신화, 즉 불멸을 향한 인간 영혼에 대한 지속적인 질문에 대한 예증은 아니다. C. S. 루이스(C. S. Lewis)가 주장한 것처럼, 성경 이야기는 단지 신화만이 아니기 때문이다. "만일 정말로 신화가 사실이 되었다면, 즉 성육신했다면, 그것은 바로 이와 같은 것이 될 것"이기 때문이다.[6] 그것은 사실이 된 신화이다. 왜냐하면 그것은 그로부터 모든 다른 이야기들이 그들의 구속적 패턴과 의미를 도출하는 인성을 가진 하나님의 최초 이야기이기 때문이다.

하지만 그러한 인식만으로는 불충분하다. 그것은 그것의 전달자로서 우리 삶에서 사실적이 되고 의미를 갖게 되어야만 한다.

이것은 우리에게 자니 캐시(Johnny Cash)와 영화 "앙코르"(Walk the Line, 2005)에게로 데려다 준다. 그 영화는 캐시의 인생의 많은 부분을 기록한 것이다. 영화 초반에 젊은 캐시와 그의 밴드가 자신들의 첫 번째 앨범을 발매할 희망에 차서 한 레코드 스튜디오에서 오디션을 보는 아름다운 장면이 있다.

그들은 예수께서 그들을 구원하신 것, 내면에 평화를 가진 것, 그리고 그것을 외치고자 소망하는 것을 내용으로 하는 지미 데이비스(Jimmie Davis)의 가스펠 곡을 부르고 있다. 노래를 듣던 사람, 즉 샘 필립스(Sam Phillips)은 그들을 멈춘 후, 그와 같은 가스펠은 판매되지 않는다고 말한다. 항의를 하자, 필립스는 자신이 캐시를 믿지 못하겠다고 말한다. 그는

---

6   C. S. Lewis, *Surprised by Joy: The Shape of My Early Life* (London: Geoffrey Bles, 1955), 222.

후에 덧붙인다.

> 만일 당신이 트럭에 받혀서 저 시궁창에 드러누워 죽어가고 있다면, 그리고 당신이 노래 한 곡을, 당신이 흙으로 돌아가기 전에 사람들이 기억할 노래 한곡을, 하나님께서 당신이 이곳 지상에서 당신의 시간에 대해 당신이 무엇을 느꼈는지 알도록 할 한 곡을, 당신을 요약해 보여 줄 노래 한 곡을 할 시간이 있다면, 그 노래를 부르겠지요.
> 당신이 노래하고자 할 노래가, 바로 우리가 하루 종일 라디오에서 듣는 같은 지미 데이비스의 곡이라고 나에게 이야기하고 있는 것입니까?
> 당신의 내면의 평화에 대해, 그리고 어떻게 그것이 현실인지에 대해, 그리고 당신이 어떻게 그것을 외쳐 나갈지에 대해 노래하고 있는 것 말입니다. 아니면, 당신은 무언가 다른, 무언가 진짜의, 당신이 느끼는 무언가를 노래하려고 합니까?
> 내 말은 바로 그러한 노래가 사람들이 듣기를 원하는 종류의 노래라는 것입니다. 그것이야말로 사람들을 진짜로 구원해 주는 노래라고 말입니다. 그것은 하나님을 믿는 일과는 아무런 관련이 없는 일입니다, 캐시 씨. 그것은 당신 자신을 믿는 것과 관계있습니다.[7]

우리는 마지막 문장을 "그것은 신념과 무관합니다. 그것은 당신이 진정으로 믿고 있느냐와 관련됩니다"라고 수정하고 싶지만, 그것을 현실적으로 유지할 필요를 가지고 있는 초점은 여전히 서 있다. 영화에서, 캐시는 그가 공군 복무 동안 작곡했던 노래들 중 하나인 "폴섬 형무소 블루

---

[7] 이 인용문은 James Mangold가 감독한 20세기폭스사의 "앙코르"(*Walk the Line*)의 2006년 DVD에서 가져온 것이다.

스"(Folsom Prison Blues)를 부르기 시작한다.

이 장면을 마친 후, 우리 아들 중 하나가 그는 첫 번째 곡이 따분하고 건조해서 좋아하지 않았다고 언급했다. 그러나 두 번째 곡은 영혼을 담고 있었기에 정말 좋았다고 말했다. 이 영화의 연출에 따르면, 만일 우리 자신의 영혼들이 구원을 받지 않았다면, 영혼 구원에 대한 이야기나 노래나 작곡은 아무런 쓸모가 없다.

영화는 또한 캐시의 약물중독으로부터의 회복과 하나님께서 그에게 삶의 새로운 기회를 주셨다는 그의 확신을 기록한다. 그의 회복 이후, 캐시는 자신의 팬이 보낸 편지를 훑어본다. 그리고 얼마나 많은 그의 팬들이 철장 속에 갇혀 있는지를 깨닫게 된다. 이어지는 진술은 "폴섬 형무소 블루스"와 같은 그의 노래들이 실제로 그들 수형자들의 영혼을 터치했다는 것을 드러내 준다. 그리고 그것이 그로 하여금 폴섬에서 콘서트를 열도록 이끌어 주었다.

서두 부분에 언급했던 레코드 업자가 옳았다. 우리가 노래하는 나쁜 이들을 구원하게 될 유일한 노래들은 우리 자신을 구원했던 그 노래들이었다. 그들이 기독교 가사들을 가지고 있든지 아니든지 말이다. 우리 학생들 중 한 사람이 캐쉬-필립스의 오디션 장면을 본 후 "우리가 팔고 있는 것을 우리는 피웁니까?"라고 언급했던 것처럼 말이다. 메시지는 중요하다. 메신저와 매체 역시 중요하다.

복음주의 공동체에서, 우리는 록 앨범을 백마스킹는 것, 드럼을 치는 것, 그리고 그와 비슷한 것을 금지하는 데 그토록 많은 시간을 써 왔다. 그리고 우리 마음에 가면을 씌우거나 가두는, 혹은 철장 속에 갇혀 있는 자들을 자유케 하는 데 실패한 "기독교적" 곡들을 노래하는 것을 금지하는 데에는 별로 시간을 투자하지 않았다. 매체는 메시지에 대한 전달자의 응답에 적합해야만 한다.

하프시코드(harpsichord)와 바로크(baroque)가 없는 바하(Bach)가 무엇이란 말인가?

기타, 록, 컨트리, 그리고 블루스가 없는 캐시가 무엇이란 말인가?

메시지와 매체는 하나이다.

우리의 예배에 대한 장에서 언급한 것처럼, 우리가 자라던 시절에는 우리는 "볼륨과 북소리는 조작과 마찬가지다"라는 말을 들었다.[8] 다른 말로, 큰 음량으로 로큰롤을 듣는 이들은 '피리를 부는 사람'의 그다지 중요하지 않은 진격에 굴복하게 된다는 것이다.

만일 그렇다면, 기독교적 대체물로 호의를 되돌려 주는 것은 의미가 없는 일일까?

"크리스천 록"의 아버지인 래리 노먼(Larry Norman)은 이렇게 힘 있게 외쳤다.

"왜 악마가 모든 좋은 음악을 가져야만 하는가?"

더욱이 만일 볼륨 더하기 북소리가 조작과 동등하다면, 왜 존 필립 수자의 행진곡들 그리고 프라미스 키퍼(Promise Keeper)의 마틴 루터의 "내 주는 강한 성이요"에 대한 행진 연주들은 그들이 너무 조작적이 될 수 있다는 두려움으로 금지하지 않는가?

이러한 논쟁은 백인 지배적인 복음주의 하부 문화에서의 로큰롤에만

---

[8] Stanley J. Grenz의 다음 에세이에 대한 ,Brad Harper의 "응답"을 보라. Stanley J. Grenz, "(Pop) Culture: Playground of the Spirit or Diabolical Device?" in *Cultural Encounters: A Journal for the Theology of Culture 1*, no. 1 (Winter 2004): 27-30. Stanley J. Grenz의 기고문에 덧붙여, 그에 제안된 응답들을 따라서, 독자는 팝 문화에 대한 하나님의 구속적 참여에 대해 이어지는 자료를 살펴보도록 격려를 받는다. Robert K. Johnston, *Reel Spirituality: Theology and Film in Dialogue* (Grand Rapids: Baker Academic, 2000); Craig Detweiler and Barry Taylor, *A Matrix of Meanings: Finding God in Pop Culture* (Grand Rapids: Baker Academic, 2003).

국한되어 있는 것이 아니다. 오늘날, 미국 원주민 기독교 권역에서 원주민의 북을 예배에서 사용하는 것 때문에 논쟁이 일어나고 있다. 일부의 사람들(심지어 원주민 그리스도인들)은 원주민의 북은 악마로부터 나왔으며, 따라서 사용되어서는 안 된다고 주장한다. 원주민 그리스도인들이 이 생각에 도달하는 것을 보면서 우리는 다만 놀랄 뿐이다. 북이 없다면, 우리의 북미 원주민 그리스도인 형제들과 자매들은 아코디온 연주에 맞추어 폴카 리듬에 따라 그들의 발을 두들기는 편이 더 낫다. 운이 좋게도, 라코타 수 족(Lakota Sioux, 아메리카 원주민의 한 종족-역주)의 기독교 리더인 리처드 트위스(Richard Twiss)는 이 상황에 대해 건전한 신학적 판단을 내리고 있다.

> 우리는 모두 문화적으로 이기주의적이 되기 쉽기에, 우리의 세계관이 **단 하나**의 성경적이며 올바른 것이고 모든 다른 것들은 비성경적이고 그릇되었다고 하는 회피적 유혹에 빠지기 쉽다. 그러나 너 나쁜 것은 문화적 방식, 즉 노래들, 춤들, 제의들 등등이 성경에 대한 분명한 위반이 없을 때에도 악하다고 판단하는 우리의 습관이다.[9]

이어서 트위스는 이렇게 주장한다.

> 음악은 유동적이고 재해석될 수 있기 때문에, 옛 인디언 음악 스타일은 형식의 이유에서가 아니라 맥락과 의미를 통해서 거룩한 혹은 기독교적인 것이 될 수 있다.[10]

---

9 Richard Twiss, *One Church, Many Tribes: Following Jesus the Way God Made You* (Ventura: Regal Books, 2000), 113.

10 Ibid., 125.

루터가 술집의 곡조를 찬송가로 바꿀 수 있었다면, 우리는 확실히 오늘날 같은 것을 할 수 있다. 악기나 멜로디의 문제가 아니다. 상황과 의미와 결부해서, 그것은 노래하고 연주하는 이의 내부에서 무엇이 일어나고 있는가에 대한 것이다.[11] 노래들이 우리를 터치했던 방식으로 우리를 터치한 노래를 부르지 않으면, 우리는 다른 이들을 절대로 터치할 수 없을 것이고, 교회를 개혁할 수 없을 것이다.[12] 그것은 앨범을 금지하거나 태우는 것과 아무런 관련이 없는 일이다. 그러나 우리 자신의 영혼들이 우리가 노래하는 노래들에 의해 불이 붙여졌는지 아닌지와 전적으로 관련되어 있다.

물론, 우리는 그리스도 중심을 둔 성경 드라마에 대한 진정한 증인이 되도록 우리 자신들에 관심을 가져야만 한다. 그러한 참된 증거는 다음 측면들의 하나 혹은 그 이상을 강조할 것이다. "피조물의 원래적 선함," 타락의 속박에 있는 피조물, "그 해방" 혹은 "그 미래의 영광"이다.[13]

캐시의 노래 "폴섬 형무소 블루스" 그리고 나인 인치 네일스(Nine Inch Nails)의 노래 "상처"(Hurt)에 대한 그의 언급은 확실히 피조물의 속박을 강조한다. 그리고 속박된 이들의 역경과 동일시함을 통해, 그것은 무대

---

[11] 이에 대한 큰 예는 Depeche Mode's, Marilyn Manson's 와 Johnny Cash 각각의 "인격적 예수"에 대한 연주의 비교에서 발견된다. Johnny Cash는 같은 기본 음률과 단어들을 다른 두 개로 사용한다. 그러나 그의 의도를 통해 새로운 뜻으로 음률과 단어들을 불어넣는다.

[12] 비신자들로서 원주민의 북들을 악마적 목적들을 위해 사용해 왔던 사람들이 그들의 수많은 과거의 인격적 연상들로 인해 그들 스스로 기독교 찬양에서 그 북들을 사용할 수 없다고 말하는 것과 원주민의 북을 사용하여 하나님을 진정으로 진실하게 찬양하는 다른 원주민 그리스도인들이 그것을 사용할 수 없다고 말하는 것은 별개의 것이다. 믿음으로 행하지 않는 어떤 것도 죄이며, 성경적 믿음에 따라 행해진 어떤 것도 올바르다.

[13] 다음 책을 보라. Karl Barth, *Church Dogmatics*, IV/3.1, *The Doctrine of Reconciliation*, ed. G. W. Bromiley and T. F. Torrance (Edinburgh: T&T Clark, 1961), 123.

위에 그들 자신의 구속에 대한 희망을 세운다. 하나님께서 그를 철저하게 구원하셨다는 캐시의 깊은 정직과 진심어린 확신은 자신의 음악 안에서 실현되었고, 그리스도 안에 계시된 하나님에 대해 증거하면서 많은 사람들을 향해 힘 있게 노래한다.

"기독교" 음악 혹은 기독교 예술은 사람들에게 복음적 하위 문화에서 보통 무엇을 소통하는가?

대답은 다양할 것이지만, 한때 우리 친구들 중 한 사람은 기독교 예술로 통하는 그토록 많은 것들이 포르노그래피와 비슷하다고 언급한 적이 있다. 예컨대, 그토록 많은 기독교 예술의 초현실주의적인, 다른 말로 노스텔지어적인 모습은 우리에게 우리(최소한 우리 중 많은 이들)가 갖지 못한 무엇인가를 약속해 준다.[14]

아마도 그러한 예술은 근본주의적인 다른 세계의 종말론으로부터 그리고 문화를 거부하는 것으로부터 영감을 받는다. 그리고 예배에 대한 장에서 언급했듯, 그것이 하나님께서 타락한 자들과 파괴된 자들을 통해 말씀하시는 것을 들을 귀를 막아버린다.[15]

---

[14] 예컨대 Marco R. della Cava에게 있어서의 Thomas Kinkade의 예술에 대한 논의를 보라. Marco R. della Cava, "Thomas Kinkade: Profit of Light," in *USA Today*, March 12, 2002. 우리의 예술가 친구 한 사람은 Thomas Kinkade의 작품 전시회를 보았고, 전시회의 한쪽 구석에서 그리스도의 그림과 인간 존재에 대한 통렬하고 엉망인 측면을 반추하는 일반적인 삶의 그림을 발견하고 즐겁게 놀라워 했다. 그는 Thomas Kinkade의 대표작 하나에 대해 언급하면서, 왜 우리는 Thomas Kinkade의 이런 종류의 작품을 보다 많이 볼 수 없는지 질문했다. 에이전트는 Thomas Kinkade가 이들 작품들을 사랑하긴 하나 그들은 팔리지 않는다고 말했다. 소비자는 그의 보다 초현실적으로 보이는 작품을 요구한다.

[15] 또한, 찬양에 대한 장에서 주장된 것처럼, 문화는 확실히 하나님의 계시를 왜곡하는 한편, 하나님은 또한 문화의 형태를 통해 말씀하신다. 그래서, 우리가 주의를 기울일 필요가 있는 한편, 우리는 또한 창조적이 되어야만 한다. 우리가 교회에서 문화적 형태를 사용하는 것은 중요하다. 심지어 우리가 말하는 언어조차도 주어진 문화의 부분이며

"임대"의 조나단 라슨, 스타인벡, 그리고 캐시는 타락하고 깨진 자들을 주목하므로 삶의 비극적 측면을 제공해 주며, 우리 영혼에 대로를 만든다. 오로지 우리가 삶을 정면으로 직면할 때에만 우리는 구속을 발견할 수 있다. 왜냐하면 그리스도가 피조물의 고역스러운 고통과 역경을 회피하지 않고, 창조를 내면으로부터 바깥으로 변화시키면서 거기에 새로운 생명을 가져다 주기 위해 스스로를 어둠과 죽음에 삼켜지도록 내주었기 때문이다.

복음주의 권역의 많은 기독교 문화가 현실에 참되게 관여하는 데 실패하여, 궁극적으로 비기독교적으로 되는 반면, 프랑스 로마 가톨릭 예술가인 죠르주 루오(Georges Rouault)는 광대들과 매춘부들을 그렸다. 그는 그들에게서 "어떤 종교적 측면"을 보았기 때문이었다. 그리스도와 비슷하게, 그들은 "비천했고 그들의 비천을 감내해야만 했기 때문이다."[16] 그리고 지금, 그의 고난이 그들의 고난과 얽혀 있다는 사실은 그들이 희망하는 구원이 그가 만든 구원과 얽혀 있음을 의미한다. 루오의 그리스도(Rouault's Christ)는 피, 땀, 그리고 눈물의 세상에 성육신하시므로 진정으로 현실에 개입하신다.

한스 우어스 폰 발타자르(Hans Urs von Balthasar)는 그리스도의 루오의 작품에 나오는 광대 사이의 연결에 대해 이야기한다.

꾸러미이기 때문이다. 우리는 우리를 둘러싸고 있는 이들에게 의미있게 말하지 않는다면 절대로 진실되게 말할 수 없다. 우리가 만일 주변을 둘러싸고 있는 문화에 귀를 기울이고 경청하지 않는다면:, 주변을 둘러싸고 있는 문화에 있는 이들에게 교회 안에 있는 우리를 경청하고 들으라고 기대할 수 있는가?

[16] Gerhard Perseghin, "Georges Rouault Emphasizes the Religious in His Works at the Phillips," in *Catholic Standard*, July 8, 2004, 13.

만일 광대가 모든 인간적으로 그로테스크한 것을 대표하며 요약하고 있다면, 그의 초상은 알아차릴 수 없게 그리고 계속되는 과정 안에서, 그리스도의 이미지로 변화되는 것과 결부되어 있다.**17**

발타자르는 이 연결의 예들로 『가시관을 쓰신 그리스도』(*Christ with the Crown of Thorns*)와 『늙은 광대』(*Old Clown*) 같은 저작들을 지적한다.**18**
"우리는 모두 화장을 하지 않았는가?"
그리고 고전적 광대와 그리스도 사이의 유사성에 대해 증거한다.
확실히, 그리스도처럼, 광대도 인성 안에 비극적 요소를 체화하면서, "모든 것은 인간적으로 그로테스크하다"라고 요약한다. 루오의 저작 『늙은 광대 1917-1920』(*The Old Clown 1917-1920*)에 대한 자막은 다음과 같이 읽혀진다.
"우리의 반짝이는 가면 뒤에서, 우리 모두는 고통을 당하는 영혼, 비극을 숨기고 있다."
한 주석가는 언급하고 있다.
"이것은 루오가 광대에 대한 자신의 그림에서 전달하고자 노력했던 메시지이다."**19**
발타자르는 말하고 있다.

---

17 Hans Urs von Balthasar, *The Glory of the Lord: A Theological Aesthetics*, vol. v, *The Realm of Metaphysics in the Modern Age* (Edinburgh: T&T Clark, 1991), 203.

18 Ibid.

19 José María Faerna, ed., *Rouault*, trans. Alberto Curotto, *Great Modern Masters* (Cameo/Abrams, Harry N. Abrams, 1997), 25.

광대 안에서 인간 존재의 가장 열린 이미지가 발견된다: 집 없는 방랑자, 무장하지 않고 드러난 자, 모든 단순성에서 드러나는 그의 의상의 대단히 우스꽝스러움.[20]

루오의 작품에서 비극에 대한 모든 강조에도 불구하고, 심오한 희망이 있다는 것은 주목할 만한 가치가 있다. 사실, 그의 작품에는 그의 청년기의 스테인드 글래스 제작자의 견습생으로 받은 훈련을 반영한 반투명한 특질이 있다.[21] 이 반투명의 질은 우리에게 신적인 것을 보는 창문을 제공하므로, 광대에 대한 그의 그림을 포함하는 그의 작품에 상징적 의미를 덧붙인다.

루오의 상징적 광대는 그리스도의 그의 나라에 대한 비유적 증거들로 봉사한다. 그리스도는 원형적 인간 대표(archetypal human representative)이자 우주적 광대(cosmic clown)시기 때문이다. 발타자르는 어리석은 자, 바보, 그리고 그런 류의 사람들에 대한 이야기의 마지막에서 우주적 광대이신 그리스도를 이야기한다. 그곳에서 개인적 광대는 우주적 원형의 광대로 대체된다.

이 장에서 우리가 정직하며, 어리석은, 그리로 진짜로 멍청한 이성처럼 본 광대 이미지와 저 "주된 이성"(미쉬킨[Myshkin])에 대한 전체 형이상학이 여기에서 대체된다. 파르치팔(Parzival)로부터 돈키호테(Don Quixote)와 심플리키우스(Simplicius)에 이르기까지 바보들의 게임은 바보의 심각함에 대한 즐거운 서곡이었다. 그러나 이제 저 외로운 개인의 운명은 인류의

---

20 Balthasar, *Glory of the Lord*, 202.
21 다음을 보라. Perseghin, "Georges Rouault Emphasizes the Religious," 13.

제14장 오늘날의 문화에서 복음의 게토화를 극복하기   475

운명, 즉 인간 존재가 그 무감각성과 어리석음을 선포한 그 지점에서 십자가에 매달린 온화한 신적 바보에 의해 취해진 운명이 되었다. 그는 침묵으로 그 자신 안에 모든 것을 담아 내며 또한 모든 것 위에 자신의 형상, 즉 신적 자비의 형태를 각인했는데, 그 이유는 그 영광이 지상의 아름다움 안에서 혹은 추함 안에서 보이지 않게 드러내지는 지 여부에 대한 숭고한 무관심의 문제이기 때문이다.[22]

그리스도(우주적 광대)는 그의 신적 자비를 모든 이에게 각인시키면서, 아름다움과 추함 안에서 드러난 인류의 운명이다. 교회는 열방이 들어갈 수 있는 통로 역할을 하며, 그 자신을 일상생활의 구렁텅이에서 나타나게 한 그리스도의 영광에 대한 상징적인 창으로 봉헌한다.

본 장의 서두에서 언급된 이머징교회는 현대 세계에서 전개되는 것처럼 구원의 옛 드라마에 참여하는 자신들의 감각을 향상시키면서, 예배에서 상징을 사용한다.[23] 이 드라마에 참여하는 자로서, 이 현대 성인들은

---

[22] Balthasar, *Glory of the Lord*, 204. 무관심은, Balthasar에 따르면, 긍정적이라는 것이 언급되어야 한다. 그것은 다른 이에 대한 사랑과 그 자신의 갈망에 대한 무시를 포함한다. 또한 다음을 보라. David Bentley Hart, *The Beauty of the Infinite: The Aesthetics of Christian Truth* (Grand Rapids: Eerdmans, 2003), especially 336–38.

[23] 상징이 오용될 수 있는 한편, 우리의 찬양 경험을 고양시킬 수도 있다. 상징의 역할 중 하나는, 교회 역사 속에 서의 많은 무리의 증인들과의 우리의 친교의 감각을 향상시키는 것이며, 우리로 하여금 우리 자신을 구원의 계속되는 드라마의 참여하는 자로 보도록 돕는 것이다. 성육신은 동방교회에서의 아이콘에 대해 궁극적 정당화로 기여한다. 그리스도가 창조에서 제공된 하나님의 영광을 들여다보는 최상의 창문이기 때문이다. 하나님의 궁극적 이미지 혹은 아이콘으로서 그리스도의 표상은 오레곤 포틀랜드에 잇는 성 니콜라스정교회의 천장에 있는 옛적부터 계신 이(Ancien of Days)를 대표한다. Rublev의 "성 삼위의 아이콘"(Icon of the Holy Trinity)에서, 마므레의 나무 근처에서 아브라함을 방문했던 세 천사같은 사자들은 신적 인물들의 장소에 서 있다. 대중적 개신교의 입장견과 반대로, 정교회 성직자는 신자들에게 아이콘을 예배하도록 가르치지 않

사람들에게 어떻게 하나님께서 우리의 세상에서 역사하시는지를 보는 창문을 제공하면서, 삶의 혼란스러움과 무너짐 안에 드러난 신적인 아름다움을 기념하며 상징적이자 선교적으로 기능한다.

이러한 교회의 선교와 예술의 통합은 교회가 예배와 예술 분과를 신설해야 하는 한 가지 이유가 된다. 예배와 예술 분과는 시각 예술가들, 음악가들, 작가들, 작곡가들, 사진 작가들, 무용가들, 영화 제작자들, 그리고 대중 영화와 책들에 대한 이해 집단들을 포함하여 다양한 예술 공동체들을 감독한다. 교회 안에서 이 공동체들은 이 예술가들이 자신들의 재능을 전체의 몸을 고양시키도록 돕는 촉매제로 기능한다. 이 분과에서 목회자들은 다양한 예술가들이 자신들의 예술과 믿음을 통합하도록 도와주는 멘토가 된다. 그것은 결국 몸인 교회를 세우면서 주변 공동체를 위한 복음의 선포에 도움을 준다.[24]

그리스도인 리더들이 예술가들뿐만 아니라 예술을 하는 모든 신자에게 멘토가 되는 것은 중요하다. 예술은 인간으로서 그리고 그리스도인으로서의 우리 존재의 근원 부분에 연관되어 있기 때문이다. 우리는 진, 선, 미를 찾는 일에, 그리고 우리의 여정에서 우리를 도울 예술에 주의 깊은 주목을 하는 일에 묶여 있다.

고, 예배를 위한 창문과 안내자로 사용하도록 한다. 성상화에 대한 신학이 있는데, 그것 또한 남용을 방지하는 역할을 한다. 벌거벗은 신성을 표상하는 것 위에 놓여진 한계에 덧붙여서, 아이콘은 반투명의 특질을 소유하며, 그들을 통해 관찰자들을 신적인 것의 영역으로 인도한다. 더욱이 성상을 그린 사람들은 자신들의 작품에서 그들의 아이콘을 궁극적 실재 그 자체와 혼동하는 것에 대항하여 보호하기 위해 관점과 차원을 변화시킨다. 말하자면 지금 우리는 거울을 보는 것같이 희미하게 보나 그날에는 얼굴과 얼굴을 맞대고 볼 것이다.

24 우리는 오레곤, 포틀랜드, 이마고 데이 공동체의 Josh Butler에게 제14장의 저술 과정에서의 그의 통찰과 반추에 대해 감사를 표하고 싶다.

예술은 우리가 모든 사람들(그리스도인들이나 예비 그리스도인들이나 마찬가지로)에게 복음 이야기의 심오함에 대해 증거할 때 우리에게 도움이 될 수 있다. 복음 사역에서 조각, 춤, 그리고 미술과 같은 다양한 예술 형태들을 사용하는 것 이외에도, 이 다양한 형태들이 기독교 예배로 통합되도록 의도적인 노력들이 이루어지는 것도 동일하게 중요하다. 너무 자주, 우리는 음악에 대해서만 배타적으로 만족한다. 음악이 예배에 대해 중요한 만큼, 그것은 인간 인격의 한 부분에만 관여한다. 만일 우리가 우리 전 존재로 하나님을 예배하고자 희망한다면, 예술적 표현의 들리는 형태들과 보이는 형태들이 똑같이 필요하다.

우리는 기독교 예배로 예술을 통합시키는 것에 대해서만 관심을 가져서는 안 되고, 예술을 기독교 교육 프로그램에 통합시키는 것에 대해서도 관심을 가져야 한다. 따라서, 지역교회들의 기독교 교육 책임자들은 예술을 통해 복음서 이야기를 묘사할 때, 다른 것들 중에서도 셰익스피어와 스타인벡의 작품들을 언급하므로 복음과 문학에 대한 수업을 발전시킬 수 있다. 교육자들이 "임대," "매그놀리아"(Magnolia), 그리고 "레미제라블"(Les Miserables) 같은 영화들을 교실에서 사용하는 복음과 영화로 동일하게 적용할 수 있다.

예술가들에게 멘토를 해 주는 것에 대한 토론으로 되돌아와서, 어떤 직업과도 마찬가지로 교회의 목회 지도력에 있어서는 예술가들이 자신들의 예술을 자신들의 신앙과 통합시키도록 돕는 것이 중요하다. 예술가들을 멘토해 주는 책임을 맡는 것은 오늘날 몇 가지 이유에서 특히 중요하다.

첫째, 예술은 장식품 취급을 받으며 기독교 신앙의 구성적 요소로 인정받지 못한 채 교회에서 등한시되어 왔다.

그러나 예술은 중요한 역할을 가지며 믿음의 필수 구성 요소이다. 이미 언급한 것처럼 하나님은 위대한 예술가이시며, 피조물과 교회는 그의 걸작이기 때문이다.

둘째, 삼위일체 하나님께서 위대한 예술가시기에 교회가 최고의 걸작품이라는 사실을 받아들일 때, 예술가들은 교회의 삶에서 대단히 중요한 역할을 지니고 있다고 볼 수 있다.

성령으로 충만했던 예술가들은 성막(그리고 성전)을 세우고 거기에서 예배가 이어지는 데 도구가 되었다(출 35:30-36:1을 보라; 참조. 대상 22장).

이 동일한 초점에 더해, 거룩한 성령의 전이자 그리스도의 신부로서, 교회는 어린 양의 혼인 잔치를 위한 준비로 자신을 치장해야 한다(계 19:6-9). 깊은 혼인 잔치의 친밀함이 주어질 때, 사업에 능하면서도 신앙에 성숙한 예술가들이 그리스도의 공동체가 다가올 것의 맛보기인 예배와 주의 만찬 축제를 준비하도록 돕는 것은 대단히 중요하다.

셋째, 그리스도의 몸인 우리는 세상에서 신적 삶의 체현이다.

그리스도의 성육신과 그의 지도자직의 관점에서, 그리스도의 교회에서 나오는 예술은 성육신적이고 선교적이어야만 한다. 이 예술가들은 그리스도의 몸을 확장시키기 위해 섬기면서, 주변 공동체 안에서 자신들의 믿음을 체현해야만 한다. 선교적 증인들로서의 예술가들의 역할이 오늘날 특별히 중요하다. 믿음의 합리적 설명들은 더 이상 무능력하다. 합리주의는 종종 사람들을 생각하는 기계로 축소시키고, 그들의 열정, 희망의 느낌, 의미 그리고 목적을 억누르며, 인간 정체성을 파편화시키는 데 기여해 왔다.

이러한 관점에서 볼 때, 오늘날 기독교 신앙의 가장 유력한 증거들 중 하나는 위대한 예술가이신 삼위일체 하나님께서 그의 황폐한 렘브란트를 회복하시는 복된 소식에 기반을 둔 그 아름다운, 거룩한 희망이다. 하나님은 대응하시는 분이 아니라 창조하시는 분이다. 하나님은 흠집이 나서 외관이 훼손되어 흉해진 자신의 걸작을 버리지 않으신다. 오히려, 하나님은 그의 아들과 성령을 통해 피조물 속으로 들어가셔서, 내면으로부터 그것을 변화시켜 나가시고, 그의 존재의 본질을 완전히 회복시키신다. 그리하여, 그리스도의 몸으로서의 교회는 다가올 놀라운 것들의 전조와 맛보기를 제공하면서, 어둠의 한 가운데에서 희망을 제공하므로, 그것이 하나님의 자비와 다양한 영광을 드러낼 때, 삼위일체 하나님의 예술적 재능과 열정을 증언한다.

≈ 심화 연구를 위한 질문들

1. 예술이 이렇게 복음의 선포를 위해 섬길 수 있는가?
2. 당신은 어떻게 다음 질문, 즉 "왜 악마가 모든 좋은 음악을 가져야 하는가?"에 대답할 것인가?

제15장

선교 공동체로서의 교회: 존재가 이끄는 교회

1. 그리스도의 교회의 선교적 동인

우리는 이제 본서의 마지막 두 장을 남겨 두고 있다. 우리는 완전한 원을 그리면서 우리가 시작했던 지점을 향해 가는 중이다. 첫 번째 장에서 우리는 삼위일체적 공동체로서의 교회에 대해 이야기했다. 그것은 **존재가**-이끄는 것이었다. 그 목적과 행동은 교회의 정체성으로부터 흘러 온다. 그것은 삼위일체 하나님과 그 친교를 통해 구성되었다. 본 장에서, 우리는 교회를 존재가-**이끄는** 것으로, 선교적인 것으로 이야기할 것이다. 그 존재는 하나님, 그 자신의 구성원들 그리고 세상과의 친교 안에서 위로, 바깥으로 그리고 아래로 돌이키는 것으로 발견된다.

하나님 자신의 존재는 신적인 삶 안에서 서로를 향해 바깥으로 향하시는 성부와 성자와 성자**이시며**, 성부께서 아들과 성령을 세상으로 보내심을 통해 나타난다. 성부는 성령을 통해 성자를 세상에 보내신다. 동일한 성령을 통해, 아들은 광야로 이끌려 가시며, 십자가에 달리시고 죽은 자들 가운데에서 부활하신다. 다음에는 그의 승천과 더불어, 아버지와 아들은 성령을 세상에 보내시어 교회를 낳으시고, 교회에 내주하시며 교회에 권능을 주신다. 교회를 그리스도에게로 연합시키시는 성령께서는 교회를 세상으로 보내시어 세상 끝날까지 말과 행위로 그리스도를 증거하게 하신다.

본 장의 목적은 교회 안에서 그리고 교회를 통한 하나님의 선교적 운동을 추적하고자 함이다. 이 과정에서, 우리는 다음의 질문들에 대답을 추구한다. 그것은 이런 순서를 통해서이다.

선교적 교회의 의미와 중요성은 무엇인가?

그 방향과 목적은 무엇인가?

행위에 대한 말의 관계를 포함하는 그것의 메시지는 무엇인가?

그리고 그것이 선포하는 구원의 범위는 무엇인가?

2. 선교적 교회의 의미와 중요성

교회는 이동 중인 하나님의 백성(약속된 땅을 향해 가는 나그네들의 공동체)이다. 하나님은 이스라엘의 백성들을 애굽에서의 속박으로부터 가나안에서의 자유로 이끄셨다(출 13:21-22). 그래서 또한 주님께서는 교회가 낮이나 밤이나 열방들 사이에서, 항상 그 영원한 집을 찾아 나서는 가운데 하나님을 향한 증거자로 여행을 떠날 때 앞서 나아가신다. 주님 스스로가 명령하시고 약속하셨기 때문이다.

> 가서 모든 족속으로 제자를 삼으라.⋯ 내가 세상 끝날까지 너희와 항상 함께 있을 것이다(마 28:19a, 20b., 직역).

선교적 교회를 선교 프로그램을 가지고 있는 교회와 구별하는 것은 중요하다. "선교 프로그램을 가진 교회"는 증거를 교회의 정체성, 목적, 그리고 활동의 한 측면으로 제시할 수 있다. 이러한 제한된 시각은 선교를 성령을 통해 세상으로 부어진 교회의 선교적 존재를 표현하는 것으로 보기보다 선교를 무언가 교회가 그 담장 바깥에서 행하는 어떤 것으로 분류한다. "선교적 교회"는 증거를 교회의 존재나 정체성, 따라서 결국 전체 목적 및 행위를 구성하거나 반영하는 것으로 본다. 교회는 하나님이 세상으로 몰아넣으신다는 점에서 정적인 존재가 아니라 동적인 존재이다. 선교적 교회는 교회의 믿음과 삼위 하나님의 사랑이 연합한 결과이며 그 사랑하는 존재는 공동체적이고 공동 선교적이다.[1]

하나님의 사랑하는 삼위일체적 존재는 공동체적이고 공동 선교적이다. 왜냐하면 하나님은 밖으로는 서로를 향해, 아래로는 거룩한 사랑 안에서, 세상을 향해 아래로 향하시는, 친교 가운데 있는 세 인격들이기 때문이다. 하나님의 백성으로서, 교회는 사랑의 영을 통해 그리스도에 대한 믿음에 의해 올라가며, 부어진 사랑의 영을 통해 그리스도와 더불어 이웃, 넓게는 세상을 향해 내려간다.[2] 따라서, 교회는 삼위일체 하나님 자신의 선교(아버지께서 아들과 성령을 세상으로 보내심)에 참여한다.

아버지가 아들과 성령을 통해, 경배와 사랑의 섬김 안에서, 다른 문화

---

[1] 친교적인 그리고 협력선교적인 것에 대한 토론은 George R. Hunsberger의 영향을 반영한다. George R. Hunsberger, "Missional Vocation: Called and Sent to Represent the Reign of God," in *Missional Church: A Vision for the Sending of the Church in North America*, ed. Darrell L. Guder (Grand Rapids: Eerdmans, 1998), 82. 또한 다음을 보라. David Bosch, *Transforming Mission: Paradigm Shifts in Theology of Mission*,(Maryknoll: Orbis, 1991[『선교적 교회론』, CLC 刊]).

[2] 이 관점은 마틴 루터의 영향을 반영한다. Martin Luther, *The Freedom of a Christian*, in *Martin Luther's Basic Theological Writings*, ed. Timothy F. Lull (Minneapolis: Fortress, 1989), 623.

공동체 안으로 교회를 형성하실 때, 교회는 세상을 향해 바깥으로 향하게 된다. 교회의 공동체적이고 공동 선교적 존재 혹은 정체성의 형성은 족속들 사이에서 하나님을 증거하는 공동체로서의 구별된 목적과 행동을 일으킨다. 이러한 선교적이자 증언하는 지향성은 언제나 하나님의 백성들에게는 참된 것이었다.

바벨의 경우에서처럼(창 11:1-9), 백성들이 자주 하나님의 이름을 증거하기보다 자신을 위해 이름내기를 추구해 온 반면, 우리는 아브람 혹은 아브라함이라는 인물 안에서 신실한 증인을 발견한다. 하나님은 이 이방인으로 하여금 그의 백성과 고향 땅을 떠나도록, 그리고 하나님께서 그에게 주실 땅으로 가라고 부르신다(창 12:1). 하나님은 그를 첫 번째 유대인으로 그리고 유대 민족의 아버지로, 그리고 유대인이나 이방인이나(롬 4:11) 모든 믿음의 백성들의 아버지로 만드신다(창 17:9-14).

하나님께서 보여 주신 예를 따라 아브라함과 그의 가족들은 움직이는 백성들이었으며, 열방들 사이에서 하나님의 신실하심을 증거하는 자들이었다. 아브라함의 믿음을 갖는 모든 이들은 다가 올 도시와 고향을 찾는 중인, 이러한 선교적 백성들에 속해 있다(히 11:8-10; 13:14).

하나님의 이름을 안고 있는 백성인 이스라엘은 모세가 그들을 애굽에서 인도했을 때 움직여 나갔다. 하나님은 마치 그가 이스라엘(그의 아들)을 애굽의 속박으로부터 불러낸 것처럼(호 11:1), 그의 아들을 통해 애굽으로부터 자신의 자녀들을 불러내시고 이끄시길 계속하셨다(마 2:15; 계 7장). 궁극적 의미에서 우리는 절대로 뿌리를 내려 정착해서는 안 된다. 우리는 하나님께 머물러 있는 자들이다. 우리가 뿌리를 내릴 경우, 우리는 순종적이거나 선교적이기를 그만두는 것이다. 우리의 선교적 지향은 그 기반이 하나님으로부터 나오는 다른 도시나 나라에 우리가 속해 있음과 결부되어 있다(히 13:14).

그 방향 설정이 뿌리를 내리는 데 있고 정지되어 머무르는 데 있는 교회는 자주 그 구성원들이 오직 "자신과 같은 부류의 백성들"만 돌보는 교회이다. 하나님은 아브라함과 그의 자손들만을 축복하고자 의도했던 것이 아니라, 그를 모든 민족들을 향한 축복으로 만드셨다(창 12:1-3). 그리스도께서는 그의 교회를 예루살렘에만 세우기를 의도하셨던 것이 아니라, 자신의 제자들을 성령을 통해 유대에서, 사마리아에서 그리고 마찬가지로 온 땅을 통해 그의 증인이 되도록 보내시고자 목적하셨다(행 1:8).

불행하게도, 오늘날의 덜 선교적인 교회들처럼, 이스라엘과 초대교회는 종종 그들의 선교적 목적의 시야를 놓치곤 하였다. 하나님께서 애굽으로부터 이스라엘을 이끄셨을 때, 많은 애굽인들이 그들과 함께 따라 나왔다(출 12:38). 모세와 이스라엘은 애굽인들(그들의 지도자 바로는 이스라엘 백성들을 억압했다)을 하나님의 영광, 능력, 그리고 사랑으로부터 떼어 놓고자 시도하지 않았다.

그러나 나중에 이스라엘인들은 선지자 요나의 경우에서와 같이 바깥 사람들과 보다 비슷하게 되었다. 요나가 그들에게 하나님의 임박한 심판에 대해 경고했을 때, 앗수르인들이 그들의 사악한 길을 회개하자 속이 상했다. 그는 하나님께서 이스라엘의 적들을 심판해 주시기를 원했기 때문이었다(요 4:1-3).

같은 문제들이 신약성경에서도 계속되었다. 예수께서 나사렛에서 부활하시고 갈릴리에서 이방인들에 대한 그의 사역을 시작하셨을 때, 그리고 매춘부, 세리, 그리고 로마 군인들에게 손을 내밀자, 그의 제자들은 예수께서 사마리아 여인에게 말을 거시는 것(요 4:27)과 어린아이들을 자신에게로 부르시는 것(눅 18:15-17)을 보고 놀라워했다. 사마리아 여인들과 어린아이들은 그들의 문화에서는 별 가치가 없는 것으로 받아들여지고 있었다. 의심할 바 없이, 그들은 국민총생산(GNP)에 별 기여가 없었기 때문이었다. 박해가 예루살렘교회를 뒤흔들고 나서야, 신자들은 더 넓은 지역에 걸쳐 복음의 증인으로 흩어지기 시작했다(행 8:1-4).

베드로가 배운 특별한 유대교적 양육은 하나님께서 유대인들과 이방인들 사이의 분리의 벽을 치우셨다는 소식을 스스로 이해하기에 고통스럽고 어려웠다(행 10:9-16). 고넬료의 에피소드 이후, 베드로는 성령에 의해 그리스도 안에 있는 하나님의 은총이 이방인들에게도 유대인들에게 제공된 방식과 동일한 방식으로 온다는 것을 깨달았다(행 10:44-11:18). 그러나 동료들의 압박 때문에, 그는 유대인 신자들이 예루살렘에 있는 교회로부터 안디옥으로 왔을 때 이방인 신자들과의 식탁 친교를 거절했다. 그의 행동으로 바울은 그를 비난했다(갈 2:11-14).

그 자신의 입장에서는, 전직 바리새인인 바울은 그리스도를 위해 그들에게 다가가기 위해 모든 사람들에게 모든 것이 되었다. 바리새인으로서의 이전 삶에서도, 바울은 땅과 바다를 가로질러 다니며 사람들을 회개시키는 것이 완전히 가능했있다. 그러나 그들을 그보다 두 배나 지옥의 아들과 딸로 만드는 가운데(마 23:13-15), 율법의 엄밀한 집행을 통해 하나님의 나라에 못 들어가도록 막았다.

그러나 다메섹 도상에서의 회심 이후, 바울은 아무쪼록 몇 사람이라도 구원하기 위해 유대인에게는 유대인이, 이방인에게는 이방인이 되었다(고전 9:19-23). 바울은 문화 형태가 복음의 내용에 부담이 되는 것을 허용하지 않고자 했다. 바울은 율법에 대한 율법주의적 해석이 걸림돌이 되거나 자신이 걸림돌이 되는 것을 원하지 않았다.

바울에게 있어서 그리스도는 유대인에게는 걸림돌이나 이방인에게는 유대인과 함께 지체된 자로서 지어져 가는 중인 하나님의 집 모퉁이 돌이었다(엡 2:11-22). 바울은 할례나 무할례 같은 문화적 특수성을 허용해 주었다. 그러나 그는 베드로가 이방인 그리스도인들과의 식탁 친교를 깨뜨린 것에 침묵하고 관용하여 뒤로 물러 앉아 있고자 하지 않았다. 성령을 통해 유대인과 이방인 신자들은 그리스도의 몸의 일원들로 한 몸이 되었고 하나님의 가족 구성원들로 같은 식탁에 앉도록 부름받았기 때문이었다(엡 2:11-22).

유대인과 이방인들로 이루어진 교회는 이동하는 집이었고, 그 머릿돌은 하나님의 성육신하신 아들이었다. 그것은 그리스도를 따르는 공동체이며, 그들의 구름기둥이자 불기둥이신 그리스도께서 그의 백성을 약속하신 땅에 세우실 때까지 그것이 찾고 있는 것을 발견하지 못할 것이었다. 교회는 세상으로 나아가서 모든 백성들에게 다가감으로써 모든 족속이 하나님의 가족 구성원이 되고 왕의 나라의 일원이 되게 해야 한다. 교회는 그리스도의 나라가 완전히 도래할 세상 끝날까지 온 땅을 향해 전진해 나간다.

3. 선교적 교회의 방향과 목적

우리는 사람들이 삶에서 향하고 있는 곳으로부터 그들에 대해 많은 것을 배울 수 있다. 삶에서 그들의 방향과 궤적 그리고 궁극적 목적은 그들의 목적들과 행동들에 영향을 끼친다. 동일한 것이 친교적인 그리고 협력선교적인 하나님에게도 통용된다. 친교적이고 협력선교적으로, 하나님 스스로 그의 백성으로 이름 붙이신 공동체 사이에 오시고 사시겠다고(벧전 2:10), 그의 백성을 그의 아들과 함께 성숙한 몸과 흠 없는 신부로 서 아들과 연합하게 하시겠다고(엡 5:25-32), 그리고 그의 백성들을 하나님께서 그의 성령으로 거하실 영광스런 성전으로 만드시겠다고(고전 3:16) 약속하신다.

하나님께서 행하시는 모든 것은 이 목적을 향한다. 친교적이고 협력 선교적으로, 하나님은 그의 백성들 사이에서 사시겠다는, 그의 백성들과 더불어 하나가 되시겠다는, 그리고 그의 백성들 안에 사시겠다는 목적을 가지신다. 교회의 정체성은 하나님의 백성으로서, 그리스도의 몸이자 신부로서, 그리고 성령의 전으로서 삼위일체 하나님과의 언약적 친교 안에 뿌리를 내리고 있다. 이 이미지들은 교회의 선교적 목적과 행동에 결정적이다.

하나님의 백성으로서, 교회는 영원한, 창조를 넘어선 인격 간 친교 안에서 존재하는, 그러나 인류와의 친교를 창조하시려고 바깥으로 향하시는 초월적이시며 영원한 삼위일체를 대변한다. 이 인격적인 하나님은 우리를 자신의 백성, 즉 자신의의 이름을 위한 백성으로 만드시려고 그 자신에게로 부르신다.

그리스도의 몸이자 신부로서, 교회는 그리스도께서 세상에서 그의 백성들을 통해 보살피실 때, 성육신적 현존과 증거를 통해 문화에 관여한다. 이 인격적 하나님은 교회를 통해 세상을 어루만지신다.

성령의 전으로서, 교회는 세상을 신자들의 공동체 안에서 그의 현존을 통해 하나님을 알고 경험하도록 초청한다. 하나님께서 이름 붙이신 백성으로서, 교회는 그 이름을 통해 다른 이들을 확인하고 그들과 더불어 확인하면서 관계적이 된다. 그리스도의 몸이자 신부로서, 교회는 다른 이들에게 하나님의 현존을 "성육신한다." 성령의 전으로서, 교회는 다른 이들을 하나님의 현존으로 들어오도록 초청한다. 우리는 각각의 항목을 번갈아가며 다룰 것이다.

1) 모두가 당신의 이름을 아는 장소

텔레비전 쇼 "치어스"(Cheers)의 주제곡은 이 선술집(치어스)은 모든 이들이 당신의 이름을 아는 장소라고 말한다.

만일 같은 일이 우리의 지역교회들에 대해 이야기될 수 있다면 경이로운 일이 아닐까?

알콜이 많은 사람들을 투명하게 만들고 그들의 장벽을 내려 놓게 만드는 방법이라면, 하나님의 성령으로 충만한 이들은 훨씬 더 투명하고 진실하며 다른 사람들과 친밀한 인간 관계를 맺고 서로 이름을 부르며 하나가 되어야 할 것이다. 그것은 모두 삼위일체 하나님께서 돌이킬 수 없이 인격적이며 아버지께서 은혜롭게 스스로를 우리에게 우리의 삶 안에서 그의 아들의 영의 인격적 현존을 통해 드러내신다는 사실로부터 따라온다.

우리는 **하나님**의 세-인격적 정체성을 세 역할들 혹은 기능들로 축소시킬 수 없다. 그들은 돌이킬 수 없이 관계적으로 뻗쳐나가시는, 그리고 그들의 인격들을 그들의 구별적인 행동들과 역할들을 통해 표현하고 나타내시는 아버지, 아들, 그리고 성령이기 때문이다. 그 영으로 우리의 삶으로 들어오시는 인격적인 아버지는 우리 각각을 이름으로 부르신다. 하나님의 인격적 부름과 우리를 그의 백성으로 만드시고자 하는 결정은 하나님께서 우리를 이익을 위해 착취될 단순한 직원들로서가 아니라 인간 인격들로 평가하신다는 것을 상징한다.

미국에서, 지배적인 백인 문화에 속해 있는 우리 중에는 사람들을 그들의 은사나 직업들의 의미에서 범주화하고 평가하는 경향이 있다. 이러한 조명 하에, 우리는 다른 이들에게 우리 자신을 소개할 때 우리 스스로를 각자의 직업 명칭들에 의한 묘사로 확인하는 경향이 있다. 다른 한편,

미국 원주민 정착지에서는, 사람들이 그들 스스로와 다른 이들을 그들 각각의 가족들과 친족망을 통해 확인하고 평가하는 경향이 있다. 후자는 전자보다 훨씬 편하게 성경과 공명을 하고 있다.

앞 장에서 언급한 것처럼, 교회에서 단지 그들의 은사와 섬김에만 기반을 두고 사람들을 평가하는 것에 주의해야 한다. 사람들은 다른 이들을 세우는 은사를 통해 자신을 드러낸다. 그들의 은사와 섬김의 행동들은 그들이 누구인지를 **세우고 소진시키는 것보다는**, **오히려** 누구인지를 **더 표현**한다. 이것은 우리가 친교 안에 있는 인격들로서 삼위일체 하나님의 이미지 안에서 창조되었다는 사실로부터 귀결된다. 이러한 방향 설정은 우리가 자유시장적인 미국적 영성의 상품과 서비스 조립 라인이 돌아가게 하도록 사람들을 비인격적 톱니들로 바꾸는 상품화에 저항해서 보호막을 친다.

레슬리 뉴비긴은 "후기-계몽주의 프로젝트"(post-Enlightenment project)가 "모든 인간 행동들"을 "노동"으로 흡수했다고 주장한다. 인간 행동은 "소비를 위한 생산의 무한한 순환"이 된다. 이러한 배경에 따라, "시장에 들어가지 않는 것은 무시되었다." 따라서, 가정 주부(아이들이나 노인과 마찬가지로)는 큰 의미를 가지고 있는 것으로 여겨지지 않았다. 그들의 노동은 시장에 도움이 되지 않았다. 반면, "도박 조합, 무기 판매상, 그리고 마약 밀매자"들은 시장의 한 축이었다.[3]

참된 가족적 공동체는 강한 자 **그리고** 약한 자, 건강한 자 **그리고** 병든 자, 젊은이 **그리고** 늙은이, 지혜로운 자 **그리고** 단순한 자가 사는 장소이다. 그래서 그들의 직함에 있어서 **공동체**의 이름을 가지고 있는 많은 우

---

[3] Lesslie Newbigin, *Foolishness to the Greeks: The Gospel and Western Culture* (Grand Rapids: Eerdmans, 1986), 30–31.

리의 교회들이 대단히 의도적으로 생존과 번영을 위해 자유시장 영성의 압박들에 굴복하거나 강한 자, 건강한 자, 젊은 자, 지혜로운 자, 그리고 성공한 자들만을 목표로 하지 않도록 할 필요가 있다. 그러한 "성공"은 참된 공동체를 세우는 데 비용을 내고 하나님 스스로가 성경에 계시된 실천들을 목표로 하는 것을 증거하는 것이 되어야 한다.

하나님은 이스라엘(세상 기준에 의하면 작고 의미 없는 노예 백성들)을 민족들 중에서 그의 백성이 되도록 그리고 그의 이름을 담도록 선택하셨다. 그리고 하나님은 이스라엘 안에서 그리스도의 교회를 세우기 위해 열 두 제자들을 선택하셨다. 그들 중 대부분은 학교에 다니지 못했고 평범한 사람들이었다(행 4:13).

우리 중 많은 이들도 하나님이 우리를 선택하시기 전에 그리고 우리를 그의 가족에 들이시기 전에는 중요한 사람들이 아니었다(고전 1:26). 하나님은 이것을 행하심으로, 다른 이들이 우리가 예수와 함께했다는 것에 주의를 기울이도록 하셨다(행 4:13). 그리고 우리 자신의 자랑이 하나님 안에 있고 우리 자신 안에 있지 않도록 하셨다(고전 1:27-31). 우리가 그의 이름(주님["자랑하는 자는 주 안에서 자랑하라"]을 담고 있는 자들이기 때문에)의 담지자들이기 때문이다. 그의 이름을 가지고 있는 것은 우리의 다양한 교회들 각각의 이름들(게바, 아볼로 혹은 바울의 제일교회)이 아니라, 하나님의 백성으로서 우리의 안전과 의미의 원천이 되어야한다.

하나님은 그가 이름을 부르신 백성들인 우리와 자신의 집을 만드신다. 그는 그의 이름을 가지고 있는 그의 아들과 성령을 통해 그것을 행하신다. 교회가 하나님의 이름을 가진 그리고 "모든 이들이 당신의 이름을 아는" 공동체로 부름을 받은 백성으로서 앞으로 갈 때, 그것은 주변을 둘러싸고 있는 세상을 그들의 한 가운데에서 하나님이 이름을 붙이신 현존을 따라서 가고 경험하도록 초청한다.

하나님의 정체성과 우리 한 가운데에서 인격 간 친교의 선교적 행동은 우리에게 우리의 교회들을 "공동체교회들"로 이름 붙이는 것을 가능하게 만들어 준다. 성육신하신 그리스도의 몸과 신부로서, 하나님은 또한 우리에게 성령 안에서 그리스도와 우리의 연합을 통해 그리스도의 현존에 참여하는 자로서 세상을 향해 뻗어 나가는 것을 가능하게 만들어 준다.

2) 당신 가까이에 있는 장소

누가는 우리에게 사도행전 1:1에서 자신이 앞서 쓴 책(누가복음)에서 "예수께서 행하시고 가르치시기 시작하셨던 모든 것들"에 대해 썼다고 말한다. 여기에서 그는 예수의 목회가 그의 교회를 통해 계속된다고 제시한다. 그리스도의 몸과 신부로서 교회는 성령을 통해 세상에서 그리스도의 성육신하신 현존에 참여한다. 따라서, 그들 앞에 계신 그리스도와 같이, 교회 공동체는 백성들 사이에서 몸으로 살아가야 한다. 우리는 사도행전 5장에서 목회에 대한 이러한 접근의 증거를 본다.

> 사도들의 손을 통하여 민간에 표적과 기사가 많이 일어나매 믿는 사람이 다 마음을 같이하여 솔로몬 행각에 모이고 그 나머지는 감히 그들과 상종하는 사람이 없으나 백성이 칭송하더라. 믿고 주께로 나아오는 자가 더 많으니 남녀의 큰 무리더라. 심지어 병든 사람을 메고 거리에 나가 침대와 요 위에 누이고 베드로가 지날 때에 혹 그의 그림자라도 누구에게 덮일까 바라고 예루살렘 부근의 수많은 사람들도 모여 병든 사람과 더러운 귀신에게 괴로움 받는 사람을 데리고 와서 다 나음을 얻으니라(행 5:12-16).

만일 그들이 가게를 닫고 마을을 떠났더라면, 그것은 확실히 예수께서 그들 앞에서 그러셨던 것처럼 사도들의 공동체의 현존이 놓쳐지는 경우였다.

만일 우리가 마을을 떠난다면, 누가 알아줄까?

우리의 건물들은 그대로 고정되어 있는 반면, 우리의 재능은 전체적으로 공동체에 영향을 주기 위한 전략적 위치들에 놓여 있게 될까?

메가처치의 존재는 그들이 차지하고 있는 공간의 의미에서 느껴지고 있기는 하지만, 이 교회들은 스스로 그들이 주변의 공동체들에서 소금과 빛으로 섬기고 있는지 질문해야만 한다. 그레첸 버겔른(Gretchen Buggeln)은 쓰고 있다.

> 회중들이 무엇을 세우든, 그것을 어디에 세우든, 그들은 주변 문화에 대한 그들의 관계에 대해 무언가를 이야기하고 있는 것이다. 그들은 또한 그들의 의식들과 믿음들에 무엇이 중요한지를 보여 준다.

그녀는 또한 다음과 같이 언급한다.

"의도적이든 아니든, 건물들은 그들의 건축주에게 무엇이 실제로 중요한지를 전달해 주고 있다."[4]

19세기의 관객석교회들(Auditorium churches)은 핵심 대도시 지역들에서 영적인 오아시스로서 섬기기 위한 것이 아니라 문화에서 중요한 대중 역할을 감당하기 위해 고안되고 위치했다. 의심의 여지없이, 마을의 교외에 있는 많은 복음주의적 관객석교회들의 위치는 도시에 공간적으로 비

---

[4] Gretchen T. Buggeln, "Sacred Spaces: Designing America's Churches," *Christian Century*, June 15, 2004, 25.

어있는 장소들이 없음만을 증거하는 것이 아니라 또한 19세기 초반의 "스코프스 원숭이 재판"(Scopes Monkey trial)에 따른 대중적 도심 구역으로부터 근본주의적 복음주의교회가 후퇴한 충격에 대해 증거하고 있다.

그 강요된 출애굽의 결과로, 근본주의적 복음주의교회는 철옹성 같은 멘탈리티를 발전시켰다. 그곳은 도시의 외곽으로 물러남으로써 거룩한 남은 자들이 사악한 문화의 살육으로부터 도피를 찾고 있는 곳이 되었다. (도시는 지배적인 자유주의적, 정치 종교적 제도들이 종종 거기에 자리잡고 있기에 종종 사악함의 소굴로 보인다.)

「하퍼 매거진」(Harper's Magazine)의 제프 샬럿(Jeff Scharlet)은 "현대 근본주의는 탈도시 운동이 되어 왔다"라고 논평한다. 이 운동을 지속하면서 그는 쓰고 있다.

> 그것은 신정론 질문, 즉 만일 하나님께서 선하시다면, 그러면 왜 그분은 고난을 허락하시는가?를 시리학 문제로 재구성해 왔다. 어떤 장소들은 단순히 다른 도시들보다 더 축복을 받았을 뿐이다. 보다 유혹과 같고 보다 악마와 같은 보다 타락한 영혼과 같은 도시들, 그것들은 당연히 보다 타락한 영혼들을 이끌고 있다. 도시의 중심들에 번져 있는 위협들은 기독교 보수주의자들로 하여금 도망치라고 강요했다. 조지아 콥 카운티로, 콜로라도 스프링스로 말이다. 도시 안에 만연해 있는 죄들(동성애, 무신론적 학교 교육, 불신앙적인 형상)에 쫓겨서, 그들은 스스로를 그들 자신의 땅에서 따돌림을 받는 자로 상상한다. 그들은 예수께서 약속하신 대로, 그리고 그들의 셀 그룹 지도자들이 가르친 대로, "박해받는 교회"이다.[5]

---

[5] Jeff Sharlet, "Inside America's Most Powerful Megachurch," *Harper's Magazine* 310, no. 1860 (May, 2005): 50.

메가처치들이 재선 전략에서 핵심 역할을 수행했던 2004년 대통령 선거에서 볼 수 있듯이, 복음주의교회는 최근 몇 해 동안 정치적 영향력을 다시 찾았으나[6], 그 영향력은 집 가까이에 있는 도심에서나 특별히 황폐된 공동체들에서가 아니라 종종 워싱턴 DC 그리고 해외에서 가장 강하게 느껴졌던 것이다.

가정 붕괴, 그리고 파탄을 초래한 번영 복음 운동과 연결된 통근자교회 현상은 앞서 언급한 문제와 관련된다. 퍼킨스는 이러한 문제들에 대해 다음과 같이 주장한다.

> 가족의 붕괴, 통근교회, 그리고 번영 복음은 우리 사회의 기반을 침식한다. 분열로 갈라진 가족, 왔다갔다하는 통근교회, 그리고 가난한 자들을 뒤로 남겨 놓는 번영 복음의 성공 신화는 우리가 저녁 뉴스에서 보도되는 것을 보는 가난, 범죄, 폭력을 막는 데 아무것도 하지 않는다. 이와 대조적으로 함께 머무는 가족들, 공동체 안에서 생생한 현존을 유지하는 교회들, 그리고 그들보다 조금 못한 다른 이들과 동일시하기 위해 그들의 상향적 운동의 길들을 포기하는 이들은 사회를 보존하며 미국을 가로질러 지역 공동체들의 악화에 저항하여 보호를 한다.

---

6 2005년 애리조나 서프라이즈에 있는 한 대형교회에 대한 「뉴욕 타임스 매거진」의 기사는 "많은 신속히-성장하는 준교외 지역"에서 볼 수 있는 것처럼, 서프라이즈의 전형적인 거주자는 "어느 정도 재산이 있는, 젊은 백인 기혼자 가정"이다. 이들은 공화당이 언제나 잘 지냈던 사람들이며(젊은 중산층 커플은 보수화되는 경향이 있다는 것이 정치 분석가들의 통념이다) 공화당은 2004년에 이들 준교외거주자들을 효과적으로 공략했다. 메가쳐치들은 전략을 위해 핵심 역할을 했다." Jonathan Mahler, "The Soul of the New Exurb," *New York Times Magazine*, March 27, 2005, 37.

복음주의교회는 일시적으로 머물러 있거나 자기소비적이 되기보다 사회에서의 성육신적 현존이 됨을 통해 가족과 공동체를 재창조한다. 복음을 교회 성장이나 성공으로 축소시키기보다 화해의 복음을 선포함을 통해서이다. 만일 우리가 참으로 공동체 안으로 교회를 성육신시킨다면, 그러면 우리는 억압으로부터 그리고 신적 희년의 정의를 행하면서, 가난한 자에 대한 하나님의 구속에 보다 잘 참여할 수 있게 된다.

너무나 자주, 우리는 교회를 단순히 교회가 생존하고 번영하도록 만드는 것을 목적으로 하는 프로그램을 가진 건물로 생각한다. 이러한 모델에서는, 사람들은 쇼가 계속되도록 유지하기 위해 모든 것을 가능하게 만든다. 교회에 대한 이 시각은 선교적인 것이 아니다. 그리고 가난한 자가 주변 공동체에서 관심을 받는 한, 그들은 단순히 부차적 문제로 단순히 우리 자선의 수혜자로 보여진다. 어떤 경우에는, 우리는 실제로 교회로 우리 자선에 이 수혜자들을 초청할 수도 있다. 그러나 자선은 공동체를 세우지 않는다. 그것은 가난한 자를 우리의 내민 손의 먼 끝에 놔둔 채, 한편으로 의존을, 다른 한편으로는 분리를 조성한다.[7]

복음은 종종 가정의 붕괴를 지적하며 가정의 가치를 보호해 줄 것을 요구한다. 그러나 샬럿의 단편에서 이미 제시되고 언급된 것처럼, 가족 가치의 캠페인들은 기독교 가족들로 하여금 그같은 세상을 섬기도록 요구하지 않고 종종 이교도 세계로부터 기독교 가족들의 보호를 요구한다는 인상을 준다.

무너진 세상에서 하나님의 성육신은 오늘날 그의 몸으로서 교회의 증

---

[7] John M. Perkins, "Afterword," in Paul Louis Metzger, *Consuming Jesus: Beyond Race and Class Divisions in a Consumer Church* (Grand Rapids: Eerdmans, 2007), 174–75.

거를 위해 중요성을 가진다. 그리스도는 "이 지극히 작은 자 하나"를 위해 자신을 내어 주신다. 그리스도의 몸 된 교회로서, 오늘날 교회는 그리스도의 영과의 연합을 통해 궁핍한 이들에 대한 그리스도의 연민어린 포용으로 뻗어 나가야만 한다.

교회는 이처럼 작은 자 가까이에서 그들을 위한 장소, 즉 안식처가 되어야만 한다. 교회 성장 권역에서는 그리스도의 몸으로서 교회에 수년 동안 많은 주목이 기울어졌으나 초점은 대체로 내면적인 데 놓여 있었다. 즉, 교회가 가장 효과적으로 기능하도록 자신의 영적 은사를 깨닫고 사용하라는 것이다. 사람들로 하여금 전체 몸을 섬기는 데 있어서 잘 기능하는 부분으로서 그들의 재능과 자원을 사용하도록 돕는 일은 매우 중요하다는 것은 당연하다. 그러나 교회가 스스로에 대해, 세상을 위해 희생적으로 섬기는 그리스도의 몸으로 보는 것 또한 필수적으로 중요하다.

우리 친구들 중 한 사람이 북캘리포니아에서 노숙자를 위한 사역을 관리한다. 그는 정치 경제 지도자들로 하여금 이 지역에 만연하는 사회적 질병들을 언급하도록 돕기 위한 사역으로 그의 구역에서 점차적으로 중요한 의미를 갖게 되었다. 그는 자신의 성경적 확신들을 타협하지 않는 거침없는 복음적 그리스도인이었다. 그러나 그의 선교적 삶과 온전하며 동정어린 섬김은 그의 관점을 들을 자리를 만들어냈다.

우리 친구는 자신들의 손을 주머니에 찔러 넣고 있거나 스스로를 기독교라는 배양기 안에서 키우는 대신 스스로를 큰 공동체에게 그리스도의 손과 발로 내어 줄 그의 복음적 형제들과 자매들을 갈망한다.

우리를 다른 이들에게 주는 것은 그들이 있는 장소가 되는 것을 수반한다. 우리는 그들이 우리에게 오기를 기대할 수 없다. 우리는 그들이 있는 곳으로 가야만 한다. 하나님은 잃어버린 세계에 닿기 위해 하늘로부터 땅으로 장소를 이동하셨다. 그래서 우리 또한 아직 그리스도를 고백하지 않은 이들 사이로 이동해야만 한다. 우리가 단지 다른 이들을 위해 장소를 만들어야만 하기 때문만이 아니다. 우리가 또한 그들을 위해 시간을 만들어야만 하기 때문이다. 예수 안에서, 하나님은 우리를 위해 공간과 시간을 만드신다.[8]

우리는 기독교 바깥에 있는 사람들을 담아내는 시간을 만들어내기가 얼마나 힘든지 알고 있다. 기독교학교에서 교수로서 그리고 교회에서의 리더로서, 우리는 우리의 많은 시간들을 신자들과 어깨를 맞대고 보내고 있다. 우리는 의도적으로 우리의 특별한 기독교 확신들을 나누지 않고자 하는 이들과 친구가 되기 위해 거듭해서 친근하게 머물러 있는 이들로부터 벗어나와야만 한다.

우리 스스로가 끌어 안고 있는 사회적 이유들(노숙자 그리고 환경을 돌보는 것과 같은)은 삼위일체 하나님의 이미지 안에서 창조되었지만 종종 다른 세계관의 세상에서 살고 있는 아름다운 이들과의 접촉으로 우리를 인도한다. 우리는 특별히 그리스도이기는 하지만, 우리의 사회적 본능들의 많은 것이 다른 전통들로부터의 것들과 겹쳐진 채 우리의 성경적 관점들을 형성하고 있다. 우리는 공적 영역에서 다리를 놓는 기회들을 찾는 일에서 우리의 확신들을 (우회하지 않고) 행해 나간다.

교회의 지도자들은 그들과 그들의 회중이 교화에 목적을 둔 교회의 행위들로 삼켜지지 않는다는 것에 의도적 확신을 주어야만 한다.

봉사 활동에 주목하는 것은 마찬가지로 중요하다. 아마도 이것은 구성원들로 하여금 교회에도 소속되어 있지 않은 소프트볼 팀과 연결되도록 격려하는 일을 수반한다. 그것은 또한 그들의 자녀들을 공립학교에 넣고

---

8 우리는 이러한 장소적 그리고 시간적 성육신의 프레임에 관한 점에 있어서 Karl Barth에게 빚지고 있다.

부모 교사 기구에 가입하는 일을 고려하도록 격려하는 일을 수반할 것이다. 홈스쿨링에 힘을 쏟고 있는 부모들은 그들의 자녀들이 어떤 식으로든 크게 본 공동체에 참여하고 있다는 것에 확신을 주어야만 한다. 전체의 교회들은 공동체 안에서 필요들을 확인하고 그들의 필요들에 손을 다가서는 것을 통해 선교적으로 목회할 수 있다.

하나님께서 그의 두 손, 즉 아들과 성령을 통해 세상에서 목회하시는 것처럼, 우리는 성령의 능력 안에서 그리스도와 우리의 연합을 통해 그의 손과 발이 된다. 그리스도의 몸으로서, 교회는 그리스도의 손과 발로서 그리고 삶의 폭풍우를 피할 피난처로서 그 건물과 더불어 세상을 향해 나아간다. 교회가 세상 안에 있는 것처럼, 우리는 세상을 안으로 초청할 충분한 기회를 가지게 될 것이다. 예수와 같이, 우리는 사람들 한 가운데에 장막을 치고 그들을 하나님의 성전 공동체로서 우리와 더불어 장막 안으로 초청하면서 그들 사이에서 살아가야만 한다.

3) 집과 같은 곳은 없다

히브리 성경에서는, 성막 그리고 후에는 성전이 하나님께서 영광스럽게 거하시는 장소로 그리고 민족들이 와서 하나님을 찾을 수 있는 곳으로 기여하고 있다. 솔로몬 왕은 이 현실에 대해 예루살렘 성전에서의 헌신에서의 그의 기도 가운데 증거했다. 그는 외쳤다.

> 또 주의 백성 이스라엘에 속하지 아니한 자 곧 주의 이름을 위하여 먼 지방에서 온 이방인이라도 그들이 주의 크신 이름과 주의 능한 손과 주의 펴신 팔의 소문을 듣고 와서 이 성전을 향하여 기도하거든 주는 계신 곳 하늘에서 들으시고 이방인이 주께 부르짖는 대로 이루사 땅의 만민이 주

의 이름을 알고 주의 백성 이스라엘처럼 경외하게 하시오며 또 내가 건축한 이 성전을 주의 이름으로 일컫는 줄을 알게 하옵소서(왕상 8:41-43).

이 배경에서, 예수께서 예루살렘 성전을 정결케 하실 때 화를 내셨던 것은 놀라운 일이 아니었다. 자신의 백성들이 민족들을 위해 하나님의 기도하는 집을 민족들의 돈으로 장사하는 시장으로 바꾸었기 때문이다(막 11:15-17).

누가의 설명에서는, 예수께서 성전을 정화하시며 멸망이 임박한 예루살렘을 보시며 우신다(눅 19:41-46). 그럼에도 불구하고 성경은 예루살렘과 성전의 회복에 대한 하나님의 약속을 제시한다. 하나님은 지상의 왕들의 눈앞에서 예루살렘을 신원하시고 시온에 새로운 이름을 주실 것이며 열국의 부로 성소를 영화롭게 하실 것이다(사 60:13, 62:2). 하나님은 예루살렘과 결혼하실 것이다(사 62:4-5).

요한계시록은 새 예루살렘의 도시, 즉 어린 양 그리스도의 신부가 하늘로부터 내려올 것이라고 우리에게 말씀하신다(계 21:9-11). 신부는 하나님의 한 백성으로서 이스라엘의 열두 족속들과 열두 사도들의 이름들을 가지게 될 것이다(계 21:12-14). 거기에는 성전이 없을 것인데, 전능하신 주님과 어린 양이 성전이 되실 것이기 때문이다(계 21:22). 땅의 왕들은 그들의 영광을 가지고 새 예루살렘으로 들어갈 것이다(계 21:24).

그래서 생명나무의 잎사귀들(그것은 도시의 큰 거리의 한 가운데를 흘러내리는 생명 강가의 양 쪽에 서 있는데)은 열방에 치유를 가져올 것이다(계 22:1-2). 성령과 신부는 모든 목마른 자들을 오라고 초청하실 것이며, 그 강으로부터 생명의 물의 자유로운 선물을 취할 것이다(계 22:17).

교회는 그날을 염두에 두면서 오늘 그 문을 넓게 열고 있어야만 한다. 교회가 세상에 존재한다는 것과 열방을 향해 문을 연다는 것은 별개의 것이다. 우리는 자주 그리스도인들이 그들이 살고 있는 공동체는 매우 동질적이라고 말하는 것을 듣는다. 그러나 이것은 심지어 대단히 부유한 공동체들에게도 해당되지 않는 말이다. 문제는 우리의 눈과 마음을 얼마나 여는가 하는 데 있다. 포틀랜드 지역에 있는 더 부유한 교회 한 곳에는 늘어가는 히스패닉 가정들이 있다. 그 가장들 중의 일부는 이주민 노동자들이다. 또한, 포틀랜드에 있는 고급 주택가로 인해, 많은 더 가난한 가정들은 도시를 떠나 주변에 있는 교회의 아파트 단지로 이주하고 있다.

우리는 그들의 문을 열고 있는 수많은 교회들의 예를 제시할 수 있지만, 그중 하나에 특히 짧은 주의를 기울일 것이다. 다양한 공동체들에 관심을 기울이는 데 상당히 의도적이었던 포틀랜드 지역에 있는 한 교회는 그 시설들을 한 아시아 모임과 나누고 있으며, 그 지도자 팀은 분명하게 다양한 민족들을 포함하고자 하고 있다. 그리고 스케이트보드를 타는 젊은 대중을 목회하는 약속에 기반을 둔 교회를 만들었다. 교회는 심지어 그 주변들이 점차적으로 다양화될 때에도 빛과 소금으로 그 이웃과 지역을 섬기기를 계속했다.

당연히 긴장이 초래되었다. 일부 구성원은 교회를 다른 곳으로 이전할 것을 주장했으며 교회를 떠나는 사람들도 있었다. 그러나 지도자들은 (우리의 판단으로는 올바르게) 남기로 결정했다. 때대로 선교적이 된다는 것은 하나님의 성전 공동체에 그대로 머물러 있기를 요구한다.

때로 선교적이 된다는 것은 우리에게 하나님의 성전 공동체로서 우리의 특권에 대한 재평가를 요구할 것이다. 우리는 자신의 가족들을 보호하고 교회의 시설들을 보존해야 한다는 당위성이 우리의 목표 청중들에 속하지 않은 이들에게 손을 뻗치고 환영하는 것을 가로막게 해서는 안 된다. 우리 중 한 사람은 지도자가 억눌린 자를 위한 돌봄에 대해 이야기하기를 계속한다면, 노숙자들이 교회로 오게 되기 시작할 것이라고 근심했던 한 평신도를 회상한다. 그들이 교회로 오면 교회 구성원들의 자녀들의 안전에 대한 위험을 드러낼 수 있다. 우리 아이들의 안전은 그토록 자주 등한시되었던 어린 아이들에 대한 예수 자신의 관심을 고려할 때 우선순위가 되어야 하는 것이 맞기는 하지만, 우리 아이들의 안전에 대한 그러한 올바른 주목은 우리를 또한 그토록 자주 등한시되었던 다른 이들에 대한 관심을 가지는 것으로부터 분리시켜서는 안 된다. 우리는 여기에서 ~이거나/~이거나에 대해 이야기해서는 안 되고, 양쪽 다/그리고의 용어에서 이야기해야 한다.

그밖에, 만일 우리의 아이들이 사회의 부가 요소들에 어떠한 노출도 갖지 않는다면, 어떻게 그들은 그들이 길들을 나아갈 때, 선교적으로 그리고 구속적으로 그들에게 참여하도록 준비될 수 있을까?

우리가 아는 한 교회는 이러한 근심으로 인해 "불쌍한 자들"에게 문을 열지 못했다. 문제의 교회 지도자는 멕시코에 단기 선교사들을 파송하고, 자신들의 교회 건물을 세울 동안 그들을 멕시코 신자들과 머무르도록 하는 데 어떠한 어려움도 갖지 않았다. 그러나 그들은 자신들에게 기회가 주어졌을 때에는, 이 동일한 멕시코 신자들을 기꺼이 그들 자신의 교회 시설들 안에 들어오고 머물도록 하지 않았다. 이 교회 지도부는 멕시코 신자들이 시설들을 더럽힐까 걱정했다.

그것이 그들이 친교를 가져왔던 동료 신자들에 대한 관계였다고 한다면, 그들이 같은 사람들 중 비신자들은 어떻게 대했을지 한번 상상해 보라!

단지 질문이 제기된 교회 지도부들은 단지 독실함을 외적인 깔끔함과 잘못 동일시했을 뿐 아니라, 그들은 스스로를 결국 가장 운이 없는 것으로 보여 주면서, 선교사가 되는 것과 단기 선교 미션을 잘못 동일시하고 있었던 것이다.

그러나 그럼에도 불구하고 희망은 있다. 위에서 언급된 일이 교회에 다니지 않는 청소년들 중에 스케이트보드를 타는 아이들을 목회하는 교회에 대해 이루어졌던 일이 있다. 목회를 시작했을 때, 이 청소년들이 교회의 동굴 같은 지하실 시멘트 바닥 위에서 스케이트보드를 타는 것을 종종 볼 수 있었다. 많은 사람들이 낡은 교회의 먼지가 굴러다니면서 부엌까지 들어오는 것을 불평했다.

그러나 그들의 모든 불평은 스케이트보드를 타는 청소년들 중 첫 번째 조가 그리스도에 대해 공적으로 그들의 새로운 신앙고백을 하고 세례를 받으러 앞으로 나올 때 바로 멈추었다. 실제로 연로한 교인 중 몇 사람들은 건물을 세울 때 젊은이들을 위해 최신식 스케이트보드 경사로를 놓도록 배려하기 시작했다. 오늘날, 스케이트교회에 대한 소식은 광범위하고 넓게 퍼져 있다. 모든 교회가 스케이트보드 시설을 세우고자 하는 것은 아니지만, 선교적 지향성은 많은 이들로 하여금 그들의 시설들을 ESL(제2언어로서의 영어) 교실들이나 직업 훈련 세미나, 이웃 관계 연합 모임, 그리고 노숙자를 위한 이동 쉼터를 제공하는 데 사용하도록 이끌어 갈 수 있다.

성령의 전으로서 선교적 교회는 많이 가졌지만 오랫동안 가지지 못했던 사람들인 죄인들과 성도를 동일하게 (그리고 어쨌거나, 모든 그리스도의 제자들은 동일하게 죄인이자 성도이다) 환영하는 것으로 말해진다. 우리가 열방들(우리가 이방인들이라고 여기는 어떠한 집단도 포함하는)을 위해 존재하는 하나님의 성전 공동체로서 그리고 죄인들을 위한 하나님의 보건소로서 우리의 선교적 소명에 따라 대하는 데 실패할 때, 그것은 우리가 방향과 우리의 목적에 대한 시야를 상실했다는 것을 암시한다.

이러한 빛에 비추어 볼 때, 우리의 건물들과 시설들의 선교적 상태를 위한 관심은 보다 본질적인 관심을 위해 길을 열어주어야만 한다. 즉, 우리 자신의 영혼들의 상태에 대한 것을 말한다. 종종 우리는 자신의 영혼들이 노예화되어 있는 까닭에 세상에 대해 문을 닫고 우리의 건물 안에 스스로를 가두곤 한다.[9] 하나님은 우리가 다른 이들의 해방을 위해 섬기는 일을 하게 될 때, 우리를 우리 스스로로부터 자유케 할 필요를 느낀다. 우리의 영혼들이 자유로워지면, 우리는 다양한 형태들의 갇힘으로부터 자유로워지는 이들을 위해 위안을 주는 관심으로 응답하게 될 것이다.

최근에 감옥으로 부터 풀려난 이들 혹은 성적 혹은 약물 오용으로 인한 집착들에 대한 갱생 프로그램을 마친 이들에 대한 그룹 목회는 우리에게 그들 백성들이 영적으로 자양분을 공급받는 공동체를 찾는 것이 얼마나 어려운지를 말해 준다.

교회 공동체로서 우리는 일반적인 죄와 같은 것은 어디에도 없다는 것을 직시해야만 한다. 모든 죄들은 이상한 것들이며, 우리는 모두 신적인 외과 의사가 치유하는 어루만짐에 대해 절망스러울 만큼 필요를 가지고 있다. 오로지 우리가 그리스도로부터 떨어져서, 우리 스스로가 예수께서 목회를 하셨던 창기라고, 악마에 사로잡힌 자라고, 그리고 절망스럽게 잃어버려진 세리라고 볼 때, 우리는 완전한 구속을 경험하게 될 것이다.

오로지 그렇게 할 때에만 우리는 복된 소식이신 예수에 대해 증거를 할 수 있을 것이고, 그래서 다른 이들 또한 구속을 경험하게 될 것이다. 오로지 **우리**가 우리의 어둠의 지대를 뒤로 남겨 두고 떠나라는 예수의 부름을 들을 때에만, 오로지 무덤 사이에서 밖으로 나오라는 우리를 향한 그의 설교를 들을 때에만, 오로지, 우리가 자기에게만 주어진 고립이라

---

[9] 순수 예술 및 대중 문화는 많은 사람이 교회를 문이 없거나 문을 잠근(사람들을 가두어 놓거나 못 들어오게 하는) 곳으로 인식한다는 관점을 제시한다. 독자는 Vincent Van Gogh의 "오브르의 교회"(Church of Auvers)와 영화 "초콜렛"(Chocolat)을 통해 이러한 인식을 확인하도록 고무된다.

는 우리의 나무로부터 내려오라는 그의 초청을 들을 때에만, 구원이 결국 우리의 집에 오게 될 것이며, 우리의 기도하는 집을 통해서 열방으로 나아가게 될 것이다.

4) 요약하며 – 잃어버린 자를 구원하는 가운데에서

하나님의 선교적 교회로서 우리의 방향과 목적은 그의 공동체 중심에서 이 인격적 하나님이 거주하시는 하나님의 인격적 이름을 담고 있는 선교적 백성들이 되는 것을 수반한다. 우리의 방향과 목적은 또한 큰 공동체 안에서 그의 몸과 신부로서 그리스도의 성육신하신 현존을 향한 우리의 참여를 수반한다.

결과적으로, 우리의 방향과 목적은 다른 이들을 성도들을 위한 처소이자 죄인들을 위한 병원으로서의 우리의 친교 속으로 환영하면서 성령의 전이 되는 것을 수반한다. 우리는 개인적으로 자신을 다른 사람과 동일시하고, 성령 안에서 그리스도와의 연합을 통해 다른 이들에 대해 하나님의 임재를 "구현"하며, 그리고 잃어버린 자들을 찾고 구원하면서, 그들을 그의 공동체의 성원들로서 하나님의 현존 안으로 들어오도록 초청한다.

예수의 삭개오와의 만남은 잃어버린 자를 찾아 나서는 이 선교적 방향을 예증화는 것으로, 그들이 구원받을 수 있도록 한다. 누가복음 19장에서, 예수와 그의 제자들은, 예루살렘으로의 그의 마지막 여행이 될 것에서 여리고를 통해 지나가고 계신다. 군중들이 예수를 둘러싸고 있었다. 그래서 삭개오라고 이름을 가진 키작은 세리장에게는 가까이 가기가 어렵게 되었다.

그래서 삭개오는 예수를 잘 보려고 나무 위로 올라갔다. 삭개오는 로마 정부의 고용인이었고 그 일로 매우 부유하게 되었다. 그러나 그것은 그를 자신의 민족의 적으로 만들었다(눅 19:1-4). 아마도 이것이 그가 나무에 올라갔던 한 이유였을 것이다. 예수께서 나무 아래를 지나갈 때, 그는 위를 올려다보고 삭개오의 이름을 부르셨다. 예수는 삭개오에게 그의 집에 저녁 식사를 하러 갈 것이라고 말씀하셨다. 이것은 군중들에게 웅성거림과 큰 혼란을 야기했다.

어떻게 예수께서 죄인들과 식사할 수 있는가?(눅 19:5-7)

그러나 예수 스스로가 말씀하셨듯이 "인자가 온 것은 잃어버린 자를 찾아 구원하려 함"(눅 19:10)이다.

예수는 언제나 종교적 제도가 가지 않는 곳으로 가셨다. 그러나 그는 그곳을 그렇게 내버려 두지 않으셨다. 하나님의 성육신한 현존으로서, 예수는 백성들을 하나님께로 돌이키셨다. 이 사건에서 삭개오는 사람들을 착취했던 것을 회개했다. 그리고 그는 그의 재산의 절반을 가난한 이들에게 줄 것이라는 것과 함께 그들에게 네 배로 갚겠다고 약속하였다. 그래서, 그는 제사장 앞에서 상환을 하라고 요구했던 모세의 율법을 이루었다(레 6:1-5). 위대한 대제사장 스스로가 선언하실 때, 구원이 삭개오의 집에 이르렀다(눅 19:9).

예수는 삭개오의 정체성을 확인했으며, 자신과 동일시해 주셨다. 성육신하신 주님으로서 예수는 다른 이들이 그의 가까이 가는 것을 거절했을 때, 그에게 하나님의 현존을 성육신하셨다. 결국, 예수는 삭개오를 하나님과의 친교 속으로 끌어들이셨다. 예수와 같이, 우리도 그의 이름 안에서 회개와 용서의 메시지를 안고 움직여 나가야만 한다.

그리스도인들은 하나님의 백성으로서 그리스도의 현존을 "성육신하면서," 그리고 교회 안에서 소그룹들 그리고 가정 공동체로 능동적이 되는 것으로서 보다 의도적으로 다른 이들을 성령의 전의 공동체의 구성원이 되도록 초청하면서 다른 이들과의 동일시를 추구할 수 있다. 그러한 의도성은, 특히 우리가 큰 교회들에 속해 있을 때, 우리에게 서로의 이름들을 아는 것을 가능하게 해 준다. 소그룹 그리고 가정 공동체들의 성원들로서, 우리는 큰 공동체에서 사회적 봉사 활동에 참여할 수 있다.

우리가 사람들을 영적으로, 감정적으로 그리고 육체적으로 목회할 때, 그들은 우리의 가정 공동체들의 구성원이 되기로 선택할 것이다. 그리고 결국, 교회에서의 생동적 참여자들이 될 것이다. 이것이 바로 위에서 언급했던, 베드로와 신자의 남은 자들이 병자들과 귀신에 사로잡힌 이들을 돌볼 때에 사도행전 5장에서 일어났던 것이다. 솔로몬의 행각에서 사도들이 "백성들 사이에서 많은 기적적인 표적들과 기사들"을 수행했던 결과로, "점점 더 많은 남자들과 여자들이 주를 믿고 그 수가 늘어 갔다"(행 5:12, 14, 직역).

하나님의 백성으로서, 그리스도의 몸이자 신부로서 그리고 성령의 전으로서 앞으로 전진하도록 하는 교회로서의 우리의 부르심을 언급하고, 우리는 이제 복음의 메시지 그 자체 그리고 복음의 선포 안에서 행동에 대한 말씀의 관계를 향해 나아갈 것이다.

2. 선교적 교회의 복음 메시지

선교적 교회의 메시지는 종말론적 나라의 희망이 가득한 복음이다. 이 나라의 복음은 하나님 아버지께서 우리를, 심지어 그를 향해 등을 돌리고 그에 대항해 봉기했던 우리를 사랑하셨다는, 그리고 우리로 하여금 회개하는 믿음을 통해 우리의 죄를 용서하시는 성령 안에서 그의 아들을 통해 자신과 관계를 구원의 길로 들어가도록 초청하셨다는 좋은 소식이다.

그럼에도 불구하고, 우리는 하나님에게 대항해 돌아섰을 뿐 아니라, 또한 서로에 대해서도, 그리고 하나님의 창조의 남은 부분에 대해서도 돌아섰다. 따라서 우리의 구원은 새로워진 우주 안에서 그리스도의 구속받은 공동체 안에서 몸, 영혼, 그리고 영의 궁극적 변화를 포함한다. 그를 향해 교회 스스로도 현재적으로 증거를 하고 있다.

우리가 선포한 전체 복음은 모든 세상에서 모든 공동체 안에 있는 모든 사람을 위한 것이다. 구원은 모든 것을 포괄하는 것이며, 하나님과 우리의 관계, 서로에 대한 관계, 그리고 모든 피조물과의 관계를 포함하는 것이다. 구원은 또한 우리의 전 존재의 구속을 포함한다. 창세기의 처음 장들은 죄의 개인적, 공동체적, 우주적 영역 및 구원의 소망에 대해 증거한다.

창조 이야기가 드러내듯, 하나님은 우리의 첫 선조들, 즉 아담과 하와를 낙원에 두고 피조물에 자양분을 공급하고, 돌보라고, 그리고 생육하고 번성하여 땅에 충만하라고 말씀하셨다(창 1:28-30). 삼위일체 하나님의 형상 안에서 창조된 이들로서, 그들은 땅에서 하나님 그리고 서로와의 사랑하는 친교 안에서 살기 위해 존재했다(창 1:26-27). 그러나 그들은 사랑하는 친교 안에서 존재하는 것보다 하나님을 대항하기로 결정을 하면서 반란을 일으켰다(창 3:1-7).

하나님에 대항하는 그들의 반란은 서로와의 그리고 나머지 피조물과의 관계에 심각하게 영향을 미쳤다. 아담은 그들의 첫 번째 반란의 행동에 관해 하와를 비난했고, 하와는 뱀을 비난했다. 그들의 반란의 결과로서, 하나님은 남자가 여자를 다스릴 것이라고 예언했으며, 여성은 아이를 낳는데 심각한 고통을 경험하게 될 것이라고, 그리고 온 창조는 고난을 겪게 될 것이라고 예언했다(창 3:12-21을 보라). 바로 그 다음 장에서 어떻게 그들의 첫 번째 낳은 아들이 그 자신의 형제를 살인하면서 첫 번째 살인자가 되어(창 4:8) 자신을 위해 더 이상 열매를 맺지 않게 될 땅에서 쉼 없이 방랑하는 것으로 귀결되는지를 보여 주고 있다(창 4:11-12).

인류의 죄된 길들의 종국은 온 창조의 궁극적 붕괴이다. 그러나 하나님은 타락한 자신의 창조를 심지어 그가 심판을 선언할 때에도 구원하시겠다고 약속하신다. 성경에 기록된 첫 번째 복음의 약속은 창세기 3:15에서 발견된다.

> 내가 너로 여자와 원수가 되게 하고 네 후손도 여자의 후손과 원수가 되게 하리니 여자의 후손은 네 머리를 상하게 할 것이요 너는 그의 발꿈치를 상하게 할 것이니라(창 3:15).

그래서 뱀 혹은 용 그리고 하나님의 약속받은 구원자, 메시아 사이에서 우주적 전쟁이 시작되며, 유다의 사자이자 하나님의 어린 양으로서 그의 십자가형과 부활과 더불어 절정에 오르게 된다. 그리고 그것은 요한계시록에 기록된 마지막 전투에서 정점에 이른다(계 19-20장을 보라). 새 예루살렘으로 옮겨 심겨진 에덴 동산의 생명나무는 모두에게 생명을 가져다주기 위해 예루살렘 바깥에서 죽은 메시야가 매달려 있는 나무이다.

하나님은 이스라엘로 하여금 메시야를 위한 길을 예비할, 그의 삼위일체적인 이름을 위한 백성이 되도록 목적을 가지셨다. 성령은 그를 몸의 머리이자 남편으로서 새 하늘과 땅의 신부인 그의 백성들인 새 이스라엘, 교회와 연합되게 할 것이다. 성령과 신부는 목마른 자들 모두를 초청하고 생명의 물로부터 물을 마시도록 하며 영원한 나라를 위해 준비하도록 만드신다.

모든 민족들이 그들의 부를 가져올 그 나라의 도성, 즉 새 예루살렘, 거기에는 더 이상 피흘림도 없을 것이며, 눈물도 없을 것이고, 고통도 없을 것이다. 어린 양이 사자와 함께 누워 있게 될 것이며, 어린 양인 사자, 세상의 죄를 없게 만드신 그분이, 하나님 그리고 그의 백성과 더불어 성령의 완전함 안에서 통치하실 것이다.

복음의 메시지는 희망으로 가득 차있고, 역사적이며, 삶의 모든 영역을 포괄하고 있다. 그것은 또한 신적 사랑에 의해 믿음이 형성된 백성들의 말과 행동에서 거룩한 선포를 요구한다. 그 범위는 또한 모든 열방들을 담으면서, 모든 것을 포괄하고 있다. 복음의 메시지의 내용에 대해 반추하고, 우리는 이제 하나님의 사랑에 의해 그 믿음이 형성된 백성에 의한 말과 행동 안에서 복음의 선포의 거룩한 본성을 숙고하도록 나아 간다. 마무리하면서, 우리는 복음의 말이 모든 것을 포괄하는 범위를 가진다는 것에 대해 이야기하고자 한다.

1) 복음의 희망에 대한 거룩한 선포

교회는 마치 예수가 그 나라를 말과 행동으로 선포했던 것처럼(마 4:23; 9:35; 눅 4:16-21; 5:17-26; 7:18-23), 말과 행동으로 세상에서 그리스도의 나라를 증거하도록 부름받는다(마 28:18-20, 특히 20a; 행 2:40-47; 3:1-4:4). 실제로 그리스도의 말씀은 행동이다. 예수는 말씀하신다. 그리고 사건들이 일어난다. 사람들은 치유받고 마귀는 쫓겨난다.

예수는 권위를 가지고 말했다(마 7:28-29). 그리고 또한 그것을 가지고 살았다(마 8:1-4). 양쪽을 다 하는 것이 중요하다. 그러나 우리의 시대에 교회는 많은 부분에서 말을 할 권위와 권리를 상실했다. 우리가 이 권리와 권위를 다시 얻는 유일한 길은 권력 정치에 의한 것이 아니라 희생의 삶으로 우리의 관점들이 주목받기 위한 공간을 만들어 내는 것을 통해서이다. 우리의 투쟁을 위한 핵심은 "부자병"(affluenza)이라는 질병에 대항해서 싸우는 것이다.

보수적인 복음적 기독교 신학은 종종 정의라는 주제와 이러한 삶을 예수와 그의 나라로부터 **제거하곤** 한다. 예수는 우리의 대속물이며, 그는 우리를 죄로부터 구원하기 위해, 그리고 오직 심령이 가난한 자들을 축복하기 위해 죽었다는 것이다. 이러한 관점에서 죄와 정의는 단지 영적인 의미로만 보여진다.

자유주의적인 기독교 신학은 종종 예수를 사회적 혁명가로 제시하며 그의 나라를 이러한 삶에 대한 성취로 **축소시킨다**. 이러한 시각에서 볼 때, 예수는 곤경 가운데 있는 가난한 자들과 동일시되는 가운데 그들의 대리자로서 죽었다. 여기에서는 심령이 가난한 자를 물질적으로 가난한 자로 축소시키는 경향이 있다.[10]

이 극단과는 대조적으로, 예수는 우리를 죄로부터 구원하고자 추구하면서, 우리의 대속자이자 대리자로서 세상의 죄를 위해 죽으셨던 것이다. 그것은 우리의 삶의 모든 영적, 사회적, 신체적, 그리고 심리적 영역에 영향을 끼친다. 따라서, 예컨대, 예수는 심령이 가난한 자들과 **그리고** 가난한 자를 위해 관심을 가진다(마 5:3; 눅 6:20). 그것은 양쪽 다/그리고 이며, ~이거나/혹은 이 아니다. 고든 피와 더글라스 스튜어트가 쓰고 있는 바와 같다.

---

[10] 사회적 행동에 대한 복음주의의 관계의 다양한 모델들에 대한 좋은 요약에 대해서는 다음을 보라. Tokunboh Adeyemo, "A Critical Evaluation of Contemporary Perspectives," in *In Word and Deed: Evangelism and Social Responsibility*, ed. Bruce Nichols (Exeter: Paternoster, 1985). 또한 13장, "전적인 복음"에 있는 복음의 거룩한 본성(보수주의적 그리고 자유주의적 막다른 골목을 넘어서 움직이는)에 대한 John M. Perkins의 탁월한 논의를 보라. John M. Perkins, *Let Justice Roll Down, with a new foreword by Shane Claiborne* (Ventura: Regal Books, 1976), 98–108.

마태복음에서의 가난한 자들은 "심령이 가난한 자"이다. 누가복음에서 그들은 단지 "너희 부요한 자"(마 6:24)에 대한 대조가 되는 "너희 가난한 자"이다. 그러한 점에서 대부분의 사람들은 정경의 절반만 받아들이는 경향이 있다. 참으로 깊은 의미에서, 진정으로 가난한 자들은 그들 스스로를 하나님 앞에서 가난한 자로서 깨닫는 이들이다.

그러나 나사렛의 예수 안에서 성육신했던 성경의 하나님은, 억눌린 자들과 박탈당한 이들의 송사에 답변하는 분이시다. 우리는 누가복음에서 이 신적인 계시에 대한 관점을 향한 그의 관심을 깨닫지 못하고 읽을 수 있는데 이는 두려운 일이다(마 14:12-14을 보라. 마 6:19-21에 병행 본문이 있는 12:33-34을 참조하라).[11]

물론, 우리는 모든 이들, 즉 부유한 자들과 가난한 자들이 심령이 가난한 이들이 되기를 기도해야 할 것이다. 사실, 가난한 이들은 예수께서 누가복음 18:25에 있는 부유한 젊은 관원에 대한 그의 진술에서 제시하듯, 부유한 자들보다 마음이 가난하다. 게다가 마태복음의 산상수훈에서 그리고 누가복음의 평지 설교에서 예수께서 말씀하신 제자들은 모든 것을 내버리고 그를 따랐던 예수님의 가장 가까운 그룹을 포함하고 있었다(눅 18:28을 보라).

예수는 전인, 즉 몸, 혼 그리고 영을 구원하기 위해 오셨다. 누가복음에 기록되어 있는, 자신의 대중적 사역의 시작에서, 예수는 스스로에게 이사야 61:1-2을 적용시켰다.

---

[11] Gordon D. Fee and Douglas Stuart, *How to Read the Bible for All It's Worth: A Guide to Understanding the Bible*, 2nd ed. (Grand Rapids: Zondervan, 1993), 125.

> 주의 성령이 내게 임하셨으니 이는 가난한 자에게 복음을 전하게 하시려고 내게 기름을 부으시고 나를 보내사 포로 된 자에게 자유를, 눈 먼 자에게 다시 보게 함을 전파하며 눌린 자를 자유롭게 하고 주의 은혜의 해를 전파하게 하려 하심이라 하였더라(눅 4:17-19).

성령으로 충만하고 능력이 부여된 예수의 대중적 사역의 시작과 함께(눅 4:14을 보라) 희년의 위대한 해가, 메시야의 시대가 동 터 올랐다. 정의, 평화, 그리고 치유는 메시야의 시대는 정점에 오를 때까지 종결되지 않을 것이지만, 정의, 평화, 그리고 온전한 건강이라는 메시야의 시대가 예수 안에서 동 터 올랐던 것이다. 그래서, 그의 공동체는 그리스도의 나라가 전진하는 복음을 온전하게 말과 행동 안에서 선포해야만 한다.

위에서 언급한 것처럼, 예수는 말과 행동으로 복음을 선포했다. 세례 요한이 그의 제자들을 예수에게 보내, 그가 참으로 그리스도인지 그리고 종말론적 나라가 참으로 온 것인지 그에게 질문을 하게 했을 때, 예수는 많은 귀신들을 쫓아내고 있었고 다양한 질병과 질환들 그리고 실명으로부터 많은 백성들을 치유하고 있었다(눅 7:18-21). 예수는 대답했다.

> 너희가 가서 보고 들은 것을 요한에게 알리되 맹인이 보며 못 걷는 사람이 걸으며 나병환자가 깨끗함을 받으며 귀먹은 사람이 들으며 죽은 자가 살아나며 가난한 자에게 복음이 전파된다 하라. 누구든지 나로 말미암아 실족하지 아니하는 자는 복이 있도다(눅 7:22-23).

예수께서 이야기하실 때, 죽은 자가 일어났고, 저는 자가 걷게 되었으며, 눈먼 자가 보게 되었다. 하나님께서 그를 통해서 모든 살아 있는 것들을 창조하신 그분, 살아 있는 말씀이신 그분은 새 창조의 첫 번째 태어난 분이시며 죽음으로부터 첫 번째 난 분이시고, 성육신하신 말씀으로서, 하나님께서 그를 통해 모든 것들을 구속하실 바로 그분이시다. 예수의 말씀과 행동은 그의 첫 번째 탄생에서 종말론적 나라의 현존을 구성했다. 그리고 교회는 성령을 통해 말과 행동으로 그리스도의 나라를 현재적으로 증거하고 참여하도록 부름받는다.

요한이 로마의 압제로부터 이스라엘의 완전한 구원을, 그리고 예수의 오심과 함께 이스라엘의 운명의 완전한 회복을 기대했지만 억압은 멈춰지지 않았던 반면, 종말론적 나라에 대한 예수의 사역의 시작과 함께 다양한 방식으로 근본적인 구원이 하나님의 백성들에게로 임했다. 교회는 신약성경의 남은 부분에서 분명히 한 것처럼, 예수 안에서 동터 오른 하나님의 종말론적 나라에 대한 증거를 계속해 나갔다.

우리는 이미 이 장에서 사도행전 5:12-16에 주목을 기울인 바 있다. 사도행전 3장에서, 베드로는 절름발이 남자(그는 어쨌든 교회의 구성원은 아니었는데)를 치유한다. 그 남자는 동냥을 구했지만, 훨씬 더 많은 것을 가지고 가게 되었다. 바로 회복된 그의 다리와 발들 말이다. 베드로는 은과 금은 가지고 있지 않았지만, 복음의 선포를 단지 말로만 하지 않았다. 베드로는 그에게 치유를 선포했다.

> 베드로가 이르되 은과 금은 내게 없거니와 내게 있는 이것을 네게 주노니 나사렛 예수 그리스도의 이름으로 일어나 걸으라 하고 오른손을 잡아 일으키니 발과 발목이 곧 힘을 얻고 뛰어 서서 걸으며 그들과 함께 성전으로 들어가면서 걷기도 하고 뛰기도 하며 하나님을 찬송하니(행 3:6-8).

말과 행동으로 한 복음의 선포는 이 사람으로 하여금 하나님께 영광을 돌리게 했다. 그리고 성전에서 그를 보았던 이들은 놀라움으로 가득 찼다(행 3:9-10).

후에, 베드로, 야고보 그리고 요한에게 유대인들에게 중점을 두고 바울과 바나바는 이방인들에게 중점을 두라고 결정을 내릴 때, 교회의 기둥이 되도록 부름받은 사람들은 한 가지 조건을 내걸었다. 가난한 이들을 돌보는 것, 바울이 말한 그것은 그와 바나바가 행해야 하는 것으로 갈망되었던 바로 그 일이었다(갈 2:9-10). 예수 자신의 형제인 야고보는 부유한 억압자들에게 경고를 보냈다(약 5:1-6). 그리고 하나님께서 "정결하고 더러움이 없는" 것으로 받아들이시는 경건은 "고아와 과부를 그들의 환난 중에 돌보고 또 자기를 지켜 세속에 물들지 아니하는 그것"이라고 말한다(약 1:27).

야고보는 행함 속에 있는 믿음에 많은 강조를 둔다. 요한도 마찬가지이다. 신자들 서로에 대한 관계를 언급하면서, 그는 이렇게 기록한다.

> 누가 이 세상의 재물을 가지고 형제의 궁핍함을 보고도 도와 줄 마음을 닫으면 하나님의 사랑이 어찌 그 속에 거하겠느냐. 자녀들아 우리가 말과 혀로만 사랑하지 말고 행함과 진실함으로 하자(요일 3:17-18).

요한이 이야기하는 것은 특별히 기독교의 친교에 대한 것이기는 하지만, 이미 언급된 다른 본문들은 그러한 돌봄과 관심이 크게 봐서 그리스도인의 세상에 대한 개입으로 확장되어야만 한다는 것을 밝히고 있다.

그러한 선포는 예수 그리고 초대교회 그리스도인들과 더불어 종결되어서는 안 된다. 이곳 지상에서의 그의 몸으로서, 교회는 예수께서 다시 오실 때 일어나게 될 일에 비추어 살며 말과 행동으로 복음을 선포해야 한다. 우리는 "사회 복음"에 대해 이야기하기를 두려워하지만, 복음은 사회적이다. 우리가 "해방신학"이라는 문구를 사용하고자 하든지 아니든지, 신학은 해방하는 것이다.

교회는 절대로 시민 사회를 촉진시키기 위해 존재하는 사회 프로그램으로 전락해서는 안 되지만, 그 내재적인 공동사회적 사회성은 그것이 말과 행동으로 인류에 대항해 벌여지고 있는 불의와 싸워야 함을 보여 준다. 교회는 인간의 정체성에 대한 상품화, 즉 하나님의 형상을 따라 친교를 위해 창조된 사람을 그 유일한 목적을 시장 확장(그 시장이 "종교적"이든 혹은 "세속적"이든 상관없이)에 두고 있는 생산성과 생산의 단위로 바꾸는 것에 저항해야 한다.

교회 자신의 정체성은 하나님께서 그리스도와 성령 안에서 우리에게 오시고 우리를 그 자신에게 영원히 연합하시는, 그분의 은혜로운 드러남 안에서의 무조건적으로 주어지고 행해진 것이다. 따라서, 교회의 정체성은 항상 유동적이며 변덕스런 시장의 흐름에 의존하는 법적 언약적 합의에 기반을 둔 것이 아니다.

이것을 염두에 두고, 교회가 말과 행동으로 복음을 선포할 때, 그것은 그 정체성이 말과 행동으로 축소되지 않는다는 것을 항상 마음에 담고 있어야만 한다. 그 목적과 행동에 있어서 교회의 정체성이 붕괴하게 되면 그것은 교회를 시장 혹은 사회적 프로그램으로 축소되는 것으로부터 보호해 주는 것을 어렵게 만든다.

제1장에서 언급한 것처럼, 교회의 정체성이 그 선교적 목적과 행동을 형성해야만 한다. 그래서, 말과 행동에서의 그 선포는 궁극적으로 신적인 사랑에 의해 형성된 믿음 안에 기반을 둔다. 어떠한 자주권도 없다. 이스라엘과 더불어, 교회는 성령을 통한 그리스도 안에서의 하나님의 이야기에 대한 그 참여로부터 그 무엇도 분리해 낼 수 없다. 그것은 하나님의 사랑에 의해 형성된 믿음에 의해 하나님의 포도가지에 머물러 있어야만 한다(요 15장; 사 5장을 보라).

2) 신적 사랑에 의해 형성된 믿음에 의해서

자신의 첫 번째 회칙, "하나님은 사랑이시다"(*Deus Caritas Est*)에서 교황 베네딕트 16세는 이 문제에 대해 언급한다. 교황은 "하나님께서 우리에게 부어 주신, 그리고 우리가 다른 이들과 나누어야만 하는" 사랑에 대해 이야기하기를 선택했다. 왜냐하면 하나님의 이름은 종종 "복수와, 또는 심지어 미움과 폭력의 의무와" 잘못 연결되어 있기 때문이다.[12] "창조와 구원의 역사 안에서 사랑의 연합"에 대해 반추한 후, 교황은 교회의 사랑의 실천을 토론하기 시작한다.

교황은 교회를 삼위일체 안에서의 그 실천들로 뿌리를 박음으로써 교회를 사회 프로그램으로 축소시키는 것에 반해 방어한다. 교회의 자선의 실천은 스스로가 "삼위일체적 사랑의 표명"이다.[13] 자선은 교회가 그것을 다른 이들에게 떠넘기고 게으르게 할 수 있는 무엇인가가 아니다. 그것은 교회의 삼위일체 하나님과의 연합을 통해 "그 본질의 일부가 되며, 그것의 존재 바로 그것의 필수불가결한 표현"이 되기 때문이다.[14]

자선의 삶과 정의를 위한 관심에 관여를 하는 가운데, 교회의 역할은 "가능한 가장 정의로운 사회를 가져오는 것"이 아니다. 이것은 국가의 과제이다.[15] 그리고 교회의 자선적 목회들이 다른 기관들을 따라서 이루어지는 것이기는 하지만, 교황은 교회의 자선적 행동이 "단지 사회적 원조의 다른 형태"로 축소되지 않게 주의를 기울인다. 교황은 이웃에 대한

---

[12] Pope Benedict XVI, *Deus Caritas Est*, 1. See http://www.vatican.va/holy_father/benedict_xvi/encyclicals/documents/hf_ben-xvi_enc_20051225_deus-caritas-est_en.htm.

[13] Ibid., 11.

[14] Ibid., 13.

[15] Ibid., 14–15.

교회의 사랑이 신자의 "믿음으로부터 도출된 결과"이며 "정당과 이데올로기로부터 독립해" 있는 것이고 다른 이들에 대해 믿음을 부과하는 시도로부터 독립해 있다는 것을 강조함으로써 부분적으로 그러한 축소에 저항하는 보호막을 친다.[16]

동료 로마 가톨릭 신학자인 한스 우어스 폰 발타자르는 어떻게 그러한 사랑이 신자들이 믿고 있는, 자신이 다른 이들의 짐을 지고자 하는, 궁극적인 사랑 안에 기반을 두고 있는지를 이야기한다. 절대적 믿음은 오로지 예수 그리스도 안에서 그리고 그로서 계시된 사랑의 궁극적 행위에 있어서만 보존되어 있다. 그리고 그러한 신적인 사랑은 절대적 믿음의 응답을 일으킨다.[17] 이것은 다음과 같은 결론으로 이어진다.

> 따라서 그리스도인의 행위는 은혜로 말미암아 하나님의 행위 안으로 받아들여지며, 하나님의 사랑으로 받아들여져서 하나님을 사랑하게 한다.[18]

다시금 도덕주의와 도덕폐기론에 반해서, 그러한 사랑은 사랑의 응답을 요구한다. 그 이상도 아니고 그 이하도 아니다. 발타자르는 쓰고 있다.

> 사랑은 사랑받는 것 이외에 어떠한 다른 보상도 원하지 않는다. 따라서 하나님은 우리를 향한 그의 사랑에 대해 보답으로 우리의 사랑 이외에는 아무것도 원치 않으신다.

---

16 Ibid., 17–18.

17 Hans Urs von Balthasar, *Love Alone Is Credible*, trans. D. C. Schindler (San Francisco: Ignatius Press, 2004), 100–102.

18 Ibid., 116.

우리가 말과 혀로만 사랑하지 말고 행함과 진실함으로 하자(요일 3:18).[19]

도덕주의가 율법의 사랑을 포함하고, 도덕율폐기론이 무법에 대한 사랑을 포함하는 반면, 다원주의는 사랑과 경쟁하는 데 제한을 두지 않는 이름 없는 신성의 사랑을 상징한다. (사랑의 대상이 형태가 없든지, 모호하거나, 그리고 대상이 없을 때에는 아무런 사랑의 경쟁도 있을 수 없기 때문이다.) 이와 대조적으로, 성경은 우리에게 믿음과 신실함에서 행동과 진실 가운데에서 질투를 할 정도로 사랑하는 분이신 한 분에게 응답하도록 요청한다. 그분은 우리를 그리스도 안에서 그의 영원하신 계약을 통해 절대적으로 사랑하신다. 발타자르는 그가 아래와 같이 쓰는 가운데, 구약성경의 이스라엘을 교회에 대한 경고로 보고 있다.

> 질투하시는 하나님, 계약 안에서 스스로를 선물로 주신 이는, 처음 장소에서 그의 파트너의 질투하도록 신실한 사랑 이외에 그에게 아무런 다른 것도 갈망하지 않으신다. 실제로 우리는 절대적인 사랑으로 사랑해야만 하고, 사랑의 모든 다른 상대적이고 경쟁적인 대상들을 제하면서, 우리의 사랑을 사랑하는 이에게 돌려야만 한다. 우리가 절대적인 사랑을 향해 절대적으로 신실하게 남지 않게 되면, 이 대상들은 우상으로 변해버린다. 아가서에서 신랑과 신부는 아이들이 없다. 그들은 서로에게 모든 것이며, 충분한 이들이다. 그리고 모든 그들의 신실함은 그들 서로의 사랑의 원 안에 머물러 있다.[20]

---

[19] Ibid., 107.
[20] Ibid., 107-8.

후에, 그는 "무조건적 특권은 자신을 신적 사랑의 처분에 전적으로 맡기는 행위와 일치하는 것이 틀림없다"라고 쓰고 있다.[21] 모든 다른 행동은 절대적 사랑으로서의 신에게 한 사람의 존재 전체로 응답하는 이 우선적 행동을 따라온다.[22]

하나님은 절대적인 사랑이며 그의 백성에 대해서 그리고 그들의 사랑에 대해서 질투하는 절대적인 사랑하는 분이시다. 우리를 질투하실 정도로 사랑하시는 분이신, 그리고 성령을 통하여 우리의 마음에 그리스도 안에서 그의 사랑을 부으시는 이러한 하나님인 우리의 소망은 실망을 시키지 않는다.

그는 그의 백성들을 억압하는 그들 바로들과 가이사들을 무너뜨릴 것이다. 그는 또한 모든 백성들, 즉 애굽인들, 로마인들, 그리스인들, 야만인들, 그리고 스키티아인들을 성령 안에서 그리스도를 통하여 이스라엘을 믿음으로 그의 언약 공동체 안으로 들어오도록 초청한다. 믿음, 소망 그리고 사랑 안에서, 말씀과 행위 안에서, 행동과 진리 안에서이다. 이 마지막 초점은 우리에게 구원의 범위에 대한 토론으로 이끌어 간다. 그것은 교회의 "목표 청중"으로 그러한 질문들을 수반한다.

---

[21] Ibid., 108. 이 주제에 대한 그 이상의 전개에 대해서는 Balthasar의 책을 보라. Balthasar, *The Heart of the World* (San Francisco: Ignatius Press, 1980).

[22] Balthasar와 Luther는 유사한 용어를 사용하여 믿음과 사랑의 관계에 대해 말한다. 중세 로마 가톨릭주의가 사랑에 대한 우리의 행동들을 통한 하나님과의 연합(사랑에 의해 형성된 믿음)에 대해 종종 이야기하고, 개신교 스콜라주의가 종종 성령에 의해 우리 마음으로 부어지는 하나님의 능동적 사랑의 고려하지 않고 오직 믿음의 행위에 의한 칭의를 이야기하는 반면, Balthasar와 그에 앞서 Luther는 하나님의 절대적인 사랑이 믿음의 응답으로 안내를 한다고 주장했다. Luther의 시각에 대해서는 다음을 보라. *The Freedom of a Christian, in Martin Luther's Basic Theological Writings*, ed. Timothy F. Lull (Minneapolis: Fortress, 1989), 585-629.

2. 복음 메시지의 모든 것을 포괄하는 범위

위에서 언급한 바와 같이, 하나님은 그의 백성들을 향해 질투하신다. 그리고 하나님은 모든 백성들을 성령 안에서 예수 그리스도를 통하여 그의 언약 공동체 안으로 들어오도록 초청하신다. 교회가 말과 행동으로 그리고 신적 사랑에 의해 형성된 믿음을 통해 모든 백성에게 복음을 선포하는 것은 본질적이다. 왜냐하면, 베드로 스스로가 선포한 것처럼, "다른 이로써는 구원을 받을 수 없나니 천하 사람 중에 구원을 받을만한 다른 이름을 우리에게 주신 일이 없기" 때문이다(행 4:12).

이 이름은 예수께서 그가 "하늘과 땅의 모든 권세를 내게 주셨으니 그러므로 너희는 가서 모든 민족을 제자로 삼아 아버지와 아들과 성령의 이름으로 세례를 베풀고 내가 너희에게 분부한 모든 것을 가르쳐 지키게 하라. 볼지어다. 내가 세상 끝날까지 너희와 항상 함께 있으리라"(마 28:19-20)고 선언할 때, 언급하신 것과 동일한 이름이다. 그리고 이것은 하나님께서 불타는 떨기나무에서 모세에게 드러내신 것과 똑 같은 이름이며, 모세가 바로에게 "내 백성으로 가게 하라"(출 3-5장)고 하나님의 말씀을 선포할 때 이스라엘에게 알려졌던 것과 똑같은 이름이다.

사도행전 2장에서, 우리는 하늘 아래 모든 나라로부터 온 하나님을 두려워하는 유대인들이 베드로가 예수의 이름 안에서 구원의 복된 소식을 선포하는 것을 들었고 믿음으로 응답했다고 전해 들었다. 수천이 넘는 사람들이 사도행전 4장에서 그리스도 예수에 대한 믿음을 통한 사도의 구원의 메시지에 응답했다. 사도행전 4장에 나오는 사도의 메시지에 대한 지도자의 응답은 바로의 법정에서 모세가 받았던 응답과 다르지 않은 것이었다. 즉 완전한 거절의 것이었다.

출애굽기 5장에서의 바로나 사도행전 4장의 이스라엘의 통치자나 둘다 모세와 사도들이 백성들 사이에서 만들어내고 있던 소동에 곤란해 했다. 각 에피소드에서, 우리는 그 소동이 하나님의 메신저가 긍휼히 여기는 마음으로 다가갔던 모세의 경우에는 이스라엘의 노예가 되었던 백성들(출 5장), 그리고 베드로의 경우에는 나면서 못 걷게 된 이(행 3장; 행 5:8-12에 나오는 베드로의 말을 보라) 때문임을 보게 된다. 이스라엘과 이 사람이 구원을 받은 것은 말과 행동으로, 하나님의 이름으로 하나님의 메시지를 선포한 결과이다.

모세는 말과 행동으로 주님의 나라를 선포했다. "나의 백성을 가게 하라"는 그의 말은 모세의 지팡이/뱀이 바로의 궁정의 마술사들의 뱀을 삼킨 것으로부터 애굽에 대한 재앙에까지 이르는 심판의 행동을 동반한다. 주 예수는 하나님의 나라를 역사 속에서 일어난 살아 있는 말씀으로 선포했는데, 하나님의 백성들을 바로와 가이사에 대한 속박으로부터 구원하셨다. 이 구원은 이미 시작되었으나 만물의 끝이 오기까지 계속될 것이다. "수님"(롬 10:9-13을 보라)으로서, 예수는 하나님의 이름을 가졌으며, 모세는 그 이름으로 백성들을 애굽으로부터 광야로 인도했고, 베드로는 그의 이름으로 디아스포라에서 교회를 세웠다. 두 사람 모두 하나님의 선교적 백성들을 약속의 땅으로 인도해 나갔다.

모세와 베드로는 열방을 이 선교적 여행에 참여하도록 초청했다. 그들은 심지어 그들을 오랫동안 억압했던 민족까지 받아들였으며, 애굽인들이나 로마인들이나 마찬가지로 그들에게 합류했다(출 12:38; 행 10:44-48). 백부장 고넬료의 집에서 말한 베드로의 말은 여기에 적합하다.

> 내가 참으로 하나님은 사람의 외모를 보지 아니하시고 각 나라 중 하나님을 경외하며 의를 행하는 사람은 다 받으시는 줄 깨달았도다(행 10:34-35).

하나님께서 이 억압된 백성을 위해 말씀하셨고 행동하시고자 한다는 모세의 전언을 조롱했던 바로와 달리, 백부장 고넬료는 하나님을 두려워했고 "하나님께서 살아 있는 자와 죽은 자의 재판장으로 정하신 자"이신 예수를 믿었다(행 10: 42). 하나님을 두려워하는 자로서, 고넬료는 신들을 위한 로마 판테온신전의 추종자들이 제안했던 원래 하나님의 이름은 없다는 오래되고 널리 퍼져 있던 교리를 거부했다. 그러나 한편으로 바로는 모세의 보고를 묵살할 때 이 교리를 전제했을지 모른다.

> 여호와가 누구이기에 내가 그의 목소리를 듣고 이스라엘을 보내겠느냐. 나는 여호와를 알지 못하니 이스라엘을 보내지 아니하리라(출 5:2).[23]

그와 같은(즉, 이름 없는) 신은 다양한 백성들을 그들의 제왕적 통치 하에 연합하고자 했던 바로와 가이사에게 유용한 것이었다. 에드워드 기본(Edward Gibbon)이 언급했듯, 가이사의 시절 동안 모든 형태의 예배는 "백성들에 의해 동일하게 참된 것으로 생각되었고, 철학자들에 의해서는 동일하게 잘못된 것으로 그리고 당국자에게는 동일하게 유용한 것으로 생각"되었다.[24] 이름 없는 신들은, 바로가 이스라엘의 경우에 그러했던 것처럼 자신의 통치를 확장하고 그들의 제국을 세우는 데 백성들을 이용하고 속이려는 통치자들에게 동일하게 유용했다. 궁극적으로 이름 없는 신을 가진 백성, 자신의 역사, 언어, 그리고 이름을 잊어버린 백성은 타락

---

[23] 이 주제에 대해서는 R. Kendall Soulen의 에세이를 보라. Kendall Soulen, "'Go Tell Pharaoh,' Or, Why Empires Prefer a Nameless God," in *Cultural Encounters: A Journal for the Theology of Culture* 1, no. 2 (Summer 2005): 51-52.

[24] Edward Gibbon, *History of the Decline and Fall of the Roman Empire* (London: Jones and Co., 1826), 1:18.

한 권력의 제국적 통치에 절대로 위협이 되지 않는다.

이스라엘이 그 역사, 언어 혹은 이름을 잊지 않았던 반면, 바로는 요셉을 알지 못했다(출 1:8). 그리고 모세 아래에서 이스라엘의 구원이 이루어지기까지, 바로도 이스라엘도 하나님의 이름을 주님으로 알지 않았다. 이름을 가진 그들의 하나님이 모든 주권을 가진 신이라는 것을 확신한 억압받은 백성들은 언제나 타락한 권력에 위협이 되며, 사람들은 이러한 권력의 주권에 대해 의구심을 가지게 된다.

더 나아가 이전 초점으로 보면, 이름 없는 신 그리고 이름 없는 백성들은 신들(판테온)을 고용하여 큰 성 바벨론을 중심한 자신의 제국을 섬기게 하고, 자신의 왕들과 상인들을 온 세상으로 보내어 땅의 백성들이 이익을 얻으려 했던 가이사의 경우에서 볼 수 있는 것처럼, 상품화될 수 있다(계 18장).

그러나 이름을 가진 하나님의 이름을 가진 백성은 매매될 수 없다.[25] 이 하나님의 백성은 숫자로 축소될 수 없다. 144,000명, 즉 하나님의 의로운 남은 자들은 학살당할 수는 있지만, 절대로 뿌리 뽑힐 수는 없다. 그들이 하나님의 이름을 담고 있고 하나님의 구원과 심판을 기다리기 때문이다.

하나님의 의로운 남은 자들은 죽음을 겁내지 아니하고, 어린 양의 피와 자기들이 증언하는 말씀으로써 타락한 권력을 이겼다. 그들은 삼위일체 하나님의 이름을 가지고 있으며(계 3:10-12; 12:11; 14:1-5), 이 이름을 가진 하나님과 더불어 영원히 통치할 것이기 때문이다(계 3:21-22).[26] 이

---

25 (위에 언급된) R. Kendall Soulen의 에세이는 본 장의 이 부분에 대한 해석의 원천으로 봉사했다. 또한 다음을 보라. Lesslie Newbigin, *Truth to Tell: The Gospel as Public Truth* (Grand Rapids: Eerdmans, 1991).

26 Robert Mounce는 144,000명은 성도의 전체 수라고 주장한다. 그는 쓰고 있다: "7장에

신성에 대한 증인으로서 그 소명을 심각하게 받아들이는 교회가 언제나 타락한 정사와 권세들에게 위협이 되어 왔다고 하는 것은 놀라운 일이 아니다.

교회는 종종 자신의 목적들을 위해서 "하나님"을 오용하면서 지배의 실행에 있어서 하나님의 이름을 헛되이 사용해 오긴 했지만, 그것은 단지 나사렛 예수 안에서 계시된 이름에 비추어 행동하기를 거부함으로써 하나님의 이름을 헛되이 사용할 수 있을 뿐이다. 이스라엘의 하나님은 스스로를 나사렛 예수를 통해 자신을 알리신다(히 1:1-3). 요한이 이렇게 쓰고 있다.

> 본래 하나님을 본 사람이 없으되 아버지 품 속에 있는 독생하신 하나님이 나타내셨느니라(요 1:18).

살아 계신 말씀 그리고 세상의 죄를 제하신 하나님의 어린 양에 대해 증거를 하는 교회는 자신의 유익을 위해 다른 이들을 희생시키지 않을 것이며, 대신에 그 주님을 증거를 하는 가운데 세상을 위해 스스로를 희생할 것이다.

제국주의의 통치에 대한 대답은 아무리 억압을 반대하는 다원주의 교리를 지지하는 자들의 관심이 올바르다 할지라도, 다원주의의 이름 없는

서, 144,000명은 재앙에 앞서 인침을 받는다(계 7:4-8) 이제 동일한 수가 마지막 시련을 넘어 서 있다. 그 수의 반복은 두 그룹들 사이의 정확한 동일시를 보증하지 않고, 하나도 잃어버려지지 않았다는 것을 보증한다. 요한의 상징은 유동적이며, 사실, 계 14장의 144,000의 수는 계 7장의 두 번째 환상에 나오는 아무도 능히 셀 수 없는 큰 무리와 일치한다. 둘은 역사를 통틀어 구원받은 완전한 정원을 보여 준다." Robert H. Mounce, *The Book of Revelation*, rev. ed., The New International Commentary of the New Testament (Grand Rapids: Eerdmans, 1998), 265.

신은 결코 될 수 없다.[27] 제국주의의 통치에 대한 대답은 오직 이름을 가진 신성, 즉 구속 역사의 중심으로 계시된, 십자가에 달리고 부활하신 예수에 대한 교회의 증거, 세상을 위한 교회 자신의 선교적이고 희생적인 증거를 통해서만 가능하다.

그의 그리스도론에 대해서는 우리가 확실하지는 않지만, 마틴 루터 킹 주니어의 실천은 구원의 역사를 통틀어 협력선교적인 하나님의 행동들의 참된 정통주의 개념과 깊게 공명하고 있다. 성경의 내러티브에 기대여, 킹은 타락한 공국들 그리고 권력들의 그의 백성에 대한 억압에 저항하는 그의 선교적 투쟁과 더불어 현대의 모세로서 기능했다.

"나의 백성을 가게 하라."

킹은 이렇게 쓰고 있다.

---

[27] Gordon D. Kaufman은 사도 바울이 자신의 완전한 희생에 대한 예수의 이야기를 "궁극적인 겸허 그리고 자기과장"으로 바꾸었다고 주장한다. 그리스도의 신성과 삼위일체의 교리의 전개와 더불어 "그것은 또한 후에 기독교 제국주의를 위한 기반을 놓았다." 구원은 오로지 그리스도 안에만 놓여 있다는 주장은 교회가 구원에 대한 완전한 통제를 가지는 것으로 이끌었으며, 결과적으로 십자군이나 파문과 같은 공포들로 변화된다. 다음을 보라. Gordon D. Kaufman, *God-Mystery-Diversity: Christian Theology in a Pluralistic World* (Minneapolis: Fortress, 1996), 115. 또한 다음을 보라. Gordon D. Kaufman, *In Face of Mystery: A Constructive Theology* (Cambridge: Harvard University Press, 1993), 378-79; 그리고 *Theology for a Nuclear Age* (Philadelphia: Westminster Press, 1985), 50. Paul Molnar는 다음과 같이 말하며 정교회 그리스도론에 대한 Gordon D. Kaufman의 비판에 응답한다. "파문이나 십자군과 같은 사건들, 그리고 구원은 교회에 의해서 통제될 수 있다고 하는 생각은 기독교가 한 분 생명의 주로서 예수의 독특성을 충분히 심각하게 받아들이지 않을 때마다 결론으로 나온다는 것이 Gordon D. Kaufman에게는 일어나는 것으로 보이질 않는다." Paul D. Molnar, "Myth and Reality: Analysis and Critique of Gordon Kaufman and Sallie McFague on God, Christ, and Salvation," in *Cultural Encounters: A Journal for the Theology of Culture* 1, no. 2 (Summer 2005): 33. Kendall Soulen은 실제적 사실에서 종교적 다원주의의 제안은 제국의 오래된 신학이라고 주장한다. 다음을 보라. Soulen, "'Go Tell Pharaoh,'" 54.

우리는 고난을 감내할 수 있는 우리의 능력을 고난을 가하는 여러분들의 [백인들의] 능력에 맞출 것입니다. 우리는 영혼의 힘을 여러분의 육체적 힘에 맞출 것입니다.… 우리에게 여러분들이 하고자 하는 것을 하십시오. 그러면 우리는 여러분을 사랑할 것입니다. 우리의 집을 폭파시키고 우리의 아이들에게 겁을 주십시오. 여러분들의 폭력의 잔혹한 실행자들을 우리의 공동체 안으로 보내시고 우리를 길가로 끌어내 보십시오. 우리를 두들겨 패고 우리를 반쯤 죽여 보십시오. 그래도 우리는 여전히 여러분을 사랑할 것입니다. 그러나 우리는 곧 고난을 감내할 우리의 능력으로 여러분을 지치게 할 것입니다.[28]

킹은 성경 내러티브로부터, 하나님의 사랑의 영의 부으심으로부터, 그의 공동체 자신의 해결로부터, 그리고 하나님께서 언젠가 그의 백성을 약속의 땅으로 인도하면서 완전히 구원하실 것이라는 그의 소망으로부터 강함을 끌어냈다.

우리는 더 이상 하나님의 참된 증거의 교회가 육체적 오용에 시달리는 짐 크로우(Jim Crow)의 분리법 아래에서 살지 않는다. 그러나 우리는 분리에 기반을 둔 상업 지향적 소비자 아래에서 그리고 사람들의 정체성이 그들의 취향과 재능/능력들로, 그리고 얼마나 그들이 구매를 하고 소비를 할 수 있는지 하는 것으로 축소된 가운데 이 상업 지향적 소비자 문화가 만들어 내는 모든 고통 아래에서 살아가고 있다. 상업 지향적 소비자 문화는 오늘날 교회 성장 운동의 많은 부분을 이끌어 가고 있다.

---

[28] Martin Luther King Jr., *Stride toward Freedom* (New York: Ballantine Books, 1958), 217. Martin Luther King Jr.과 시민권 운동에 대해서는, "Christ furnished the spirit and motivation while Gandhi furnished the method". *The Autobiography of Martin Luther King, Jr.*, ed. Clayborne Carson (New York: Warner Books, 1998), 67.

그리고 교회에서 취향, 능력/재능들, 개인적 선호에 대한 이 교회들의 뚜렷한 집중으로 인해 인종과 경제적 계층들의 분리로 인도하고 있다. 상업 지향적 소비자 문화에 자양분을 공급하는 교회는 또한 사람들의 정체성을 그들의 운영과 선택, 목적과 행동으로 축소시킨다. 거기에서 그들은 단순한 재능을 가진 취향을 가진 자들이 되며, 자유시장 종교와 교회적 제국들의 진보를 위해 노예가 되어 이용당한다.

예수 그리스도의 복음의 하나님은 모든 백성들을 그 제국이 국가이든 혹은 시장이든 혹은 교회이든 간에 제국의 확장을 위한 노예들로서가 아니라 백성으로 관계하신다. 예수 그리스도의 복음의 하나님은 사람들의 정체성을 그들의 목적, 행동, 취향 그리고 능력들로 축소시키지 않고 모든 백성들에게 관계한다.

그것은 우리가 왜 교회를 첫 번째로 그리고 무엇보다도 **존재**가 이끄는 곳으로 이야기하는가 하는 이유이다. 우리가 백성들의 이름들을 숫자로 대치하고 그들의 성제성을 목적, 행동, 취향 그리고 능력들과 동일시한다면, 우리는 단지 그들의 취향과 능력들이 우리의 교회에 가장 수지를 맞출 수 있도록 해 주는 이들(즉, 가장 취향이 좋고 능력이 있는 "선호된 목표 청중")을 향한 취향과 능력에 기반을 둔 우리의 확장을 목적으로 하는, 그러면서 인종과 계급 선상을 따라 사람들을 분리시키는 경향을 가질 뿐이다.

복음적 시민 권리들과 공동체 발전의 지도자인 존 M. 퍼킨스(John M. Perkins)는 상업 지향적인 소비자 문화에 그리고 본 장에서 일찍이 언급되었던 절망 속에 있는 공동체들에 부수되는 모든 것에 도전한다. 그의 건실한 그리스도론 그리고 성경의 선교적 읽기는 (인종 및 계층이 자신과 다른 사람들과 더불어 살아가는) 재배치, (하나님과, 그리고 이처럼 다른 사람들과의) 화목 및 (우리와 마찬가지로 동일한 하나님의 형상으로 창조된 자들과 재능, 기술, 자원 및 삶을 나누는) 재분배라는, 성경에 기초한 공동체 발전 모델(상업적 발전을 반대한다)을 촉진하기 위한 신학적 자원들을 그에게 공급한다.

예수님을 통해 계시되고 교회가 경배하는 하나님은 부유한 자와 가난한 자, 흑인과 백인, 남자와 여자를 (예수 그리스도 안에서 계시된 하나님의 동일한 가족의 이름으로 불리게 될) 하나의 공동체(개별적으로 긁어 모은 결과물이 아니라)로 만듦으로써 참된 공동체의 발전 및 기능 장애의 공동체의 회복을 가능하게 한다.

예수 그리스도 안에서 계시된 하나님은 인간이 상품화되거나 격리되지 않고 개인적이고 인격적인 공동체로 존재하기 위한 필요 조건이다. 교회는 기독교 신앙의 가장 거대한 신비이기에 이 삼위일체 교리를 그대로 두어야만 한다고 평가 절하하는 것을 계속하지 말고, 이 이름을 가진 신성을 선포해야만 한다. 이 하나님을 홀로 남겨 놓는 교회는 삼위일체 하나님이 계시된 신비라는 사실을 깨닫지 못하게 할 뿐만 아니라 이 하나님을 기능면에서나 명시적으로 이름 없는 신들로 부지불식간에 대체하게 된다.

명시적인 대체는 특히 하나님은 이름을 초월한다고 말하는 종교적 다원주의자들로부터 온다. 기능적 대체는 삼위일체 하나님(그 이름이 아버지, 아들, 그리고 성령이신 하나님)에 대한 반추가 기독교 실천에 부적절하다고 (명시적으로 혹은 함축적으로) 말하는 복음주의적 실용주의자들로부터 온다.

이름이 없는 신들을 옹호하는 것은 (명시적으로 혹은 기능적으로) 종교의 상업화 그리고 인간 정체성의 상업화를 향한 문을 연다. 소비자의 선택(행동)은 그것이 무엇이 되었든, 주권적이고 자유롭다. 취향을 가진 자들과 소비자들의 공동체로 만들어진 교회는, 그것이 요구하는 신성을 집어내고 선택하면서, 그리고 그것이 부분이 된, 소비자 문화와 자유시장 경제 제국에 의해 그에 기반을 둔 요구들에 먹이로 떨어지면서, 기초적 소비를 위한 쇼핑몰이 되어버린다.

이러한 교회의 진화는 인간 그리고 교회적 정체성의 상업화를, 그리고 예수 그리스도의 자기희생적인 권위 안에 중심을 가진 심원한 친교의 공동체에 대한 성경적 이상의 부식을 수반한다.[29]

2005년 「하퍼 매거진」(*Harper's Magazine*)에 기고한 제프 샬럿(Jeff Sharlet)의 기사는 이 문제를 드러낸다. 샬럿은 전직 전국복음주의자연합(NAE) 의장이자 새생명공동체교회 전직 수석목사인 테드 해거드(Ted Haggard)를 인터뷰했다. 아래의 글에서 해거드 목사를 우롱하는 것은 전혀 우리의 의도가 아니다. 그는 NAE의 의장으로서 그 종신직을 수행하는 동안 복음주의자들 사이에서 환경적 청지기 자세를 촉진시키는 것이나 이데올로기적 스펙트럼을 가로지르는 이들 사이에서 미국에서의 종교적 그리고 문화적 관용을 촉진시키는 것과 같은 것을 발의하는 몇 개의 핵심 의제를 지지했다.

해거드가 두 자리에서 물러난 것은 자유시장 영성에 대한 관점 때문이 아니라 혼인 관계의 불성실 때문이었다. NAE 혹은 해서드의 교회는 전자를 문제로 보지 않았다. 그러나 우리의 초점은 궁극적으로 복음주의 전체에 대한 비판이다. 왜냐하면 해거드는 단순히 명시적이고 직설적인 방식으로 지배적인 복음주의교회의 선교적 혹은 별로 선교적이지 않은

---

[29] 교회에 대한 시장 모델의 부정적인 영향에 대한 중요한 저작에 대해서는 다음을 보라. Philip D. Kenneson and James L. Street, *Selling Out the Church: The Dangers of Church Marketing* (Nashville: Abingdon, 1997). 또한 다음 글에 나오는 Rodney Clapp의 소비자 자본주의에 대한 중요한 논의를 보라. "Green Martyrdom and the Christian Engagement of Late Capitalism," in *Cultural Encounters: A Journal for the Theology of Culture* 4, no. 1 (Winter 2008): 7–20, 그리고 다음 글에 나오는 소비자 자본주의의 발전에 대한 그의 분석을 보라. "The Theology of Consumption and the Consumption of Theology," in *Border Crossings: Christian Trespasses on Popular Culture and Public Affairs* (Grand Rapids: Brazos, 2000), 136–56, 그리고 *Families at the Crossroads: Beyond Traditional & Modern Options* (Downers Grove: InterVarsity, 1993), 48–66.

패러다임의 핵심을 명시적으로 언급했기 때문이다. 샬럿이 보도한 해거드에 따르면,

> "자유시장 세계화"는 우리를 매우 자유롭게 해 주어서, 그는 미국의 셀 그룹 시스템은 마치 시장과 같이 기능하기에 충분히 성숙할 수 있는 것이라고 인식하였다. 테드 목사의 선호하는 책들 중 한권은 토마스 프리드만(Thomas Friedman)의 『렉서스와 사랑의 나무』(*The Lexus and the Love Tree*)이다. 그것은 이제 온 나라를 가르치는 테드의 영적 권위 아래에서 수백 명의 목사들에게 읽도록 요청되고 있다. 프리드만으로부터, 테드 목사는, 자신이 영성을 포함하는 모든 것이 상품으로 이해될 수 있다는 것을 배웠노라고 말한다. 그리고 통제되지 않는 교역이, 세계의 자유에 도달하기 위한 열쇠였다고 결론짓는다.[30]

그리스도인 지도자들은 "우리의 목회에서 자유시장 자본주의의 힘을 이용'해야만 한다. 일단 목사가 그렇게 하면, 그의 양떼는 각 구성원의 능력과 취향에 따라 스스로 조직화하기 시작할 수 있을 것이다."[31]

샬럿은 복음주의자는 자유시장 및 사유 재산 제도를 찬성해야 한다는 해거드의 말을 인용한 후에, 해거드가 "선한 그리스도인들"이 원할 것이라고 믿는 교회의 종류에 대해 반추하고 있는 그의 책 『개 훈련, 플라이 피싱, 그리고 21세기에 그리스도를 나누기』(*Dog Training, Fly Fishing, & Sharing Christ in the 21st Century*)로부터 인용한다.

---

[30] Sharlet, "Inside America's Most Powerful Megachurch," 48.
[31] Ibid., 47.

나는 내 재정이 자리 잡히기를 원하며, 나의 아이들이 교육받고, 나의 아내가 삶을 사랑하기를 원한다. 나는 어느 땐가 삶이 어려워질 때 내 가족과 나를 위해 보호를 제공해 주며 기쁨이 되는 좋은 친구들을 원한다.… 나는 깜짝쇼, 스캔들, 혹은 비밀들을 원하지 않는다.… 나는 안정을 원하며 그리고, 때로는, 건실함을, 앞으로 나아가는 운동을 원한다. 나는 교회가 나를 끝없는 '가치 있는 프로젝트'로 지치게 하지 않고, 삶을 잘 살도록 도와주기를 원한다. '가치 있는 프로젝트'라는 말을 테드는 재정을 세워나가거나 무료 급식 시설들(soup kitchens)과 같은 것으로 이해한다. 그가 이것들에 반대하는 것은 아니다. 그것은 그가 그들을 듣는 데 싫증났고 다른 그리스도인들도 또한 그렇다고 믿는 것일 뿐이다. 그는 기독교에 있어서 자유시장에서 번영하는 것, 그것이 "도덕적 가치들"보다 더 필요하다는 것을 안다. 그것은 소비자 가치를 필요로 한다.[32]

샬럿이 보도한 내용을 볼 때, 우리는 헤기드가 무료 급식소에 대해 이야기하지 않는 이유가 남아 있는 자유시장 기업이 반드시 가난을 없애 줄 것이라는 생각(비록 잘못된 생각이지만) 때문일 것이라고 바랄 수밖에 없다.

「크리스채너티 투데이」(*Christianity Today*)의 팀 스태포드(Tim Stafford)는 해거드가 다음과 같이 말하는 것을 인용한다.

"자유시장은 가난한 사람들을 돕는 데 그동안의 어떤 자선 단체보다도 더 많은 것을 해 왔다."

NAE의 전직 회장이 볼 때, 가난한 이를 돌보라는 성경적 위임을 성취하는 최상의 길은 자유시장 사회를 촉진시키는 것으로 보인다. 예수는

---

[32] Ibid., 47.

결코 자유시장을 언급하지 않았고, 대신에 젊은 관원에게 모든 것을 팔아 가난한 이들에게 주라고 말씀하셨던 것을 인정하긴 하지만, 해거드는 「크리스채너티 투데이」에서 다음의 말로 응답한다.

> 예수는 1세기에 사셨다.… 그리고 우리는 21세기에 산다.[33]

무료 급식소든 아니든, 해거드가 옹호한 자유시장의 운영은 사람들을 노예화시켜, 우리가 오랫동안 억압받아 온 이들에게 손을 뻗쳐 해방시키는 것을 막을 수 있다.

대조적으로, 존 퍼킨스는 무료 급식소를 능가하여, 전략적으로 가난한 자들을 가난으로부터 벗어나도록 경제 발전을 촉진시킴으로 그토록 자유롭지 않은 시장을 넘어가는 더 높은 질서의 자본주의자이다. 앞서 언급된 재배치, 화해, 그리고 재분배라는 그의 세 가지 원칙들은 가난하고 소유가 없는 이들이 자신들의 공동체에서 소유권을 취하도록 돕기 위해 의도된 것이다.

참된 자유는 동등한 뿌리 내림을 필요로 한다. 자율성 같은 자유는 혼란으로 몰아가며 오로지 경제적 적응자만 생존하도록 만든다. 시장에 대한 자유방임(laissez-faire)적 접근은 **게으르며**(lazy) **불공정하다**(unfair). 자율시장의 옹호자에 반대하여, 퍼킨스는 미국의 복지로 사람들을 노예화시키는 기본 구조를 바꾸도록, 그리고 자본주의적 모험이 동등 선상에서 진행하는 것을 보장하도록 추구한다.[34]

---

[33] Tim Stafford, "'Good Morning, Evangelicals!' Meet Ted Haggard: The NAE's Optimistic Champion of Ecumenical Evangelism and Free-Market Faith," *Christianity Today*, November 2005, 44.

[34] 공동체의 발전에 대한 3R의 것에 대한 John M. Perkins의 작업에 대해서는 아래의 저

해거드의 관점에 대항하며, 그리고 퍼킨스의 모델과 발맞출 때, 하나
님은 교회로 하여금 지배 문화의 경제 운영에 대항하여 운영되는 경제
질서를 포용하도록 자유를 허락하신다. 로이스 버렛(Lois Barrett)이 지적
하듯, "교회는 병원들과 정신 건강 기관들을 세우면서, 집들을 세우고 음
식을 나눠주면서, 대안적 경제들을 가난한 자들을 돕는 다양한 프로그램
들에 대해 그 구성원들을 넘어… 확산시켜 왔다. 교회는 원하는 자들의
앞에서 필요들을 채워 주는 대안 경제로 불리웠다."[35]

삼위일체 하나님에 대해 연합해 있는 교회는 인간의 정체성을 상업화
하거나 자유시장 영성 (그들의 능력과 취향들에 대해 사람들의 도구주의자로의
축소와 더불어) 그리고 일반적으로 경제학을 위해 수반되는 모든 것을 옹
호하지 말아야만 한다. 교회는 그 나라의 대체 경제(alternative economics)에
속해 있기 때문이다. 그것은 간인격적 그리고 공동체적 정체성, 목적, 그
리고 삼위일체 하나님의 행동 안에 기반이 놓여 있다. 그분은 부유하셨
음에도 불구하고 가난해지셔서 우리가 하나님의 부요가 되도록 하셨다
(고후 8:9). 교회는 화해하며 재분배하는 구성원들이며, 자신의 존재성이
거기에 매달려 있고, 바깥을 향해 방향을 잡으며 아래를 향해 움직이시
는 하나님의 간인격적이자 공동체적 존재를 반영하는 사실로부터 따라

작을 보라. John M. Perkins, *With Justice for All, with a foreword by Chuck Colson* (Ventura: Regal Books, 1982), 6장에서 8장까지. 연못의 소유 그리고 공동체의 발전에 대한 그의 연구에 대해서는 다음을 보라. John M. Perkins, *Beyond Charity: The Call to Christian Community Development* (Grand Rapids: Baker Books, 1993), 119.

35 Lois Barrett, "The Church as Apostle to the World," in *Missional Church: A Vision for the Sending of the Church in North America*, ed. Darrell L. Guder (Grand Rapids: Eerdmans, 1998), 122. 또한 다음을 보라. Eugene McCarraher, "The Enchantments of Mammon: Notes toward a Theological History of Capitalism," in *Modern Theology* 21, no. 3 (2005): 429–61.

온다.[36]

교회들은 성령 안에서 그리스도를 통해 하나님 그리고 서로와 연합해서, 바깥을 향해 방향을 잡고 아래를 향해 움직이시는 삼위일체 하나님의 형상 안에서 새로이 창조된 인격들의 친교로서 자신들의 존재와 발맞추는 가운데 살아가도록 초점을 맞추어야 한다. 여기에서 혹자는 삼위일체 하나님 그리고 하나님의 사람들과의 친교로부터 흘러나오는 관계적 정체성의 기술들과 경제적 실천들을 중요시한다.

그리고 개별 교회들과 개인 구성원들의 의미를 그들이 산출할 수 있고 소비할 수 있는 것으로 축소시키는 것에 맞서 방어한다. 앞서 언급한 초점들을 넘어, NAE의 전직 회장은 유대 기독교 전통 그리고 태어나지 않은 인간의 곤경과 싸우는 것에서의 역할에 대한 참여를 고려하고 영성의 상업화에 대해 다시 생각해야 할 것이다. 전자의 항목에 관해서는 영국 연방의 연합 히브리 회중들의 랍비 회장인 조나단 삭스(Jonathan Sacks)가 말한 바 있다.

> 유대교에 있어서 치명적인 오만은, 시장이 사실상 우리의 삶의 단지 제한된 부분을 지배하고 있음에도 불구하고 우리의 삶의 전체를 지배하며 우리가 생산과 교환에 종속된 것으로 생각하는 상품에 관심을 가진 것으로

---

[36] 이미 언급된 문제들에 덧붙여서, 우리가 교회를 그 백성으로부터 분리하고 하나님과 친교 안에 있는 인물들로 그들에게 집중하기보다 백성의 능력과 취향에 집중할 때마다, 우리는 영성의 상업화를 촉진하고 종교의 자유시장에서 교회들 사이에 궁극적인 경쟁을 조장하는 것으로 마치게 된다는 것을 덧붙일 가치가 있다. 이러한 덜 인격적 세계관은 개인적인 교회 구성원과 그가 다니는 교회 사이의 관계에 대한 언약적 모델을 포함한다. 교회가 구성원들의 입맛에 맞는 상품과 서비스를 전달해 주는 한, 그리고 구성원이 교회가 소비자의 입맛에 계속해서 호소할 수 있는 능력을 제공하는 한, 파트너 관계는 지속된다. 그러나 이러한 연합은 일단 무언가 더 나은 것이 따라오면 용해된다. 연합의 강도는 제공된 서비스와 상품의 질만큼 깊다.

믿는다는 것이다. 우리가 생산하지 않는, 인간에게 근본적인 것들이 있다. 우리는 이러한 것들을 우리 앞서 왔던 이들로부터 그리고 하나님 자신으로부터 받는다. 그리고 아무리 가격이 비쌀지라도 우리가 매매해서는 안 되는 것들이 있다.[37]

후자의 항목에 관해서는 켄달 술론(Kendall Soulen)이 주장한 바 있다.

> 시장은 물론 소비자를 왕으로 만든다고 약속한다. 그리고 우리로 하여금 우리가 책임을 지는 것이라고 생각하도록 부추킨다. 그러나 시장은 차례로 비싼 가격을 매기며, 즉, 인간의 삶 자체를 점차적으로 상업화시킨다. 딱 하나의 예를 든다면, 유전학적 지식이 보다 복잡해지고 법을 통해 소비자들에게 유용해짐에 따라, 장래에 부모가 될 사람들은 정신 지체, 유전 결함 등등과 같은 비효율적인 것들을 걸러내기 위해 그들의 임신을 검사하도록 압력을 받는 데 종속될 것이다.[38]

삼위일체 하나님에 대한 진정한 증거가 영국 연방의 랍비 삭스나 인도의 힌두 혁명가 간디와 같은 교회 바깥에 있는 자들로부터 이들을 통해서 제기될 것이고 혹은 미국에서 없는 자들에 대한 관심이 정통적 그리스도인들을 자주 부끄럽게 만드는 우리의 유니테리언 보편주의 행동주의자 동료들을 통해서 일어나게 될 것이지만,[39] 삼위일체 하나님의 교회

---

[37] Jonathan Sacks, "Markets and Morals," *First Things*, no. 105 (August–September, 2000): 28.
[38] Soulen, "'Go Tell Pharaoh,'" 55.
[39] 우리 두 사람은 창조의 청지기직과 가난한 이들을 위한 돌봄에 관한 포럼에서 유니테리언 만인구원론자(Unitarian Universalists)들과 함께 하는 가운데, 이처럼 긴급한 현안에 대한 지적 도덕적 결단 및 동정심을 보여 주며 우리가 본고장이라고 생각하는 복음적

는 성경과 성례전에 대한 그들의 밀접한 접근을 통해 이 하나님에 대해 직접적인 증거를 담고 있다. 삼위일체 바깥에는, 구원도 없고, 구속도 없으며, 교회도 마찬가지이다. 삼위일체 하나님의 교회의 바깥에는 어떠한 구원도 없다.[40]

이렇게 말하지만, 선교적 교회는 고정적인 것도, 배타적인 것도 아니다. 그것은 지옥의 문을 공격하여 포로들을 놓아 주면서, 그리고 모든 것 중에 가장 위대한 이 예수를 위해 가장 작은 자에게 자신을 내어 주면서, 움직이는 공동체로 부르심을 받았다. 마틴 루터 킹 주니어가 그의 시민권리 투쟁들 가운데 그와 더불어 아틀란타에 있는 자신의 에벤에셀침례교회(그것은 타락한 공국들과 권세들에 대항하는 보이는 증거로 서 있었다[41])에서 비전을 가졌던 것처럼,[42] 교회는 모든 백성(교회 안에서 그리고 바깥에서, 특히 짓밟힌 자)을 예수를 위해 그 부를 재배치하고, 화해하고, 그리고 재분배하기 위해 부름받는다. 이러한 길에서 부를 재배치하고, 화해하고, 재분배

공동체에서 그러한 확신과 불쌍히 여기는 마음이 많이 일어나기를 바라는 그들의 모습을 통해 큰 감동을 받았다.

[40] 독자는 한편으로 그에 대해 교회가 참된 증거에 대해 궁극적인 책임을 지는 예수 그리스도의 특별성과 탁월성을, 그리고 다른 한편으로 교회의 벽 바깥에서 일어나는 그리스도에 대한 참된 증거의 가능성에 대해 확언하는 이어지는 글의 선교적 자료들에 대해 언급하도록 고무된다: Karl Barth, *Church Dogmatics*, IV/3.1, *The Doctrine of Reconciliation*, ed. G. W. Bromiley and T. F. Torrance (Edinburgh: T&T Clark, 1961); Paul Louis Metzger, *The Word of Christ and the World of Culture: Sacred and Secular through the Theology of Karl Barth* (Grand Rapids: Eerdmans, 2003), 4장; Newbigin, *The Gospel in a Pluralist Society*; Pope John Paul II, Dominus Iesus: http://www.vatican.va/roman_curia/congregations/cfaith/documents/rc_con_cfaith_doc_20000806_dominus-iesus_en.html; Bosch, *Transforming Mission*, 『선교적 교회론』, CLC 刊).

[41] 에벤에셀침례교회의 거룩한 장소의 의미에 대한 왕의 창의적 구성을 언급하는 제7장에 나오는 논의를 보라.

[42] 다음 책을 보라. Richard Lischer, *The Preacher King: Martin Luther King, Jr. and the Word That Moved America* (New York: Oxford University Press, 1995), 17.

하는 교회는 공동체적이고 협력선교적인 하나님에 대한 선교적 증인으로 움직여 나간다.

그분은 바벨론의 창기와 그가 더불어 간통죄를 범했던 상인들에 대항해 그리고 그들 자신의 경제적 이득을 위해 그들의 이름없는 신성과 제국의 통치를 사람들에게 부과한 바로와 가이사에 대항해 전쟁을 벌이시는 분이시다. 이 선교적 교회는 새 예루살렘의 도시(그리스도의 거룩한 신부)가 그 장소가 될 날을 미리 그려낸다.

> 만국이 그 빛 가운데로 다니고 땅의 왕들이 자기영광을 가지고 그리로 들어가리라. 낮에 성문들을 도무지 닫지 아니하리니 거기에는 밤이 없음이라. 사람들이 만국의 영광과 존귀를 가지고 그리로 들어가겠고 무엇이든지 속된 것이나 가증한 일 또는 거짓말하는 자는 결코 그리로 들어가지 못하되 오직 어린 양의 생명책에 기록된 자들만 들어가리라(계 21:24-27).

≋ 심화 연구를 위한 질문들

1. 교회는 비기독교 신앙 전통들과 어떤 종류의 대화를 이루어 나가야 하는가?
2. 사회 정의와 복음의 관계는 무엇인가?
3. 오늘날 교회가 선교적이 된다는 것은 무엇을 의미하는가?
4. 소비주의는 교회의 선교적 방향에 정적으로 어떤 영향을 끼치는가?

제16장

건축 프로그램으로부터
하나님의 선교적 나라의 건축까지

1. 예수님은 모든 어린 아이들을 사랑하신다 – 그런데 우리도 그런가?

우리는 노래를 부르며 자라났다.
"예수는 어린아이를 사랑하세요. 세상의 모든 아이들을. 빨갛든 노랗든, 검은 색이든 흰 색이든, 그분의 눈에는 소중해 보여요. 예수님은 세상의 어린아이들을 사랑하세요."
예수는 세상의 모든 아이들을 사랑하신다.
그런데, 우리도 우리 가까이에 사는 모든 아이들을 사랑하는가?
복음주의 그리스도인들은 외국 땅에 선교사들을 보내는 일을 올바로 강조해 왔다. 그러나 우리 복음주의를 추종하는 이들은 모두 너무나 자주 우리가 사는 도시들, 교외 지역들, 그리고 마을들에서 우리에게 낯설게 다가오는 이들 사이에서 선교적으로 살고 있지 않다.
포틀랜드 지역의 교회에서 사역자로 섬기고 있는 우리 학생들 중 한 사람은 주변 공동체에 대한 그 교회의 복지 전략에 대해 서술한 바 있다.

그녀가 교회 스탭으로 합류한 직후, 그녀는 이 전략이 저소득 아파트 단지를 제외하고 부유한 구역을 "타깃"으로 한다는 결정(이것은 미국의 인종과 계급이 유사한 부류를 찾는다는 경향을 감안할 때 이질적인 결정은 아니다)을 내렸다는 말을 들었다.[1] 교회가 잘 사는 회심자들로부터 보다 "본전을 뽑을 수 있는 가치"를 취하고 교회 구성원들을 바꾸어 교회 시설 및 건축 계획을 돕겠다는 취지였다. 학생이 끔찍하게 생각하자, 다른 스탭 구성원이 "이런 말을 해서 미안해"라고 말했다.

사실, 이러한 전략을 추진할 경우 가난한 사람들뿐 아니라 부유한 사람들에게도 해를 끼치게 된다. 우리의 부자병으로 막힌 문화에서 부유한 사람들에게 닿을 수 있는 최상의 길 중 하나는 가난한 사람들 사이에서 그리고 가난한 이들과 함께 하는 사역이다. 심지어 기독교에 환멸을 느낀 사람들도 테레사 수녀에게는 경이감을 가졌고 그녀가 예수에 대해 이야기해야만 했던 것을 듣는 것에 매혹되었다.

"이 사람들 중 가장 적은 사람" 사이에서의 그 섬김의 삶은 심지어 가장 대단한 이들 사이에서조차 들려질 수 있는 모습을 위한 여지를 만들

---

[1] 사회학자 Michael O. Emerson과 Christian Smith는 인종이 경제학, 정치학, 교육 그리고 "사회적" 그리고 "종교적 시스템"을 포함하는 모든 영역에 영향을 끼친다고 주장한다. 그들은 인종화된 사회(즉, 인종적 계통에 따라 규정된 사회)를 아래와 같은 용어로 정의한다: **"인종화된 사회는 인종이 삶의 경험들, 삶의 기회들 그리고 사회적 관계들에서 중요한 차이를 초래하는 사회이다"**(고딕체는 원문을 따른다). Michael O. Emerson과 Christian Smith는 덧붙인다. "인종화된 사회는 '사회적으로 구성된 인종적 계통에 따라에 대해 상이한 경제적, 정치적, 사회적 그리고 심지어 심리학적 보상들을 할당하는 사회'"라고 또한 이야기될 수 있다. Michael O. Emerson and Christian Smith, *Divided by Faith: Evangelical Religion and the Problem of Race in America* (New York: Oxford University Press, 2000), 7. 인용부호 안에 인인용되어 있는 말은 다음 글로부터 취해 온 것이다. Eduardo Bonilla-Silva and Amanda Lewis, "The 'New Racism': Toward an Analysis of the U.S. Racial Structure, 1960s–1990s," unpublished manuscript, 1997.

어냈다. 또한 우리는 모두 멕시코에서 단기 선교 프로젝트를 마치고 돌아온 미국의 그리스도인들의 증언들을 들었다. 그리스도 안에서 그토록 부유하지만 세상의 기준에서 보면 그토록 가난하던 멕시코의 신자들이 그들에게 대단히 충격을 주었기 때문이었다.

2. "타깃"을 겨냥한 일반적인 교회 성장 전략에 대한 비판

우리의 선교 프로그램들은 세상에서 일하고 계시는 선교적 하나님을 증거해야만 한다. 또한 공동체 안에서 선교 봉사 활동들을 위한 계획과 전략을 세우는 일 역시 그래야만 한다. 하나님은 언제나 밖으로 향하고 계신다. 예수께서는 온 세상을 위해 죽으셨으며 세상에는 하나님을 사랑하고 그의 나라의 사역을 위해 희생적으로 바치려는 사람도 많지만 성경은 하나님이 약자와 미련한 자, 가난하고 멸시받는 자와 더불어 그의 나라를 채우시고자 결정하셨다고 말한다(고전 1:18-31; 약 2:5).

사실, 부유한 자는 종종 가장 다가가기 어려운 사람들이다. 그들의 부는 부유한 젊은 관원의 경우에서와 같이, 하나님을 향해 그들이 부유해지는 것을 방해한다(눅 18:18-30).

이것이 맞다면, 왜 우리는 보다 잘 사는 공동체 안에 있는 사람들을 목표로 하는 데 지나치게 엄청난 자원을 투입하는 것일까?[2]

---

[2] 교회성장학을 하는 사람들은 언제나 질문한다: "누가 당신의 목표가 되는 청중인가?" 예컨대, Rick Warren은 독자들에게 "당신의 교회가 닿기를 원하는 전형적인 불신자"를 목표로 하라고 이야기한다. 그가 쓴 장의 169쪽을 보라. "Who Is your Target?" in *The Purpose Driven Church: Growth without Compromising Your Message & Mission* (Grand Rapids: Zondervan, 1995). Rick Warren은 교회들로 하여금 사람들을 "목표로 하라"고 촉구하지만, 우리는 그가 교회로 하여금 가난한 자보다 부유한 이들을 목표로 할 것을 요구했다는 말

미국의 가장 대중화된 교회들의 다수는 부유한 교외에 위치하고 있다. 부유한 시애틀 교외에서 사역하고 있는 한 젊은 목사는 그리스도를 위해 시내에 사는 젊은 청년들에게 손을 뻗치는 것은 쉽다고 말했다. 왜냐하면 그들은 큰 필요를 느끼고 있기 때문이라는 것이었다. 그는 교외에 사는 부자 청년들에게 뻗쳐 나가는 것은 훨씬 더 큰 도전이 된다고 덧붙였다. 왜냐하면 그들은 그들의 필요가 이미 충족되고 있다고 믿기 때문이다. 그래서 그의 교회는 이 부유한 (그리고 때로는 싫증이 난) 젊은이들에게 다가가 전도하기위해 디자인된 흥미로운 프로그램에 돈을 쏟아 붓는다.

우리가 판단해 볼 때, 그의 교회는 만일 지도자들이 그 돈 중 많은 부분을 이 젊은이들이 극한 주말 모험(?), 즉 집 없는 사람들, 가난한 이들 그리고 병든 이들을 위한 섬김 프로젝트들을 하도록 투입해 주기만 한다면 훨씬 더 좋은 결과를 갖게 될 것이다. 그러한 만남들은 우리를 우리 자신의 영적인 방랑, 영혼의 가난, 그리고 우리를 죽음으로 이끄는 고통과 얼굴과 얼굴을 맞대도록 도우므로, 그리스도 안에서 새로워진 삶 속으로 들어가도록 돕는다.

한때, 우리 중 한 사람이 일단의 그리스도인 젊은이 사역자들에게 가난한 자들을 향해 손을 뻗치라고 재촉하였을 때, 그들 중 한 사람이 대답했다.

"그러나 하나님은 부자들도 사랑하십니다."

그것에 대해 의심할 사람이 누가 있겠는가?

만일 복음주의적인 봉사 활동이 어떠한 지표로 작용한다면, 하나님이 부자를 사랑하시는 것은 분명하다. 셰인 클레보언(Shane Claiborne)과 같은

이 아니다. 우리 모두는 특정 그룹에 대한 선호적인 대우를 제공하지 않도록 주의를 기울여야만 한다.

특별한 예외로부터 떼어 놓고 본다면, 하나님이 가난한 자를 사랑하신다는 것은 별로 분명해 보이질 않는다.[3] 그렇게 자주, 우리는 사회적 사다리를 기어오르고 성공하기를 원하기 때문에 부유한 자를 목표로 한다. 그러나 하나님은 가난한 자들을 특별히 주목하신다.[4] 야고보는 부유한 자를 목표로 하는 그의 독자들을 질책한다.

> 내 사랑하는 형제들아 들을지어다. 하나님이 세상에서 가난한 자를 택하사 믿음에 부요하게 하시고 또 자기를 사랑하는 자들에게 약속하신 나라를 상속으로 받게 하지 아니하셨느냐(약 2:5).

이것은 소비주의 그리고 재화의 축적으로 추진되는 문화에서는 잘 설

---

[3] Shane Claiborne의 다음 책을 보라. *The Irresistible Revolution: Living as an Ordinary Radical* (Grand Rapids: Zondervan, 2006). 또한 Shane Claiborne 그리고 억압된 도시 상황에서의 급진적 수도원적인 공동체들에도 불구하고 평범함이 흥기하는 것에 대한 「크리스채너티 투데이」(*Christianity Today*)의 특집 기사를 보라. Rob Moll, "The New Monasticism," *Christianity Today*, September 2005, 38–46. 이 운동의 본질과 실천에 대한 철저한 설명에 대해서는 다음을 보라. Rutba House, ed., *School(s) for Conversion: 12 Marks of a New Monasticism* (Eugene: Cascade Books, 2005).

[4] "목표 설정"이라는 용어를 채용하는 많은 교회들이 보다 부유한 공동체들에 초점을 둔다는 사실을 차치하고라도, "목표 설정"이라는 말은 여러 다양한 이유로 문제가 된다. Consuming Jesus에서 "인구학적 목표 설정은 의도적인 상황화와 동일한 것이 아니다. 의도적인 접촉을 구축하는 것으로서 '목표 설정'은 기본적으로 유순하다. 그러나 마케팅 전략으로서 '목표 설정'은 문제가 있다. 실천들의 설정은 전인(whole person) 그리고 전체 공동체 분석에 대항하는 인구통계학의 작용으로 형성된다. 대조적으로, 상황화(내가 여기에서 그것을 사용하는 것으로서)는 두터운 기술과 한 사람으로부터 다른 사람에 이르는 삶에 대한 삶의 참여를 포함하며, 그리고 그것은 그 공동체의 언어와 위치에 대한 민감성을 설명한다." Paul Louis Metzger, *Consuming Jesus: Beyond Race and Class Divisions in a Consumer Church* (Grand Rapids: Eerdmans, 2007), 53. "목표 설정"은 또한 발사, 멀리로부터 영향을 주기, 통제안에 남아 있기 그리고 다른 주제들을 내포한다. 우리는 우리의 주목으로의 이들 함의들을 가지고 오는 것에 대해 Rodney Clapp에게 감사를 표한다.

교되지 않는다. 사람들은 최소의 비용으로 원하는 것은 무엇이든지 찾도록 그리고 사회적 사다리를 올라가도록 격려받는다. 그리고 그들은 자신들이 진보하는데, 그리고 더 좋은 삶의 몫을 취하는 데 성공하도록 도움을 주는 이들과 교제한다. 영적인 성향을 가진 이들은 이 사고방식을 종교적 영역으로 가져온다. 우리는 관계적 안전, 훌륭한 가족들, 그리고 좋은 직업들을 원한다.

인종과 계급의 문제들을 다루는 것이 우리가 원하는 것을 얻는데 도움이 되는 프로그램들을 시행하는 데 어떻게 도움이 될까?

만일 우리가 교회들을 빨리 세워가기 원한다면, 높은 성공을 이룬 자들과 관계를 맺는 것에 우리의 모든 에너지들을 집중하려는 유혹을 받으며, 그들은 자기보다 높은 성취를 이룬 자들에게로 손을 뻗치고자 한다. 그러나 그들에게 다가간다는 것은 자신과 부류가 다른 자들을 향한 하향적 이동성을 무시하는 것임을 알아야 한다.

우리는 어떤 사회 계층에 위치하든 이 싸움과 마주친다. 가난한 이들은 가난해지기를 원하지 않는다.

그걸 원하는 사람이 얼마나 될까?

심지어 가난한 이들조차 삶에서 성공적이 되려고 자신들의 주변에 있는 이들과 관계를 끊고 싶은 유혹을 받는다. 그리고 번영 복음(prosperity gospel)은 단지 그들을 이 선상을 다르도록 격려한다. 존 퍼킨스는 그것을 이렇게 표현한다.

> 번영 운동은 가난한 이들 사이에서 중요한 것으로 받아들여지지만, 그러나 풀뿌리 차원에서의 실재적인 공동체의 발전의 의미에서는 별로 하는 일이 없다. 그것은 사람들의 관심을 실제 문제로부터 떼어 놓는다. 그리고 만일 그 사람들이 성공한다면, 그것은 그들로 하여금 그들이 마땅히

동일시하고 함께 해야 하는 바로 그 사람들로부터 그들 스스로를 떼어 놓도록 고무한다.[5]

번영 복음은 그 가족이 재정적으로 성공을 거둔 세상의 자식들이 하나님의 시각에서 볼 때 귀하다고 가르친다. 그것은 심령이 가난한 이들 혹은 가난한 자들과 동일시하는 자식들이 아니라, 이와 같이 금과 돈으로 치장된 아이들이 하나님의 선호의 표징을 안고 있다고 가르친다.

그런데 성경의 복음은 주님의 선호에 대해 무엇을 가르치고 있는가?

주님의 선호는 짓밟힌 자들과 동일시하고 그들 사이에서 일하고 있는 이들에게 깃드는 것은 아닌가?

왜냐하면 성경은 다음과 같이 말씀하고 있기 때문이다.

> 만일 네가 너희 중에서 멍에와 손가락질과 허망한 말을 제하여 버리고 주린 자에게 네 심정이 동하며 괴로워하는 자의 심정을 만족하게 하면 네 빛이 흑암 중에서 떠올라 네 어둠이 낮과 같이 될 것이며, 여호와가 너를 항상 인도하여 메마른 곳에서도 네 영혼을 만족하게 하며 네 뼈를 견고하게 하리니 너는 물 댄 동산 같겠고 물이 끊어지지 아니하는 샘 같을 것이라. 네게서 날 자들이 오래 황폐된 곳들을 다시 세울 것이며 너는 역대의 파괴된 기초를 쌓으리니 너를 일컬어 무너진 데를 보수하는 자라 할 것이며 길을 수축하여 거할 곳이 되게 하는 자라 하리라 (사 58:9b-12).

이것은 오래 황폐된 곳들을 다시 세우고 역대의 파괴된 기초를 쌓는 참으로 중요한 교회 건축 프로그램에 대한 이야기다!

---

[5] John M. Perkins, *Beyond Charity: The Call to Christian Community Development* (Grand Rapids: Baker Books, 1993), 71.

확실히, 하나님은 교회로 하여금 사람들이 그들의 이웃과 의미 있는 관계를 세우고 건강한 가족들을 일구도록 그들을 목회하기를 원하신다. 하나님의 가장 큰 계명들은 온 마음을 다하여 하나님을 사랑하고 이웃을 자신과 같이 사랑하라는 것이기 때문이다(막 12:30-31). 그리고 네 부모를 을 공경하라는 명령은 복을 동반하는 첫 번째 계명이다(엡 6:1-3). 그러나 하나님은 선한 사마리아인의 비유에서 입증된 바와 같이(눅 10:25-37), 우리의 적들, 억눌린 자들, 그리고 우리의 친밀한 집단들 바깥에 떨어져 있는 이들을 포함하는 것으로 이웃을 다시 정의하신다.

그리고 예수께서는 확실히 그 어머니를 걱정하시는 한편으로, 그는 또한 하나님의 말씀을 듣고 행하는 자들이 참 모친이며 동생들이라고 말씀하셨다(눅 8:19-21). 마지막으로, 성경은 전혀 고된 일을 평가절하하지 않는다. 그러나 그 일의 목표는 절대로 순전한 부의 축적이어서는 안 된다. 대신, 그것은 부의 올바른 사용, 좋은 청지기직, 그리고 부의 재분배여야 한다(눅 12:13-34).

우리는 그리스도의 반문화적이고 역전적인 나라에 비추어 우리의 관계적, 가족적, 그리고 소명적 가치들을 재형성해야만 한다. 그리스도 자신은 우리가 하나님을 향해 부요해질 수 있도록 가난해지셨다. 바울이 이렇게 선언했듯 말이다.

> 우리 주 예수 그리스도의 은혜를 너희가 알거니와 부요하신 이로서 너희를 위하여 가난하게 되심은 그의 가난함으로 말미암아 너희를 부요하게 하려 하심이라(고후 8:9).

이제 가난한 이들, 흑인들 그리고 여인들이 우리 중 나머지 사람들보다 그들의 그룹들에 더 잘 닿고 있다고 말하는 이들은 어떠한가?

우리가 단지 그러한 틈새 그룹들을 지원하므로, 그들로 하여금 자신들의 아이들에게 닿도록 하는 것이 더 낫지 않은가?

그와 반대로, 성경적 관점에서 볼 때, 우리의 핵가족들의 그리고 우리의 교회가 가장 우선적으로 관심을 가져야 할 것은, 우리가 그리스도의 나라의 가치관을 반영하고 우리의 하부 문화들의 바깥에 있는 이들에게 선교적으로 다가가도록 우리 가정의 가치관을 재형성하는 것이다.

이것은 가족과 함께 외곽 지역에서 도심으로 이사한 우리들의 그리스도인 변호사 친구를 상기시킨다. 그와 그의 아내에게는 성인이 된 아들과 10대의 두 딸이 있다. 그들의 친구들은 어떻게 두 딸에게 이런 일, 즉 하나님으로부터 버림받은 시내로 이주시키는 것을 할 수 있느냐고 물었다. 우리 친구는 손해 본 사람은 (이제는 성공한 사업가가 된) 아들이라고 대답했다. 그들의 아들은 그들의 딸들이 가지고 있던 하나님 나라의 관점 및 사회적 봉사의 수혜자가 아니었다.

우리는 시내에 살고 있지 않지만, 우리의 아이들이 우리의 친밀한 그룹의 구조 바깥에 사는 이들과 생동감 있게 연결이 되는 것이 중요하다고 생각한다. 우리의 아이들은 21세기의 하나님 나라의 삶을 위해 그러한 노출이 필요하다. 이 선상을 따라 앞으로 움직이기 위해 우리에게는 성공을 다시 정의하고 선교를 재구성할 필요가 있다. 그래서 우리가 보다 심오한 꿈과 비범한 하나님 나라의 비전을 살아 나가기 시작할 수 있어야 한다.

3. 성공을 재정의하고 선교를 재구성하기: 꿈을 살아가기

우리는 성공을 다시 정의할 필요가 있다. 우리는 우리 자녀들이 세상에 대해 면역력을 갖게 함으로써 그들이 하나님 나라 관점을 모두 상실하고 하나님에게 무관하게 되도록 할 수도 있다. 우리는 번영 복음과 그것이 규정하는 성공을 넘어 하나님의 복음을 향해야 한다. 어떠한 형태가 되었든 번영 복음은 우리를 우리로 하여금 사회적 사다리를 올라가도록 도움을 줄 수 있는 자들과 연합하도록 고무시킨다.

다른 한편, 하나님 나라의 복음은 우리로 하여금 예수와 더불어 바깥으로 그리고 아래로 이동하는 여행을 하도록 그리고 우리가 우리와는 다르게 보고, 행동하고, 생각하고 흔적을 찾는 이들에게로 뻗어나가도록 고취한다.

예수는 사람들의 그룹들 사이에서 인종, 계급, 그리고 성의 분리들을 포함해서 친밀한 그룹들끼리만의 나눔들을 무너뜨리는 것을 통해 사신의 나라의 공동체를 세우신다(갈 3:28). 예수를 위해 사는 것은 우리가 우리의 죄에 대해 죽고, 우리의 육체의 욕구를 위해 공급을 하지 않는 것을 의미한다. 소비주의는 우리를 육신의 갈망의 노예가 되도록 묶어 둔다.

마치 우리가 자신의 이기적 욕망을 위해 죽을 시간이라고 생각할 때인 것처럼, 소비주의 복음은 우리에게 우리가 무엇을 원하든지 가능한 한 그것 중의 많은 것을 우리가 얻어야 한다고 말한다. 하나님은 우리를 미국에 놓으셨다. 그래서 우리는 아메리칸 드림을 쫓을 수 있다. 소비주의는 낙원에 있던 인간의 타락의 이야기처럼, 그렇지 않았다면 원하지 않았을 것들을 원하라고 가르친다(창 3장).

창조 이야기들(창 1장과 2장)은 우리에게 아담과 하와는 단지 그들의 삶에 주신 하나님의 질서에 만족하면서 잘 지내고 있었다고 말해 준다. 그러나 곧 뱀이 다가왔고 그들의 마음과 영혼에 생각과 욕망을 심어 넣어 주었다.

"너희가 그토록 순진하니까 너희의 삶은 의미가 없지. 너희는 세상의 길들에서 지혜로워짐을 통해서만 성취를 이루게 될 거야. 그건 빠르고 쉬운 일이지. 그리고 단지 두 가지 쉬운 걸음만 걸으면 성취될 수 있을 거야.

먼저, 열매를 따봐!

그리고, 그걸 먹어봐. 그것은 네 삶을 바꿔줄거야!"

소비주의 이데올로기는 우리가 필요로 하지 않는 것들을 우리가 필요로 하도록 우리를 생각하도록 속이기만 하는 것이 아니라, 또한 우리 안에서 결핍에 대한 두려움을 불어 넣어 주기도 한다. 두 가지는 연결되어 있다. 우리는 필요한 것 이상을 필요로 하지 않지만, 그리고 우리의 필요에 대해 반추해 보도록 우리의 욕구들을 형성해야 하지만, 두려움이 기어 들어와서 오늘을 위해 혹은 내일을 위해 살아가기에 충분하지 않다고 우리에게 말을 걸어온다.

이스라엘의 백성들은 그날 필요로 할 만큼의 만나의 양만큼만 취하라는 이야기를 들었지만(그들이 두 배로 거두도록 지시를 받았던 때인, 제6일의 안식일 준비들을 위한 것을 제외하고는), 그들 중 다수가 미래를 위해 할 수 있는 만큼 축적하고자 시도했다. 모든 잉여의 만나가 썩어버렸다(출 16:14-30을 보라).

우리는 어리석은 부자에게서 같은 문제를 발견한다. 그는 하나님에 대해 부요하게 되기보다 그리고 가난한 이들과 더불어 그의 소유를 나누기보다 그가 모았던 부를 축적하기 위해 더 많은 헛간을 지었다. 그 결과로, 그는 썩었다. 어리석은 부자와 대조적으로, 예수는 그의 제자들에게 가난한 이들에게 나눠 주는 신실한 종들이 되라고 촉구했다. 하나님께서 그들에게 나라를 주셨기 때문이다.

우리는 하나님께서 우리에게 주셨기 때문에 줄 수 있다(눅 12:13-34을 보라).

우리의 교회의 창고는 가난한 이들을 위한 것인가 아니면 부유한 이들을 위한 것인가?

우리는 다른 이들, 특히 가난한 이들에게 주기 위해 부를 쌓아 두고 있는가 아니면 우리 자신을 위해 그리고 "우리와 같은 종류의 사람들"을 위해 유지하고 있는가?

그러면, 우리의 교회들이 보다 선교적이라고 한다면, 그것은 어떤 모양으로 될 것인가?

그들은 그들의 건물 단지들을 그들을 둘러싸고 있는 공동체들의 복잡한 필요들을 섬기기 위해 사용할 것이다. 그러한 섬김들은 의료 병원들을 운영하거나 그들의 교회 친교의 장을 떠돌아다니는 노숙인 쉼터로 사용하는 것을 포함할 수도 있다.

캘리포니아 솔라노 카운티에 있는 지역교회와의 파트너 관계로 방랑 노숙인 쉼터(미션 솔라노)를 운영하는 우리 친구들 중 한 사람은 최근에 교회들, 시청, 그리고 지역교회들의 도움으로 수백만 달러가 드는 단지를 건립해 왔다. 많은 교회 파트너들은 새로운 시설이 그들이 더 이상 쉼터를 제공할 필요가 없어질 수 있다는 것을 의미할 수 있다고 고민하면서, 그들이 여전히 그들의 교회 시설들에 노숙인들을 숙박시키는 것이 허용될지를 문의했다. 그들은 주기 위해 받는 축복을 놓치고 싶어 하지 않았다.

건물들이 없는 그들 교회들에 있어서 혹은 보다 많은 공간을 얻을 필요가 있는 이들에 있어서, 그들은 주일 예배를 위해 공립학교들의 시설들을 사용하려고 이들과 오랜 기간의 임대 동의를 가질 것을 숙고할 수도 있었다. 그래서 많은 필요한 자원들을 학교 시스템으로 통합하게 될 수 있었다. 그들은 또한 교회 사무실 공간들을 위해 건물들을 구입하거나 임차하도록, 그래서 큰 견지에서 공동체들 안에서 그들의 보이는 존재를 늘리고자 원할 수도 있었다. 포틀랜드에 있는 이마고 데이 공동체는 이러한 접근의 모델이 되었다.

  교회는 그들이 문을 닫고 마을을 떠난다면 주변 공동체들이 그들을 아쉬워할 것인지 스스로 질문하면서, 주변에 있는 공동체들을 축복하기 위해 매우 의도적이 되어야만 한다. 선교적 지원 활동은 (예컨대) 또한 일부 멕시코 목사들과 그들의 사람들 일부가 오도록 경비를 지불하고 단기 선교 프로그램을 도움으로써 그들로 하여금 그들 자신의 공동체 안에 있는 히스패닉 가족들의 증가하는 숫자들에 보다 효과적으로 봉사하게 하는 일을 포함할 수도 있다.

  그러기 위해서는, 그들의 선교 봉사 활동이 두 길로 진행되며, 우리 모두는 그리스도의 몸의 지체로서 서로를 필요로 한다는 사실을 알아야 할 필요가 있다. 따라서, 미국교회는 주는 일에서뿐만 아니라 받는 일에서도 종국점이 될 필요가 있다는 것을 보아야만 한다.

  선교 봉사 활동은 큰 계획, 인내, 그리고 모델을 필요로 한다. "계획"은 본 장의 시작 부분에서 질문으로 제기되었던 교회가 낮은 소득의 아파트 단지나 부유한 하위 구역으로 뻗어 나가는 것을 제시한다. "인내"는 그것이 중요한 시간과 백성들로 하여금 그러한 포괄적인 봉사 활동이 성경적이고 하나님의 심장과 나라의 관점과 공명을 일으킨다는 것을 보도록 도울 지시를 필요로 한다는 것을 제시한다. "모델화"는 지도자들이 그들 백성의 한 가운데에서 스스로 그를 살아나가도록 제시한다. 우리가 그러한 계획, 인내, 그리고 예증적인 삶들을 모델화할 필요가 있는 것과 마찬가지로, 우리는 우리를 고무해 줄 모형들을 필요로 한다.

우리는 큰 계획, 인내, 그리고 모델을 사도 바울의 삶 속에서 발견한다. 바울은 유대인과 이방인 그리고 부유한 자와 가난한 자에게로 뻗어 나갔다. 그리고 모두 예배를 드렸던 그리고 함께 식탁 친교를 가졌던, 이러한 다양한 그룹들에게 확신을 주는 데에 대단히 계획적이었다. 그러한 봉사 활동과 교회 성장의 시작은 전혀 쉬운 것이 아니었다. 로마서와 고린도전서는 그만큼 많은 것을 지시한다.

로마에서 유대 신자들은 이방인 그리스도인들을 경멸했다(롬 2장). 그리고 이방인 그리스도인들은 유대인을 경멸했다(롬 11:13-24). 고린도에서 부유한 이들은 아가페의 잔치에서 자신들의 부를 가난한 사람들과 나누질 않았다(고전 11:17-34). 바울은 이들 다양한 그룹들에 대해 인내했다. 이유는 그들에게 성숙하라고 촉구하는 동안에도 그러했다. 의심할 바 없이 바울에 대한 하나님의 오래 고통하시는 사랑이 그 이유였다.

그는 자신의 회심 이전에 가난한 이들과 힘없는 그리스도를 경멸했고, 이방인들보다 유대 백성들을 상찬했다. 바울은 또한 그가 안디옥에서 이방인 그리스도인들과 더불어 식탁 교제를 가지는 것을 거부하는 것에 의해 유대화된 동료의 압박에 굴복하는 데 대해 베드로를 책망하는 가운데 하나님 나라의 관점의 모델을 만들었다(갈 2:11-14).

그 모델은 디도를 할례 받도록 하는 것에 대한 바울의 거부에서도 그리고 사도행전 15장의 이방인 그리스도인의 동등함에 대한 그의 방어에서도 똑같이 보여진다. 두 움직임들은 사도 공동체에서 바울의 입장을 위태롭게 할 수 있었다. 동일한 가능한 운명이 우리에게도 닥칠 수 있다.

엘살바도르의 대주교 로메로 신부는 확실히 비극적이지만 영웅적이었다. 그는 가난한 원주민 사람들과의 용기 있는 연대의 대가로 순교를 당했다. 그들은 지배 계급의 손에 의해 수많은 불의에 시달리고 있었다. 로메로의 연대는 세례와 거룩한 친교에 대한 그의 사목으로 이어졌다. 영화 "로메로"(Romero)는 그가 어떻게 자신의 부유한 스페인 후손의 친구들 중 한 사람의 아기를 위해 분리된 세례 예식을 제공하는 것을 거부했는지 기록한다. 그녀는 자신의 아이가 인디언 아기들과 함께 세례받기를 원하지 않았다. 로메로의 거절은 그녀를 화나게 했다. 그래서 그녀는 그에게 그가 그 자신의 백성을 버렸다고 말했다.

윌리엄 카바노우(William Cavanaugh)는 어느 때에 로메로가 부유한 이들과 가난한 이들이 함께 미사를 거행하도록 어떻게 데려왔는지 말한다. 비록 부유한 이들은 극도로 화가 나기는 했지만, 로메로는 주의 만찬의 신정적 중요성(theo-political significance)에서 용기와 위안을 얻었다. 그리고 "부유한 이들과 가난한 이들을 가르고 있는 공간적 장벽을 무너뜨리기 위해" 해결을 했다.

많은 북미의 복음주의자들은 그런 문제를 해결하는 데 무력하다. 왜냐하면 그들은 부유한 자들과 가난한 자들이 보편교회의 성원들로 연합되어 있으며, 따라서 함께 예배해야만 하는 것은 아니라고 생각하기 때문이다. 그들은 자신들이 지금 여기에서 이 종말론적 실재를 증언하도록 부름받았음을 이해하는 데 실패한다.

로메로는 부자와 가난한 자들을 "교회를 확장시키고, 그것을 보편적이며 연합된 것임을 선언하기 위해서가 아니라, "신자들을 제단 주변의 하나의 특별한 장소에 모아서, 천국의 보편성(Catholica)을 하나의 장소, 한 순간, 이 땅에서 실현하기 위해" 모았다.[6]

실천적 존재가 되는 것에 대한 우리의 모든 이야기에 비추어 볼 때, 우리가 다양한 배경을 가진 그리스도인들을 함께 예배로 데려오는 것을 거부한다면, 우리는 교회를 일반성과 추상성(generalities and abstractions)의 영

---

[6] William T. Cavanaugh, *Theopolitical Imagination* (Edinburgh: T&T Clark, 2002), 122.

역에서의 연합에 남겨 두는 꼴이 된다. 마틴 루터 킹 주니어의 말은 오늘날 참으로 울림을 발한다. 주일 아침 11시는 미국에서 여전히 가장 분열된 시간이다.

> 미국교회에 대해 무익하게 나를 괴롭히는 또 다른 일이 있다. 그것은 백인교회와 흑인교회가 나누어져 있다는 것이다. 여러분은 분열이 교회의 문으로 기어 들어오도록 받아들여 왔다.
> 어떻게 그러한 분리가 그리스도의 참된 몸 안에 존재할 수 있는가?
> 여러분은 주일 아침 11시에 "주 예수 이름 높이어" 그리고 "모든 인류의 주님 그리고 아버지"를 찬양할 때, 여러분이 기독교 미국의 가장 분열된 시간 안에 서 있다는 비극적인 사실을 직면해야만 한다. 그들은 나에게 즐거운 세상 안에, 그리고 다른 세속적인 단체 안에는 기독교 교회 안에 있는 것보다 더 많은 통합이 있다고 말한다.
> 일마나 끔찍한 일인가.[7]

그러한 끔찍한 일반성들과 추상성들이 세상을 향해 제시하는 것은 교회보다 세상 속에서 자신들이 더 큰 화해의 능력이 있다는 것이다. 그러한 망령은 예수 그리스도의 복된 소식이 삶을 변화시키는 것이라는 우리의 요청에 부정적인 영향을 미친다. 그리고 그것을 마치 주의 만찬의 포도주가 대중의 아편보다 나을 것이 없는 것인 것처럼 보이도록 만든다.

많은 북미의 그리스도인들이 이해하는 데 실패하는 것은 우리가 지금 여기서 일어나는 우리의 세례 실천과 주의 만찬의 거행을 포함한 우리

---

[7] Martin Luther King Jr., "Paul's Letter to American Christians," in *A Knock at Midnight: The Great Sermons of Martin Luther King, Jr.*, ed. Clayborne Carson and Peter Holloran (London: Little, Brown, 1998), 30–31.

의 예배 안에 있는 평등과 포용에 대한 그리스도의 종말론적 나라의 실현을, 특별한 시간과 특별한 장소에서 증거하도록 부름받았다는 것이다. 우리는 또한 분열과 전략적 충돌로 많은 백성들을 교회에 진입하는 것을 막는 문화적 장벽들을 로메로와 마틴 루터 킹이 무너뜨렸다는 것을 인식하기에 실패한다.

엘살바도르에서 교회는 로메로 그리고 동일한 마음을 지닌 사제들의 이야기를 듣기 위해 대중들이 몰려왔을 때 성장했다. 심지어 오늘날까지도 마틴 루터 킹은 미국의 가장 인정받는 설교자이다. 흑인 대중들을 향한 그의 설교들과 예배는 오늘날까지도 수많은 다양한 사람들에게 영감을 부여하고 있다. 우리의 주님처럼, 로메로와 킹은 그들 앞에서 말과 행동으로 희년의 해를 선포했다. 많은 이들이 그들의 메시지와 삶의 향기를 맡았으며, 그들을 존경했다(눅 4:14-44을 보라).

윌로우크릭공동체교회의 빌 하이벨스와 같은 목사들은 교회를 성장시키기 위한 "틈새 공동체들"을 목표로 하는 가장 잘 알려진 지지자들 중에 한 사람인데, 그들 역시 이 메시지를 받아들이기 시작한다. 거기에 소망이 있다.

하이벨스의 말에 주목을 기울여 보자.

> 윌로우 크릭은… 교회 성장을 주장하는 사람들이 다음과 같이 말하고 있을 때 시작되었다.
> "인종의 문제들과 씨름을 벌이기 위해 당신의 어떠한 에너지도 소진시키지 말아라. 모든 것을 복음에 집중시켜라."
> 그것은 교회 성장과 같은 종류의 구성 원칙이었다. 그리고 나는 젊은 목사로서 이렇게 생각했다고 기억한다.
> "맞는 말이다."

나는 어쩌면 구도자였던 사람들을 멀리할 기회를 찾고 있었다는 사실을 몰랐다. 그들의 영원히 위태로웠으며, 그들은 교회로 단지 한 번 오는 사람일 수 있었다. 나는 십자가 이외에 가능한 한 많은 장애들을 제거하기를 원했다. 사람들로 하여금 복음에 집중토록 하기 위해서였다.

그리고, 나는, 30년이 흐른 후,… 나는 참된 성경적 기능을 하는 공동체는 다인종적인 것을 포함해야 함을 깨닫는다. 나의 마음은 오늘날 그 비전을 위해 그토록 빨리 뛰고 있다. 나는 내가 30년 전 얼마나 순진했고 현실적이었는지 놀라고 있다.[8]

하이벨스처럼, 우리는 어느 날 예수의 교회가 세상의 모든 아이들을 사랑할 뿐만 아니라 우리 가까이에 사는 아이들 모두를 사랑하게 될 것이라는 꿈을 가진다. 우리는 어느 날 어린아이들이 그들의 부모의 피부 색깔이나 은행계좌로 판단받지 않고 예수께서 그들을 사랑하신다는 사실에 의해 판단받게 될 것이라는 꿈을 가진다.

우리는 언젠가 우리의 공동체 안에서 어린 홍인종과 황인종 소년들과 소녀들이 어린 흑인 그리고 백인 소년들과 소녀들 그리고 출입 제한 구역에서 온 저 아이들이 트레일러 주차장에서 온 아이들과 함께 손을 잡고 형제들과 자매들로서 노래를 부르기 위해 연합하게 될 꿈을 가진다.

"예수는 세상의 어린아이들을 사랑하신다."

복음으로 온 백성들에게 다가감으로써, 소비주의의 황폐한 땅에서 주의 길을 예비하라.

우리 하나님의 대로를 평탄케 하라.

---

[8] Bill Hybels; 다음 책에서 인용함. Edward Gilbreath and Mark Galli, "Harder than Anyone Can Imagine," in *Christianity Today*, April 2005, 38.

주께서 골짜기마다 돋우시고 산마다, 작은 산마다 낮아지게 하실 것이다. 주께서 고르지 않은 곳을 평탄케 하시고 험한 곳을 평지로 만드심으로 교회는 더 이상 사람들 앞에 그들 중 많은 이들이 그들이 목표로 하는 실천들을 계속해 나가지 못하도록 장애물을 설치하지 않게 될 것이다.

그 날에 주의 영광이 나타나고 모든 육체가 그것을 함께 볼 것이다. 비동질적인 그리고 아래를 향해 움직이는 하나님의 오고 있는 나라가 우리로 하여금 하나님의 삼위일체의 이름을 증거할 산 소망의 기초돌을 단념한 저 우뚝 솟은 건축 프로그램들을 깎아내릴 수 있기를 바란다.

≋ 심화 연구를 위한 질문들

1. "목표" 청중들에 기반을 두고 교회들을 세워가는 데 있어 긍정적인 면과 부정적인 면은 무엇인가?
2. 삼위일체론적, 종말론적 인상들이 우리가 오늘날 교회에서 다양성을 생각하는 방식에 어떤 영향을 끼치는가?
3. 중산층교회들이 가난한 자들을 교회 공동체로 끌어들이기 위해 동등한 자들로 그들에게 손을 뻗칠 수 있는 방법은 무엇인가?
4. 당신은 다음 진술의 의미가 무엇이라고 생각하는가?
   "부유한 이들에게 닿는 최선의 길은 가난한 자들이 부유한 이들에게 닿도록 돕는 것이다."

포스트모던 시대를 위한 후기

포스트모더니즘은 우리를 형성하는 문화적 힘에 대한 우리의 인식을 깊게 했다. 교회에 대해 저술하는 신학자들은 포스트모던 시대에 교회를 형성하는 문화적 힘에 대한 심화된 인식을 보여 주어야만 한다. 더 나아가, 교회가 포스트모던 시대에 복음의 참된 증거로 봉사하기 위해서는, 교회에 대해 저술을 하는 신학자들이 삼위일체 하나님의 종말론적 나라의 복음이 교회를 형성해야 하는 특별한 방식에 대해 이야기하는 것은 중요한 일이다.[1]

이것들은 우리가 본서에 문화적 사색(cultural reflection)을 포함시킨 두 가지 이유이다. 본 장에서 특별히 현재의 문화적 환경 안에서 교회론을

---

1 포스트모더니티에 대한 그리스도인의 신앙의 관계에 대한 도움이 될 만한 책 세 권은 다음과 같다. Stanley J. Grenz, *A Primer on Postmodernism* (Grand Rapids: Eerdmans, 1996); James K. A. Smith, *Who's Afraid of Postmodernism? Taking Derrida, Lyotard, and Foucault to Church, The Church and Postmodern Culture* (Grand Rapids: Baker Academic, 2006) 그리고 Robert E. Webber, *Ancient-Future Faith: Rethinking Evangelicalism for a Postmodern World* (Grand Rapids: Baker Academic, 1999).

문화적으로 그려내는 방법에 대해 강조하고 싶은 세 가지 주제들이 있다. 이 주제들은 특별함, 순수성, 그리고 화평이며, 그들은 포스트모던 시대의 교회론 및 교회의 평안에 직접적인 영향을 미친다.

1. 특별함

각 교회와 각 교회론은 구별된 문화 혹은 문화들을 반영한다. 이 초점은 종종 근본주의적 복음주의교회에서는 놓쳐지고 있는 부분이다. "스코프스 원숭이 재판"으로 거슬러 올라가면, 근본주의적 복음주의 운동은, 그들이 공적 영역으로부터 퇴출된 사실을 생각해볼 때, 스스로를 문화 바깥에 존재하는 것으로 보아 왔다. 그를 둘러싸고 있는 지배 문화에 대한 관계와 상관없이, 주어진 교회는 스스로가 그 자신의 언어, 말해진 혹은 말해지지 않은 지도의 법칙, 기대들, 그리고 그러한 것들을 지닌 문화적 공동체이다.

주어진 문화 안에서 복음과 교회가 참되게 표현되었는지, 참되지 않게 표현되었는지를 구분하는 것은 가능하지만, 복음과 교회를 문화로부터 분리하는 것은 불가능하다. 레슬리 뉴비긴이 복음에 대해 이야기한 것은 교회에 대한 우리의 이해에 직접적 연관을 가지며, 특히 교회가 복음의 "해석학"이기 때문에 그러하다.[2]

뉴비긴이 그렇게 생각한 것처럼, "우리는 언제든지 문화적 부가물들로 불순물이 섞이지 않은 순수한 복음을 어떠한 종류의 과정을 통해 분리해

---

2 Lesslie Newbigin, *The Gospel in a Pluralist Society* (Grand Rapids: Eerdmans, 1989), 222.

낼 수 있다거나 있었다고 생각하는 것은 망상이다."³ 그리스도의 신성과 인성, 그리고 그리스도와 교회의 불가분리의 관계를 생각할 때, 뉴비긴은 확실히 올바른 주장들을 하고 있다. 그리스도의 신성과 인성을 분리하는 것이 불가능한 것처럼(그는 영원히 나사렛 예수이다), 교회로부터 그리스도를 분리해 내는 것도 불가능하다. 교회는 그의 몸이자 신부이기 때문이다. 그리스도에게 참인 것은 그의 교회에 대해서도 마찬가지로 참된 것이어야만 한다.

교회의 문화와 교회를 둘러싸고 있는 문화 양쪽은 언제나 특별한 형태를 취한다. 제13장에서 말한 것처럼, 하나의 문화(문화 자체는 장소와 시간에 따라 변한다)로서 그리스도의 교회가 다른 문화와 상호 교류 혹은 구체적인 참여를 하는 것은, 문화로서의 교회가 다른 문화들과의 그 관계 안에서 다면적이고 역동적이 되어야 하며, 머물러 있지 않고, 언제나 특별하고, 절대로 추상적이지 않고, 항상 현재적이며, 절대로 멀리 떨어져 있지 말아야 한다는 주장을 포함한다.

따라서, 오리건의 포틀랜드에서의 교회 문화는 매인(Maine) 주의 포틀랜드에 있는 교회의 것과는 달라야 한다. 그리고 또한 시카고 시내에 있는 각각의 침례교와 루터교의 문화는 일리노이 시골에 있는 그들의 상응하는 침례교 그리고 루터교 문화와는 구분되게 다른 것이 될 것이다. 교회론에 있어서도 마찬가지이다. 신학은 언제나 교회론에 대한 분석을 포함하여 특별한 문화적 형태들 속에서 복음의 보편적 진리의 주장들에 대한 증거를 해야만 한다.

추상적 그리스도, 추상적 교회 혹은 추상적 그리스도의 말씀의 선포와

---

3 Lesslie Newbigin, *Foolishness to the Greeks: The Gospel and Western Culture* (Grand Rapids: Eerdmans, 1986), 4. (276).

같은 것들이 없는 것과 마찬가지로 추상적 문화와 같은 것이란 없다. 그리스도 스스로가 특정한 장소와 시간에서 문화적 형태를 취하셨다. 요한은 쓰고 있다.

> 말씀이 육신이 되어 우리 가운데 거하시매(요 1:14).

바울은 다음과 같이 외친다.

> 때가 차매 하나님이 그 아들을 보내사 여자에게서 나게 하시고 율법 아래에 나게 하셨다(갈 4:4, NKJV).

예수께서 특정한 장소와 시간에 인간이 되신 것처럼, 교회로서 그리스도의 몸도 언제나 구체적인 문화적 맥락 속에서 성령의 특별한 사역을 통해 특정한 형태를 취하신다. 전체 교회가 고린도와 같은 특정한 문화적 장소 안에서 현재한다(고전 1:2). 그리스도는, 성령의 권능 안에서, 각 도시에 따라 요한계시록 2장과 3장에서 지정된 일곱의 구별된 교회들 각각에 독특하게 말을 건넨다.

그렇다면, 질문은 주어진 교회 혹은 교회론이 문화화된 것인가가 아니라, 그 교회 문화는 무엇인가 하는 것이다. 많은 보수주의자들에게는 이 점에서 두려움이 생긴다. 그들은 우리가 복음과 교회의 보편적 주장들로부터 멀리 떨어져, 주어진 문화의 술어로 복음과 교회를 축소시키려는 위험에 다가가고 있는 것으로 볼 수도 있다.

그러한 걱정은, 이해할 수 있기는 하지만, 성급하고 불균형적이다. 그러한 걱정은 우리가 **영원한** 말씀이 피조 세계의 육신이 되셨으며, 이렇게 문화화된 말씀은 **변함없이** 초월적이라는 주장에 단호하다는 점에서 성급하다. 또한 우리가 영원한 말씀이 한편으로는 초월적이면서 한편으로는 언제나 문화화된 상태이며, 몸이 없고 문화가 없는 그리스도와 같은 것은 없다고 주장한다는 점에서 그들의 걱정은 균형을 잃었다.

이러한 관점에서 볼 때, 참된 복음은 문화화될 수 없다는 믿음은 위험하다. 왜냐하면 자신의 문화가 복음을 받아들인 사실을 보지 못하고, 그에 따라 다른 (적법한) 복음의 문화화를 억압하고 제거할 가능성을 드러내기 때문이다.

복음의 참된 증거에 대한 관심은 적법한 그리고 부적법한 복음의 문화화를 주의 깊게 살펴보는 것을 포함한다. 우리는 어떤 포스트모던 주창자들이 주장하듯, 성경 전체의 거대 담론을 거부하지 않지만, 이러한 거대 담론에 대한 서구적인 그리고 근대적인 독점도 거부한다. 해석학적 독점, 즉 한 문화에만 복음을 받아들일 특권을 주는 것은 절대화에 대한 염려를 초래한다. 그러나 그러한 절대화 움직임은 혼합주의적 일탈을 일으키면서, 복음을 왜곡한다.

이러한 사실을 염두에 둘 때, 해석학적 의심과 겸손의 필요성이 대두된다. 서구에서 교회가 그러한 해석학적 겸손을 실천하는 하나의 방식은 비서구적 교회 전통들에 대해 주의 깊게 경청함으로써 복음을 새로운 각도에서 배우는 것이다.

뉴비긴은 서구의 교회들에게 혼합주의를 향한 특별한 경향에 대해 민감할 것과 비서구 세계의 범주들을 통해 제시된 것으로서의 복음의 선포에 보다 주의 깊게 경청을 하라고 촉구한다. 서구교회는 복음의 이들 다른 제시들로부터 경청하고 배움으로써, 자신의 복음적 문화화에 대해 보다 더 주의를 가지게 될 것이고, 그 자신의 청중에게 복음을 선포하는 법을 보다 예리하게 인지하게 될 것이다. 또한 서구교회는 복음이 서구 형태로 문화화되었으나 그러한 형태에 제한되지 않고 그들을 초월한다는 것을 깨닫게 될 것이다.[4] 비서구의 교회는 확실히 몇 가지 영역에서 서구의 교회를 돕는다. 여기서는 두 가지만 언급할 것이다.

첫째, 개인주의에 관계되어 있고,

둘째, 소비주의에 관계되어 있다.

우리는 이들 문제들의 각각에 대해 본서를 통해 토론해 왔다.

개인주의에 대해 시작해 보자.

제2장에서, 우리는 어떻게 우리 중 한 사람이 미국에서 살고 있는 중동인들로 구성된 교회로부터 공동체의 삶에 대해 많은 것을 배웠는지에 대해 언급했다. 서구에서, 우리는 자주 우리가 개인으로서 행하고 성취한 것이라는 의미에서 인간의 정체성을 규정하는 반면, 비서구 세계에 있는 이들은 종종 인간의 정체성을 우리의 직접적인 혹은 연장된 공동체 안에서 다른 이들에 대해 우리가 가지고 있는 관계라는 의미에서 규정한다.

후자의 방향(공동체적 정체성)은 우리가 그리스도인들로서, 교회들로서, 그리고 신학자들로서 우리의 목적들, 행동들, 그리고 성취들에 어떻게 등급을 매기는지에 대한 기초로 기능하게 되어야만 한다. 돈벌기, 교회 건축하기, 그리고 저술 활동은 주변에 있는 다른 것들이 아니라 사람들을 섬겨야 한다. 우리는 교회 지도자들, 종교학자들, 그리고 자비량 그리스도인들로서, 우리 자신의 진보에 기여하기 위한 종교적 수단들로서 교회와 영성을 종교적 수단으로 이용하는 것을 경계해야 한다. 이것은 우리에게 물질주의와 소비주의를 가져다 준다.

---

[4] Ibid., 146-47. 그러한 서구적 헤게모니를 넘어서는 움직임에서의 하나의 일관된 시도가 다음 책이다. *Globalization: Belief and Practice in an Era of World Christianity*, edited by Craig Ott and Harold A. Netland (Grand Rapids: Baker Academic, 2006).

생산 측면에서 인간 정체성을 보는 이들은 자주 인간의 가치를 우리가 개인으로서 축적한 것으로 축소시키는 경향이 있다. 의심의 여지없이, 이것은 우리가 왜 서구에서 비서구 세계와 개발도상국 세계로부터 온 이들보다 더 소비하는가 하는 이유이다. 소비주의자의 미국에서는, 마지막에 더 많은 것을 차지하는 자들이 승리한 자로 여겨지며, 혹은, 다른 말로 말하자면, 더 많이 소비하는 이들이 나머지보다 더 가치 있는 자들로 여겨진다.

우리의 친구들 중 한 사람인 원주민 미국 그리스도인 리더는 일찍이 그가 예배에서 원주민의 북을 사용하는 것에 대해 혼합주의적이라고 고발을 당하는 반면, 백인 그리스도인들은 헌금 바구니에서 탐욕을 통해 (때로, 우리는 덧붙일 수 있는데, 세계의 원주민들을 희생시키면서) 그들의 돈을 벌어왔던 회사 경영자들로부터 돈을 받아들이는 데 아무런 어려움도 갖지 않는다고 말한 적이 있다. 서구에서 영성에 대한 우리의 구분된 시각은 선데이 크리스천들이 존재하는 것을 가능하게 만들어 준다. 심지어 우리가 주간 동안 얻어진 더러운 돈을 받아들이고 그것을 적법한 불법의 교역을 위해 주일에 헌금 바구니에 넣어 세탁할 수 있는 정도까지 말이다.

원주민 미국인들이 백인들의 하나님의 탐욕을 절대로 잘 이해하지 못할 것이라는 것은 놀라운 일이 아니다. 왜 이 하나님께서 '명백한 운명'이라는 교리 아래에서 그의 탐욕을 채우기 위해 땅을 강탈하면서 금, 나무, 그리고 털옷을 그토록 욕심내셨는지 말이다(제13장을 보라).

끝에서 끝까지 땅을 강탈하면서, 이 신은 다른 땅의 끝으로 그의 주목을 돌려왔다. 그들의 산과 숲에 대해서도 마찬가지다. 풍요로운 서구교회는 아직 서구의 신과 그 물질주의적인 재앙인 부자병의 먹이로 떨어지지 않은 개발도상국 세계에 있는 교회로부터 한 두 가지 것들을 배울 수 있다.

얼마나 자주 우리는 외국 지역으로부터 돌아온 단기 선교사들의 증언을 들어봤으며, 가난한 국가의 교회들이 서구에 있는 우리보다 종종 영적으로 더 풍요로운지 하는 것에 대해 들어봤는가?

그것은 누군가가 문화적 그리고 교회적 제국주의, 그리고 다른 어떤 것들 중에서 그것의 부와의 관련에 대항해서 보호막을 칠 수 있는 우리 자신의 문화적 형태들과 다른 문화 형태들 내에서의 복음과 교회의 특별한 문화화에 적절히 관여함을 통해서만이다. 참된 국제적인 복음과 에큐메니컬한 교회는 무형의 복음과 교회를 추구하는 것이 아니라 성령을 통한 문화적 과잉과 다원성 안에서 말씀의 성육신과 특별한 현존을 고려하는 이들이다.

일본 명치 시대의 지도적인 일본 기독교학자였던 우치무라 간조(Kanzo Uchimura, 1868-1912)는 무형의 기독교를 주장하는 서구에 있는 이들을 겨냥했다.

> 그리스도인이 되는 것으로 한 일본인은 일본인이 되는 것을 멈추는 것이 아니다. 그와는 반대로, 그는 그리스도인이 됨으로써 보다 더 일본인이 된다. 미국인 혹은 영국인이 되는, 혹은 무형적인 보편적 인간으로서의 일본인은 참된 일본인도 아니고 참된 그리스도인도 아니다.[5]

우치무라는 계속해서 바울, 루터, 그리고 낙스에 대해 "특성없는 보편적 인간들이 아니라, 구별되게 국가적이었고, 따라서 구별된 인간이며,

---

5   Kanzo Uchimura, "Japanese Christianity," in *Sources of Japanese Tradition*, vol. 2, ed. Ryusaku Tsunoda, Wm. Theodore de Bary, and Donald Keene (New York: Columbia University Press, 1958); reprint, H. Byron Earhart, ed. *Religion in the Japanese Experience: Sources and Interpretations, The Religious Life of Man Series*, ed. Frederick J. Streng (Belmont: Wadsworth Publishing Company, 1974), 113.

구별된 그리스도인"이었던 사람들이었다고 말한다.⁶ 그는 "'보편적 그리스도인들'로서의 기독교로 개종한 일본인들은 단지 탈국가화된 일본인일 뿐으로 밝혀질 수 있으며, 그들의 보편성은 단지 그들의 잃어버린 국민성을 덮기 위해 채택된 미국주의나 혹은 영국주의에 불과한 것으로 밝혀질 수 있다"라고 덧붙인다.⁷

우리는 무형적 기독교, 복음, 그리고 교회를 우리의 교회들 그리고 교회론들을 특정화함으로써 그리고 그리스도께서 다양한 문화적 설정 안에서 교회를 통해 표명하신 다양한 방식들을 설명함으로써 허물어야만 한다.

주님께서 주어진 문화 안에서 성령의 능력 안에서 그의 교회를 통하여 "성육신"하셨던 한편, 그는 새로운 형태들 안에서 문화화되기 위해 자유로이 남으신다. 주님 스스로는 그 문화에 대한 관계 안에서 주님으로 영원히 남아 있으면서도, 주어진 문화 안으로 성육신하셨다. 그 나라의 "지금" 그리고 "아직 아닌" 사이의 구분은 특정한 문화적 형태의 신격화에 반대하여 방어막을 치는 것을 돕는다. 특정한 교회와 교회의 시대가 나라에 참여하는 동안, 그들은 그 나라를 소진시키지 않는다. 올바로 이해한다면, 상황화는 길들임이라는 말을 의미하는 것이 아니다. 뉴비긴이 다시금 쓰고 있듯 말이다.

> 하나님의 말씀은 모든 말로 이야기될 수 있다. 그러나 그것은 절대로 어떤 것에 의해 길들여질 수 없다.⁸

---

6   Ibid., 113.
7   Ibid., 114.
8   Newbigin, *Foolishness to the Greeks*, 147.

특별함 그리고 복수성은 그들 스스로 안에서 교회의 길들임 그리고 상대화를 의미하는 것이 아니다. 그럼에도 불구하고, 너무나 자주, 교회는 야심이 교회로 하여금 국가의 한 직원 혹은 시민 사회의 양육에 단순히 참여하는 자로 축소시킴으로써 혹은 그것을 종교적 생산품을 판매하는 비즈니스로 전환함으로써 이득을 취하도록 만들기 위해 존재할 때 길들여지고 상대화되어 왔다.

교회는 단지 그것이 순수하게 그리고 단순하게 교회로 남아 있을 때에만 사회에 유익을 줄 수 있다. 그러한 오용으로부터 방어막을 치는 유일한 길은 교회에게 있어서 여기 땅 위에 종말론적 나라를 세우기 위해 아들과 성령을 통해 시간과 공간으로 파고 들어오시는 삼위일체 하나님에 대한 그 증거 안에 지속적으로 남아 있는 것이다. 이것은 우리에게 우리가 포스트모던 시대 안에서의 교회론을 전개하고 행하기 위해 토론하기를 희망하는 두 번째 주제로 데려다 줄 것이다.

2. 순수함

점차 많은 젊은 복음주의자들은 복음이 이런 저런 정치적 강령이나 영리적 문구로 전락하는 현상에 예민해지고 있다.[9] 이들 그리고 다른 문화적 경향들에 경계를 취하는 데 덧붙여, 그들 중 많은 이들이 삼위일체 하나님의 종말론적 공동체로서 교회의 삶 안에 구체화된 복음을 보기를 갈구하고 있다. 불행하게도, 개인적 영성과 미래적 종말론은 공동체와 정

---

9 다음 책을 보라. Donald Miller, *Searching for God Knows What* (Nashville: Thomas Nelson, 2004)

치학의 참되지 않은 표현들이 드러나도록 진공 상태들을 만들어 왔다.

제13장에서는 "그 나라라고 하는 생각이 없다면, 교회는 그 정체성을 형성하는 희망을 상실한다"라고 말한 스탠리 하우어워스와 마크 셔윈트의 주장에 주목하였다.[10] 그들의 관점에서 보면, 교회로부터의 그 나라의 이상을 향한 추상화는 정당한 사회에 대한 어떤 의식에 대한 동의로 이끌어질 수 있다.[11] 이들 저자들에게 있어서는, 교회는 "아직 아닌"인 "지금"의 나라이다. 일단 이 언급의 틀이 상실된다면, 교회는 아주 손쉽게 그렇게 천국적이지는 않은 나라들의 술어로 되어버리고 만다.

순수함은 풍요와 영향력의 용어에서 보면 별 이득이 없는 말이지만, 교회의 표징이 되어야만 한다. 오로지 순수한 교회만이 참으로 유익이 될 만한 교회이다. 오로지 그렇게 할 때에만 그것은 하나님의 산상수훈의 공동체가 그러하듯, 빛과 소금으로서 세상을 섬기게 된다. 이것을 염두에 둘 때, 성화는 단순히 개인과 보이지 않는 것에 대해서만 존재하지 않는다. 그것은 또한 협력을 하는 이들 그리고 보이는 교회에 대해서도 존재한다. 본회퍼는 "성화는… 오로지 보이는 교회 안에서만 가능하다"라고 주장한다. 보이는 교회는 세상 안에서 세상으로부터 떨어져 있지 않다. 교회(미국이 아니라)는,

> 하나님의 직접적인 행동에 의해 언덕 위에 세워지고 땅에 뿌리내린 도시이다. 그것은 마태복음 5:14의 "동네"이며, 그러한 것으로서 그것은 하나님 자신이 인치신 소유이다. 따라서 성화 개념 안에 포함된 어떤 "정치적" 특성이 있으며, 교회의 정치 윤리에 유일하게 기반을 제공하는 것은 바로

---

10 Stanley Hauerwas and Mark Sherwindt, "The Kingdom of God: An Ecclesial Space for Peace," *Word & World* 2, no. 2 (1982): 131.

11 Ibid., 131.

이런 특성인 것이다. 세상은 세상이고 교회는 교회이며, 그러나 하나님의 말씀은 땅과 거기에 있는 모든 것도 주님의 것이라고 선포하면서 모든 세상 속으로 교회를 통해 나아가야만 한다. 여기에 교회의 "정치적" 특성이 놓여 있다.[12]

본회퍼는 기독교의 몸(*Corpus Christianum*)의 종말과 유럽에서의 교회와 제국의 혼인이라는 격랑 속에서 살았다. 오늘날 우리는 미국에서 기독교의 종말을 증언하고 있다. 우리는 더 이상 (우리가 사실 그렇게 하지도 못했지만!) 기독교 국가에서 살고 있지 않다. 종교적 권리가 마지막 순간의 노력으로 미국을 되찾아보려고 관여하고 있는 반면, 언덕 위에 굳건히 서 있는 그 도시(마 5:14-16)로서 빛을 비추는 등대가 되기 위해 문화적으로 민감한 교회는 그것이 지금 여기 땅 위에 그 나라의 공동체로서 참여하게 될 다가오는 나라에 대한 증인으로서 선교적으로 그리고 예언자적으로 말할 것이다.

포스트모던 분위기에서 씌여진 교회론들은 이러한 포스트 기독교 맥락을 마음에 잘 간직할 것이며, 교회로 하여금 기독교와 미국의 이 거룩하지 않은 혼인의 종말이 교회로 하여금 불순물이 없는 복음에 대한 순전하고 참으로 유익한 증거가 되는 것을 가능하게 만든다는 것을 잘 깨닫게 될 것이다.

기독교가 가진 근본 문제는, 옛것이든 새것이든, 유럽이나 미국 사회가 완전히 기독교 세계라는 그 믿음에 있다. 이 믿음은 비기독교 세상을 보는 것을 대단히 어렵게 만들며, 칼 바르트가 말한 "복음과 사람이 참되

---

[12] Dietrich Bonhoeffer, *The Cost of Discipleship*, rev. ed. (New York: Collier Books, 1963), 314.

게 만나는 것"을 지연시킨다.[13] 명목상의 기독교가 "기이한" 그리고 낯선 복음에 직면하는 것은 복음과 세계 사이의 참되고 생생한 직면이 있기 위해서 요청되는 것이다.[14]

그러한 생생한 만남은 이런 관점에서 출발한 교회론이 교회로 하여금 덜 세상적이 되면서 동시에 더 세상적이 될 것을 요구하게 될 것이라는 점을 의미하게 될 것이다. 교회와 국가/미국 사회 사이의 거룩하지 않은 동맹이 파괴된다는 점에서 덜 세상적이다. 그리고 교회가 세상 **안에** 있는 하나님의 도성으로서 삼위일체 하나님의 종말론적 왕국의 공동체적이고 협력선교적인 백성들로서 국가와 사회에 보다 참으로 개입할 수 있다는 점에서 보다 세상적이다.

오직 그렇게 할 때에만, 그것은 순수히 교회가 될 수 있다. 그러나 순수성과 참된 특별성은 우리의 각각의 교회들의 벽 안팎에서 보이는 교회 안에서의 또한 화평과 연합의 심원한 의미를 증명하는 것을 포함한다.

3. 평화

우리는 교회에 대해 자주 적대감을 보이는 포스트 기독교 시대에 살고 있다.

이것이 사실이라면, 왜 우리는 서로 전쟁을 벌이고 있는가?

우리는 우리, 즉 주어진 교회 안에 있는 다양한 사람들 그리고 다양한 교회들이 서로 생존할 필요가 있음을 받아들여야만 한다. 우리는 서로에

---

[13] Karl Barth, *Church Dogmatics*, vol. IV/3.1, *The Doctrine of Reconciliation* (Edinburgh: T&T Clark, 1961), 20.

[14] Ibid., 20.

대한 우리의 필요를 느끼고 평화를 이룰 때까지 절대로 함께 일하지 않는 경향이 있다.

이러한 점을 우리는 몇 년 전에 절실하게 깨달았다. 미국의 침체된 내부 도시들 중 하나에서 일하고 있던 한 기독교 목사가 자신의 도시 공동체 안에 있는 다양한 인종의 교회들이 서로가 없이는 생존할 수 없다는 것을 깨달았을 때, 그들은 비로소 사소한 차이들과 영역의 다툼을 넘어 함께 일하게 되었다고 우리에게 말했다.

이러한 사례를 생각할 때, 우리는 갈수록 줄어드는 미국 문화라는 파이의 종교 조각들에 대한 경쟁 및 교리에 대한 소모적인 논쟁과 함께 인종과 경제력에 기반을 둔 안전 지대를 벗어나 몸의 연합을 추구해야 할 필요가 있다. 그렇지 않으면, 우리는 주변을 둘러싸고 있는 냉소적 세상에 대해 우리 하나님의 복음이 그의 백성들 사이의 분리들을 무너뜨리는 데 힘이 없다는 메시지를 매우 분명하게 보여 주는 일을 계속해 나갈 것이다.

교회는 동질적이지 않은 삼위일체 하나님에 의해 태어난 '지금 그리고 아직 아닌'의 종말론적 공동체이다. 그분은 어제나 오늘이나 그리고 영원히 동일하신 분이시다.

이것이 맞다면, 왜 우리는 자신의 교회를 위한 하나님의 궁극적인, 종말론적 비전과 맞서는 우리 각각의 교회들을 위한 비전을 가져야 하는가?

삼위일체 하나님의 종말론적 공동체로서, 우리는 어떤 삶을 살아야 할 것인가라는 관점에서 살아갈 필요가 있다. 우리의 봉사 활동은 단지 우리와 가장 유사한 사람들뿐만 아니라 우리의 문턱에서 세상으로 참여하는 하나님의 확장적인 선교 프로그램처럼 넓어져야만 한다.

우리 복음주의자들은 화해와 관계를 강조한다는 차원에서 그리스도의 더 큰 몸을 제공하기 위해 할 일이 많다. 그러나 우리의 개인적이고 반사회적 성향은 (다른 것들 중에서도) 미국교회와 넓은 문화에서 시급한 인종 문제 및 계급 문제를 언급하는 데 문제가 있음을 보여 준다.[15] 이러한 성향은 우리를 무력하게 하고, 어떻게 교회의 동질적 구조화가 개인적 기호와 안락함을 채우고 있음을 보지 못하게 한다. 그 결과, 특정 그룹과 그들의 관심사는 밀려나고 다른 이들(주로 지배 문화에 속한 이들)의 것은 촉진된다. J. I. 패커(J.I. Packer)는 그것을 이런 방식으로 설명한다.

> 복음주의 기독교는 개인과 함께 시작한다. 주님께서는 개인을 세우신다. 개인은 특정 영역을 인식하게 된다. 작은 그룹의 더 작은 권역들, 회중의 더 큰 권역. 이 권역들은 사람이 그리스도인으로서 자양분을 공급받고 채워지고 확장되는 장소이다. 그래서, 우리 복음주의자들은 사회적 구조에 대해, 그들이 개인으로서 우리를 위해 무엇을 해 줄 것인가라는 관점에서 생각하도록 길들여지게 된다. 그것은 좋은 일이다. 그러나 그것은 우리를 이기적인 특정 사회 구조에 쉽게 안주하게 한다. 그리고 우리는 우리가 그러한 이유로 감사를 표하는 어떤 사회적 단위들이 다른 그룹들에 대해서 불행한 파급 효과를 미칠 수 있다는 사실을 알아채는 데 느려지고 있다.[16]

이러한 역동성에 비추어 볼 때, 우리는 우리가 공동체와 이웃 사랑에 대한 성경적 모델에 기반을 둔 관계를 활성화하기에 가장 편하다고 생각

---

15 다음을 보라. Michael O. Emerson and Christian Smith, *Divided by Faith: Evangelical Religion and the Problem of Race in America* (New York: Oxford University Press, 2000); and chapter 2 of Paul Louis Metzger, *Consuming Jesus: Beyond Race and Class Divisions in a Consumer Church* (Grand Rapids: Eerdmans, 2007).

16 J. I. Packer, quoted in "We Can Overcome," *Christianity Today*, October 2, 2000, 43.

하는 사람들과의 관계 및 교제를 촉진하는 것을 넘어 움직이는 것이 중요하다. 제2장에서 언급된 헨리 나우웬(Henri Nouwen)에 의해 만들어진 초점에 대한 필립 얀시(Philip Yancey)의 발전된 초점은 여기서 반복해서 소개할 가치가 있다.

> 헨리 나우웬은 "공동체"를 당신이 별로 살고 싶어 하지 않는 사람들이 항상 살고 있는 장소로 정의한다. 우리는 종종 우리가 가장 같이 살고 싶어 하는 이들에게 둘러싸여 있으며, 따라서 공동체가 아니라 클럽이나 파벌을 형성한다. 클럽은 누구든지 형성할 수 있다. 그러나 공동체를 형성하기 위해서는 은혜와, 공유된 비전 그리고 힘든 사역이 필요하다.[17]

그러한 "공유된 비전"은 모든 방언과 족속으로부터 나온 사람들이 보좌에서 함께 예배를 드리게 될 종말론적 관점을 포함한다. 복음주의적 교회론은 우리의 점증하는 냉소적이고 적대적인 문화 속에서 교회가 삼위일체 하나님의 복음을 바로 증거할 수 있도록 이 종말론적 비전에 유의해야 한다.[18] 그러한 적대감과 직면하는 가운데, 우리는 점증적으로 그리스도를 바라봐야만 한다. 그분은 우리의 평화이시며, 그는 오늘날 우리 세상 속에서 전쟁 중인 그리고 적대적인 파당들 사이에 평화를 만들기 위해 권위와 힘을 가지고 있다.

---

[17] Philip Yancey, "Why I Don't Go to a Megachurch," *Christianity Today*, May, 20, 1996, 80.

[18] 다인종교회들을 촉진하기 위한 이론과 실천을 다루는 두 개의 중요한 텍스트들은 다음과 같다. Mark Deymaz, *Building a Healthy Multi-ethnic Church: Mandate, Commitments and Practices of a Diverse Congregation, J-B Leadership Network Series* (San Francisco: Jossey Bass, 2007); Curtiss Paul Deyoung, Michael O. Emerson, George Yancey, and Karen Chai Kim, *United by Faith: The Multiracial Congregation as an Answer to the Problem of Race* (Oxford: Oxford University Press, 2003).

바울은 그가 유대인과 이방인 사이의 옛 그리고 깊이 뿌리내린 분리를 제거하기 위해 그리스도의 권위와 힘에 대해 언급할 때 이 사실에 대해서 이야기한다.

> 그는 우리의 화평이신지라. 둘로 하나를 만드사 **원수된 것**(hostility), 곧 중간에 막힌 담을 자기 육체로 허시고 법조문으로 된 계명의 율법을 폐하셨으니 이는 이 둘로 자기 안에서 한 새 사람을 지어 화평하게 하시고 또 십자가로 이 둘을 한 몸으로 하나님과 화목하게 하려 하심이라. 원수된 것을 십자가로 소멸하시고 또 오셔서 먼 데 있는 너희에게 평안을 전하시고 가까운 데 있는 자들에게 평안을 전하셨으니 이는 그로 말미암아 우리 둘이 한 성령 안에서 아버지께 나아감을 얻게 하려 하심이라(엡 2:14-18, 굵은 글씨체는 강조된 것임).

이 구절은 유대인 대 이방인의 분리와만 관련된 것이 아니라, 기독교 공동체 안에 있는 다른 분리들과도 관련되어 있다. 그래서 하나님께서 머릿돌인 그리스도와 더불어 그의 영을 통해 거하는 곳에서 거룩한 전을 만드실 수 있게 된다(엡 2:19-22을 보라).

개인적 관계에 대한 복음주의의 강조는 범교회적 협력을 위해 많은 것을 제공하기도 하고 방해할 수도 있다. 긍정적으로 말하면, 복음주의자들은 범교회적 협력을 위해 많은 것을 제공할 수 있다. 가령, "그리스도인의 일치를 위한 프린스턴의 주장"에서 복음주의자들의 기고문들의 평가를 읽는 것은 고무적인 일이다. 복음주의자들은 "그들의 생동성, 복음주의를 위한 그들의 열심, 그리고 성경을 향한 그들의 헌신"을 감안할 때 보다 광범위한 교회 공동체를 향해 많은 것을 제공해야만 한다.

이 진술은 이어서 이렇게 말한다. 복음주의자들은,

상호 간에, 때로는 다른 사람들과 협력하는 정신을 보여줌으로써 오래된 장벽을 허물고 소원한 관계에 있던 그리스도인들과의 친교를 만들어 내며 그 이상의 일치와 연합을 내다본다. 어떤 복음주의자들의 자유교회적 교회론은 에큐메니컬한 과업을 향한 일치의 분명한 비전을 가지고 온다.

이것은 얼마나 자주 더 광범위한 교회론적 그리고 신학적 공동체가 복음주의 전통을 의심의 눈으로 보아왔는지를 고려한다면, 더 좋은 교회적 삶과 교회론을 가져올 수 있는 가정된 기여들을 포함하는 고무적 징표라고 할 수 있다.[19]

복음주의자들 역시 다른 전통들로부터 온 이들의 기여에 대해 의심의 눈초리를 보낸다는 동일한 혐의를 받고 있다. 프린스턴의 주장은 복음주의자들이 종종 자신들의 벽을 넘어 살아 있는 믿음을 구별하는 데 실패해 왔음을 보여 준다. 복음주의자들이 전체 몸에 대한 관심을 가지고, 범교회적 대화에 "동참해 달라는 초대를 받아들이고," "장벽을 초월하는 살아 있는 믿음을 구별하고 칭찬하며," "환대를 행하고 보편성을 추구하며"(전체교회와 연합하여), 자신의 유익과 관심사는 물론 "기독교 공동체 전체의 유익"에도 도움이 되도록 "그들의 자원"을 사용하는 것은 중요하다.[20]

복음주의적 학자들은 그리스도의 몸의 다른 지체들과 **대비되는** 복음주의자로서 우리를 규명하는 데 지나친 관심을 가진 나머지, 그들과 **관계를 맺고 있는** 우리를 규명하는 일은 도외시 했다. 교리적 구별도 중요하며 축소되어서는 안 되겠지만, 우리는 절대로 일치를 향한 추구로부터 우리를 제한하는 개별적 구별들을 허용해서는 안 된다.

---

[19] Carl E. Braaten and Robert W. Jenson, eds., *In One Body through the Cross: The Princeton Proposal for Christian Unity* (Grand Rapids: Eerdmans, 2003), 55–56.

[20] Ibid., 56.

문제의 일부는 복음주의자들이 주된 개신교 교파들과 그들의 신학교를 떠나 독립된 성경학교들과 교회 전통들을 집단으로 설립했던 역사적 근본주의적 근대주의의 분열로부터 유래한다. 이러한 이탈의 부분이자 부산물들이었던 좌파와 우파 사이의 종교적, 신학적 문화 전쟁들과 결부된 상처들은 오늘날도 여전히 드러나 있고, 볼 수 있는 것이며 고통스러운 것이다. 우리는 하나님께서 이 상처들을 치유하실 것이고 우리를 하나로 만드시기를 함께 기도해야만 한다. 서로에 대해 승리하기를 추구하는 다양한 전통들 대신, 우리는 분열되어 있을 때보다 함께 있을 때 더 강하다는 것을 깨달아야 한다.

그리고 어떤 교회 전통도 전체의 집을 구성할 수 없다는 것을 깨달으면서, 자신들의 칼을 내려 놓고 모양으로는 떨어져 있지만, 지금은 화해된 부분으로 구성된 더 강한 공동체를 건설하기 위해 삽, 정, 그리고 괭이를 들어야 한다. 각 전통은 기껏해야 스스로 그것이 규정적인 골격 구조를 가장 잘 보여 주는 것일 뿐이며, 다른 전통들이 거기에 살을 입힐 것을 요구하는 것이라고 주장할 수 있을 뿐이다.

어떤 교회 전통도 그리스도의 몸을 건설하는 것 안에서 가지는 역할을 과장하거나 혹은 다른 전통들의 역할을 폄하해서는 안 된다. 모든 교회 친교 안에 하나의 몸을 구성하면서, 다양한 구성원들이 있는 것과 꼭 마찬가지로, 각 교회는 보편적 교회를 세우는 데 수행할 역할을 가지고 있다.

일치와 평화의 신학은 신학적 정밀성을 향한 우리의 열망을 뒷받침해야만 한다. 따라서, 우리는 서로 차이를 드러내는 것으로 이르거나 혹은 그 주변으로 가서는 빠져서는 안 되고, 그들을 통과하여 에큐메니컬적 대화와 파트너십으로 가야만 한다. 근본주의적 근대주의 시대의 복음주의적인 전도자들로 하여금 자신들의 십자군 전쟁에서의 넓은 플랫폼들을 만들어내도록 이끌었던 그리고 다양한 전통들로부터 온 이들을 위한 기도의 행진들로 하여금 참여하도록 그리고 주인 의식을 갖도록 이끌었던 동일한 열정이 포스트모던적인 그리고 포스트-크리스천적 시대에서 복음주의적인 교회론들을 저술하는 가운데에서, 목회적 동맹들과 신학적 탐구들로 전달되어야만 한다.

이것은 전혀 쉬운 과제는 아니다. 몸 안에 있는 모든 분열들을 제거하시는 삼위일체 하나님 안에서 살아 있는 그리고 굳건한 종말론적 희망이 없이는, 우리 복음주의자들이나 비복음주의자들이나 마찬가지로 여기에서 그리고 지금 일치와 평화를 위해 싸울 힘을 갖지 못하게 될 것이다. 그러나 우리 모두가 하나님의 백성으로서 성령 안에서와 진리의 말씀 안에서 사랑으로 예배를 드리도록 믿음으로 부름받은 이러한 거룩한 사랑의 하나님 안에 있는 그러한 희망과 더불어, 우리는 세상에서 하나님의 선교적 백성들로서 문화들의 다양성 안에서 희생적으로 그리고 사랑하며 교회를 섬기기 위해 힘과 자양분을 가지게 될 것이다.

우리의 혼인 날을 바라보면서 앞으로 움직여 나갈 때, 우리는 성령 안에서 그리스도의 생명에 대한 관점으로 교회를 말씀과 성례전을 통해 하나로 다시 질서를 잡으시는 우리의 하나님을 보게 될 것이다. 교회를 향한 그리스도의 사랑의 관점으로 자신의 아내를 사랑하도록 부름받는 남편의 동일한 방식으로, 하나님의 백성인 우리도, 사도들이 증거했던 우리 주님께서 보여 주신 모본의 관점으로, 같은 몸의 구성원으로 우리 자신의 삶을 사는 것처럼 그리스도의 몸을 사랑해야 한다.

> 그리스도께서 교회를 사랑하시고 그 교회를 위하여 자신을 주심 같이 하라. 이는 곧 물로 씻어 말씀으로 깨끗하게 하사 거룩하게 하시고 자기 앞에 영광스러운 교회로 세우사 티나 주름 잡힌 것이나 이런 것들이 없이

거룩하고 흠이 없게 하려 하심이라(엡 5:25-27).

그리스도의 증인으로서, 우리는 그날이 올 때까지 우리 스스로를 이 동일한 목적에 내어줄 수 있다. 교회가 현재 얼룩과 주름, 흠집과 티가 있기는 하지만, 그것은 여전히 그리스도의 신부이며, 그날 거기에서 우리가 일찍이 상상해 본 적이 없을 정도로 아름답게 될 것이기 때문이다.

≋ **심화 연구를 위한 질문들**

1. 당신의 특별한 문화가 교회에 대한 당신의 이해를 어떻게 형성하는가?
2. 당신은 삼위일체 하나님의 종말론적 나라의 복음이 우리의 포스트모던적 상황에서 교회의 증거를 어떤 구체화된 방식으로 나타내기를 원하는가?

부록

교회론의 유형들

1. 고교회론

교회사와 전통에 있어서의 높은 견해. 예전, 그리고 무엇보다도 성찬을 강조한다. 교회는 일반적으로 주교직으로 구성된다. (즉, 서로의 친교 안에서 있는 주교들의 위계를 통해) 성례전에 참여함을 통해 교회에서 구성원으로서의 구원을 강조한다. 일반적으로 유아 세례를 유지하고자 한다. 믿음의 광범위한 공동체 안으로 세례와 가입 사이의 밀접한 연관이 있다.

2. 저교회론

일반적으로 역사와 전통에 대해 의심을 가진다. 교회의 궁극적 권위로서 성경을 강조한다. 그리고 설교가 성찬이나 예전보다 중심적이다. 교회들은 회중적으로 구성되는 경향이 있다. (즉, 회중에 의해 지정된 하나 혹은 그 이상의 장로들을 통해 지역적 회중 그 자체에 의해 다스려진다.) 주체적 적용으로서 구원 그리고 그리스도에 대한 신앙고백을 강조한다. 일반적으로는 신자의 세례를 고수한다. 구원, 세례, 그리고 공동체에서 헌신된 제자도 사이의 밀접한 연결을 말한다.

3. 강한 교회론

구원의 경륜에서 교회의 역할에 대한 높은 관점을 유지한다. 교회를 하나님께서 세상에서 역사하시는 수단으로 이해한다. 세상에서 그리스도의 현존을 계속 체현하는 것으로서 교회에 대한 강한 관점을 가진다. 교회는 세상을 구속하기 위한 하나님의 선교에 참여한다. 보이는 교회 공동체에서의 멤버십은 기독교의 삶과 기독교 구원의 형성에 있어서 필수불가결하다.

4. 약한 교회론

하나님의 구원의 계획에서 교회에 대한 하나님의 역할을 겸손하고 제한된 시각으로 유지한다. 교회는 신자를 강하게 하고 지도하기 위해 그리고 오직 하나님의 행동을 통해 일어나는 하나님의 구원 사역에 대한 증인으로 존재한다.

교회는 하나님의 행동에 참여하지 않고 인간 노력 바깥에 있는 하나님의 행동 그 자체를 가리키는 것으로부터 벗어나 있다. 보이지 않는 교회에 강조가 있다. 모든 그리스도인들은 이 교회의 구성원들이다. 그리고 그것이 우선적인 것이다. 지역 회중에서의 멤버십은 고양과 성장을 위한다. 그러나 구원을 향해 중심적인 것은 아니다.

권장 도서 목록

서론

Donald Bloesch. *The Church: Sacraments, Worship, Ministry, Mission. Christian Foundations*. Downers Grove, IL: InterVarsity, 2005.

Tony Campolo. *Letters to a Young Evangelical: The Art of Mentoring*. New York: Basic Books, 2008.

Edmund P. Clowney. *The Church. Contours of Christian Theology*. Downers Grove, IL: InterVarsity, 1995.

Kenneth J. Collins. *The Evangelical Moment: The Promise of an American Religion*. Grand Rapids, MI: Baker Academic, 2005.

Everett Ferguson. *The Church of Christ: A Biblical Ecclesiology for Today*. Grand Rapids: Eerdmans, MI 1996.

Thomas N. Finger. *A Contemporary Anabaptist Theology: Biblical, Historical, Constructive*. Downers Grove, IL: InterVarsity, 2004.

Veli-Matti Karkkainen. *An Introduction to Ecclesiology: Ecumenical, Historical and lobal Perspectives*. Downers Grove, IL: InterVarsity, 2002.

Dan Kimball. *They Like Jesus, but Not the Church: Insights from Emerging Generations*. Grand Rapids, MI: Zondervan, 2007.

John Meyendorff. *The Orthodox Church: Its Past and Its Role in the World Today*, with selected revisions by Nicholas Lossky. 3rd ed. Crestwood, Ny: St. Vladimir's Seminary Press, 1996.

Donald Miller. *Blue Like Jazz: Nonreligious Thoughts on Christian Spirituality*. Nashville, TN: Thomas Nelson, 2003.

Mark Noll and Carolyn Nystrom. *Is the Reformation Over? An Evangelical Assessment of Contemporary Roman Catholicism*. Grand Rapids, MI: Baker Academic, 2005.

Thomas P. Rausch. *Towards a Truly Catholic Church: An Ecclesiology for the Third Millennium*. Collegeville, MN: Liturgical, 2005.

Robert Saucy. *The Church in God's Program*. Chicago, IL: Moody, 1972.

John G. Stackhouse Jr., ed. *Evangelical Ecclesiology: Reality or Illusion?* Grand Rapids, MI: Baker Academic, 2003.

_____. *Evangelical Landscapes: Facing Critical Issues of the Day*. Grand Rapids, MI:

Baker Academic, 2002.
D. Elton Trueblood. *The People Called Quakers*. Richmond, IN: Friends United Press, 1985.
Timothy Ware. *The Orthodox Church*. New ed. London: Penguin, 1993.
Robert Webber. *Ancient-Future Faith: Rethinking Evangelicalism for a Postmodern World*. Grand Rapids, MI: Baker Academic, 1999.

제1장 · 제2장

Avery Dulles. *Models of the Church*. New York: Image, 2002.
Stanley J. Grenz. *The Social God and the Relational Self: A Trinitarian Theology of the Imago Dei. The Matrix of Christian Theology*. Louisville, KY: Westminster John Knox, 2001.
Colin E. Gunton. *The Promise of Trinitarian Theology*. 2nd ed. London: T&T Clark, 2004.
Joseph Hellerman. *The Ancient Church as Family*. Minneapolis, MN: Fortress, 2001.
Paul Louis Metzger, ed. *Trinitarian Soundings in Systematic Theology*. London: T&T Clark, 2005.
Paul S. Minear. *Images of the Church in the New Testament*. Louisville, KY: Westminster John Knox, 2004.
Lesslie Newbigin. *Household of God*. London: SCM, 1953.
Miroslav Volf. *After Our Likeness: The Church as the Image of the Trinity*. Grand Rapids, MI: Eerdmans, 1997.
John Howard Yoder. *The Priestly Kingdom: Social Ethics as Gospel*. Notre Dame, IN: University of Notre Dame Press, 1985.
John D. Zizioulas. *Being as Communion: Studies in Personhood and the Church*. New ed. London: Darton, Longman & Todd, 2004.

제3장 · 제4장

Scott Bader-Saye. *The Church and Israel after Christendom: The Politics of Election*. Eugene, OR: Cascade, 2005.
Craig Blaising and Darrell Bock. *Progressive Dispensationalism*. Grand Rapids, MI: Baker Academic, 1993.
Stephen Bouma-Prediger. *For the Beauty of the Earth: A Christian Vision of Creation Care*.

Engaging Culture. Grand Rapids, MI: Baker Academic, 2001.
Brian Daley. *The Hope of the Early Church: A Handbook of Patristic Eschatology*. New York: Cambridge University Press, 1991.
Oliver Davies, Paul D. Janz, and Clemens Sedmak. *Transformation Theology: Church in the World*. Edinburgh: T&T Clark, 2008.
Everett Ferguson. *The Church of Christ: A Biblical Ecclesiology for Today*. Grand Rapids, MI: Eerdmans, 1996.
Stanley Hauerwas. *The Peaceable Kingdom*. Notre Dame, IN: University of Notre Dame Press, 1983.
George Eldon Ladd. *The Presence of the Future*. Grand Rapids, MI: Eerdmans, 1974.
_____. *A Theology of the New Testament*, edited by Donald A. Hagner. Grand Rapids, MI: Eerdmans, 1993.
Jürgen Moltmann. *The Church in the Power of the Spirit: A Contribution to Messianic Ecclesiology*. Minneapolis, MN: Fortress, 1993.
Paul Santmire. *Nature Reborn: The Ecological and Cosmic Promise of Christian Theology*. Minneapolis, MN: Fortress, 2000.
N. T. Wright. *The New Testament and the People of God*. Minneapolis: Fortress, 1992.
John Howard Yoder. *The Royal Priesthood: Essays Ecclesiological and Ecumenical*. Grand Rapids, MI: Eerdmans, 1994.

제5장 · 제6장

Simon Chan. *Liturgical Theology: The Church as Worshiping Community*. Downers Grove, IL: InterVarsity, 2006.
Rodney Clapp. *A Peculiar People: The Church as Culture in a Post-Christian Society*. Downers Grove, IL: InterVarsity, 1996.
Marva Dawn. *Reaching Out without Dumbing Down: A Theology of Worship for the Turn-of-the-Century Culture*. Grand Rapids, MI: Eerdmans, 1995.
Aidan Kavanaugh. *On Liturgical Theology*. Collegeville, MN: Liturgical, 2002.
Ralph Martin. *Worship in the Early Church*. Grand Rapids, MI: Eerdmans, 1964.
Henri Nouwen. *With Burning Hearts: A Meditation on the Eucharistic Life*. Maryknoll, NY: Orbis, 1994.
Robin Parry. *Worshipping Trinity: Coming Back to the Heart of Worship*. Bletchley, UK: Paternoster, 2005.
Alexander Schmemann. *For the Life of the World: Sacraments and Orthodoxy*. Crestwood,

NY: St. Vladimir's Seminary Press, 1973.

James B. Torrance. *Worship, Community, and the Triune God of Grace*. Downers Grove, IL: InterVarsity, 1996.

Bernd Wannenwetsch. *Political Worship: Ethics for Christian Citizens. Oxford Studies in Theological Ethics*. Oxford: Oxford University Press, 2004.

Robert E. Webber. *Ancient-Future Worship: Proclaiming and Enacting God's Narrative*. Grand Rapids, MI: Baker Books, 2008.

John Witvliet. *Worship Seeking Understanding: Windows into Christian Practice*. Grand Rapids, MI: Baker Academic, 2003.

제7장 · 제8장

Kurt Aland. *Did the Early Church Baptize Infants?* Eugene, OR: Wipf and Stock, 2004.

Roland H. Bainton. "The Wild Boar in the Vineyard," in *Here I Stand: A Life of Martin Luther*. Nashville, TN: Abingdon, 1978.

The Catechism of the Catholic Church. Liguori, MO: Liguori Publications, 1994.

William T. Cavanaugh. *Theopolitical Imagination: Discovering the Liturgy as a Political Act in an Age of Global Consumerism*. Edinburgh: T&T Clark, 2002.

_____. Torture and Eucharist: Theology, Politics, and the Body of Christ. *Challenges in Contemporary Theology*. London: Blackwell, 1993.

Cyril of Jerusalem. *Promise and Presence: An Exploration of Sacramental Theology*. Bletchley, UK: Paternoster, 2006.

John E. Colwell. *Lectures on the Christian Sacraments: The Procatechesis and the Five Mystagogical Catecheses*. Edited by F. L. Cross. Crestwood, NY: St. Vladimir's Seminary Press, 1986.

Christopher J. Ellis. *Gathering: A Theology and Spirituality of Worship in Free Church Tradition*. London: SCM, 2004.

Walter A. Elwell, ed. *Evangelical Dictionary of Theology*. Grand Rapids: Baker Academic, 1984, s.v. "Baptism, Believers'" and "Baptism, Infant" by G. W. Bromiley. Joachim Jeremias. *Infant Baptism in the First Four Centuries*. Eugene, OR: Wipf and Stock, 2004.

Aidan Kavanaugh. *The Shape of Baptism*. Collegeville, MN: Liturgical, 1991.

Martin Luther. *The Babylonian Captivity of the Church in Three Treatises*. Philadelphia, PA: Fortress, 1966.

Maximus the Confessor. *The Church, the Liturgy and the Soul of Man: The Mystagogia of St.*

　　　　Maximus the Confessor. Translated by Dom Julian Stead, OSB. Still River, MA: St. Bede's, 1982.

Alexander Schmemann. *The Eucharist: Sacrament of the Kingdom*. New York: St. Vladimir's Seminary Press, 1988.

James White. *Sacraments as God's Self-Giving*. Nashville, TN: Abingdon, 2001.

＿＿＿＿. *The Sacraments in Protestant Practice and Faith*. Nashville: Abingdon, 1999.

John Howard Yoder. *Body Politics: Five Practices of the Christian Community before the Watching World*. Scottdale, PA: Herald Press, 2001.

제9장 · 제10장

David Bartlett. *Ministry in the New Testament*. Minneapolis, MN: Fortress, 1993.

Dietrich Bonhoeffer. *Life Together*. In *Dietrich Bonhoeffer Works*, vol. 5. Edited by Geffrey B. Kelley. Translated by Daniel W. Bloesch and James H. Burtness. Minneapolis, MN: Fortress, 1996.

Marva J. Dawn. *Powers, Weakness, and the Tabernacling of God*. Grand Rapids, MI: Eerdmans, 2001.

Hans Küng. *The Church*. Garden City, NY: Image, 1976.

Stephen Seamands. *Ministry in the Image of God: The Trinitarian Shape of Christian Service*. Downers Grove, IL: InterVarsity, 2005.

William Willimon. *Proclamation and Theology*. Horizons in Theology. Nashville, TN: Abingdon, 2006.

John Howard Yoder. *The Fullness of Christ: Paul's Revolutionary Vision of Universal Ministry*. Elkhart, IN: Brethren, 1987.

제11장 · 제12장

Chad Owen Brand and R. Stanton Norman, eds. *Perspectives on Church Government: Five Views of Church Polity*. Nashville: Broadman and Holman Academic, 2004.

Raymond Brown. *Priest and Bishop: Biblical Reflections*. Eugene, OR: Wipf and Stock, 1999.

Steven Cowan, ed. *Who Runs the Church? 4 Views on Church Government*. Grand Rapids, MI: Zondervan, 2004.

Stanley J. Grenz and Denise Muir Kjesbo. *Women in the Church: A Biblical Theology of Women in Ministry.* Downers Grove, IL: InterVarsity, 1995.

Henri de Lubac. *The Motherhood of the Church.* San Francisco, CA: Ignatius, 1989.

Ronald Pierce, Rebecca Merrill Groothuis, and Gordon D. Fee, eds. *Discovering Biblical Equality: Complementarity without Hierarchy.* Downers Grove, IL: InterVarsity, 2004.

John Piper and Wayne Grudem, eds. *Recovering Biblical Manhood and Womanhood: A Response to Evangelical Feminism.* Wheaton, IL: Crossway, 1991.

Joseph Cardinal Ratzinger. *God's Word: Scripture-Tradition-Office.* San Francisco, CA: Ignatius, 2008.

Alexander Strauch. *Biblical Eldership: An Urgent Call to Restore Biblical Church Leadership.* Littleton, CO: Lewis and Roth, 1995.

Miroslav Volf. *After Our Likeness: The Church as the Image of the Trinity.* Grand Rapids, MI: Eerdmans, 1997.

William Webb. *Slaves, Women, and Homosexuals: Exploring the Hermeneutics of Cultural Analysis.* Downers Grove, IL: InterVarsity, 2001.

제13장 · 제14장

Jeremy S. Begbie. *Resounding Truth: Christian Wisdom in the World of Music. Engaging Culture.* Grand Rapids, MI: Baker Academic, 2007.

_____. *Voicing Creation's Praise: Towards a Theology of the Arts.* Edinburgh: T&T Clark, 1991.

D. A. Carson. *Christ and Culture Revisited.* Grand Rapids, MI: Eerdmans, 2008.

Craig A. Carter. *Rethinking Christ and Culture: A Post-Christendom Perspective.* Grand Rapids, MI: Brazos, 2007.

Rodney Clapp. *Border Crossings: Christian Trespasses on Popular Culture and Public Affairs.* Grand Rapids, MI: Brazos, 2000.

Andy Crouch. *Culture Making: Recovering our Creative Calling.* Downers Grove, IL: InterVarsity, 2008.

Craig Detweiler and Barry Taylor. *A Matrix of Meanings: Finding God in Pop Culture. Engaging Culture.* Grand Rapids, MI: Baker Academic, 2003.

Colin E. Gunton. *The One, The Three and the Many: God, Creation and the Culture of Modernity. The Bampton Lectures 1992.* Cambridge: Cambridge University Press,

1993.

Robert K. Johnston. *Reel Spirituality: Theology and Film in Dialogue.* Engaging Culture. Grand Rapids, MI: Baker Academic, 2006.

D. Stephen Long. *Theology and Culture: A Guide to the Discussion.* Eugene, OR: Cascade, 2008.

George M. Marsden. *Fundamentalism and American Culture: The Shaping of Twentieth-Century Evangelicalism, 1870-1925.* New York: Oxford University Press, 1980.

Paul Louis Metzger. *The Word of Christ and the World of Culture: Sacred and Secular through the Theology of Karl Barth.* Grand Rapids, MI: Eerdmans, 2003.

John Milbank. *Theology and Social Theory: Beyond Secular Reason.* 2nd ed. London: Blackwell, 2006.

Lesslie Newbigin. *The Gospel in a Pluralist Society.* Grand Rapids, MI: Eerdmans, 1989.

H. Richard Niebuhr. *Christ and Culture.* New York: Harper and Brothers, 1951.

Jaroslav Pelikan. *Jesus through the Centuries: His Place in the History of Culture.* New Haven, CT: Yale University Press, 1999.

Glen Stassen, D. M. Yeager, and John Howard Yoder. *Authentic Transformation: A New Vision of Christ and Culture.* Nashville, TN: Abingdon, 1996.

John R. W. Stott. *The Message of the Sermon on the Mount (Matthew 5-7).* Edited by J. A. Moyer and John R. W. Stott. Downers Grove, IL: InterVarsity, 1978.

Paul Tillich. *Theology of Culture.* New York: Oxford University Press, 1959.

Robert E. Webber. *The Secular Saint: A Case for Evangelical Social Responsibility.* Eugene, OR: Wipf & Stock, 2004.

제15장 · 제16장

William J. Abraham. *The Logic of Evangelism.* Grand Rapids, MI: Eerdmans, 1989.

Hans Urs von Balthasar. *Love Alone Is Credible.* Translated by D. C. Schindler. San Francisco, CA: Ignatius, 2004.

Lois Barrett, ed. *Treasure in Clay Jars: Patterns in Missional Faithfulness.* The Gospel & Our Culture. Grand Rapids, MI: Eerdmans, 2004.

Pope Benedict XVI. *Deus Caritas Est: God Is Love.* San Francisco, CA: Ignatius, 2006.

David Bosch. *Transforming Mission: Paradigm Shifts in Theology of Mission.* Maryknoll, NY: Orbis, 1991.

Paul W. Chilcote and Laceye C. Warner, eds. *The Study of Evangelism.* Grand Rapids, MI: Eerdmans, 2008.

Darrell L. Guder. *The Continuing Conversion of the Church: The Gospel & Our Culture.* Grand Rapids, MI: Eerdmans, 2000.

_____. ed. *Missional Church: A Vision for the Sending of the Church in North America. The Gospel & Our Culture.* Grand Rapids: Eerdmans, 1998.

Stanley Hauerwas and William H. Willimon. *Resident Aliens: Life in the Christian Colony.* Nashville, TN: Abingdon, 1989.

Philip D. Kenneson and James L. Street. *Selling Out the Church: The Dangers of Church Marketing.* Nashville, TN: Abingdon, 1997.

Paul Louis Metzger. *Consuming Jesus: Beyond Race and Class Divisions in a Consumer Church.* Grand Rapids, MI: Eerdmans, 2007.

Harold Netland. *Dissonant Voices: Religious Pluralism and the Question of Truth.* Grand Rapids, MI: Eerdmans, 1991.

_____. *Encountering Religious Pluralism: the Challenge to Christian Faith and Mission.* Downers Grove, IL: InterVarsity, 2001.

Lesslie Newbigin. *Foolishness to the Greeks: The Gospel and Western Culture.* Grand Rapids, MI: Eerdmans, 1986.

Bruce Nichols, ed. *In Word and Deed: Evangelism and Social Responsibility.* Exeter, UK: Paternoster, 1985.

John M. Perkins. *Beyond Charity: The Call to Christian Community Development.* Grand Rapids, MI: Baker Books, 1993.

_____. *Let Justice Roll Down.* 3rd ed. Ventura, CA: Regal Books, 2006.

_____. *With Justice for All.* 3rd ed. Ventura, CA: Regal Books, 2007.

Soong-chan Rah. *The Next Evangelicalism: Freeing the Church from Western Cultural Captivity.* Downers Grove, IL: InterVarsity, 2009.

포스트모던 시대를 위한 후기

Carl E. Braaten and Robert W. Jenson, eds. *In One Body through the Cross: The Princeton Proposal for Christian Unity.* Grand Rapids, MI: Eerdmans, 2003.

Stanley J. Grenz. *A Primer on Postmodernism.* Grand Rapids, MI: Eerdmans, 1996.

Craig Ott and Harold A. Netland, eds. *Globalizing Theology: Belief and Practice in an Era of World Christianity.* Grand Rapids, MI: Baker Academic, 2006.

James K. A. Smith. *Who's Afraid of Postmodernism? Taking Derrida, Lyotard, and Foucault to Church. The Church and Postmodern Culture.* Grand Rapids: Baker Academic, 2006.

색인

ㄱ

가르침 327
가상 현실 247, 270
가이사랴의 유세비우스 112
갈리칸 의식 203
감독교회 구조 368
감독교회 조직체 380
감독교회 체제 369
감독 구조 378
감독제 정치 체제 386
감독제 형태 389
강한 교회론 26, 588
개인적 의의 신학 143
개혁신학 전통 193
개혁파 요리문답 367
거대 담론 561
거룩한 선교 116
결혼 파트너 291
경배의 공동체 144
언약 모델 85
언약신학 450
고교회론 587
고백자 막시무스 266
고전적 세대주의 109
고전적인 세대주의적 전천년 주의 110
공동 식탁 299
공유된 비전 572
공적-개인적 이분법 434
관계의 유비 38

관계적-사회적 구조 53
관계적 지향성 34
관여의 신학 454
교회 권징 350, 351, 353, 361
교회 리더십 374
교회의 리더십 구조 365
교회의 변증법적 의 60
교회의 종말론적 정체성 123
교회 전통 384
교회 정치 체제 364, 378
구도자 중심 29
구속적 공동체 320
구속적 대항문화적 관여 427
구원받은 땅의 신학 158
그리스도론적 초점 171
그리스도와 교회의 관계 403
그리스도와 문화 414
그리스도의 몸 19, 487
그리스도의 왕국의 공동체 437
극단적인 초월적 관점 127
근본주의 28
근본주의적 복음주의 운동 427, 558
근본주의적 복음주의교회 419, 493
급진적인 천년왕국 운동 127

ㄴ

나-너 관계 311
나지안주스의 그레고리 417

낙관주의 대 비관주의 116
남편/아내 408
내재된 실재 117
노예 제도 131, 132
니사의 그레고리 131

ㄷ

다문화적 공동체 103
다원주의 교리 524
다인종적 103
대안적 정치학 439
대중적 천년왕국주의 115
대체신학 104
대체주의 450
도덕율폐기론 518
독일 그리스도인들 418
동방정교회 169, 179
드라마 199
디다케 330

ㄹ

레슬리 뉴비긴 489
로마 의식 203
루터 294
루터의 두왕국론의 변증법 128
리더십 구조의 원칙 406
리옹의 이레네우스 37

ㅁ

마르부르크 논쟁 294

마르부르크 회담 273
마틴 루터 413
만남으로서의 예배 182
만남의 신학 216
말씀 공동체 310
말씀의 예전 213
메가처치 492, 494
메시야의 공동체 136
메시야적 공동체의 형성 137
메타내러티브 162
메타노이아 354
명백한 운명 451
모델화 550
모방 269
모자이크 이미지 31
무로부터의 창조 159
무형의 기독교 564
문회 412
문화를 변혁시키는 그리스도 447
문화에 반하는 그리스도 421
문화와 하나님의 영 228
문화 위의 그리스도 441
문화의 그리스도 416
문화의 그리스도 모델 417
문화적 공동체 412, 452
문화적 공동체로서의 교회 412
문화적 사색 557
문화적 스펙트럼 427
문화 전쟁 427
물세례 283
물질주의 562

미래 공동체 405
미래의 유토피아적 희망 118
미래적인 사회적 의의 공동체 143
믿음의 개인화-개별화-주관화 434
믿음의 혼인 반지 61

ㅂ

바르멘 선언 418
바벨론 포로 177, 270, 288
바티칸 공의회 315
반초자연주의 109
번영 복음 543, 547
베긴회 수도회 343
변증법적 실재 60
변증법적 의 60
변혁주의자 왕국의 모델 455
보이는 교회 124
보편교회 27
복음의 문화화 561
복음주의적 교회론 29
복음주의적 실용주의자 528
근본주의자 현대주의자 논쟁 25
부모/자녀 405, 408
부자병 305
부활의 공동체 403
분리주의 88
불관여의 신학 454
비삼위일체적 예배 174
비삼위일체적인 하나님 174

비세대주의적 전천년주의자들 101

ㅅ

사도적 계승 381
사도적 계승 교리 385
사도 전통 202
사랑 193, 320
사랑의 언약 194
사중 직분 389
사회 복음 514
사회적 성례 280
사회적 의의 공동체 143
사효론 271
산상수훈 413, 428, 447
삼위일체적 공동체 33
삼위일체적 공동체로서의 교회 33
삼위일체적 믿음 84
삼위일체적 사랑의 표명 516
삼위일체적 예배 175
삼위일체 하나님 37
삼위일체 하나님의 백성 46
상징 209, 211, 216
선교 공동체로서의 교회 480
선교적 교회 481, 482, 536, 537
선교적 교회의 방향과 목적 486
선교적 교회의 복음 메시지 506
선교적 존재 35

선교 프로그램을 가지고 있는
　　교회 482
섬기는 공동체로서의 교회
　　309
섬김의 목적 316
성경 내러티브 181, 186,
　　243
성경 메타내러티브 400
성경 읽기 213
성경적 상징주의 464
성경적 종말론 95, 143
성령론 285
성령의 공동체 139
성령의 전 64, 487
성례전 211, 285, 293
성례전적 공동체 245, 285,
　　289
성전 예배 178
성찬 214
성찬 식탁 215
성체 216
성체성사 299
세대주의 109
세대주의자 27, 437
세대주의적 근본주의자 119
세대주의 전천년주의자 101
세례문답자 268
세례신학 284
세례와 성만찬 246
세례와 성찬 248, 291
소보르노스트 384
소비 공동체 279, 298
소비된 인간 298

소비주의 297, 332, 537,
　　562
소비주의 제단 224
소비하는 인간 298
속사도 시대 330, 354, 389
수난 이야기 138
순교의 이상화 108
순교의 종말론 108
순교자 저스틴 202, 343
순례자 공동체 130
순복의 종말론적 구조 404
쉐마 328
스코프스 원숭이 재판 558
승리하는 교회 129
시장 이데올로기 300
식인풍습 242
신부로서의 교회 366
신부의 이미지 319
신자들의 제사장직 315
신적 복수성 39
신정론자 450, 451
신정적 257
신정적 사건 246
실현된 종말론 100

ㅇ

아우구스부르크 신앙고백
　　367
안디옥의 이그나티우스 108
야훼의 종말론적 성전 140
약한 교회론 26, 588
약혼/계약의 만찬 138

어린양의 혼인 잔치 252
어머니 18
언덕 위의 도시 116, 452
언약 공동체 46
언약적 친교 34, 39
에큐메니컬적 교회론 29
에토스 180
역설적 관계에 있는 그리스도
　　와 문화 430
연합의 신학 284
열린-모임의 현실 75
열린 친교 295
영적/물질적 이원론 160
영적 파산 422
예루살렘 공의회 365
예루살렘의 시릴 268, 290
예배 공동체 169
예배 공동체로서의 교회 169
예배와 문화 226
예배 전쟁들 243
예배 형식의 기능 232
예배 형태 237
예상할 수 없는 도적 이미지
　　106
예수의 정치학 439
예전의 삼위일체적 본성 205
예전적 문화화 234
예전 행위 233, 238
예전 후의 예전 316
오직 믿음 384
오직 성경 368, 370, 384
온전함 74
완성된 칭의 사역 161

완전함 74
왕국의 열쇠 112
용서의 만찬 138
우주적 광대 474
우치무라 간조 564
원형적 인간 대표 474
웨스트민스터 대요리문답 170
웨스트민스터 신앙고백 367
위격들 간의 신적 친교 37
위계적 교회 구조 365
위계주의자 400, 408, 410
유니테리언 만인구원론자 535
유스티누스 213
유아 세례 284
은사 323
은사받음 374
은총 322, 324
은총의 방식 60
은총의 보이는 수단 129
음악 217
이그나티우스 202, 354, 380
이동하는 집 486
이레네우스 170
이마고 데이 공동체 454
이머징교회 211, 458, 475
이원론자 430
이중 왕국론 440
일시적 공동체 93, 95

ㅈ

자기내어줌 366
자기-의 60
자기헌신 197
자기희생 197
자유주의적 후천년주의 110
장로교 364
장로교 교회 정치 388
장로교주의 389
장로주의 390
저교회론 587
전천년적 인식 119
전천년주의 108, 109
전천년주의자 157
전통적 예배 형식 243
전통적인 세대주의적 전천년주의 120
전투하는 교회 129
점진적 세대주의 120
정교회 30
정교회의 감독제 신학 382
정치 형태 363
제2바티칸 공의회 325
제2바티칸 공의회 문서 367
제도적 기계주의 292
제자도 445
존 윈스롭 450
존재가 이끄는 교회 480
존재의 유비 38
존 칼빈 17, 344
종교 없는 기독교 443, 445
종교적 다원주의자 528
종들의 공동체 314

종말론 366
종말론의 교회화 114
종말론의 씨앗 113
종말론적 공동체 95, 114, 125, 316, 366
종말론적 미래주의 126
종말론적 사건 142
종말론적 예배 이미지 178
종말론적 인간 71
종말론적 축제 139
종합주의자 모델 441
죄의 고백 197
주인/종 405, 408, 409
즐거운 교환 58
지금 그리고 아직 아닌 179, 367, 428, 570
지상에서의 하나님 나라 111
지상 제국 115

ㅊ

참여 대 불참 116
창조 기사 45
천국/종말 402
천년왕국의 장소 117
천년왕국주의 113
청교도 공동체 453
최소주의 26
출애굽 내러티브 248
츠빙글리 294
치유의 이미지 336
친교적 존재 35

ㅋ

카르타고의 키프리안 121
칼리스투스 355
칼빈주의자 274
콘스탄티노플 신조 173
퀘이커 전통 278

ㅌ

타라의 부정성 447
타자를 위한 인간 443, 446
터툴리안 355
트렌트 공의회 272
틈새 공동체 554

ㅍ

평등주의자 400, 410
폐쇄적 성찬 293
포스트모더니즘 557
폴리캅 355

ㅎ

하나님 나라의 도래 98
하나님/어린양 180
하나님의 궁극적 형상 43
하나님의 미래의 공동체 93
하나님의 백성 134, 487
하나님의 세 인격적 정체성 488
하나님의 형상 38
하나이지만 다수 63
해방신학 514
행위로서의 예배 198
헌신/희생 196, 197
현대적 예배 형식 243
협력선교적 486, 525
협력선교적 존재 35
혼합주의 561
홈스쿨링 498
홍수 이야기 182
환난 전 휴거 신학 437
회복된 관계의 공동체 133
회중주의 정치의 강점과 약점 364, 369, 392, 394
후기-계몽주의 프로젝트 489
후천년적 낙관주의 118
후천년주의 437
히브리 성경 373
히브리 예배 177